Sigg, Brühlmeier · Seuzach

OTTO SIGG, MARKUS BRÜHLMEIER

Seuzach

VOM BAUERNDORF ZUR MODERNEN WOHNGEMEINDE

CHRONOS

Otto Sigg
geb. 1943, aufgewachsen in Seuzach. 1971 Dissertation an der
Universität Zürich zum Zürcher Finanzwesen der Frühen
Neuzeit. 1969–2006 am Staatsarchiv Zürich, ab 1983 als dessen Direktor tätig. Zahlreiche Forschungen und Veröffentli-
chungen zur Zürcher Landes- und Ortsgeschichte, themati-
scher Schwerpunkt Sozial- und Agrargeschichte.

Markus Brühlmeier
geb. 1960, nach einer Lehre als Maschinenmechaniker Studium der Geschichte und Kunstgeschichte an der Universität
Zürich. Seit 20 Jahren als freischaffender Historiker tätig, zahlreiche Ausstellungen und Publikationen, darunter die Ortsgeschichte von Hinwil, Steinmaur und Grüningen sowie «Das
Zürcher Zunftwesen» (Teil 1336–1798).

Weitere Informationen zum Verlagsprogramm:
www.chronos-verlag.ch

Herausgeberin: Gemeinde Seuzach
Gestaltung: Thea Sautter, Zürich
Druck: Mattenbach, Winterthur
© 2011 Gemeinde Seuzach
Chronos Verlag, Zürich
ISBN 978-3-0340-1077-1

Inhalt

VORWORT

Im Hinblick auf das 750-Jahr-Jubiläum der Ersterwähnung von Seuzach im Jahre 2013 hat sich der Gemeinderat schon vor einiger Zeit entschlossen, eine neue Gemeindegeschichte aufzulegen. Ein eigentlicher Glücksfall war, dass der damalige Staatsarchivar des Kantons Zürich, der in Seuzach aufgewachsene Otto Sigg, dem allzu früh verstorbenen Gemeindepräsidenten Paul Schumacher anerboten hatte, die Geschichte der Gemeinde, mit der er sich nach wie vor verbunden fühlt, entsprechend den aktuellen historischen Erkenntnissen neu zu erarbeiten. Richtig gestartet wurde das Projekt, nachdem Otto Sigg im Jahre 2006 in den Ruhestand getreten war. Während sich Otto Sigg der Periode von den Anfängen Seuzachs bis zum Liberalismus und der demokratischen Kantonsverfassung (1869) widmete, konnte für das Zeitalter der Moderne der ebenfalls sehr erfahrene und kompetente Historiker Markus Brühlmeier als Autor gewonnen werden. Den beiden Verfassern gilt der grosse Dank für ein spannendes und vorbildliches Werk, das die grossen Linien der Seuzacher Geschichte übersichtlich und gut verständlich nachzeichnet, aber auch viele Einzelheiten aus den verschiedenen Zeitepochen darstellt, die beispielhaft und für das Verständnis der Zusammenhänge wichtig sind.

Danken möchte ich auch den Mitgliedern der Kommission Ortsgeschichte, nämlich Max Rüesch, Leiter der Heimatkundlichen Sammlung, Karl Steinmann, alt Gemeinderat, und Urs Bietenhader, Gemeindeschreiber, welche den beiden Autoren bei der Sammlung von Quellen und Dokumenten in sehr wertvoller Weise behilflich waren und die Texte kritisch gelesen haben. Ebenfalls danke ich den vielen weiteren Personen, welche die Entstehung des Werkes mit Informationen und Quellenhinweisen begleitet und unterstützt haben.

Es ist erfreulich, dass die neue Gemeindegeschichte ein gutes Jahr vor dem grossen Jubiläum von Seuzach publiziert werden kann. So kann jedermann nachlesen, welchen Weg die Gemeinde in den 750 Jahren beschritten hat, damit sie das geworden ist, was sie heute ist: eine lebendige Gemeinde mit gut 7000 Einwohnern, mehr als 2000 Arbeitsplätzen, einer hohen Lebensqualität, einer ausgebauten Infrastruktur, ausgezeichneten Schulen, einem breiten Einkaufs- und Dienstleistungsangebot, einer vorzüglichen Verkehrsanbindung und einem regen Gemeindeleben, das sich auch in Ohringen abspielt, dem Dorf, das gut hundert Jahre vor Seuzach, nämlich im Jahr 1125, erstmals urkundlich erwähnt wurde.

Im August 2011   Jürg Spiller, Gemeindepräsident

EINLEITUNG

Pfarrer J. Schäppi und Sekundarlehrer E. Klauser legten 1937 erstmals eine Chronik von Seuzach vor, welche die Zeit von der ältesten schriftlichen Erwähnung von Ohringen im Jahr 1125 respektive von Seuzach im Jahr 1263 bis zur damaligen Gegenwart behandelte. 1963 und 1978 wurde das Buch mit Nachträgen der jeweils fehlenden Jahrzehnte neu aufgelegt. Beim vorliegenden Buch ist nun wieder auf die originalen Quellen zurückgegriffen worden, um diese nach den neusten Kenntnissen der Geschichtswissenschaft auszuwerten.

Beim Gang ins Gemeindearchiv von Seuzach erinnert uns jeweils ein Kunstwerk von Bendicht Fivian an die Metapher vom «Schmetterlingseffekt». Jede auch nur so schwache Erschütterung der Metalltreppe, die unser Gang ins Archiv verursacht, überträgt sich auf ein Pendel, das Bendicht Fivian im Eingangsbereich des Gemeindehauses angebracht hat. So schwingt in jeder Pendelbewegung der Gedanke mit, dass die Geschichte im Kleinen auch ihre Bedeutung für die grösseren Zusammenhänge hat.

Das differenzierte Zusammenspiel von Erfahren und Handeln, von wirtschaftlichen Strukturen und sozialen Systemen lässt sich auf der Ebene einer Gemeinde besonders anschaulich untersuchen und darstellen.

Entstanden ist ein vielfältiges Bild der Gemeinde Seuzach. Dies wäre ohne die Mithilfe zahlreicher Personen nicht möglich gewesen, denen zu danken uns ein besonderes Anliegen ist. Allen voran danken wir ganz herzlich der von Gemeindepräsident Jürg Spiller geleiteten Kommission Ortsgeschichte mit Urs Bietenhader, Max Rüesch und Karl Steinmann, die unsere Arbeit sorgfältig und kritisch begleitet hat. Für die Abbildungen des Teils nach 1869 dürfen wir zudem auf das reiche Bildermaterial der Heimatkundlichen Sammlung zurückgreifen. Max Rüesch hat in immenser Arbeit die Bilder zusammengetragen, gescannt und mit den dazugehörigen Informationen in einer Datenbank erfasst. Die Auswahl ist derart gross, dass wir uns entschlossen haben, vor allem ältere Abbildungen zu verwenden.

Ein spezieller Dank von Otto Sigg geht ferner an: Martin Ballauf, Bürger von Seuzach, Verfasser einer Geschichte seiner Familie, für den Gedankenaustausch und das Überlassen wichtiger Unterlagen; Thomas Weibel und Meinrad Suter für wertvolle Fachgespräche; das Personal des Staatsarchivs Zürich, insbesondere Verena Buchmann, für manche Dienstleistungen; Othmar Noser und Helena Zimmermann für unerlässliche Hilfe bei Übersetzungen aus dem Mittel- und Kirchenlatein; Marlis Betschart, Lilian Bahnholzer und Werner Heusser vom Stadtarchiv Winterthur sowie alt-Stadtarchivar Alfred Bütikofer für wertvolle Hinweise und zuvorkommende Bedienung; das Staatsarchiv des Kantons Thurgau für das Vorlegen von Dokumenten des Klosters Kreuzlingen; Mirjam Rettore von der Bibliothek am Guisanplatz Bern (ehemalige Militärbibliothek) für zuvorkommende Recherchen und das Überlassen von Unterlagen.

Seuzach, im Juli 2011   Otto Sigg und Markus Brühlmeier

A
Vorgeschichtliche Zeit

Geologische Gegebenheiten

1.

Der Untergrund des Gemeindegebietes besteht grösstenteils aus Grundmoränenmaterial der vor rund 10 000 Jahren zu Ende gegangenen Würmeiszeit. Es handelt sich um sogenannten Niederterrassenschotter.

Im Gelände erkennbar sind zwei Rückzugsstadien des Rheingletschers, nämlich das sogenannte Schlieren- und das Zürichstadium. Neben den Wallmoränen, welche die Landschaft stark prägen (heutige Flurnamen meist: -bühl und -buck), sind auch Drumlins erkennbar, also stromlinienartige, aus Grundmoränenschutt geformte Hügel (augenfällig der

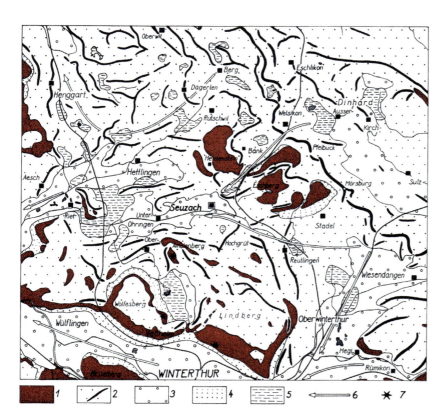

1_Geologische Karte für das Gemeindegebiet.

Geologische Kartenskizze der Umgebung von Seuzach 1 : 750

1 Felsuntergrund: Obere Süsswassermolasse
2 Moränen der letzten Vergletscherung mit Rückzugswällen
3 Schotterfelder
4 Gehängeschutt und Gehängelehm
5 Moore und Sümpfe, heute zum Teil melioriert
6 Vorstossrichtungen des Rheingletschers
7 Fossilfundstellen

Kirchhoger beziehungsweise Kirchhügel mit der Kirche). Von besonderer Eigenart – in diese Moränenlandschaft eingebettet – ist die mit Rückzugsschotter bedeckte Ebene, durch die der Chrebsbach verläuft. In ihrem östlichen Bereich wude das alte Dorf gebaut. Von hier aus erstreckt sich die Ebene gegen Westen nach Unterohringen, wo sie zwischen dem Rainbuck und dem Rain eingeengt ist, und öffnet sich darauf gegen den heutigen Poloplatz im Wiesental – eine typische Flurnamenschöpfung des 19. Jahrhunderts – sowie die grösstenteils auf Hettlinger Gemeindegebiet liegenden, grossen ehemaligen Riedflächen des Ruchrieds und das Bodenlosenried an der Gemeindegrenze zu Winterthur-Wülflingen. Beim Abschmelzen hinterliess der Gletscher hier Gestein, das durch Gletscherbäche verschwemmt wurde.

Herrschen also an der Oberfläche der Ebene die jüngsten Schichten der Eiszeit (Quartär) vor, vielleicht bis 20 Meter dick, so tritt an den überhöhten Nord- und Südflanken des Gemeindegebietes, nämlich auf dem Eschberg und im Brandholz, in kleineren Flächen und Bändern auf dem Amelenberg und im Rolli wie auch am Rand des Wolfensberges an der Grenze zwischen Seuzach-Oberohringen und Winterthur-Wülflingen, die darunter liegende Obere Süsswassermolasse des Tertiärs zutage.[1]

2_Sogenannter Grabhügel oder Motte auf der Rehweid beim Hummel.

2. Vor der ersten schriftlichen Erwähnung

Mit einiger Wahrscheinlichkeit kann angenommen werden, dass «die ursprünglich sumpfige oder vermoorte Tal-Ebene eine frühe Besiedlung der Geländekammer [von Seuzach und Ohringen] verhinderte». Auch die Ortsnamen mit ihren Endungen auf -ach (Seuzach, worin die zweite Silbe auf «Bach» verweist) und -ingen (Ohringen, im Sinn von: bei den Leuten des Orro) sprechen nicht von früher Besiedlung, sondern lassen diese in die sogenannte erste alemannische Landnahme des 6./7. Jahrhunderts einreihen. [2]

Die spärlichen und offensichtlich kaum definierbaren urgeschichtlichen Funde auf dem Gemeindegebiet unterstützen die These der von der Natur gegebenen verhältnismässig späten Besiedlung. Als 1837 die neu gegründete Antiquarische Gesellschaft in Zürich bei allen Pfarrern eine Rundfrage zur archäologischen Situation startete, zeigte sich Pfarrer Wolf von Seuzach eher beschämt, keine Keltengräber oder Römermünzen vorweisen zu können. [3]

Man hätte es sicherlich gerne gesehen, wenn der in der Waldwiese Ibrüchli/Rehweid beim Hummel vor einigen Jahrzehnten ins Interesse der Zeitgenossen gerückte Hügel von etwa 30 Metern Durchmesser und 3 Metern Höhe einst ein Grabhügel oder gar eine sogenannte Motte (Erdhügelburg) gewesen wäre. [4] Allein, dies ist bis anhin durch nichts erhärtet worden. Die 1997 durch die Methode der Luftbildarchäologie auf dem heutigen Poloplatz in Unterohringen entdeckten Schemen von angeblichen «Grabhügeln» – rundliche Gebilde von höchstens 20 Metern Durchmesser – würde man gerne auf die Kelten zurückführen, doch spricht angesichts der Lage im uralten Sumpf- und Schwemmgebiet wenig dafür. [5]

Weitere wenig erklärbare, jedoch unbedeutende Funde bestätigen die magere Faktenlage bezüglich der Vorgeschichte auf Seuzacher Gemeindegebiet. Am Elfenweg im Erdbühl wurden 1966 drei Gräber mit drei Skeletten gefunden, ohne dass die Fachleute näher darauf eingegangen wären. Handelte es sich dabei um fremde Soldaten des Kriegsjahres 1799?

Im Bereich des Autobahnkreuzes Winterthur-Nord auf der Oberohringer Flur Grosszelg wurden im Rahmen des Baus der Nationalstrasse im Jahr 1991 archäologische Sondierungen vorgenommen. Gefunden wurden «wenige nicht näher datierbare Scherben mit gelegentlichen Massierungen von Holzkohlestückchen». Diese «wahrscheinlich bronzezeitlichen Scherben» könnten verschwemmte Reste einer nahe gelegenen Höhensiedlung des Wolfensberges (Winterthur) oder einer Siedlung im Einzugsgebiet des dortigen Baches sein. [6]

3_Luftbildarchäologie: Angebliche Keltengräber auf dem Poloplatz Unterohringen. In Wirklichkeit handelt es sich wohl um «Wasserrosen», die urkundlich für das Jahr 1686 belegt sind. Es sind Zeugnisse einer jahrhundertealten Wasser- und Wässerungswirtschaft. Die Aufnahme stammt aus dem Jahr 1997, wurde also noch vor dem Rückbau der damals bereits durch die A4 ersetzten Schaffhauserstrasse und zwei Jahre vor der Anlage des Poloplatzes gemacht.

B

Mittelalter und Spätmittelalter

1. Ohringen und Seuzach treten in das Licht der überlieferten Geschichte

Im Jahr 1125 wird Ohringen («Horringen») und im Jahr 1263 Seuzach («Sözach») erstmals schriftlich erwähnt. Ohringen erscheint dabei in keiner geringeren als einer Kaiserurkunde. Am 7. Januar 1125 gestattete Kaiser Heinrich IV. in Strassburg Bischof Ulrich von Konstanz, für die Wiederherstellung von dessen in Zerfall geratenem Spital einen Teil der für den bischöflichen Tisch bestimmten Einkünfte zu verwenden, die auf Streubesitz des Bischofs beruhen, und zwar in der Gegend von Kreuzlingen, im badisch-württembergischen und im späteren

4_Kaiserurkunde vom 7. Januar 1125 mit Erstnennung von Ohringen, mit sehr gut erhaltenem Siegel Kaiser Heinrichs IV.

Zürcher Gebiet, hier nebst Zehntrechten zu Trüllikon und einem Mannlehen zu Langwiesen eben auch die Hube («mansum») Ohringen.[7] Welches Gebilde sich damals konkret hinter dem Eintrag verbarg, ist unklar, lokalisiert war es in Oberohringen, wie die folgende Tradition in Urkunden und Urbarien belegt. Und diese lässt den Rückschluss zu, dass die 1125 genannte Hube den Grossteil des späteren Bannes von Oberohringen ausmachte. Mit dieser Urkunde wechselte die unmittelbare Grundherrschaft dieser Hube vom Bischof zu den Augustiner Chorherren, die das damals von Konstanz nach Kreuzlingen verlegte Hospiz betreuten.

Die Urkunde mit der Ersterwähnung von Seuzach wurde am 30. Dezember 1263 in Konstanz durch den dortigen Bischof Eberhard ausgestellt.[8] In Gedanken an die Not der Brüder des Lazariterhauses Gfenn (Lepraspital mit dem noch heute bestehenden Kirchlein bei Dübendorf), so der Bischof in der Urkunde, übertrug er ihnen denjenigen Besitz im Ort Seuzach («villa Sözach»), in dem Bert (Berthold?), genannt Geruthe, sowie Ulrich, Sohn des Wagners, und Gerungus wohnten. Diese drei Seuzacher, wahrscheinlich Lehnsbauern, hatten ab diesen Gütern weiterhin, nun aber den neuen Lehnsträgern, eben den Lazaritern, einen jährlichen Zins von 22 1/2 Stuck («frusta») wohl in Getreide zu entrichten. Diese Güter mussten gleichzeitig durch die bisherigen unmittelbaren Lehnsträger, den Grafen Rudolf von Habsburg und den von diesem seinerseits belehnten Ritter Burkhard von Widen, dem Bischof

5_Urkunde vom 30. Dezember 1263 mit Erstnennung von Seuzach. Sehr schön erhaltenes Siegel von Graf Rudolf von Habsburg.

als Oberlehnsherrn aufgegeben werden. Die Lazariter hatten dem Bischof – wie zuvor die Habsburger – jeweils am Konradfest weiterhin 4 Pfund Wachs zu entrichten. Als Siegler des Dokuments sind der Bischof und das Domkapitel von Konstanz, Graf Rudolf von Habsburg und Ritter Burkhard aufgeführt, als Zeugen verschiedene Geistliche des Bistums und Klein-adelige. Die drei Seuzacher trugen mit Berthold, Ulrich und Gerung durchaus zeitübliche Rufnamen. Berthold wurde zusätzlich Geruthe genannt: Wir befinden uns an der Schwelle, wo sich Zweitnamen beziehungsweise Familiennamen herauszubilden begannen. «Gerute» hat mit «Grüt» (Rodung) zu tun. Die Höhe des Zinses, je nach angewandtem Mass 1200–1300 Kilogramm entspelztes Getreide pro Jahr, lässt auf ein grösseres Hofgebilde schliessen und damit auf eine einst beträchtliche Grundherrschaft des Bischofs beziehungsweise in Unterlehen der Habsburger und der Herren zu Widen. Trotzdem dürfte, wenn wir von drei Familien ausgehen, dieses Gebilde flächen- und bevölkerungsmässig nur etwa einen Fünftel oder Viertel des damaligen Seuzach ausgemacht haben.

2. Die grundherrschaftlichen Verhältnisse

2.1 ALLGEMEINES UND TABELLARISCHE ÜBERSICHT

Die schriftlichen Dokumente des 12.–15. Jahrhunderts zur Landesgeschichte, und darin eingeschlossen zur Geschichte von Seuzach und Ohringen, befassen sich überwiegend mit dem Grundeigentum und -besitz. Diese rechtlichen Belange hatten überhaupt erst zu Verwaltungsschriftgut geführt. Grund und Boden wurden in jener Zeit des Feudalismus von oben nach unten verliehen: vom König über den hohen und den nachgeordneten Dienstadel, später auch über begüterte Stadtbürger, ebenso über kirchliche und klösterliche Institutionen, bis zum Schluss der Lehnskette: dem Bauern, der den Lehns- und den Grundzins zu erwirtschaften hatte. Als Gegenleistung konnte er Gewalt- und Rechtsschutz erwarten. Die Grundrechte wurden im Lauf der Zeit zum Teil zu einem freien Investitionsgut, und auch die Bauern konnten ihre Stellung teilweise verbessern. Im schlechtesten Fall waren sie Leibeigene des Grundherrn; wenn sie sich aus der unmittelbaren Leibeigenschaft lösen konnten, bewirtschafteten sie die Höfe oft in Form von Hand- und Schupflehen. Sie konnten beispielsweise nach jeweils sechs Jahren vom Hof weggewiesen werden. Im Lauf des 14. und 15. Jahrhunderts aber gelang es ihnen zunehmend, die Höfe als Erblehen zu bebauen: Solange sie die Grundzinsen entrichteten, konnten sie bleiben und die Höfe als eine Art sekundäres Grundeigentum ihren Nachkommen vererben.

Die schriftlich überlieferten Grundverhältnisse zeigen für den Ort Seuzach ein wenig einheitliches Bild; die beiden Höfe Ober- und Unterohringen hingegen waren einheitliche Grundherrschaften. Die Tabelle 1 berücksichtigt praktisch sämtliche Quellen, die für Seuzach und die beiden Ohringen über Grundbesitz, Bauern und Abgaben in den 400 Jahren von 1125–1525/30 Auskunft geben.

TABELLE 1: GRUNDHERRSCHAFTLICH-BÄUERLICHE VERHÄLTNISSE, 1125–1525/30

1 Datum, Rechtsvorgang, Quelle	2 Ort, Bezeichnung	3 Grundherr/ Lehnsherr/ Zinsempfänger	4 Bauer, Abgabepflichtige	5 Grundzins, Abgabe pro Jahr	6 Verschiedenes
1125, 7. Januar Kaiserurkunde: Kaiser Heinrich IV. gestattet dem Bischof von Konstanz die Ausstattung des Spitals Kreuzlingen, darunter mit dem Besitz Ohringen. StATG, Lade XI, Nr. 1. Druck: Thurgauisches Urkundenbuch, Nr. 19	Ohringen: «mansum» (= Hube zu Ohringen)	Spital/Kloster St. Ulrich bzw. Augustiner Chorherren zu Kreuzlingen	Keine Angabe	Keine Angabe	Ersterwähnung von Ohringen
1151, 10. Juli Papsturkunde: Papst Eugen III. stellt einen Schirmbrief für das Kloster Kreuzlingen aus und nennt darin u. a. den Besitz Ohringen. StATG, Lade I, Nr. 5. Druck: Thurgauisches Urkundenbuch, Nr. 31	Ohringen: Besitz Ohringen	Spital/Kloster St. Ulrich bzw. Augustiner Chorherren zu Kreuzlingen	Keine Angabe	Keine Angabe	
1263, 23. April Urkunde von Graf Hartmann zu Kyburg dem Älteren: Er erlässt den Besitzungen des Klosters Kreuzlingen zu Trüllikon und Ohringen 2 lb Geld der ihm bisher entrichteten Vogtsteuer. Druck: Urkundenbuch der Stadt und Landschaft Zürich, Nr. 1216	Ohringen: Besitzungen zu Ohringen	Spital/Kloster St. Ulrich bzw. Augustiner Chorherren zu Kreuzlingen	Keine Angabe	Keine Angabe	Kyburger als Inhaber der Vogtei über die Besitzungen des Klosters Kreuzlingen zu Ohringen
1263, 30. Dezember Bischof Eberhard von Konstanz überträgt den Lazaritern im Gfenn Besitzungen zu Seuzach. StAZH, C II 19 Nr. 1. Druck: Urkundenbuch der Stadt und Landschaft Zürich, Nr. 1242	Seuzach: derjenige Besitz, in dem die unter der Spalte 3 Genannten wohnen	Brüder des Lazariterhauses Gfenn (Dübendorf); Oberlehnsherr dieses Besitzes: Bischof von Konstanz. Rechtsvorgänger von Gfenn: Rudolf von Habsburg bzw. Ritter Burkhard von Widen. Bischof von Konstanz; Habsburg/ Österreich; Dienstadel; Lazariterhaus Gfenn	Drei Bewohner: Bert, genannt Geruthe; Ulrich, Sohn des Wagners; Gerungus	22 1/2 Stuck für das Lazariterhaus Gfenn; 4 lb Wachs für den Bischof zu Konstanz	Ersterwähnung von Seuzach
1264 (eher vor 1264) Eintrag im sog. Kyburger Urbar, in: Habsburgisches Urbar II/1, S. 28	Ohringen: (Hof)	Grafen von Kyburg	Keine Angabe	28 Mütt Kernen, 6 Mütt Roggen, 6 Malter Hafer, 3 Mütt Schmalsaat, 8 Schweine (3 davon gelten je 8 ß, 5 davon je 6 ß)	

1 Datum, Rechtsvorgang, Quelle	2 Ort, Bezeichnung	3 Grundherr/ Lehnsherr/ Zinsempfän-ger	4 Bauer, Abgabe-pflichtige	5 Grundzins, Abgabe pro Jahr	6 Verschiedenes
1279 (um 1279) Eintrag im sog. Rodel des Winterthurer Schultheissen Wezilo, in: Habsburgisches Urbar II/1, S. 93	Unterohringen: «inferior Oringen» (ohne Bezeichnung wie Hof oder ähnlich)	Herrschaft Habsburg/ Österreich	Keine Angabe	28 Mütt Kernen, 6 Mütt Roggen, 6 Malter Hafer, 2 Mütt Schmalsaat, 8 Schweine (jedes gilt 7 ß minus 4 d)	Erstmals «inferior Oringen», d. h. *Unter*-Ohringen
1290 (um 1290) Eintrag im sog. Rodel von Konrad von Dillendorf um 1290, in: Habsburgisches Urbar II/1, S. 128. Schuldeintrag: Unterohringen schuldet dem Johann Kloter 28 Mütt Getreide, eine im Verlauf von 6 Jahren abzutragende Schuld. Eintrag des üblichen Grundzinses.	Unterohringen: «inferior Oringen» (ohne Bezeichnung wie Hof oder ähnlich)	Die Herrschaft Habsburg/ Österreich hat den Hof offensichtlich dem Winterthurer Bürger Johann Kloter verpfändet, dem eine Schuldforderung (wohl für nicht bezahlte Grundzinsen) von 28 Mütt Kernen zusteht.	Keine Angabe	28 Mütt (Kernen) Zürcher Mass, 6 Mütt Roggen, 6 Malter Hafer, 2 Mütt Schmalsaat, 8 Schweine (jedes gilt 7 ß minus 4 d)	.
1300 (um 1300/1303–1308) Eintrag in: Habsburgisches Urbar I, S. 319 f.	Veltheim/ Seuzach/Winterthur: Hof zu Ackern und Hof zu Limperg. Güterkomplex im Bereich des Übergangs der heutigen Seuzacher Winterthurer-strasse zur Winterthurer Seuzacher-strasse, heute bewaldet	Habsburg/ Österreich	Keine Angabe	Hof zu Ackern: 8 Mütt Kernen, 1 Malter Hafer Zürcher Mass, 1 Schwein zu 10 ß, 4 Hühner, 45 Eier. Hof zu Limperg: 4 Mütt Kernen Winterthurer Mass, 2 Malter Hafer, 1 Schwein zu 10 ß, 3 Hühner und 30 Eier	Hof zu Ackern bereits 1230 Hartmann dem Älteren zu Kyburg zugeordnet sowie in den Rödeln 1279 und 1290 aufgeführt; Hof zu Limperg 1290
1300 (um 1300 /1303–1308) Eintrag in: Habsburgisches Urbar I, S. 320	Unterohringen: die Hube «zů dem Nidern-Orringen»	Habsburg/ Österreich	Keine Angabe	28 Mütt Kernen, 6 Malter Hafer, 6 Mütt Roggen, 2 Mütt «Vasmus» (Gerste, Hirse, Bohnen, Erbsen) Zürcher Mass, 8 Schweine zu je 7 ß minus je 4 d, 17 Hühner, 170 Eier	Diese Hube ist der Herrschaft (Habsburg/Österreich) «eigen», ist also sog. Eigengut (und nicht an die Herrschaft verliehenes oder in die Vogtei übergebenes Gut).

1 Datum, Rechtsvorgang, Quelle	2 Ort, Bezeichnung	3 Grundherr/ Lehnsherr/ Zinsempfänger	4 Bauer, Abgabepflichtige	5 Grundzins, Abgabe pro Jahr	6 Verschiedenes
1300 (um 1300/1303–1308) Eintrag in: Habsburgisches Urbar I, S. 321	Ohringen: «Die hove zů Orringen» (rechts-sprachlich/ mittelhoch-deutsch für: die Hofleute zu Ohringen)	Vogtei über diese Leute: Herrschaft Habsburg/ Österreich. Die unmittelbare «Eigenschaft» an diesen Hofleuten steht dem Kloster Kreuzlingen zu.	Keine Angabe	Keine Angabe	Diese Hofleute zu Oberohringen geben der Herrschaft Habsburg/ Österreich die festgesetzte Vogtsteuer von 1 lb Geld. Dasselbe Pfund, so der Eintrag im Urbar, ist hoch «getrieben» worden, derart, «das si und die lúte zů dem nidren hove ze Orringen» (also Unterohringen) der Herrschaft schliesslich meistens 12 lb, mindestens aber 8 lb und auch schon 20 lb entrichtet haben. Das soll nicht mehr vorkommen. Die Herrschaft besitzt hier «Twing und Bann» (niedere Gerichtsbarkeit) und richtet über Dieb und Frevel (hohe Gerichtsbarkeit, Vergehen gegen Leib und Leben). Jeder Mann (in beiden Höfen) entrichtet sodann jährlich der Herrschaft 1 Fasnachtshuhn.
1318/1324 Eintrag im Verzeichnis der Wachszinsen der Leibeigenen des Fraumünsters. Druck: Werner Schnyder, Urbare und Rödel [...], Nr. 108	Seuzach: vier Leibeigene	Fraumünster in Zürich	«Ůlr., R., Heinr. et C. dicti Kimen de Sœizach» haben als Leibeigene dem Fraumünsterstift 1/4 Mark an Wachszinsen zu entrichten	1/4 Mark an Wachs	
1320 (um 1320) Eintrag im Pfandrodel der Herrschaft Habsburg/Österreich, in: Habsburgisches Urbar II/1, S. 383	Unterohringen: Hube zu «Nider-Örringen»	Die Herrschaft Habsburg/ Österreich hat die Hube zu Niederohringen an Heinrich von Hettlingen verpfändet. Habsburg/ Österreich; Dienstadel	Keine Angabe	28 Mütt Weizen, 6 Malter Hafer, 6 Mütt Roggen, 2 Mütt Schmalsaat, 8 Schweine zu total 2 1/2 lb und 40 d Geld	
1334 circa Eintrag im Urbar des Stiftes Heiligenberg bei Winterthur. StAZH, F IIa 461	Seuzach: «Bonum», Gut	Chorherrenstift Heiligenberg	Keine Angabe	3 Mütt Kernen Winterthurer Mass, 30 Eier, 5 Herbsthühner	
1334 circa Eintrag im Urbar des Stiftes Heiligenberg bei Winterthur. StAZH, F IIa 461. Johans de Heimenstein übergibt den Neugrüt-Acker dem Stift Heiligenberg.	Seuzach: «ager novalis» bzw. Acker, genannt «Neugrüt»	Ursprünglich: Johans von Heimenstein, der diesen neuen Acker dem Stift Heiligenberg übergeben hat. Herr von Heimenstein bzw. in Nachfolge: Chorherrenstift Heiligenberg	Wurde von «Schuenno» von Seuzach bebaut, nun von Sulzer	2 Viertel Kernen	Diese 2 Viertel Kernen werden anlässlich der Jahrzeit von Joh. von Baden und dessen Gattin Margarethe verbacken.

1 Datum, Rechtsvorgang, Quelle	2 Ort, Bezeichnung	3 Grundherr/ Lehnsherr/ Zinsempfänger	4 Bauer, Abgabepflichtige	5 Grundzins, Abgabe pro Jahr	6 Verschiedenes
1340, 1. Februar Urkunde: Das Winterthurer Schultheissengericht beurkundet den Verkauf von drei Gütern zu Seuzach: Die Brüder Rûdolf, Egbrecht und Johans von Heimenschein (Heimenstein) und ihre Schwester Adelheid verkaufen den Brüdern Schiri, Bürgern von Winterthur, eine Schuppose sowie ein Haus und einen Hof sowie die Rüti. GAS, Urkunde I A Nr. 1	Seuzach: a) eine Schuppose b) ein Haus und ein Hof c) die Rüti	Herren von Heimenstein bzw. in Nachfolge die Brüder Chûnrat und Heinrich Schiri von Winterthur. Herren von Heimenstein, gefolgt durch Bürger von Winterthur	a) Peter Mathyes b) der Knobel c) der Habcheger	a) 3 1/2 Mütt Kernen, 1 Malter Hafer, 10 ß Geld, 3 Herbsthühner. b) 1 Mütt Kernen, 3 Herbsthühner, 30 Eier. c) 2 Viertel Kernen. Der primäre Grundherr dieser Güter hat dem Spital zu Winterthur «ewig» jährlich 1 Mütt Kernen Winterthurer Mass zu entrichten.	Kaufpreis für die drei Güter: 17 1/2 Mark Silber. Ab den drei Gütern geht über die nebenstehenden Zinsen hinaus ein Zins von 1 Mütt Kernen an das Spital Winterthur. Zur Wiese, die zur Schuppose gehört, gehört ein Wässerungsrecht.
1343, 22. August Urkunde: Der Schultheiss von Winterthur beurkundet die folgende Schenkung: Heinrich Schiri (von Winterthur) schenkt ein Eigengut im Dorf Seuzach dem Spital zu Winterthur. GAS, Urkunde I A Nr. 2	Seuzach: ein Eigengut	Heinrich Schiri bzw. in Nachfolge das Spital von Winterthur. Bürger von Winterthur bzw. in Nachfolge das Spital von Winterthur	Bertold von Rûtlingen	5 Mütt Kernen, 1 Malter Hafer 5 ß Geld, Hühner und Eier	Es handelt sich offensichtlich um einen Hof, der weitgehend aus den Elementen der drei Güter von 1340 gebildet worden war.
1344, 23. März Urkunde: Die von Klingen haben dem Winterthurer Bürger Ruedger Hofmann, der ein Gut zu Seuzach von ihnen zu Lehen hat, gestattet, dieses Gut seiner Frau Anna für 31 Mark Silber zu verpfänden, zwecks Sicherung des Frauenguts. GAS, Urkunde I A Nr. 3	Seuzach: ein Gut	Ûlrich von Clingen der Alte und Ritter Ûlrich von Clingen der Junge. Dienstadel, Bürger von Winterthur	Ruedger Hofmann, Bürger von Winterthur. Wahrscheinlich hat dieser den Hof nicht persönlich bebaut, sondern einem Einheimischen verpachtet.	4 1/2 Mütt Kernen, 2 Malter Hafer, 1 Mütt Schmalsaat, 10 ß Geld, 4 Herbst- und 2 Fasnachtshühner, 60 Eier	Hohe Verpfändungssumme von 31 Mark Silber
1345, 12. August Urkundenkopie: Abt Eberhart des Klosters Reichenau verleiht nebst verschiedenen Lehen im Thurgau die Burgen zu Pfungen und zu Heimenstein an Adelheid zu Griessenberg. Diese Lehen sind zu Abt Albrechts Zeiten (1260–1294) vonseiten des damaligen Lehnsträgers, des Herrn von Laufen, ledig geworden. Thurgauisches Urkundenbuch, Nr. 1822	Seuzach: Burg zu Heimenstein	Oberlehnsherr: Kloster Reichenau. Lehnsträger: Herr von Laufen, abgelöst durch eine Tochter des Herrn von Griessenberg sel.	Keine Angabe	Keine Angabe	

1 Datum, Rechtsvorgang, Quelle	2 Ort, Bezeichnung	3 Grundherr/ Lehnsherr/ Zinsempfänger	4 Bauer, Abgabepflichtige	5 Grundzins, Abgabe pro Jahr	6 Verschiedenes
1353, 12. Januar Urkunde: Johann von Randegg und weitere Herren von Randegg verleihen verschiedenen Herren, u. a. Konrad am Stad, Güter zu Schlattingen, Niederschlatt, Bargen, Henggart, Töss und Seuzach. Regest in: Die Urkunden des Stadtarchivs Schaffhausen, Nr. 780	Seuzach: a) Hof zu Seuzach, den Johann von Randegg von Österreich zu Lehen hatte. b) des Núkomen Gut und des Kolben Gut zu Seuzach. c) Hof zu Rekkoltersbühl (Seuzach?)	Zum Teil Habsburg/ Österreich als Oberlehnsherr; Dienstadel, Schaffhauser Bürger	Keine Angabe	Keine Angabe	
1361 Eintrag im Habsburgischen Urbar II/1, S. 478	Seuzach: ein Gut	Oberlehnsherrschaft: Habsburg/ Österreich. Lehnsempfänger: Heinrich der Kalberer von Winterthur Habsburg/ Österreich Bürger von Winterthur	Keine Angabe	11 1/2 Stuck	Heinrich der Kalberer empfängt bei diesem Lehnsakt zugleich grosse Güter u. a. zu Oberembrach und Neftenbach.
1361 Eintrag im Habsburgischen Urbar II/1, S. 484	Seuzach: ein «Gütli»	Oberlehnsherrschaft: Habsburg/ Österreich. Lehnsempfänger: die von Goldenberg (Dienstadel)	Keine Angabe	Keine Angabe	Innerhalb dieses Lehnsaktes empfangen die von Goldenberg weitere Güter (so zu Hettlingen, Andelfingen, Sulz) sowie Zehntrechte und das «Gütli» und den Zehnten «auf dem Lindberg».
1361 Eintrag im Habsburgischen Urbar II/1, S. 505	Seuzach: ein «Gütli»	Oberlehnsherrschaft: Habsburg/ Österreich. Lehnsempfänger: Hermann Hunn, Bürger von Schaffhausen	Keine Angabe	8 Stuck	
1361 Eintrag im Habsburgischen Urbar II/1, S. 496	Seuzach: ein Acker zu 4 Jucharten	Oberlehnsherrschaft: Habsburg/ Österreich. Lehnsempfänger: Heinrich der Satzacker (der Seuzacher), Bürger von Winterthur	Wohl Heinrich Seuzacher selbst	Keine Angabe	Nebst diesem Acker empfängt Heinrich Seuzacher ein Holz, genannt das Brandholz, zu Welsikon.
1361 Eintrag im Habsburgischen Urbar II/1, S. 507	Seuzach: ein Hof und eine Schuppose	Oberlehnsherrschaft: Habsburg/ Österreich. Lehnsempfänger: Gebrüder am Stad, Bürger von Schaffhausen	Keine Angabe	24 Stuck	Dieser Verleihungsakt wird im Urbar weiter hinten nochmals aufgeführt.

1 Datum, Rechtsvorgang, Quelle	2 Ort, Bezeichnung	3 Grundherr/ Lehnsherr/ Zinsempfänger	4 Bauer, Abgabepflichtige	5 Grundzins, Abgabe pro Jahr	6 Verschiedenes
1361 Eintrag im Habsburgischen Urbar II/1, S. 509, 519	Seuzach: ein Gut	Oberlehnsherrschaft: Habsburg/ Österreich. Lehnsempfänger: Konrad Sailer, Bürger von Winterthur	Keine Angabe	8 Stuck	Bei diesem Lehnsakt erhält Sailer mehrere weitere Lehen u. a. in Oberwil, Ellikon, Seen.
1361 Eintrag im Habsburgischen Urbar II/1, S. 511	Seuzach: drei Äcker (sowie ein Acker zu Reutlingen)	Oberlehnsherrschaft: Habsburg/ Österreich. Lehnsempfänger: Wilhelm Grysberger (sic) von Reutlingen	Wohl Grysberger selbst	Keine Angabe	Von diesen drei Äckern zu Seuzach liegt «in jeglicher Zelge einer»: Hinweis auf ein funktionierendes Dreizelgensystem, was auch eine funktionierende Dorfgemeinde impliziert.
1361 Eintrag im Habsburgischen Urbar II/1, S. 512	Seuzach: ein Gut	Oberlehnsherrschaft: Habsburg/ Österreich. Lehnsempfänger: Konrad Kupferschmid, Bürger von Winterthur	Keine Angabe	3 1/2 Stuck	
1361 Eintrag im Habsburgischen Urbar II/1, S. 522	Seuzach: ein Gut	Oberlehnsherrschaft: Habsburg/ Österreich. Lehnsempfänger: Hans Rüdiger, Bürger von Winterthur	Keine Angabe	7 Stuck	Im Lehnsakt sind weitere Güter u. a. zu Buch inbegriffen.
1363, 7. April Urkunde: Der bischöfliche Hofrichter zu Konstanz urkundet: Heinrich Karrer von Frauenfeld verzichtet auf all seine Rechte am Hof Oberohringen zugunsten des Klosters Kreuzlingen, das diesen Hof bereits zu Eigentum hat. Druck: Thurgauisches Urkundenbuch, Nr. 2689	Oberohringen: Hof Oberohringen («das ober Orringen») im Kirchspiel Seuzach	Kloster Kreuzlingen	Keine Angabe	Keine Angabe	Erstmals Oberohringen spezifiziert. Als an den Hof angrenzend werden genannt: Besitzungen des Klosters Töss sowie das Dorf Seuzach.
1366, 3. März Urkunde der Herzöge Albrecht und Leupolt von Österreich mit Beurkundung komplexer Verpfändungsvorgänge betreffend den Hof Unterohringen. StAZH, C I Nr. 2034 (Urkundenregesten des Staatarchivs Zürich, Nr. 1735)	Ohringen: «Hof in Ohringen bei Winterthur»	Herzöge von Österreich. Sie verpfänden den Hof für die beträchtliche Summe von 700 Gulden an Heinrich, genannt Herr, ab dem Bolle. Habsburg/ Österreich; Dienstadel als Pfandinhaber	Keine Angabe	Keine Angabe	Dorsualvermerk auf der Urkunde: Pfand wurde «im 86 jar» [1386?] von Hans von Landenberg von Wülenberg «gelöst».

1 Datum, Rechtsvorgang, Quelle	2 Ort, Bezeichnung	3 Grundherr/ Lehnsherr/ Zinsempfänger	4 Bauer, Abgabepflichtige	5 Grundzins, Abgabe pro Jahr	6 Verschiedenes
1370, 8. April Urkunde: Der Winterthurer Schultheiss Konrad von Sal beurkundet Handänderungen von Gütern zu Andelfingen und zu Seuzach zugunsten des Klosters Beerenberg. StAZH, C II 16 Nr. 134 (Urkundenregesten des Staatsarchivs Zürich, Nr. 2005)	Seuzach: Gut	Oberlehnsherrschaft: Habsburg/ Österreich. Direkter Grundbesitzer: Rudolf von Goldenberg, der zusammen mit einem Gut zu Andelfingen dieses Seuzacher Gut verkauft, und zwar an das Kloster Beerenberg, das damit die unmittelbare Grundherrschaft übernimmt und von den Herzögen auch die Oberlehnsherrschaft erhält.	Rœdli als Bebauer des Seuzacher Gutes	Grundzins für das Seuzacher Gut: 2 Mütt Kernen, 2 Mütt Hafer, je Winterthurer Mass, 1 Schwein zu 7 ß, 1 Fasnachtshuhn und 2 Herbsthühner, 30 Eier	Kaufpreis für beide Güter (zu Andelfingen und zu Seuzach): 228 lb Zürcher Währung
1376 Eintrag im Urbar des Chorherrenstifts Heiligenberg bei Winterthur. StAZH, F IIa 461.	Seuzach: Gut	Chorherrenstift Heiligenberg	Widmer; undatierter Nachtrag: «Wipf de Soetzach»	3 Mütt Kernen, 30 Eier, 5 Hühner	
1380 circa Eintrag im Habsburgischen Pfandregister um 1380, in: Habsburgisches Urbar II/1, S. 707	Ohringen: «Hof zu Ohringen bei Winterthur»	Der Hof ist von der Herrschaft Habsburg/ Österreich an den Herrn von Appol von Rapperswil verpfändet, Sohn von Heinrich, Herr von Boll (siehe unter 1366, 3. März). Habsburg/ Österreich/ Dienstadel.	Keine Angabe	Bemerkung im Pfandregister: «Der hof giltet 5 mark geltz», also einen jährlichen Zins von 1175 Gramm Silber	Direkter Verweis auf die Verpfändungsurkunde vom 3. März 1366 (siehe oben unter diesem Datum). Verpfändungssumme von 700 Gulden
1383, 10. Juli Urkunde, ausgestellt durch das Schaffhauser Gericht, Handänderung eines Gutes zu Schaffhausen und eines Gutes zu Seuzach. StAZH, C II 16 Nr. 171 (Urkundenregesten des Staatsarchivs Zürich, Nr. 2896)	Seuzach: Gut	Oberlehnsherrschaft: Habsburg/ Österreich. Wechsel des unmittelbaren Grundeigentums durch Verkauf von einer Schaffhauser Bürgerin an das Kloster Beerenberg	Rossberger	5 Mütt Kernen, 1 Malter Hafer, 10 ß Geld, 3 Hühner, 50 Eier	Durch das Kloster Beerenberg entrichtete Kaufsumme: 120 Gulden (für ein Gut zu Schaffhausen und das Gut zu Seuzach). Siehe auch unter der Jahrzahl 1530

1 Datum, Rechtsvorgang, Quelle	2 Ort, Bezeichnung	3 Grundherr/ Lehnsherr/ Zinsempfänger	4 Bauer, Abgabepflichtige	5 Grundzins, Abgabe pro Jahr	6 Verschiedenes
1383, 10. Juli Urkunde, ausgestellt durch das Schaffhauser Gericht, Handänderung eines Gutes zu Seuzach. StAZH, C II 16 Nr. 172 (Urkundenregesten des Staatsarchivs Zürich, Nr. 2897)	Seuzach: Gut, genannt «zur Linden»	Oberlehnsherrschaft: Habsburg/ Österreich. Unmittelbares Grundeigentum bis anhin bei den Schaffhauser Bürgern am Stad, nun durch Verkauf an das Kloster Beerenberg übergehend	Rossberger	7 Mütt Kernen, 6 Mütt Hafer, 1/2 Mütt Schmalsaat, 1 lb Geld, 3 Hühner, 50 Eier	Durch das Kloster Beerenberg entrichtete Kaufsumme: 110 Gulden. Die Schaffhauser Verkäufer haben das Gut ihrerseits vom Winterthurer Heinrich Balber erworben. Siehe auch unter der Jahrzahl 1530.
1390 Urkundenregest: Abt Werner von Reichenau belehnt Wilhelm von Griessen mit einem Gut zu Seuzach. GLA, 67/1104	Seuzach: ein Gut	Oberlehnsherrschaft: Kloster Reichenau. Lehnsträger: Wilhelm von Griessen	Keine Angabe	Keine Angabe	
1395, 18. Juni Urkunde, durch die der Rat von Winterthur den Verkauf eines Gutes zu Seuzach beurkundet. Der Winterthurer Schultheiss Konrad von Sal mit Ehefrau und Sohn verkaufen dem Kloster Beerenberg ein Gütchen samt Haus zu Seuzach. StAZH, C II 16 Nr. 202 (Urkundenregesten des Staatsarchivs Zürich, Nr. 3825)	Seuzach: Gütchen zu Seuzach	Oberlehnsherrschaft: Habsburg/ Österreich. Unmittelbares Grundeigentum bis anhin bei Winterthurer Bürgern, nun durch Verkauf an das Kloster Beerenberg übergehend	Üly Gruess	4 Mütt Kernen, 1 Malter Hafer Winterthurer Mass, 11 ß Geld, 1 Fasnachtshuhn, 2 Herbsthühner, 60 Eier	Durch das Kloster Beerenberg entrichtete Kaufsumme: 60 lb. Die Formulierung lässt vermuten, dass beim Kauf die Oberlehnsherrschaft ebenfalls ans Kloster übergegangen ist. Siehe auch unter der Jahrzahl 1530.
1398 Eintrag im Urbar des Stifts Heiligenberg. StAZH, F IIa 461	Seuzach: Gut	Chorherrenstift Heiligenberg	Ülrich Gruess; späterer Bebauer: R. Müliberg	6 Viertel Kernen (1 1/2 Mütt)	Zinsverminderung wohl infolge des Sempacherkrieges
1398 Eintrag im Urbar des Stifts Heiligenberg. StAZH, F IIa 461	Ohringen: «ager» (Acker)	Chorherrenstift Heiligenberg	«Keller de Orringen»	«nihil solvit» (bezahlt nichts, also derzeit keine Abgabe)	Wohl Ausfall des Zinses wegen des Sempacherkrieges. Späterer Zusatz: Die Chorherren verkaufen den Acker und verwenden den Erlös für den Kirchenneubau St. Jakob auf Heiligenberg.
1398 Eintrag im Urbar des Stifts Heiligenberg. StAZH, F IIa 461	Seuzach: «vinea» (Weinberg) im Heimenstein	Chorherrenstift Heiligenberg	«Schultheiss de Hetlingen», späterer Zusatz: «nunc habet Bachman de Soezach»	2 Viertel Kernen (= 1/2 Mütt)	
1399, 14. März Schenkungsurkunde des Kaspar zem Thor: Er schenkt dem Kloster Beerenberg eine Hofstatt. StAZH, C II 16 Nr. 217. Druck: Thurgauisches Urkundenbuch, Nr. 4592	Seuzach: Hofstatt, genannt Rŭdolf Flammen des Salers Hofstatt	Zem Thor: Bürger von Schaffhausen? Kloster Beerenberg	Heinrich Attikon von Seuzach	1 Viertel Kernen, 1 Huhn	Der Zins soll als Jahrzeit für Kaspar zem Thor, den Schenker, und dessen Vorfahren und Verwandte dienen. Siehe auch unter der Jahrzahl 1530.

1 Datum, Rechtsvorgang, Quelle	2 Ort, Bezeichnung	3 Grundherr/ Lehnsherr/ Zinsempfän- ger	4 Bauer, Abgabe- pflichtige	5 Grundzins, Abgabe pro Jahr	6 Verschiedenes
1405, 18. Oktober Urkunde: Verleihung des Hofes zu Seuzach durch die Pfleger des St.-Antonius-Altars zu Winterthur und der armen Leute am Feld an Konrad Wipf von Seuzach. StAW, Urkunde Nr. 392	Seuzach: Hof	Je zur Hälfte: St.-Antonius-Altar der Stadtkirche Winterthur und die «ar-men Leute am Feld». Vorgänger: Johans Stein-keller, Bürger zu Winterthur	Cûnrat der Wipf von Seuzach	15 Mütt Ker-nen, 3 Mal-ter Hafer, 6 Hühner (4 Herbst- und 2 Fasnachts-hühner), 100 Eier	Als Zeugen des Rechtsaktes werden u. a. genannt: Cûni Wipf der Gross, Ûli Grues und Cueni Atikon, alle drei wohl Seuzacher Bauern.
1405: Eintrag im Winterthurer Ratsprotokoll B 2/1, fol. 6 v: Die Pfrund Allerheiligen zu Winterthur kauft von Schultheiss Hans von Sal das Gut zu Seuzach	Seuzach: Gut	Pfrund Aller-heiligen zu Winterthur in Nachfolge von Hans von Sal von Win-terthur	Keine Angabe	Keine Angabe	Kaufpreis: 4 Gulden
1427, 15. März Urkunde mit Verleihung von Lehen zu Seuzach durch Herzog Friedrich von Österreich an Egli von Heimen-stein. StAW, Urkunde Nr. 640	Seuzach: eine Wiese bei dem Dorf Seuzach, genannt Brei-tenstauden, sowie eine Mühlehofstatt und weitere Einzelgrund-stücke	Oberlehns-herrschaft: Habsburg/ Österreich. Lehnsinhaber: Egli von Hei-menstein	Keine Angabe	Keine Angabe	Sehr bemerkenswert: Vorkommen einer Mühlehofstatt in Seuzach
1428–1431 Eintrag in einem Einnahmenrodel des Chorherrenstifts Heiligenberg. StAZH, A 156.2	Seuzach; keine weitere An-gabe	Chorherren-stift Heiligen-berg	«Mülliberg» von Seuzach	1 Mütt Kernen	
1424–1427 Eintrag in einem Einnahmenrodel des Chorherrenstifts Heiligenberg. StAZH, A 156.2	Seuzach; keine weitere An-gabe	Chorherren-stift Heiligen-berg	«Hans zer Linden» von Seuzach	3 Mütt Kernen	
1434, 15. November Urkunde: Teilung von Gütern und Zinsrechten zwischen Götz am Stad und Sohn Wilhelm einerseits und de-ren Vetter Konrad am Stad anderseits, Bürgern von Schaffhausen. Stadtarchiv Schaffhausen, Urkunde A I Nr. 1513	Seuzach: ein Hof	Konrad am Stad, Bürger zu Schaffhau-sen	Hof, den «der Boner baut»	Keine Angabe	Dieser Hof erscheint in einer Tei-lungsmasse von Liegenschaften, Weingärten, Gütern zu Schaffhausen, der Vogtei zu Marthalen, eines Hofes zu Schlattingen, verschiedener Zins-rechte.
1440 Eintrag im Zinsbuch des Klosters Kreuzlingen. StATG, Lade XXI, Nr. 5.	Ohringen: (Hof)	Kloster Kreuz-lingen	Cueni Raten-berg	20 Mütt Ker-nen, 18 ß Geld, 1 Fasnachts-huhn	«per honor»: 2 lb Geld. Gegenüber früher: Zinsvermin-derung und Wegfall von 2 Frondienst-tagen: «galt etwan» 24 Mütt Kernen und «und zwen dienst». Ein undatiertes Fragment um Mitte 15. Jahrhundert nennt ebenfalls Cueni Ratenberg als Zinspflichtigen, weiter den von 24 auf 20 Mütt verminderten Kernenzins, meldet aber die gestrichenen Fron-diensttage nicht mehr, hingegen einen Zins von 6 Gulden von Reben.

1 Datum, Rechtsvorgang, Quelle	2 Ort, Bezeichnung	3 Grundherr/ Lehnsherr/ Zinsempfänger	4 Bauer, Abgabepflichtige	5 Grundzins, Abgabe pro Jahr	6 Verschiedenes
1442, 9. April Urkunde: Verleihung von Lehen zu Seuzach durch den österreichischen Landvogt Wilhelm von Hochberg an das Spital zu Winterthur. StAW, Urkunde Nr. 810	Seuzach: eine Wiese bei dem Dorf Seuzach, genannt Breitenstauden, sowie eine Mühlehofstatt und weitere Grundstücke	Oberlehnsherrschaft: Habsburg/ Österreich. Lehnsinhaber: Spital Winterthur	Keine Angabe	Keine Angabe	
1442/43 Eintrag in einem Einnahmenrodel des Chorherrenstifts Heiligenberg. StAZH, A 156.2.	Seuzach: «vinea» (Weinberg) in Wölflis Grund	Chorherrenstift Heiligenberg	«procuratores ecclesie in sœtzach», d. h. die Kirchenpfleger in Seuzach	1 Mütt Kernen	
1442/43 Eintrag in einem Einnahmenrodel des Chorherrenstifts Heiligenberg. StAZH, A 156.2	Seuzach: ein «Gütli»	Chorherrenstift Heiligenberg	«die Müliberg» von Seuzach	1 Mütt Kernen	
1447, 20. Juni Urkunde: Bestätigung des Verkaufs eines auf die beiden Höfe zu Ohringen lautenden Zinses einer ursprünglich durch die Herrschaft Österreich eingegangenen Verpfändung in der Höhe von 120 lb Geld. StAZH, C I Nr. 2590 (Urkundenregesten des Staatsarchivs Zürich, Nr. 9280)	Ohringen: zwei Höfe zu Ohringen, nämlich: a) Hof zu «Himelsoringen», b) Hof zu «Kellersoringen»	Ursprünglich Herrschaft Habsburg/ Österreich. Pfand von 120 lb und Pfandzins von 6 lb durch Pfandverkauf von Heinrich von Hettlingen an Hans Hönisen von Alten übergehend	a) Bebauer: der Trentzsche, b) Bebauer: der Keller	Pfandzins von 6 lb (nämlich 2 1/2 lb auf «Himmelsohringen» und 3 1/2 lb auf «Kellersohringen»)	Gerne würde man, in Anlehnung an Himmel und Keller, Himmelsohringen mit Oberohringen und Kellersohringen mit Unterohringen verbinden. Doch für die Bezeichnung Himmelsohringen ist der 1407 als Winterthurer Ausbürger erwähnte Heini Hymel ausschlaggebend, der in Ohringen (welchem?) lebte, für Kellersohringen die Sippe der Keller, die in beiden Ohringen vorkommt. Verpfändung im Zusammenhang mit Geldbedarf der Herrschaft Österreich im Alten Zürichkrieg denkbar
1449 Eintrag im Rodel des Lazariterhauses Gfenn. StAZH, C II 19 Nr. 94a	Seuzach: ein Hof	Lazariterhaus Gfenn (spätestens 1368 war der ursprüngliche Männerkonvent durch einen Frauenkonvent abgelöst worden)	Heintz Müliberg	8 Mütt Kernen, 2 Malter Hafer, 10 ß Geld, 4 Herbsthühner, 2 Fasnachtshühner, 100 Eier. 3 1/2 lb Wachs dem Bischof von Konstanz	Wohl leichte Zinsverminderung gegenüber den 22 1/2 Stuck von 1263. Die Verminderung des Wachszinses an den Bischof von Konstanz von 4 auf 3 1/2 lb ist eindeutig.
1449, 17. Juni Urkunde mit Nennung eines Hofes zu Seuzach als Pfand für eine Geldschuld. StAW, Urkunde Nr. 888	Seuzach: Wernher Rüdgers Hof zu Seuzach (Werner Rüdger ist der Sohn von alt Schultheiss Rüdger von Winterthur)	Oberlehnsherrschaft: Bischof von Konstanz. Lehnsinhaber Wernher Rüdger, Bürger von Winterthur	Bebaut durch den Wipf von Seuzach.	6 Mütt Kernen, 5 Malter Hafer sowie Hühner und Eier	
1455–1465, undatiert, Verzeichnis von Lehen des Klosters Reichenau, GLA, 67/1101: Das Kloster Reichenau nimmt von Hans von Griessen ein Gut zu Seuzach auf und verleiht es an Hans Wipf von Seuzach.	Seuzach: «ein Gut»	Oberlehnsherrschaft: Kloster Reichenau. Lehnsträger: Hans von Griessen, abgelöst durch den tatsächlich das Gut bebauenden Hans Wipf	Bebaut durch den neu belehnten Hans Wipf von Seuzach. Zuvor bebaut durch Heini Keller, Heinis Bruder Bertschi und Heinis Sohn	Keine Angabe	Dieses reichenauische Gut erscheint schon in einem zwischen 1428 und 1453 angelegten reichenauischen Lehnsverzeichnis: Das Kloster verlieh damals dieses von Heini Keller bebaute Gut an Wilhelm von Griessen.

1 Datum, Rechtsvorgang, Quelle	2 Ort, Bezeichnung	3 Grundherr/ Lehnsherr/ Zinsempfän- ger	4 Bauer, Abgabe- pflichtige	5 Grundzins, Abgabe pro Jahr	6 Verschiedenes
1462 Eintrag im Rodel des Lazariterhauses Gfenn. StAZH, C II 19 Nr. 94a	Seuzach: ein Hof	Lazariterhaus Gfenn	Waelti Akrer; späterer Zusatz: Peter Müliberg	8 1/2 Mütt Kernen, 2 Mal- ter Hafer, 10 ß Geld, 2 Fas- nachts- und 4 Herbsthüh- ner, 100 Eier	Zinserhöhung auf dem Gfenner Gut um 1/2 Mütt. Zeittypisch: Nach dem Ende der Bevölkerungsdepression circa um 1450 begannen die Grund- zinsen auf ihr früheres Niveau zu steigen.
1462, 4. November Urkunde: Lehnsbrief des Klosters Bee- renberg mit Verleihung des Beeren- berger Hofes in Seuzach zu Erblehen. StAZH, C II 16 Nr. 356	Seuzach: Hof, genannt Beerenberger Hof	Kloster Bee- renberg	Hennsli Ernst von Seuzach	10 Mütt Ker- nen, 2 Malter Hafer, 1 lb Heugeld, 4 Herbst- und 2 Fasnachts- hühner, 100 Eier	
1468, 21. Dezember Eintrag im Ratsprotokoll der Stadt Winterthur: Verleihung eines Gutes. StAW, B 2/3, S. 12	Seuzach: Gut, genannt die «Hůb»	Eine Win- terthurer Körperschaft	Kleinhans Wipf und Brüder	Keine Angabe	
1469, 8. März Urkunde, in der in einem Wasser- rechtsstreit ein Schiedsurteil zwi- schen den Kellern von Ohringen und den Wipf von Seuzach gefällt wird: Erwähnung des Hartmann von Hü- nenberg zu Rapperswil als Lehnsherr des Hofes zu Ohringen. GAS, I A Nr. 4a	Ohringen: Hof zu Ohr- ingen	Lehnsherr: Hartmann von Hünenberg zu Rapperswil, Schwager des Luzerner alt Schultheissen Heinrich von Hunwil	Die Vettern Claus und Hans Keller, als «Lehen- leute» des Hartmann von Hünenberg auf dessen «Hof zu Oh- ringen»	Keine Angabe	Es geht in dieser Urkunde um einen Streit zwischen den Wipf von Seuzach und den Kellern von Ohringen, Letz- tere Lehnsleute des von Hünenberg, um Wässerungsrechte aneinander- stossender Güter und um den Unter- halt der Wässerungseinrichtungen unterhalb der Landstrasse (Münzer- strasse) nach Winterthur im Grenzbe- reich von Seuzach und Unterohringen (zwischen Münzerstrasse/Steinbühl und Chrebsbach). Allerdings waren in jener Gegend die Güter von Seuzach, von Oberohringen und von Unteroh- ringen verzahnt, sodass nicht gesagt werden kann, ob von Oberohringen oder Unterohringen die Rede ist. Die von Hünenberg als Nachfolger des Klosters Kreuzlingen implizieren Oberohringen als wahrscheinlicher.
1469 circa Eintrag im Ratsprotokoll der Stadt Winterthur: Verleihung von Acker- land zu Erblehen. StAW, B 2/3, S. 48	Seuzach: 8 Jucharten Acker in Wöl- flis Grund	Priorin und Konvent der Sammlung zu Winterthur	Hans Attikon	1/2 Mütt Kernen und 1 Herbsthuhn	Es handelt sich um einen Teil des Seu- zacher Gutes der «Sammlung»
1472 Eintrag im «Lehenbuch» der Stadt Zürich. StAZH, F I 50	Seuzach: Konglomerat von zwei Weingärten zu 2 und 7 Juchar- ten mit Trotte am «Berg»/ Heimenstein, 3 Jucharten Acker, zwei Wiesenplätze und «Balbers Gütli»	Oberlehnsherr ist der Stadt- staat Zürich in Nachfolge der Kyburger/ Habsburger.	Lehnsempf- fänger ist die Familie Wipf (die Brüder Kleinhans, Claus und Üli mit ihrem Vater Hans)	Einmalige Lehnstaxe von 3 Gulden	

1 Datum, Rechtsvorgang, Quelle	2 Ort, Bezeichnung	3 Grundherr/ Lehnsherr/ Zinsempfänger	4 Bauer, Abgabepflichtige	5 Grundzins, Abgabe pro Jahr	6 Verschiedenes
1475, 23. Juni Urkunde: Wälti Ackrer von Seuzach nimmt von der Institution der sondersiechen Kinder zu Winterthur ein Darlehen von 20 lb Geld auf und stellt als Pfand sein dieser Institution grundzinspflichtiges Erbgut. GAS, Urkunde I A Nr. 5. Für 1524: GAS, Urkunde I A Nr. 10	Seuzach: Erbgut, genannt das Gut der Kinder am Feld (zu Winterthur). 1524 ist das Gut in Einzelheiten beschrieben. Sein Schwerpunkt ist die Hofstatt im Dorf mit Haus, Scheune, Speicher, zwei Krautgärten und einem Baumgarten. Ferner gehören dazu 2 Jucharten Acker und 1/2 Mannsmad Wiesland.	Die Institution der «armen sondersiechen Kinder» zu Winterthur	Inhaber des Erbgutes: Wälti Ackrer. Inhaber 1524: Viely Ackeret und Elsa, Witwe des Andreas Ackeret	Anlässlich dieser Kapitalverschreibung wird der Grundzins bzw. Erblehnszins dieses Erbgutes genannt: 6 Viertel Kernen und 1 Herbsthuhn	Ackrer erbittet als Siegler den Kyburger Landvogt Schwarzmurer. Schreiben und Besiegelung des Schuldbriefes kostet 9 ß Geld.
1478, 16. März / 1487 Urkunden: Lehnsbrief 1478, mit dem das Spital Winterthur «den Lindberg und Ackren» an Wälti Ackerer zu Seuzach zu Erb- und Zinslehen verleiht, sowie Handänderungsurkunden 1487 betreffend dieses Lehen. StAW, Urkunden Nr. 1434 (für 1478) sowie Nr. 1595 und 1609 und Eintrag im Ratsprotokoll B 2/5, S. 237 (je für das Jahr 1487). Siehe auch oben unter dem Jahr 1300.	Seuzach/ Veltheim/ Winterthur: zwei Güter, nämlich «den Lintberg und Ackren». Zur Lage: wohl auf die Gemeindegebiete von Winterthur, Veltheim und Seuzach verteilt	Spital Winterthur	Wälti Ackerer und Kinder von Seuzach	20 Mütt Kernen und 4 Malter Hafer Winterthurer Mass, 4 lb Geld, 14 Herbst- und 2 Fasnachtshühner sowie 200 Eier	Abgabe des grossen und des kleinen Zehnten ebenfalls ans Spital Winterthur Verpflichtung für Ackerer und seine Erben, innerhalb von drei Jahren ein Haus «auf dem Lindberg» zu bauen und dorthin zu ziehen. Gemäss dem Text des Lehnsbriefs dürften «Scheunen» auf dem Lehen gestanden haben. 1487 ging das Erblehen des inzwischen verstorbenen Ackerers von den Kindern dessen Nachfolgers, Hans Grütmanns selig, an einen Hans Grob über. Noch im selben Jahr wechselte das Hofgebilde die Hand zweimal, nämlich an einen Hans Furrer von Blitterswil und schliesslich an das Spital.
1482 Eintrag im Urbar der zürcherischen Grafschaft Kyburg. StAZH, F IIa 252	Ohringen: Hof (Unterohringen)	Gültzins, welcher der Stadtstaat Zürich von Hans von Landenberg gelöst hat. Herr von Landenberg/ Stadtstaat Zürich	Keine Angabe	28 Mütt Kernen, 6 Mütt Roggen, 6 Malter Hafer, 6 lb Geld, 1 Mütt Bohnen, 1 Mütt Erbsen, 1 Mütt Gerste, 3 lb Heugeld und 200 Eier	
1483 Eintrag im «Lehenbuch» der Stadt Zürich. StAZH, F I 50	Seuzach: 4 Mannwerk Wiese mit Wasserrecht	Oberlehnsherr ist der Stadtstaat Zürich in Nachfolge der Kyburger/ Habsburger.	Lehnsempfänger: Ackrer, auch für seine Mutter Elle und seine Geschwister	Keine Angabe	
1488 Eintrag im Urbar der St.-Antonius-Pfrund der Stadtkirche Winterthur. StAW, B 3e 3b	Seuzach: ein «Gütli»	St.-Antonius-Pfrund der Stadtkirche Winterthur	Keine Angabe	2 Mütt Kernen, 2 Mütt Hafer sowie 1 Mütt «den armen Kindern im Spital»	

1 Datum, Rechtsvorgang, Quelle	2 Ort, Bezeichnung	3 Grundherr/ Lehnsherr/ Zinsempfänger	4 Bauer, Abgabepflichtige	5 Grundzins, Abgabe pro Jahr	6 Verschiedenes
1494, 1. Dezember Urkunde: Die Herren von Randegg verkaufen der Stadt Winterthur den Kehlhof, das Widum und den Kirchensatz zu Seuzach. StAW, Urkunde Nr. 1753	Seuzach: Kehlhof, Widum und Kirchensatz	Herrschaft von den Herren zu Randegg zur Stadt Winterthur (bzw. dessen Spital) überwechselnd. Dienstadel Spital Winterthur	Keine Angabe	Keine Angabe	Kaufpreis: 300 Gulden
1494 Eintrag im «Lehenbuch» der Stadt Zürich. StAZH, F I 50	Seuzach: der sechste Teil der Hube zu Seuzach sowie der sechste Teil von Reben zu Seuzach	Oberlehnsherr ist der Stadtstaat Zürich in Nachfolge der Kyburger/ Habsburger	Lehnsempfänger: Heintz Wipf	Keine Angabe	
1494 Eintrag im «Lehenbuch» der Stadt Zürich. StAZH, F I 50	Seuzach: zwei Sechstel der obengenannten Hube und Reben	Oberlehnsherr ist der Stadtstaat Zürich in Nachfolge der Kyburger/ Habsburger.	Lehnsempfänger: Claus und Bertschi Wipf	Keine Angabe	
1494 Eintrag im «Lehenbuch» der Stadt Zürich. StAZH, F I 50	Seuzach: die Hälfte der obengenannten Hube und Reben	Oberlehnsherr ist der Stadtstaat Zürich in Nachfolge der Kyburger/ Habsburger.	Hans Wipf, Untervogt	Keine Angabe	
1492/1501 Eintrag im «Lehenbuch» der Stadt Zürich. StAZH, F I 50	Seuzach: 1 Weingarten zu 2 Jucharten, 1 Weingarten mit Trotte zu 1 Jucharte, 3 Jucharten Acker und 2 «Wiesenplätzli»; 1 Gut, genannt «Balbers Gut»	Oberlehnsherr ist der Stadtstaat Zürich in Nachfolge der Kyburger/ Habsburger.	Brüder Hans, Heini, Bartlome und Peter Wipf sowie deren Vetter Heinrich Wipf. Das Lehen ist bei der Neuverleihung bereits in deren Besitz.	Keine Angabe	
1500 circa Eintrag im Urbar der Pfrund Johann Evangelist. Pfandzins ab einem auf dem «Höfli» lastenden Schuldpfand. StAW, B 3e 3a	Seuzach: ein «Höfli»	Wahrscheinlich: Kirche Seuzach. Zuvor: der «Rossberger»?	«Ackrer»	Keine Angabe	Das Höfli umfasst 2 Mannwerk Wiesland, weitere Wiesen sowie 7 Jucharten Acker in den drei Zelgen und 2 Hölzer. Kaufpreis von 40 Gulden, ein Kapital, das der Bebauer Ackrer zu 2 Gulden verzinst.
1500, 27. April Eintrag im Rodel der der Pfarrpfrund und Junker von Hallwil zehntpflichtigen Güter zu Seuzach. Darin auch die Zinsverhältnisse von Widum- und Kehlhof. Ursprünglich StAW, nun StAZH, F IIc 73a	Seuzach: Widumhof und Kehlhof	Spital Winterthur, Kirche Seuzach	Widum: «Ackerer» Kehlhof: keine Angabe	Widum: Grundzins zelgenweise wie unter dem Jahr 1516 unten aufgeführt. Kehlhof: 6 Mütt Kernen und 7 Mütt Hafer (beide Posten je zur Hälfte der Kirche Seuzach und dem Spital Winterthur zustehend)	Widum: Ackerer als Lehnsinhaber des Widums ist verpflichtet, den «Wucherstier» (Zuchtstier für die Gemeinde) zu halten, ist aber im Gegenzug vom Heuzehnten ab seinen Wiesen befreit. Kehlhof: Von ihrer Hälfte des Zinses muss die Kirche 1/2 Mütt Kernen und 1 Mütt Hafer für die Feier der Jahrzeit für den von Neuenburg durch den Priester abtreten, gemäss «Inhalt des Jahrzeitbuches»; ebenso hat die Kirche 4 Mütt Kernen dem Sigristen abzutreten, um den Altar zu unterhalten, das ewige Licht im Chor zu gewährleisten, und schliesslich für die Gemeinde Seuzach das «Vaselschwin» (Zuchteber) zu halten.

1 Datum, Rechtsvorgang, Quelle	2 Ort, Bezeichnung	3 Grundherr/ Lehnsherr/ Zinsempfänger	4 Bauer, Abgabepflichtige	5 Grundzins, Abgabe pro Jahr	6 Verschiedenes
1511, 23. Januar Urkunde: Heinrich Wipf und dessen Söhne, Jacob, Peter und Conrad, sowie Claus und Martin Wipf, alle zu Seuzach, urkunden: Sie bekennen, dem Lazariterhaus Gfenn ab ihrem Hof, genannt der Gfenner Hof zu Seuzach, einen jährlichen ewigen Zins von 1 lb Geld schuldig zu sein. StAZH, C II 19 Nr. 192	Seuzach: «Gfenner Hof»	Seit 1263: Lazariterhaus Gfenn. 1511 ist die Grundherrschaft des Klosters am Hof durch die Wipf bereits losgekauft.	Verschiedene Wipf	Kein Grundzins, da dieser durch die Bauern Wipf losgekauft worden ist.	Interessanter Fall: Indirekt ist ein früher Loskauf des Grundzinses durch die Bauern dokumentiert. Rechtlich bleibt der Hof aber mit «Gfenn» (nach 1525 dem Zürcher Spital einverleibt) durch den Geldzins von 1 lb bis ins Jahr 1855 verbunden. Erst dann wird dieser Zins mit 28 Franken losgekauft. Siehe Dorsualvermerk der Urkunde von 1511.
1512 Eintrag im Urbar der minderen Prokurei der Stadtkirche Winterthur. StAW, B 3e 3d	Seuzach/Hettlingen: Acker, Weide und Weinberg, gelegen unter dem «Schloss Heimenstein»	Mindere Prokurei der Stadtkirche Winterthur	Stocker von Hettlingen	1 Goldgulden	Erwähnung von «Schloss Heimenstein»
1516 Eintrag im Urbar des Spitals Winterthur: Abschrift des Lehnsbriefes von 1516 mit Verleihung «des Spitals Widum» zu Seuzach an Uli Ackerer daselbst zu Erblehen. StAW, B 3e Nr. 54, fol. 186 r	Seuzach: Widum des Spitals Winterthur zu Seuzach	Spital Winterthur	Uli Ackerer	Wenn die Zelge gegen das Brandholz Korn trägt: 4 Mütt Kernen, wenn sie Hafer trägt: 1 Malter Hafer; wenn die Zelge zu dem Letten Korn trägt: 6 Mütt Kernen, wenn sie Hafer trägt: 1 Malter Hafer; wenn die Zelge zum Hofacher Korn trägt: 7 Mütt Kernen, wenn sie Hafer trägt: 1 1/2 Malter Hafer; sodann 1 Fasnachtshuhn, 2 Herbsthühner, 50 Eier	Der Lehnsträger des Widums ist verpflichtet, für das Dorf den Eber und den «Wucherstier» (Zuchtstier) zu halten. Im Jahr 1500 (siehe oben) war die Pflicht zur Haltung der Zuchttiere des Dorfes noch auf das Widum (Zuchtstier) und den Kehlhof (Zuchteber) verteilt gewesen. Ebenfalls erscheinen dort beim Kehlhof das Spital Winterthur und die Kirche Seuzach als Zinsbezüger teils getrennt (was nur administrative Bedeutung hatte, rechtlich gehörte die Kirche seit 1494/95 ohnehin dem Spital).
1521, 4. Mai Urkunde, ausgestellt durch Peter Wipf von Seuzach in seiner Funktion als Gerichtsweibel der Grafschaft Kyburg: Das dem wegen Verschuldung landesabtrünnigen Heinrich Borat von Seuzach gehörende Gut «Baumgarten» wird zwecks Bezahlung seiner Schulden an die Gemeinde Seuzach zwangsverkauft. Kaufpreis 107 Gulden. GAS, I A 8	Seuzach: Gut «Baumgarten»	Offensichtlich keine Grundherrschaft	Heinrich Borat bzw. in dessen Nachfolge die Gemeinde Seuzach	Ausdrücklich: Es ist «kein Grundzins» zu entrichten	Das Gut liegt weit ausserhalb der Dorfsiedlung «zwischen Winterthur und Seuzach», anstossend an das Holz derer von Ohringen, an die Föhren derer von Veltheim und drittens an die Landstrasse, welche durch das Oberholz (Amelenberg) nach Winterthur verläuft. Dass kein Grundzins zu entrichten war, der Zehnt hingegen schon, deutet wie die Randlage auf eine jüngere Rodung hin.

1 Datum, Rechtsvorgang, Quelle	2 Ort, Bezeichnung	3 Grundherr/ Lehnsherr/ Zinsempfän- ger	4 Bauer, Abgabe- pflichtige	5 Grundzins, Abgabe pro Jahr	6 Verschiedenes
1525 Eintrag im Zinsbuch der zürcheri- schen Grafschaft Kyburg. StAZH, F IIa 253	Ohringen: Hof (Unteroh- ringen)	Stadtstaat Zürich	Bärtschy (Keller) von Ohringen. Dessen Bruder von Oberohr- ingen gibt 2 1/2 lb an den Zins.	28 Mütt Ker- nen, 6 Mütt Roggen, 6 Mal- ter Hafer, 6 lb Geld, 1 Mütt Bohnen, 1 Mütt Erbsen, 1 Mütt Gerste, 3 lb Heugeld, 200 Eier	
1525 Eintrag im Verzeichnis der Eigenleute des Klosters Petershausen in Kon- stanz. StAZH, C II 16 Nr. 2050	Seuzach	Kloster Peters- hausen	Das «Gretlin» zu Seuzach, das den «Wan- wyer» gehabt hat, und ihre Kinder werden als Eigenleute von Petershausen aufgeführt.		
1526, 10. Oktober Kopie einer durch den Kyburger Landvogt Lavater im 16. Jahrhundert ausgestellten Urkunde. KAS, Akte II A Nr. 1. Das Spital Winterthur und die Pfarr- kirche Seuzach verkaufen die Erbge- rechtigkeit des Kehlhofes zu Seuzach, den sie je zur Hälfte zu Grundeigen- tum innehaben, an Heini Werli Borat von Seuzach, und zwar für 110 Gulden,	Seuzach: Kehlhof	Spital Win- terthur und Pfarrkirche Seuzach je zur Hälfte	Heini Werli Borat	Grundzins von je 3 Mütt Kernen und 3 1/2 Mütt Hafer an das Spital Win- terthur und an die Pfarrkirche Seuzach (also total 6 Mütt Kernen und 7 Mütt Hafer Winterthurer Mass)	Zuvor hatten die Lehnsträger den Kehlhof offensichtlich als Hand- bzw. Schupflehen inne, das heisst, sie konn- ten nach beispielsweise sechs Jahren vom Hof «geschupft» werden. Mit dem Kauf der Erbgerechtigkeit erwarb Borat das sekundäre Grundeigentum, das heisst, er konnte den Hof vererben und auch verkaufen, musste aber wei- terhin den Grundzins entrichten.
1530 Eintrag im Urbar des in der Säkulari- sierung befindlichen Klosters Beeren- berg (integriert in das neu gebildete staatliche Klosteramt Winterthur). StAZH, F IIa 463	Seuzach: Beerenberger Gut	Stadtstaat Zürich in Nachfolge des Klosters Bee- renberg	Rüdy Ernst	10 Mütt Ker- nen, 2 Malter Hafer, 1 lb Geld, 100 Eier, 2 Fasnachts- und 2 Herbst- hühner	Im Urbar wird ausdrücklich auf die Bildung dieses Hofes durch Einzelteile 1383, 1395 und 1399 (siehe unter die- sen Jahren) verwiesen.

Quellen: Die Quellenbelege zur Tabelle 1 sind in der ersten Spalte einzeln aufgeführt.
Zusammenfassend: Thurgauisches Urkundenbuch, Nr. 19, 31, 1822, 2689, 4592; Urkundenbuch der Stadt und Landschaft Zürich, Nr. 1216, 1242; Das Habsburgische Urbar (mehrere Einträge); Urbare und Rödel der Stadt und Landschaft Zürich. Von den Anfängen bis 1336, bearbeitet von Werner Schnyder, Zürich 1963, Nr. 108; Ur- kundenregesten des Staatsarchivs Zürich, Nr. 1735, 2005, 2896, 2897, 3825, 9280; StAZH, A 156.2; C II 16 Nr. 356, 2050; C II 19 Nr. 94a, 152; F I 50 (mehrere Einträge); F IIa Nr. 252, 253, 461, 463; F IIc Nr. 37a; GAS, Urkunden I A Nr. 1, 2, 3, 4a, 5, 8; KAS, Akte II A Nr. 1; Stadtarchiv Winterthur, Urkunden Nr. 392, 640, 810, 888, 1434, 1595, 1609, 1793; Ratsprotokolle B 2/1, 2/3, 2/5; Urbare, Rödel B 3e 3a, 3e 3b, 3e 3d, 3e Nr. 54; StATG, Zinsbuch des Klosters Kreuzlingen, Lade XXI, Nr. 5; Die Urkunden der Stadt Schaffhausen, Nr. 780; Stadtarchiv Schaffhausen, Urkunde A I Nr. 1513; GLA, 67/1099, 67/1101, 67/1104.

2.2 BETRACHTUNGEN ZU DEN GRUNDHERRSCHAFTLICH-BÄUERLICHEN VERHÄLTNISSEN, 1125–1525/30

2.2.1 Hof Oberohringen

Der *Hof Oberohringen*, 1125 von der Grundherrschaft des Bischofs von Konstanz in diejenige des bischöflichen Gotteshauses Kreuzlingen übergehend, wurde sprachlich 1363 erstmals als Oberohringen spezifiziert. Diese Herrschaft des Klosters Kreuzlingen ist letztmals im Einnahmenrodel von 1440 nachgewiesen. Hier wird der für den Hof zu entrichtende jährliche Grundzins mit 20 Mütt Kernen, 18 Schilling Geld und einem Fasnachtshuhn festgehalten, zuvor waren es – ebenfalls diesem Eintrag zu entnehmen – 24 Mütt Kernen und die Leistung von zwei Frontagen. Nach der Mitte des 15. Jahrhunderts sind der Hof und der Zins in den Quellen des Klosters Kreuzlingen nicht mehr nachgewiesen. Dies könnte bedeuten, dass die Bauern den Zins losgekauft hatten, ähnlich wie die Wipf um 1500 den Grundzins ihres Gfenner Hofes zu Seuzach. Nicht ganz auszuschliessen ist aber ein Verkauf der unmittelbaren Grundherrschaft durch das Kloster an die Herren von Hünenberg (siehe Tabelle 1, 1469). Im Steuerverzeichnis der Stadt Zürich von 1463 erscheint in Oberohringen Cůeni Húrner als Steuerzahler. In einem undatierten, jedoch in die mittleren 1460er Jahre anzusetzenden Steuerverzeichnis wird zu Hurner vermerkt: Er «hœrt gen Crútzlingen», ist also dem Kloster Kreuzlingen zugehörig. Schon in den Verzeichnissen ab 1467 ist er nicht mehr aufgeführt, was die These eines Übergangs von Oberohringen vom Kloster Kreuzlingen zu den Herren von Hünenberg in der zweiten Hälfte der 1460er Jahre untermauert. Der unmittelbaren Grundherrschaft des Gotteshauses Kreuzlingen übergeordnet war auch in Oberohringen die Herrschaft des Hauses Kyburg (siehe Tabelle 1, 1263).

2.2.2 Hof Unterohringen

Beim *Hof Unterohringen* hingegen kam es zu keiner Aufteilung der direkten Grundherrschaft und der übergeordneten Herrschaft. Sie wurden erstmals 1264 erwähnt und standen – eben-

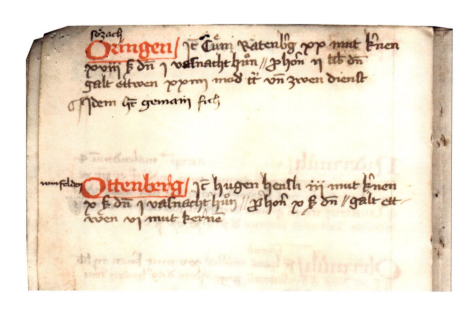

6_Eintrag in dem im Jahre 1440 angelegten Zinsbuch des Klosters Kreuzlingen: Für den Hof Ohringen (gemeint ist der Hof Oberohringen, hier im Zinsbuch nachträglich verifiziert mit der Kirchgemeindebezeichnung «soezach») entrichtet Cueni Ratenberg 20 Mütt Kernen (eine gute Tonne), 18 Schilling Geld und 1 Fasnachtshuhn.

falls in Nachfolge der Kyburger – dem Haus Habsburg-Österreich zu. Die spezifische Bezeich-nung Unterohringen erschien erstmals 1279 («inferior Orringen»).

Die gemeinsame Wurzel von Ober- und Unterohringen kommt im Eintrag des Habs-burger Urbars um das Jahr 1300 schön zum Ausdruck, wo für beide Höfe das niedere und das hohe Gericht bei Habsburg-Österreich liegt. Beide Höfe waren – ihrer Grösse entsprechend – für den Grundherrn recht ertragreich. Unterohringens Grundzins, erstmals 1264 aufgeführt, betrug über Jahrhunderte hinweg 28 Mütt Kernen, 6 Mütt Roggen, 6 Malter Hafer, 3 Mütt Schmalsaat (zum Beispiel Erbsen, Bohnen, auch Gerste), Schweine (später durch Geld er-setzt), Heugeld sowie Eier und blieb selbstverständlich auch nach dem Übergang der Graf-schaft Kyburg von Habsburg-Österreich an den Stadtstaat Zürich (1424 und 1452) als Einkunft der nunmehr zürcherischen Landvogteiverwaltung bestehen. Im Unterschied zu Oberohrin-gen, dessen unmittelbare Grundherrschaft über 300 Jahre bei der Toten Hand, beim Kloster Kreuzlingen, lag, wurde Unterohringen durch die stets geldbedürftige weltliche Herrschaft immer wieder verpfändet: 1290 an den Winterthurer Bürger Johann Kloter, um 1320 an den Dienstadligen Heinrich von Hettlingen, 1366 für die damals sehr hohe Summe von 700 Gul-den an einen Heinrich, genannt Herr ab dem Bolle, in dessen Nachfolge um 1380 sein Sohn, der Herr von Appol von Rapperswil, genannt wird. Wahrscheinlich ging danach der Hof pfandweise an die von Landenberg über (siehe Tabelle 1, 1366, Rubrik Verschiedenes). Als mögliche Pfandinhaber auch des Hofes Unterohringen[9] erscheinen um 1469 die von Hünen-berg. Eindeutig ab spätestens 1482 war das Pfand wieder ausgelöst und stand entsprechend die unmittelbare Grundherrschaft wieder der 1452 zürcherisch gewordenen Grafschaft Ky-burg zu.

2.2.3 Siedlung und Dorf Seuzach

Die Siedlung *Seuzach* bietet sich aufgrund der noch vorhandenen Quellen sehr viel komple-xer dar. Die Herrschaft Kyburg beziehungsweise in deren Nachfolge Habsburg-Österreich erscheint als wichtiges Element. Ihr vorgelagert dürfte teilweise der Bischof von Konstanz gewesen sein. Den Kyburgern/Habsburgern rechtlich nachgelagert waren vielfach Gottes-häuser: in der schriftlichen Erstnennung das etwas entfernte Lazariterhaus Gfenn (Düben-dorf), dann Gotteshäuser auf dem Platz oder in der Umgebung von Winterthur, früh schon Heiligenberg, dann Beerenberg, die Stadtkirche Winterthur, weitere geistliche Institutionen, das Spital Winterthur. In diesem Geflecht von unmittelbarem, verliehenem, verpfändetem Grundbesitz treten auch Dienstadelige (von Widen, von Heimenstein, von Klingen, von Gol-denberg, von Randegg) und mehr noch Bürger von Winterthur und Schaffhausen auf. Die frühe grundherrschaftliche Dominanz von Kyburg/Habsburg erscheint wie gesagt beim Gfenner Hof (1263) und wird bei einem zweiten Komplex, dem Kehlhof und dem Widum zu Seuzach, aktenkundig. 1353 verliehen die Herren von Randegg ihnen ihrerseits von Habs-burg verliehene Güter zu Seuzach. Möglicherweise handelte es sich um den Kehlhof und das Widum, Güter, welche – nunmehr klar definiert – die von Randegg 1494 zusammen mit dem Kirchensatz an das Spital zu Winterthur verkauften. Mit dem Übergang der im habsburgi-schen Besitz befindlichen Grafschaft Kyburg an den Stadtstaat Zürich wurde zudem kleiner Streubesitz in die Lehnshoheit Zürichs transferiert.

Ein Kehlhof war mindestens dem Modell nach ein zentraler Verwaltungshof mittel-
alterlicher Herrschaft. Das wird in Seuzach dadurch bekräftigt, dass dieser Hof den Zucht-
eber zu stellen hatte (siehe Tabelle 1, 1500). Ein Widum dagegen war vorerst einmal Lehnsgut
geistlicher Herkunft. In Seuzach aber hatte dieses Widum den Zuchtstier für das Dorf zu stellen (siehe Tabelle 1, 1500), was ebenfalls auf einen zentralen grundherrlichen Hof hinweist.
Beide, Kehlhof und Widum, dürften zeitlich vor Kyburg/Habsburg dem Bischof von Konstanz zugestanden haben.

2.2.4 *Heimenstein*[10]

Geschichtlich liegen die Burg und die Herren von Heimenstein von den Anfängen bis zum
baulichen Verfall der Feste im 17. Jahrhundert ziemlich im Dunkeln; allfällige mit der Burg
verbundene herrschaftliche Rechte sind nicht erkennbar.

1279 und 1289 traten ein Conrad und ein Wilhelm von Heimenstein als Zeugen bei
Geschäften des niederen Adels – ohne Bezug auf den Sitz Heimenstein – in Erscheinung. 1334
übergab Johans von Heimenstein den sogenannten Neugrüt-Acker dem Stift Heiligenberg,
1340 verkauften die Geschwister von Heimenstein einem Winterthurer Bürger einen Güterkomplex zu Seuzach. Ein Lehnsakt von 1345 weist die «Burg» Heimenstein als Lehen des
Klosters Reichenau aus, ein Lehen, das gemäss diesem Rechtsakt in der zweiten Hälfte des
13. Jahrhunderts die Herren von Laufen innehatten. Die Aussage der kopialen Überlieferung
des Lehnsaktes von 1345 ist bezüglich Reichenau nicht restlos eindeutig, jedoch glaubwürdig,
da Reichenau auch sonst über Lehnsrechte in Seuzach verfügte. 1419 ist ein von Heimenstein
als Bürger von Winterthur nachgewiesen. 1427 verlieh Herzog Friedrich von Österreich Lehen
zu Seuzach an Egli von Heimenstein.

Die «Burg» als Baukörper wird 1487 erneut – wie schon 1345 – angesprochen. Als die
Gemeinde Hettlingen 1494 vom Seuzacher Ueli Ackeret das 40 Jucharten umfassende Gut,
gelegen zu Heimenstein, kaufte, wurde der «Burghof» als angrenzend genannt.[11] War dies
der unmittelbare Vorhof der Burg oder ein zur Burg gehörender landwirtschaftlicher Hof?

1512 wird in einer authentischen Quelle gar vom «Schloss Heimenstein» gesprochen.
Wenn allerdings 1566 Jos Murer in seiner Kantonskarte den Heimenstein in der Art eines
eckigen Steinturms einzeichnet, so war dies wohl symbolisch gemeint und kann nicht als
realistisches Abbild gelten, ebenso wenig wie Hans Conrad Gygers Zeichnung der Burg in
seinen Kartenwerken des 17. Jahrhunderts. Real von der Burg erfahren wir erst wieder, als
die Antiquarische Gesellschaft in den 1920er Jahren am Heimenstein Sondierungsgrabungen
vornahm und auf einschlägige Bollensteine stiess. Das heisst nun aber auch: Es war eine einfache Burg, wohl kaum mehr als der Sitz einer etwas grösseren Landwirtschaft.

3. Verdorfung, Verfestigung

Die Erstnennung Ohringens (1125) fällt in den Zeitraum des Hochmittelalters, diejenige Seuzachs (1263) in das anhebende Spätmittelalter. Zivilisatorisch und wirtschaftlich liegen beide Daten aber im mehr oder weniger gleichen Trend: die Bevölkerung wuchs in Europa in jenen Jahrhunderten stark an, Siedlungen und Getreideanbauflächen (vor allem durch grosse Rodungen) breiteten sich aus.

Während beide Ohringen Einzelhöfe blieben und erst in der Neuzeit dörflichen Charakter annehmen sollten, durchlief Seuzach offensichtlich den typischen Prozess, der in der wissenschaftlichen Literatur etwa als «Verdorfung»[12] charakterisiert wird. Aus stark herrschaftsabhängigen Einzelsiedlungen und -höfen bildete sich ein örtlich geschlossener «Siedlungsverband» heraus. Neben die «vertikal-herrschaftliche Abhängigkeit der Höfe» trat die «horizontal-genossenschaftliche Organisation des Gemeindeverbandes», welcher die zunehmend in drei Zelgen aufgeteilte Ackerflur, die gemeine Weide und das gemeine Holz eigenständig zu verwalten begann. Die feudalen Abgaben an den Grundherrn blieben zwar, verloren aber ihren auf die Person bezogenen Charakter und wurden dinglich. Die ursprünglich mit der Grundherrschaft verknüpfte Gerichtsherrschaft bezog sich entsprechend weniger auf den grundabhängigen Einzelhof als auf eine ganze Dorfschaft, was ebenfalls von der Person abstrahierte.

Inwiefern die in der Seuzacher Urkunde von 1263 genannten drei Hofbewohner schon Glieder einer Dorfgenossenschaft waren, wie weit sich schon die genossenschaftliche Dreizelgenwirtschaft entwickelt hatte, lässt sich nicht sagen. Hingegen scheint ihre Abgabepflicht gegenüber der Herrschaft bereits auf die 22 1/2 Stuck Getreide und Geld verdinglicht gewesen zu sein; jedenfalls sind keine an den Leib gebundenen Frondienste aufgeführt. In einer Urkunde des Jahres 1343 wird ein Gut, das dem Spital zu Winterthur übergeben wurde, gekennzeichnet: «lit ze Sœzach in dem dorfe».[13] Mag das lateinische Villa Seuzach in der oben aufgeführten Urkunde von 1263 noch zu wenig konzis auf ein Dorf hinweisen, so ist der Ausdruck hier eindeutig. 1361 (siehe Tabelle 1) ist die Dreizelgenwirtschaft, welche in der Regel eine funktionierende Dorfgenossenschaft impliziert, im Habsburger Urbar eindeutig belegt (es ist die Rede von drei Äckern, in «jeglicher Zelge» einer).

Die zunehmende Fixierung der Bauern und Bewohner in dörflichen Siedlungskernen, die entsprechende Territorialisierung, manifestiert sich auch in der Bautechnik. An die Stelle der Gruben- und Pfostenhäuser des Früh- und Hochmittelalters, die gut nach den Bedürfnissen der Herrschaft versetzt werden konnten, traten an den Bauplatz gebundene Ständerhäuser auf Eichenschwellen und Steinfundamenten. In die Richtung eines festen Hauses weisen, wenn auch im Kontext spät, die Vorschriften für den Hausbau auf dem Güterkomplex Ackern-Lindberg aus dem Jahr 1478.[14]

Auch rechtlich wurden in jener Epoche gewisse Fundamente gelegt, begann sich doch römisches Recht teilweise zu etablieren, was ungeschriebene und geschriebene Verträge unter anderem zwischen Herren und Bauern ermöglichte und überhaupt eine Ständegesellschaft begünstigte, in der jeder Stand nicht gleiche, aber eigene Rechte besass, selbst der Stand der Taglöhner.

4. Spätmittelalterliche Krise

4.1 ALLGEMEINER BEVÖLKERUNGSRÜCKGANG INFOLGE KLIMAVERSCHLECHTERUNG UND PEST

Bis um das Jahr 1300 setzten sich Bevölkerungswachstum und Landesausbau fort. Danach folgte eine Stagnation von mehr als 150 Jahren.

Die europäische Hungersnot von 1309–1317 als Folge von Klimaverschlechterung und entsprechenden Ernteausfällen führte zu Mangelernährung, Krankheit und Tod. Die sich ab 1347 vom Süden nach dem Norden Europas ausbreitende, grosse Pestwelle erreichte auch die Schweiz und ist in der Zürcher Chronistik für das Jahr 1349 festgehalten. Europaweit sollen 30–40 Prozent der Bevölkerung der Seuche erlegen sein. Die Fachliteratur nennt beispielsweise eine Bevölkerung für Deutschland (die nachmalige Schweiz praktisch inbegriffen) und Schweden von zusammen 12–14 Millionen Einwohnern um das Jahr 1300; um 1450 sollen es infolge von Pest, schlechter Witterung und sehr langen Kriegen (in der Schweiz und im Zürcher Gebiet der Sempacher- und der Alte Zürichkrieg) noch 7 1/2 Millionen gewesen sein.

Fundierte Angaben zur Bevölkerungszahl erhalten wir für den Kanton Zürich erst mit den Steuerlisten des 15. Jahrhunderts. Im Jahr 1467 zählte das nachmalige Kantonsgebiet 25 500 Einwohner, davon die Stadt Zürich 4000. Seuzach wies in jenem Jahr zehn Haushaltungen mit total 75 Personen auf, die beiden Ohringen zwei Haushalte mit total 13 Personen.[15]

4.2 DIE AGRARKRISE IN SEUZACH UND OHRINGEN

Da frühere Vergleichswerte fehlen, sind konkrete Angaben zu einem spätmittelalterlichen Niedergang auch für Seuzach nicht möglich. Hingegen sprechen einige interessante Indizien dafür. Im Urbar des Winterthurer Chorherrenstifts des Jahres 1398 (siehe Tabelle 1) hat der Sempacherkrieg seine Spuren hinterlassen. An einigen Orten, auch in Seuzach, musste das Stift seine Grundzinsen herabsetzen, ein untrügliches Zeichen einer Agrarkrise, hier eben infolge von Krieg. Heiligenberg nannte damals zu Seuzach ein von Ulrich Grüss bebautes Gut («bonum») sein Eigen, das «immer» einen jährlichen Zins von 3 Mütt Kernen sowie Hühner und Eier entrichtet habe, nun aber nur noch 6 Viertel Kernen (= 1 1/2 Mütt) gebe, also lediglich die Hälfte an Getreide und an Hühnern und Eiern überhaupt nichts mehr. Das offensichtliche Abgehen einer Mühle in Seuzach vor dem Jahr 1427 ist ebenfalls ein Indiz für eine Krisenzeit (siehe Tabelle 1).[16]

Aus den Dokumenten der 1440er Jahre sind weitere Hinweise auf Zinsverminderungen und damit auf Schwierigkeiten des Landbaus zu erkennen. 1440 meldet das Kreuzlinger Urbar für den Hof Oberohringen eine Zinsverminderung von 24 Mütt Kernen auf 20 Mütt und das Wegfallen von zwei Frondiensttagen, und 1449 wird eine Zinsverminderung des Seuzacher Hofes des Klosters Gfenn dokumentiert, die 1462 durch eine leichte Erhöhung abgelöst wurde, ein typisches Zeichen der agrarischen Erholung nach dem Ende des Alten Zürichkrieges (siehe Tabelle 1).[17] Ein weiteres Indiz für eine Anbaukrise könnten (allerdings unsichere) Spuren einer abgegangenen Siedlung beziehungsweise sogenannten Wüstung südlich des wegen des Baus der Autobahn abgerissenen Schützenhauses (Flur Grüt/Rolli) sein.[18] Vielleicht wurde an dieser Stelle in der Erholungsphase wieder ein Hofgebilde errichtet; jedenfalls wird 1476 ein «Hof im Grüt» erwähnt.[19] 1344 wird ein nachmaliges Winterthurer Spitalgut zu Seuzach beurkundet, das, wie eine spätere, undatierte Bemerkung auf der Rückseite der Urkunde belegt, im 15. Jahrhundert in mehrere Güter zerfallen war, denen man «nachfragen» solle.[20] Auch dies ist ein typisches Indiz der Zeit. Weil die Bauern häufig wechselten oder das Land gar unbebaut blieb, bildeten sich später nicht mehr identifizierbare Güter.

Nicht ganz durchschaubar präsentiert sich das Hofgebilde Ackern und Lindberg im Grenzgebiet zwischen Seuzach, Veltheim und Winterthur. Es erscheint in den Habsburger Rödeln vor und um das Jahr 1300 und brachte der Herrschaft einen Grundzins von zusammen 12 Mütt Kernen, 3 Malter Hafer, je 10 Schilling Geld für 2 Schweine sowie von 7 Hühnern und 75 Eiern ein. Erst im späteren 15. Jahrhundert wird es wieder – nunmehr als Grundeigentum des Spitals zu Winterthur – aktenkundig, wobei Ackern und Lindberg, die um 1300 noch getrennt aufgeführt waren, praktisch als Einheit erscheinen. Das Spital wollte – offenbar nach einem Niedergang – das Hofgebilde wieder ausbauen. Es verlieh 1478 die Güter für 20 Mütt Kernen, 4 Malter Hafer, etwas Geld sowie Hühner und Eier an Wälti Ackerer zu Seuzach, mit der Verpflichtung für diesen, innerhalb von drei Jahren ein Haus auf dem Lindberg zu bauen und es zu beziehen. Für den Bau der Stube des Hauses, das 16 Säulen aufweisen sollte, versprach das Spital, Holz aus dem Spitalwald auf die Hofstatt zu liefern. Zudem sollte Ackerer zu den gleichen, günstigen Konditionen wie Winterthurer Bürger Dachziegel erhalten. Das Ziegeldach spricht für ein für die Zeit sehr stabiles Haus, also für eine feste Siedlungsabsicht. Die Ansiedlung scheint nicht gelungen zu sein. Wir hören 1487 nochmals von diesem Gütergebilde, danach dürfte der Hof mit Wald zugewachsen sein.[21]

Dieses wahrscheinlich hochmittelalterliche Rodungsgebiet lag nicht nur geografisch ausserhalb der Siedlungkerne, es dürfte sich auch landwirtschaftlich-ökonomisch um Grenzertragsböden gehandelt haben. Dies könnte für das unter dem Jahr 1521 in der Tabelle 1 aufgeführte Gut «Baumgarten» im Bereich des Amelenbergwaldes auf der Seuzacher Seite ebenfalls zugetroffen haben, dessen Eigentümer wegen Überschuldung ausser Landes geflohen war. Die Gemeinde, welche das Gut erworben hatte, machte es zu Weideland. Selbst wenn die Böden genügend ertragreich gewesen wären, so waren in jener Zeit der dorfgenossenschaftlich organisierten Landwirtschaft abgelegene Hofgebilde kaum überlebensfähig.

4.3 PLÜNDERUNG VON SEUZACH IM ALTEN ZÜRICHKRIEG

Eine unmittelbare Kriegsverwüstung erlitt Seuzach am Ende des Alten Zürichkrieges. Der Zeitgenosse Franz Bischof, genannt der Schulmeister von Wil, berichtet, dass am 20. Januar 1445 eine Schar von 130 Söldnern von Wil (St. Gallen) nach Seuzach zog, dort 80 Stück «gutgewadetes» Vieh und 23 Pferde erbeutete und sieben Männer erschlug. Selbst hätten die Angreifer nur einen Mann verloren.[22]

Diese chronikalische Überlieferung belegt, was die spätmittelalterlichen Kriege wirklich waren: eine über Jahre und Jahrzehnte nie abbrechende Folge von Raubzügen, Überfällen, Flurverwüstungen, Totschlägen, Brandschatzungen, Brandstiftungen, fehdeartigen Kleinkriegen. Grössere Schlachten wie die von St. Jakob an der Sihl (1443) und St. Jakob an der Birs (1444) wurden in ihrer Bedeutung vor allem durch die spätere Geschichtsschreibung überhöht. Sollten die nach Wil abgeführten 80 Stück Rindvieh und 23 Pferde der Wirklichkeit entsprechen – und das dürfte so sein –, hatte die Gemeinde damit praktisch die gesamte Viehhabe verloren, was einer Katastrophe sondergleichen gleichkam.

5. Kirche

5.1 ERSTE ERWÄHNUNG UND WEIHE

Der in Seuzach von 1642 bis 1680 als Pfarrer tätige Jakob Sulzer hatte – wie er schriftlich überlieferte – einen «zerrissenen Kalender» in seinen Händen, der die Weihe der Kirche Seuzach festhielt. Es dürfte sich dabei um das spätmittelalterliche Jahrzeitbuch der Kirche Seuzach gehandelt haben, das – bereits im 17. Jahrhundert beschädigt – später verlorenging. Ein Jahrzeitbuch ist eine überaus zuverlässige Quelle, wurden doch darin die Rechtsakte gestifteter Jahrzeiten festgehalten. Und die in einem solchen Rechtsbuch – allerdings ihrerseits auch nur chronikalisch – festgehaltene, spezifisch dem heiligen Martin geltende Weihe der Kirche ist sehr plausibel. Sulzer schreibt:

«Von dieser Kirchen Seuzach Aelte ist in einem alten, zerrissnen Calender also gefunden worden: ‹Anno ab incarnatione domini Millesimo Centesimo trigesimoprimo, sexto Calendas Iulii, dedicata est haec ecclesia a venerabili Domino de [...] Constantiensium episcopo, in honore domini nostri Jesu Christi et Sanctae Crucis et Sanctae Mariae et domini Sancti Martini et omnium Sanctorum. De reliquiis, quae asserebantur ibidem contineri, penitus nil curavi, ideo non adscripsi›.»

Übersetzt: «Im Jahre nach der Geburt Elfhunderteinunddreissig, am 26. Juni [sexto Calendas Iulii ist nicht der 6. Juli, wie in der Gemeindegeschichte von 1937 angegeben], wurde diese Kirche geweiht vom ehrwürdigen Herrn Bischof von Konstanz [Bischof war damals Ulrich II. von Castell, im Amt von 1127 bis 1138, gestorben 1140] zu Ehren des Herrn Jesus Christus, des Heiligen Kreuzes, der heiligen Maria und des heiligen Martin und zu Ehren von Allerheiligen. Über die Reliquien, von denen es heisst, sie seien dort enthalten, weiss ich gar nichts, darum habe ich nichts darüber geschrieben.»[23]

Als der Konstanzer Bischof Ulrich II. 1131 die Kirche weihte, war er nicht notwendigerweise der Patron der Kirche Seuzach, also der Erbauer und/oder derjenige, der sie mit Einkünften und Gütern dotiert hatte, und damit nicht der Inhaber des Kirchensatzes und/oder der Inhaber der sogenannten Kollatur, also derjenige, der die Pfarrpfrund verleihen konnte. Dies dürfte ein lokaler Herr gewesen sein, vielleicht die Kyburger, wohl jemand, der für sein und das Seelenheil seiner Vor- und Nachfahren eine Kirche stiftete. Entsprechend der späten Besiedlung der Seuzacher Talebene war die Kirche Seuzach jedenfalls eine relativ junge Kirche, wurde also wohl im Zusammenhang mit der Weihe von 1131 überhaupt erst erbaut. Jedenfalls zeigte die archäologische Teiluntersuchung von 1967 keine Befunde für vorgängige Bauten.

5.2 BAUTEN

Diese erste Kirche war ein «romanischer Kleinbau» mit einem «kleinen Rechtecksaal mit Satteldach und Dachreiter», ein Bau, der im Zusammenhang mit dem Kauf des Kirchensatzes durch die Stadt Winterthur zwischen 1494 und 1500 den heutigen polygonalen Chor erhielt, der in den alten, vorher unbebauten Friedhof gesetzt wurde.[24]

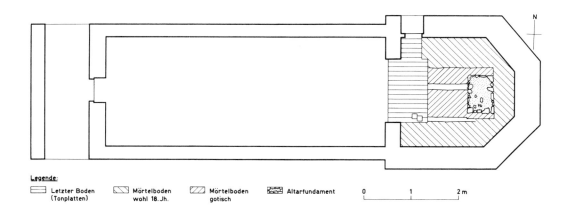

Legende:

| | Letzter Boden (Tonplatten) | | Mörtelboden wohl 18. Jh. | | Mörtelboden gotisch | | Altarfundament |

0   1   2 m

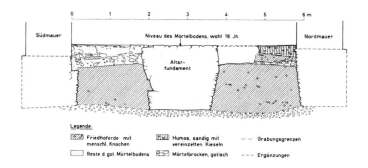

Legende:

Friedhoferde mit menschl. Knochen

Reste d. got. Mörtelbodens

Humos, sandig mit vereinzelten Kieseln

Mörtelbrocken, gotisch

– – Grabungsgrenzen

– – – Ergänzungen

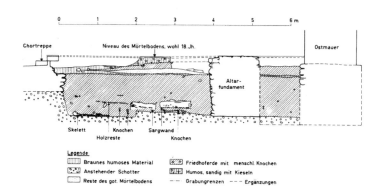

Legende:

Braunes humoses Material

Anstehender Schotter

Reste des got. Mörtelbodens

Friedhoferde mit menschl. Knochen

Humos, sandig mit Kieseln

– – Grabungsgrenzen   – – – Ergänzungen

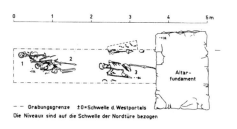

– – Grabungsgrenze ±0=Schwelle d. Westportals
Die Niveaux sind auf die Schwelle der Nordtüre bezogen

7_Skizzen der Grabungsarbeiten aus dem Jahr 1967 der Kirche Seuzach. Bei diesen Zeichnungen erscheint schön das Fundament des Altars. Der Altar ist religiös und rechtlich der eigentliche Kern, die Sinnstiftung von Kirchenbauten.

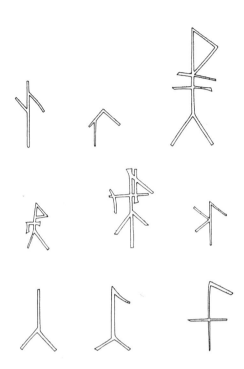

8_Steinmetzzeichen in dem um
das Jahr 1500 erbauten Chor.

5.3 KOLLATUR-, KIRCH- UND PFARRHERREN IM UMFELD DES BISTUMS KONSTANZ SOWIE DES GEISTLICHEN WINTERTHUR

1275 tritt uns die Pfarrei Seuzach erstmals in einem authentischen Akt entgegen. Für den sieben und letzten Kreuzzug (1270–1275) erhoben zwei päpstliche Kollektoren von den Klöstern und Geistlichen im nachmaligen Zürcher Gebiet des Bistums Konstanz eine 1274 vom Papst angeordnete Kreuzzugssteuer von einem Zehntel des pfarrherrlichen Einkommens für das Jahr 1275. Wie viele andere Pfarrer gab auch der «Plebanus in Sœza» sein jährliches Einkommen unter Eid mit 20 Pfund Zürcher Währung an, eine vergleichsweise stattliche Summe. Bezeugt ist für 1275 eine Steuerzahlung von 36 Schilling der Kirche Seuzach zusammen mit der Kirche Lufingen.[25] Die Pfarrkirche Seuzach wird dann rund 100 Jahre später im «Liber Marcarum» von 1360–1370, dem Verzeichnis der Einkünfte der Gotteshäuser in der Diözese Konstanz, erneut aufgeführt. Erschien sie zuvor im alten Dekanat Dinhard, ist sie hier mit anderen Klöstern, Stiften und Kirchen unter dem Dekanat Winterthur aufgeführt.[26]

Wir kommen bereits in die Zeit, in der im Umfeld der Kirche einzelne ihrer Träger aufgeführt werden. In Dokumenten von 1379 und 1380[27] wird ein Rudolf Eschlikon, Kaplan und Pfrundherr des Allerheiligen-Altars zu Winterthur, als Kirchherr von Seuzach genannt. Kirchherr kann beides sein: der (auch weltliche) Inhaber der Kollatur, des Kirchensatzes, oder der Pfarrherr beziehungsweise «rector ecclesiæ» (im Gegensatz zu einem Vikar). Hier ist eindeutig der Pfarrherr gemeint. Er kaufte 1379 zuhanden seiner Kaplanei Allerheiligen Haus und Hof an der Schmidgasse am Schmidtor in Winterthur und 1380 eine Wiese in Schottikon. Es ist nicht auszuschliessen, dass mit diesem Hauskauf die Tradition des «Seuzach-Hauses» an der Schmidgasse neben dem «Ritter» begründet wurde, eine Liegenschaft, die 1474–1515 in den Steuerbüchern der Stadt Winterthur nachzuweisen ist[28] und seit 1379 der

9_Ansicht von Kirche und Pfarrhaus um das Jahr 1750 von David Herrliberger. Das hier abgebildete Pfarrhaus wurde um das Jahr 1518 erbaut und 1762/63 durch den heutigen Bau ersetzt. Der polygonale Chor der Kirche, wie er noch immer vorhanden ist, wurde um das Jahr 1500 errichtet. Der Zürcher Künstler Herrliberger brachte nebst vielen anderen landes- und heimatkundlichen Stichen eine ganze Reihe von ländlichen Kirchenbauten aus dem Kanton in dieser Art zur Darstellung und illustrierte sie mit den verschiedensten landwirtschaftlichen Tätigkeiten.

Im Vordergrund ist der auch für Seuzach wichtige Rebbau dokumentiert.

Eine Bäuerin bearbeitet die Stöcke mit dem Rebmesser, zwei Männer «gruben» (von: eine Grube machen) Reben, senken also auf leeren Stellen Rebranken, deren Sprosse zu neuen Stöcken heranwachsen, in untiefe Gruben ab. Deutscher Text Herrlibergers: «Reben gruben. Der Rebmann, welcher grubt, lehrt jeden, auch vernünftig bei Zeiten Vorsorg thun, und sich bemühn für's künftig.»

Als Seuzacher Wappen erscheint eine Bachforelle, Sinnbild der Seuzacher Wasser- und Wässerungswirtschaft. Der steigende Rappen im Siegel der Herren von Heimenstein wurde in neuromantischer Weise im frühen 20. Jahrhundert als Gemeindewappen kreiert.

Sitz des jeweiligen Seuzacher Kirchherrn beziehungsweise Pfarrers gewesen sein könnte. Offensichtlich residierte dieser vor der Reformation mangels eines Pfarrhauses gar nie in Seuzach, sondern in Winterthur. Jedenfalls liegt ein Schreiben vom 9. März 1518 von Bischof Hugo von Konstanz an die Stadt Winterthur vor, die 1494 den Kirchensatz Seuzach käuflich erworben und ihrem Spital einverleibt hatte.[29] Der Bischof forderte Winterthur auf, den in Seuzach begonnenen Pfarrhausbau endlich zu «vollstrecken». Hugo von Hohenlandenberg, im Schloss Hegi geboren, versah von 1496 bis 1532 das Konstanzer Bischofsamt und war mit den Verhältnissen der Stadt Winterthur, in der sein Bruder neben dem Schloss Hegi einen zweiten Wohnsitz hatte, gut vertraut. Er dürfte deshalb die kirchlichen Verhältnisse unserer Gemeinde aus eigener Anschauung gekannt haben.[30]

Für das Jahr 1426 erhalten wir sodann Auskunft über den Kollaturherrn, den Pfarrer und dessen Amtseinsetzung. Mit der in Konstanz ausgestellten Urkunde vom 1. Dezember 1426[31] beurkundet der Generalstellvertreter von Bischof Otto von Konstanz die Einsetzung des Johann von Eberhartschwil, alias von Neuenberg, zum Pfarrer in Seuzach. Der lateinische Wortlaut der Urkunde ist – bezüglich der detaillierten Aussagen – nicht ganz leicht zu verstehen. Die durch Othmar Noser vorgenommene Übersetzung lässt die folgende Zusammenfassung zu: Der genannte Generalvikar wendet sich mit der Urkunde an den Dekan des Dekanates Winterthur. Durch den Tod Heinrichs von Randegg, des zuvor im Amt befindlichen Rektors der Kirche Seuzach, sei eine Vakanz entstanden, wodurch das Patrozinium dieser Kirche an Johannes von Randegg übergehe. Die Investitur (Einsetzung) eines Nachfolgers des verstorbenen Heinrich von Randegg werde durch das Bistum sowie zuhanden des Bistums auch durch Johannes von Randegg vorgenommen. Der Dekan wird vom bischöflichen Generalstellvertreter gebeten, den mit dem üblichen Eid und mit üblicher Proklamation (Ausrufung) als Pfarrer investierten Johann von Eberhartschwil in den Besitz der Kirche Seuzach zu bringen. Interessanterweise ist aus dieser Urkunde herauszulesen, dass der verstorbene «Rektor» Heinrich von Randegg in Seuzach wohl die Doppelrolle als Kollaturherr wie auch als Pfarrherr ausgeübt hatte (und nun das Recht des Kollaturherrn wohl durch Erbschaft auf Johann von Randegg und das Pfarramt auf Johann von Eberhartschwil überging).

1429 wird dieser Pfarrer unter dem Namen Johannes Nûwenburg (eventuell benannt nach Neuenburg am Rhein, 30 Kilometer nördlich von Basel) als «Rektor» der Kirche Seuzach aktenkundig: er tritt mit anderen im Winterthurer Kirchherrenhaus als Zeuge für eine Kopierung eines kaiserlichen Privilegs von 1415 für das Kloster Rheinau auf.[32] An prominenter Stelle erscheint er sodann in einem undatierten Dokument, nämlich im Jahrzeitenbuch der St.-Laurentius-Kirche von Winterthur, also der Stadtkirche, in dem die frommen Stiftungen für Jahrzeitgedenken der Jahre ab 1378 bis zur Reformation eingetragen sind.[33] Er stiftet zu seinem Seelenheil seinen Anteil am Zehnten zu Rutschwil, jährlich immerhin durchschnittlich 1 Malter Dinkel und 2 Mütt Hafer, für den Dekan und die Kapläne in Winterthur. Die genannten Herren hatten als Gegenleistung im Eintretensfall zu seiner Jahrzeit abends bei der Vigil zu singen und sein Grab zu besuchen sowie zugleich die Totenvesper zu beten und am folgenden Tag die Messen zu feiern. Johann erscheint in diesem Eintrag als «Johann de Eberhartschwil alias de Nûwenburg, prior ecclesie in Sœtzach». Der oben als «Rektor» und hier als «Prior» der Kirche Seuzach Genannte war – das zeigen ebendiese Bezeichnungen – (klein)adeliger Herkunft. Jene Adelheid von Eberhardswil, geborene von Ems, Witwe des im

Appenzeller Krieg gefallenen Hans von Eberhardswil, die 1407 ins Winterthurer Bürgerrecht aufgenommen worden war und 1420 eine überaus reich dotierte Messe und Kaplaneipfrund in der Winterthurer Leutkirche stiftete, dürfte seine Mutter gewesen sein.[34] Solche adeligen Pfarrherren besassen manchmal mehr als eine Pfarrei und liessen sich ab und zu durch Plebani, Leutpriester, vertreten. Ob dies für von Eberhartschwil zutraf, kann nicht gesagt werden.

Immerhin tritt uns im genannten Jahrzeitenbuch ein weiterer in Seuzach tätiger Geistlicher entgegen, vielleicht zeitlich vor von Eberhartschwil wirkend, vielleicht aber auch Dienste für diesen in Seuzach ausübend. Unter dem Kalendereintrag des Festes der heiligen Katharina, am 25. November, ist ein Vermächtnis (Legat) einer Frau Margareta an Johannes von Messkilch, «sacerdos et plebanus in Sœtzach» (Priester und Pfarrer), eingetragen.

Ritter Johannes von Randegg verlieh 1426 als Kollaturherr dem Pfarreinsatz lediglich eine gewisse Rechtlichkeit, faktisch wurden Auswahl und Einsatz durch das Bistum vorgenommen. Deutlich wird ebenfalls, dass dabei der in Winterthur hausende Dekan des Bistums eine wesentliche Rolle spielte. Damit aber scheint indirekt auch die Stadt Winterthur als politische Körperschaft Einfluss auf die Seuzacher Pfarrwahl genommen zu haben, noch bevor sie die Kollatur 1494 erworben hatte.

10_Durch den bischöflichen Generalvikar am 1. Dezember 1426 ausgestellte Urkunde mit Einsetzung von Johann von Eberhartschwil in das Pfarramt Seuzach.

5.4 SEUZACHER PFARRHERREN ALS BÜRGER VON WINTERTHUR

Jedenfalls wurden im 15. Jahrhundert Seuzacher Pfarrherren ins Winterthurer Bürgerrecht aufgenommen, wie die Erteilung befristeter und unbefristeter Bürgerrechte für die Städte generell ein Instrument der Bindung und Machtfestigung darstellte. Bezeugt ist die Bürgerrechtsaufnahme des Seuzacher «Leutpriesters» (Laienpriester im Gegensatz zu Ordensgeistlichem) Hans Kündigmann um das Jahr 1452.[35] Er hatte jährlich 1 Gulden Bürgerrechtsgeld zu entrichten und der «gnädigen Herrschaft» (Österreich) und der Stadt zu geloben, Nutzen und Ehre zu fördern und Schaden abzuwenden. Handelte es sich bei diesem Kündigmann um den in den Jahren 1445 und 1450 als Zeuge in kleinen Rechtsgeschäften als «Kirchherrn von Seuzach» genannten Johans Bůchberg?[36] Jedenfalls haben im 15. Jahrhundert Träger des Namens Kündigmann als Geistliche des Bistums Konstanz gewirkt, 1450 ein Johann Kündigmann als Rektor der Pfarrkirche Buchberg.[37]

Von 1463 bis 1472 amtierte der Geistliche Rudolf Widenkeller als Seuzacher Pfarrherr. Zuvor hatte er eine Kaplanei in der Konstanzer Stephanskirche versehen, nach Seuzach ist er an verschiedenen Stellen im Bistum anzutreffen und wirkte schliesslich als Chorherr von St. Stephan.[38]

1474 nahm die Stadt Winterthur den «Herrn von Seuzach» in ihr Bürgerrecht auf.[39] Wenn hier auch nicht namentlich genannt, handelte es sich um den von 1474/76 bis 1514

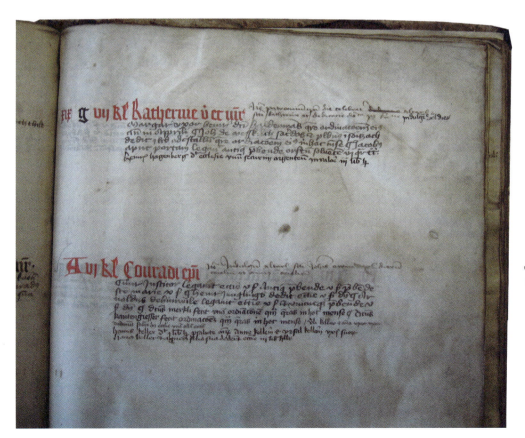

11_Eintrag im Jahrzeitenbuch der Winterthurer Stadtkirche St. Laurentius, erste Hälfte 15. Jahrhundert: Vermächtnis einer Frau Margareta für Johannes von Messkilch, «sacerdos et plebanus» in Seuzach.

12_Siegel des Leutpriesters von Seuzach, zweite Hälfte 15. Jahrhundert. Im Siegelfeld: Darstellung des heiligen Martin, des Seuzacher Kirchenpatrons, mit dem Bettler. Umschrift in gotischen Majuskeln: «S'R' SA'DOTIS. RECTORIS ECCI ISOEZACH+».

in Seuzach als Kirchherr beziehungsweise Pfarrer tätigen, jedoch in Winterthur wohnhaften Heinrich Tettikofer, wohl dem bischöflich-konstanzischen Ministerialengeschlecht von Tettikofen (Dettighofen TG) entstammend. Für «Tagwen» und Wachtgeld hatte er eine geringere Taxe zu bezahlen als andere Bürger, da er zwar das Haus in Winterthur besass, jedoch «niemanden darin hat». Sobald er aber im Haus einen Rauch einrichten, also einen Haushalt mit Kochstelle führen würde, hätte er Bürgerrechtsgeld wie andere zu entrichten, so der Eintrag im Protokoll.

5.5 DES PFARRHERRN KELLNERIN UND NATÜRLICHE KINDER

Da Heinrich nun Stadtbürger war, kamen gewisse Angelegenheiten auch vor den Winterthurer Rat. 1482 bestätigt der Rat das Vermächtnis des Seuzacher Kirchherrn, mit dem dieser nach seinem Ableben sämtliches Gut seinen «natürlichen Kindern» vermachte. 1483 verpflichtete ihn der Rat, «seiner Kellnerin» Clara Wüst, also der Haushälterin und – wie ein anderer Eintrag zeigt – Mutter seiner Kinder, 10 Gulden zu bezahlen sowie 3 Pfund für den Hauszins zu entrichten. Zwei Jahre später entkräftete der Rat aus nicht genannten Gründen die «Gemächtsordnung» zugunsten der Kinder. 1501 schliesslich wurde Clara gefangen gesetzt. Ihr Sohn und sie selbst waren in das Winterthurer «Hüsli» Tettikofers eingebrochen und hatten Silbergeschirr, Geld, Leintücher und Kleider entwendet.

Das Verhältnis zwischen dem ja dem Zölibat unterstehenden Seuzacher Kirchherrn und seiner Haushälterin bleibt undurchsichtig. Immerhin: Für Einbruchdiebstahl wäre damals durchaus die Todesstrafe möglich, ja üblich gewesen. Clara wurde jedoch aus «Gnade und Barmherzigkeit» die Strafe erlassen. Sie hatte aber die Stadt zu verlassen.[40] Offenbar war Winterthur um eine Art humane Lösung bemüht, auch wenn eine solche nach den Massstäben unserer Zeit wohl anders aussehen müsste.

5.6 DER KIRCHENSATZ SEUZACH GELANGT 1494 IN DEN BESITZ DER STADT WINTERTHUR

Die faktische Einflussnahme der Stadt Winterthur auf die Seuzacher Kirche führte schliesslich zum Erwerb des Kirchensatzes und der Pfarrpfrund de jure. Mit Urkunde vom 1. Dezember 1494 verkauften fünf Brüder des ritterlichen Geschlechts von Randegg, unter ihnen der Konstanzer Domherr Johannes, den Kehlhof, das Widum und den Kirchensatz zu Seuzach für 300 Gulden an die Stadt Winterthur.[41] 1495 bestätigte der Bischof den Kauf und 1496/97 inkorporierte er die Pfrund Seuzach in das Spital zu Winterthur.[42]

Bis zur Reformation blieb auch nach dieser Inkorporation die Besetzung der Seuzacher Pfarrstelle faktisch in der Hand des Bischofs. So liegt ein Schreiben von Bischof Hugo vom 31. Mai 1512 an die Stadt Winterthur vor. Der derzeitige Pfarrer (Heinrich Tettikofer) sei derart «mit Alter und Unvermöglichkeit beladen», dass ein Ende abzusehen sei. Winterthur als «Lehenherr der Pfarr» möge die Stelle, so die Bitte des Bischofs, mit dem «Priester» Johann Ferber besetzen, dies umso mehr, als «er üwer Stattkind ist», also Bürger von Winterthur.[43]

5.7 PFLICHTEN UND BESOLDUNG DES PFARRHERRN

1514 gelangte dieser Ferber – wie vom Bischof angeregt – ins Pfarramt. Unter dem 28. Dezember jenes Jahres wurden in einem «Instrument», das heisst in einem mit Signet und Unterschrift des Winterthurer Stadtschreibers und kaiserlichen Notars Josue Landenberg versehenen Dokument, die Bedingungen für den neuen Geistlichen festgehalten.[44] Er hatte die «Pfarrpfrund und ihre Untertanen» mit «ordentlichen Gottesdiensten» zu versehen und bezog dafür von der Stadt beziehungsweise vom Spital jährlich 40 Mütt Kernen (wahrscheinlich Winterthurer Mass, entsprechend insgesamt rund 2500 Kilogramm), 8 Malter Hafer, 10 Saum Wein (rund 1600 Liter), etwas Schmalsaat und Gerste, den Heu- und den kleinen Zehnten zu Seuzach, 200 Garben Stroh und konnte eine Wiese und das Haus (wohl das noch zu bauende Pfarrhaus) nutzen. Er musste die Pfrund «persönlich» versehen, durfte also keinen Stellvertreter einsetzen. Wollte oder musste er die Pfrund verlassen, hatte er sie der Stadt aufzugeben. Diese Bedingungen hatte er unter Eid einzuhalten, und von diesem Eid konnte er sich weder «absolvieren oder ledig machen» noch eine entsprechende Absolution erbitten. Von den genannten Einkünften musste der Pfarrer gemäss «altem Brauch» jährlich 2 Mütt dem Mesmer abgeben sowie den Altar und das «ewige Licht» unterhalten.

Insgesamt ist dieser Vertrag bemerkenswert. Rund zehn Jahre vor der Reformation verwirklichte hier die Stadt Winterthur moderne staatskirchliche Grundsätze. Ihr Pfarrer in Seuzach musste die Pfrund persönlich versehen, und sein Eid konnte nicht durch Praktiken der Universalkirche durchbrochen werden.

Auf der anderen Seite tat der Bischof das Seine, um Seuzach einen tatsächlich vor Ort wirkenden Pfarrer zu gewährleisten. Mit der Wahl von Pfarrer Ferber liess die Stadt Winterthur in Seuzach ein Pfarrhaus bauen (die Seuzacher Seelsorger wohnten bis anhin ganz offensichtlich in Winterthur),[45] ging aber dabei zögerlich vor. In einem Brief vom 9. März 1518 wandte sich deshalb Bischof Ulrich auf die entsprechende Bitte des «Vikars» Ferber an die Stadt Winterthur.[46] Die Stadt möge den Bau des «Pfrundhauses» in Seuzach nun doch vollenden und die Fenster einbauen lassen.

5.8 KIRCHGEMEINDE

Vor der Reformation wurden Kirchgemeinden als Körperschaften nur in Einzelfällen aktenkundig, und doch existierten sie schon damals an vielen Orten mit eigenem Kirchengut und Vorstehern. In der obigen Tabelle 1 werden 1442/43 die «procuratores» der Kirche Seuzach, also die Kirchenpfleger, als Verantwortliche für die Abgabe eines Grundzinses genannt.

Wenn in Pfarrer Ferbers Eid von 1514[47] festgehalten ist, es gelte die Pfrund «und ihre Untertanen» mit Gottesdiensten zu versehen, impliziert der Ausdruck «Untertanen» durchaus die Angehörigen einer Kirchgemeinde. Anlässlich des Verkaufs des Kehlhofes zu Seuzach 1526 erscheinen Hänsli Keller von Niederohringen und Konrad Wipf von Seuzach explizit als «Kirchenpfleger» und als Vertreter der Kirchgemeinde (siehe oben, Tabelle 1).

6. Zehnten

Wie Grundherrschaft einerseits und Abgaben und Dienste der Grundabhängigen anderseits gehörten im europäischen Mittelalter Kirche und Abgabe des Zehnten zusammen. Es war im Prinzip der zehnte Teil der landwirtschaftlichen Erträge, der dem Bischof, der Kirche vor Ort und dem Pfarrer zukam und der Erfüllung der kirchlichen Aufgabe diente.

Als um 1131 die Kirche Seuzach begründet wurde, dürfte sie von Anfang an mit dem Zehnten im Bereich des Pfarrsprengels bedacht worden sein. Wohin allfällige Zehnten auf späterem Gemeindegebiet von Seuzach vor der Kirchengründung gegangen waren, ist nicht bekannt. Wie Grundrechte wurden mit der Zeit auch Zehntrechte gehandelt, kamen also oft in die Hände weltlicher Besitzer.

Konkret verfügen wir erst seit 1476 über bestimmte Angaben zum Zehnten. Der zürcherische Landvogt auf der Kyburg fällte in jenem Jahr einen Schiedsspruch zwischen dem Junker Hug von Hegi und dem Seuzacher Kirchherrn Tettikofer in ihrem Streit um einzelne quantitativ unbedeutende Zehntbezüge.[48] Aus dieser Urkunde ist zu schliessen, dass die gesamten Zehntrechte im Gemeindebann Seuzach weitgehend zwischen dem Junker einerseits und der Pfarrpfrund beziehungsweise Pfarrkirche anderseits aufgeteilt waren. Am 27. April 1500 wurden erneut Zehntrechte zwischen der Pfarrpfrund beziehungsweise dem Kirchensatz einerseits (seit 1494/95 im Besitz der Stadt beziehungsweise des Spitals Winterthur) und dem Inhaber des sogenannten Laienzehnten anderseits (unterdessen von Hug von Hegi an Junker Walter von Hallwil übergegangen) geklärt, und zwar unter beeideter Zeugenschaft der Seuzacher Heini Borat, Heinz Wipf, Hensli Wirt, Ůli Ackerer, Rüdi Acker (sic) und Hensli Wipf sowie des Ohringers Bertschi Keller.[49]

Interessanterweise waren die Zehnten zu Unter- und Oberohringen im Gegensatz zum Zehnten im Seuzacher Bann nicht grosso modo zwischen der Pfrund Seuzach und weltlichen Herren geteilt, vielmehr standen sie allein der Pfrund zu. Vielleicht ist dies ein Hinweis auf eine idealtypische Einheit von Kirchengewalt und Zehnten aus älterer Zeit.

Auf weitere Details dieses Zehntrodels kann hier nicht eingegangen werden. Wie oft üblich, enthält dieser keine generelle Zehntbeschreibung und -ausscheidung, sondern es werden vor allem nicht klare Besonderheiten angesprochen. So gehörte in der gesamten Grützenzelge der Zehnt wie in den meisten anderen Fluren je zur Hälfte der Pfrund und dem Herrn von Hallwil. Wären aber in diesem Bereich sogenannte Ehehölzer (das heisst seit je rechtmässig bestehende Waldungen) gerodet und angebaut worden, so hätte der Zehnt der Kirche allein zugestanden.

Es war sodann rechtsüblich, dass der Zehnt von neu gerodetem Land («Neugrüt») wenigstens während der drei ersten Jahre des Anbaus der Kirche beziehungsweise dem Pfarrer zustand. So war es auch mit einem Stück Acker in der Brandholz genannten Zelge: Während der Zehnt der gesamten Zelge ansonsten beiden Parteien zur Hälfte zustand, gehörte der Zehnt vom Acker «ob der Humbel Foren ob dem Rein [Rain]» allein der Kirche – so der Zehntrodel von 1500. Es handelte sich hier um Rodungsgebiet in der noch heute Hummel genannten Flur. Im Übrigen stand der Heuzehnt auf der gesamten zehntpflichtigen Flur – wie vielerorts üblich – allein der Kirche beziehungsweise der Pfrund zu. Für wenige kleinere Stücke Land sind weitere Zehntbezüger genannt. So ging der Zehnt von mehreren Wiesen an den sogenannten Beerenberger Hof.

Die Formulierung des Zehntrodels von 1500 spricht dafür, dass auch nach dem im Jahr 1494 erfolgten Erwerb des Kirchensatzes durch die Stadt Winterthur die zugehörigen Zehnten vorerst durch den Kirchherrn, das heisst Pfarrer Tettikofer, eingezogen wurden und lediglich allfällige Überschüsse in das Spital Winterthur gelangten. Offensichtlich im Zusammenhang mit der Festsetzung der Bezüge des 1514 als Pfarrer in Seuzach neu bestellten Johann Ferber übernahm die Stadt beziehungsweise ihr Spital die unmittelbare Zehntbewirtschaftung. Zeichen dafür war, dass die Stadt um 1517 eigens eine Zehntscheune in Seuzach einrichtete.[50] Hier wurden die Zehnten zentral eingesammelt, was der Präsenz der Stadt Winterthur natürlich eine neue Qualität gab.

1598 sollte die Stadt Winterthur ihre Zehntherrschaft in Seuzach vollenden: sie erwarb für 21 000 Gulden von den Brüdern Blarer von Wartensee das Schloss Mörsburg mit rechtlichem und materiellem Zubehör, wozu der Laienzehnt zu Seuzach samt einer unterkellerten Zehntscheune gehörten.[51] Oberlehensherr dieses Zehnten blieb bis zur Revolution von 1798 der Bischof von Konstanz. Organisatorisch wurde auch dieser zugekaufte Zehnte durch das Spital verwaltet.

7. Seuzach und Ohringen im staatlichen Umfeld

7.1 KYBURG UND HABSBURG

Der auf persönlichen Abhängigkeiten beruhende Feudalstaat des Früh- und Hochmittelalters erfüllte in erster Linie gerichtliche und militärische Funktionen, zu deren Finanzierung er auch Steuern ausserhalb des Lehnssystems erheben konnte. Als Ohringen und Seuzach erstmals schriftlich erwähnt wurden, waren sie in die Grafschaft Kyburg eingebunden. Zur Zeit der Erstnennung von Ohringen (1125) befand sich die Grafschaft im Besitz der kyburgischen Linie der Grafen von Dillingen, 1264, ein Jahr nach der Erstnennung von Seuzach (1263), ging sie an Graf Rudolf von Habsburg über, der sich vor seiner Wahl zum König des deutschen Reiches (1273) regelmässig auf der Kyburg zeigte. Die Habsburger begannen auch in der Grafschaft Kyburg, statt lehnsrechtlicher Verbindungen vormoderne Strukturen, basierend auf territorialen Ämtern, Beamten und Geldzahlungen, einzurichten. Mit der Verlagerung der habsburgischen Interessen auf die österreichischen Länder walteten auf der Kyburg zunehmend aus dem lokalen Adel berufene Vögte.

7.2 DER STADTSTAAT ZÜRICH UND EIN SEUZACHER UNTERVOGT

Nach mehreren Verpfändungen ab 1363 gelangte die Grafschaft 1424 gegen eine Pfandsumme von 8750 Gulden als Reichspfand an die Stadt Zürich. Im Zusammenhang mit dem Alten Zürichkrieg musste Zürich die Grafschaft 1442 an Habsburg-Österreich zurückgeben, übernahm sie 1452 für 17 000 Gulden erneut und definitiv als Pfand. Grössere Teile des Zürcher Unter- und Oberlandes, des Weinlandes und des Eulach- und Tösstales umfassend, gelangte mit diesem Territorium beinahe die Hälfte des nachmaligen Staatsgebietes in die Hand Zürichs.[52]

Allerdings blieben die herkömmlichen Grafschaftsrechte im Zivil-, Obligations- und Strafbereich unter der Zürcher Obrigkeit beziehungsweise deren Landvögten weitgehend in Kraft. Für schwere Kriminalsachen mussten die Seuzacher und Ohringer, die zu dem zwischen Töss und Thur gelegenen sogenannten Enneren Amt der Grafschaft gehörten, weiterhin auf die Kyburg, für übliche Rechtsfälle vor die örtlichen Gerichte der Umgebung gehen, und zwar bis 1798, dem Jahr der helvetischen Revolution.

Den Seuzachern und Ohringern begegnen wir im Stadtstaat Zürich erstmals als Steuernde. Die entsprechenden Angaben werden weiter unten beleuchtet.[53] Nicht mit diesen Vermögenssteuern zu verwechseln ist die Abgabe des «Brauchs». Ohringen entrichtete diese ursprünglich für herrschaftlichen Schutz gedachte Abgabe vom Mittelalter bis zur Revolution. Sie betrug in den 1790er Jahren nicht weniger als 163 Pfund jährlich und wurde unter den Haushalten nach ihrer Grösse aufgeteilt.[54]

Schon vor der Stadtzürcher Herrschaft über die Grafschaft Kyburg wurden die sogenannten Untervögte aus der Dorfbevölkerung rekrutiert. Untervögte führten lokal Aufträge des Landvogts aus, vermittelten umgekehrt auch Impulse und Klagen von der bäuerlichen Basis an die Herrschaft. Ihrem Amt entsprechend, entstammten sie der lokalen Oberschicht. In den letzten Jahrzehnten des 15. Jahrhunderts wirkte der Seuzacher Hans Wipf, genannt Schuler, als Untervogt im Enneren Amt. Seine Tätigkeit ist in verschiedenen Urkunden des Stadtarchivs Winterthur belegt: 1479 war er mit weiteren Gewährsleuten dem Kyburger Landvogt behilflich, die sogenannte Offnung (Rechtsordnung) zwischen dem Herrn von Pfungen und den Gemeindegenossen von Pfungen neu zu formulieren. Im gleichen Jahr half er als Mitglied eines Schiedsgerichtes, ein Urteil zwischen dem Herrn zu Pfungen und Leuten zu Wurmetshalden und Dättlikon wegen Fischereirechten in der Töss zu sprechen. 1479–1483 hielt er merkwürdigerweise im Schloss Pfungen Gericht für die dortige Gerichtsherrenfamilie Wellenberg und bestätigte Handänderungen von Gütern.[55]

Offenbar nahm Untervogt Wipf eine unübliche Zwischenstellung zwischen der Grafschaft Kyburg und der Stadt Winterthur ein, so jedenfalls, als er 1477 im hochgerichtlich der Stadt Winterthur gehörenden Dorf Hettlingen Gericht in einem Grundstückstreit zwischen einem Winterthurer Priester und einem von Bertschikon hielt. Gewissermassen als Mann Winterthurs erscheint Wipf in Dokumenten aus den Jahren 1480–1487. Er sass als Kyburger Untervogt in Vertretung des Zürcher Landvogts, jedoch mit «Vergunsten» von Rat und Schultheiss der Stadt Winterthur in Winterthur zu Gericht und bestätigte Handänderungen für dortige geistliche Körperschaften. Für die Zeit der Reformation ist ein weiterer Untervogt aus der Familie Wipf aktenkundig, nämlich Hans Peter Wipf im Jahr 1527.[56]

Seuzach-Ohringen stellte – wie die Kyburger Gerichtsprotokolle zeigen – ab spätestens dem 16. Jahrhundert regelmässig einen der 20 «Landrichter». Diese bildeten unter dem Vorsitz des Landvogts den Kyburger «Landtag», der zentral für die gesamte Grafschaft schwerere Gerichtsfälle entschied und oft auch Todesurteile fällte.

Im 14. und 15. Jahrhundert hatte die Stadt Zürich ihr Staatsgebiet mit finanziellen Mitteln erworben und verstärkte – dem Trend der Zeit entsprechend – die Bestrebungen zur Territorialisierung. Für das grosse und ferne Haus Habsburg-Österreich war die Grafschaft Kyburg eine Herrschaft unter vielen gewesen, für die nahe und teils klein karierte Stadt je-

13_Siegel von Untervogt Hans Wipf, genannt Schuoler, 1481.

doch ein zentraler Machtfaktor. Jedenfalls hatte die ländliche Oberschicht unter den Habsburgern die überkommenen Freiheiten recht ruhig geniessen und die Pflichten ohne übermässigen Druck erfüllen können. Sie musste nun rasch merken, wie die Handwerkerstadt die Zügel anzog. Vor allem Hans Waldmann, Bürgermeister von Zürich 1483–1489, begann, lenkerische Aufgaben anzupacken. Die damals einen kritischen Punkt erreichende Bevölkerungsgrösse – sie hatte sich seit den 1450er Jahren etwa auf 50 000 Seelen verdoppelt – erforderte nach Waldmanns Überzeugung eine straffere Hand.

Er versuchte beispielsweise, den Getreidebau zu fördern, nachdem gewinnträchtigere Sparten wie Weinbau und Viehwirtschaft auf Kosten des Ackerbaus gewachsen waren, sowie den Schutz der chronisch übernutzten Forste zu erhöhen. Weitere Themen bildeten die Jagd, zivil-, erbschafts- und strafrechtliche Belange, die Besetzung der Gerichte und Untervogtstellen, das Wirten, der Salzkauf, das Marktwesen, feudale Abgaben und Pflichten, Militär, Steuern, Bussen, Eid. Hier zog Waldmann – durchaus mehrheitlich zum Nutzen der Gesamtbevölkerung – die Schraube zu fest an. Es kam – auch aus anderen staatspolitischen Gründen – zur Revolte, die zu seiner Hinrichtung 1489 führte. In den danach durch die eidgenössischen Boten zwischen der Stadt Zürich und der Landschaft ausgehandelten Spruchbriefen konnte die Landbevölkerung, vor allem die Oberschicht, viele infrage gestellte herkömmliche Rechte bewahren. Einer dieser Spruchbriefe galt der Landvogtei Kyburg, und hier war Seuzach mit eingeschlossen, ohne dass die Gemeinden einzeln erwähnt wurden.

7.3 DIE KRIEGERISCHEN AUSZÜGE AN DER SCHWELLE ZUR FRÜHEN NEUZEIT

In den oberitalienischen Kriegen, in denen Frankreich einerseits und Habsburg/Spanien mit dem Papst andererseits im Brennpunkt des Herzogtums Mailand um die Vormacht kämpften, waren die Eidgenossen in eigener Regie gegen Frankreich und Mailand (Pavierzug 1512, Schlacht von Novara 1513) engagiert, verloren jedoch vor Marignano 1515, zumal hier Söldner aus den eigenen Reihen auf Frankreichs Seite kämpften.

Für diese Kriege sind die sogenannten Reisrödel (Truppenverzeichnisse) überliefert. Darin werden auch Männer aus Seuzach erwähnt.[57] Am Pavierzug 1512 nahmen unter dem Zürcher «Stadtfähnli» aus Seuzach Rudi Ackeret, Heini Ackeret, Peter Süsstrunk, Uli Ussermann, Hans Stolz und Junghans Stolz teil, die – mit vielen anderen Soldaten – am 11. Mai vor der Überquerung der Bündner Pässe in Chur ihren Schwur ablegten und «den Gulden empfingen», also wohl das Handgeld. Unter den Truppen des Auszuges nach Marignano 1515 werden unter «Zöitzach» sechs Mann genannt, nämlich Rudi Ernst, als «Rottmeister» bezeichnet, Klaus Benker, Hans Hagenbuch, Hans Liner, Hans Brüngger und Peter Pur. Sie zogen im 40 Mann umfassenden Kontingent des Zürcher Hauptmanns Engelhart mit. Die unter «Ohringen» vermerkte 13-köpfige Mannschaft war in das Kontingent des Zürcher Bürgermeisters Röist eingegliedert. Allerdings dürften nur gerade zwei Mann aus den beiden bevölkerungsarmen Ohringen selbst gekommen sein, nämlich der «Rottmeister» Klaus von Ohringen und Heini von Ohringen, während die hier ebenfalls genannten Konrad Borat, Marti Wipf und Lienhard Attikon offensichtlich aus Seuzach stammten und die acht übrigen – so lassen es deren Namen vermuten – aus umliegenden Dörfern. Offenbar folgte die

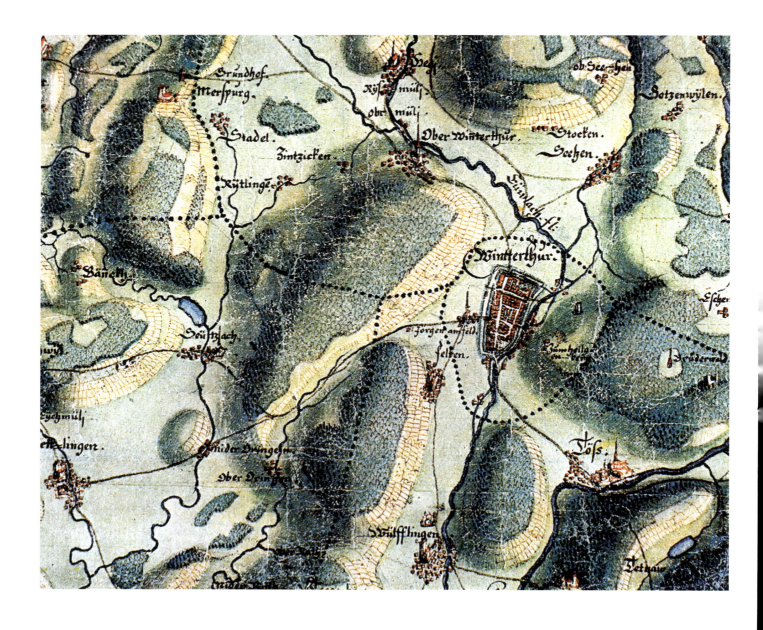

14_Plan des dritten zürcherischen Militärquartiers Winterthur aus dem Jahr 1660 von Hans Conrad Gyger (Osten oben). Zürich teilte im Dreissigjährigen Krieg das Staatsgebiet in zehn solche Territorialzonen ein, die für Aushebung, Übungen, Aufgebote und bestimmte Verteidigungsaufgaben zuständig waren. Das territoriale Prinzip ersetzte erst damals eine ursprünglich auf feudalen Bindungen beruhende Militärorganisation. Für Seuzach ist auf dem Areal des heutigen Kirchhölzli ein Exerzierplatz belegt. Die Keller von Oberohringen stellten über manche Generationen Offiziere im Zürcher Heer.

Ortsbezeichnung in den Reisrödeln der Herkunft des jeweiligen Rottmeisters. Auch die oben unter Seuzach genannten Teilnehmer des Zuges nach Pavia und Marignano dürften – ausser den beiden Ackeret und Rottmeister Ernst – nicht Seuzacher gewesen sein.

Schon in der damaligen Eidgenossenschaft beruhte die Wehrkraft auf dem Milizwesen, und grundsätzlich kamen die wehrfähigen Männer selbst für ihre Ausrüstung auf. In den oberitalienischen Kriegen – dem Ende ihrer «Heldenzeit» – waren die Eidgenossen vorerst mit ihren Hieb- und Stichwaffen noch erfolgreich, vor Marignano aber gewannen die Feuerwaffen der Franzosen wie Büchsen und Mörser die Oberhand. Gerade die Milizausrüstung der Seuzacher Männer blieb nach Marignano offenbar noch jahrzehntelang im Wesentlichen auf Hieb- und Stichwaffen beschränkt.

Bis in den Dreissigjährigen Krieg hielten sich die herkömmlichen Ämterstrukturen als Basis der militärischen Organisation. Als Teil des Enneren Amtes der Grafschaft Kyburg bildete Seuzach mindestens noch im 16. Jahrhundert wie etwa Neftenbach und Oberwinterthur eine «Barthe» (Part, Abteilung).[58] Vielleicht hängt damit auch der Exerzierplatz auf dem Areal des heutigen Kirchhölzli an der Grenze zu Hettlingen zusammen,[59] der erst ab dem späteren 19. Jahrhundert von Wald überwachsen wurde.

Als 1587 die «Barthe Seuzach», zu der nebst Seuzach die beiden Ohringen, Veltheim, Rutschwil, Bänk, Berg, Henggart, Hünikon, Aesch und Töss gehörten, für einen Auszug in die französischen Hugenottenkriege aufgeboten wurde, nennt die entsprechende Liste 61 Mann, davon 19 unter dem «Fähnli» und 42 unter dem Banner. Wir zählen hier von diesen 61 Mann nur die aus der Kirchgemeinde Seuzach auf. Unter dem Fähnli waren dies: Konrad Keller von Oberohringen mit Spiess und Harnisch, Marti Keller von Unterohringen mit Spiess und Harnisch; Michel Zuberer mit Spiess und Harnisch, Konrad Borat mit Spiess und Harnisch. Unter dem Banner: Zacharias Grüter von Ohringen (?) mit Spiess und Harnisch, Michel Keller von Ohringen (?) mit Spiess und Harnisch, Hans Jagli Keller von Oberohringen mit einer (Streit-)Axt, Konrad Wipf mit Spiess und Bickelhaube, Heinrich Borat mit Spiess und Bickelhaube, Jorg Schwarz mit Spiess, Peter Wipf mit Spiess und Bickelhaube, Christian Ackeret mit Spiess, Heinrich Meyer mit Hellebarde, Hensli Wipf mit Hellebarde. Zum Tross gab zudem Jakob Wipf von Seuzach ein Ross, weitere Pferde kamen aus Veltheim und Dägerlen. Für die Beschaffung und den Transport des Proviants waren fünf Mann zuständig, darunter Heinrich Zuberer von Seuzach. Männer aus Rutschwil und Hünikon stellten je einen Wagen. Hensli Wipf war mit einem von Hünikon zu diesem Tross abgeordnet.

Von den Seuzachern besass kein einziger eine Büchse, und in der gesamten Mannschaft gab es gerade einmal drei Büchsenträger. Die Männer mit Spiess und Harnisch verfügten über eine «ganze Rüstung», diejenigen mit nur einem Spiess und einer Bickelhaube (lederner Helm) zählte man zu den «einfachen Knechten», diejenigen mit einer Hellebarde zur «kurzen Wehr», und natürlich bildeten die Büchsenträger eine Gattung.

8. Winterthur

Heute stösst die gesamte West-, Süd- und Ostgrenze der Politischen Gemeinde Seuzach auf einer Länge von etwa 8 1/2 Kilometern an die Stadt Winterthur. Dies war freilich nicht immer so. Vor der Eingemeindung von Wülflingen, Veltheim und Oberwinterthur (einschliesslich der in Oberwinterthur ihrerseits eingemeindeten Dorfgemeinden Reutlingen und Stadel) im Jahr 1922 grenzte Seuzach nur auf einer Strecke von etwa 800 Metern direkt an die Stadt, nämlich in einer Schlaufe von knapp 400 Metern nördlich um den Eggenzahn im Lindbergwald mit einer westlichen Verlängerung von gut 400 Metern bis Punkt 494, noch immer im Wald gelegen, und dort abgelöst durch die Grenze von Veltheim.

Viel intensiver, als diese gemeinsame Grenze im Wald es vermuten lässt, war der Einfluss der Stadt auf die Nachbarn. Winterthur erlangte spätestens 1180 städtischen Charakter, kam 1264 wegen des Aussterbens der Kyburger an das Haus Habsburg, das dem Ort noch im selben Jahr das Stadtrecht verlieh.

Unter den österreichischen Landstädten nahm Winterthur eine wohl eher bescheidene Rolle ein. Einzig als im Jahr 1417 König Sigmund aus dem Geschlecht der Luxemburger der Stadt die Reichsfreiheit erteilte, sie also direkt dem Reich – ohne die dazwischengeschaltete habsburgisch-österreichische Herrschaft – unterstellte, änderte sich dies. Winterthur trat damals in sein «goldenes Vierteljahrhundert» ein, rechtlich gleichgestellt mit der Reichsstadt Zürich. Doch schon 1442 machte dies der nunmehr wieder dem Haus Habsburg-Österreich entstammende König Friedrich III. rückgängig. Mit der Grafschaft Kyburg (siehe oben) zog er im Rahmen des Alten Zürichkrieges auch Winterthur wieder an sein Haus, sicherlich auch zum Schutz der kleinen, wohl nur gerade gut 2000 Einwohner zählenden, agrarisch-handwerklich ausgerichteten Stadt vor den Eidgenossen.

War also Winterthurs Potenz insgesamt eher gering, so strahlte die städtische Siedlung dennoch in die Umgebung aus. Vor der Reformation war die Stadt mit ihren kirchlichen Institutionen innerhalb der Mauern und des Friedkreises sowie in der weiteren Umgebung ein geistliches Zentrum des Bistums Konstanz. Oben haben wir den ansehnlichen Grundbesitz dieser kirchlichen Körperschaften, zum Teil auch von städtischen Bürgern, in Seuzach festgehalten.[60] Grundrechtliche Faktoren bestimmten den Alltag der Abhängigen in einem heute kaum mehr vorstellbaren Ausmass. Ebenso haben wir den Einfluss «Winterthurs» auf die kirchlichen Strukturen von Seuzach-Ohringen dargelegt. Schliesslich war die Stadt nebst der Burg Kyburg das wichtigste Verwaltungszentrum der Grafschaft Kyburg und insofern von «staatspolitischer» Bedeutung für Seuzach, auch dann noch, als die Grafschaft an die Stadt Zürich gelangt war.

Bekannt ist, wie Winterthur nach seinem Eintritt in den Zürcher Staatsverband durch Verpfändung 1467 stets von Zürich zurückgehalten wurde. Allerdings gelang es Zürich nicht, den Winterthurer Besitz des um 1434 erworbenen hohen Gerichts über das Dorf Hettlingen infrage zu stellen. Der Erwerb des Kirchensatzes mit den halben Zehntrechten in Seuzach 1494 bedeutete ein weiteres Ausgreifen, gleichermassen der 1515 gelungene Erwerb des Kirchensatzes mit Zehnten zu Wülflingen. 1529 folgte der allerdings bereits im Friedkreis befindliche Heiligenberg mit Kirche und Chorherrengebäude, 1598 ein Teil des Hofes Eschenberg und im gleichen Jahr das Schloss Mörsburg, verbunden mit der niederen Gerichtsbarkeit in Oberwinterthur und der anderen Hälfte des Zehnten zu Seuzach. 1629 eignete sich Winterthur die Herrschaft Pfungen mit Schloss, Gericht, Kirchensatz und Zehnten an, 1650 das Schloss Wyden bei Ossingen. Die Stadt Zürich musste solche Käufe absegnen und hinderte Winterthur entsprechend an einer Reihe weiterer Erwerbungen, so 1587 am Kauf des Schlosses Hegi, später vor allem am Kauf der Herrschaft Wülflingen und Buch und im 18. Jahrhundert etwa am Kauf des Hofes Lettenberg.

Winterthur nutzte weitere Möglichkeiten. So bezog die Stadt anscheinend gewisse Exponenten naher Ortschaften in ihre Wehrbereitschaft ein. Im Jahr 1405, wohl im Zusammenhang mit den Appenzellerkriegen, legte der Rat eine Liste mit den Namen derjenigen an, die mit Harnisch und teils auch Panzer wehrpflichtig waren. Unter den etwa 250 Männern erscheinen zwei Träger des Namens «Orringer», die jedoch nicht mehr in Ohringen, sondern in der Stadt lebten. Hingegen könnte der als «Keller von Orringen» Aufgeführte ein Ausbürger gewesen sein.[61]

Jedenfalls war die Verleihung des Bürgerrechts in verschiedenen Formen für die Städte seit je ein wichtiges Mittel der Befriedung und der Einflussnahme. 1407 – wohl weiterhin im Zusammenhang mit den Appenzellerkriegen – schworen Schultheiss und Rat von Winterthur sowie ihre über 50 namentlich aufgeführten «Ausbürger», sesshaft in einem weiten Umkreis zwischen Töss und Thur, einschliesslich der Chorherren von Embrach und der Herren von Landenberg und Regensberg, mit der Stadt Zürich für drei Jahre ein Burgrecht. Es konnte verlängert werden, und zwar so lange, bis Schultheiss und Rat von Winterthur «absagen» würden.[62] Unter diesen «Ausbürgern» Winterthurs erscheinen: Bertschi Keller von Ohringen, Heini Hymel «ab Ohringen», der in Seuzach sesshafte Konrad Keller von Ohringen, Cueni Attikon von Seuzach, Cueni Gross Wipf von Seuzach sowie der in Seuzach sesshafte Cueni Wipf von Berg.

Für die folgenden Jahrzehnte sind weitere in Seuzach lebende Winterthurer Ausbürger dokumentiert. Im Ratsprotokoll von Winterthur ist ein entsprechendes Verfahren für Gross Cǔn Wipf von Seuzach beschrieben: Wipf schwor «ein burgerrecht […] [auf] 10 Jar» und entrichtete dem Säckelmeister von Winterthur dafür jährlich auf Martini 1 Gulden als Steuer. 1431 schwor Ueli Akrer von Seuzach «unser Statt Nutz und E[h]r und Burgerrecht», ebenfalls auf zehn Jahre und mit einer jährlichen Steuer von 1 Gulden. Ausdrücklich war dabei der landesherrliche Eid Ackerets gegenüber der damals bereits zürcherischen Grafschaft Kyburg vorbehalten. Um 1447 ist der Seuzacher Heinz Attikon als Ausbürger genannt, zwischen 1493 und 1495 sind es «die Wipf von Seuzach», «die Ohringer» und Ǔli Ackrer.[63]

Solche Ausbürger kauften hin und wieder Häuser in der Stadt. 1448 beispielsweise erwarben Untervogt Ruedi Ehrensperg von Oberwinterthur und Hans Wipf von Seuzach für die vergleichsweise sehr hohe Summe von 246 Gulden ein Haus am oberen Markt. 1457 verkaufte Ehrensperg Teile dieser Liegenschaft an die Miteigentümer Wipf.[64]

Ein gewisses Spannungsverhältnis zur Stadt blieb immer bestehen, wie ein Vorfall des 17. Jahrhunderts zeigt. Als 1667 die Ohringer von der militärischen Musterung aus Winterthur heimkehrten, pöbelten sie einen Winterthurer namens Burri an, und als dieser sie nach Hause schickte, gab Keller zur Antwort: «Er gehabe sich um keinen Winterthurer, die Kutteln ihres [der Ohringer] Leibs seien den Herren von Zürich verschrieben, und wenn die Herren von Zürich sie [die Winterthurer] nicht wollen gehorsam machen, wollen es sie, die Bauern, tun [...].»[65]

C

Frühe Neuzeit

1. Flurverfassung

1.1 SYSTEM DER DREI ACKERZELGEN UND DER GEMEINEN WEIDE

Wir haben oben die «Verdorfung» und die damit verbundene dorfgenossenschaftliche Organisation der Landwirtschaft als eine grundlegende Konstante angedeutet.

Das Gemeindeareal wird heutzutage mit insgesamt 756 Hektaren angegeben, 44 Prozent davon werden im Jahr 2008 landwirtschaftlich genutzt, 24 Prozent sind Wald, 20 Prozent Siedlungs- und 12 Prozent Verkehrsfläche. Für die Zeit vor dem Jahr 1800 liegen für Seuzach keine Arealstatistiken vor, lediglich einzelne Hinweise. Dazu kommt, dass Seuzach, Unterohringen und Oberohringen flurrechtlich völlig voneinander getrennt waren, also niemand daran dachte, ein Gesamtareal der damaligen Kirchgemeinde, die flächenmässig der modernen Politischen Gemeinde entsprach, zu erfassen. Trotzdem kann mittels Interpretation des helvetischen Katasters von 1801, der aber einige Fragen offenlässt, für die Jahrhunderte zuvor ganz grob von folgenden Grössenordnungen auf dem gesamten Gebiet der Gemeinde ausgegangen werden: Ackerland 45 Prozent, Wiesland 15 Prozent, Reben 4 Prozent, Gemeindegut (Weiher, Weideland) 6 Prozent, Wald (Gemeindewald, privat) 25 Prozent, Siedlungsfläche, Strassen, Wege 5 Prozent. Im Zentrum stand der Ackerbau, und selbst die Gras- und Weidewirtschaft diente zu einem guten Teil der Ernährung der für den Ackerbau notwendigen Zugtiere.

Der Ackerbau war im Getreideanbaugebiet des schweizerischen Mittellandes (und auch anderswo in Europa) seit dem Mittelalter in drei Zelgen organisiert, und dieses Flursystem, mit dem die gemeine Weide ursächlich verknüpft war, bestimmte den sozialen, wirtschaftlichen und tagtäglichen Rhythmus schlechthin. Wahrscheinlich hatte sich das Dreizelgen- oder, wie es auch genannt wird, Dreifeldersystem in der sogenannten agrarischen Revolution des 6.–8. Jahrhunderts aus dem Zweifeldersystem entwickelt, in dem die Ackerflur jährlich wechselnd zur Hälfte bebaut und zur Hälfte brach gelassen wurde. Die Dreifelderwirtschaft brachte im Prinzip um 16 Prozent höhere Erträge und statt einer Ernte zwei Ernten.

Viele Zehntherren liessen ihre Zehntbezirke ab Mitte des 17. Jahrhunderts planmässig vermessen, sodass für die nachmalige Geschichtsschreibung siedlungs- und flurgeschichtlich sehr wertvolle Kartendokumente entstanden. Leider liess die Stadt Winterthur den Boden, auf dem ihr Zehnt in Seuzach lastete, nie solchermassen vermessen, und wir bleiben auf schriftliche Angaben des 16.–18. Jahrhunderts angewiesen, die wir im Archiv des alten Spitals (heute im Stadtarchiv Winterthur) vorfinden.

1710 trug die Zelge «gegen dem Brandholz» Wintergetreide (Kernen, Winterroggen, Wintergerste) und mass 246 Jucharten, die Zelge «zur Grütze» von 271 Jucharten Sommergetreide (Hafer, Sommerroggen, Sommergerste, Hirse), und die Zelge «gegen Hettlingen» (auch «Letten» genannt) von 260 Jucharten lag brach und diente der gemeinen Weide. 1711 wurde die Zelge «gegen Hettlingen» zur Wintergetreidezelge, die Zelge «gegen dem Brand-holz» zur Sommergetreidezelge und die Zelge «zur Grütze» lag brach. 1712 diente die Zelge «zur Grütze» als Wintergetreidezelge, die Zelge «gegen Hettlingen» als Sommergetreidezel-ge und die Zelge «gegen dem Brandholz» lag brach. 1713 begann sich dieser Rhythmus – wie in vielen Jahrhunderten zuvor – zu wiederholen.[66]

Die Brandholz-Zelge erstreckte sich nördlich bis südöstlich des alten Dorfes vom Weihergebiet über den Brandbühl bis wahrscheinlich zur alten Reutlingerstrasse, die dar-an anschliessende Zelge zur Grütze lag südlich-südwestlich des Dorfes, begrenzt durch den Lindberg/Amelenberg und die Flurgrenze zum Hof Unterohringen, und endete wahrschein-lich bei den Wiesen des Chrebsbaches. Die daran anschliessende Zelge «gegen Hettlingen» schloss den Kreis westlich bis nördlich des Dorfes, begrenzt vor allem durch den Hettlinger Bann. Zwar blieb die Lage der Zelgen immer die gleiche, die Benennung wechselte jedoch im Lauf der Jahrhunderte hin und wieder.

Die beiden «eingeschlossenen» Höfe Unter- und Oberohringen verfügten, wie er-wähnt, über völlig eigenständige Flur- und Zelgenverfassungen. Obwohl diese Höfe erst seit dem 16. Jahrhundert zu Mehrhaushaltssiedlungen herangewachsen waren, also erst dann eine weitergehende Organisation in Richtung einer Flurgemeinde notwendig geworden war, funktionierten auch sie wie die meisten Einzelhöfe im Dreizelgensystem.

Der vom Spitalamt Winterthur um 1644 für Oberohringen angelegte und bis 1620 zu-rückgeschriebene Zehntrodel[67] nennt die folgenden Zelgen für diesen Hof: die Zelge Wolf(en)-bühl von 54 Jucharten (1620 Wintergetreide, 1621 Sommergetreide, 1622 brach), die Zelge Sch(l)indenbühl von 55 Jucharten (1620 Sommergetreide, 1621 brach, 1622 Wintergetreide) und die Zelge Neubruch und Grund von 54 Jucharten (1620 brach, 1621 Wintergetreide, 1622 Sommergetreide). Die letztere Zelge wurde auch die «Grosszelg» oder «grosse Zelg» ge-nannt, denn zu ihr gehörten nicht nur die genannten 54 Jucharten zehntpflichtigen Landes, sondern darüber hinaus 21 Jucharten zehntfreies Land und an die Zelge anstossend im Grenz-bereich zu Wülflingen fünf weitere zehntfreie Ackerparzellen von insgesamt 27 Jucharten. Für den Hof Oberohringen galt als besonderes Privileg Zehntfreiheit für die Baumgärten und sämtliches Wiesland, auch wenn solches als Ackerland genutzt werden sollte. In diesem Sinn werden in der Zehntbeschreibung des Jahres 1713 zwei Parzellen von 5 1/2 und 6 1/4 Jucharten im Mülhüsli und im Brüel, zwischen Ober- und Unterohringen gelegen, als ausserhalb der Ackerzelgen liegend und zehntfrei definiert.[68]

Für Unterohringen zeigt ein ähnliches Verzeichnis[69] folgende Verteilung: 1620 mass die Zelge «gegen dem Riet» (Seuzacher Ried im Bereich des heutigen Poloplatzes) 60 Jucharten und trug Wintergetreide (zu dieser Zelge gehörten zusätzliche zehntfreie «Rütinen»). Die Zelge ge-gen «dem Holz», auch «gegen Oberohringen» genannt, wies 80 Jucharten auf und trug 1620 Sommergetreide, und die 68 Jucharten der Zelge «gegen Seuzach» lagen 1620 brach.

Innerhalb der Zelgen lagen die einzelnen Parzellen in sogenannter Gemengelage – also für den einzelnen Besitzer über die gesamte Zelge zerstreut. Durch Erbteilungen über Jahr-hunderte bedingt, herrschten lange schmale Streifenäcker vor. Da Zugangswege weitgehend fehlten, mussten die Zeitfenster für praktisch gleichzeitiges Pflügen, Düngen, Jäten, Ernten der einzelnen Parzellen im dorfgenossenschaftlichen Rahmen festgelegt werden. Bei solchen Feldarbeiten hatte der «Vorderlieger» dem «Hinterlieger» unter festgelegten Bestimmungen den Durchgang zu gestatten. Zu regeln war sodann der Bereich der Grundstücksgrenzen. Durfte etwa bis ans Ende der Stirnseite der schmalen Ackerstreifen gepflügt werden und dann der Pflug auf dem an die Stirnseite anschliessenden Acker des Nachbarn gewendet werden, oder musste vorher mit dem Pflügen aufgehört werden, damit auf dem eigenen Grundstück gewendet werden konnte? Auf der Längsseite konnten etwa durch zum Nachbarn hinüberrollende Erdschollen Konflikte entstehen, denn Erdreich war kostbar.

Verknüpft mit dem System der Ackerzelgen war die gemeine Weide. Vor der Wachstumsperiode und nach der Ernte mussten die während der Wachstumsperiode und der Ernte eingezäunten Zelgen der Dorfherde zur Beweidung geöffnet werden, die Brachzelge stand wenigstens grundsätzlich während der gesamten Saison als Weide zur Verfügung. Auch die anderen Böden dienten nebst der individuellen der genossenschaftlichen Nutzung. Wie die Ackerböden stand das Wiesland vor der Wachstumsperiode und spätestens nach der Ernte des Emds der gemeinen Weide offen. Im Gemeindewald galt ohnehin das gemeine Weiderecht für Vieh und Schweine, für Letztere die Nutzung der Eicheln und Bucheckern. Selbstredend war sodann die Allmend ursprünglich freies Weideland.

Das Wiesland lag schwerpunktmässig an den Bachläufen. Die Rebberge sind aus der Abbildung auf Seite 123 ersichtlich, ebenfalls die Wälder, deren Ausdehnung im grossen Ganzen noch heutzutage ähnlich ist. Die innerhalb des Etters, des Dorfzauns, befindlichen Gebäudegrundstücke umfassten in der Regel «Haus, Hofstatt, Scheune, Baum- und Krautgarten», die Hanfbünten lagen unmittelbar ausserhalb des Etters.

Der Begriff «Flurzwang» für eine solche genossenschaftlich und gemeinschaftlich betriebene Landwirtschaft mit seinem negativen Beigeschmack kam erst mit dem Durchbruch des individuell-gewinnorientierten Landbaus im 19. Jahrhundert auf. Entsprechend der vor-

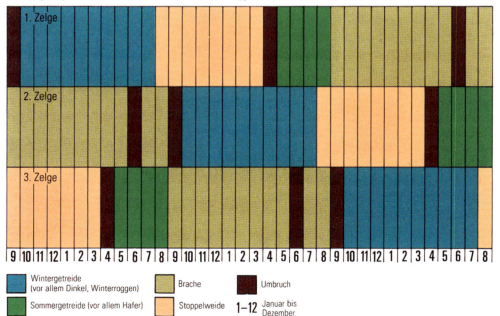

Dreizelgensystem mit Dreifelderwirtschaft (idealtypischer Dreijahreszyklus)

1. Zelge
2. Zelge
3. Zelge

9 10 11 12 1 2 3 4 5 6 7 8 9 10 11 12 1 2 3 4 5 6 7 8 9 10 11 12 1 2 3 4 5 6 7 8

Wintergetreide (vor allem Dinkel, Winterroggen)
Brache
Umbruch
Sommergetreide (vor allem Hafer)
Stoppelweide
1–12 Januar bis Dezember

15_Schema des Dreizelgensystems und der gemeinen Weide.

industriellen Mentalität sollte der Landbau – wie das Handwerk in der Stadt – vorerst nur einmal die Nahrung sichern. Und zu diesem vorkapitalistischen Zweck waren das Dreifeldersystem und die gemeine Weide gut geeignet. Das Land konnte sich als Brache regenerieren, was in einer Zeit mit wenig Vieh und damit wenig Dung wichtig war. Die Brache diente überdies als Experimentier- und Reservezone für Zwischensaaten wie Hülsenfrüchte und später für Knollen- und Wurzelfrüchte wie Räben, Rüben und Kartoffeln. Auch die Kornzelgen liessen eine gewisse Flexibilität zu: ging die Wintersaat zugrunde, konnte im Frühjahr Sommergetreide nachgesät werden.

Die gemeine Weide ermöglichte es, dass in der Dorfgenossenschaft auch der praktisch landlose Taglöhner etwa ein Nutztier zur Erweiterung der Nahrung halten konnte, wenigstens bis zum Winter. Schon 1534 stellte die Gemeinde zum Schutz der gemeinen Weide eine Urkunde aus, und zwar, da es um einen ihrer ureigensten Belange, die Flurnutzung, ging, als selbständige Rechtspersönlichkeit: «Wir Dorffmeyer und gantze Gemeind gemeinlich, rich und arm, des Dorfs Soitzach» erlassen – mit Zustimmung des Kyburger Landvogtes – zum Nutzen der Nachkommen und zur Vermeidung von Rechtshändeln mit Nachbarn eine Ordnung, um das gemeine Weiderecht zu schützen. Künftig darf niemand Güter inner- oder ausserhalb des Dorfetters, seien es «Äcker, Pünten, Wiesen, Weiden, Gstüd, Holz und Feld», in denen die Gemeinde Seuzach «Trieb [Treiben von Vieh], Trät [Recht, mit Vieh einen Grund zu betreten] oder Weidrecht» hat, «verwechseln» noch vertauschen, ohne dass dieses gemeine Weiderecht gewährt bleibt. Um sodann die gemeine Weide zu gewährleisten, muss jeder, der entsprechende Güter besitzt, zum Beginn des gemeinen Weidegangs (im Frühjahr vor der Wachstumsperiode und im Herbst nach der Ernte) dafür besorgt sein, dass die Grundstücke wenigstens auf der Breite eines gerüsteten Pfluges zugänglich sind.[70]

1.2 DYNAMISCHE ELEMENTE IM LANDBAU

Das althergebrachte und fest gefügte Flursystem reagierte auf Änderungen heikel, zumal damit ein ausgeklügeltes Nutzungssystem verbunden war, das sozial recht gut austariert war. Trotzdem sind im Landbau immer auch dynamische Elemente anzutreffen, die auf gewinnträchtigere Nutzung ausgerichtet waren. Oben haben wir den Bürgermeister Hans Waldmann (hingerichtet 1489) erwähnt, der den Getreideanbau gegen die Ausbreitung des Weinbaus verteidigte. Tatsächlich ist für jene Zeit auch in Seuzach ein Indiz für den zunehmenden Rebbau überliefert. Ein Schiedsgerichtsurteil um Zehntrechte[71] betrifft 1502 auch den Zehnten eines Ackers, nämlich von «Knobels Acker, [...] gelegen unter Heimenstein», der «jetzt zu Weinreben gebauen ist».

1567 begegnen wir im Urbar des Winterthurer Spitalamtes[72] Rüdi Zuberer als Inhaber des Seuzacher Widumhofes. Er hatte mit der Zustimmung seines Lehnsherrn, des Spitals, einen «Bühl», der «gar ruch und unnütz bisher gewesen ist», an verschiedene «Mitsässen» in Seuzach zu Erblehen unterverpachtet, die hier nun einen Weingarten anlegten. Zur Erschliessung der neuen Reben räumte Zuberer ihnen ein über sein Ackerland verlaufendes Fusswegrecht ein.

In einem Urteilsspruch von 1541[73] zwischen der Gemeinde Seuzach und ihrem Bürger Konrad Schuhmacher steht die Praxis der Einschliessbewegung im Zentrum. Schuhmacher bestand auf einem «Einschluss» einer ihm gehörenden «Brachwiese», also auf einer weitgehend privaten Nutzung durch Einhegung. Die Gemeinde verwies dagegen auf einen Mehrheitsbeschluss, wonach jeder seine in der gemeinen Flur befindlichen Einschlüsse zu öffnen habe. Das Grafschaftsgericht gestattete Schuhmacher, seine Wiese vom St.-Jörgen-Tag (23. April) bis nach der Kornernte einzuhagen, was ihm auch ermögliche, die Heuernte einzubringen. Schliesslich würden viele andere im Dorf Ackerland «einfassen», um Hirse, Bohnen und Räben anzubauen. Die Gemeinde appellierte nun unter Vorweisung ihrer einschlägigen Rechtsdokumente gegen dieses Urteil an die Obrigkeit in Zürich, welche die vorgelegten Dokumente schützte und Einschlüsse, auch denjenigen Schuhmachers, als unrechtmässig erklärte.

Aus dem 17. Jahrhundert sind grössere «Aufbrüche» von Wiesland zu Ackerland aktenkundig, weil sich die Pfarrherren wegen entsprechender Einbussen der ihnen zustehenden kleinen und Heuzehnten beklagten. In einem einschlägigen Schreiben des Seuzacher Pfarrers Jakob Sulzer vom 26. August 1660 an die Winterthurer Stadtobrigkeit, den Kollaturherrn, geht hervor, dass sich Zeugen an eine Umnutzung von Wiesland in Ohringen um das Jahr 1616 erinnern.[74] Der 70-jährige Zeuge Michel Wipf sprach zudem eine für die Pfarrei günstige Zehntpraxis auf den Riedbünten «vor, in und nach dem grossen Tod A°. [16]11» an, die auf den Ersatz von Heuzehnten für den «ersten Ohringer Wiesenaufbruch» schliessen liessen – so Sulzer. 1669 wandte sich Sulzer in dieser Angelegenheit erneut an die Stadt[75] und sprach von grossen Verlusten des pfarrherrlichen kleinen Zehnten zu Unterohringen, nämlich von einem Fuder Heu und einem «Färtli» Emd, weil 9 Mannsmad der besten Wiesen im Brühl «zu Feldern» gemacht worden seien, mit entsprechendem Zugewinn beim grossen Zehnten für das städtische Spitalamt.

Auch im 18. Jahrhundert blieb die Thematik der schwindenden kleinen Zehnten der Seuzacher Pfarrherren bestehen, was uns indirekt Nachrichten zu (neuen) Landbaumethoden vermittelt. So erfahren wir für 1752 in einem von Pfarrer Ernst der Stadt Winterthur eingereichten Memorial,[76] dass er keinen Obstzehnten von den (neu) in den Gärten angepflanzten Obstbäumen erhalte. Die Seuzacher hatten also den Obstbau intensiviert; über die üblichen Obstbäume der «Baumgärten» hinaus wurden solche Bäume nun gezielt im Gartenland gezogen. Im gleichen Memorial beklagte der Pfarrer, wie auch die Hanfbünten umgenutzt würden, was zum Verlust der Hanfzehnten führe. Man lasse diese Bünten mit Gras bewachsen und würde dieses «in die Kripfe [...] mähen» – ein Hinweis auf die aufkommende Stallfütterung. Oder man säe «solche Sachen» in die Hanfbünten, von denen man glaube, keine Zehnten geben zu müssen, «als da sind Rüebli, Kabis und dergleichen».

Als Motor landwirtschaftlicher Erneuerungen mit Elementen von Stallfütterung, gezielter Düngung, Anbau von Klee, moderner Fruchtwechselwirtschaft, intensiver Obstwirtschaft und Beschränkung der gemeinen Weide in Flur und Wald fungierte ab Mitte des 18. Jahrhunderts die *Ökonomische Kommission der Naturforschenden Gesellschaft in Zürich*. Sie liess fachlich führende Bauern in den Zunftsaal zur Meisen nach Zürich kommen, um über neue Methoden zu informieren und informiert zu werden, organisierte die «Bauerngespräche» und kommunizierte deren Resultate landesweit, stellte landwirtschaftliche

Wettbewerbsfragen und erfuhr durch sie von vielen Erfahrungen, Forschungen, Versuchen der Praktiker und Pioniere, auch hier, um Wissen weiterzuvermitteln.

In Seuzach tat sich besonders alt Schulmeister Jakob Wipf hervor. In seinen überlieferten Antworten zu zwei solchen Wettbewerbsfragen aus den Jahren 1781 und 1782[77] erwies sich Wipf als Obstbaufachmann der neuen Zeit. Mit Apfel- und Birnbäumen, Zwetschgen, «Parillen» (Aprikosenart), «Operschen» (?) und Pfirsichbäumen, ob im Feld, in Rebbergen, in Wiesen, Äckern und Gärten, auch an Spalieren, kannte er sich aus eigener Erfahrung und Arbeit aus, wie man sie am besten zog, veredelte und schnitt, sie von Schädlingen befreite, welche Erde am besten sei und welcher Abstand optimal; all dies brachte er zu Papier und erhielt auch einen Wettbewerbspreis von einigen Dukaten. Schon vor Wipfs Erläuterungen, 1767, sind für ein Ackerstück auf der Leberen ausdrücklich «vier Nussbäume» im Sinn einer Sonderkultur erwähnt.[78]

In den Notariatsprotokollen stossen wir nebenbei auf weitere dynamische Elemente. Als im Jahr 1700 Jakob Wipf, seligen Michels Sohn, seinen Hof an den sich damals wohl in die Gemeinde einkaufenden Hans Heinrich Wyler von Sulz-Rickenbach verkaufte, erscheint in der Kaufmasse auch eine Windmühle, ein Gerät, mit dem die Spreu vom Korn getrennt wurde.[79] Um 1718, also ebenfalls weit vor der Zeit, als die Physiokraten die Stallfütterung und die entsprechende Produktion von Mist propagierten, verfügte der Oberohringer Schulmeister Konrad Müller auf seinem Anwesen nebst Haus, Scheune und Stall auch über eine «Mistwürfe».[80]

16_Monatsbilder von Conrad Meyer: «Abriss und Beschreibung der XII Monaten nach ihren Hauptwerken, einer Tugend liebenden Jugend in Zürich ab der Burgerbibliothek für das Jahr 1663 verehrt». Dargestellt sind die Haupttätigkeiten der einzelnen Monate im bäuerlichen Gewerbe. Zur Illustration kommt allerdings nicht so sehr das Werk kleiner Bauern und Halbbauern, sondern dasjenige der bäuerlichen Oberschicht und wohlhabender Bürger, die Landbau betreiben liessen.

2. Nahrung, Ernteerträge und Verbrauch von Getreide

Bis weit über die Mitte des 18. Jahrhunderts hinaus bildete das Getreide die Grundnahrung, ergänzt durch etwas Milch, Milchfett und Tierfett sowie Gemüse aus dem Krautgarten und Obst aus dem Baumgarten. Fleisch hingegen war im Kornland seltene Kost. Die Kartoffel kam erst im ausgehenden 18. Jahrhundert auf. Pfarrer Johann Konrad Sulzer weiss in seiner «Beschreibung» der Gemeinde Seuzach von 1783[81] zu berichten: «Die Lebensart [in Seuzach] ist so einfach, dass der Artikel wider Pracht im grossen Land-Mandat überflüssig ist. Die Leute gehen meist in Zwillich gebleicht, die Vermögenden halbwollen. Sie essen die Woche durch Haberbrei, Erbsen und Gemüse, die Meisten am Sonntag Fleisch [...]. Die Geringen geniessen [Fleisch] nur an Festtagen, Jahrmärkten, Hochzeiten, Leichenanlässen und Kindstaufen, bei Kauf und Verkauf.» Wein – für unsere Begriffe mehrheitlich sehr sauer bis ungeniessbar – diente weniger als Genussmittel denn als täglicher Kalorienspender. Andererseits hatte er rituellen Charakter. Sulzer: «Kein Mensch tritt in die Welt, keiner gehet aus der Welt, kein Handel [...] geschieht, dass nicht Wein getrunken werde.» Erst im 19. Jahrhundert kamen Obstmost und Bier hinzu.

Die heimische Getreideernte bestimmte über Wohlstand und Armut, Sattsein und Hunger. Im schweizerischen Mittelland erntete man im Spätmittelalter in normalen Jahren vier Körner pro Saatkorn.[82] Aus Abrechnungen der zweiten Hälfte des 16. Jahrhunderts gehen die Erträge der vom Spitalamt Winterthur in eigener Regie bewirtschafteten Äcker in der Gegend von Winterthur hervor.[83] Zwischen 1557 und 1585 säte das Amt jährlich durchschnittlich 33 Malter Kernen auf seine Äcker und erntete durchschnittlich 171 Malter Kernen, also gut das Fünffache der Aussaat. Bei Hafer tendierte der Ertrag gegen das Fünfeinhalbfache, bei Roggen betrug er lediglich das Viereinhalbfache. Die Bauern in den Dörfern dürften eher niedrigere Erträge erwirtschaftet haben. Beeinträchtigt wurde die Ernte auch durch Schädlingsbefall. Anlässlich der Verpachtung der voraussichtlichen Zehnterträge im späten Juni oder frühen Juli wurde oft die Qualität des Getreides festgehalten, 1647 beispielsweise für Oberohringen: «War hübsch Korn, doch hat es ziemlich Brand [...].» Oder 1662: «Das Korn war gar schlecht, hat viel weisse Ähren und ist übel verheddert gewesen [...].»[84] In Seuzach wurde bei der Besichtigung zwecks Zehntverpachtung vom 4. Juli 1759 etwa festgehalten: Ein Viertel des Korns «schön», die Hälfte «Mittelgattung» und ein Viertel «sehr schlecht und läufig und etwas brandig».[85]

Heutzutage sind die Getreideerträge ungleich höher. Man muss sie allerdings in Beziehung zum Aufwand setzen, um die Bedingungen des agrarischen Zeitalters auch nur ansatzweise zu verstehen.

Der Produktivitätsfaktor im Landbau war im Ancien Régime um den Faktor 200 geringer als in den heutigen Jahren, in welchen die Landwirtschaft in der Schweiz nur noch wenige Prozent des Sozialproduktes erbringt. Vor 1800 waren dies 80 Prozent und mehr.

Dass sich auch im späteren 18. Jahrhundert die Produktion noch im Rahmen des Spätmittelalters bewegte, geht aus den Statistiken hervor, welche die Ökonomische Kommission der Zürcher Physikalischen Gesellschaft in den 1770er Jahren als Instrument zur Steigerung der landwirtschaftlichen Produktion anlegte. Um 1 Jucharte Ackerland (32,7 Aren) beispielsweise mit Wintergetreide anzubauen, benötigte man damals wie von jeher 1 Mütt (circa 54 Kilogramm) Saatgut. Der Ernteertrag belief sich auf das Fünffache, also 270 Kilogramm beziehungsweise nach Abzug des Saatgutes knapp 220 Kilogramm.

Für Seuzach und Ohringen errechnete die Kommission die in Tabelle 3 aufgeführten Werte für Ernte, Abgaben, Saatgut, Verbrauch und Verkauf. Aus der Tabelle 3 ist das gute Erntejahr 1771 ersichtlich. Diesem folgten drei Jahre mit Missernten. Solche waren in Agrargesellschaften mit den unelastischen Preisen für die Grundnahrungsmittel verheerend. Wir werden im Folgenden auf entsprechende Auswirkungen immer wieder konkret zu sprechen kommen.

Tabelle 2: Produktivität im Getreidebau über die Jahrhunderte

Periode	Aufwand (Stunden/Hektare)	Ertrag (Tonnen/Hektare)	Arbeitsmittel, Anbausystem
Vor 1800 (Spätmittelalter und Ancien Régime)	500	0,6–0,7	Handarbeit, Ochsengespann, Dreizelgenwirtschaft
1800–1850	500	1–1,2	Handarbeit, Ochsengespann, reduzierter Flurzwang, bessere Pflüge, gezielte Düngung u. a. mit Mist und Jauche von Stallhaltung, ab circa 1830/40 individuelle Wegzugänge zu allen Parzellen
Erste Jahrzehnte des 20. Jahrhunderts	180	2–2,5	Von Pferden gezogene Bindemäher, erste Traktoren, Dreschmaschinen, Handarbeit, Kunstdünger, noch immer Kleinstfelder
Um das Jahr 2000	≥ 25	5–7	Vollmechanisierung, Technologie, aggressive Düngungs- und Produktionsmethoden, Grossfelder

Tabelle 3: Getreideernte, Abgaben, Saatgut, Verbrauch und Verkauf (Seuzach und Ohringen zusammen), 1770er Jahre

	1771	1772	Schnitt der Jahre 1773 und 1774
Getreideernte: «ganze Summe der Produkte»[1]	4 240 Mütt (228 960 kg)	2 285 Mütt (123 390 kg)	1 922 Mütt (103 788 kg)
Saatgut	-818 Mütt (-44 172 kg)	-432 Mütt (-23 328 kg)	-379 1/2 Mütt (-20'493 kg)
Grosser und kleiner Zehnt[2]	-382 Mütt (-20 628 kg)	-189 Mütt (-10 206 kg)	-174 1/2 Mütt (-9423 kg)
Grundzinse	-89 Mütt (-4 806 kg)	-89 Mütt (-4 806 kg)	-90 Mütt (-4 860 kg)
Zwischentotal	2 951 Mütt (159 354 kg)	1 575 Mütt (85 050 kg)	1278 Mütt (69 012 kg)
«Verbrauch des Dorfes» inklusive beider Ohringen[3]	Für 480 Einwohner: -1 200 Mütt (-64 800 kg)	Für 423 Einwohner: -1057 Mütt (-57 078 kg)	Für 485 Einwohner: -1212 1/2 Mütt (-65 475 kg)
«Vorschuss zum Verkauf»	-1 751 Mütt (-94 554 kg)	-518 Mütt (-27 972 kg)	-65 1/2 Mütt (-3 537 kg)

[1] Die damaligen «Ökonomen» rechneten hier alle Getreidearten sowie die wenigen Kartoffeln in Mütt Kernen um. [2] Letzterer ist in fiktive Getreidewerte umgerechnet. [3] Pro Einwohner wird mit einem jährlichen Getreideverzehr von 2 1/2 Mütt (135 Kilogramm), gerechnet.

Quelle: StAZH, Archiv der Ökonomischen Kommission B IX 1–3, 1770er Jahre. Die von der Ökonomischen Kommission bei den örtlichen Pfarrherren erhobenen Angaben vermitteln wertvolle Einblicke betreffend Gesamternte, Abgaben, Verbrauch und Verkauf. Fragen bleiben aber z. B. wegen des Saatgutes offen: Bei kleiner Ernte wird auch weniger Saatgut angegeben, wohl aus rein statistischen Gründen. Real musste natürlich immer etwa 1 Mütt Getreide pro Jucharte Acker angesät werden, unabhängig von der Höhe der vorangehenden Ernte.

3. Bevölkerungsgrösse und Geschlechter

3.1 BEVÖLKERUNGSWACHSTUM 1467–1800

Die alte Republik Zürich, die sich ungefähr mit dem heutigen Kantonsgebiet deckte, wies die folgende Bevölkerungsentwicklung auf:

1467: 26 700–28 900 Einwohner

1529: 48 100–58 790 Einwohner

1585: 69 975–85 525 Einwohner

1634: ungefähr 80 000 Einwohner

1671: ungefähr 120 000 Einwohner

1762: ungefähr 165 000 Einwohner

1800: ungefähr 180 000 Einwohner[86]

Im dritten Jahrzehnt des 16. Jahrhunderts war mit gut 50 000 Einwohnern der Stand erreicht, den der Landbau mit den damaligen Methoden noch ernähren konnte. Als in den 1570er Jahren mit ihren markanten, klimabedingten Fehlernten die Bevölkerung auf rund 75 000 Einwohner stieg, verbreiteten sich Hunger und Elend in nie gekanntem Ausmass. Neue Erwerbsmöglichkeiten bot die Einführung und Intensivierung der Heimarbeit im Textilgewerbe. Es waren unter anderem Unternehmer aus italienisch sprechenden Gebieten, die wegen ihres evangelischen Glaubens nach Zürich geflüchtet waren und hier ein technisch und unternehmerisch neuartiges textiles Verlagsgewerbe begründeten.

Die markanten Pestzüge von 1611, 1628 und 1635 bremsten das Bevölkerungswachstum vorübergehend. Ab Mitte des 17. Jahrhunderts war dann aber die relative Überbevölkerung mit ihren Folgen nicht mehr zu übersehen. Die Tabelle 4 zeigt die Bevölkerungsentwicklung für das Gebiet der Kirchgemeinde Seuzach.

Von 1467 bis 1634 vervierfachte sich die Bevölkerung, ein Wachstum, das vor allem im 16. Jahrhundert stattfand und für eine agrarische Gesellschaft dramatisch war. Die Pestzüge der Jahre 1611, 1628 und 1635 führten auch in Seuzach zu Bevölkerungsverlusten von vielleicht bis zu 100 Prozent, wenn man die Toten der drei Seuchenzüge kumulieren wollte. Doch war das «grosse Sterben» nach jeweils einigen Monaten zu Ende und die Bevölkerung erholte sich sehr rasch. Witwer und Witwen sowie Ledige im Dorf verheirateten sich gezielt und erhielten rasch Nachwuchs. Ebenso suchten Witwer Frauen von auswärts. All diese Vorgänge sind für Seuzach nicht quantifizierbar, da die hauptsächliche Quelle, die Kirchenbücher, für jene Zeit fehlen (siehe Tabelle 4, Anmerkung).

Tabelle 4: Bevölkerungsentwicklung für Seuzach-Ohringen

Jahr	Seuzach Dorf	Unterohringen	Oberohringen	Unter- und Oberohringen	Kirchge-meinde insgesamt	Davon Bedienstete
1467	75	–	–	13	88	2
1634	274	34	51	85	359	30
1637	226	31	44	75	301	27
1640	229	31	57	88	317	38
1670	384	42	65	107	491	27
1700	374	31	69	100	474	28
1708	444	50	64	114	558	[*1] 36
1739	499	56	57	113	612	7
1760	438	57	47	104	542	[*2] 4
1800	412	54	49	103	515	

* 1 Davon 21 in Oberohringen. *2 Davon 3 in Unterohringen.

Quellen: Hans Nabholz, Friedrich Hegi, Die Steuerbücher von Stadt und Landschaft Zürich des XIV. und XV. Jahrhunderts, 8 Bände, Zürich 1918–1958; pfarrherrliche Bevölkerungsverzeichnisse 1634 bis 1760er Jahre (Kopiensammlung StAZH, E II 700); für das Jahr 1800: StAZH, Helvetische Tabelle K II 181. Für die Demografie wichtig sind die pfarrherrlichen Tauf- und Sterberegister. Für Seuzach sind sie erst ab 1731 überliefert. Ein früheres soll kurz vor dem Ersten Weltkrieg verloren gegangen sein.

Ein gewisser Gradmesser für das Erreichen des relativen Bevölkerungsmaximums kann auch in der Anzahl der «Dienste» erkannt werden. 1640 wurde mit gegen 40 Bediensteten ein Höchststand erreicht. Die meisten von ihnen kamen aus dem Dorf selbst oder aus der näheren Umgebung, ein halbes Dutzend aus dem «Schwabenland». Sie verteilten sich auf die wenigen grösseren Bauern. Der reichste von ihnen, der 24-jährige Grafschaftsrichter Zuberer, beschäftigte gleich sieben Bedienstete im Alter von 13–23 Jahren, wohl auch, weil er bereits verwitwet war und seine beiden Kinder erst fünf- und zweijährig waren. Prozentual weitaus am meisten Mägde und Knechte waren in den stattlichen Hofeinheiten Unter- und Oberohringens beschäftigt, nämlich 13 im Jahr 1640.

Waren es im Stichjahr 1708 bei 558 Einwohnern noch 36 Bedienstete, fiel ihre Zahl in den folgenden 30 Jahren auf sieben, wogegen die Bevölkerung auf den Höchststand von 612 Einwohnern stieg. In den folgenden Jahrzehnten pendelte sich der Bevölkerungsstand auf einem tieferen Niveau ein, ein typischer Vorgang in Ackerbaugemeinden mit ihren Kontrollmechanismen wie einer zurückhaltenden Handhabung von Einbürgerungen und Zuwanderungen, einer strengen Aufsicht über die Nutzungsgerechtigkeiten (den gemeinen Flurnutzen und Nutzen speziell des Gemeindegutes) sowie der Festlegung einer mentalen und faktischen Armutsgrenze bei Eheschliessungen.

Tabelle 5: Geschlechter in Seuzach, Unter- und Oberohringer. nach der Anzahl der Haushalte, 1468–1760

Seuzach	1468	1634	1640	1670	1700	1739	1760	Bemerkung
Ackeret	1	5	9	8	10	23	20	
Attikon	2	–	–	–	–	–	–	
Bachmann	–	–	–	–	–	1	2	
Ballauf	–	1	2	4	3	3	5	Um 1590 eingebürgert
Borat	1	5	6	8	8	7	5	
Epprecht	–	–	–	–	–	–	1	
Erb	–	–	–	–	–	–	1	
Ernst (1467)	1	–	–	–	1	–	–	
Fälber	–	1	1	–	–	–	–	
Fluck	–	–	–	1	–	–	–	
Greuter	–	–	–	–	–	1	1 (2)	
Hasler	–	2	1	1	2	1	2	
Huber	–	–	–	–	–	2	1	
Keller	–	1	2	2	1	–	–	
Kleinhans	1	–	–	–	–	–	–	
Koblet	–	–	–	–	1	3	1	
Maurer	–	–	–	–	–	1	1	
Meyer	2	–	–	–	–	–	–	
Meyer (Hintersasse)	–	–	–	–	–	–	1	
Müller	–	1	2	4	2	4	4	
Múlliberg	1	–	–	–	–	–	–	
Nuefferly	1	–	–	–	–	–	–	
Rösli	–	–	–	–	–	1	–	
Schwarz	–	5	5	8	10	11	15	Gemäss privatem Stammbaum wird das Jahr 1585 erstmals in Verbindung mit Schwarz von Seuzach gebracht. Es handelt sich dabei um einen Rückschluss aus dem Bevölkerungsverzeichnis von 1634 und betrifft den damals 49-jährigen Konrad Schwarz
Schwengeler	–	–	–	–	–	1	1	
Steiner	–	1	1	2	3	2	2	
Waser	–	–	–	–	–	2	1	
Wyler	–	–	–	–	–	1	2	
Wipf	5	20	22	30	31	41	35	
Zuberer	–	2	2	–	–	–	–	1527 erstmals erwähnt
Nicht definierbar	–	1	1	–	–	–	–	
Unterohringen								
Etter	–	1	2	1	–	–	–	
Hiller	–	1	2	–	–	–	–	
Huber	–	1	1	2	1	3	2	
Hüninger	–	–	1	–	–	–	–	
Keller	2	1	–	2	2	1	3	
Müller	–	–	–	1	3	5	4 (5)	
Oberohringen								
Grüter	–	2	3	–	–	–	–	
Húrner (1467)	1	–	–	–	–	–	–	
Gyßli	–	–	–	1	–	–	–	
Hiller	–	1	1	–	–	–	–	
Huber	–	–	–	–	1	–	–	
Keller	1	6	6	5	8	6	8 (9)	
Mantel	–	–	–	–	–	1	–	
Meyer	–	–	–	2	2	2	–	
Müller	–	1	2	3	3	1	2	
Sigerist	–	–	–	1	–	–	–	
Waser	–	–	–	–	–	1	–	
Wegmann	–	–	–	1	–	–	–	

Quellen: Hans Nabholz, Friedrich Hegi, Die Steuerbücher von Stadt und Landschaft Zürich des XIV. und XV. Jahrhunderts, 8 Bände, Zürich 1918–1958; pfarrherrliche Bevölkerungsverzeichnisse 1634 bis 1760er Jahre (Kopiensammlung StAZH, E II 700).

3.2 GESCHLECHTER, 1468–1760

Die Bevölkerung Seuzachs bestand über viele Jahrhunderte, teils bis ins frühe 20. Jahrhundert hinein, aus einer kleinen Anzahl von Geschlechtern, wie die Zusammenstellung in Tabelle 5 belegt. Geschlechter vor 1468 sind in der Tabelle 1 zu finden. Im Dorf Seuzach spielten die Wipf, die Ackeret und die Borat, ab dem 16./17. Jahrhundert ergänzt etwa durch die Schwarz, Ballauf und Hasler, eine tragende Rolle. Die Wipf stellten über viele Jahrhunderte rund die Hälfte der Familien, die Ackeret und die Schwarz erstarkten zahlenmässig zunehmend. Aber auch längst in Seuzach ausgestorbene, zahlenmässig kleine Geschlechter waren über Jahrzehnte politisch und wirtschaftlich von Bedeutung, vor allem die Zuberer, die Grafschaftsrichter stellten, und die Steiner.

Indirekt auf Heiratsverbindungen ist auch der noch heute in der Kirche im Gebrauch stehende Taufstein des Jahres 1672 zurückzuführen. Die Taufstätte ist versehen mit dem Allianzwappen der Familien Steiner von Winterthur und der Familie Arbenz von Andelfingen sowie den Initialen IST (Jakob Steiner) und BA (Barbara Arbenz). Heinrich Zuberer, wie sein früh verstorbener Vater Jakob ebenfalls Grafschaftsrichter, verheiratete sich 1643 in zweiter Ehe mit der erst 15-jährigen Barbara Arbenz von Andelfingen. Heinrich verschied ebenfalls früh, nämlich um 1650. Mit ihm starb in Seuzach sein Geschlecht im Mannesstamm aus. Die blutjunge Witwe verheiratete sich – wohl unter Zutun ihrer Schwiegermutter Anna Steiner von Winterthur – mit Jakob Steiner, Sohn des Winterthurer Schultheissen Andreas Steiner. Diese Ehe blieb kinderlos, und als Barbara 1672 starb, stiftete Steiner den besagten Taufstein. Um 1950 übrigens liess die Familie Arbenz die in schlechtem Zustand befindliche hölzerne Tischplatte ersetzen.

In beiden Ohringen war die Familie Keller tonangebend, später wurden auch die Familien Müller und Huber wichtig.

17_Taufstein der Kirche Seuzach des Jahres 1672.

4. Gesellschaftlich-wirtschaftliche Strukturen in Seuzach und Ohringen

4.1 STRUKTUREN GEMÄSS STEUERVERZEICHNISSEN DER 1460ER JAHRE

Das undatierte Steuerregister aus den mittleren 1460er Jahren belegt in Kombination mit dem datierten Steuerverzeichnis von 1467 eine typische Wirtschafts- und Sozialstruktur (Tabelle 6).

Die Sippe Wipf mit ihren fünf Familien und 15 über 15-jährigen Mitgliedern wurde als Einheit besteuert und entrichtete eine Steuer von insgesamt 15 Pfund, entsprechend einem Vermögen von 6000 Pfund (1464/66 waren es gar 6400 Pfund). Damit gehörte diese Sippe zur Kategorie der eine oder zwei Handvoll zählenden Schwerreichen auf der Zürcher Landschaft. Auch wenn man das Vermögen auf die fünf Familien Wipf gleichmässig aufteilte, hätte noch immer jede der Familien zu den sehr Reichen gehört.

Zu diesen zählten auch die Familie Ackeret von Seuzach sowie die Sippe der Keller in Ohringen und der in jenen Jahren verschwindende, dem Kloster Kreuzlingen zugehörige Cueni Hurner in Oberohringen. Die Familien Meyer, Borat, Ernst und Attikon von Seuzach sowie die zweite Familie Keller von Ohringen verfügten nur über bescheidene Vermögen, ohne aber arm zu sein.

Die mehr oder minder Begüterten nannten ausnahmslos Zugtiere ihr Eigen, die Wipf und die einen Ohringer Keller je zwei Züge (je acht Zugochsen). Welti Ackeret baute mit einem Zug (vier Zugochsen) – gleich wie die Wipf – «sein eigen», also vielleicht so etwas wie grundherrenfreies Land. Ruedi Attikon, Mitglied einer damals schon seit Jahrzehnten in Seuzach ansässigen Familie und dem Kloster Töss zugehörig, versteuerte mit 160 Pfund ein bescheidenes Vermögen und bebaute sein Land mit einem Pferd. Pferde als Zugtiere sollten in Seuzach eine gewisse Rolle spielen, wie wir noch sehen werden. Heinz Mülliberg, dessen Geschlecht damals auch bereits seit Jahrzehnten in Seuzach lebte, betätigte sich als Taglöhner und versteuerte das Minimum.

Interessant ist die ursprüngliche feudale Zugehörigkeit. Die Ackeret, Wipf, Meyer, Ernst, der Nüfferly und die Ohringer Keller «gehörten» der Grafschaft Kyburg an. Die Bo(n)rat waren «Regler», also ursprünglich Hörige des Zürcher Gross- oder Fraumünsters. Sie dürften damals, nach Mitte des 15. Jahrhunderts, eben erst zugezogen sein. Sie betätigten sich mit einem Ochsenzug bereits als Vollbauern, während andere zugewanderte «Regler», nämlich Oettinger und Weber, eher Nischenarbeiten wie Rebbau und Viehhüten, wahrscheinlich im Lohn, verrichteten und teils auch nicht lange blieben. Zu solch unterbäuerlichen Zuziehenden zählte auch der

Tabelle 6: Wirtschafts- und Sozialstruktur gemäss Steuerverzeichnissen der 1460er Jahre

Familieneinheiten / über 15-jährige Personen gemäss Steuerliste 1467; in geraffter Form zugleich in der undatierten Steuerliste 1464/66 vorkommend	Familieneinheiten, die nur in der undatierten Steuerliste 1464/66 vorkommen	Vermögens-Steuer (Pfund [lb], Schilling [ß], Denar [d])	Vermögen (Pfund [lb])	«Feudale» Zugehörigkeit gemäss undatierter Steuerliste 1464/66	Bemerkungen gemäss der undatierten Steuerliste von 1464/66
Seuzach					
Welti Ackerer / mit 2 über 15-jährigen Töchtern Elßi und Aelli und 1 Knecht	–	2 lb 5 ß	900 lb	«hört gen Kiburg»	«baut mit 1 Zug»[*1] sein eigen»
Hans Meyer / mit seiner Mutter sowie mit seinem über 15-jährigen Bruder und den über 15-jährigen Schwestern Veren und Greth	–	12 ß 6 d	250 lb	«hört gen Kiburg»	«baut mit 2 sen» [wohl: mit 2 Sensen]
Růdy Bonrat (später: Borat) / mit seiner Ehefrau sowie mit Anna Bonrat und deren 3 über 15-jährigen Söhnen und deren über 15-jähriger Tochter Greth	–	17 ß 6 d	350 lb	«ist ein Regler»[*2]	«baut mit 1 Zug»
Sippe Wipf: insgesamt 15 über 15-jährige Personen, nämlich 5 Ehepaare, 4 Söhne und 1 Tochter Metzy. Hinzu kommen 2 Knechte.	–	15 lb	6000 lb	«hört gen Kyburg»	«baut mit 2 Zügen sein eigen»
Hans Ernst mit seiner Ehefrau und der über 15-jährigen Tochter Elß	–	10 ß	200 lb	«hört gen Kyburg»	«baut mit 1 Zug»
Claus Attikon mit seiner Ehefrau und dem über 15-jährigen Sohn Claus[*3]	–	5 ß	50–100 lb	–	–
Hans Attikon mit seinen 2 über 15-jährigen Schwestern Ann und Elßy[*3]	–	5 ß	50–100 lb	–	–
–	Růedy Attikon	8 ß	160 lb	«hört gen Töss»[*4]	«baut mit 1 Ross»
Heini Kleinhans mit seiner Ehefrau	–	6 ß	120 lb	«hört in die Ow»[*5]	«baut Reben»
Claus Nüfferly mit seiner Ehefrau und der über 15-jährigen Tochter Ann	–	6 ß	120 lb	«hört gen Kyburg»	«Rebmann»
Heinz Mülliberg mit seiner Ehefrau und der über 15-jährigen Tochter Elßy	–	5 ß	50–100 lb	–	«gat an Tagwan»[*6]
Heini Meyer und seine Ehefrau[*3]	–	5 ß	50–100 lb	–	–
Hans Vinck mit seinem über 15-jährigen Bruder Clewi[*3]	–	5 ß	50–100 lb	–	–
–	Oettinger	4 ß	unter 50 lb Vermögen (?)	«ist ein Regler»[*2]	«baut Reben»
–	Cůeny Weber (durchgestrichen)	4 ß	unter 50 lb Vermögen (?)	«ist ein Regler»[*2]	«ist Kuhhirt»

Ohringen					
Sippe Keller: Claus Keller und seine Ehefrau sowie Bertschi Keller und seine Ehefrau sowie ihr Knecht	In der Liste von 1464/66 ist nur Claus Keller eingetragen.	2 Gulden (= 4 lb) (1464/66) für Claus Keller	1600 lb	«hört gen Kyburg»	«baut mit 2 Zügen»
Hans Keller und seine Ehefrau sowie Knecht Heinz und «Jungfrau» (Magd) Ursul[*3]	–	12 ß	240 lb	–	–
(Cůeny Húrner, kommt in der Liste von 1467 nur noch mit Namen, jedoch ohne einen Steuereintrag vor.)	Cůeny Húrner	1 Gulden (= 2 lb)	800 lb	«hört gen Crútzlingen»[*7]	«baut mit 1 Zug»

[*1] Ein Zug entspricht vier Zugochsen. [*2] Ursprünglich Leibeigener des Gross- oder des Fraumünsters in Zürich. [*3] In der Liste von 1464/66 nicht vorkommend. [*4] Kloster Töss. [*5] Kloster Reichenau. [*6] Taglöhner. [*7] Kloster Kreuzlingen.

Quelle: StAZH, Kyburger Grafschaftsrodel F II 252a Nr. IX, gedruckt in: Hans Nabholz, Friedrich Hegi: Die Steuerbücher von Stadt und Landschaft Zürich des XIV. und XV. Jahrhunderts, 8 Bände Zürich 1918–1958, Bd. III, S. 401.

nach Kyburg gehörende Claus Nüfferly sowie der ebenfalls «bauende» und der Reichenau zugehörende Heini Kleinhans.

4.2 STRUKTUREN GEMÄSS STEUERVERZEICHNISSEN IM DREISSIGJÄHRIGEN KRIEG

Im Dreissigjährigen Krieg erhob der Stadtstaat Zürich eine Kriegssteuer, welche auf 1 Promille des Vermögens angesetzt wurde. Für das Steuerjahr 1637 lässt sich darum für unsere Gemeinde die in den Tabellen 7–9 dargestellte Vermögensverteilung ableiten.

Ohne die 14 Bediensteten, welche durchweg die Minimalpauschale von 4 Schilling abgaben, wurden für das Dorf Seuzach 47 Steuerpflichtige aufgeführt, die insgesamt rund 70 Pfund Steuern bezahlten (Totalvermögen von 70 000 Pfund). 32 000 Pfund, also 45 Prozent, entfielen auf den Grafschaftsrichter Zuberer. Damit gehörte er zu den ganz Reichen auf der Zürcher Landschaft; wahrscheinlich wurde er durch die Kriegskonjunktur in der vom grauenvollen Schlachten verschonten Eidgenossenschaft derart wohlhabend. Dafür spricht, dass er im Jahr 1644 beim Einbruch dieser Konjunktur durch das Kriegsende nur noch ein Vermögen von 14 000 Pfund versteuerte. Allerdings dürfte das Steuerjahr 1637 wegen der Destabilisierung der Bevölkerung und teilweisen Vermögensanhäufungen durch die Pest 1635/36 ohnehin nicht repräsentativ sein.

18 Steuerpflichtige entrichteten die Minimalpauschale, waren also praktisch ohne Vermögen, weitere 18 Steuerpflichtige hatten zwar ein Vermögen zwischen 200 und 1000 Pfund, was als bescheiden einzustufen ist. Nur gerade sechs Steuerpflichtige (mit Zuberer deren sieben) verfügten über 2000 Pfund, lagen also über der in jener Zeit magischen Eintausendguldengrenze (2 Pfund = 1 Gulden). Seuzach zählte damals in der Landvogtei Kyburg zu den wohlhabenden Gemeinden. Würde man das riesige Vermögen Zuberers allerdings nicht mit einrechnen, würde Seuzach nur mittelmässig dastehen.[87]

Tabelle 7: Vermögensverteilung in Seuzach, 1637

Name	Vorname	Steuer (Pfund [lb], Schilling [ß])*1	Vermögen (Pfund [lb])	Bemerkung
Ackeret	Hans	12 ß	600 lb	
Ackeret	Heinrich	4 ß	< 200 lb	
Ackeret	Jagli	6 ß	300 lb	
Ackeret	Jagli	4 ß	< 200 lb	Schneider
Ackeret	Michel	4 ß	< 200 lb	
Ackeret	Stoffel	4 ß	< 200 lb	
Ballauf	Hans	2 lb 10 ß	2 500 lb	
Bänker	Ursel	4 ß	< 200 lb	Wohl Witwe
Borat	Hans Jagli	1 lb	1 000 lb	
Borat	Jagli	2 lb 18 ß	2 900 lb	+ 2 «Dienste» zu je 4 ß
Borat	Konrad «jung»	18 ß	900 lb	
Borat	Konrad Wüerli	16 ß	800 lb	
Borat	Stoffel	2 lb 10 ß	2500 lb	+ 2 «Dienste» zu je 4 ß
Borat's	Hans sel. Kinder	4 ß	< 200 lb	
Fälber	Hans	4 ß	< 200 lb	
Hasler	Jagli	16 ß	800 lb	
Heinrich	Ůli	12 ß	600 lb	
Keller	Konrad	16 ß	800 lb	
Müller	Anneli	4 ß	< 200 lb	Wohl Witwe
Müller	Hans Ulrich	12 ß	600 lb	
Schwarz	Hans	4 ß	< 200 lb	
Schwarz	Konrad	4 ß	< 200 lb	
Schwarz	Marx	8 ß	400 lb	
Schwarz	Ulrich	6 ß	300 lb	
Steiner	Stoffel	3 lb	3000 lb	+ 2 «Dienste» zu je 4 ß
Weerli	Heinrich	12 ß	600 lb	
Wipf	Abraham	4 ß	< 200 lb	
Wipf	Buren Hans	3 lb	3 000 lb	
Wipf	Hans Heinrich	4 ß	< 200 lb	
Wipf	Hans Pur	4 ß	< 200 lb	
Wipf	Heinrich	3 lb	3 000 lb	+ 2 «Dienste» zu je 4 ß
Wipf	Heinrich Bängeli	6 ß	300 lb	
Wipf	Jagli	4 ß	< 200 lb	
Wipf	Jagli	16 ß	800 lb	Weibel
Wipf	Jagli Kessen Sohn	4 ß	< 200 lb	
Wipf	Jagli Michels Sohn	1 lb 10 ß	1 500 lb	+ 2 «Dienste» zu je 4 ß
Wipf	Jörg	12 ß	600 lb	
Wipf	Klaus	1 lb 10 ß	1 500 lb	
Wipf	Konrad und Stoffel	8 ß	400 lb	
Wipf	Marti	10 ß	500 lb	
Wipf	Marx	4 ß	< 200 lb	
Wipf	Michel	2 lb 10 ß	2 500 lb	
Wipf	Rudli	6 ß	300 lib	
Wipf	Stoffel	4 ß	< 200 lb	
Wipf's	Peter sel. Kinder	4 ß	< 200 lb	
Zuberer	Jakob	32 lb	32 000 lb	+ 4 «Dienste» zu je 4 ß
Zuberer	Ursel	1 lb 10 ß	1 500 lb	

*1 Die Mindeststeuer von 4 ß entspricht einem Vermögen von unter 200 lb.
Quelle: Gutsteuerrodel: StaZH, B VII Landschaftsverwaltung, Landvogtei Kyburg, Nr. 21.96 (1637) und Nr. 21.97 (1644).

Tabelle 8: Vermögensverteilung in Oberohringen, 1637

Name	Vorname	Steuer (Pfund [lb], Schilling [ß])*1	Vermögen (Pfund [lb])	Bemerkung
Grütter	Heinrich	1 lb	1000 lb	
Grütter	Marx	1 lb 5 ß	1250 lb	
Hiller	Felix	5 ß	250 lb	
Keller	Hans	4 ß	< 200 lb	
Keller	Hans «der Jung»	4 ß	< 200 lb	
Keller	Heinrich	4 ß	< 200 lb	
Keller	Rudolf	4 lb	4000 lb	Grafschaftsrichter + 2 «Dienste» zu je 4 ß
Keller	Thomme	4 ß	< 200 lb	
Keller	Ulrich	4 ß	< 200 lb	
Müller	Heinrich	1 lb 10 ß	1 500 lb	
1 «Dienst»		4 ß	< 200 lb	
–	Klein Ann	4 ß	< 200 lb	

*1 Die Mindeststeuer von 4 ß entspricht einem Vermögen von unter 200 lb.

Quelle: Gutsteuerrodel: StaZH, B VII Landschaftsverwaltung, Landvogtei Kyburg, Nr. 21.96 (1637) und Nr. 21.97 (1644).

Tabelle 9: Vermögensverteilung in Unterohringen, 1637

Name	Vorname	Steuer (Pfund [lb], Schilling [ß])*1	Vermögen (Pfund [lb])	Bemerkung
Etter	Hans Heinrich	1 lb 10 ß	1 500 lb	
Hiller	Jagli	1 lb 10 ß	1 500 lb	
Huber	Konrad	1 lb 10 ß	1 500 lb	
Keller	Abraham	2 lb	2 000 lb	+ 1 «Dienst» zu 4 ß
1 Dienst		4 ß	< 200 lb	

*1 Die Mindeststeuer von 4 ß entspricht einem Vermögen von unter 200 lb.

Quelle: Gutsteuerrodel: StaZH, B VII Landschaftsverwaltung, Landvogtei Kyburg, Nr. 21.96 (1637) und Nr. 21.97 (1644).

In Oberohringen ist die Präsenz einer unterbäuerlichen Schicht nicht zu übersehen; über die Hälfte der elf Steuerpflichtigen entrichtete nur gerade die Minimalpauschale. Ihnen stand Grafschaftsrichter Rudolf Keller mit einem Vermögen von 4000 Pfund gegenüber, der 1644 gar mit 6000 Pfund aufgeführt ist. Gefestigt erscheint der Hof Unterohringen, wo alle Haushalte eine bescheidene Hablichkeit aufwiesen. Nur schon die zur Verfügung stehende Ackerfläche – in Seuzach standen damals jedem Einwohner durchschnittlich 3,5 Jucharten zur Verfügung, in Oberohringen 4,7 Jucharten und in Unterohringen 6,7 Jucharten – lässt diese Vermögensverteilung unter den Siedlungen plausibel erscheinen.

4.3 STRUKTUREN GEMÄSS DER BESCHREIBUNG VON PFARRER SULZER 1783 UND GEMÄSS DEM ARMENBERICHT VON PFARRER HEGNER 1797/98[88]

Fast 150 Jahre später, 1783, kam Pfarrer Johann Conrad Sulzer in seiner Beschreibung des ökonomischen, sittlichen und religiösen Zustands seiner Pfarrei Seuzach zusammenfassend auf deren Struktur zu sprechen, eine Struktur, welche sich bereits seit dem späteren 16. Jahrhundert herausgebildet und in ihren Hauptlinien schon eindeutig in den Steuerverzeichnissen des Dreissigjährigen Krieges gezeigt hatte. 1783 wurden im Dorf Seuzach 89 Haushaltungen gezählt. Die Hauptbeschäftigungen waren Feld- und Rebbau sowie etwas Viehzucht; Handwerker gab es nur wenige. Gesponnen wurde nur in den vier Wintermonaten. Gemäss der sozioökonomischen Realität teilte Sulzer die Leute in drei Klassen ein: 1. die Vollbauern, 2. die Halbbauern und 3. die Tauner oder Taglöhner.

Der Pfarrer nennt acht Vollbauern, die mit eigenem Pflug und Zug ihr Land bewirtschafteten und deren Ehefrauen «zur [eigenen] Kleidung spinnen». Die 24 Halbbauern führten zu zweit und zu dritt einen Pflug. Sie fanden auf ihren Gütern nicht das volle Auskommen, trieben deshalb noch Handwerk und bearbeiteten «im Verding» die nahen «Stadtreben». Die 53 Tauner besassen je ein Stück eigene Reben, etwas Ackerfeld und Heuwiese zur Haltung einer Kuh. Sie hatten auf dem eigenen Land nur für wenige Wochen Arbeit, weshalb sie in einem Handwerk sowie für die Bauern arbeiteten und wie die Halbbauern ebenfalls «im Verding» Stadtreben bewirtschafteten, je 1/2 oder 1 Jucharte. Sodann verrichteten sie Haus- und Feldarbeiten bei ihnen bekannten Stadtbürgern und erwarben damit «einen namhaften Teil ihres Unterhalts». «Winterthur gibt meinem Dorf die halbe Nahrung», so der Pfarrer. Schliesslich zählte Sulzer vier armengenössige Witwen auf, die das Almosen erhielten und sich nebenbei «durch Spinnen nähren».

Die letzte Bemerkung zeigt zugleich, dass Seuzach – ausser den vier armengenössigen Witwen – nicht auf textile Handarbeit ausgerichtet war wie etwa das Tösstal, das Oberland, die Seeufer und das Amt, wo praktisch die gesamte Bevölkerung seit dem 17. Jahrhundert damit zu tun hatte. Faktisch und mental stand der Landbau im Vordergrund, wie allgemein im Weinland und in grossen Teilen des Unterlands.

Wie schon im Steuerverzeichnis von 1637 ersichtlich, zeigten sich die beiden Ohringen auch in der Beschreibung Sulzers 1783 als stattliche Siedlungen. Er nennt für beide «Höfe» zusammen «15 wohlhabende, grosse, zum Teil reiche Bauern».

Ein etwas differenzierteres Zahlenbild vermittelte Pfarrer Hegner, als er im Revolutionsjahr 1798 eine Armenumfrage der Verwaltungskammer des Kantons Zürich beantwortete und dabei – gemäss der Vorgabe des helvetischen Fragebogens – mit Werten des Jahres 1797 auch die Anzahl Bürger in den einzelnen Klassen angab: a) «Ganzbauern, die nichts als Gütergewerb treiben und mit eigenem Zug und Pflug das Feld bauen»: 23 in Seuzach, 8 in Ober- und 6 in Unterohringen; b) «Halbbauern, d. i. solche Haushaltungen, die neben einem geringern Gütergewerbe noch eine andere Hauptquelle der Nahrung haben» und teils zu zweit oder zu dritt «ihre [Zug-]Ochsen zusammensetzen»: 14 in Seuzach, keine in Ohringen; c) «Handwerker (Hausväter, die ihr und der ihrigen Brot grossenteils, oder ganz, auf ihrer Profession suchen müssen)»: 23 in Seuzach, 1 in Ohringen; d) «Handelsleute (Hausväter, die ohne, oder doch bei einem sehr eingeschränkten Gütergewerbe, kaufmännische Geschäfte machen)»: 2 in Seuzach; e) «Taglohn- und Gewerbearbeiter (Haushaltungen, wo der Verdienst der einten Mitglieder Taglöhnerei bei Bauern, der anderen Fabrikarbeit [vorindustrielles Textilverlagswesen] ist)»: 26 in Seuzach, keine in Ohringen.

4.4 HOFSTRUKTUREN[89]

4.4.1 *Notariatsprotokolle*

Das Bevölkerungswachstum machte sich vor allem auch auf der Ebene der Höfe bemerkbar. Durch Erbteilungen, die Realteilungen unter den Söhnen und Auskauf der Schwestern waren, durch Teilverkäufe und Konkurse zerfielen alte Höfe in kleine Anwesen oder lösten sich ganz auf, um in andere Einheiten überzugehen. Damit einher ging eine Zerstückelung; aus einzelnen Parzellen, die im Mittelalter oft mehrere Jucharten umfasst hatten, entwickelten sich Kleinstgrundstücke.

Als Quellen zur Geschichte der Höfe dienen ab dem 16. Jahrhundert wie im Mittelalter und Spätmittelalter einerseits Urkunden und Urbare (siehe Tabelle 1). Zu diesen Quellen treten ab dem frühen 17. Jahrhundert die Protokolle der Landschreibereien. Der Staat hatte nämlich ein Notariatswesen eingeführt: die Land- und Gerichtsschreiber mussten die Urkunden über Handänderungen und Belehnungen sowie weitere Rechtsgeschäfte betreffend Höfe, Hofteile und Einzelparzellen in ein Protokoll eintragen. Es entwickelte sich ein umfassender Informationsraster der dinglichen Rechte an Grund und Boden in Kauf- und Schuldprotokollen, Fertigungsprotokollen, Tausch- und Testamentsprotokollen, in Teilungs-, Konkurs- oder Gantbüchern. Für Seuzach setzen diese Protokolle der Kyburger Landschreiberei des Enneren Amtes in Winterthur 1614 ein. Mindestens anfänglich bildete dabei das Kyburger Weibelamt in Seuzach, 1616 besetzt durch Weibel Hans Hasler, ein regionales Notariatszentrum, dem nebst Seuzach die Orte Rutschwil, Berg «bei Rutschwil», Bänk, Hünikon, Riet, Henggart, Aesch und Dägerlen angehörten. Die beiden Ohringen hingegen waren damals notariell nach dem Weibelamt Töss ausgerichtet, zu dem nebst Töss und Ohringen noch Veltheim gehörte.[90]

4.4.2 *Unterohringen*[91]

Ein schönes Beispiel für das Zusammenspiel von Hofstruktur und Bevölkerungswachstum wird beim Hof Unterohringen ersichtlich, auch wenn hier immer eine gewisse Grösse erhalten blieb. Im Kyburger Urbar des Jahres 1547 erscheint der Hof noch als Einheit der Familie Keller mit dem etwa gleichen Grundzins wie im 13. Jahrhundert sowie mit 117 Jucharten Ackerland in drei Zelgen (im Jahr 1700: 187 Jucharten), 47,5 Mannwerk Wiesland in vier Blöcken (im Jahr 1700: 52 Mannwerk), 30 Jucharten Wald in einem Block am Amelenberg (im Jahr 1700: 60 Jucharten) sowie 2 Jucharten Weingarten (im Jahr 1700: 12 Jucharten) mit Trotte und Speicher. Aufgeführt sind allerdings zwei Wohnhäuser und zwei Scheunen, alles ausdrücklich mit «Ziegeldächern» versehen, was auf Um- und Neubauten und wohl auch eine faktische Zweiteilung des Hofes hinweist. Der Hof wird als flurrechtlich «eingeschlossen» charakterisiert, wo niemandem sonst ein Nutzungsrecht zustehe.

1550 wurde der Hof dann mit Bewilligung der Zürcher Obrigkeit auch de jure in den Teil von Marti Keller und den Teil von Bertschi Keller aufgeteilt; ebenfalls wurde der Grund-

zins nunmehr in zwei Teilen entrichtet. Als Grund für die Bewilligung, den Hof zu «sön-
dern», wurde «die Viele des Volks» der verbrüderten oder sonst vielfach verwandten Keller-
Sippe angegeben, ein Umstand, der die Bewirtschaftung des gesamten Hofes als Einheit «gar
beschwerlich» gemacht habe.

Nur 15 Jahre später, 1565, wurde eingetragen, dass inzwischen in Unterohringen nochmals ein Haus gebaut worden war, also insgesamt nun drei Häuser dort standen. Bertschi und
Michel Keller, die Inhaber der Unterohringer Hofhälfte mit nunmehr zwei Häusern, gelangten in diesem Zusammenhang an den staatlichen Rechenrat in Zürich und baten darum, ihren halben Hof nochmals aufteilen zu dürfen, da «wir beid mit so viel Söhnen, Sohnsfrauen
und anderen Kindern im Gsind beladen» sind, dass es nicht mehr möglich sei, «beieinander
zu verbleiben». Der Rechenrat, der in jenen Jahrzehnten eines starken Bevölkerungsdrucks
Hofteilungen und damit das Absinken in unterbäuerliche Existenzen möglichst zu verhindern suchte, wies das Gesuch ab. Es sollte bei der einen Teilung von 1550 bleiben. Erlaubt
wurde, dass sich «das Volk kommlich in beide Häuser» aufteilen dürfe, allerdings einen «un-
zerteilten Haushalt» zu führen habe. Die Unterohringer insgesamt mussten sich zudem ver-
pflichten, «auch keine Behausungen mehr auf diesen Hof zu bauen».

1618 befand sich die eine Hofhälfte im Besitz der Winterthurer Familie von Hans
Jagli Sigg, die damals das Anwesen an einen Herter von Bebikon für den hohen Betrag von
5050 Gulden verkaufte.[92] Die Hypothekarbelastung betrug 4180 Gulden (Schulden gegenüber Bürgern hauptsächlich von Diessenhofen, Stein am Rhein, Winterthur, Wülflingen
sowie gegenüber dem Spital Winterthur). Offenbar konnten die Verkäufer die Zinsen nicht
mehr begleichen, weshalb im Kaufpreis die Zinsschulden inbegriffen waren. In der Kaufmasse war, dokumentarisch eher selten, auch die Viehhabe beschrieben: nämlich sechs Rinder, zwei Pferde, drei «Melchkühe», eine «Zeitkuh» (Kuh im zweiten Jahr), zwei (Zug-)Stiere,
drei Kälber und zwei Schweine.

In jener Zeit des anhebenden Dreissigjährigen Krieges etablierte sich auch Hans Weidmann von Lufingen in Unterohringen. 1621/22 erwarb er für 2600 Gulden einen Viertel des
alten Hofes Unterohringen von Heinrich Etter, dessen Sohn Hans Heinrich Etter den anderen
Viertel innehatte.[93] Weidmanns Viertel umfasste Haus, Hof, Baum- und Krautgarten, 50 Jucharten Ackerland, 15 Mannsmad Wiesland, 1 Jucharte Reben, 15 Jucharten Wald und eine
Hanfbünt und war mit rund 80 Prozent der Kaufsumme verschuldet (gegenüber Geldgebern
wie einem Junker Stockar zu Schaffhausen mit 600 Gulden, Bürgern von Stein am Rhein,
Diessenhofen und Winterthur und nur wenigen in Zürich).

Im Bevölkerungsverzeichnis von 1634 ist eine Aufteilung der ehemaligen Hofeinheit in vier Haushalte aufgeführt. Bei einer Handänderung des Jahres 1666 erscheint schon
ein Achtelhof, den die drei Töchter des verstorbenen Abraham Etter beziehungsweise deren
Vormund dem Grafschaftsrichter Keller von Oberohringen verkauften.[94] Der Etter-Hof wies
folgerichtig nur noch ein halbes Haus und eine Achteltrotte auf und entrichtete einen Achtel
des ursprünglichen Gesamtgrundzinses.

1812, als das Brandassekuranzregister erstellt wurde, zählte man in Unterohringen
sieben Bauernhäuser, wovon eines mit vier Wohneinheiten, sowie zwei blosse Wohnhäuser
und einige separate Ökonomiegebäude. Interessant erscheint die Ausdehnung der Anbau-
fläche zwischen 1550 und 1700 (oben in Klammern vermerkt). Wahrscheinlich wurden im

Spätmittelalter noch vorhandene Ödflächen unter den Pflug genommen, bezeugt sind aber auch spätere Landkäufe auf Seuzacher Gebiet. Typisch ist die Ausdehnung des Rebbaus.

Wie von jeher hatten die beiden Höfe Ober- und Unterohringen auch in der Frühen Neuzeit jährlich 24 «Fert» (Fuhren, Ladungen auf bespanntem Fuhrwerk) «Bau», also Mist, in die der Grundherrschaft Kyburg zustehenden Reben in Veltheim zu führen. Das war in jener Zeit, die nur wenig Grasbau und Stallfütterung kannte, eine überaus grosse Abgabe und für das Rebbauerndorf Veltheim natürlich von Bedeutung.

4.4.3 Seuzach

Für die Dorfsiedlung Seuzach soll nur auf ein paar wenige Beispiele eingegangen werden. Um 1561 erwarben Rudi *Zuberer* von Seuzach und der Winterthurer Hans Sigg den Widumhof des Spitalamtes (siehe Tabelle 1, 1516) von Chůni und Heinrich Ackeret, unter gleichzeitiger Zweiteilung des Hofes. Auch dies war eine der typischen Hofteilungen des 16. Jahrhunderts. Beide Hofteile umfassten je knapp 20 beziehungsweise 18 Jucharten Ackerland, je 2 Mannwerk Wiesland und je 7 Jucharten Wald und boten noch knapp eine vollbäuerliche Existenz.[95]

Zuberer entwickelte unternehmerische Tätigkeiten[96] und scheint um 1567 wieder im Besitz des gesamten Widumhofes gewesen zu sein. Die Familie, die im Dreissigjährigen Krieg die reichste in Seuzach sein und landrichterliche Würde erlangen sollte,[97] erwarb weitere Güter. Als sie in den 1640er Jahren im Mannesstamm ausstarb, kamen die Güter am 22. Januar 1649 in Seuzach auf die Gant.[98] Es waren dies: zwei Häuser, 75 1/2 Jucharten Acker in den drei Zelgen, 17 1/2 Mannwerk Wiese, 6 1/2 Jucharten Wald und 4 Rebberge. Der Verkaufserlös betrug 9778 Gulden (19 556 Pfund), einschliesslich gewisser Zinszahlungen für «verstossene» Hypothekarposten. Kostbar in dieser Gantmasse war unter anderem das «Oberhaus» an der Verzweigung der Landstrassen nach Stein und nach Reutlingen, das einschliesslich 2 Mannwerk Wiese in der Oberwis 1260 Gulden einbrachte (Käufer Jagli Borat). Das zweite Haus, genannt «Wysshaus», galt zusammen mit rund 18 Jucharten Acker- und 1 3/4 Mannwerk Wiesland sowie 1 Jucharte Wald 1801 Gulden und dürfte der halbe Teil des ursprünglichen Widumhofes gewesen sein (Käufer Jagli Wipf, Purhansen Sohn). Weitere Käufer waren: Hans Jagli Borat (600 Gulden), Stoffel Schwarz (555 Gulden), Heinrich Wipf, Michels Sohn (1000 Gulden), Jagli Ballauf (1050 Gulden), Konrad Borat (415 Gulden), Heinrich Ackeret, Hans Ackeret, Konrad Keller der Junge, Hans Ehrensperg(er) von Reutlingen, Marx Schwarz, Magdalena Brandenberger, Jagli Schwarz und Ulrich Schwarz mit Käufen von je einigen 100 Gulden. Auffallend sind von der Lage und der Gattung der Grundstücke abhängige Preisunterschiede: Ehrensperger bezahlte für 5 Jucharten Acker lediglich 220 Gulden, Marx Schwarz dagegen für 3/4 Jucharten Reben im Schollen mit einem Viertelanteil an der angrenzenden «Wyssen Trotte» 400 Gulden und Sigrist Ulrich Schwarz für eine einzige Mannsmad Wiesland «im kleinen Habermarch» 210 Gulden. Vom gesamten Erlös gingen 1366 Gulden für eine Hypothekarschuld an den Winterthurer Stoffel Schellenberg. Ebenso zahlten die Käufer 2324 Gulden für auf den erworbenen Gütern lastende «verstossene» Hypotheken.

In Etappen – in den Jahren 1383, 1395 und 1399 – hatte das *Kloster Beerenberg* ein Gut in Seuzach gebildet und dieses 1462 an Hensli Ernst verliehen. 1530 waren noch immer die Ernst auf dem Hof (siehe Tabelle 1, unter den genannten Jahrzahlen). 1612 verkaufte Jakob Ernst, sicherlich ein Nachkomme, den Beerenberger Hof an Konrad Borat.[99] Dabei dürfte es sich lediglich um die eine Hälfte des Hofes gehandelt haben, denn der Lehnszins betrug ziemlich genau die Hälfte desjenigen von 1530. Und trotzdem umfasste das Anwesen nebst Haus, Hof, Baum und Krautgarten an der Landstrasse nach Winterthur 45 Jucharten Acker in den drei Zelgen, 7 Mannwerk Wiesland, etwas mehr als 1 Jucharte Reben sowie 5 Jucharten Wald und eine Hanfbünt. Der Kaufpreis betrug 3000 Gulden, und die auf dem Hof lastenden Schuldverschreibungen waren mit sieben Posten von total 396 Gulden sehr gering. Die Kaufsumme sollte zinslos in Raten zu je 150 Gulden bezahlt werden. Ernst hatte den Hof wohl altershalber verkauft, seine Familie jedenfalls erscheint schon bald im Mannesstamm nicht mehr. Vertraglich wurde – wohl als Altersversorgung – festgehalten, dass der Käufer ihm, Ernst, pro Zelge je 4 Jucharten Ackerland bebauen solle – gegen einen Entschädigung von 1 Gulden pro Jucharte.

In den 1690er Jahren besass eine Grossfamilie *Ackeret* umfassende Güterkomplexe, zu denen – so besagt es der zu leistende Grundzins – auch Elemente der Spitalhöfe gehörten. Belege aus den Jahren 1694 und 1696 bezeugen, dass die Brüder Hans und Michel Ackeret sowie Jakob Ackeret, seligen Heinrichs Sohn, und Jakob Ackeret, seligen Jakobs Sohn, alle vier ihrerseits Söhne oder Enkel von Schulmeister Jakob Ackeret selig und «in gemeiner und unverteilter Haushaltung» lebend, grössere Summen Geld aufnahmen.[100] Wie das Bevölkerungsverzeichnis des Jahres 1700 zeigt, nannte sich Hans Ackeret «Praeceptor», war also wie sein Vater oder Grossvater Schulmeister und lebte mit seiner Ehefrau Margreth Ehrismann (aus dem Zürcher Oberland) zusammen. Bruder Michel war unverheiratet, ein Jakob erst 16-jährig. Weiter sind die Witwe von Heinrich Ackeret selig, Verena Wipf, und deren 23-jähriger Sohn Jakob aufgeführt. Die Tochter des verstorbenen Jagli Ackeret diente auswärts.

Diese Haushaltseinheit nahm, wie angedeutet, 1694 und 1696 zweimal 800 Gulden und einmal 700 Gulden vom Winterthurer Rats- und Pfungener Gerichtsherrn Johann Steiner auf und verschrieb drei Güterkomplexe, zwei mit Gebäuden und einen ohne. Nebst den Hofstätten, Baum- und Krautgärten sowie Hanfbünten unmittelbar bei den Häusern sind auf dem einen Komplex zusätzlich Scheune und Stallung eingetragen. Insgesamt umfassten die drei Anwesen auf über 160 Parzellen 90 Jucharten Ackerland, 12 1/2 Mannsmad Wiesland, 6 Jucharten Reben und 4 Jucharten Wald. Die Güter waren zuvor schuldenfrei gewesen. Als sich in den 1690er Jahren infolge der Verschärfung der «kleinen Eiszeit» schlechtere Ernten einstellten, kamen viele nur mit Krediten über die Runden, wohl auch diese Ackeret.

Als im Jahr 1700 Jakob *Wipf* den Hof im Unterdorf, der mit einer Windmühle versehen war,[101] für 4600 Gulden an Hans Heinrich Wyler verkaufte, gehörten zur Kaufmasse nebst den Gebäuden insgesamt 9 1/2 Mannwerk Wiesland, knapp 50 Jucharten Ackerland, gut 2 1/2 Jucharten Reben, 10 1/2 Jucharten Wald sowie etwas Hanfland. Die Grundzinsen belegen, dass in dieser Einheit Güter von früheren Hofeinheiten der Gotteshäuser Beerenberg und/oder Heiligenberg sowie des dem Spital Winterthur und der Kirche Seuzach zustehenden Widum- und Kehlhofes integriert waren. Um im Zug von Handänderungen die ursprünglichen Grundzinsen zu gewährleisten, wurden sogenannte Tragereien eingerichtet. Eine Tragerei war verantwortlich für den Einzug der Grundzinsen der ursprünglichen Hofeinheit, wohin Teilstücke auch immer gelangt waren. Auf dem hier behandelten Hof Wipf-Wyler im Unterdorf existierte eine Tragerei des zürcherischen Klosteramtes Winterthur (in das nach der Säkularisation Beerenberg und Heiligenberg integriert worden waren). Der Hof seinerseits hatte einen kleinen

Teilzins in eine andere Tragerei des Amtes Winterthur, die des Konrad Borat, zu entrichten. Gleichzeitig bestand auf dem Wipf-Wyler-Hof eine Tragerei des Spitals Winterthur, und zudem gingen Grundzinsen an die Kirche Seuzach und Heugeld an den Pfarrer. Beim Verkauf lasteten Hypotheken von rund 2800 Gulden auf dem Hof, 2300 Gulden davon allein zugunsten des Winterthurers Rudolf Goldschmied. Der neue Hofbesitzer Wyler musste schon 1704 weiteres Geld aufnehmen, nämlich 1500 Gulden vom Zürcher Johannes Scheuchzer.

Solche vielfach durch schlechtes Klima bedingten Schulden konnten längst nicht immer verkraftet werden. Es kam – oft Jahrzehnte später – zu Konkursen und zu Vergantungen. Eine solche fand beispielsweise 1767 für einen ganzen Hof statt, wobei die Hintergründe nicht ganz klar nachvollziehbar sind. Damals schon lange zurückliegende Hypothekarverschreibungen aus den klimatisch schlechten 1690er Jahren spielten aber offensichtlich eine Rolle. Ein Hans Konrad *Borat* hatte diesen Hof Hans Konrad Keller von Oberohringen verkauft, wobei nebenbei erwähnt im Haus ein lebenslanges Wohnrecht für Anna Schwarz – die Mutter des Verkäufers? – ebenso ein einjähriges für ihn selbst reserviert blieb. Die Gemeinde hatte nun das gesamte Anwesen für 3680 Gulden von Keller «abgezogen», das heisst ein Vorkaufsrecht geltend gemacht, und brachte den Hof am 22. Juli 1767 «auf öffentlichen Feiltag», das heisst auf die Gant.[102] Hier wurde der Hof in 40 Lots an ungefähr ebenso viele Käufer aus Seuzach verkauft. Letztere mussten Schuldbriefe für insgesamt 3180 Gulden, davon allein für etwa 1600 Gulden aus den 1690er Jahren, übernehmen. Vielleicht muss man sich die Sache so vorstellen: Borat konnte oder wollte sein hoch verschuldetes Anwesen nicht mehr behalten und fand im Oberohringer Keller einen zahlungskräftigen Käufer. Nach geltendem Recht konnte nun aber ein Seuzacher oder die gesamte Bürgerschaft auf der Flur der Dorfgemeinschaft das Vorkaufsrecht beanspruchen. Da Land knapp war, wollten die Bürger diesen Hof nicht einem Auswärtigen, und flurrechtlich war Keller von Oberohringen ein solcher, überlassen. Die Gemeinde kaufte den Hof, um ihn sogleich in 40 Teilen an Bürger weiterzuveräussern. Sie selbst hätte das Kapital gar nicht in der Kasse gehabt.

Bis anhin sind in diesem Kapitel Höfe zur Sprache gekommen, die eine vollbäuerliche Existenz ermöglichten. Wie bereits festgestellt, bildeten jedoch die Taglöhner die Mehrheit im Dorf. Als Beispiel aus den Notariatsprotokollen sei das Besitztum des Taglöhners Heinrich *Ballauf* genannt. Er musste 1742 vom Winterthurer Chirurgen Kronauer 100 Gulden entleihen und dafür seinen gesamten Besitz verschreiben: den dritten Teil eines Hauses samt Hofstatt, den dritten Teil einer Scheune mit Stall, seinen Anteil am Kraut- und Baumgarten im Umfang von rund 2 Aren, alles an der Landstrasse nach Reutlingen gelegen (die anderen zwei Drittel des Anwesens gehörten Konrad, Elias und Jakob Ackeret und waren nicht Gegenstand der Verschreibung), sodann 1 Vierling (rund 7 Aren) Reben in der Bymleten am Heimenstein sowie eine kleine Hanfbünt «in Pünten».[103]

Ein früheres Beispiel solcher Kleinanwesen ist gleichermassen aufschlussreich. Auf Lichtmess 1624 musste Anna Wipf 25 Gulden vom Winterthurer Rudi Bosshart entlehnen.[104] Das als Pfand dienende Besitztum sah wie folgt aus: ein halbes Haus mit halber Hofstatt, halbem Baum- und Krautgarten, rund 10 Aren Reben und eine Hanfbünt von «einem Viertel Saat», gelegen im Betelibrunnen, insgesamt belastet mit einem Grundzins von 1 Viertel Kernen gegenüber dem genannten Gläubiger Bosshart, 10 Gulden Schuldkapital gegenüber dem

Klosteramt Ötenbach in Zürich, einem Schuldzins von 10 Hallern gegenüber der Kirche Seuzach sowie dem üblichen Zehnten.

Wie solche Taglöhner für ihre wenigen Reben zu Trottrechten kamen, ist in einem Fall aus dem Jahr 1624 überliefert.[105] Die sogenannte Pimletentrotte am Heimenstein (auch Bimleten und ähnlich) gehörte zur Hälfte dem Landrichter Michel Wipf, ein Sechstel stand Jakob Geilinger (wohl von Winterthur), ein Sechstel Marx Schwarz und der letzte Sechstel drei Wipfen zu. Dem Conrad Borat, der dort 1/2 Jucharte Reben bewirtschaftete, wurde ein Trottenrecht eingeräumt: er hatte bereits eine «Stande» von 9 Saum Inhalt (etwa 15 Hektoliter) in der Trotte zu stehen, die er weiterbenutzen könne. Wenn ihm der «gnädige Gott» auf diesen Reben mehr Wein bescheren würde, als die Stande fasste, könne er diesen vor die Trotte stellen und in einem oder zwei «Drucken» in der Trotte auspressen.

5. Die Gemeinde

5.1 ERSTE SCHRIFTLICHE HINWEISE AUF DIE EXISTENZ DER GEMEINDE SEUZACH UND AUF IHRE VERWALTUNG

Ein Gemeindewesen, bedingt in erster Linie durch die Verwaltung von Flur und Nutzung, bestand für Seuzach schon lange. Wie aus der Grundbesitztabelle hervorgeht (siehe Tabelle 1) implizierte die früheste dokumentarische Nennung der Zelgen (1361) eine Flurordnung und mit ihr eine (Flur-)Gemeinde. Für die Mitte des 15. Jahrhunderts wird dann die Existenz des Gemeinwesens unmittelbar bezeugt. In einem Nutzungsstreit grundsätzlicher Natur des Jahres 1454, in dem es um das gemeine Weiderecht in Einschlüssen in den Zelgen ging, wird «das gemein dorff zů Sœutzach» mit seiner Weidepraxis angeführt, bedeutend das gemeinschaftliche, gemeindeschaftliche Dorf.[106]

Relativ spät erst werden die Dorfbehörden aktenkundig. 1498 kam es zu einem Streit zwischen der Gemeinde Seuzach und den Gebrüdern Egli vom Hof Bänk,[107] weil, wie Seuzach klagte, die Egli Vieh zum Weiden über die Grenze trieben. Vor dem Wiesendanger Gericht der Grafschaft Kyburg erschienen nun als Kläger «die Dorfmeier zu Seuzach von ihres gemeinen Dorfs wegen».[108] Die Dorfmeierschaft als in der Dorfversammlung gewählte Behörde existierte schon vorher, wurde hier aber erstmals schriftlich erwähnt.

Im 16. Jahrhundert tritt die Dorfgemeinde in den schriftlichen Quellen voll ins Licht des Geschehens. Am 20. April 1530 urkundete sie – als sie Kredit aufnehmen musste – erstmals als eigenständiger Rechtskörper: «Wir, die gantz Gmeynd, Rych und Arm, Jung und Alt, niemans ussgesundert, des Dorffs zů Soitzach bekennen offenlich und thünd kundt allermengklichem mit disem Brief [...].» In einem Schuldbrief vom Februar 1531 und in der oben erwähnten Weiderechtsurkunde von 1534 erscheinen solche Formulierungen erneut, wiederholten sich allerdings in den folgenden Zeiten in dieser Prägnanz nicht mehr.[109]

5.2 GRENZEN DER GEMEINDE SEUZACH SOWIE DER HÖFE OBER- UND UNTEROHRINGEN

Die Grenzen der Dorfgemeinde verliefen etwa wie heute, abgesehen von vielen kleinen Grenzbereinigungen im 19. und 20. Jahrhundert. Die beiden Höfe Ohringen gehörten zur Kirchgemeinde Seuzach, im flur- und gemeinderechtlichen Sinn waren sie aber von Seuzach abgetrennte, also durch eigene Grenzen bestimmte Nutzungseinheiten.

In der Zehntbeschreibung von 1500 ist etwa vom «Ohringer Hag» die Rede, also von einer Grenze zu Seuzach.

Vorerst wurden Nutzungsgrenzen grosszügig gehandhabt. Der zunehmende Bevölkerungsdruck führte jedoch zur intensiveren Nutzung auch an den Grenzen zu den Nachbarn, und entsprechende Streitigkeiten führten zur Definition und Vermarkung der Grenzen. Dorfgemeindegrenzen wurden überdies durch Ansprüche der Zehntherren festgelegt. Wurde in weit vom Siedlungskern entfernt liegenden Wäldern gerodet oder sonst Neuland unter den Pflug genommen, rief dies den Zehntherrn auf den Plan, der von neu bebautem Land den Zehnten einzufordern und entsprechende Grenzen zu definieren suchte.

Deshalb deckte sich für viele Dörfer der Zehntkreis mit dem Gemeindegebiet. Die ab dem 17. Jahrhundert durch die Zehntherrschaften verfertigten Pläne, welche die Zehntrechte kartografisch festhielten, sind deshalb meistens zugleich eigentliche Gemeindepläne. Wie bereits dargelegt, wurden für Seuzach und Ohringen in der Zeit vor dem Jahr 1800 keine umfassenden Zehntpläne angefertigt. Hingegen liess die Stadt Winterthur im Jahr 1713 den hier ihrem Spital und ihrem Amt Mörsburg zustehenden Zehnten zu Ohringen und Seuzach «untergehen», das heisst, sie liess die Grenzen des Gebietes abschreiten und schriftlich verzeichnen, auch um gewisse Ausnahmen wie zehntfreie Grundstücke sowie ausserhalb von Seuzach und Ohringen im Hettlinger und im Wülflinger Gericht befindliche Grundstücke des Seuzacher und Ohringer Zehnten festzuhalten.

Solche Zehntbereinigungen waren kleine Staatsakte und wurden entsprechend den herkömmlichen Rechten der Landbevölkerung im Beisein aller Partner, also auch der Pflichtigen selbst, vorgenommen. Als Gewährsperson der Bereinigung wirkte Johann Hartmann Meyss, und zwar in seiner doppelten Funktion als Herr der Herrschaft Wülflingen (an die Oberohringen grenzte) und als Zürcher Landvogt auf der Kyburg. Er besiegelte das Bereinigungsdokument am 28. November 1713.[110] Vonseiten der Stadt Winterthur wirkten bei diesem im Pfarrhaus von Seuzach abgewickelten Geschäft die oberste Führung und der Stadtschreiber mit. Ohringen liess sich durch den Hauptmann und Landrichter Jakob Keller vertreten, die «Einsassen und Gemeindebürger» von Seuzach durch den Schmied Stoffel Wipf, den stillstehenden Säckelmeister, und Heinrich Borat, den amtierenden Säckelmeister, sowie durch den Dorfmeier Lienhart Hofmann, Wachtmeister Jakob Wipf und Ulrich Wipf, ihres Zeichens «Gemeindevorgesetzte».

Der Seuzacher Zehnt entsprach, wie in der «Bereinigung» festgehalten ist, dem «Friedkreis der Gemeinde Seuzach», mit Ausnahme einiger Jucharten, die auf Hettlinger Gebiet lagen, sowie einigen Abweichungen gegenüber Reutlingen. Die Zehnt- beziehungsweise Dorfgrenze von Seuzach wird wie folgt beschrieben: *«Fangt an gegen Mittag im Lindberg an der Winterthurer Landtstrass und beschliesst sich an dem Winterthurer Lindtperg / dem Fridgraben nach uf und oben umb etwas umbhin bis an dero von Oberwinterthur Lindberg / da dannen an dem Oberwinterthurer Lindberg dem Graben nach durchhin biss an dero von Reutlingen Holz am Rolliacher / da danen durch der Reutlingeren Holz dem Rolliacher nach abhin biss an dero zu Reutlingen Niderwissen / daselbst geht es in die Niderwissen über den Hag und fasset ussert dem Hag in der Niderwissen ungefahr zwoo Juchart / dem Hag nach abhin mit einem Graben Mahl / da dannen von dem Egg der Niderwissen am Reutlingerfeld dem Graben an der Niderwiss nach usshin biss wider ans Egg / da dannen dem Graben oder Bächli der Zelg nach umb hin bis ans Eichenwissli / und dann weiter bis an die Wissen im Hochgreit / da danen ussert dem Söüzacher Fridhag durch die Reutlinger Hochgreutwissen ohngefahr ein Mannwerch dem Söüzacher Fridhag nach abhin biss an die Ehrunss / danne dem Ehrunss nach ufhin biss an den Graben / so bis an dero von Reutlingen Wissli und Grundzelg an Fridhag geht / da dannen beschliesst sich solcher Zehenden widerum mit dero von Söüzach Fridbahn / dem Fridhag nach bis an die Landtstrass und über die Landtstrass an die Reben im Grund / und durch die Reben dem hochen Port nach ufhin bis ans Brandholz / da dannen dem Fridhag an dem Reutlinger Feld nach bis an die Stadler Wissen / von dannen fehrner dem Fridhag an der Stadler Wissen und Eichen Reutenen nach biss an den Infang in der Plaz Reuti / da danen dem Fridhag nach ufhin ans Stadler Holz / dem Stadler Holz nach umbhin bis an dero zu Söüzach Holz im Buechen / da dannen im Egg durch das Buechen Holz durch hin bis an Fridgraben / danne dem Graben durch das Bruderholz nach umbhin bis an dero von Welziken Brudergarten / demselben nach überen ans Mörspurger Holz / demselben nach umb und abhin ans Welzickerfeld und demselben nach bis an die Welzicker Landtstrass an Gatter / da danen über die Strass den Welzicker Wissen nach bis an die Bencker Halden / und umb dieselbig und den Benker Wissen an der Khüegass nach bis an die Seelwiss / da dannen an der Seewiss durch an die Zelg ins Negelis Halden und umbhin bis an den Grat / demselben nach uf und auf der Höchi umbhin den Benckemeren Güteren nach ufhin bis an die Landtstrass nachher Stein / derselben nach und über solche an der Benker Gross Reuti / da dann an Ritter / dem Fridhag nach biss an dero von Hetlingen Heimanstein / da dannen erstreckt sich solcher ussert dero zu Söüzach in Hetlinger Ban / – dem Heimenstein der Schneeschmelzi nach abhin bis ans Heimensteinegg / an dero zu Hetlingen Zelg im mitlist Feld / da dannen der Zelg nach umbhin bis an Rebberg – und durch die Räben bis an Marx Schwarzen Trotten / da dannen wider abhin an dero zu Hetlingen Zelg im mitlist Feld bis widerumb an dero zu Söüzach Fridhag by der Moll Reuti und Hetlinger Dümpffelwiss / da dannen dem Fridhag nach überen und ufhin an den Gater in der Hetlinger Landtstrass / da dannen dem Fridhag nach umbhin an die Burstwiss und Ohringer Oberwissen / danne fehrner dem Fridhag nach an den Ohringer Bach und über denselben dem Hag nach an die Brüel Ross / danne an Bechteli Brunen dem Hag nach / und da danen an die Ohringer Zelg / der Zelg nach bis an die Reben im Münzer / dem Kilchweg nach umb den Münzer bis ans Egg / da dannen ans Stuhden Hölzli under Hagman / danne grad ufhin dem Buchrein nach biss zur Tänschenreuti an Graben / danne dissem Graben nach umbhin bis ans Feldtemer Feld / und danne an dero zu Fälten Kazenächer / zwüschent Bungerten dem Fridhag nach ufhin bis widerum an die Winterthurer Landtsrass in Limperg.»*

Der Seuzacher Bann war also – und dies sicherlich seit spätestens dem 14. Jahrhundert – durch eine Abfolge von «Friedgräben», «Gräben», «Hägen», «Friedhägen», «Eherunsen» (rechtlich definierte Wasserläufe), «Friedbänne» und «Borde» begrenzt. Ein Gatter, dasjenige an der Hettlinger Landstrasse, sperrte diese Grenze wohl für Vieh, im Übrigen dienten solche Gatter eher innerhalb des Dorfbannes für die Regulierung von Weg-, Weide- und Zelgenübergängen.

Nach Seuzach führt das Dokument die Grenzen der Höfe Oberohringen und Unterohringen auf: «*Volget demnach der Bezirck dess Ober Ohringer Hoffs und Zehendens. // Fangt an gegen Winterthur an der Schaffhausser Landtstrass am Ohringer Gatter und oberhalb in die 5 Juchart Holz / des Roht Heinis Holz genant / so an dero von Fälten und dero zuo Söüzach Bungerten Güeter / dem Fridgraben nach umbhin und auf der anderen Seithen an dess Under Ohringer Hofs Holz / dem Wassergraben und Marchen nach abhin / biss wider an die Landtstrass stosst / da dannen der gemelten Schaffhausser Landtstraass nach usshin biss ussen an den usseren Rebberg / da dannen dem Fridhag nach zwüschent den Ober und Under Ohringer Lang Ägerten umbhin bis an den Ohringer Kilchweg / Item über den Kilchweg fehrner dem Fridhag nach bis an die Pünten und weiter bis an die Niderwiss / da* dannen gegen Nidergang dem Hag nach biss an dass Riedt im Ghegemer / da dannen dem Riedt nach abhin biss an den Bach im Wölflingen Riedt / da dannen gegen Mittag dem Hag nach überen bis an den Radhoff an die Aspwissen / von dannen in dem Asp dem Hag nach an dero zu Under Rad Holtz / und dem Hag nach umbhin biss an die Weid im Ägelmoss / da dannen zwüschent dero zu Raad Feld und der Ohringer Spekh dem Hag nach umbhin bis an dero zu Wölflingen Gmeind Gueth im Landtig / da dannen dem Hag nach umbhin biss an der Herrschafft Landtig Wissen im Wyler / umb solche umbhin bis an den Lätten / von dannen dem Hag nach ufhin ans Kilchen Holz / da dannen der Landtstrass im Holz nach bis an dero zu Felten Hübschen Weid Hoff / solchem Hoff dem Hag nach biss an die Hoger Wissen / und disser Hoger Wissen nach umbhin biss an die Pfaffen Studen und dass Riedt / und fürter widerum der Hoger Wissen nach und am Hag usshin bis an die Schaffhauser Landtstrass an Ohringer Gatter.»

«Letstlichen der Under Ohringer Hoff und Zehenden. // Fangt an gegen Winterthur usserthalb dem Ohringer Gatter by der ersten Herdfangi an der Schaffhauser Landstrass by dem Mooss / dem Roht Heiniss Holz ufhin an der Hueberen Holz / da dannen umbhin an Soüzacher Bahn an Graben zu Bungarten / und so fort an die Tänschen Reuti / dem Graben nach umbhin gegen dem Buechenrein / demselben nach abhin ans Studenhölzli under Hagman / da dannen an dass Egg an den Münzer Reben und umb den Münzer an Kilchweg / da danen dem Kilchweg nach umbhin bis an dess Sigristen Münzer / dem Hag nach ouch umbhin bis an Bechteli Brunen / da dannen den Oberwissen dem Hag nach an die Brüell Rooss / und so fort dem Fridhag nach / an den Oberwissen umbhin bis an Under Ohringer Bach / und so vort über den Bach / an der Burst Wissen und dem Hag am Schlingfeld nach bis an die Hetlinger Landtstrass / derselben nach bis an den Gatter / da dannen der Hetlinger Zelg nach abhin uf die Schaffhausser Landtstrass zum grossen Grichtsmarchen / da dannen dem Hag an Krumbenächeren nach bis an die Bollwiss / und umb die Bollwiss bis an die Niderwissen / von dannen dem Hag nach bis an Haubt Ehruns am Storchen Wissli / und wider an Bach / von dannen an der Niderwiss dem Hag nach umb an die Ohringer Pündten im Brüell / an Pündten der Strass oder Heuwweg nach ufhin bis an der Ober Ohringer Kilchweg / und so fort dem dem Fridhag nach umbhin den Langen Ägerten Ächern nach an den Räbberg und usshin an die Schaffhausser Landtstrass, derselben nach bis wider zu der ersten Herdfangi usserthalb dem Ohringer Gatter.»

18_ Zeugnisse alter Grenzen. Der Bau der Flurwege im 19. Jahrhundert und vor allem die Güterzusammenlegung und Melioration in den 1940er Jahren haben eine uralte Kulturlandschaft praktisch ausgeräumt. Einzig in den Waldgebieten sind jahrhundertealte Zeugnisse von Grenzziehungen auf uns gekommen, da ihre Ausebnung wenig Sinn machte.
18a_Links: Alter und neuer Grenzstein zwischen den ehemaligen Dorfgemeinden Seuzach und Stadel bzw. zwischen Seuzach und Winterthur im alten Grenzgraben südwestlich des höchsten Punktes 532 des Eschberg-Waldes.
18b_Rechts: Grenzgraben im Eschberg zwischen Seuzach und Stadel.

18c_Grenzwall zwischen den ehemaligen Dorfgemeinden Seuzach und Veltheim im Waldsaum nördlich der Winterthurer Einfamilienhausüberbauung Amelenweg.

18d_Grenzgraben im Amelen-/ Lindberg zwischen der ehemaligen Dorfgemeinde Seuzach und alt Winterthur östlich des modernen Grenzsteins im Weg von Seuzach zum Walcheweiher.

18e_Grenzwall zwischen der ehemaligen Dorfgemeinde Seuzach und alt Winterthur im Amelen-/Lindberg nördlich des Eggenzahns.

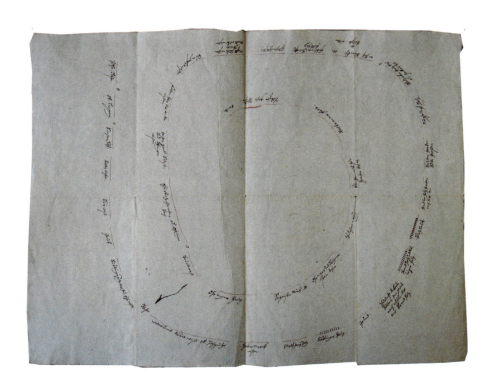

19_Zur schriftlich vorgenommenen «Zehntenbereinigung» des Jahres 1713 gehörende schematische zeichnerische Aufnahme der Grenzen des Zehntenbannes, der sich zu grössten Teilen mit dem Dorfbann deckte.

5.3 ORGANISATION, ORDNUNG UND BEHÖRDEN DER DORFGEMEINDE SEUZACH

5.3.1 «Ordnung und Satzung» des Jahres 1536

In dem durch die Zürcher Obrigkeit beurkundeten «Einzugsbrief» des Jahres 1536 wurden sozusagen im Sinn einer «Offnung»[111] die grundlegenden «Ordnungen und Satzungen» der Gemeinde festgehalten. Jährlich sollte die «ganze Gemeinde» (Gemeindeversammlung) drei Männer zu «Dorfmeiern» wählen. In der Regel waren dies zwei Dorfmeier, auch Vorgesetzte, Geschworene geheissen, sowie der Säckelmeister, also der Finanzvorsteher. Diese drei hatten die «Gewalt», alles, was der Gemeinde angehört und ihr nutzbar ist, «zu fördern, [...] es sei mit Stege, Wege, Brunnen machen und Gräben oder Zäune». Um diese Ziele zu erreichen, also ihre «Gewalt» durchzusetzen, stand den Meiern das Recht zu, jeden an die Gemeindeversammlung aufzubieten, «insonders an drei Schilling» (das heisst, bei Nichtbefolgen des Aufgebots wurde eine Busse von 3 Schilling fällig). Weiter hatten die Dorfmeier «Gewalt», Holzfrevel im Gemeindewald zu büssen sowie «einen Feldforster» zur Herbstzeit einzusetzen, der die Flur überwachte. Mit einer Bussenkompetenz von 3 Schilling hatten die Dorfmeier zudem dafür zu sorgen, dass niemand die Brunnen «verwüste» noch etwas «Unsauberes» darin wasche. Schliesslich wurde das Einzugsgeld für Neuzuzüger in die Gemeinde geregelt.

Um den Rahmen der Gemeindeorganisation für das gesamte Ancien Régime abzustecken, stellen wir hier die Gemeindeordnungen der Jahre 1685[112] und 1765[113] vor. Sie detaillierten und ergänzten die Ordnung von 1536, gingen aber beispielsweise nicht auf die Einkaufsbestimmungen ein, welche in gesonderten «Einzugsbriefen» geregelt wurden.[114] Auch wurden im allgemeinen Rechtsverständnis vor dem Jahr 1800 nicht umfassend-systematische Verordnungen angestrebt, sondern vielmehr wurde schriftlich nur das geregelt, was anstand (sogenanntes Satzungsrecht).

5.3.2 Ordnung des Jahres 1685

In der Einleitung heisst es, dass die Gemeinde Seuzach «gute Satzungen und Ordnungen» erlassen habe, die «tägliche Erfahrung» aber zeige, dass die Vorschriften zum Schaden des gemeinen Gutes nicht eingehalten würden. Deshalb hätten die Gemeindevorgesetzten «höheren Schutz und Schirm gesucht», und auf den 2. April 1685 sei der Kyburger Landvogt Beat Holzhalb mit seinen Beamten nach Seuzach gekommen, um die alte Gemeindeordnung «dieser Zeit» anzupassen. Als Resultat konnte der Landvogt eine Ordnung in 23 Artikeln ratifizieren, nämlich:

1. Jeder Gemeindegenosse ist verpflichtet, die Wege und Strassen vor seinem Haus und auf seinen Gütern derart zu unterhalten, dass sie Tag und Nacht befahren, beritten und begangen werden können. Bäume und Zäune entlang den Routen sind auf die Marken zurückzustutzen.

2. Diejenigen, die verpflichtet sind, die «fallenden Tore» oder Gatter (das heisst die Tore an den Übergängen zum Dorf und zu den Zelg-, Wiesland-, Reb- und Waldbereichen) zu «machen», sollen diese gut und funktionstüchtig einrichten, derart, dass sie bei der Besichtigung der Häge und Strassen in Ordnung sind.

3. Sind die Strassen durch «Platzregen» oder durch viel Schnee «belegt», sollen die Gemeindeglieder einander helfen, sie wieder «aufzutun».

4. Keiner darf die Strassen zum Weiden oder Grasen nutzen, es sei denn, er lasse Ross oder Stier «heilen» (kastrieren). Diese Tiere dürfen auf den Strassen weiden.

5. Jeder Anstösser unterhält die «Bauwege» (Wirtschaftswege) und Fusswege derart, dass der «Bau» (Mist) auf die Güter gebracht und die «Früchte» (Erntegut) abgeführt werden können, sowohl für Acker- wie auch für Reb- und Wiesland.

6. Niemand darf auf der Kornzelge grasen lassen und die «Früchte» (das Getreide) beschädigen.

7. Der gemeinen Herde mit Kühen und Kälbern steht der Weidegang auf der Brache und auf der «Stoffelweide» (den Stoppelfeldern nach der Ernte) zu. Zu diesem gemeinen Weidegang gehören auch: verbunden mit der Zelge gegen die Mörsburg die Weide im Mörsburg- und im Brandholz; verbunden mit der Zelge gegen Hettlingen die Weide im Mörsburgholz (der entsprechende Weideweg führte vom Weiher über die Küegass) sowie die Weide beim Weiher; verbunden mit der Zelge gegen Winterthur die Weide im Oberholz und im Baumgarten sowie im Tänschrüti- und Rolliacker-Wald (Amelenberg-Lindberg).

8. Will die Gemeinde die Wälder nicht zur Beweidung freigeben, soll jeder, der mit einem Zug «baut» und zu Acker «fährt» (also jeder Vollbauer) auf der Brache gut 2 Jucharten Ackerfeld ungebaut bis Pfingsten zur allgemeinen Beweidung frei halten. Hier dürfen allerdings weder Schafe noch «Federgänse» zur Weide gelassen werden; einzig, wenn einer wegen Armut keine Kuh zu halten vermag und kleine Kinder hat oder sonst bedürftig ist, kann er hier eine «Melchgeiss» (Milchziege) zur Weide bringen.

9. Zur Zeit der Ernte soll bezüglich der Weide «die gemeine Kuhherde den Vorzug» vor dem Zugvieh (Zugochsen) haben. Letzteres darf nicht «auf die Halm» (das heisst auf das Ackerfeld, auf dem nach der Ernte noch Getreidehalme liegen) gelassen werden, und zwar so lange nicht, bis die letzte Garbe der Ernte weggetragen ist. Hingegen darf man auf der «Haferhalm» mit den Zugochsen «vorfahren», dann aber hier «gemein weiden».

10. Ab dem Neujahrstag soll die Gemeinde einen «Wucherstier» (Zuchtstier) bis zum ersten Maitag zur gemeinen Herde lassen.

11. Der im Winterthurer Spitalamtsurbar beschriebene Widumhof zu Seuzach soll ebenfalls einen Zuchtstier stellen, und zwar bis zum Johannistag (24. Juni).

12. Diese beiden Zuchtstiere sind «gefreit». Der Dorfhirte darf für sie keinen Hüterlohn fordern; um sie aus einem Grundstück zu vertreiben und wieder der Herde zuzutreiben, dürfen keine Stecken oder Geisseln, sondern lediglich kleine Ruten verwendet werden.

13. Die Wiesen sollen dem gemeinen Weidegang wie folgt geöffnet sein: Im Frühling bis gegen den April für die Rosse. Danach sollen die Wiesen «beschlossen» bleiben, so lange, bis (durch die privaten Eigentümer) das Emd weggetragen ist. Danach soll bis zum Herbst die Weide dem Zugvieh vorbehalten sein.

14. Jeder soll den «Bau» (Mist) auf seine Güter führen und die «Pöschen» (Strohbündel) «zur rechten Zeit» wegführen, nämlich dann, wenn der Boden hart gefroren oder sonst trocken ist, und zwar in der Zeit vom Herbst bis Lichtmess.

15. Regelung zur Beweidung des Flurbezirks «Ghegmar oder Ried» (auch sogenanntes Seuzacher Ried, gelegen westlich von Unterohringen, begrenzt durch das rechte Chrebs-

bachufer und die Gemeindegrenze, die westlichen Teile der modernen Poloanlage und das Areal der Kläranlage umfassend): Im Frühjahr bis zum 30. April («Maiabend») gemeine Beweidung mit den Rossen; vom 30. April bis zum Jakobstag (25. Juli) geschlossen (zwecks Bewirtschaftung durch die Eigentümer); danach wieder gemeine Beweidung mit den Rossen. Damit die Seuzacher mit ihren Pferden zum «Ghegmar» gelangen können, müssen ihnen die Unterohringer gemäss besiegelten Dokumenten[115] auf der «Pollgasse» «Steg und Weg» gewährleisten sowie ihre Güter gegenüber denjenigen von Seuzach «beschlossen haben und zäunen». Genannt wird in diesem Zusammenhang zugleich die einzige Ausnahme an der Grenze zwischen dem Dorf Seuzach und dem Hof Unterohringen, wo Unterohringen nicht allein die Zaunpflicht auferlegt ist: im Tänschrüti-Wald müssen Seuzach und Ohringen mit je gleich vielen Leuten für den Bau und den Unterhalt des Grenzzauns aufkommen.

16. Die Rebberge bleiben stets «beschlossen», also der privaten Nutzung vorbehalten. Niemand darf darin weiden, keiner in Rebstücken oder Borden (Böschungen) eines anderen grasen, auch nicht in fremden Reben «sücheln» (nachlesen).

17. Bestimmungen zur Pflege der damals vor 17 Jahren trockengelegten und zum Anbau verteilten Weiherfläche: Das urbarisierte Weihergrundstück bleibt «beschlossen», also vom allgemeinen Weidegang ausgenommen. Festlegung wasserbaulicher Unterhaltsarbeiten.

18. Es dürfen «weder Holz, noch Gstüd noch Rebstecken» aus der Gemeinde verkauft werden (auch von privaten Wäldern nicht).

19. Jeweils auf den Georgstag (23. April) sollen die Dorfmeier die Flurgatter und Landstrassen «beschauen», ebenso die Brunnen, sowie «was zum Feuer [Feuerschau, Löschvorrichtungen][116] und was zum [Lösch-?]Weiher gehört», und Schadhaftes instand setzen zu lassen.

20. Eichen und andere Bäume, die an der Grenze zu Gemeindegütern stehen und neulich dort gepflanzt worden sind, müssen den «Riss»[117] geben, wie überhaupt die Bürger einander den Anries zu geben schuldig sind.

21. Bestimmungen zum Bezug des Bürgerholzes aus dem Gemeindewald.[118]

22. Ersatz eines Zauns an der Grenze zu Dinhard durch einen Graben.

23. Die Gemeinde soll auf die «Holzfrevler» aufpassen, damit diese der Gemeinde den Schaden und die Busse bezahlen. Je nach der Art des Vergehens wird dem Landvogt Meldung zur «obrigkeitlichen Abbüssung» erstattet.

Die Ordnung schliesst mit einer generellen Strafandrohung. «Wenn jemand [...] den einen oder andern Artikel übertreten würde, soll er von der Gemeinde nach Beschaffenheit der Sache abgestraft und nach Befindnus des Fehlers von dem Grafschaftsweibel in Verzeichnis genommen werden.»

5.3.3 Ausgleich von Nutzungsinteressen in der Ordnung von 1685

In dieser Ordnung erscheinen in den Bestimmungen zur gemeinen Weide die soziale Schichtung und ein gewisser Ausgleich der Nutzungsinteressen gespiegelt. In diesem Sinn ist die Gemeindeordnung ein für die agrarische Gesellschaftsordnung im Allgemeinen und für Seuzach im Besonderen sehr aussagekräftiges Zeugnis. Die Haushalte und ihre soziale Stellung präsentieren sich hier entsprechend der Einbindung in den gemeinen Weidenutzen. Dieser hing von der Zusammensetzung und der Menge des Viehbesitzes ab, und entsprechend existierte eine Herde der Zugochsen, eine Herde der Pferde, eine Herde mit Kühen und Kälbern sowie eine Schar Milchziegen. Wir erinnern hier auch an die 1783 von Pfarrer Sulzer angeführte Schichtung mit 8 Vollbauern, 24 Halbbauern und 53 Taglöhnern,[119] ein Verhältnis, das der Grössenordnung nach schon 100 Jahre zuvor, also zur Zeit der hier zur Sprache kommenden Ordnung galt. Diese Klassen hatten verschiedene Interessen auch bezüglich der gemeinen Weide.

Der grösste Weidenutzen, nämlich auf der Brache, der Stoppelweide und in den anschliessenden Wäldern, kam der Kuh- und Kälberherde zu. Zu dieser Herde steuerte denn auch praktisch jeder Haushalt ein oder zwei Tiere bei. Die Zugochsen hingegen gehörten ausschliesslich den Vollbauern, und wenn Pfarrer Sulzer 1783 davon sprach, dass zwei bis drei Halbbauern zusammen einen Pflug hielten, so wurde dieser von Kühen und nicht von Ochsen gezogen.

Hätte nun die Gemeinde gemäss Artikel 8 beschlossen, die Gemeinde- und Privatwälder zum Schutz des Forstes nicht zur gemeinen Beweidung freizugeben – und das könnte auf die unten zur Sprache kommende Umstellung vom Laubholz- und Mittelholzbetrieb zur Fichtenhaltung hindeuten –,[120] so hätten diejenigen, die mit ihren privaten Wäldern am meisten davon profitiert hätten, die Vollbauern, als Ersatz auf der Brache bis Pfingsten je 2 Jucharten ihrer Felder von jeglicher privaten Nutzung (die in einem gewissen Rahmen etwa mit Anbau von Viehfutter und Hülsenfrüchten auch die Brache betraf) freihalten und der gemeinen Kuhherde zur Verfügung stellen müssen.

Einen Ausgleich schuf der gleiche Artikel auch für die ärmste Schicht, für diejenigen Taglöhner, die im Gegensatz zur Mehrzahl ihrer Standesgenossen über keine Kuh verfügten. Wenn eine solche Familie wegen Armut keine Kuh zu halten vermochte, kleine Kinder zu ernähren hatte oder sonst bedürftig war, konnte sie auf den reservierten Feldern eine Milchziege weiden lassen, aber keine Schafe und auch keine Gänse; Erstere waren im Mittelland verpönt, weil sie die Wurzeln abfrassen, Letztere wegen ihres ätzenden Kotes.

Auf den Ausgleich zwischen der Kuhherde der grossen Mehrheit und der Zugviehherde der kleinen Minderheit ausgerichtet sind die Bestimmungen im 9. Artikel zur gemeinen Weide unmittelbar nach der Ernte. Wir vermögen hier allerdings die zeitrelevanten Vor- und Nachteile, die Summe dieses Ausgleichs, nicht zu werten. Nach der Ernte des Wintergetreides sollte auf dieser Zelge die Kuhherde den «Vorzug» haben, nach der Ernte des Hafers auf der Sommergetreidezelge das Zugvieh.

Der Artikel 13 schliesslich überliess die gemeine Weide auf den privaten Wiesen ganz den Zugtieren, und hier begegnen wir wohl den zwei, drei reichsten Vollbauern, nämlich denjenigen, die Pferde hielten. Den Rossen war die Frühjahrsweide bis zum April allein vorbehalten, im Herbst – nach dem Einbringen von Heu und Emd – dem Zugvieh. Nur für die Pferde bestimmt war die gemeine Weide im Wiesenbezirk Ghegmar oder Ried. Ausser einer kurzen Frist privater Nutzung von Anfang Mai bis zum 25. Juli diente diese Flur ausschliesslich als gemeine Pferdeweide.

Die Ordnung ging nicht auf die gemeine Weide der Schweine ein. Während in vielen anderen Gemeinden die Schweinemast in den Wäldern eine ziemlich grosse Rolle spielte, scheint die Schweinehaltung in Seuzach nicht bedeutend gewesen zu sein. Offenbar beschränkte sie sich auf die Stallfütterung, denn Eicheln als Erntegut werden an verschiedenen Stellen erwähnt.

Der Ordnung von 1685 waren einige an der Berchtoldsgemeinde 1667 gefasste Beschlüsse vorangegangen.[121] Wollte ein Bürger «Güter oder anderes» verkaufen oder versteigern, durften «Ausburger», auswärts sich aufhaltende Bürger, oder Fremde erst dann bieten, wenn die Bürger nicht mehr boten. Diese Bestimmung ist Ausdruck des mental und materiell geschlossenen Gemeinde- und Nutzungssystems. Etwas alltäglicher nahmen sich Regelungen zur Weide der Kühe aus. «Fuhr» im Frühjahr der Kuhhirt zum ersten Mal mit der Dorfherde «aus», mussten ihm die Tiere mit abgesägten Hörnern übergeben werden. Ebenso hatten die Besitzer ihre Kühe während der ersten zwei Tage selbst zur Herde zu treiben, wohl um diese anzugewöhnen. Geregelt wurde der Ersatz, wenn eine Kuh ohne abgesägte Hörner Schaden verursachte. Bei Unachtsamkeit haftete auch der Hirte.

Interessant an diesen Beschlüssen der Januargemeinde 1667 ist die Erwähnung des «Friedhages oder Zaunes» zwischen der Grützenzelge einerseits und den Forsten Oberholz und Tänschrüti (Amelenbergwald) andererseits. Er sollte von den Landanstössern «gemacht» und unterhalten werden. Der Zaun zwischen dem Kellerholz der Unterohringer und dem Seuzacher Holz hingegen sollte durch die Gemeinde Seuzach und die Unterohringer je mit gleich vielen Leuten unterhalten werden. Erwähnt sind auch die beiden «Gatter oder Fallentore» vor und hinter dem Oberholz, also die durch Tore gesicherten Übergänge vom Ackerland in den Wald.[122]

5.3.4   Ordnung des Jahres 1765

Die weitgehend korporationsrechtlich ausgerichtete Ordnung von 1685 behielt in einzelnen Punkten ihre Gültigkeit wohl bis weit ins 19. Jahrhundert hinein, das heisst bis zur Auflösung der genossenschaftlich organisierten Landwirtschaft. Die 1765 durch die Vorgesetzten und die Gemeinde ausgearbeitete und auf den «Jörgentag» 1766 in Kraft gesetzte Ordnung betraf eine andere Ebene: Besoldungen, Verwaltung, Holznutzung, Finanzen, Disziplin. Wahrscheinlich hatte diese Ordnung eine Vorläuferin gehabt. In der Einleitung heisst es, seit 20 und mehr Jahren sei das Gemeindegut aus dem Gleichgewicht geraten und die Gemeinde könne «auf die alte Form und Weise nicht mehr bestehen ohne Schulden». Bedenklich seien die übermässigen Ausgaben wie bei den «Löhnen» der Vorgesetzten, beim «übermässigen Trinken», beim «ungeschickten Brotessen», beides wohl anlässlich von Gemeindeanlässen, sowie beim «Beteli-Tagen» (Berchtoldsgemeinde) und vielem anderen.

Zur Ordnung im Einzelnen:

§§ 1–5, 9, 10, 18, 20: Bestimmungen zur Besoldung und zu Sporteln der Gemeindevorgesetzten und -bediensteten. Grundlohn von 5 Pfund jährlich; Sportel von 4 Gulden 10 Schilling für die jährliche Rechnungslegung; keine besondere Vergütung für die Kontrolle der Häge und (Zaun-)Stecken; für die Kontrolle der Feuerstätten (feuerpolizeiliche Aufgabe) Entschädigung von 16 Schilling; für das «Auszeichnen» der Haue im Gemeindewald am Berchtoldstag 10 Schilling; anlässlich der Bezahlung des Einzugsgeldes für Frauen kann der Säckelmeister 8 Schilling fordern; für amtliche Gänge auf die Kyburg oder anderswohin kommen den Vorgesetzten 16 Schilling zu; Taglohn von 12 Schilling für die Vorgesetzten, wenn sie an den Gemeindebrücken oder an den Feuerstätten Reparaturen vornehmen. Wenn ein Vorgesetzter «vor Recht muss», die Gemeinde also an einem Rechtstermin vertritt, erhält er 24 Schilling «zu Lohn». Der «Foster» (Feldhüter) bezieht am Berchtoldstag 1 Mass Wein und 1 Pfund Brot und soll den Vorgesetzten und der Gemeinde (ausser der fixen Besoldung) nicht weiter «beschwerlich» sein.

§§ 6, 13, 15, 19, 22, 23: Bestimmungen zur Holznutzung. Die Haue werden durch das Los zugeteilt, sowohl den Bürgern wie den Vorgesetzten. Wenn einer den ihm zugeteilten Hau «verbessert», soll er dem Landvogt angezeigt werden, ebenso gegenüber der Gemeinde beim künftigen Hau «bussfällig» sein. Wenn «Winde» Schäden im Wald verursachen, soll «gesäubert» werden, bei grossen Sturmschäden soll die Gemeinde hilfreiche Massnahmen treffen. Es darf kein Holz ausserhalb der Gemeinde an alte, verfallene Häuser «verehrt» werden, ausser im Fall von Feuersbrünsten. Wenn Zimmerleute im Auftrag der Gemeinde oder sonst Holz im Gemeindewald «aushauen», muss dieses, wenn es den Wert von 8 Schilling übertrifft, auf die Gant gebracht werden. Keiner darf aus dem ihm zugeteilten Hau Holz mit anderem Holz abtauschen, sondern muss bei seiner Zuteilung verbleiben. Braucht ein Bürger über den ihm zugeteilten Hau hinaus Holz, darf er den Vorgesetzten nicht mehr helfen «an zu numeren», sondern hat sich mit dem zufriedenzugeben, was ihm der «Foster» in Zusammenarbeit mit den Vorgesetzten zuweist.

§ 7: Der Säckelmeister darf «Landstrolchen» nur Unterstützung geben, wenn sie mit einem «obrigkeitlichen Schein» versehen sind.

§ 11: Wenn zweimal jährlich die Feuerspritze «geprobiert» wird, darf der Gemeindekasse kein Trunk verrechnet werden.

§ 12: Wenn an der Berchtoldsgemeinde der Bussenrodel «verhandelt» wird, soll dieser gleich wie die Gemeinderechnung behandelt und beim Ablesen «aufgerechnet» werden. Der «Foster» (Flurhüter) erhält seinen Lohn im Zusammenhang mit zur Busse gemeldeten Weidefreveln nur dann, wenn er entsprechend unterschrieben hat.

§ 14: Durch die Gemeinde erlassene «Verbote und Gebote» sollen künftig gelten und dürfen nicht mehr «nachgelassen» werden.

§ 15: Die «Schriften», die in der Gemeindelade liegen, soll der abtretende Vorgesetzte dem neuen Amtsinhaber «zeigen», so wie sie im alten Gemeindebuch verzeichnet sind.

§ 21: Wenn ein Bürger der Gemeinde Bussen- oder Weihergeld schuldet und dieses nicht vor Lichtmess (2. Februar) bezahlt, so sollen die Vorgesetzten dem Schuldner das «Hauzeichen» (Zeichen des Nutzungrechts an einem Weiherteil) «abhauen» und die Schuld kostenpflichtig eintreiben.

§§ 24, 25, 26, 27: Ordnungspunkte der Gemeindeversammlung. In Versammlungen sollen die Bürger «still sein», bis die Vorgesetzten «den Vortrag gemacht haben». Wenn darauf die Vorgesetzten die Bürger fragen, sollen diese einer nach dem anderen mit dem «gebührenden Respekt» antworten, unter Androhung einer Busse von 1/2 Vierling Wein bei Widerhandlung. Wenn einer den anderen in der Versammlung «Hundsfott» oder «Narr» heisst, muss er der Gemeinde als Busse 1 Vierling Wein geben. Wenn die Gemeindevorgesetzten die Bürger zum Gemeinwerk «kommandieren», sollen die Bürger «ohne Murren und Widersprechen» gehorsam sein, bei einer Busse von 1 Vierling Wein. Wenn einer aus der Gemeindeversammlung wegläuft, bevor diese beendet ist, muss er der Gemeinde 4 Schilling Busse entrichten. Keiner darf – bei Androhung einer Busse von 4 Schilling – «mit einer Tabakpfeife im Mund» an die Gemeindeversammlung kommen. Die stimmberechtigten Bürger haben mit dem Seitengewehr, einem Degen oder Ähnlichem an die Gemeindeversammlung zu kommen, ansonsten sie mit 5 Schilling gebüsst werden.

5.3.5   Behördenmitglieder von 1521 bis zum Dreissigjährigen Krieg

In der Liste der Dorfmeier, auch Vorgesetzte, Dorfvierer (zwei ruhende, zwei aktive Dorfmeier), Geschworene genannt, sowie der Säckelmeister (Tabelle 10) beschränken wir uns auf die Zeit von der Erstnennung (1521) bis in die Zeit des Dreissigjährigen Krieges.

5.3.6   Hinweise auf die Verwaltungstätigkeit

Die früheste systematisch-eigenständige Verwaltungstätigkeit ist für das Jahr 1611 dokumentiert. Damals legte die Gemeinde ein «Zins- und Rechnungsbuch» an.[123] Sie verzeichnete

Tabelle 10: Behördenmitglieder bis zum Dreissigjährigen Krieg

Jahr	Dorfmeier	Säckelmeister[*1]	«Vorgesetzte»[*2]	Bemerkung
1521	Ueli Ackeret, Hensli Wipf			GAS, Urkunde I A Nr. 8
1523	Martin Ackeret, Konrad Wipf			GAS, Urkunde I A Nr. 9
1527 (Oktober)	Heinz Ackeret, Claus Zuberer, Jakob Wipf			GAS, Urkunde I A Nr. 12
1527 (November)	Ruedi Ernst, Hans Meyer			GAS, Urkunde I A Nr. 13
1530	Heini Borat, Conrad Wipf, Claus Bücheler, Heini Ackeret			GAS, Urkunde I A Nr. 15. «Geschworene Dorfmeier» genannt
1531	Konrad Wipf auf Breiti, Konrad Borat, Heini Ackeret, Claus Nüserly			GAS, Urkunde I A Nr. 16. «Geschworene» genannt
1533	Heini Bannwart, Michel Wipf			GAS Urkunde I A Nr. 24
1535	Heini Werly (Borat), Claus Zuberer			GAS, Urkunde I A Nr. 19
1544	Michel Wipf, Heinrich Ackeret, Ruedi Ernst, Othmar Bücheler			GAS, Urkunde I A Nr. 26, «Geschworene» genannt
1611	Michel Wipf, Jakob Ernst, Bartli Ackeret, Jakob Zuberer			
1625		Jakob Zuberer, Grafschaftsrichter, Michel Wipf, Grafschaftsrichter		Hier «Dorfvierer» genannt
1635		Landrichter Jakob Zuberer		
17./18. Jahrhundert	Beamte regelmässig in den Gemeindeprotokollen IV A Nr. 1 und IV B 1 Nr. 1 genannt.			

*1 Er gehört zu den «Vorgesetzten». *2 Ohne Säckelmeister, sofern er nicht Dorfmeier oder Dorfvierer genannt ist.

darin ihre Schuldzinsposten seit 1531 und deren Verteilung auf einzelne Gemeindebürger; gleichzeitig begann sie mit diesem Jahr, eine Art Jahresrechnung zu führen, die allerdings – da es sich vor allem um wenig kommentierte Schuldzinsabrechnungen handelt – nicht sehr aussagekräftig sind. Ab etwa Mitte des 17. Jahrhunderts begannen Dorfmeier und Säckelmeister in diesem Schuldenbuch vorerst da, wo sich gerade freie Stellen anboten, Gemeindebeschlüsse schriftlich festzuhalten. Von einer geregelten Schriftgutverwaltung erfahren wir aus einem Protokolleintrag des Jahres 1738. Man verzeichnete damals die 34 in der «Lad» befindlichen Dokumente und legte fest, wie diese in Anwesenheit von vier «unparteiischen» Bürgern jeweils vom alten, nunmehr stillstehenden an den neuen Säckelmeister übergeben werden sollten.

Wenn man die beiden Gemeindebücher studiert, wird mehr oder weniger deutlich, dass in den meisten Fällen der amtierende Säckelmeister zugleich der Schreiber war, derjenige auch, der die Gemeindebeschlüsse umzusetzen hatte oder Ideen lieferte. Die Doppel- und Sonderrolle des Gemeindesäckelmeisters als Finanzvorstand und Schreiber und Gesamtverwalter kann auch in anderen Gemeinden beobachtet werden, wie zum Beispiel in Fehraltorf.[124]

5.3.7 Seuzach als ein bescheidenes Verwaltungszentrum der Grafschaft Kyburg

Das Dorf Seuzach diente als Sitz eines der kyburgischen Weibelämter – ob dieses nun durch einen Seuzacher oder einen Bürger eines anderen Dorfes des Kreises besetzt wurde. An dieses Weibelamt war offensichtlich eine gewisse militärische Struktur gebunden. 1587 ist anlässlich der Auszüge in die Hugenottenkriege von der «Barthe Seuzach» (Parte, eine Art militärischer Kreis) die Rede, zu der nebst Seuzach die beiden Ohringen, Veltheim, Rutschwil, Bänk, Berg, Henggart, Hünikon, Aesch und Töss gehörten.[125]

Im 17. und im 18. Jahrhundert war mit dem Weibelamt sodann ein regionales Notariatszentrum verknüpft, dem nebst Seuzach die Orte Rutschwil, Berg «bei Rutschwil», Bänk, Hünikon, Riet, Henggart, Aesch und Dägerlen zugeordnet waren. Die beiden Ohringen hingegen gehörten zum Notariat des Weibelamtes Töss, dem auch Veltheim zugewiesen war.[126]

Seinem ursprünglichen Zweck am nächsten kam das Weibelamt in der Funktion als Bussenstelle. In den Jahresrechnungen der Landvogtei Kyburg des 16.–18. Jahrhunderts finden wir regelmässig den Rechnungstitel «Eingenommen an Bussen zu Seuzach». Hier erscheinen kleine Sünder der Dörfer Seuzach, Hünikon, Aesch, Dägerlen, Rutschwil, Berg, Bänk, Henggart (das heisst desjenigen Teils Henggarts, welcher zur Grafschaft Kyburg gehörte) und Riet (Neftenbach). 1575 etwa warf Jakob Wipf dem Namensvetter Hensi ein Glas nach, ein häufiges Delikt, was ihn eine Busse von 5 Pfund kostete. Heini Wipf, auch von Seuzach, schenkte in jenem Notjahr 1575 verbotenerweise Wein an Almosenbezüger aus und wurde mit gut 3 Pfund gebüsst. Gegenseitige Fausthiebe führten zu Bussen in Bänk und Hünikon/ Aesch. 1673 entrichteten Jagli und Hans Jagg Ackeret 1 Pfund 12 Schilling an «Schlegelbussen» und wohl der gleiche Jagli Ackeret eine Summe für «frühzeitigen Beischlaf». Jagli Wipf traf es mit 16 Schilling, da er in der Gemeindeversammlung «Händel angestellt» hatte. 1735 hatten nicht weniger als 56 Seuzacher eine Gesamtbusse von 30 Pfund zu übernehmen, da sie während der Predigt Vieh auf die Weide getrieben und Eicheln gesammelt hatten. Ein Henggarter und ein Hüniker kamen mit 7 Pfund wegen Wirtens am Sonntag dran.

5.4 GEMEINDEGUT

Bei der Aufnahme von Kapital musste die Gemeinde ein Unterpfand stellen, so auch in den beiden oben erwähnten Schuldbriefen von 1530 und 1531. Mit der Nennung dieses Pfandes verfügen wir schon früh über genaue Angaben zur Beschaffenheit und Grösse des Gemeindegutes. 1530 wurde ein Gemeindegut von insgesamt 120 Jucharten aufgeführt, nämlich der Weiher, «liegt gleich hinter dem Dorf», der Baumgarten und das Oberholz, an den Winterthurer Lindberg und die Ohringer Güter anstossend, voneinander getrennt durch die nach Winterthur führende Landstrasse; das Hochgrüt (im Bereich des heutigen Buchenwäldli, damals offensichtlich eine Rodungsfläche); das Holz bei der «Merspurg» (Mörsburg) an der Grenze zu Welsikon, das «Molrüti Hölzli» (Walrüti an der Grenze zu Hettlingen); das 2 Jucharten messende Hagnau-Hölzli und die Hagnau-Weide an der Grenze zu Ohringen.

Im Schuldbrief aus dem folgenden Jahr (1531) ist das gleiche Gemeindegut pauschal wie folgt beschrieben: der Weiher mit seiner «Zubehörde», 5 Mannsmad «Heuwuchs» und 77 Jucharten Wald. Nimmt man die Zahlen von 1530 zum Vergleich, dürften der Weiher und das Umgelände damals an die 40 Jucharten gemessen haben.[127]

Gerade in jenen Jahren baute die Gemeinde ihr liegendes Gut konsequent aus, wie die Tabelle 11 zeigt. In einem Schuldbrief der Gemeinde des Jahres 1593 sind offensichtlich nur Teile des Gemeindegutes als Pfand aufgeführt, nämlich der Weiher mit umliegendem «Heuwuchs», 2 Jucharten in der «Mollrüti», 10 Jucharten Acker und 10 Jucharten Wald, nebeneinander im Baumgarten liegend («und heisst das Holz im Oberholz»), sowie 15 Jucharten Wald im Hochgrüt. 1622 erwarb die Gemeinde von Seuzacher Eigentümern 5 Jucharten «Holz samt Grund und Boden [...] in Buchen» für den hohen Preis von 375 Gulden sowie für 110 Gulden 2 Jucharten «Holz mit Grund und Boden» in der «Mörsburghalden».[128]

Tabelle 11: Grundstückkäufe der Gemeinde in der ersten Hälfte des 16. Jahrhunderts

Jahr/Dokument	Grundstück	Verkäufer	Preis (Pfund / Gulden)	Bemerkungen
1517 GAS, Urkunde I A Nr. 7	2 Jucharten Feld, anstossend an die «Allmend» sowie 2 Jucharten Acker in der Gegend des Weihers	Eine Familie Wipf	76 lb	Der Acker ist mit einem «Brunnen», d. h. einer Quelle versehen. In der späteren Tradition heissen die Grundstücke «Schüllerplatz» (auch Schülerplatz) und «unter dem Weiherrain».
1521 GAS, Urkunde I A Nr. 8	Gut «Baumgarten» im Bereich Amelenberg	Zwangsversteigerung der Güter des wegen Schulden landesflüchtigen Heinrich Borat	107 Gulden (214 lb)	Siehe Tabelle 1, Grundbesitz, und Kommentar dazu.
1523 GAS, Urkunde I A Nr. 9	8 Jucharten Wald am «Mörsperg» (Mörsburg)	Eine Familie Wipf	150 lb	
1527 GAS, Urkunde I A Nr. 12	5 Jucharten Wald im Oberholz (Amelenberg-Lindberg)	Peter Wipf, Grafschaftsweibel	115 lb	Das Gericht, vor dem dieses Kaufgeschäft abgewickelt wurde, tagte in Seuzach selbst, in den anderen Fällen zumeist im oberen Kehlhof in Winterthur.
1527 GAS, Urkunde I A Nr. 13	4 Jucharten Wald im Oberholz (Amelenberg-Lindberg)	Michel Wipf	180 lb	
1527 GAS, Urkunde I A Nr. 14	8 Jucharten Wald im Oberholz (Amelenberg-Lindberg)	Kleinmartin Wipf	113 lb	
1535 GAS, Urkunde I A Nr. 19	5 Jucharten Wald im Oberholz (Amelenberg-Lindberg)	Konrad Wipf	104 1/2 lb	Anstösser: Winterthurer Lindberg, Amelenberg von Martin Wipf und Gemeindewaldungen von Seuzach
1544 GAS, Urkunde I A Nr. 23	6 Jucharten in der Täntschrüti (Amelenberg)	Heinrich und Dias Keller von Oberohringen	115 Gulden (230 lb)	Anstösser: Peter von Unterohringen, Amerberg-Acker von Heini und Martin Wipf, Othmar Büchelers Holz in Täntschrüti

5.5 GEMEINDEÖKONOMIE[129]

5.5.1 Weihernutzung, Heuverkauf

Zentral für die Gemeinde war mindestens bis über die Mitte des 17. Jahrhunderts hinaus die Weiherwirtschaft. Wie wir gesehen haben, mass der Weiher mit Umgelände um 1530 rund 40 Jucharten. Die Anlage des Weihers kann – ein quellenmässiger Glücksfall – grob datiert werden. Zur Zeit der Regierung des Kyburger Landvogtes Konrad Engelhard, das heisst zwischen 1517 und 1524, legte die Gemeinde unter «grossen Kosten» unter anderem «etliche Weiher» an, wie aus einer Urkunde des Jahres 1536 hervorgeht.[130] Der Erwerb von unmittelbar an den Weiher anschliessenden Grundstücken wie dem Schülerplatz und unter dem Weiherrain im Jahr 1517 (siehe Tabelle 11) lassen ebenfalls auf die gezielte Bewirtschaftung des Weihers in jenen Jahren schliessen.

Regelmässig brachte das in den Verkauf an die Bürger gelangende «Weiherheu» Geld in die Gemeindekasse. Wahrscheinlich wurden Grasflächen an Interessierte verpachtet. Heu verkaufte die Gemeinde auch von anderen Gemeindeflächen, so vom «See» (wohl beim Seebühl), von der «Mollrüti» (Walrüti), vom «Schülerplatz», «Langmösli», «Stal», «Baumgarten», «Tha» und von der «Leberen».

Ursprünglich diente der Weiher hauptsächlich der Fischzucht, auch wenn die diesbezüglichen Hinweise spärlich sind. 1643 entrichtete Marti Wipf der Gemeinde knapp 40 Pfund Geld «um Fisch und Heu».

Mit Fischen aus dem Weiher konnte die Gemeinde verschiedene Ausgaben für die im damaligen Staatsleben wichtigen Sporteln in natura begleichen, wie eine Aufstellung im Gemeindebuch zu den «Verehrungsfischen» aus den mittleren 1660er Jahren zeigt (Tabelle 12).

Tabelle 12: «Verehrungsfische» aus dem Gemeindeweiher, mittlere 1660er Jahre

Art und Anzahl	Empfänger	Gegenleistung des Empfängers
2 Paar Karpfen	Landvogt zu Kyburg	«Trinkgeld» von 1 Dicken (Silbermünze im Wert eines Drittelgulden)
1 Paar Karpfen	Staatliches Klosteramt Töss	«Trinkgeld» von 2 Batzen
1 Paar Karpfen	Staatliches Klosteramt Winterthur	«Trinkgeld» von 2 Batzen
4 Paar Karpfen	Spital der Stadt Winterthur	«Trinkgeld» von 3 Pfund 4 Schilling
1 Paar Karpfen	Untervogt der Landvogtei Kyburg zu Seen	«Trinkgeld» von 2 Batzen
1 Paar Karpfen	Landschreiber der Landvogtei Kyburg in Winterthur	6 Schilling
6 Mass «kleine Fischli» (circa 10 Liter)	Pfarrer von Seuzach	Auf den Berchtoldstag ein paar «Kanten» Wein, «Trinkgeld» von 2 Batzen

Auch die Honoratioren der Stadt Winterthur erhielten hin und wieder Fisch aus dem Weiher geschenkt, wie etwa der Winterthurer Stadtrechnung von 1576/77 zu entnehmen ist. Den beiden Überbringern der Fische aus Seuzach wurde ein ordentliches Trinkgeld verehrt.

Am 13. Oktober 1667 wurde eine – wohl ausserordentliche – Gemeindeversammlung abgehalten, die beschloss, den Weiher am 25. Oktober zu «fischen» und ihn darauf nicht mehr höher zu «schwellen» als bis zum Rohr oder zu den Binsen. Offenbar befischte man üblicherweise den Weiher mittels Ablassens des Wassers; dieses Mal aber wollte man ihn dauernd nur noch bei einer lediglich bis zu den Rohrpflanzen reichenden Restwassermenge belassen.

Beim Landvogt wurde die Bewilligung eingeholt, den Weiher «durchlaufen» zu lassen. Dieser stimmte nur halbherzig zu und verlangte, dass der Weiher für zwei Jahre zu zwei Dritteln der alten Grösse beibehalten werden müsse, um zu sehen, wie die Sache herauskomme. Ebenso seien die «Satzfische», also die Zuchtfische für den Besatz des Weihers, so lange in Reserve zu halten.

Darauf (be)«fischte» die Gemeinde den Weiher und verfrachtete die Satzfische so lange in eine «Rose» (Wassertümpel zum Einlegen von Hanf), bis man im verkleinerten Weiher die «Schläuche durch den Strümpfel gemacht haben» würde. Erneut wurde am «Montagmorgen» (28. Oktober?) eine Gemeindeversammlung einberufen, und diese beschloss – offensichtlich in einer gewissen Missachtung der Meinung des Landvogtes –, einen (Wasser-)Sammler von der Fläche von 1 Jucharte anzulegen und den Rest der Weiherfläche samt dem Umgelände aufzuteilen und jedem Bürger zur Nutzung als Wiese oder Acker zu übergeben. Vorerst wurde an sechs Jahre gedacht, und jährlich sollte jeder Nutzniesser der Gemeindekasse 1 Gulden abliefern.

Als feststand, dass der Weiher praktisch aufgehoben werden sollte, wurden auch die Besatzfische unter die Bürger aufgeteilt, die dafür je 5 Schilling in die Gemeindekasse einbezahlten. Der Pfarrer übrigens, der in Nutzungsangelegenheiten stets einen Bürgeranteil reklamierte, forderte auch bei dieser Fischverteilung erfolgreich seinen Anteil. 1668 bescheinigte der Gemeindesäckelmeister im Gemeinderechnungsbuch, von jedem Bürger mit Weiheranteil 1 Gulden empfangen zu haben.

In jenem ersten Jahr der Bebauung der Weiherfläche erlebte die Gemeinde eine böse Überraschung, forderte der Staat Zürich von diesem Land nun doch den Zehnten. Die Gemeinde entsandte ihre beiden Dorfmeier, den Fähnrich Jakob Steiner und den Wachtmeister Klaus Wipf, in das Amtshaus Töss, wo die Zürcher Herren die Kornzehnten der Umgebung verliehen. Hier brachten sie vor, dass man, als der Weiher noch ein Gewässer gewesen war, von den Fischen nie den Zehnten oder eine entsprechende Entschädigung in Geld habe entrichten müssen. Doch sie mussten sich durch den Kyburger Landvogt belehren lassen, die nun bebaute Weiherfläche gelte als «neuer Aufbruch» und müsse als solcher mit dem Zehnten belastet werden. Wenn man jedoch «den Strümpfel wieder stecken und den Weiher wieder zum Wasser machen würde», so gelte die alte Zehnt- und Zinsfreiheit.

In den folgenden Jahrzehnten bildete die Administration der Weiherteile eines der wichtigsten Gemeindegeschäfte; heikel waren immer die Nachfolgeregelungen bei der Auflösung eines Haushaltes und generell wegen der wachsenden Bevölkerung, denn mehr als 85 Teile gab es nicht. 1752 beschloss die Gemeinde, dass Teile nicht an Töchter gehen könnten. Hingegen kamen die Witwen gut weg: sie konnten den Teil ihres verstorbenen Ehemannes behalten und an einen Sohn weitervererben. 1756 beschloss die Gemeinde etwa einhellig, der Weiherteil des verstorbenen alt Säckelmeisters Hans Ulrich Koblet solle an seine Witwe und nach deren Tod an ihre Söhne – solange sie eine Haushaltung führen – übergehen und nicht an den jüngeren Bruder des Verstorbenen.

Für wirklich frei werdende Weiheranteile, also wenn keine Erbschaftsansprüche von Witwen und Söhnen angemeldet wurden, wurde eine Art offizielle Warteliste geführt. Stand

20_Plan des Jahres 1810 des Weihers und der an diesen angrenzenden Gemeindegüter Schuller(platz), Stal, Langmösli, Mooswies. Schematisch, also nicht der geografischen Lage entsprechend, sind weitere, vom Weiher weit entfernt liegende Gemeindegüter eingezeichnet: Seewiese, Mollrüti, Baumgarten, Wolfgsang, Habermark und Neuwiesen. Weiter erscheinen einzelne, real ebenfalls nicht beim Weiher befindliche parzellierte Flurblöcke, die sich in privatem Besitz befanden und vor allem als «Pünten» (Hanfpünten) dienten (im Gegensatz zu den grünlich kolorierten Gemeindegütern: rötlich koloriert).

Es handelt sich um eine exakte geometrische Vermessung des Ohringer Lehrers Johann Jakob Keller im Zusammenhang mit der Zehntenablösung im frühen 19. Jahrhundert. Die verzeichneten öffentlichen Grundstücke und die wenigen privaten Grundstücke erscheinen auf diesem Plan, weil die Kirche Seuzach von diesen den Zehnten direkt einzog.

Zum Weiher: Die eigentliche Weiherfläche bzw. die 85 im Jahr 1668 dem Landbau zugeführten Weiherteile massen etwa 19 Jucharten, die unmittelbar angrenzenden Gemeindeliegenschaften knapp nochmals so viel. Erkennbar sind beim Weiherausfluss «Rosen», also Tümpel zum Einlegen des Hanfes. Beim Gewässer «x» könnte es sich um den 1668 anlässlich der Austrocknung des Weihers angelegten «Sammler» von einer Jucharte Fläche handeln.

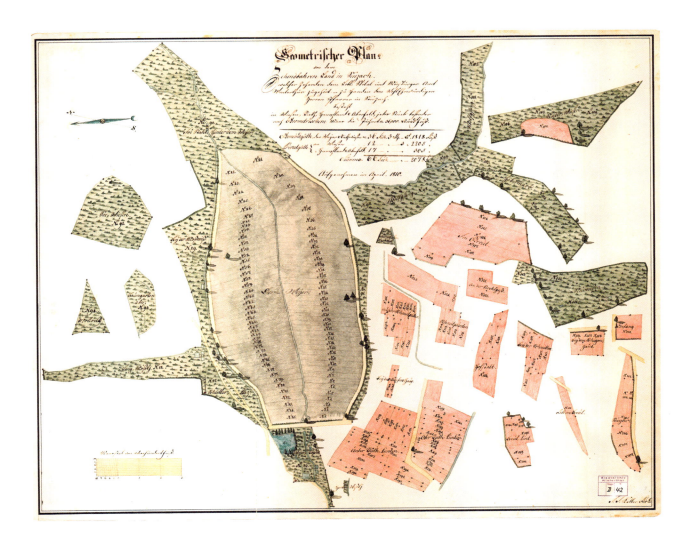

ein solcher Weiheranteil zur Verfügung, musste der zum Zug Kommende im Voraus das «Haugeld» entrichten. So fiel etwa dem 1776 aus der Gemeinde Maur in Seuzach eingebürgerten Johannes Trüb, inzwischen «Feuerhauptmann» geworden, 1788 «nach rechtem Rang seines erlegten Haugelds ein Weiherteil zu [...] von Heinrich Schwarzen sel. Witwe», die sich in der Gemeinde Veltheim «verpfründet» hatte.

Die Gemeindeversammlung vom 3. Januar 1771 sprach dem Drahtzieher Johann Wipf «nach Rang» einen Weiherteil zu. Zuvor hatte dieser Teil dem Küfer Johann Wipf gehört, der jedoch wegen Schulden gegenüber der Gemeinde «aus dem Land getreten» war, also das Zürcher Staatsgebiet verlassen hatte. Da der Küfer Wipf den Schuldzins für 1770 der Gemeinde nicht entrichtet hatte, musste sein Nachfolger der Gemeinde das Saatgut, das der Entronnene auf seinem Weiherteil ausgebracht hatte, mit einer Geldzahlung «gut machen».

Mit der Urbarisierung der Weiherfläche wurde ein Schritt von der extensiven Fischerei hin zum ertragreicheren Landbau vollzogen. Die Weihererde war gut und auf den durchschnittlich gut 7 Aren grossen Anteilen konnte intensiv gewirtschaftet werden. Der Weiher blieb trotz individueller Bearbeitung Gemeingut; 1758 etwa beschloss die Gemeinde, dass jeder, der von seinem Weiherteil Erde absteche, abgrabe und wegtrage, diesen für immer verwirkt haben solle.

Auch nach der Trockenlegung des grössten Teils blieben wasserbauliche Arbeiten notwendig, die im Gemeinwerk ausgeführt wurden: «Der Ehrunß [die ehehafte Wasserrinne] um und durch den Weiher» wurde gemäss der Gemeinde- und Flurordnung des Jahres 1685 jeweils gemeinschaftlich «aufgetan», also offen gehalten.

5.5.2 Gemeindewald und Waldnutzung

5.5.2.1 Allgemeines, Grössenordnung, Umstellung auf Fichtenwald
Bis zur Mitte des 20. Jahrhunderts bildeten die Wälder eine der wichtigsten Ressourcen für die Gemeindeökonomie und die Gemeindebürger. Mit dem Holzertrag sollte Seuzach im 19. Jahrhundert sogar sein Engagement am Eisenbahnbau bestreiten. Im vorindustriellen Zeitalter, also bis in die ersten Jahrzehnte des 19. Jahrhunderts, war Holz ohnehin der hauptsächlichste, ja oft einzige Energielieferant und auch ein wichtiger Baustoff. Hier lag ein ähnlicher Engpass vor wie bei der oben erwähnten, aus heutiger Sicht minimalen Getreideproduktion.

Deshalb kam dem Gemeindewald real und mental eine zentrale Bedeutung zu, vor allem für die ärmere Klasse, welche keinen oder nur wenig privaten Wald besass. Zudem diente der Wald – wie oben dargelegt – der Viehweide und der Schweinemast. Mindestens zeitweise beschäftigte die Gemeinde nebst dem Viehhirten auch einen Schweinehirten, so erwähnt in der Gemeinderechnung von 1677. Die Gewinnung von Harz spielte ebenfalls eine gewisse Rolle: 1679 ist der «Harzer» Bläsi Gosswyler von Altikon erwähnt, wohl eine Art Wanderarbeiter.

Wenn also die Gemeinde im Rahmen ihrer Möglichkeiten in der Zeit von 1500 bis in die ersten Jahrzehnte des 20. Jahrhunderts Wald aufkaufte, so tat sie, was Gemeinden tun sollten: die Existenz ihrer Einwohner sichern.

Zur Zeit kurz nach der Reformation treffen wir rund 77 Jucharten Gemeindewald an, eine Fläche, welche die Gemeinde in den darauffolgenden Jahrhunderten nach Möglichkeit durch Zukauf und Aufforstung zu vermehren trachtete, insbesondere in den beiden Forsten im Osten (Eschberg) und im Süden (Amelenberg-Oberholz-Lindberg) sowie im kleineren Hochgrüt dazwischen.

Die Januargemeinde des Jahres 1652 etwa beschloss, den Einkauf für Neubürger («Einzug») um einen Silberbecher von 15 Lot Gewicht zu erhöhen, weil die Gemeinde «viel Hölzer» gekauft habe, was den sich neu einkaufenden Fremden Nutzen bringe. 1667 erneuerte sie einen Beschluss, wonach Bürger, welche einen «neuen Rauch und Feuer haben», also eine eigene Haushaltung begründeten, 1 Pfund in die Gemeindekasse zu entrichten hatten, und zwar in Berücksichtigung etlicher durch «unsere Voreltern» getätigter Waldkäufe. Diese Käufe seien nicht durch die Gemeindekasse, sondern durch Steuern von je 1 Pfund pro Bürger finanziert worden, weshalb neu hinzukommende Haushalte entsprechend das Ihre beitragen müssten. Nur wenn einer das Haus seines Vaters übernehme und dabei Feuer und Rauch nicht abgehen lasse, sei er von dieser einmaligen Steuer befreit.

Um 1810 nannte die Dorfgemeinde Seuzach 147 Jucharten Wald (rund 50 Hektaren) ihr Eigen, also rund das Doppelte wie zur Zeit der Reformation; daneben bestanden 168 Jucharten (gegen 60 Hektaren) Privatwald. (Im Jahr 2008 waren es 108 Hektaren Gemeinde- und 73 Hektaren Privatwald; die Gemeinde Seuzach hatte nach Möglichkeit stets Wald hinzugekauft; wahrscheinlich kamen unbekannte Aufforstungen in Randlagen hinzu.)

21_«Grundriss der Gemeinds-Waldung Seuzach, aufgenommen Anno 1853 durch Adjunct Hertenstein».
Der damals als kantonaler Forstadjunkt, ab 1855 als kantonaler Forstmeister wirkende Wilhelm Hertenstein sollte von 1879 bis 1888 als Bundesrat dem Eidgenössischen Militärdepartement vorstehen.

Für die Nutzung des Gemeindewaldes besitzen wir für die Zeit vor 1800 nur wenige systematische Nachrichten, weshalb wir hier vorgreifen und einen Beschrieb des Jahres 1810 herbeiziehen, der auch Auskunft über die Jahrzehnte, ja Jahrhunderte zuvor gibt.[131] Die oben erwähnten 147 Jucharten Gemeindewald zeigen dabei eine für die damalige Zeit überraschende Zusammensetzung, eine Zusammensetzung, die vielleicht schon ab dem 17., sicher aber im 18. Jahrhundert zielgerichtet angestrebt worden war. In der Mehrzahl der Gemeinden des schweizerischen Mittellands war teils bis in die ersten Jahrzehnte des 20. Jahrhunderts hinein der sogenannte Mittelwaldbetrieb, ergänzt auch durch Niederwald- und Unterholzbetrieb, vorherrschend: die Laubbäume wurden alle 20–25 Jahre so abgeholzt, dass ihre möglichst intakt belassenen Stöcke wieder ausschlugen. Im Laubmittelwald standen vereinzelte Überständer wie Rottanne (Fichte), Föhre (Kiefer), Eiche, Buche, die vorwiegend als Bauholz genutzt wurden und deren Umtriebszeit selbstverständlich viel länger war. Seuzach nun aber, dessen Gemeindewald im Vergleich zu demjenigen vieler Gemeinden bescheiden war, hatte die Konsequenzen schon früh gezogen: statt auf Mittelwald mit Laubwald setzte die Gemeinde auf Nadelholz (Rottannen und Föhren), was eine rationellere Bewirtschaftung erlaubte und zu einem höheren Holzertrag führte. Von den genannten 147 Jucharten waren im Jahr 1810 nicht weniger als 130 mit bis zu 70-jährigen Nadelbäumen bestückt, zwischen denen vereinzelt Eichen standen. Nadelholz spross nicht aus bestehenden Stöcken, sondern musste mittels gezielter Aussaat und Pflanzung gezogen werden. Rationell wurde auch das für Bauzwecke (und Rindengewinnung) unerlässliche Eichenholz gezogen, nämlich konzentriert auf 17 Jucharten im Hochgrüt (heute «Buchenwäldli»). Die weitgehende Konzentrierung auf rasch wachsendes Fichtenholz dürfte die Waldweide erheblich eingeschränkt haben.

5.5.2.2 *Schlag, Hau, Schutz, Verteilung an die Bürger*
Wie die Beschreibung von 1810 zeigt, genügte das Schlagen von jährlich knapp 1 Jucharte Nadelholz, um jeden der damals 90 Haushalte mit je einem Hau von etwa vier Fünfteln eines Klafters (das Klafter mass 6 × 6 × 3 Fuss, das heisst knapp 3 Kubikmeter) Brennholz zu versorgen. Dazu kam die Bauholzversorgung für die 54 Gebäudekomplexe des Dorfes, wobei Bauholzbezüge je nach Menge über mehrere Jahre vom Brennholzguthaben abgezogen wurden. Nach Möglichkeit wurde die Schlagfläche eines Jahres unmittelbar an die des Vorjahres angereiht; die einzelnen Bürgerhaue innerhalb der gesamten Jahresschlagfläche wurden durch das Los verteilt. Wie der Schlag dürfte auch die gezielte Aufforstung im Gemeinwerk vor sich gegangen sein.

Aus den Quellenstellen vor dem Jahr 1800 sind die folgenden Fakten und Entwicklungen ersichtlich. In den sogenannten Einzugsbriefen, die uns unten eingehender beschäftigen,[132] wurden auch Bestimmungen zum Schutz des Gemeindewaldes formuliert. Dem Einzugsbrief des Jahres 1536[133] entnehmen wir eine erste umfassende Regelung. Die drei Dorfmeier hatten die «Gewalt», die «gemeinen Hölzer zu verbannen», das heisst Frevel an einer Tanne oder einer Buche mit 5 Schilling Busse zu ahnden. Höher kam der Frevel an Eichen sowie an Fruchtbäumen (genannt werden: Kirsch-, Birn- und Apfelbäume) zu stehen, nämlich auf 1 Pfund und 5 Schilling. Grössere Waldschädigungen unterstanden der Gerichtsbarkeit des Kyburger Landvogts. Im revidierten Einzugsbrief des Jahres 1582[134] wurden die Bussen erhöht und vereinfacht. Der Frevel an einer Eiche, Buche oder Tanne im Gemeindewald sollte mit je 3 Pfund (für Tannen und Buchen das 12-fache gegenüber 1536, für Eichen das 2,4-fache) gebüsst werden; der Frevel an anderem, «geringem» Holz mit 1 1/2 Pfund pro «Stumpen». Die Dorfmeier hatten die Frevel dem Landvogt zu Kyburg zu melden, der die Bussen zuhanden der Obrigkeit einzog. Nebst der Busse musste den Geschädigten Schadenersatz geleistet werden. (Diese Formulierung lässt vermuten, dass der Bussenkatalog auch für private Wälder galt.)

Dieser Einzugs- und Gemeindebrief von 1582 kam auch auf die Verteilung der Haue im Gemeindewald zu sprechen. Die ungefähre Vervierfachung der Bevölkerung zwischen dem späten 15. und dem frühen 17. Jahrhundert (siehe Tabelle 4) hatte offensichtlich dazu geführt, dass die Anzahl der Haushalte nicht mehr mit derjenigen der Hofstätten übereinstimmte, sondern dass manchmal zwei oder drei Haushalte in einem Haus existierten. Konkret beklagt wurde im Vorfeld des Einzugsbriefes, dass etliche Seuzacher Bürger Fremde aus dem Thurgau und von anderswo zur Miete in ihre Häuser nehmen würden. Ein Holzhau im Gemeindewald sollte deshalb künftig für ein Haus und nicht für einen Haushalt gelten. Allerdings musste man eine Hintertüre offenlassen: dort, wo sich in einem Haus derart viele Haushaltungen befänden, dass Hilfe notwendig sei und auch darum gebeten werde, solle die Gemeinde «nach Gestaltsame der Sache das Beste tun». Tatsächlich hatte sich in der Praxis die harte Linie nicht durchgesetzt. Wie wir oben gesehen haben, ging im Jahr 1810 an jede der 90 in 54 Hauskomplexen existierenden Haushaltungen ein Hau.

Die 1630 und 1659 revidierten Einzugs- und Gemeindebriefe[135] wiederholten bezüglich der Verteilung der Haue und der Bussenpraxis die Bestimmungen von 1582 fast wörtlich.

Den Gemeindebüchern entnehmen wir Einzelheiten der Holzvergabe. Die Gemeindeordnung von 1685 legte fest, dass jeder Bürger das ihm jährlich zugesprochene Brennholz, sei es Eichen-, Tannen-, Föhren- oder Buchenholz, an Ort und Stelle im Wald auf 5 Fuss zu schneiden habe und aus Gemeindeholz keine Rebstecken machen dürfe. Die Gemeindeordnung 1765 sprach davon, wie die Gemeindevorgesetzten jeweils am Berchtoldstag den kommenden Jahresschlag markieren und dafür eine Entschädigung von 10 Schilling erhalten würden. Waren im Rahmen dieses Schlages die einzelnen Haue per Los zugeteilt, durften die Bürger keinen Tausch mehr vornehmen. Auch die Vorgesetzten selbst mussten sich an die Zuteilung per Los halten, Massnahmen, die Korruption und Begünstigung verhindern sollten.

1741 musste die Gemeinde Hans Ulrich Hasler «wegen seines eingefallenen Hauses» zwei zusätzliche «Saghölzer» aus dem Gemeindewald liefern, welche dieser wegen «grosser Armut» nicht zu bezahlen vermochte. 1760 konnten die Einwohner von Oberohringen kein Eichenholz zur Sanierung ihres «faulen Trott-Betts» beschaffen; auf die entsprechende Bitte sprang die Gemeinde Seuzach ein. Sie lieferte für den Preis von 72 Gulden sechs Eichen und hätte Dank sowie eine Anerkennungsgabe in Holz für Gemeindevorgesetzte und Förster erwartet. Die Oberohringer bezahlten zwar, jedoch mit «Undank», weshalb Seuzach – und das war der Grund des Eintrags ins Protokoll – sich künftig bei solchen Gesuchen danach zu richten wisse.

Die im Gemeindebuch festgehaltene Jahresrechnung von 1677 – um nur auf ein einzelnes Beispiel einzugehen – weist etwa die folgenden Details bezüglich der Gemeindewälder auf. Die Unterohringer Hofleute bezahlten der Gemeinde eine Entschädigung von 2 Pfund, weil sie 1674 für die Schweinemast Eicheln im Seuzacher Wald gesammelt hatten. Stoffel und Heinrich Weerli Borat kauften für 2 Pfund und 1 Pfund Holz, der Zimmermann Heinrich Ackeret für nicht ganz 5 Pfund einen «Sagblock und Eichenholz». Bussen waren wohl die Zahlungen von Ulrich Gross von Welsikon «wegen gehauenem Holz» sowie von einer Frau aus Welsikon, welche «Holz aus dem Hag trug» (also wohl dem Grenzhag zwischen Seuzach und Welsikon entnahm). Im Vordergrund standen jedoch 4-Schilling- und 8-Schilling-Bussen für Holzfrevel eigener Bürger, welche offensichtlich in die Gemeinde- und nicht in die Grafschaftskasse flossen: Michel Müller «hat Holz gehauen», Jagli Ballauf: «um einen Kriesbaum», Conrad Borat: «um eichi Holz», Jagli Müller der Jung: «um ein Tännli», Heinrich Wipf: «um ein Föhrli».

Säckelmeister Johannes Schwarz notierte im zweiten Gemeindebuch die Vergabe von Bauholz für die Jahre 1797 und 1798: 13 Bürger erhielten in dieser Zeit Bauholz und mussten als Kompensation dafür – wie oben bemerkt – auf den Bezug von Brennholz verzichten. So «empfangen» beispielsweise an der «Geörgen Gemeinde» (Gemeindeversammlung am Georgstag, das heisst am 23. April) Jakob und Abraham Wipf mit dem Zunamen Bengelis sechs «Stüeben» (Tannenstämme) sowie zwei Eichen und mussten dafür auf anderthalb Haue verzichten.

Es gab gewisse generelle Gemeindevorschriften zur Waldnutzung, also auch der Privatwälder, da auch sie bis zu einem gewissen Grad in den Gesamtnutzen einberechnet wurden. Im Sinn des Ganzen, der Erhaltung der Ressourcen der Gemeinde, durfte kein Holz, auch aus privaten Wäldern nicht, einfach so ausserhalb der Gemeinde verkauft werden. Es musste zuerst in der Gemeinde feilgeboten werden. Stecken, insbesondere Rebstecken, waren ohnehin stets Mangelware und durften überhaupt nicht über die Gemeindegrenze hinaus abgesetzt werden.[136]

Für die Zeit um 1667 ist ein Gerichtsfall zum Thema Holzverkauf ausserhalb der Gemeinde dokumentiert,[137] der vorerst belegt, dass diese Bestimmung damals noch recht jung gewesen sein musste. Im April jenes Jahres verkaufte Michel Schwarz das Holz eines ihm privat gehörenden Waldes von 1/2 Jucharte bei der «Mörspurg ob den Fuchslöchern», also im Brandholz-Eschberg-Wald, für 23 1/2 Gulden an den Ziegler von Dinhard. Im Beschrieb des Falles wird deutlich, dass mit dem Holz selbst auch der Grund und Boden, auf dem dieses Holz stand, im Kauf inbegriffen war, dieser in der Beurteilung aber nur eine untergeordnete Rolle spielte. Das Brennen von Ziegeln – darum kaufte der Dinharder Ziegler dieses Holz – benötigte in jenem Zeitalter grosse Mengen Holz und Holzkohle, wie gesagt fast die einzigen Energieträger jener Jahrhunderte. Die Gemeinde verklagte Schwarz vor dem Grafschaftsgericht, welches in diesem Fall im Pfarrhaus von Henggart tagte. Schwarz sei dabei gewesen und habe selbst die Hände zustimmend hochgehalten, als die Gemeinde beschlossen habe, dass kein Holz auswärts verkauft werden dürfe. Gebe man nun nach, schaffe man ein Präjudiz, und weitere Bürger würden gleich handeln. Im Gemeindebann habe es nur wenig «ausgewachsenes Holz», jedoch eine «gar grosse Bürgerschaft». Schwarz verantwortete sich, das Holz «aus Armut und nicht aus Vorsatz» verkauft zu haben. Hätte er es nicht getan, «so müsste er alles mit einander fahren lassen» und würde mit seinen vielen Kindern armengenössig. Das Gericht bat die Gemeinde, in diesem Fall ein Auge zuzudrücken, bestätigte aber gleichzeitig die Gültigkeit des Gemeindebeschlusses.

Der Bau und Unterhalt der Grenz- und Flurzäune erforderte viel Holz. Die «ökonomische» Bewegung des späten 18. Jahrhunderts suchte diese Zäune durch Lebhäge zu ersetzen.

Wir finden schon in der Seuzacher Gemeindeordnung von 1685 eine einschlägige Massnahme zur Schonung des Waldes: der bisherige Zaun im Kressenboden im Hinterholz zwischen Seuzach und Dinhard sollte durch einen 3 Schuh breiten und 3 Schuh tiefen Graben ersetzt werden. Da etliche Dinharder bis anhin zum Unterhalt des Zauns mit «Holz, Stecken und Dornen» beizutragen hatten, mussten sie Seuzach beim Graben helfen. Seuzach hatte künftig den Graben um den Georgstag (23. April) zu säubern.

5.6 EINKAUF INS GEMEINDEBÜRGERRECHT, SOGENANNTE EINZUGSBRIEFE[138]

Wollte jemand in die Dorfgemeinde Seuzach einziehen und sich häuslich niederlassen, hatte er sich – die Bewilligung von Gemeinde und Obrigkeit vorausgesetzt – einzukaufen, nämlich in das Bürgerrecht und damit in einen ganz konkreten Bürgernutzen: den Nutzen, den die Gemeindegüter wie Gemeindewald und Gemeindeweiher brachten, sowie den Nutzen, welchen das genossenschaftliche Flurrecht gewährleistete, vorab die gemeine Weide.

In den bevölkerungsarmen Zeiten des 14. und 15. Jahrhunderts waren Zuzüger in den Dorfgemeinden noch willkommen. Offnungen von Gemeinden in der Umgebung wie Neftenbach (Seuzach als Dorf mit zersplitterter Grundherrschaft verfügte über keine klassische Offnung) belegen dies: Neuzuzüger mussten nicht nur keinen «Einzug» entrichten, sondern erhielten von der Gemeinde gar Holz für den Bau eines Hauses etwa auf einer leer stehenden Hofstatt. Als sich um das Jahr 1500 die Bevölkerung auf dem Zürcher Staatsgebiet auf etwa 50 000 Seelen verdoppelt hatte[139] und der gemeine Nutzen in den Dörfern dementsprechend durch mehr Menschen zu teilen war, begann man, von den Neuzuziehenden Einkaufsgelder zu erheben. Die entsprechenden Rechtsinstrumente hiessen «Einzugsbriefe».

Dem ersten Dokument aus dem Jahr 1536 mit der Festlegung des Einzugs im Rahmen von dorfrechtlichen Regelungen sind wir bereits in anderem Zusammenhang mehrfach begegnet. In diesem Dokument wird einleitend berichtet, wie die Gemeinde mit der Bewilligung des verstorbenen Kyburger Landvogts Konrad Engelhart (im Amt von 1517 bis 1524) ihr bereits bestehendes (!) Einzugsgeld von 5 Pfund auf 10 Gulden vervierfacht hatte, und zwar mit der Begründung, dass man «mit fremden Leuten übersetzt werde», wie auch mit dem Hinweis auf die grossen, kürzlich getätigten Investitionen wie die Errichtung der Weieranlage. Bürgermeister und Rat der Stadtrepublik Zürich «zerbrachen» nun jenes Dokument, da es nicht vor ihnen als der «Oberkeit» verfasst worden war, und legten unter ihrem Namen im neuen Dokument ein Einzugsgeld von 10 Pfund fest, also der Hälfte der von der Gemeinde beabsichtigten Summe.

1582 entsandte Seuzach eine «Botschaft» an die Obrigkeit, beklagte den «kleinfügen Einzug» und bat um die Erhöhung der Einzugstaxe und der Bussen für Holzfrevel. Man sei durch Zuzüger, welche die «Gemeindegerechtigkeit» (Bürgernutzen) brauchten, «übersetzt». Etliche Gemeindegenossen sodann würden «Fremde aus dem Thurgau» und von anderswo (zur Miete) in ihre Häuser nehmen, Leute, welche ebenfalls den gemeinen Nutzen beanspruchen würden. Zwei Ratsherren und der Kyburger Landvogt untersuchten die Verhältnisse und liessen im revidierten Einzugsbrief die Taxen erhöhen. Zuzüger aus dem Zürcher Gebiet hatten künftig 20 Pfund zu entrichten, solche von ausserhalb des Zürcher Gebietes, jedoch aus der Eidgenossenschaft, 50 Pfund und die gleiche Summe als «Schirmgeld» an die Landvogtei Kyburg, die solche Einzüge bewilligen musste. Weiter wurde im Dokument von 1582 bestimmt, dass ein Gemeindegenosse, der einem anderen Gemeindegenossen sein Haus und Heim verkaufe, damit gleichzeitig seiner Nutzungsgerechtigkeit verlustig gehe. Diese könne er nur durch die Entrichtung des Einzugsgeldes von 20 Pfund wiedererlangen. Verkaufe ein Gemeindegenosse sein Haus und Heim an einen Auswärtigen, der sich in Seuzach niederlasse, solle Ersterer nicht nur das «Dorfrecht» «verwirkt» haben, sondern müsse aus der Gemeinde wegziehen. Wenn er in der Gemeinde wieder Eigentum kaufe oder erhalte, habe er beim Neuzuzug die übliche Gebühr zu entrichten. Auch ein Gemeindegenosse, der in einem anderen Ort das Dorfrecht erworben habe und wieder nach Seuzach zurückziehen möchte, müsse das Einzugsgeld bezahlen.

«Hausleute», also Mieter, dürften künftig nur noch mit der Erlaubnis der Gemeinde in die Gemeinde ziehen. Wo zwei bis drei Haushaltungen in einem Haus lebten, solle nur ein Holzhau zugeteilt werden, jedoch mit flexibler Regelung im Fall von Armut.

Über die Einbürgerung von Personen von ausserhalb der Eidgenossenschaft befand der Landvogt allein; das Einkaufsgeld für solche Zuziehende ermittelte die Gemeinde nach Massgabe des Vermögens, gleichermassen der Landvogt das Schirmgeld. Diese Fremden mussten ihr «Mannrecht und ihren Abschied» vorzeigen, um ihren guten Leumund zu belegen und um nachzuweisen, dass sie und ihre Frauen nicht durch eine «nachjagende Herrschaft» belastet und niemandem eigen seien. Sollten beim Ableben solcher Neubürger keine Mittel für deren Kinder vorhanden sein, mussten diese von der Verwandtschaft in der alten Heimat übernommen und aufgezogen werden.

Wenn einer, der vom Dorf weggezogen war, auf seine eigenen Güter in Seuzach zurückkehrte oder wenn er einen Pächter daraufsetzte, entfiel das Einzugsgeld.

Schliesslich musste das eingenommene Einzugsgeld zum Nutzen der Gemeinde angelegt werden, was durch den Landvogt geprüft wurde. Das Dokument legte abschliessend hohe Bussen für Holzfrevel fest.[140]

1630 wurden in einem revidierten Einzugsbrief die Einkaufstaxen erneut angepasst. Die Gemeinde sah sich durch die Menge neuer Einzüger «übersetzt». Dadurch würden ihre sonst schon «in hohem Preis stehenden Güter» noch mehr «verteuert», werde das «Gemeinwerk» mit «vielem Vech überschlagen», und um die «Tagwen», die Arbeiten im Taglohn, werde derart konkurriert, dass viele, die sich sonst ernähren könnten, «zur Armut gebracht» würden.

Dies ist ein interessanter Hinweis auf die Lage im Dreissigjährigen Krieg (1618–1648). In der Schweiz, vor allem auf dem Gebiet des Kantons Zürich, herrschte einerseits Hochkonjunktur, andererseits unkontrollierbare Teuerung. Diejenigen, die überschüssiges Getreide nach Deutschland verkaufen konnten, also vor allem die Vollbauern, erzielten hohe Gewinne, was die Bodenpreise steigen liess. Diejenigen aber, welche Getreide zukaufen und im Taglohn arbeiten mussten, litten unter den Teuerungswellen und der Arbeitskonkurrenz von auswärtigen Armen. Diese fluteten, vermehrt durch Verarmte aus dem Inland, in jenen Kriegszeiten in einem beinahe ununterbrochenen Strom über die Landstrassen der Schweiz.

Das Einzugsgeld wurde wie folgt erhöht: für Zürcher von 20 Pfund auf 35 Gulden (70 Pfund), für Eidgenossen von 50 Pfund auf 70 Gulden (140 Pfund sowie die gleiche Summe an den Landvogt als Schirmgeld), für Ausländer nach jeweiligem Gutdünken.

1659 wurden die Taxen erneut erhöht, und zwar mit fast derselben, formelhaft wirkenden Argumentation wie im Brief von 1630. Zürcher sollten neu 50 Gulden, Eidgenossen 100 Gulden (sowie die gleiche Summe dem Landvogt), Ausländer gemäss der jeweiligen Einschätzung bezahlen. Wie im Kapitel zum Wald aufgeführt,[141] war zudem 1652 die Einzugsgebühr um die Abgabe eines Silberbechers erhöht worden, um den durch Zukäufe gestiegenen Nutzen des Gemeindewaldes abzugelten.

Wie die Tabelle 13 der Einkäufe ins Bürgerrecht zeigt, kauften sich in den knapp 150 Jahren von 1652–1798 nur gerade 15 Personen (meist wohl mit Familie) ein, davon drei aus den beiden Ohringen. Die Einzugstaxe versah also ihren Dienst und hielt offenbar diesen oder jenen Einkaufswilligen fern.

Tabelle 13: Aufnahme ins Seuzacher Bürgerrecht sowie Bürgerrechtserneuerung für Weggezogene (soweit protokollarisch ab Mitte des 17. Jahrhunderts in den Gemeindebüchern verzeichnet)

Datum, Quellenbeleg	Name	Herkunftsgemeinde für Eingebürgerte, auswärtige Aufenthaltsorte von Seuzacher Bürgern	Bemerkungen
1590	Hans Balduf, nachmals Ballauf	Buchhorn (späteres Friedrichshafen)	Gemäss Forschungen von Martin Ballauf, Hettlingen, der sich u. a. auf die Bevölkerungsverzeichnisse ab 1634 stützt
1652 1. Gemeindebuch, S. 2	Jagli Wipf, Abrahams sel. Sohn	Bürger von Seuzach, Wegzug in die Pfalz	Für Jagli Wipf wird das Seuzacher Bürgerrecht für sechs Jahre «aufbehalten». Verlängerung um weitere sechs Jahre im Oktober 1657
1652 1. Gemeindebuch, S. 2	Hans Jagli Felber	Bürger von Seuzach, Wegzug in die Pfalz	Für Felber wird das Seuzacher Bürgerrecht für sechs Jahre «aufbehalten». 1654 erscheint er erneut vor der Gemeinde, entrichtet 1 Vierling Wein und kann dafür noch ein Jahr anhängen. 1658 gibt Felber 12 Schilling, wofür ihm das Bürgerrecht um vier Jahre über die damals noch währenden zwei Jahre hinaus verlängert wird.
1655 1. Gemeindebuch, S. 2	Heinrich Wipf	Bürger von Seuzach, Absicht, sich in der Pfalz «haushablich» niederzulassen.	Für Wipf, von Beruf Zimmermann, wird das Seuzacher Bürgerrecht für drei Jahre «aufbehalten». Als er 1658 sein Haus in Seuzach einem «Fremden», nämlich einem Tischmacher aus «Lumpis[...]» [?], verkauft, wird ihm das Bürgerrecht durch Obrigkeit und Gemeinde aberkannt.
1657 Martinsmarkt, 1. Gemeindebuch, S. 2a	Ulrich Huber	Unterohringen	Am Tag der Einbürgerung übergibt Huber der Gemeinde den 15-lötigen Silberbecher, den Neubürger nebst den Einkaufstaxen zu entrichten haben. Bemerkung im Protokoll: Möge die Gemeinde den Becher «mit Freude können brauchen».
1658 1. Gemeindebuch, S. 2a	Hans Fluck	Dinhard	Übergabe des Silberbechers an die Gemeinde sowie Entrichtung des «gewohnlichen» Einzugsgeldes
1665 1. Gemeindebuch, S. 64	Heinrich Wipf	Bürger von Seuzach, Aufenthalter in Rutschwil	Erneuerung des Seuzacher Bürgerrechts alle sechs Jahre, so an der Januargemeinde 1685. Aus «Dankbarkeit» «verehrt» er dabei der Gemeinde Seuzach «einen guten Eimer Wein».
1667 1. Gemeindebuch, S. 65	Heinrich Ackeret, genannt Krusen sel. Sohn	Bürger von Seuzach, zieht im November 1667 ins «Württembergerland», um sich dort «haushablich» aufzuhalten.	Ackeret bittet die Gemeinde, ihm das Seuzacher Bürgerrecht «aufzuhalten». Dem wird entsprochen. Nach sechs Jahren muss er um Verlängerung ersuchen.

1677 1. Gemeindebuch, S. 6	Anthony Wipf	Bürger von Seuzach, beabsichtigt, sich in der Pfalz bei Heidelberg «hausnablich» niederzulassen	Die Gemeinde «verspricht» ihm das Seuzacher Bürgerrecht für sechs Jahre. An der Januargemeinde 1683 wird das Bürgerrecht um weitere sechs Jahre verlängert.
1687 1. Gemeindebuch, S. 6	Hans Jagli Borat	Bürger von Seuzach, hat ein Haus in der Pfalz gebaut	Sein Bürgerrecht wird für sechs Jahre «versprochen».
1699 1. Gemeindebuch, S. 49	Hans Jörg Ernst	Veltheim	Einzugsgeld von 100 Gulden sowie Entrichtung von 1 Saum Wein und 1 Mütt Kernen
1700 circa Hofkauf im Jahr 1700	Hans Heinrich Wyler	Sulz-Rickenbach	Der Kauf eines grossen Hofes[1] durch Wyler in Seuzach dürfte mit dem Einkauf in die Gemeinde parallel vor sich gegangen sein.
1713 1. Gemeindebuch, S. 11	Heinrich Wipf	Hintersasse von Seuzach, sesshaft in Schaffhausen	Wipf, von Beruf Maurer, arbeitet als «Rebmann» für Junker Peyer im Hof zu Schaffhausen. Mit seiner Frau steht er – einst Hintersasse zu Seuzach – vor der Gemeinde und bittet um das Bürgerrecht. Aus «Mitleid» und weil er von altem Seuzacher Geschlecht ist, wird er gegen die Entrichtung von 25 Gulden als Bürger angenommen. Da er sich weiterhin an seiner Arbeitsstelle in Schaffhausen aufhält, muss er das Bürgerrecht regelmässig erneuern (so 1719 und 1723 unter Entrichtung von je 1 Vierling Wein).
1715 1. Gemeindebuch, S. 65	Jakob Steiner, Stoffels sel. Sohn	Bürger von Seuzach, sesshaft in Schaffhausen	Steiner arbeitet als «Rebmann» auf einem «Reblehen» zu Schaffhausen. Bewilligung der Gemeinde, das Seuzacher Bürgerrecht für sechs Jahre zu behalten; an der Januargemeinde 1721 wird das Bürgerrecht um weitere sechs Jahre verlängert.
1717 1. Gemeindebuch, lose Beilage	Hans Rudolf Müller	Bürger von Seuzach	Müller möchte «sein Stück Brot anderswo [...] suchen». Die Gemeinde beschliesst, sein Bürgerrecht für sechs Jahre «aufzubehalten». Er heiratet Anna Kuntz von Winterberg und entrichtet für sie 5 Gulden für den «Weibereinzug».
1720 1. Gemeindebuch, S. 49	Ulrich Grüter	Menzengrüt (Wiesendangen)	Einzugsgeld von 100 Gulden sowie Entrichtung von 1 Saum Wein und 1 Mütt Kernen
1720 1. Gemeindebuch, S. 50, 34	Jakob Schwängeler	Töss	Einzugsgeld von 50 Gulden sowie «das Geld für den Becher». Zudem hat er allen denjenigen, «die zum Tisch des Herrn gegangen sind, Weib und Mann» (also allen Konfirmierten), Wein und Brot zu spenden. Um 1761 verkauft ein Jakob Schwängeler, seines Zeichens Kirchenpfleger, seinen Hof in Seuzach (bleibt aber offenbar hier wohnen), was eine reduzierte Nachzahlung von Einzugsgeld zur Folge hat.
1721 1. Gemeindebuch, S. 65	Heinrich Callier	Bürger von Seuzach, auswärts sesshaft (ohne weitere Angabe)	Verlängerung des Seuzacher Bürgerrechts um weitere sechs Jahre. Hugenottischer Abstammung?
1734 1. Gemeindebuch, S. 50	Salomon Murer	Oberseen	Einzugsgeld von 100 Gulden sowie Entrichtung von 1 Saum Wein und 1 Mütt Kernen
1737 1. Gemeindebuch, S. 83	Hans Ulrich Rösli	Seen (siehe Bevölkerungsverzeichnis von 1739)	Rösli hat die einheimische Barbara Schwarz geheiratet. Gegenüber der Gemeinde müssen Rösli und sein Schwiegervater gewährleisten, dass durch diese Einheirat und Bürgerrechtsaufnahme kein neuer «Rauch», also keine eigenständige Nutzungseinheit entstehen werde. Der «Einzug» (Einkaufsgeld) beschränkte sich auf die Leistung von je einem «Trunk» sowie je 1/2 Pfund Käse und 2 Pfund Brot für alle in der Gemeinde, die das Abendmahl empfangen haben.
1743 1. Gemeindebuch, S. 237	David Gut	Oberwil	Einzugsgeld: 25 Schilling für jeden Mann und 15 Schilling für jede Frau in der Gemeinde
1756 1. Gemeindebuch, S. 84	Jakob Epprecht	Neftenbach	«Einzug» von 50 Gulden sowie 15 Gulden anstelle des Silberbechers. Leistung an alle Personen in der Gemeinde, die das Abendmahl empfangen haben: pro «Mannsvolk» 2 Pfund Brot und 1/2 Pfund Käse, pro «Weibervolk» 1 1/2 Pfund Brot und 1 1/2 Mass Wein
1757 1. Gemeindebuch, S. 15, 16, 97	Hans Ulrich Wipf	Bürger von Seuzach, jedoch mit Frau und Kindern in Basel sesshaft	Wipf, von Beruf Maurer, hat bisher sein Bürgerrecht immer wieder mittels Entrichtung von 1 Vierling Wein erneuert und soll es auch weiterhin alles sechs Jahre tun. 1765 erneuert er es wiederum – nun als Hintersasse von Basel bezeichnet. 1766 Bürgerrechtserneuerung für einen in Basel sesshaften Johans Wipf

1759 1. Gemeindebuch, S. 14	Hans Ulrich Steiner	Bürger von Seuzach, ab 1750 in Schaffhausen sesshaft	Bürgerrechtserneuerung alle sechs Jahre. Steiner steht als Bürger grundsätzlich ein Anteil am Gemeindeweiher zu, ein Anspruch, den er bei Rückkehr nach Seuzach mit Frau und Kindern geltend machen kann.
1760 1. Gemeindebuch, S. 15	Hans Ulrich Erb	Herkunftsort nicht genannt, wahrscheinlich Oberwinterthur	Einkaufsgeld von 32 1/2 Gulden. Das ist der «halbe Einzug». Reduktion deshalb, weil er sich im Rahmen eines Konkurses eines Seuzachers eingekauft hat. Hingegen leistet er den «gewohnten Trunk» und den Käse für die Einwohner.
1761 1. Gemeindebuch, S. 34	Ulrich Keller	Oberohringen	Einzugsgeld von 50 Gulden sowie Abgabe von 15 Gulden anstelle des Silberbechers. Leistung «des gewohnten Trunkes» und von Brot für die Gemeindebürger, ebenso von 1/2 Pfund Käse pro Kopf.
1766 2. Gemeindebuch	Johnis Hasler	Bürger von Seuzach, Aufenthalt in Holland	Im Juli nimmt die Gemeinde von Hasler 5 1/2 Gulden für den «Fraueneinzug» ein, ein Einkaufsgeld, das Seuzacher Bürger bei der Heirat mit einer von auswärts stammenden Frau zu entrichten hatten. Im Oktober 1766 erscheint Hasler mit seiner aus dem niederländischen Friesland stammenden Ehefrau Elisabeth Poß vor der Gemeinde und verlängert gegen die Entrichtung von 1 Vierling Wein sein Bürgerrecht um sechs Jahre.
1771–1784 2. Gemeindebuch, S. 20	Hans Ulrich Steiner, wohl sesshaft zu Schaffhausen / Johannes Murer und Sohn, sesshaft zu Basel / Jakob Waser, sesshaft zu Bern / Jakob Ackeret, sesshaft zu Bänk	Auswärts sich aufhaltende Seuzacher Bürger	Periodische Erneuerung des Seuzacher Bürgerrechts
1776 2. Gemeindebuch	Johannes Trüb	Scheuren/Maur ZH	Einkaufsgeld von 50 Gulden sowie 15 Gulden anstelle des Bechers. Jedem «Weibervolk» in der Gemeinde hat er sodann 1 1/2 Pfund Brot und 1 1/2 Mass Wein zu geben, jedem «Mannsvolk» 2 Pfund Brot und 1/2 Pfund Käse.
1781 2. Gemeindebuch	Hans Konrad Sulzer	Tollhausen (Elsau)	Entrichtung des «gewohnlichen Einzugs» von 50 Gulden sowie Bezahlung von 15 Gulden anstelle des Bechers. Leistung des «Trunks» für die ganze Gemeinde (Männer und Frauen)
1784 2. Gemeindebuch	Hans Konrad Keller	Oberohringen	«Einzug an Geld und an Wein, Brot und Käse nach alter Übung», nämlich 50 Gulden und 15 Gulden anstelle des Bechers, für jeden Mann 3 Mass Wein, 2 Pfund Brot und 1/2 Pfund Käse, für jede «Weibsperson» 1 1/2 Mass Wein und 1 1/2 Pfund Brot
1798 2. Gemeindebuch	Jakob Trüb	Keine Angabe (von Maur wie Johannes Trüb, 1776?)	Einzug wie unter 1784 für Konrad Keller

* Siehe oben, Kap. 4.4.2, Unterohringen.

5.7 «FRAUENEINZUG»

In der Tabelle 13 nicht berücksichtigt sind die vielen Frauen, die – meist aus umliegenden Gemeinden stammend – durch Heirat im Dorf Seuzach eine neue Heimat fanden. Umgekehrt verheirateten sich viele Seuzacher Frauen nach auswärts, sodass rein statistisch gesehen ein gewisser Ausgleich gegeben war. Jeder Bürger, der eine auswärtige Frau heiratete und nach Seuzach brachte, hatte der Gemeindekasse einen «Fraueneinzug» von 5 Gulden zu entrichten. Eingeführt wurde die Taxe im Jahr 1717.[142] Die Gemeindevorgesetzten verlangten beim Landvogt nach dem Vorbild anderer Gemeinden die Genehmigung einer Einkaufstaxe für einheiratende Frauen, da nicht wenige von ihnen keine Mittel mitbringen und in «äusserste Armut» kommen würden, was die Gemeinde belaste.

Rechnungsnotizen für die Jahre 1763–1775 belegen in diesen zwölf Jahren 25 solcher «Einzüge», spätere Notizen allein für die beiden Jahre 1784 und 1785 deren zehn.[143] Für das spätere 18. Jahrhundert ist bezeugt, dass die Gemeinde Seuzach für von auswärts nach Seuzach einheiratende Frauen einen Vermögensausweis verlangte, nämlich über wenigstens 200 Gulden (etwa zwei Jahreslöhne eines Handwerkers).[144]

6. Weder Taverne noch Mühle

Eine Gemeinde kann auch an dem gemessen werden, was sie nicht hat. Aber ohnehin war vor der Industrialisierung jedes Gemeinwesen ein kleiner Kosmos für sich, viel mehr als beispielsweise in unseren Jahren, wo Technologie, Medien, Information, Globalisierung, Verkehrsnetz et cetera zunehmend zur Gleichschaltung führen und man sich überlegt, Gemeinden zusammenzulegen.

Die agrargeografischen und grundrechtlichen Bedingungen, die gerade im schweizerischen Mittelland kleinräumig oft recht unterschiedlich waren, führten dazu, dass jede Dorfgemeinschaft ihre eigenen Strategien entwickelte, um zu bestehen. Seuzach war agrarisch eigentlich recht ausgeglichen. Aber auch hier kam es zu spezifischen Strategien: die relativ geringe Waldfläche in öffentlicher Hand führte zur intensiven Fichtenbewirtschaftung, der lange Bachverlauf zur Bewässerung.

Die zersplitterte Grundherrschaft dürfte zur Folge gehabt haben, dass Seuzach – trotz seiner Eigenschaft als Kirchdorf – im agrarischen Zeitalter nicht eigentlich stattlich war. Die Gemeinde blieb insgesamt etwa hinter Oberwinterthur, Neftenbach, Wülflingen, ja selbst Hettlingen oder Veltheim zurück, wo geschlossenere Grundherrschaften doch zu einer gewissen Ansehnlichkeit auch beim Bauen geführt haben dürften. Ein «grosses Dorf» – ein Terminus der modernen Forschung – wie etwa Flaach, Rafz, Ossingen oder Andelfingen – war man ohnehin nicht.

Nicht einmal eine Taverne oder eine Mühle war hier anzutreffen. Die Frage einer Taverne, einer mit einem ehehaften Recht, aber auch der Verpflichtung, Gäste zu verpflegen und zu beherbergen, versehene Wirtschaft stellte sich in Seuzach wegen der damals abgelegenen Verkehrslage ohnehin weniger. Wer von Winterthur nach Schaffhausen oder nach Stein am Rhein gelangen wollte, war nicht auf die Route durch Seuzach angewiesen, mit Transportgütern ohnehin nicht.

Etwas anders war es mit einer Mühle,[145] einer grundlegenden Einrichtung für die tägliche Versorgung mit Getreide. Mühlen konnten nur mit grund- und/oder landesherrlich verliehenem Recht betrieben werden. Im Jahr 1660 unternahm Seuzach grosse Anstrengungen, um zu einer eigenen Mühle zu kommen. Die Gemeinde sandte einen Ausschuss nach Zürich, der eine schriftliche Eingabe überreichte, in welcher der Bau einer Mühle verlangt wurde, insbesondere weil die «Voreltern» das Mühlenrecht besessen hätten, was mit «Brief und Siegel» zu beweisen sei. Man berief sich auf einen – heute nicht mehr vorhandenen – «Wässerungsbrief» des Jahres 1531, in dem ein Mühlenrecht vorbehalten gewesen sein soll. Mit dem Betrieb einer Mühle könne auch der (Chrebs-)Bach geregelt und (besser) zur Wässerung der Wiesen genutzt werden.

Die beiden am nächsten bei Seuzach gelegenen Mühlen, nämlich diejenigen von Hettlingen (Eichmühle und Mühle im Dorf), würden – so die Eingabe weiter – kaum der dortigen

Nachfrage genügen. Gerade für die Mehrheit der Seuzacher Haushalte, nämlich die über 45 «armen Taglöhner» (von insgesamt 80 Haushalten), die einzig über etwas Reben verfügen würden, sei eine Mühle im Dorf notwendig, denn bei guter Weinernte müssten diese Tauner ihren Wein unter grossen Unkosten an allen möglichen Orten gegen Korn eintauschen. Über das Jahr hinweg würden sie zudem bei den auswärtigen Müllern kaum Kredit in Form von Getreide erhalten. Und in dürren und trockenen Zeiten (wenn die Mühlen wenig Wasser zum Antrieb hätten) seien sie gezwungen, unter Verlust der Arbeitszeit oft zwei- und dreimal zu einem einzigen «Ofenback» zu laufen. Um der frommen Obrigkeit ein zusätzliches einleuchtendes Argument zu liefern, wiesen die Seuzacher darauf hin, wie durch das auswärtige Beschaffen von Mehl auch die Predigt versäumt und der Sonntag entheiligt werde. In der ganzen Grafschaft Kyburg gebe es keine vergleichbare Gemeinde, die nicht wenigstens über eine Mühle verfüge. Und nochmals: Wegen eines einzigen «Immi» (circa 1 1/2 Kilogramm) Weiss- oder Musmehl müssten die Taglöhner unter Versäumung der Arbeit in die Stadt Winterthur «laufen» und seit einiger Zeit auch in die Mühle Hausen bei Ossingen, weil dort die etwas günstigeren «Schwabenkernen» gemahlen wurden.

Gegen das Projekt Seuzachs rannten praktisch sämtliche Müller der unmittelbaren und weiteren Nachbarschaft an (so der staatlichen «Lehenmühle» zu Töss, der «Spitalmühle» in Winterthur, die Müller von Oberwinterthur, Neftenbach, Wülflingen, Andelfingen und selbst Fehraltorf), mit dem Argument, in ihren ehehaften Rechten geschmälert zu werden. Und sie hatten Erfolg in ihrer Abwehr neuer Konkurrenz. Mit ihrem Urteil vom 9. Mai 1660 lehnte die Obrigkeit das Gesuch um den Bau einer Mühle ab, gab jedoch der Gemeinde die Möglichkeit, neue Beweismittel für eine früher bestehende Mühle beizubringen. (Ein altes Mühlerecht hätte nach dem herrschenden Rechtsverständnis den Bau einer neuen Mühle legitimiert.)

In der Folge suchte Seuzach, den entsprechenden Beweis anzutreten. So existiere im Dorf noch immer das «Mülliwiesli», das – da offensichtlich wegen einer hier einst betriebenen Mühle wertvoll – ungewöhnlich hoch belehnt sei sowie über einen festen Grund mit grossen Steinen verfüge. Ebenso existiere noch immer eine für eine Mühle reservierte Eheruns, und vor allem befinde sich in dem Haus, dem das Mülliwiesli zustehe, ein Mühlstein, ebenso ein weiterer gleich daneben. Konträr zur Diskussion stand etwa auch eine zur Sprache gebrachte, vom Haus Heimenstein dem Kloster Paradies vergabte «Mühlehofstattgerechtigkeit». Dieses Recht sei (wenn überhaupt relevant) vom Kloster in Neftenbach und nicht in Seuzach umgesetzt worden, ein (plausibles) Argument, das Seuzach bestritt. In ihrem zweiten Urteil gab die Obrigkeit der «Müller-Mafia» von Winterthur und Umgebung erneut Recht und wies das Begehren Seuzachs ab. Ein weiterer Anlauf Seuzachs zum Bau einer Mühle scheiterte im Jahr 1704.

Aus heutiger Sicht fragen wir uns, ob den Seuzachern jene Urkunden des österreichischen Herzogs von 1427 und des österreichischen Landvogts von 1442 bekannt gewesen waren, mittels deren Habsburg-Österreich eine Mühlenhofstatt zu Seuzach an Egli von Heimenstein beziehungsweise an das Spital von Winterthur verliehen hatte (siehe Tabelle 1, unter diesen Jahreszahlen). Beide Urkunden sind noch immer im Besitz der Stadt Winterthur; sie gelangten anlässlich des Lehnsaktes von 1442 ins Winterthurer Spitalamt. Da 1660 auch das Spital Winterthur mit seinem Mühlenbetrieb als Gegner einer Mühle in Seuzach auftrat, dürfte «Winterthur» wohl kaum auf die Urkunden im Spitalarchiv hingewiesen haben. Sie wären ein kaum widerlegbares Beweismittel eines alten Mühlenrechts gewesen.

Für uns interessanter ist jedoch der aus diesen Urkunden zulässige Schluss einer im Spätmittelalter in Seuzach abgegangenen Mühle. Es ist bekannt, dass jene Agrarkrise nicht nur Bauern und Grundherren, sondern auch die agrarische Infrastruktur wie Mühlen und Schmieden traf.[146]

7. Auseinandersetzungen um die Nutzung

7.1 ALLGEMEINES

Wir haben versucht, anhand noch vorhandener Quellen Einblick in das Flursystem und dessen gemeine Nutzung zu vermitteln. Um diese Nutzung entstanden immer wieder Streitigkeiten. Diese wurden in Rechtsverfahren verschiedener Art geschlichtet oder entschieden. Die entsprechenden Dokumente vermitteln einen vertieften Einblick, ja oft werden gewisse auf mündlicher Tradition beruhende Gemeinde- und Nutzungsangelegenheiten überhaupt erst in solchen Akten angesprochen.

7.2 WÄSSERUNGSSTREITE

Der Fisch im Gemeindewappen von vor 1929 weist, auch wenn dieses Wappen kaum je im praktischen Gebrauch war, wohl auf den Hauptbach der Talebene, den Chrebsbach, hin. Wie das feinaderige Gewässernetz, welches den Chrebsbach speist, zwischen Lindberg/Amelenberg und Brandholz/Eschberg und zwischen den Hügeln vor Unterohringen einst wirklich aussah, kann nicht mehr rekonstruiert werden. Sümpfe, Bachläufe, von Menschen angelegte Gräben, Weiher und Hanfrosen bedingten sich gegenseitig. Kultivierungen seit dem Mittelalter, die grosse Melioration nach dem Zweiten Weltkrieg und die vielen Haus- und Strassenbauten bis in unsere Zeit haben zu Veränderungen geführt, die im Einzelnen kaum nachvollziehbar sind.

Das ehemalige Hauptwässerungsgebiet begann ungefähr beim heutigen westlichen Dorfausgang von Seuzach und nahm die Ebene des Chrebsbachtals über Unterohringen bis zur Westgrenze der Kirchgemeinde ein. Der Chrebsbach verfügte erst mit der Aufnahme des Welsiker- und des Bachtobelbaches über genügend Wasser für Wässerungszwecke. Der Bachteil oberhalb des Einflusses des Welsikerbaches (beim heutigen Verkehrskreisel) wurde im 19. Jahrhundert – so auf einem Strassenplan des Jahres 1843 – etwa «Dürrenbach» genannt, was für sich selbst spricht. Die gesamte Talebene des Chrebsbaches war bis in die 1830er Jahre ohne Strassen, wie wir sie uns heute vorstellen. Strassen lehnten sich vor dem 19. Jahrhundert an Hügelzüge an, da im Tal Wasser und Sumpf zu grosse Probleme boten. Einzig die alte Schaffhauserstrasse querte, vom Rainbuck herkommend, kurz die sich an jener Stelle leicht verengende Talebene, um sich dann in den sanften Hügeln gegen Hettlingen fortzusetzen. Die neue Schaffhauserstrasse, welche erste grosse Einschnitte in der uralten Bach- und Wässerungslandschaft verursachte, wurde erst ab 1834 gebaut, die direkte Strasse zwischen Seuzach und Unterohringen in den späteren 1840er Jahren und die Strasse von der neuen

Schaffhauserstrasse nach Riet/Neftenbach in den 1850er Jahren (erst damals entstand das Strassenkreuz beim Wiesental).

Das Geografische Informationssystem des Kantons Zürich zeigt in seiner Tafel der offen liegenden und eingedeckten öffentlichen Gewässer keinen Zustand früherer Jahrhunderte, sondern lediglich ein Inventar um das Jahr 2000.

In den Sümpfen östlich von Reutlingen war und ist so etwas wie ein Beginn des Chrebsbaches zu erkennen, mit einem Zufluss auch von Stadel her. Grössere Bachläufe kamen und kommen, teils eingedeckt, aus der Gegend des Reutlinger Teils des Lindbergs, des Stadler und Seuzacher Brandholzes, aus dem Seuzacher Eschberg und aus den ehemaligen Sümpfen bei Bänk. Im Bereich der Sumpfgebiete zwischen Seuzach und Unterohringen links und rechts des Chrebsbaches entsprangen kleine Bäche und mündeten in den nahen Hauptbach. Im Bereich des Siedlungsgebietes von Unterohringen flossen bis zur Melioration des 20. Jahrhun-

22_Abbildung des Gemeindegebietes Seuzach auf der Wild/ Eschmann-Karte um 1850, mit Gewässern, Bachläufen, Sümpfen vor den Meliorationen des 19. und 20. Jahrhunderts. Im Landschaftsbild «neu»: die damals noch nicht zwanzigjährige Schaffhauserstrasse.

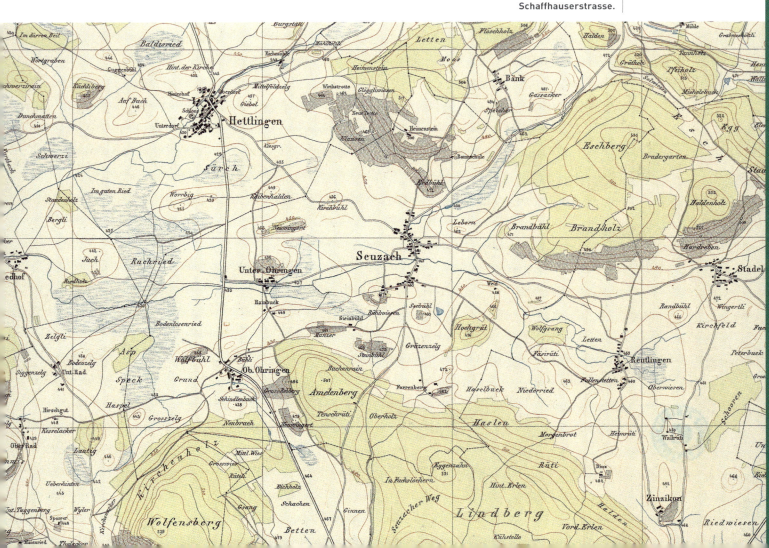

23_Ausschnitt aus der Zürcher Kantonskarte des Jahres 1828 mit Seuzach-Ohringen: Die Wiesen-, Ried- und Sumpfflächen vom westlichen Dorfausgang von Seuzach über Ohringen bis gegen Hettlingen, Riet (Neftenbach) und die Radhöfe sind noch strassenfrei (abgesehen von Fuss- und schmalen Fahrwegen). Einzig die alte Schaffhauserstrasse kreuzt beim Schlössli Unterohringen das Tal, um in den Hügeln gegen Hettlingen zu verschwinden. Das Wiesentalkreuz westlich von Unterohringen mit der neuen Schaffhauserstrasse und der Strasse von Seuzach nach Riet sollte erst in den Jahrzehnten danach entstehen. Ebenso durchzieht noch keine Strasse nach Welsikon das nordöstlich des Dorfes Seuzach gelegene Weihergebiet, sondern die Verbindung verläuft als schmaler Fahrweg an der Hügellehne nach Bänk.

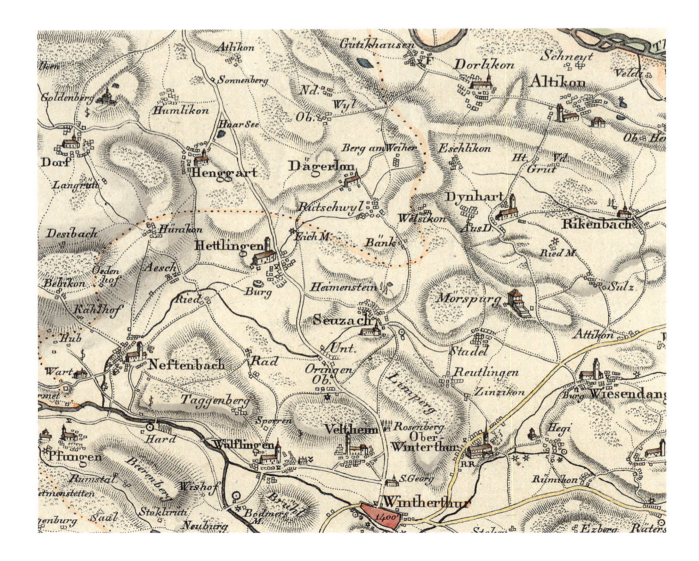

derts zwei Bäche teilweise parallel: einer floss unterhalb der Siedlung weiter durch den heutigen Poloplatz in den Hettlinger Wiesenbach, einer ungefähr dem heutigen Lauf entlang. Der am nördlichen Wolfensberg entspringende und durch Oberohringen fliessende Bach hingegen erreicht den Chrebsbach erst beim Punkt, wo dieser den heutigen Gemeindebann von Seuzach verlässt. In dieser Gegend hatten einst die Höfe von Ober- und Unterohringen und als Spezialfall auch das alte Dorf Seuzach Anteil an den grossen grenzüberschreitenden Riedflächen Speck-Bodenlosenried-Ruchried.

Die ursprünglich stark versumpfte Ebene zwischen dem Lind-/Amelenberg und dem Gebiet von Eschberg/Brandholz/Heimenstein verhinderte, wie eingangs erwähnt, eine frühe Besiedlung. Schliesslich hat auch der Ortsname Seuzach mit dieser sumpfigen Lage zu tun. Die entsprechende «Bach» Endung -ach ist eingangs angesprochen worden. Der Zürcher Namensforscher Hans Kläui weist in Notizen auf eine mögliche Erklärung des ersten Namensteils hin.[147] Im Schweizerischen Idiotikon, so Kläui, erscheinen die Wortbildungen sozgen, sötschen in der Bedeutung von «Schuhe voll Wasser» sowie sötzen für das plätschernde Geräusch von bewegtem Wasser. Zum dargelegten Kontext sötzen/sötschen passt übrigens auch die Siedlungsbezeichnung Seuzach südlich von Nesslau im Toggenburg.

In der traditionellen Landwirtschaft war das Wässern des meist nahe an Bächen gelegenen Wieslandes unabdingbar. Gleich in der frühesten Urkunde im Gemeindearchiv – aus dem Jahr 1340 – ist ein Wässerungsrecht erwähnt (siehe Tabelle 1, Grundbesitz). Zwar diente das Bewässern auch der Befeuchtung in trockenen Perioden, vorrangig aber der Düngung. Man nutzte die organischen und mineralischen Stoffe der Wasserläufe. Zur Wässerung durch Ableiten in Gräben wirklich geeignet war wegen seiner dauernden Wasserfülle vor allem der Chrebsbach, wie gesagt hauptsächlich unterhalb des heutigen Verkehrskreisels. Auch hier wüssten wir kaum etwas, wären nicht durch Streitigkeiten Einzelheiten dokumentiert.

Nun sind Streite um Wasser wohl so alt, wie es Landbau gibt. Man fühlt sich in archaische Zeiten versetzt, wenn der Winterthurer Chronist Laurentius Bosshart (1532 an der Pest verstorben) über einen Streit zwischen den Ackeret und den Wipf von Seuzach, also den beiden mächtigsten Geschlechtern des Dorfes, berichtet.[148] Die sozusagen menschheitsgeschichtliche Dimension erlaubt uns, den Fall hier gemäss den Schilderungen des Chronisten einlässlicher wiederzugeben.

Am 3. November 1530, so Bosshart, schlugen sich der «Knab»[149] Heinrich Ackeret und Kleinmartin Wipf «auf der Wässeri [Wässerungsvorrichtungen] [...] von des Wassers wegen». Ackeret war «klein und unachtbar von Leib», Wipf «ein langer stolzer Mann». Wipf drohte Ackeret, «ihn im Wasser zu taufen», worauf Ackeret den Wipf «mit seiner Haue schlug». Wipf schlug zurück, und beide kamen einander «ins Haar zu raufen». Da trat Kleinmartin Ackeret, Vetter des Heinrich Ackeret und mit der Schwester von Kleinmartin Wipf verheiratet, hinzu, trennte die beiden Streithähne und «nahm Frieden von ihnen beiden».

Doch nachdem Wipf sich im Bach das Blut von den Händen gewaschen hatte, begnügte er sich mit diesem Frieden nicht, warf seinem Schwager vor, «unredlich» geschieden zu haben, und zog die Sache – unter Einschaltung des Weibels Peter Wipf – vor das Grafschaftsgericht. Dort wurde zweifach verhandelt: wegen des Wässerungsstreites an sich sowie vorrangig wegen «Frevel, Erdfall,[150] Friedbruch und von dem, dass er [Wipf] blutrunsig geworden war». Man konnte sich nicht einigen. Da nahm Landvogt Lavater die Sache selbst an die Hand und zitierte die Parteien auf das Schloss Kyburg, nachdem jede eine «Trostung»[151] von nicht weniger als je 200 Gulden hinterlegt hatte. Am Sonntag vor dem Nikolaustag trafen sich die Parteien im Schloss, je begleitet von «grosser Freundschaft».[152] Der Landvogt gab allen Essen und Trinken «genug», sperrte nach dem Abendtrunk die beiden Streithähne ein und schickte die Verwandtschaft weg. In der Folge wurde der damals in solchen Händeln «gewaltige Ratsherr»[153] Jörg Berger, legendärer alt Landvogt aus Grüningen, beigezogen, und es kam zu Verhandlungen mit den beiden Inhaftierten und dem genannten Friedensstifter Martin Ackeret. Zugegen waren 24 Männer aus sämtlichen Ämtern des Zürcher Gebietes – ein Grossereignis der Stadtrepublik also.

Heinrich Ackeret wurde aus dem Gefängnis entlassen, allerdings mit der Kautionsverpflichtung, falls Friedbruch vorläge. Mit einer Zeugenaussage konnte er nun aber belegen, dass der durch Kleinmartin Ackeret zwischen ihm und Wipf bewerkstelligte Frieden damals «abgetrunken», also gemäss allgemeinem Recht durch einen feierlichen Trunk als endgültige Versöhnung kundgetan worden war. Diese Zeugenaussage wurde schriftlich nach Zürich gesandt, und damit war Kleinmartin Wipf überführt, einen «abgetrunkenen» Frieden infrage gestellt zu haben.

Das wog im Rechtsverständnis der Zeit schwer und brachte beide Sippen auf den Plan, die ja verwandtschaftlich verknüpft waren. Sie liessen über ihre eigene Gemeinde Seuzach sowie die Gemeinden Hettlingen und Oberwinterthur eine «grosse Bitte» in Zürich vorbringen, nämlich dass Kleinmartin Wipf «bei Leben und seinen Ehren [ver]bleiben» könne. Die Zürcher Obrigkeit folgte der Bitte, auferlegte Wipf aber 100 Gulden Busse und die Übernahme der Kosten Ackerets sowie Schadenersatz.

Den ursprünglichen Wässerungsstreit entschied das Kyburger Gericht voll zugunsten der Ackeret: Ihnen sollte die streitige «Wässeri mit aller Zugehörde» zustehen. Offenbar appellierten die Wipf dagegen bei der Obrigkeit. Diese entschied im Frühjahr 1531,[154] zwei Räte nach Seuzach zu schicken, welche der Sache aufgrund von Zeugenaussagen und einschlägigen Dokumenten nachgehen und die Parteien «miteinander in Freundschaft und Gütigkeit» bringen sollten.

Im geschilderten Fall der Jahre 1530/31 erfahren wir nicht allzu viel über die Wässerungsrechte an sich. Es sind jedoch drei Urkunden überliefert, welche uns gewisse Erkenntnisse vermitteln.

Rechtlich verbindlich blieb bis mindestens zur Mitte des 18. Jahrhunderts ein gütlicher Vergleich des Jahres 1469[155] zwischen den beiden damals mächtigen Sippen, den Wipf von Seuzach und den Keller von Ohringen (Lehnsleuten derer von Hünenberg, siehe Tabelle 1). Es ging um die Wässerung der bachnahen Wiesen, angefangen bei den «Breitenstuden» wenig unterhalb des Dorfes Seuzach über den Hof Unterohringen bis zu den «Niederwiesen», «Brühlwiesen», «Wässerwiesen» und zum «Müllhüsli» (heute teils «Wiesental» genannt, eine typische Flurnamen-Neubildung des 19. Jahrhunderts mit romantischem Hauch) unterhalb Unterohringen. Diese Wiesen gehörten 1469 – offensichtlich mehrheitlich – oberhalb von Unterohringen den Wipf und im Hofbereich Unterohringens bis zur heutigen Gemeindegrenze den Kellern von Oberohringen (teils auch in Unterohringen sesshaft). Die Wiesen im Bereich des heutigen Poloplatzes standen allerdings mindestens etwas später Seuzacher Bauern zu; entsprechend galt hier einst die Flurbezeichnung «Seuzacher Ried».

Das Schiedsurteil legte nun den Bach «unterhalb der Landstrasse, die gen Winterthur geht» (Münzerstrasse), also den Chrebsbach, als «rechte Ehe-Runß» fest. Es folgten Bestimmungen zum Unterhalt und zur Nutzung von Bach und Wassergräben («Runsen») und zum Einbau einer Schwellvorrichtung durch die Keller bei Breitenstuden und so weiter, im heutigen Gelände längst nicht mehr nachvollziehbar. Zentral war die Aufteilung der Wassernutzung. Die Keller konnten während fünf Tagen, von Montag früh bis Samstag früh, wässern, die Wipf talaufwärts von Samstag früh bis Montag früh.

Im Lauf der Zeit gelangten neben den Wipf und Keller durch Erbteilungen und Verkäufe weitere Familien in den Besitz von Grundstücken im Wässerungsbereich. Der Wässerungsplan von 1469 blieb bestehen. Für alles oberhalb eines gemeinsamen, im Urteil von 1469 definierten Grabens liegende Land galt die Wässerung von Samstag früh bis Montag früh, für das unterhalb liegende während der fünf Wochentage ab Montag früh. Im Ohringer Bereich konnten durchaus auch Seuzacher Wässerwiesen besitzen. So verkaufte 1663 gemäss einer Urkunde im Gemeindearchiv der Seuzacher Hans Jagli Wipf dem Oberohringer Grafschaftsrichter Jakob Keller eine halbe Mannsmad Wässerwiese im Müllhüsli, also im Bereich, wo der Chrebsbach westlich von Unterohringen die Gemeindegrenze verlässt.

Die Wässerungsrechte vor allem des Ohringer Teils berührten schliesslich das gesamte Bachtal bis Neftenbach. 1686 standen sich die Eigentümer der Mühle Neftenbach, nämlich der Winterthurer Stadtschreiber Salomon Hegner und die Erben von Hauptmann Liechti von Winterthur, auf der einen Seite sowie Besitzer der Wässerwiesen im Bereich von Unterohringen, nämlich vier Keller von Oberohringen (unter ihnen der Grafschaftsrichter und Hauptmann Jakob Keller), Abraham Müller von Unterohringen sowie Jakob Schwarz und Konrad Borat von Seuzach auf der anderen Seite in einem schiedsgerichtlichen Verfahren gegenüber.[156] Es ging um «das Wasserrecht oder den Gebrauch des Wassers von dem Bach zu Niederohringen». Die Neftenbacher Mühlenbesitzer wiesen Dokumente vor, die ihnen den «ungehinderten Lauf» dieses Wassers auf ihre Mühle garantieren würden. Die «Gemeinden Ober- und Niederohringen wie auch Seuzach» beriefen sich dagegen auf ihre Wässerungsrechte gemäss einer Urkunde von 1469[157] und gemäss einer Urkunde von 1643 (welche sowohl «das von Seuzach her fliessende wie auch das zu Ohringen selbst entspringende Wasser» für ihre Wässerwiesen garantiere).

Nach einem Augenschein durch den Kyburger Landvogt und den Vorsteher des Klosteramtes Winterthur im Beisein der Parteien wurde entschieden, dass den «Ohringern» die infrage gestellten Wasserrechte «der Kehr nach» (Kehrordnung von 1469) «ungehindert» zustünden. Hingegen wurden sie verpflichtet, das «Abwasser», wenn es ab den gewässerten Wiesen komme, «laufen [zu] lassen» und wieder dem Bach zuzuführen. Deshalb müssten die unterhalb der Ohringer Wiesen befindlichen «Abzugsgräben» regelmässig «aufgetan», ebenso die «Eheruns» (Hauptbach) samt den «übrigen Gräben» jeweils im Frühjahr durch die Anstösser bis gegen Neftenbach unter Strafandrohung «geöffnet und gesäubert» werden, damit das Wasser ungehindert zur Mühle fliessen könne. Ebenso hatte der Augenschein ergeben, dass «durch die hin und her gemachten Nebengräben und Wasserleitungen wie nicht weniger durch die vielfaltigen Hanfrosen viel Wasser [...] zum Nachteil der Mühle Neftenbach in die Erden versenkt und verwässert» werde. Entsprechend müssten diese Nebengräben – so das Schiedsurteil – eingedeckt und die Wässerung an Orten, wo kein

Wasserrecht bestehe, aufgegeben werden. Gleichermassen seien die Hanfrosen, die sich im Gebiet zwischen den Ohringer Wiesen, dem unterhalb Hettlingens liegenden Gelände und der Mühle Neftenbach befanden, an die «Eheruns» beziehungsweise den «Mühlebach» zu versetzen, damit ihr Wasser sich wieder darin entleeren könne. Die nicht am Bach stehenden Rosen müssten «verschüttet» und es dürfe aus ihnen nicht mehr gewässert werden. Schliesslich wurden «die Gemeinden Ohringen und Seuzach» verpflichtet, das Wasser während je 14 Tagen im Brach-, Heu- und Augustmonat ungehindert zur Mühle Neftenbach fliessen zu lassen und auf das Wässern zu verzichten. Die 14-tägige Karenzzeit des Monats Juli begann von Anfang des Monats, diejenige im Juni und August konnten Ohringen und Seuzach nach Belieben festlegen.

Wir haben dieses Urteil bewusst ausführlich dargelegt, denn es dokumentiert eindrücklich eine uralte Kulturlandschaft: ein unterhalb des Dorfes Seuzach beginnendes und sich über die Wiesen Ohringens erstreckendes Netz von Gräben, in welchen nährstoffreiches Bachwasser auf die Wiesen geführt wurde, und daran anschliessend ein Netz von Gräben, welche das «Abwasser» wieder dem Hauptbach zuführten. Am Hauptbach lagen auch die Hanfrosen, wo im Sommer in einem wichtigen Arbeitsgang der Hanfverarbeitung die Stängel nach einer ersten Trocknung eingelegt und zur zweiten Trocknung vorbereitet wurden. Im Lauf der Zeit wurden Wassergräben ausserhalb des definierten Wässerungsbereichs angelegt, ebenso vom Bach entfernte Hanfrosen, welche nicht nur der Hanfverarbeitung, sondern als (illegale) Zwischenreservoirs der Bewässerung dienten.

Abschliessend seien noch zwei weitere Dokumente erläutert. Im Jahr 1748 stritten sich Unter- und Oberohringen wegen des Unterhalts einer Schwelle und «Überwalls» (Überlaufs) bei der «Winterthurer- oder Schaffhauserstrasse» (wohl Rainbuckstrasse).[158] Unterohringen argumentierte, dass einst der grössere Teil des Hofes Unterohringen zu Oberohringen gehört habe und erst durch Hofteilungen von Oberohringen abgetrennt worden sei. Deshalb müsse die Schwelle gemeinschaftlich unterhalten werden. Das beim «Wilden Mann» zu Winterthur tagende Grafschaftsgericht berief sich auf den Wässerungsbrief von 1469 und leitete davon die Pflicht von Unterohringen ab, das Wasser ohne Zutun Oberohringens bis an den Ort zu leiten, wo es Oberohringen übernehme. Deshalb habe Unterohringen auch die entsprechende Schwelle mit Überlauf «in der Winterthurer Landstrasse» sowie den anschliessenden Wassergraben auf eigene Kosten zu unterhalten.

Nicht nur im Haupttal, sondern etwa auch am Fuss des Heimensteins wurde gewässert, wenn sicherlich auch in bescheidenerem Mass. Da es offenbar keine Streitereien gab, hören wir davon und auch von allfälligen anderen Örtlichkeiten kaum etwas. Vom Heimenstein floss «ein Wasser». 1666 kamen die Borat und die Wipf überein, dass die Wipf dieses Wasser von Montagmorgen bis Donnerstag 11 Uhr auf ihre Wiesen, genannt Krähenbrunnen, und die Borat von Donnerstag 12 Uhr bis Montagmorgen 6 Uhr auf ihre Wiesen, genannt die «Ober-Mollrüti» (heute obere Wallrüti), leiten durften.[159] Die Wipf und einer der Borat hatten zudem in den genannten Wiesen je eine Hanfrose liegen. Folglich vereinbarten sie eine exakte Wasserteilung zur Speisung dieser Rosen, solange dort Hanf eingelegt werde.

7.3 FLURRECHTS- UND FLURNUTZUNGSSTREITE

In Urteilen überlieferte Flurrechtsstreite verfeinern das Bild der agrarischen Zeit. Die frühesten Konflikte von 1454 und 1498 sind oben in anderem Zusammenhang angedeutet worden.[160] Am Montag nach Auffahrt 1454 standen sich auf der Kyburger Gerichtsstatt an der Strasse zu Töss Uli Ackeret und Cueni Bonrat (Borat) sowie die Wipf von Seuzach gegenüber. Es war zum Bruch gekommen, weil die Wipf in den «Eschen» (eingezäuntes Saatfeld, also

24_Ausschnitt des Oberohringer Zehntenplans des Jahres 1807 mit dem auf Hofbann Oberohringen befindlichen «Seuzacher Ried», das Seuzacher Bauern als gemeine Pferdeweide nutzten.

Zelgenland), anstatt Getreide anzubauen, einzelne ihrer Ackerflächen als Weide für ihr Zugvieh unbebaut liessen. Ackeret und Borat sahen dadurch das gemeine Weiderecht für Zugvieh verletzt und klagten gegen die Wipf, die gegen ein gemeinsam gefasstes Gebot der Gemeinde verstossen würden. Das Urteil schützte einerseits das gemeine Weiderecht, liess andererseits die allgemeine Auffassung gelten, dass Ackerland nicht angesät, sondern für das eigene Zugvieh als Weide genutzt werden dürfte. Mit diesem Urteil sprach sich das Gericht für die reiche Sippe Wipf und andere Bauern mit viel Zugvieh aus, die damit zu einem gewissen Grad das gemeine Weiderecht umgehen konnten.

Die überlieferten Konflikte berührten zumeist die Nachbarn. 1498 kam es zu einem Streit mit dem Nachbarhof Bänk. Die Dorfmeier von Seuzach klagten vor dem in Wiesendangen tagenden obrigkeitlichen Gericht gegen die Gebrüder Egli von Bänk. Diese würden Seuzach mit ihrem Vieh «übertreiben» und sollten gemäss dem für solche Einzelhöfe geltenden Grafschaftsrecht ihren Hof einzäunen und einschliessen. Das Gericht folgte diesem Antrag.

Flur- und gemeinderechtlich waren auch die Höfe Ober- und Unterohringen von Seuzach getrennte Nachbarn. 1524 hielt Landvogt Engelhart in Seuzach Gericht in der Streitfrage um ein wichtiges Weg- und Fahrrecht zwischen der Gemeinde Seuzach einerseits und Ohringen andererseits (Oberohringen vertreten durch die Pachtherren, nämlich fünf Bürger von Winterthur, sowie durch die Ohringer Bauern Rüedi und Kleinhensli Keller und den Seuzacher Peter Wipf, der Güter in Ohringen besass).[161] Seuzacher Bauern gehörte das «Ghegmar» (auch «Kegmar» geschrieben),[162] das heisst die Riedfläche westlich von Unterohringen im Bereich des heutigen Poloplatzes und des Kläranlage-Areals, begrenzt durch das rechte Chrebsbachufer und die Gemeindegrenze. Hier bewirtschafteten diese Wiesland und trieben zu gewissen Zeiten ihre Pferde auf die Weide. Der Transport von Heu nach Seuzach und das Auftreiben der Pferde verursachten in den beiden Ohringen angeblich Flurschäden. Die Seuzacher beriefen sich auf das Grafschaftsrecht, wonach ein Gut dem anderen «Steg und Weg gibt». Die Ohringer konterten, dass ein solches Wegrecht nicht für derart weit auseinanderliegende Güter gelten könne und es wohl auch nicht ein Wegrecht zwischen zwei Höfen (Ober- und Unterohringen) hindurch geben könne. Der Urteilsspruch hielt fest, dass der Transport des geernteten Heus nach Seuzach althergebracht sei und keine Probleme verursacht habe. Hingegen wurde der Weideauftrieb der Pferde geregelt: diese durften nur «angebunden» und nur im Frühjahr bis Maiabend (30. April) von Seuzach aus auf die Weide geführt werden. Im Bereich von Ohringen wurde der Weg festgelegt, zuletzt von der nach Hettlingen verlaufenden Strasse (alte Schaffhauserstrasse beim «Schlössli») durch das «Gässli» zur Bollwiese «des Bauern von Niederohringen» und durch diese zum «Ghegmar». Für das Wegrecht durch die Bollwiese soll der Unterohringer Bauer von den Seuzachern jährlich 1 Pfund erhalten.

1540 und 1571 wurde das Seuzacher Weg- und Weiderecht bezüglich des weit entfernten «Ghegmar» beziehungsweise «Riets» erneut Gegenstand gerichtlicher Auseinandersetzungen.[163] Die Gemeinde Seuzach verfocht dabei erfolgreich ihren von den Gegnern infrage gestellten Standpunkt, dass sie in den dortigen Wiesen ihrer Bürger das gemeine Weiderecht im Sinn der Definition von 1524 besitze.

Interessant ist die Auseinandersetzung von 1540, in der es nicht um den Gegensatz zu Ohringen ging. Zwei Winterthurer Bürger, die (wie auch Hettlinger Bauern) im dortigen Gebiet «eingeschlossene Wiesen» besassen, bestritten das gemeine Weiderecht Seuzachs, unterlagen aber in einer Appellation unmittelbar an die Zürcher Obrigkeit. Angesprochen war wohl die Einschlagbewegung, also eine Art Privatisierung durch Einhagen, die offenbar jene Wiesen erreicht hatte, eine typische landbauliche Intensivierung infolge der Bevölkerungsvermehrung im 16. Jahrhundert. Seuzach hatte übrigens, so geht aus der Gerichtsurkunde hervor, an der Grenze zu den eingeschlossenen Wiesen im «Ghegmar» beziehungsweise «Riet» einen Graben angelegt.

1571 rechteten Seuzach und Ohringen in dieser Sache erneut. Waren 1524 Ober- und Unterohringen noch als Einheit aufgetreten, erschienen nun die beiden Hofbesitzer von Unterohringen, Michel und Felix Keller, allein. Seuzach hatte in einer Klage darauf hintendiert, sein Wegrecht durch die Bollwiesen und das damit verknüpfte Weiderecht für die Pferde auf dem Ried auf die Zeit nach der Heuernte, also die Sommer- und Herbstzeit, auszuweiten. Die gerichtliche Abwehr dieses Ansinnens durch die Unterohringer bezeichnete Seuzach als «unnachbarlich, [...] ja zum Teil ein Verbunst» (Missgunst). Die Unterohringer brachten ihrerseits vor, dass die Seuzacher den Auftrieb unsorgfältig handhaben würden. Statt sich an die 40 Jahre zuvor ausgemachte Strasse zu halten, würden sie die Pferde über Ohringer Ackerzelgen treiben und die «fallenden Tore» (Gattertore an den Übergängen zu den Ackerzelgen) nicht mehr schliessen. Im Urteil des in dieser Sache zu Unterohringen tagenden kyburgischen Gerichts wurde eine Ausdehnung der Pferdeweide in den Herbst abgelehnt sowie Seuzach dazu angehalten, den Weg auf die Weide durch die Ohringer Flur sorgfältig zu benutzen. Ansonsten würden Schadenersatz und Strafe fällig.

In einem Streit des Jahres 1680 zwischen der Gemeinde Seuzach und den «gemeinen Einsässen von Ober- und Unterohringen» gelangte dieses Weiderecht erneut vor ein Schiedsgericht.[164] Die Oberohringer beanspruchten ein Weiderecht auf dem Seuzacher Ried («Ghegmar»), nachdem sie hier sieben Jahre zuvor bereits Pferde hatten weiden lassen. Diese Forderung wurde nicht geschützt, und die Seuzacher Pferdeweide wurde gemäss vorgängigen Rechtsdokumenten bestätigt.

Wohl im Verlauf der zweiten Hälfte des 18. Jahrhunderts war es offenbar im Zug von Modernisierungen im Landbau zu gewissen Änderungen der Nutzung auch im Ried gekommen. In Vereinbarungen zwischen «den beiden Höfen» Ober- und Unterohringen einerseits und der Gemeinde Seuzach andererseits um das Jahr 1787 ging es um die «Frühlings-, Nacht- und Herbstweid» im Ried.[165] Seuzach verzichtete vorerst einmal für zwölf Jahre auf sein Weiderecht für die Pferde, überliess also das Land uneingeschränkt den Ohringer Eigentümern. Diese durften in dieser Zeit ihrerseits keinerlei Pferde oder Hornvieh hier auftreiben, nur schon Spuren von gefundenem Kot würden dem «Herbstgericht» angezeigt. In der Akte nicht ausdrücklich angesprochen, aber sinngemäss zu folgern ist, dass die Ohringer während dieser zwölf Jahre intensiven Grasbau betreiben wollten, was natürlich nur möglich war, wenn nicht geweidet wurde. Für den Verzicht auf ihr Weiderecht erhielten die Seuzacher von den Ohringer Eigentümern pro Mannwerk «gutes» Wiesland jährlich 6 Schilling und pro Mannwerk «schlechtes» Wiesland 4 Schilling. Ebenso waren die Ohringer während dieser zwölf Jahre von der Zäunungspflicht gegenüber Seuzach befreit, mussten aber als Ersatz pro 100 Schuh Zaunlänge jährlich 4 Schilling entrichten. Nach dem Ablauf der vertraglichen zwölf Jahre war es Seuzach freigestellt, sein Weiderecht wieder auszuüben.

Eine besondere Zäunungspflicht der Unterohringer an der Flurgrenze zu Seuzach kam mehrmals zur Sprache, so im Jahr 1639.[166] Unterohringen wurde zur Zäunung verpflichtet und musste Schadenersatz leisten, wenn sein Vieh die Seuzacher Flur schädigte. Einzig im Wald «Tänschrüti» (Amelenberg) mussten beide Parteien einander bei der Anlage und dem Unterhalt des Grenzzauns helfen. Im erwähnten Pferdeweidestreit von 1680 kam die Zäunung zwischen den beiden Orten erneut zur Sprache, dann wiederum 1735.[167] Im Prinzip wurde Unterohringen wie schon 1639 zur Zäunung verpflichtet. Allerdings blieben die Einwände der Hofbewohner nicht ganz ungehört: die Seuzacher sollten die «Serlen» (lebende Hagtannen) in den Zäunen stehen lassen und nicht zum Gebrauch entwenden. Sodann müsse Seuzach so lange Geduld haben, bis die Lebhäge, die anstelle der Holz verbrauchenden Zäune gepflanzt worden seien, gewachsen seien. Für das Gebiet «Butzenstal» (in der Gegend nördlich des Münzers bis zum Amelenbergwald) seien – so brachten die dort an sich zäunungspflichtigen Unter- und Oberohringer vor – aus praktischen Gründen gar keine Grenzhäge mehr notwendig und deshalb auch schon jahrzehntelang nicht mehr errichtet worden. Jene Nutzungsgrenze sei durch Ohringer Landkäufe auf Seuzacher Bann nicht mehr relevant.

Auch die Fluren von Ober- und Unterohringen, ursprünglich eine einzige Hofeinheit, waren entsprechend dem getrennten Zelgensystem durch Zäune getrennt.[168] 1773 verpflichteten sich die Unterohringer mit Unterschrift ihres «Vorgesetzten» Heinrich Keller, dem Hof Oberohringen umfassend «Friedhag» zu gewährleisten.[169]

Für das frühe 16. Jahrhundert typisch sind die Auseinandersetzungen um Weiderechte im «Mörsburgwald». Diese Bezeichnung gilt noch heute für den westlichen Teil des auf Seuzacher Gebiet liegenden Stücks des Eschberg-Waldes.

Der Eschberg (mit dem südlichen Teil Brandholz) ist Teil des durch den schmalen Korridor Welsikon–Grundhof durchbrochenen Waldgebietes zwischen Seuzach, Welsikon, Dinhard und Stadel-Grundhof (heutige Gemeindegebiete von Seuzach, Dinhard und Winterthur). In diesem Forst sind durch das Bevölkerungswachstum bedingte Rodungen der zweiten Hälfte des 15. Jahrhunderts bezeugt, und zwar Rodungen, die offenbar auch Gebiete betrafen, die im Hochmittelalter schon einmal bebaut und im Zug der spätmittelalterlichen Krise wieder vom Wald in Besitz genommen worden waren.[170] In den 1530er und 40er Jahren trat hier ein Hans Ammann, genannt Rüm(b)eli, von Welsikon als eine Art unternehmerischer Landwirt auf, der Wald- und öde Grundstücke aufkaufte und urbarisierte. Auf der gültigen Landeskarte ist im Eschberg-Wald südlich der Totenwinkelstrasse nahe an der Grenze zu Seuzach, aber noch auf altem Boden der Gemeinde Stadel (heute Stadt Winterthur) die Waldflurbezeichnung «Rümeli» zu finden, vielleicht im Zusammenhang mit dem Genannten. 1533 standen sich Rümeli und die Gemeinde Seuzach vor Gericht gegenüber.[171] Rümeli hatte «etliche Äckerli und Einfänge» aufgekauft, insgesamt «Platzrüti» genannt, welche zwischen Seuzacher, Stadler und Oberwinterthurer (das heisst der Goldenberger zu Mörsburg) Wäldern lagen. Er beanspruchte dieses Land als «eingeschlossenen Einfang», wo niemandem ausser ihm ein Weiderecht zustehe. Die Gemeinde Seuzach hingegen sah ihr «Trät- und Weiderecht» verletzt: bleibe Rümelis Einfang geschlossen, gelange ihre Viehherde nicht mehr von einem Forst zum anderen.

Das Urteil bestätigte den Rechtscharakter des Einschlusses im Sinn Rümelis, verlangte von diesem jedoch, durch den Einfang einen Weg von 24 Schuh (gut 7 Metern) zu gewährleisten, damit die Seuzacher Herde die angrenzende Brach- und Stoppelweide sowie den Weg «von einem Holz zum andern» nutzen konnte.

Am 15. September 1544 gelangten die Parteien, Rümeli nun durch die Gemeinde Welsikon unterstützt, in dieser Sache erneut an das Kyburger Gericht. Dieses tagte unter freiem Himmel an Ort und Stelle des Konflikts, nämlich «im Flamenbuch im Mörsburger Holz bei Seuzach», und bestätigte das frühere Urteil.

25_Zehntenplan des Bannes der Dorfgemeinde Reutlingen des Jahres 1764. Für die Dorfgemeinde Seuzach selbst existieren keine vergleichbaren Planunterlagen. Immerhin ist hier die im Text zur Sprache gebrachte Grenze zwischen den beiden Gemeinden ersichtlich. Parzellierung und Gemengelage sahen auf Seuzacher Seite gleich aus.

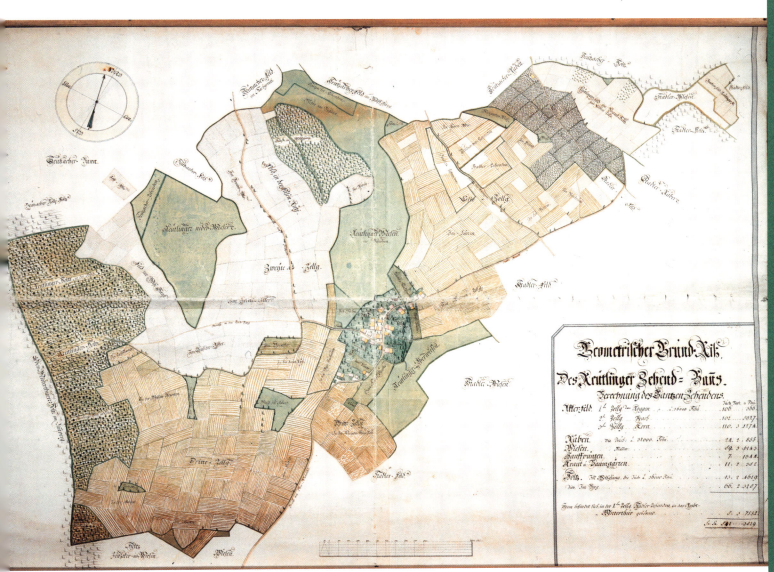

Zehn Tage darauf tagte das «gemeine Grafschaftsgericht» erneut öffentlich unter freiem Himmel im Flamenbuch. Dieses Mal standen sich an erster Stelle die Gemeinde Welsikon mit dem Sohn von Rümeli und die Gemeinde Seuzach gegenüber. Es ging um das Weiderecht im Wald Mörsburg, das Seuzach zustand, nun aber auch von Welsikon und Rümeli beansprucht wurde. Tatsächlich hatte Seuzach hier aus «guter Nachbarschaft», jedoch ohne rechtliche Verpflichtung, den Welsikern Weiderecht gewährt. Solche gemeinsame Weiden von Nachbardörfern im Grenzgebiet waren im bevölkerungsarmen Spätmittelalter üblich, kamen nun jedoch angesichts der sich verknappenden Ressourcen unter Druck. Rümeli besass zudem im Mörsburg Forst private Waldparzellen, auf denen er das Weiderecht beanspruchte. Nach langer Rede und Gegenrede, in der Zäunungspflichten, «Türli» und «Weidelöcher», auch Weiderechte des Junkers Hans von Goldenberg auf Mörsburg und sichtbar ausgemarchte Grenzen als Beweismittel angeführt wurden – alles fein säuberlich vom damals wohl besten Juristen der Republik, Landschreiber Melchior Grossmann, notiert –, kam das Gericht zum folgenden Schluss: Welsikon stehe im Mörsburg-Holz kein Weiderecht zu, auch Rümeli in dessen «privaten» Parzellen nicht (nur das Recht am Holz und am Grundbesitz an sich). Das weideberechtigte Seuzach, in dessen Bann das Mörsburg-Holz liege, müsse jedoch den Wald gegenüber der anstossenden Welsiker Ackerzelge einzäunen, wenn hier die Brach- und Stoppelweide anstehe. Sei diese Zelge aber mit Getreide bepflanzt, sei sie durch Welsikon gegenüber dem Wald einzuzäunen.[172]

Im Jahr 1726 entbrannte ein Nutzungs- und Grenzkonflikt mit der Gemeinde Reutlingen.[173] Es ging um den Weidegang im «Rolliacker», der 30 Jucharten «Holz und Boden» umfasste.[174] Reutlingen beanspruchte in diesem in seinem Bann liegenden Waldstück das alleinige Weiderecht, auch wenn der grössere Teil des Waldes Seuzacher Eigentümern gehöre. Umgekehrt schliesslich würde im Seuzacher Bann im (wohl östlichen) Brandholz (Eschberg) der Wald auch zu grösseren Teilen Reutlinger Eigentümern gehören, doch das Weiderecht der Gemeinde Seuzach zustehen.

Das im «Wilden Mann» zu Winterthur tagende Kyburger Gericht erkannte, dass der strittige «Rolliacker» im Reutlinger Gemeindebann liege und Reutlingen deshalb das Weiderecht zustehe. Gleich im Anschluss an das Urteil besorgte Reutlingen «anständige Marchsteine», und diese – nämlich 28 «Kieselsteine» – wurden in Anwesenheit von zwei Grafschaftsbeauftragten sowie im Beisein der Vorgesetzten beider Gemeinden und von «vielen anderen Personen» entlang der Grenze gesetzt. Diese mass 3378 Schuh, also gut 1 Kilometer, ging vom Dreigemeinde-Eck Oberwinterthur-Reutlingen-Seuzach im nördlichen Lindberg aus und endete im Dreigemeinde-Eck Seuzach-Reutlingen-Stadel beim Laubholz am Eschberg.

8. Aspekte der Existenz

8.1 KLIMA, WITTERUNG, TEUERUNG, NOT

Aus der einschlägigen Literatur geht hervor, dass ein sogenanntes mittelalterliches Klimaoptimum etwa nach dem Jahr 1200 durch eine graduelle Abkühlung abgelöst wurde, die sich ab der zweiten Hälfte des 16. Jahrhunderts bis ins 19. Jahrhundert zu einer «kleinen Eiszeit» verschärfte. Eingebettet in dieses raue Klima wirkten sich einzelne Wetterereignisse wie Frost, Gewitter, langer Regen, Überschwemmungen verheerend auf die agrarische Gesellschaft aus. Bei den oben angeführten Produktionsverhältnissen für Getreide, die Hauptnahrung, spielten das Wetter und in der Folge die Ernte und die Getreidepreise für den Grossteil der Menschen eine das Schicksal bestimmende Rolle. In gedruckten Chroniken, in bloss handschriftlich geführten Dorf- und Familienchroniken, in Erinnerungen, in Aufzeichnungen aller Art wie etwa Eintragungen in der Familienbibel, auf in den Turmknäufen der Kirchen eingelassenen Dokumenten, in Inschriften auf Dachsparren der Häuser finden sich in grosser Menge durch besondere Wetterereignisse verursachte Nachrichten über Teuerungen. Dies sind gewissermassen die Börsenblätter einer verschwundenen Welt.

Erstmals konkret von in Not geratenen Seuzachern erfahren wir für die späten Jahre der Reformation aus der Chronik des Winterthurer Geistlichen Laurentius Bosshart, der als Zeitgenosse auch vom grossen Seuzacher Wässerungsstreit von 1524 berichtete.[175] Seit etwa 1527 herrschte eine Teuerung für Getreide, eine Teuerung, welche die Stadt Zürich im Vorfeld des zweiten Kappelerkrieges 1531 bewusst als Waffe gegen die katholische Innerschweiz einsetzte.[176] Wie Bosshard berichtete, kostete am 4. Mai 1531 1 Mütt Kernen 6 Pfund, das heisst das Drei- und Vierfache des Preises vieler Jahrzehnte zuvor. Im Mai 1531 teilte das Spital in Winterthur «Brot und Mus» nicht nur an Einheimische, sondern auch an viele Fremde aus. Ein Junker Mötteli gab auf privater Basis jeweils am Samstag «das Almosen» in der Stadt aus, und allein am 29. April 1531 fanden sich bei ihm 350 Menschen ein, die aus allen angrenzenden Dörfern, einschliesslich Seuzach, und dem Thurgau stammten.

Wie sich die grossen Kälteeinbrüche in den 1570er und 80er Jahren[177] auf die Seuzacher und Ohringer auswirkten, wissen wir nicht umfassend, haben jedoch einen drastischen Hinweis darauf (siehe unten, Tabelle 14). Eine markante Verringerung der Zehnterträge der Kirchgemeinde ist jedoch den Jahresrechnungen und Handbüchern des Winterthurer Spitalamtes, wo diese verbucht wurden, nicht zu entnehmen. An anderen Orten dagegen herrschte barer Hunger. Einzig die grosse Menge Korn, nämlich 1137 Mütt, das Zwei- bis Sechsfache der Vorjahre, welche das Spitalamt im Jahr 1571 gezielt zu dem für jene Teuerung mässigen Preis von etwas weniger als 8 Pfund pro Mütt auf den Markt brachte, spricht für eine grosse Nachfrage.

Wie die Stadt Zürich im Grossen trug auch Winterthur in Zeiten der Ernteausfälle und Teuerung – mit bescheideneren Mengen – zur Versorgung des Kornmarktes bei. Als im Dreissigjährigen Krieg durch ein Wechselbad von Inflation und Deflation, durch eine grosse Nachfrage im kriegsgeschädigten Deutschen Reich und durch schlechte Witterung die Kornpreise 1622/23 und 1635/36 wieder ins Astronomische stiegen, versah das Spitalamt den städtischen Markt wöchentlich mit Getreide. Die Handbücher und Jahresrechnungen weisen für die Frühjahre 1623 und 1636 regelmässige grössere Verkäufe aus, und zwar zu Preisen von etwa 15–18 Pfund pro Mütt. Allerdings scheint die Bevölkerung der umliegenden Orte nicht unmittelbar profitiert zu haben, verkauft wurde in erster Linie an Stadtbürger.

Während aus den in den Spitalamtsrechnungen notierten Kornzehntenträgen nicht immer die zu erwartenden Ernteausfälle hervorgehen – was teils auf das System der Zehntpacht zurückzuführen ist –, sind die direkt abgelieferten Weinzehnten ein besserer beziehungsweise eigener Gradmesser für Ernteausfälle. Natürlich muss ein schlechtes Weinjahr kein schlechtes Kornjahr bedeuten – Reben sind anfälliger, was man an den grossen Schwankungen der Erträge feststellen kann. Dem Spitalrechnungsbuch 1557–1586[178] entnehmen wir für diese Gesamtperiode einen durchschnittlichen Weinzehntertrag in Seuzach und beiden Ohringen von gut 26 1/2 Saum Wein.[179] In den kalten 1570er Jahren betrug der Durchschnitt nur gerade 14 1/2 Saum, mit vollständigen Ausfällen (das heisst auch Ernteausfällen) in den Jahren 1576 und 1577 und nur ganz geringen Ernten 1572 und 1573.

Ab Mitte des 17. Jahrhunderts sind unmittelbare Nachrichten zu Witterung und Ernten in Seuzach und Ohringen überliefert. Am 13. Mai 1662 berichtete der Seuzacher Pfarrer Jakob Sulzer dem Schultheissen und Rat von Winterthur,[180] wie der Reif die Reben «unwiederbringlich» geschädigt habe. Da keine Ernte zu erwarten war, fielen ab dato die Lohnarbeiten in den Rebbergen aus; der Pfarrer spricht von «tiefen Seufzern» und «grossem Brotmangel» wegen fehlender Beschäftigung in den «an Taglöhnern schweren Haushaltungen». Niemand gebe diesen Leuten Kredit. Eine Gemeindeversammlung habe beraten, wie diesen «armen Mietlingen» zu helfen sei, und man sei übereingekommen, die Stadt Winterthur um 12 1/2 Mütt Kernen (circa 700 Kilogramm) als Beihilfe für diese Armen bis zur Ernte zu bitten. Die Gemeinde bürge dafür und bezahle den Vorschuss in natura oder bar auf Martini zurück.

Für das Jahr 1677 notierte derselbe Pfarrherr «unerhörte Wassergüsse» in der ganzen Eidgenossenschaft, in Seuzach mit der Folge der «Zerflötzung» (Verschwemmung, Abschwemmung) der Reben und Felder. Ebenso wurde die eben erst mit Hanf und Getreide angebaute Weiherfläche mit Schlamm überschwemmt, die Ernte zunichte gemacht.[181]

Ein gutes halbes Jahrhundert später berichtete der Seuzacher Pfarrer Andreas Sulzer vom Jahr 1731 als «einem rechten Donner- und Wetterjahr». Ende Juni gingen innerhalb von 24 Stunden fünf Gewitter nieder und verursachten Feuersbrünste in der Nähe und anderswo. Am 13. Juli «zerschlug» ein Hagelwetter «die Früchte des Feldes» und war der «Herbstsegen gänzlich hin genommen». Weiter berichtete der Pfarrer für das gleiche Jahr von «schädlichen Überschwemmungen in den Weinbergen, Feldern und im [angebauten] Weiher». In einem Brief vom 15. Oktober wandte er sich an die Stadt Winterthur und bat um Hilfe. Die grossen Schäden in den Reben würden besonders «die Notdürftigsten» treffen, diejenigen, die von der Lohnarbeit im Weinbau lebten. Sodann sei die Getreideernte schlecht ausgefallen, und den Leuten würde nach Abzug des Saatgutes kaum etwas für den Lebensunterhalt übrig bleiben.[182]

Natürlich hängt es auch mit der Überlieferungsfreude von Pfarrer Andreas Sulzer zusammen, wenn wir für seine Amtszeit viel über die Witterung erfahren, während andere Pfarrherren in anderen, teils schlechteren Zeiten sich wenig darüber auslassen. Trotzdem seien Sulzers Berichte im Pfarrbuch von Seuzach hier an seinen obigen von 1731 angereiht, da sie doch exemplarisch sind. Am 17. Mai 1736 suchte der «gerechte Gott» neben vielen anderen Orten auch Seuzach mit einem «herben Reifen» heim. Der Weinertrag im Herbst war sowohl in Seuzach wie auch in Ohringen beinahe null, und die minimale Ernte stützte sich allein auf «späte Trauben oder Winter-Trolen» (wegen zu später Blüte unreife Trauben). Gerste und Roggen waren in den «besten Äckern auch meistens dahin, doch gab es noch ziemlich Roggen in den Ausäckern [in Randlagen ausserhalb der Zelgen], auch viel und gutes Korn und Haber, so auch Bohnen, Erbsen und Hanf». Die Fruchtbäume erfroren weitgehend, Kirschen und Äpfel gab es keine, Birnen ein wenig von verspäteten schlechten Bäumen. Die Zürcher Obrigkeit gab Seuzach zur Linderung der Not 6 Mütt Kernen sowie 20 Gulden Geld, das unter die Ärmsten aufgeteilt wurde. Für den 1. und 2. Mai 1738 notierte der Pfarrer starken Schneefall, gefolgt von «Reif und Frost» am 3. Mai, sodass «der Weinstock weit und breit fast überall erfror». Auch die Bäume litten stark. Der Baumgarten des Pfarrers und der gesamte ihm zustehende Obstzehnt der Gemeinde ergaben «nicht einmal eine Zeine voll», und «keine einzige Nuss oder Eichel hat man gesehen». Im Jahr darauf, am 18. Januar 1739, verursachten «sehr grosse und starke Sturmwinde» riesige Schäden an Obst- und Waldbäumen. Die Menschen, so Pfarrer Sulzer, würden sich Gedanken dazu machen, denn vor dem «grossen Sterben», der Pest von 1611, seien «auch so viel Windsbräute gewesen». Ihn selbst beschäftige, dass der Sturm gerade zur Zeit der beiden Sonntagspredigten gewütet habe, als wolle Gott – da man sonst nicht auf ihn höre – so «mit uns reden». Im Frühjahr 1740 herrschte «beständig herbe und kalte Witterung», sodass das Vieh nicht auf die Weide gehen konnte, in den Ställen fror und Hunger litt. Die Kornernte war trotz Verspätung gut, hingegen verursachten Oktoberfröste Ausfälle bei den Reben und insbesondere bei den Rüben, was sowohl die Menschen wie auch das Vieh «übel» traf.

Anlässlich der Kirchenrenovation des Jahres 1791 hinterliess auch Pfarrer Johann Ulrich Hegner im August 1791 Nachrichten zum Wetter.[183] Am 11. Juni 1790 verursachte ein «heftiges Hagelwetter [...] an Gerste, Roggen und dem Weinstock» grossen Schaden. Glücklicherweise wurde das Hauptgetreide, der Kernen, nicht gleich stark betroffen, die Weinernte hingegen betrug nur einen Bruchteil des Üblichen. Im Jahr darauf, am 8. Mai 1791, brachte ein heftiger Nordostwind «starken Reifen», der die Reben in den Ebenen nachhaltig schädigte.

8.2 MITTEL DES ÜBERLEBENS

8.2.1 Unterstützungskredite der Gemeinde

Ernteausfälle konnten die Grundversorgung und Zahlungsfähigkeit jederzeit aus den Fugen heben. In knappen Zeiten des 16. und 17. Jahrhunderts nahm deshalb Seuzach, wie andere Gemeinden auch, Geld auf, um es Bürgern, denen es an Kreditwürdigkeit fehlte, zu leihen.[184] Wie oben erwähnt,[185] war der entsprechende Zinsdienst der Anlass zur Führung einer entsprechenden Buchhaltung ab 1611. Wahrscheinlich begann man in jenem Pestjahr 1611 über-

Tabelle 14: Aufnahme von Krediten durch die Gemeinde Seuzach im 16. Jahrhundert und Schuldenstand 1611

Jahr des Schuld-briefes / Quellen	Kreditgeber	Höhe des Kredites[*1] (Pfund [lb])	Besteht die Schuld anlässlich der «Renovation» von 1611 noch?[*2]	Anzahl der Unter-schuldner gemäss «Renovation» 1611[*3]	Unterpfand, Bemerkung, Kommentar, Besonderes
1512 / Zinsurbar des Winterthurer Siechenamtes 1512, StAW B 3e	Siechenamt Win-terthur	150 lb	Nein	Keine Angabe	
1530 / GAS, 1. Gemeinde-buch IV A 1, S. 35.	«zu Schaffhausen»	160 lb	Ja	7 Bürger	
1530 / GAS, Urkunde I A Nr. 15	Katrinli Walder von Zürich	450 lb	Ja, «Wolffer Zins» genannt	22 Bürger. Die Ge-meinde selbst trägt circa einen Viertel des Zinses.	Gemeindegüter[*4]
1531 / GAS, Urkunde I A Nr. 16	Ursul Schellang, Witwe des Zürcher Junkers Jörg Grebel zu Maur	600 lb	Ja, «Grebel Zins» genannt	22 Bürger	Gemeindegut[*4] sowie sämtli-ches privates Gut der Bürger; drei Bürgen, darunter Hans Rümeli von Welsikon
1544 / GAS, Urkunde I A Nr. 26	Jakob Werdmüller, Säckelmeister der Stadt Zürich	800 lb	Ja, «Ötenbacher» Zins genannt (Schuldbrief nun beim Zürcher Klosteramt Öten-bach)	18 Bürger. Die Ge-meinde selbst trägt 1 lb 16 ß des Zinses.	Gemeindegut, gemeiner Nut-zen. Bürgen: die beiden Schult-heissen der Stadt Winterthur. Werden die Zinsen nicht be-zahlt, müssen Geiseln gestellt werden.
1545 / GAS, 1. Gemeindebuch IV A, S. 71	Junker Hans Peter Wellenberg von Zürich	480 lb	Ja, «Altiker» Zins genannt (Inhaber des Schuldbriefs nun ein Schloss-herr zu Altikon)	16 Bürger	
1553 / GAS, Urkunde I A Nr. 27	Jakob Funk, Schult-heiss der Stadt Zürich	400 lb	Ja, «Stampfer Zins» genannt	18 Bürger	Gemeindegut. Bürge: Gerichts-herr Steiner zu Wülflingen
1571 / GAS, 1. Gemeinde-buch IV A 1, S. 103	Die Stadt Win-terthur	600 lb	Ja	22 Bürger	Grund dieser Verschuldung: die «schwere Teuerung»
1593 / GAS, Urkunde I A Nr. 32	Christoffel Sulzer, Säckelmeister der Stadt Winterthur	200 lb	Nein		Gemeindegut[*4]

[*1] Der Zins betrug 5 Prozent. [*2] GAS, Gemeinde- bzw. Zins- und Rechungsbuch IV A 1. [*3] In den Urkunden bzw. den originalen Schuld-briefen finden sich keine Angabe zu Unterschuldnern). [*4] Siehe oben, Kap. 5.4, Gemeindegut.

haupt erst mit der schriftlichen Zinskontrolle, weil wegen der vielen Hinschiede die Schuld-ner festgehalten werden mussten.

Die Kredite von 1530/31 dürften mit der damaligen Kornteuerung zusammenhängen, von welcher auch der Winterthurer Chronist Bosshart spricht. Eindeutig ist der Kredit von der Stadt Winterthur. Im Seuzacher Gemeinde- beziehungsweise Zins- und Rechenbuch ist anlässlich der Verzeichnung des Schuldbriefes zu lesen: «Anno 1571 in der schweren Teue-rung, als der Mütt Kernen anfing zu 16 Pfund aufsteigen, hat eine Gemeinde Seuzach von den Herren zu Winterthur entlehnt an Geld 600 Pfund.»

8.2.2 Privates Kreditwesen[186]

Wer kreditwürdig war, nahm für Überbrückungen von Missernten, für Auszahlungen von Erbschaftsanteilen, für Landkauf et cetera selbst Kredite auf. Für das 16. Jahrhundert erfahren wir kaum etwas über private, jedoch punktuell über institutionelle Gläubiger gegenüber Privaten. Eine Durchsicht von Zinsbüchern der Winterthurer Körperschaften wie Kirchen- und Sigristenamt (1543), Helfereipfrund Allerheiligen (1554), Prokureiamt (1541), Säckelamt (1542), Siechenamt (1531 und 1543) und Spendamt weist vor und um die Jahrhundertmitte gegen 40 Seuzacher (Klein-)Schuldner aus, sehr viele gemessen an der Zahl der Haushalte. Einige weitere Kredite vergab sicherlich auch das Spitalamt nach Seuzach und Ohringen.

Die Kredite konnten auch von weiter weg kommen. 1549/54 schuldete Konrad Ackeret mit wenigen Jucharten Land, jedoch mit zwei Häusern, der Kirche zu St. Peter in Zürich 120 Gulden.[187] Ein Zweig der Wipf mit einem grossen Hof mit Haus und Ökonomiegebäuden, Baumgarten, Hanfland und -bünt sowie nicht weniger als 92 Jucharten Ackerland, 17 Mannwerk Wiesland, 13 Jucharten Wald und 2 Jucharten Reben nahm im Jahr 1512 beim Zürcher Bürgermeister Walder einen Kredit von 224 Gulden auf, dessen Zins er zunächst in Getreide

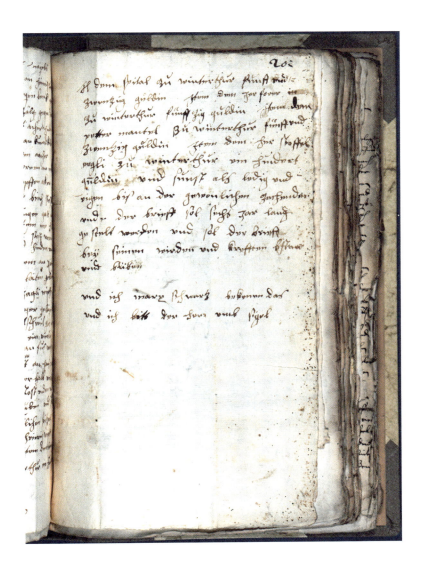

26_Schluss des auf Martini 1643 von Marx Schwarz eigenhändig aufgesetzten Schuldbriefes: «... und ich Marx Schwartz bekenen das und ich bitt der Herr [den Herrn, d. h. den Kyburger Landvogt, ev. auch den zuständigen Kyburger Landschreiber] umb Sigel».

(16 Mütt) entrichtete, dann aber, als sich das Getreide im langen Trend verteuerte, in Geld. Das Schuldkapital wurde in der Folge auf 300 Gulden aufgestockt, sodass um 1593 der Zins, durch Übertragung nun dem staatlichen Säckelamt geschuldet, 15 Gulden betrug.[188] 1627 vermochten Michel und Heini Schwarz, die Nachfolger der Wipf auf diesem Hof, den Zins abzulösen, sicherlich ein Zeichen dafür, dass Vollbauern im Dreissigjährigen Krieg dank hohen Getreidepreisen zu Wohlstand gelangten.

Die Quellenlage zum privaten Kreditwesen ist mit der Einrichtung der Notariate ab dem frühen 17. Jahrhundert ungleich besser.[189] Es können Güter festgestellt werden, die extrem verschuldet waren, aber auch solche mit kleiner und erträglicher Last. Irgendwie berührend erscheint ein Schuldbrief, den Marx Schwarz auf Martini 1643 eigenhändig aufsetzte,[190] ein Zeugnis auch von erstaunlicher Schreibkunst. Schwarz «verschreibt sich» auf sechs Jahre für 100 Gulden gegenüber dem Winterthurer Ratsherrn Heinrich Meier. Als Unterpfand stellt er sein Anwesen: Haus, Hof, Baum- und Krautgarten mit 1 Mannwerk Wiese und einer 1/2 Mütt Saat grossen Hanfbünt, alles in einer Hofstatt gelegen, genannt «im Dorf», sodann 7 1/2 Jucharten Ackerland in zehn Parzellen in den drei Zelgen sowie 1 3/8 Jucharten Reben in vier Parzellen. Das war der Hof eines Halbbauern. Das eine Mannwerk Wiesland im Hofstattbereich erlaubte die Haltung wohl einer Milchkuh und eines Rindes zur Aufzucht, die Hanfbünt die Gewinnung des Rohstoffs für Textilien. Das Anwesen war bereits mit 400 Gulden gegenüber neun Gläubigern, nämlich der Kirche Seuzach, je einer Person aus Seuzach und aus Oberwinterthur, dem Spital Winterthur sowie drei Winterthurer Bürgern, belastet. Mit den nunmehrigen 100 Gulden erreichte die Hypothekarverschuldung 500 Gulden, was beträchtlich war.

Ein weiteres Beispiel: Der Hof des Vollbauern Jagli Wipf mit Haus, Hof, Baum- und Krautgarten sowie 28 3/4 Jucharten Ackerland in 20 Parzellen in den drei Zelgen, 4 Mannwerk Wiesland und 3 Vierling Reben war 1659 mit 670 Gulden belastet (wovon 420 Gulden den Breitern zu Flaach).[191] Wipf nahm zusätzlich 125 Gulden vom einheimischen Fähnrich Jakob Steiner auf. Wenn grössere Missernten ausblieben, ermöglichte der Hof auch bei dieser Verschuldung durchaus eine Existenz.

Um in den 1580er Jahren, als der klimatische Einbruch weiter anhielt, zu überleben und zu Geld zu kommen, verkauften an die zehn Seuzacher das Zehntrecht an einzelnen bislang zehntfreien kleinen Rebstücken.[192] So besass Jagli Schwarz in der «Byblaten» am Heimenstein nebst zehntpflichtigen auch 1/4 Jucharte zehntfreie Reben. 1587 verkaufte er den Zehnten von diesem Stück Land, also das Recht zum dauernden Bezug des zehnten Teils der Ernte, für bloss 8 1/2 Gulden dem Spital Winterthur. In der Urkunde spricht Schwarz den Grund des Verkaufs deutlich an: «Weil [er] aber dieser jetzt leidigen hochbeschwerlichen teuren Zeit und Hungersnot etwas Gelds zu haben bedürftig» sei. In jenen Jahrzehnten anhaltender Teuerung hätte er mit diesem Gelderlös je nachdem gerade einmal 150 bis höchstens 200 Kilogramm Getreide kaufen können.

8.2.3 Armenfürsorge

Für die ärmsten Seuzacher leisteten Institutionen verschiedener Ebenen Hilfe: das staatliche Almosenamt in Zürich, das staatliche Klosteramt Töss, die Stadt Winterthur als Inhaberin des Kirchensatzes und die Kirchgemeinde selbst. Vorab aber galt nachbarschaftliche Hilfe, und wir sagen dies zu Ehren unserer Vorfahren gerne mit den Worten von Pfarrer Johann Conrad Sulzer in seiner schon mehrmals zitierten «Beschreibung» von 1783: Wenn für ein neugeborenes Kind Milch fehlt, so stellen diejenigen, die Milch haben, diese zur Verfügung. «Sind Alte, Schwache, Kranke, so schickt man ihnen Brot, Wein, Suppe und so weiter zur Erquickung; das tun nicht nur die Wohlhabenden sondern auch die Armen.» Gesunde würden zudem für Kranke auf deren Gütern arbeiten, «ohne damit gross zu tun [...]. Überall ist man im Unglück und Not sehr mitleidig und menschlich [...].» Im Bericht nennt Sulzer vier armengenössige Witwen, und auch Armenverzeichnisse des 17. Jahrhunderts, welche die Pfarrherren erstellten und der Obrigkeit einsandten, weisen für Seuzach verhältnismässig wenige Almosenbezüger auf.

So verzeichnete Pfarrer Keller 1635 zwei Personen und zwei Haushalte, die wöchentlich das obrigkeitliche Almosen des Klosteramtes Töss bezogen:

– die alte, «arbeitsselige» Witwe Anna Müller, die sich mit «ihrer Handarbeit nicht ernähren kann»: vier Brote,

– Hans Felber, selbst «arbeitstätigen Leibs», jedoch war seine Ehefrau «elend» und gross geschwollen: eineinhalb Brote,

– Hans Schwarz mit vier kleinen Kindern, «die jetzt lang grossen mächtigen Hunger gelitten»: zwei Brote,

– Abraham Wipf, «hat 5 kleine Kind und, lieber Gott, wenig darzu»: drei Brote.[193]

Im Armenverzeichnis des Jahres 1649[194] kommt nur eine Familie vor: die der Ursula Walther, Witwe des Heinrich Wipf, mit fünf Kindern. Besitzlos war die Witwe keineswegs, sie hatte «ein eigen Hüsli, Kraut- und Baumgarten», genug Grasland für eine Kuh, eine 1/4 Saat grosse Hanfbünt, 3 Vierling Reben und insgesamt 4 3/4 Jucharten «raues» Ackerfeld, also eine Taglöhnerexistenz. Geplagt wurde sie von einem riesigen Schuldenberg von 700 Gulden. Sie arbeitete das ganze Jahr in ihrem Weingarten und den anderen Gütern, aber auch für andere Leute. Ihr 24-jähriger Sohn «rüstet und werchet» die Güter und ist «die Stütze der ganzen Haushaltung», verrichtet Taglohnarbeiten, so viel er finden kann, und ist gut gegenüber seinen Geschwistern. Esterli, 13-jährig, ist ein schwaches Kind, hilft aber der Mutter beim Spinnen, Vereneli, 12-jährig, «tut auch in der Haushaltung sein Bestes». Beide Mädchen sind jedoch «zu schwach und mager, um etwa einem Meister zu dienen». Das achtjährige Anneli geht zur Schule, wie bald wohl auch das fünfjährige Heinrichli. Die Familie erhielt wöchentlich sechs «Brötli» vom Klosteramt Töss und monatlich 10 Schilling von der Stadt Winterthur.

Auf der untersten Ebene war die Kirchgemeinde für das Armenwesen zuständig, und im späteren 18. Jahrhundert hatte sich ein eher bescheidenes Armengut von gut 1000 Gulden angesammelt. Das Kirchengut, das oft unmittelbar zu Armenausgaben beitrug, belief sich auf rund 3500 Gulden, einen vergleichsweise eher geringen Betrag. Der «Stillstand», das heisst die vom Pfarrherrn präsidierte Kirchenbehörde, verwaltete und kontrollierte einerseits die staatlich gewährte Unterstützung und verteilte andererseits Almosen aus eigenen Gütern.

Entnehmen wir dem ab 1774 überlieferten «Stillstandsprotokoll»[195] einige typische Fälle. 1776 wurde betreffend das Söhnlein Conrad des nach Preussisch-Pommern «entlaufenen» Johannes Wipf notiert, dass es vom staatlichen Almosenamt schon während vier Jahren jährlich 25 Pfund erhalten habe und noch für zwei Jahre 18 Pfund erhalten werde. Im gleichen Jahr verlangte der Magistrat von Yverdon eine «Beisteuer» an das «Arztkonto» für den sich dort aufhaltenden Kaspar Keller von Ohringen. Da aber Keller – so der protokollierende Pfarrer – dafür schon Geld von Oberohringen, vom Armengut und vom Kirchengut erhalten habe und gesund und stark sei, wird das Ansinnen abgelehnt. 1778 musste das Begräbnis des almosengenössigen Heinrich Ballauf je zu einem Drittel aus Armen-, Kirchen- und Gemeindegut beglichen und die Witwe dem Zürcher Almosenamt empfohlen werden.

Bei Armut suchte der «Stillstand» Eheschliessungen zu verhindern, ganz der Staatsräson folgend, dass Heiratswillige über ein Mindestvermögen – genannt wurden etwa 100 Gulden – verfügen sollten. Als sich 1773 Jakob Wipf, Mausjoggeli genannt, verheiraten wollte, stellte der Pfarrer fest, «dass der Wipf so wenig als seine Braut Mittel zur Unterhaltung, auch beide wenig Kräfte und Geschicklichkeit zur Arbeit hätten» und diese Ehe «nach der Strenge des Gesetzes [...] gehindert werden sollte». Da aber beide «stark auf die Copulation dringen» und das Zürcher Ehegericht in solchen Fällen durchaus Hand biete, wolle er – der Pfarrer – auch nicht dawider sein, vorausgesetzt, das Paar bezahle der Gemeinde und der Kirchgemeinde den «schuldigen Einzug» (zum Einzugsgeld auswärtiger Ehefrauen siehe oben).

Eine Art Hilfe zur Selbsthilfe dürften Kreditvergaben aus dem Armengut gewesen sein. Zwei Beispiele: 1787 erhielt Jakob Wyler 50 Gulden Kredit für 1/2 Jucharte Reben, die er gekauft hatte, und für 1/2 Jucharte Ackerland, für welche das Armengut schon 30 Gulden gegeben hatte. Es wurden jährliche Rückzahlungen von 10–20 Gulden vereinbart. Ähnliche Hilfe erwartete damals der von Holland zurückgekehrte Küfer Jakob Wipf. Er erhielt einen Kredit von 50 Pfund, um Holz kaufen und sein Handwerk wieder betreiben zu können.

Ebenso dokumentiert sind Verdingkinder. 1787 hatte Heinrich Schwarz das «Söhnlein» seines Vetters «am Tisch». Der «Stillstand» reduzierte nun das «Tischgeld» von jährlich 18 auf 12 Gulden und wollte nach zwei Jahren gar nichts mehr geben, da «der Knab schon etwas verdienen» könne.

Eine wichtige Beihilfe war die anlässlich der Gottesdienste an kirchlichen Festtagen von den Kirchgemeindemitgliedern und auch sonst nach Bedarf erhobene Armensteuer. Ihr Ertrag wurde an die «Hausarmen», also die im eigenen Zuhause Unterstützten, verteilt, zum Teil für noch schlechtere Zeiten in die Kirchenlade gelegt. Da für Seuzach die Kirchgemeinde- und Armengutsrechnungen mit Ausnahme der Kirchgemeinderechnung von 1791/92 nicht überliefert sind, können keine genauen Angaben zu dieser Art der Unterstützung gemacht werden. Wie üblich, dürften auch bei uns diese Armen gezwungen gewesen sein, gewisse Almosen öffentlich in der Kirche entgegenzunehmen. Daneben schüttete das Armengut fixe «Monatsgelder» aus, vor allem für schwache Alte, beglich Hauszinsen, Arztkosten und ersetzte auch einmal ein «verfaultes Bett», einen verfaulten Strohsack.

8.2.4 Auswanderung

Um der zunehmenden Enge und der materiellen Bedrängnis in der Frühen Neuzeit zu entgehen – es kamen gerichtsnotorische, konfessionelle und abenteuerliche Motive hinzu –, wanderten ab Mitte des 16. Jahrhunderts immer wieder Menschen aus der Schweiz aus. Einzelne Auswanderer aus Seuzach – wenigstens auf Zeit – haben wir bereits in der Tabelle 13 zu Erwerb und Erneuerung des Bürgerrechts angetroffen.

Eine grössere Auswanderungswelle kam am Ende des Dreissigjährigen Krieges in Gang. Viele Familien zog es in evangelische und lutherische Regionen des kriegsverwüsteten, teils entvölkerten Deutschen Reiches. Von Oberohringen zog – wie Pfarrer Sulzer nach Zürich berichtete – im Frühjahr 1650 das Ehepaar Grüter mit sechs Kindern im Alter von zwei bis zwölf Jahren und einem «Dienst» weg, und zwar auf den Hof Bonartshausen im Kraichgau, heute in der Gemeinde Gondelsheim des Landkreises Karlsruhe gelegen.[196] Ihnen folgten des Hausvaters Bruder und Schwester, 16- und 17-jährig. Wichtig war der Obrigkeit die konfessionelle Situation. Der Hof gehörte einem lutherischen Edelmann, die Grenze zwischen der Kurpfalz und Württemberg verlief durch das Anwesen, der Gutsherr sei Lutheraner, lasse ihm – Grüter – aber beim Kirchengang die freie Wahl. Grüter hatte in Ohringen «eine schwere Haushaltung [mit] geringem Gütli [und] hinreichend Schulden» geführt, eine Haushaltung die «nur hinter sich gegangen» wäre. Also verkaufte er alles, beglich die Schulden, entrichtete dem Staat das Abzugsgeld und kaufte vom Rest 4 Stuck «Hauptvieh», die er in den Kraichgau mitnahm. Im Winter darauf kam er nochmals zurück, «ganz glücklich und wohl», und kaufte nochmals Vieh für die neue Heimat.

1657, 1661 und 1663 legte Sulzer dann schon umfangreichere Verzeichnisse Weggezogener vor, die wir hier etwas verkürzt darstellen.[197] Die Familie Felber-Schneiter mit einem Kind «haust diesmal zu Zürichingen» (wohl Sirchingen) im «Uracher Amt» des Landes Württemberg, die Familie Wipf-Schaub ebenfalls mit einem Kind in Bretten, Kurpfalz. Bei Rudi Grüter und Barbeli Steiner, die wir 1650 auf dem Hof Bonartshausen angetroffen haben, ist – nun mit sieben Kindern – «in der Eyßen» halb in der Pfalz und halb in Württemberg, drei Wegstunden von Bretten entfernt, als Aufenthaltsort erwähnt. Neben Grüter waren inzwischen zwei weitere Familien von Oberohringen in die Fremde gezogen: die Familie Hiller-Huber mit neun Kindern nach Nussbaumen in Württemberg und die Familie Keller-Brunner mit fünf Kindern nach Bretten. Letztere vermeldete schon 1653 eine Taufe in Bretten.[198] Fortgezogen waren auch vier «ledige Knaben» von Seuzach, nämlich Heinrich Wipf (Zimmermann, unweit von Speyer) und Rudi Wipf (erlernte unter anderem in der Markgrafschaft Durlach das Zimmerhandwerk), Jagli Schwarz (stand in Tuttlingen in Diensten und wurde jährlich vom Vater besucht) und Heinrich Wipf, genannt Bühelmann (in der Gegend von Tuttlingen, Tischmacher, diente bei einem Bauern), sowie Anna Grüter von Oberohringen mit ihrem Stiefvater von Wülflingen in die Pfalz.

Die erwähnte Familie Felber-Schneiter übernahm einen «Kuhhirten-Dienst». Sie kam nicht mehr zu Besuch in die alte Heimat, da sie hier nichts mehr besass. Ihr Kind starb. Felix Hiller und Anna Huber, ausgewandert 1657, wurden 1663 als verstorben gemeldet. Ihre zahlreichen Kinder waren «teils gestorben» oder hatten «teils sich verheiratet im Württembergerland». Hingegen war die siebenköpfige Familie Keller-Brunner 1663 noch intakt, und der Hausvater, Jakob Keller, betätigte sich in Bretten als «Vorsinger» in der Kirche. In der Familie Grüter-Steiner hatte sich die älteste Tochter lutherisch verheiratet, eine Tochter war gestorben. Auch das einzige Kind des Ehepaares Wipf-Schaub lebte nicht mehr, und es war zu erwarten – so Pfarrer Sulzer – dass diese Leute zurückkommen würden, hätten sie doch bereits eine Anzahlung von 50 Gulden an ein halbes Häuschen in Seuzach geleistet und würden noch «ein hübsch Geld heimbringen».

Mit einem gewissen Stolz stellte Pfarrer Sulzer seinem Verzeichnis der Ausgewanderten 1663 voran, dass keine der (für kurz oder dauernd) ausgewanderten Personen «sich im Papsttum aufhalte», also gar etwa katholisch geworden sei. Leben konnte die Zürcher Obrigkeit und Geistlichkeit damit, dass viele – auch die meisten Seuzacher und Ohringer – sich unter den gegebenen Umständen der lutherischen Konfession zuwandten.

In die Pfalz ausgewandert war schliesslich auch Pfarrer Jakob Keller, der von 1627 bis 1642 in Seuzach geamtet und teils auch die Pfarrei Dägerlen versehen hatte. Nachdem er in Seuzach wegen Ehebruchs abgesetzt worden war, wirkte er ab 1650 bis zu seinem Hinschied 1666 als Pfarrer in Eppingen im Landkreis Heilbronn.[199]

Im Jahrzehnt 1734–1744 setzte die Auswanderung nach Nordamerika ein, die natürlich viel endgültiger war als die ins benachbarte Deutschland. In seinen Aufzeichnungen im Pfarrbuch bemerkte Pfarrer Andreas Sulzer: «[...] 1738 [...] kam abermal eine rechte Lust-Sucht unter die Leute, in Carolinam zu reisen, und war es ihnen nicht zu erleiden [verleiden], man möchte predigen, sagen, gebieten, was man wollte.» So «verreisten» Schneidermeister Hans Ulrich Müller mit Ehefrau und zwei Söhnen sowie weiter drei «ledige Knaben». Viele, die ebenfalls gerne weggezogen wären, mussten mangels Geld zu Hause bleiben, da ihre mit Schulden belasteten Güter nicht zu verkaufen waren.

1744 berichteten die Pfarrherren erneut gesamthaft über die Auswanderung aus dem Zürcher Gebiet.[200] Seuzach: Im Frühjahr 1743 sei Jacob Müller, genannt Saxer, mit Ehefrau und drei Kindern von 7–13 Jahren nach Carolina gezogen, während der damals wegen Schulden «aus dem Land getriebene» Christen Waser sich mit der Ehefrau und dem fünfjährigen Sohn noch in der Region Basel aufhalte.

Der in die Pfalz ausgewanderte Seuzacher Pfarrer Keller[201] erhielt mit dem nach Amerika auswandernden Pfarrer Johann Conrad Steiner (1707–1762) Jahrzehnte später eine Art Pendant. In jungen Jahren diente Steiner als Abendprediger in Winterthur und zeitweise als Pfarrer in Seuzach, darauf in St. Peterszell. Die holländischen Deputierten in Den Haag entsandten ihn 1749 an die reformierte Gemeinde in Lancaster (Pennsylvania).[202] In der Folge wurde er in den Konflikt zwischen den Ältesten von Philadelphia und dem bekannten sanktgallischen Pfarrherrn Michael Schlatter mit einbezogen und trat – nicht unbestritten – dessen Stelle in Philadelphia Germantown an.

8.2.5 *Fremde Kriegsdienste*

Dass viele Schweizer bis zur Gründung des Bundesstaates 1848 in fremde Kriegsdienste zogen, ist bekannt. Materielle und gerichtliche Bedrängnis, gesellschaftliche Enge und Abenteuerlust liessen in erster Linie unverheiratete Männer in den Sold fremder Mächte treten, und die heimischen Regierungen und Oberschichten verdienten durch Pensionsgelder und Offiziersbezüge mit. Schon Bürgermeister Hans Waldmann, wiewohl in auswärtigen Kriegen gross geworden, wollte das Reislaufen verbieten, da es den Volkskörper schwäche. Doch in den Spruchbriefen von 1489 musste das Verbot zurückgenommen werden. Wenige Jahre darauf wurde als Ausdruck der Reformation das Reislaufen im Stadtstaat Zürich erneut untersagt. Auch wenn Einzelne immer wieder illegal aufbrachen und der Staat aus aussenpolitischen Gründen hin und wieder Auszüge gar förderte, blieb das Verbot bis ins frühe 17. Jahrhundert recht wirksam. Dann trat Zürich im Vorfeld des Dreissigjährigen Krieges dem eidgenössisch-französischen Soldvertrag bei, schloss entsprechende Verträge auch mit Baden-Durlach und vor allem mit Venedig und gegen Ende des Jahrhunderts mit Holland. 1694 wurden Solddienste faktisch freigegeben.

Aus den Ackerbaugebieten zog es nur wenige in den Solddienst, so auch in Seuzach und Ohringen. Ein 1702 erstelltes Verzeichnis der «sich in Kriegs- oder anderen Diensten ausser dem Land aufhaltenden [...] Mannspersonen» der Pfarrei Seuzach[203] führt nur Conrad Steiner, des seligen Landrichters Sohn, unter dem Zürcher Hauptmann Hirzel in Holland und Hans Jag Borat unter Hauptmann Stokar ebenfalls in Holland auf. Und: Hans Jagg und Michel Wipf, genannt die «Rauchen», «sind unlängst in Kriegsdienst verschickt worden». Aus Oberohringen befand sich Jakob Müller in holländischen Diensten.

Das Bevölkerungsverzeichnis des Jahres 1739 zählt nur noch drei in fremden Kriegsdiensten befindliche Männer auf, darunter Jakob Müller von Unterohringen in preussischem Sold. Ein Heinrich Ackeret hingegen begründete in niederländischen Diensten eine feste Existenz. Er betätigte sich als Schuhmacher in der Kompanie von Generalmajor Hirzel und heiratete 1766 in Maastricht eine Thurgauerin. Der Ehe entsprangen vier Kinder, alle in Holland geboren.

9. Kirche, Sitten, Schule von der Reformation bis 1798

9.1 DIE PFARRER – DIENER ZWEIER HERREN[204]

Von der Reformation bis zur Revolution amteten nicht weniger als 26 Pfarrherren in Seuzach. Zum grössten Teil handelt es sich um Winterthurer Bürger. Einzelnen von ihnen sind wir schon begegnet, andere werden unter diesem Kapitel in ihrem historischen Umfeld erscheinen. Die vorreformatorischen Pfarrherren haben wir oben möglichst vollständig dargestellt.

Die Pfarrherren der Zürcher Landeskirche wirkten bis in die ersten Jahrzehnte des 19. Jahrhunderts nicht nur als Prediger und Seelsorger, sondern auch als Repräsentanten der Landeskirche und damit des Stadtstaates Zürich und auf lokaler Ebene als Armen- und Schulvorstände. Als Vorsteher des «Stillstands» der Gemeinde wirkten sie zudem als Sittenwächter. So verkündeten sie durchaus auch weltliche Erlasse von der Kanzel und berichteten entsprechend nach Zürich zurück. Eine Treuepflicht und rechtlich unmittelbare Abhängigkeit bestand auch gegenüber dem Kollaturherrn, und dieser war für Seuzach die Stadt Winterthur. In den meisten anderen Gemeinden stand die Kollatur teils direkt dem Stadtstaat Zürich, oft aber auswärtigen Körperschaften, Klöstern, Ständen und Privaten zu. Mit Zürich und Winterthur war für Seuzach eine Dualität der faktischen Herrschaft gegeben, wie sie nur noch in den wenigen anderen Kollaturgemeinden Winterthurs anzutreffen war.

9.2 REFORMATION

Wir können hier nicht auf das theologische Wesen der mit dem 1519 erfolgten Amtsantritt von Huldrych Zwingli am Grossmünster anhebenden Zürcher Reformation eingehen. Am sichtbarsten zeigte sie sich im «Bildersturm» von 1523/24. Der religiöse Zierrat wurde aus den Gotteshäusern getragen. Bilder, Kleinode, Statuen und Messgewänder wurden zerstört. Allerdings nahm man es damit in der Stadt Winterthur und ihren auswärtigen Kollaturen wie Seuzach nicht so genau wie gewisse Heisssporne in Zürich und anderswo. An Ostern 1525 dürfte auch in Seuzach das Abendmahl erstmals evangelisch gefeiert worden sein.[205]

Nebst der Räumung der Kirchen gehörten etwa der Fastenbruch der Gläubigen und die Eheschliessung der Pfarrherren zu den sichtbaren Erscheinungen. Die Verabschiedung von den Heiligen fiel nachgewiesenermassen manchem schwer, und die neue, kühle Dominanz von Schrift und Wort wurde der inneren Empfindung der Menschen sicherlich nicht immer gerecht. Manches, wohl auch die Reduktion der Sakramente, spielte sich ohnehin eher in theologischen denn in Sphären des Kirchenvolkes ab.

An die Stelle einer über 1000-jährigen Hierarchie der katholischen Universalkirche, bei uns verkörpert vor allem durch den Bischof von Konstanz, trat der Territorialstaat Zürich als Herr seiner neuen Landeskirche. Die geistlichen Güter wurden «verweltlicht», was Zürich rechtlich und finanziell stärkte. Auf lokaler Ebene aber blieb vieles beim Alten. Schon vor der Reformation existierten Kirchgemeinden mit den das Kirchengut verwaltenden, aus den eigenen Reihen stammenden Kirchenpflegern. Dieses Kirchengut diente vor und nach der Reformation dem Unterhalt der Kirche, teils Besoldungen im kirchlichen Bereich und insbesondere dem Armenwesen. Einzig die Jahrzeiten, die für das kirchliche Gedenken Verstorbener gestiftet worden waren, flossen fortan ins Kirchengut.

Pfarrer Johann Ferber, 1514 durch die Stadt Winterthur in Seuzach eingesetzt, zeigte sich radikal. Er predigte 1523 oder 1524 wider den Zehnten. Man sei diesen weder Klöstern, Spitälern (also auch nicht dem Spital zu Winterthur) noch Edlen schuldig, sondern dem Pfarrer, der (Orts-)Kirche und den Armen. Auch Luther und Zwingli bezeichnete er in Übereinstimmung mit drei niederländischen Theologen als «Ketzer». Daraufhin beauftragte die Zürcher Obrigkeit ihren Landvogt auf der Kyburg, Johann Rudolf Lavater, Ferber gefangen zu setzen. Lavater führte den Befehl aus, schrieb jedoch am 3. August 1525 zurück, Ferber sei ein umgänglicher, ehrlicher, Zürich gut gesinnter Mann, und empfahl, diesem «das Beste zu tun». In der Folge wurde Ferber gebüsst und angehalten, seinen Pfarrei-«Untertanen» zu sagen und zu predigen, was «Friede und Ruhe bringe».[206] Im November desselben Jahres enthob ihn der Rat von Winterthur seines Amtes.[207] Als Nachfolger ernannte Winterthur Johannes Bosshart, der das Pfarramt von Seuzach und Oberwinterthur gleichzeitig versah. In der Einsetzungsakte wurde er auf das Wort Gottes gemäss dem Alten und dem Neuen Testament als einziger Grundlage verpflichtet. Bosshart war offenbar kein Leichtgewicht, nahm er doch an der Disputation von Bern teil, die diesen Stand 1528 zur Reformation führte.

Auf den für Zürich im Herbst 1531 verlorenen zweiten Kappelerkrieg folgte der sogenannte zweite Landfriede, der zwischen den katholischen und den reformierten Ständen einen Modus Vivendi mit Vorteilen für die siegreichen Katholiken brachte. Auf der Zürcher Seite wurden die am Gubel Gefallenen über Jahrhunderte in Ehren gehalten; unter ihnen befand sich auch Heitz Ackeret von Seuzach (der Dorfmeier?), wie es heisst, ein sehr grosser, starker Mann.[208]

9.3 PFRUNDEINKOMMEN AUF DEM HINTERGRUND DER SÄKULARISIERUNG – DER PFARRER ALS WIRT

Die in einer Urkunde vom Mai 1531 ausgemarchten Seuzacher Pfrundeinkünfte geben uns ein Beispiel der damals im Gang befindlichen Säkularisierung auf Lokalebene.[209] Vor dem eben erst begründeten reformatorischen Gremium der staatlichen «Eherichter und Verordneten zu der Pfründen Sachen» erschienen drei Parteien: die Winterthurer Spitalpfleger als Lehnsherren der Pfrund Seuzach, der Seuzacher Pfarrer Goldschmied als in die Pfrund eingesetzter Geistlicher sowie für die Kirchgemeinde Seuzach der Untervogt Peter Wipf und

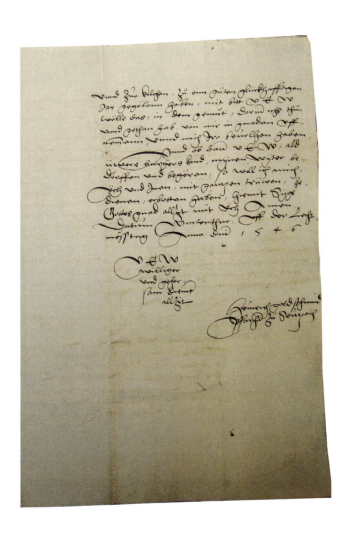

27_Schluss des Schreibens des Seuzacher Pfarrers Heinrich Goldschmied, datiert auf Lichtmesstag 1546, womit er Schultheiss und Rat der Stadt Winterthur ein Gesangbuch zueignet.

28_Seuzacher Vorsänger-pfeife, 18. Jahrhundert.

der Ohringer Konrad Keller. Die Kirchgemeinde verlangte für die Pfarrei die Nutzung der Zehnten wie vor der Reformation, damit der Pfarrer ein rechtes «Auskommen» habe und den Armen desto besser helfen könne. Das Spital Winterthur brachte vor, mit der Kollatur, dem Widum und dem Kehlhof ja nur den halben Zehnten gekauft zu haben. Mit den entsprechenden Einkünften habe man den Pfarrer besoldet und das Übrige im Spital für die Armen gebraucht. Man wolle dem Pfarrer aber künftig gerne statt der bisherigen jährlich 70 «Stuck» 80 «Stuck» geben. Die Gemeinde verlangte mehr, doch die genannte Zürcher Instanz erachtete die angebotenen 80 «Stuck» als genügend und befürwortete die Verwendung der übrigen Pfrundeinkünfte zugunsten der Armen im Spital Winterthur. Seuzach solle dies «ohne [...] Widerrede» akzeptieren.

In der gleichen Urkunde erfahren wir, dass der Pfarrer im Pfarrhaus gewirtet hatte. Das musste er aufgeben und sich dem Studium der Bibel widmen sowie sich eines «stillen christlichen Wesens befleissen». Nicht in die genannten 80 «Stuck» eingerechnet wurde die unmittelbare Nutzung des Pfarrhauses sowie von Wiesland, Krautgarten und Scheune.

1572 wurde das «Corpus», das Pfrundeinkommen, in des «Pfarrers zu Seuzach Instrument»[210] nochmals erhöht. Der neu antretende Pfarrer Maag bezog künftig 38 Mütt Kernen,

8 Malter Hafer, 3 Viertel Gerste, 8 Saum Wein, 24 Pfund Geld, 200 Strohgarben sowie den kleinen Zehnten ohne Schmalsaat und konnte Pfarrhaus, Hof, Scheune, Baum- und Krautgarten sowie einen inzwischen hinzugekommenen Weingarten nutzen. Holz bezog er aus dem Gemeindewald.

Die Pfarrherren wurden jeweils mittels solcher (Rechts-)«Instrumente» durch die Stadt Winterthur eingesetzt und mussten von der Zürcher Obrigkeit bestätigt werden. In diesen Verträgen waren die durch den neu antretenden Pfarrer zu beschwörenden Pflichten sowie das Einkommen festgehalten. Es war der jeweilige Stadtschreiber, bis ins 17. Jahrhundert in seiner Rechtsfunktion auch als (freier) Notar, der diese Verträge aufsetzte, und zwar unter Angabe von Datum und Uhrzeit und statt eines Siegels mit seiner Unterschrift beglaubigt, ausgestellt jeweils «auf dem Rathaus zu Winterthur [...] zwischen der kleinen Ratsstube und der Gerichtsstube».

9.4 SEUZACH UND DER KIRCHENGESANG[211]

Mit den Bildern und Gegenständen waren in den Kirchen – es sollte nur das *Wort* zu hören sein – auch der Chorgesang und die Chorgesangbücher ausgeräumt worden. Offenbar ertrug es auch in dieser Hinsicht in Winterthur und in den der Stadt zustehenden Pfarreien etwas mehr Spielraum als anderswo auf Zürcher Territorium. Aufgrund eines Ratsbeschlusses sollen selbst noch im Jahr 1527 in Winterthurs Kirche Psalmen gesungen worden sein.

Ganz in dieser Tradition unterrichtete der Seuzacher Pfarrer Heinrich Goldschmied seit etwa Herbst 1542 Kinder (wahrscheinlich sowohl in Winterthur als auch in Seuzach) in Singen und Musiktheorie und liess sie an Festtagen im Gottesdienst singen. In diesem Sinn war Seuzach eine der ersten, wenn nicht die erste Zürcher Landgemeinde, in der nach der Reformation zum Gottesdienst wieder gesungen wurde.

Viele Gemeinden fanden erst im 17. Jahrhundert zum Kirchengesang zurück. In Seuzach blühte der Gesang weiter. Schulmeister Jakob Ackeret, vielleicht der erste Schulmeister in Seuzach überhaupt, betätigte sich um 1640 als Vorsänger, und: «Mit Hilfe anderer junger Knaben und Mannen [werden] alle Sonntage vor und nach der Predigt die Psalmen nach der Music mit vier Stimmen gesungen.»[212] Dagegen wurde in Seuzach an dem durch Heinrich Bullinger, den Nachfolger Zwinglis, eingeführten Dienstagmorgen-Gottesdienst nicht gesungen, weil die jungen Knaben dann das Vieh zu füttern hatten.[213]

9.5 BAUTEN AN DER KIRCHE, GLOCKEN, «KIRCHENÖRTER», PFARRHAUS

«Die baugeschichtlichen Nachrichten sind äusserst spärlich»,[214] auch für die Zeit nach dem Einbau des gotischen Chors zwischen 1494 und 1500.[215] 1624 zerstörte ein Blitzschlag den Dachreiter auf dem Schiff, und man errichtete den neuen auf dem Chor. 1626 erhielt die Kirche zwei Wappenscheiben von Winterthur, Umbauten von 1646 sind nicht sicher dokumentiert. 1672 stiftete Jakob Steiner von Winterthur, der die junge Witwe des letzten Zuberer von Seuzach geheiratet hatte, den Taufstein.[216] 1676 lieferte Johannes Füssli aus der bekannten

Zürcher Glockengiesserdynastie zwei Glocken, und im selben Jahr wurde wohl auch die Dekoration des Chorgewölbes neu gestaltet. 1733 folgten Renovationen vor allem des Turmes, an denen sich der Seuzacher Maurer Heinrich Wipf beteiligte.

Am 14. Oktober 1748 war zwischen 11 und 12 Uhr mittags ein «gewaltiger Knall» zu hören – das staatliche Pulverdepot auf der Diele der Kirche war explodiert, was an der Kanzel und den Fenstern Schäden von 300 Gulden verursachte. 1778 goss der Schaffhauser Glockengiesser Schalch die eine Füssli-Glocke um.

Die im Jahr 1791 als bedeutendste vor der Revolution vorgenommene Renovation verlieh der Kirche ein teils neues Gesicht. Die Kosten beliefen sich auf beinahe 1200 Gulden. Pfarrer Hegner hielt zu diesen Bauten Folgendes fest. Die alte Sakristei wurde abgebrochen und an jener Stelle ein zweiter Eingang für die Kirche angelegt. Die Steine der alten Sakristei wurden für den Bau einer neuen Mauer anstelle des alten «hölzernen Vorzeichens» verwendet. Dank dieser Mauer konnte die «Emporkirche» dermassen «erweitert» werden, dass zusätzlicher Platz für rund 50 Personen entstand. Für das neue Mauerwerk wurden nebst dem einheimischen Maurer Jakob Schwarz zwei Wülflinger Maurer beigezogen. Der Turm wurde durch die beiden einheimischen Zimmerleute Hans Ulrich Ackeret und Joachim Wipf «frisch geschalet und geschindelt». Für das Streichen des Turmes musste ein Auswärtiger, Anton Blum von St. Johann bei Höchst (Vorarlberg), beigezogen werden, der vom Gerüst stürzte, sich dabei aber nur wenig verletzte. Im Chor wurden neue Taufstühle und «Kräzenstühle» (auch «Krebsstühle», aufklappbare Sperrsitze mit Armstützen) eingerichtet, Letztere wahrscheinlich an vermögende Bürger verkauft. Allgemein befanden sich die Kirchenstühle, auch «Kirchenörter» genannt, im Besitz der einzelnen Kirchgänger und waren dinglich an deren Hausliegenschaften gebunden. Die «Örter» waren entsprechend vererbbar und wurden zur Rechtssicherung in Verzeichnissen festgehalten.

Folgerichtig wurde unmittelbar nach der Renovation auf den 20. Januar 1792 «das Verzeichnus der Kirchenörter» neu angelegt.[217] Von den 13 Einzelstühlen im Chor, den prominentesten, standen einer dem Pfarrer zu, die anderen mehrheitlich den Ohringer Kellern, einer auch Ulrich Müller von Unterohringen und weitere je einem Ackeret, Wipf, Steiner und Koblet von Seuzach. Dann folgten im Schiff die «Querstühle» für die «Sänger und Knaben» und die «Weiberstühle», anschliessend 13 Männerreihen mit rund 70 «Örtern» und 18 Männerreihen mit etwa 65 «Örtern» und einigen weiteren zur freien Verfügung der Kirche. Bei der Kanzel standen 4 Reihen für «Töchter», jedoch auch eine Reihe für die Familie des «Quartiermeisters und Weibels Keller von [Ober-]Ohringen». Stadtseits waren nochmals 5 Männerreihen mit etwas über 20 «Örtern» angereiht. Auf der Empore fanden sich, symmetrisch unterteilt in die Dorf- und die Stadtseite, insgesamt 8 Männerreihen mit etwa 40 «Örtern» sowie 4 Reihen zur «gemeinen» Verwendung. Der Verkauf von 32 neu auf der Empore errichteten Kirchenstühlen brachte immerhin 465 Gulden ein.[218]

Hausverkäufe und damit verbundene Handwechsel von Stuhlrechten, Erbschaft und Hinterlassenschaft, Gewohnheitsrechte et cetera führten zu Streitigkeiten um die «Kirchenörter», die zu entscheiden ein stetes Traktandum des «Stillstands» bildeten. Natürlich waren gewisse «Kirchenörter» mit Prestige verbunden. So waren die Stühle im Chor mit den Wappen ihrer Besitzer gekennzeichnet, Stühle, die anlässlich einer unbedachten Renovation im Jahr 1905 vernichtet wurden.

Nicht dulden wollte man im späteren 18. Jahrhundert, dass «die Knaben unter 30 Jahren» den Gottesdienst statt wie vorgesehen auf den Knabenstühlen im Chor auf den Männerstühlen auf der Empore verfolgten, wie sie das seit Jahren getan hatten.

Wie wir oben gesehen haben, wurde 1518 erstmals ein Pfarrhaus in Seuzach gebaut. Es musste durch die Stadt Winterthur beziehungsweise durch ihr Spital als der Kollaturherrin unterhalten werden, was sparsam vor sich ging. 1762/63 liess Winterthur unter Leitung ihrer beiden Werkmeister das heutige Pfarrhaus am Platz des alten bauen.

9.6 «STILLSTAND», AUFSICHT

Als Pfarrer Johann Konrad Sulzer mit seinem Amtsantritt am 9. Oktober 1774 einen neuen Protokollband der Verhandlungen des «Stillstands»[219] eröffnete, schrieb er an dessen Beginn die Namen der Mitglieder des «Stillstands» nieder. Das waren jene durch Kooptation und Einflussnahme des Pfarrherrn gewählten Männer, die meist einmal im Monat nach dem sonntäglichen Gottesdienst in der Kirche so lange «still standen», bis sie sich geleert hatte, um dann über die Belange von Kirche und Kirchenvolk zu beraten. Während es die Kirchenpfleger, also diejenigen, die das Kirchengut verwalteten, schon vor der Reformation gegeben hatte, war diese erweiterte Behörde ein Kind der Reformation.

«Stillständer» waren damals Hauptmann und Weibel Hans Jakob Keller und Landrichter Hans Jakob Keller, beide von Oberohringen, Hans Heinrich Koblet und Hans Heinrich Ackeret in ihrer Funktion als Kirchenpfleger sowie alt Schulmeister Jakob Wipf und der Unterohringer Heinrich Müller als «Ehegaumer». Diese Männer erinnerte Sulzer bei seinem Amtsantritt an ihre Pflichten und bat sie, «auf das Verhalten der Gemeindsgenossen getreu acht zu geben, ohne Ansehen der Person zu Werk zu gehen, keine herrschende schädliche Unordnung zu verschweigen und mir [Pfarrer Sulzer] gewissenhaft und mannlich zu helfen, dem Bösen zu wehren, das Gute zu befördern und die wahre leibliche und geistliche Wohlfahrt der Gemeinde in Aufnahme zu bringen».

Entnehmen wir dem «Stillstandsprotokoll» in loser Weise einige Geschäfte aus den rund 25 Jahren vor der helvetischen Revolution. Gleich am Anfang und dann immer wieder einmal erscheint der Weinschenk Heinrich Ballauf, in dessen Haus «zuweilen ärgerliche Unordnungen herrschen, indem bis in die späte Nacht getrunken und hernach auf der Strasse gelärmt werde». Sulzer sah vor, Ballauf ins Pfarrhaus zu zitieren und ihn zu besserer Ordnung aufzufordern und ihm allenfalls mit der Verzeigung beim Landvogt zu drohen. Die Ermahnung nützte nichts. An einem Februarsonntag 1775 tranken und spielten einige «liederliche Junggesellen» in Ballaufs Wirtshaus bis Mitternacht und verprügelten im Nachgang einige von der «Sängergesellschaft» heimkehrende «junge Knaben».[220]

Auch Diethelm Hasler gab ordnungswidrig «Hausvätern» bis in die späte Nacht zu trinken, und bei Saufgelagen sollen auch schon mal drei «Jünglinge» in fremde Kriegsdienste gedungen worden sein. Erst als der Landvogt drohte, Hasler an der «Stud» öffentlich züchtigen zu lassen, soll sich Besserung eingestellt haben. Nicht nur Trinker, sondern auch andere «Übelhauser» nahm der «Stillstand» – soweit dies möglich war – an die Leine, scheinbar nur mit geringem Erfolg. Zeittypische Traktanden waren das unliebsame Herumtreiben im Dorf oder das Arbeiten zur Zeit der Gottesdienste.

Ein Dauerthema bildete auch die «Hurerei», wozu voreheliche und aussereheliche Verhältnisse zählten. Der «Stillstand» musste Menschen, denen solches vorgeworfen wurde – oft nach einem Urteil des Zürcher Ehegerichts –, vorladen und versuchen, sie von der «Schande» abzubringen. 1778 eröffnete der Pfarrer der Behörde, wie er sich «stundenlang» bemüht habe, die seit Langem zerrüttete Ehe eines ehemaligen Kirchenpflegers zu retten. Der Mann klagte aber noch immer über die «Schmähsucht» der Gattin. Der «Stillstand» solle einen Versuch zur «Aussöhnung» vornehmen und bei Misserfolg ans obrigkeitliche Ehegericht gelangen. Vor dem «Stillstand» beklagte sich die Frau über die «Lieblosigkeit» ihres Mannes und die Verachtung der Stiefkinder ihr gegenüber, bestritt ihre «bitteren Worte» aber nicht. Nach dreistündiger Verhandlung versprachen die beiden schliesslich, «ein neues Leben anzufangen». 1782 gab ein im Amt befindlicher Kirchenpfleger zu reden. Seine Ehefrau klagte, er würde häufig «Trinkhäusern nachlaufen», «wenig arbeiten» und sie «schnöde misshandeln».

Ein 14-jähriger Knabe, der während der Kinderlehre Kirschen vom Baum des Vetters gestohlen hatte, sollte in der Schule «beschickt» und im Beisein aller Kinder «mit der Rute gezüchtigt werden». Besprochen wurden auch der Fall einer wegen «Tollheit» zeitweise im Spital von Zürich untergebrachten Frau und die Obhut bei ihrer Rückkehr nach Seuzach. Schliesslich wusste man keinen anderen Rat, als sie in Zürich der «Wundgschau», dem staatlichen Expertengremium für Krankheiten, vorzuführen und sie mit ihrem Erbe und einem Zuschuss der Kirche lebenslang im Zürcher Spital zu versorgen. Sulzer reiste in dieser Sache mehrmals in die Hauptstadt. Nicht genehm waren 1780 «Salb- und Medicinen-Händler», die ihre Ware einigen Leuten «einzuschwatzen wussten». Man empfahl solche «Landstreicher», die auch schädliche Mittel verkaufen würden, der Wachsamkeit des Dorfwächters.

Am Sonntag, den 2. April, jenes Jahres verlas Sulzer «nach Gewohnheit» das grosse, obrigkeitliche Sittenmandat ab der Kanzel und forderte seine Behörde auf, entsprechend wachsam zu sein. Im Herbst erfolgte die übliche Verlesung des Mandates gegen das «Übersitzen in Schenkhäusern» und den Ausschank auf Kredit.

9.7 EINE HEBAMMENWAHL

Im Mai 1783 stand die Wahl der «Spetthebamme», das heisst der Stellvertreterin der Hebamme, durch die Weibergemeinde an. Der «Stillstand» rief die Frauen auf, sich zu bewerben. Eine der wenigen Beschränkungen für diesen «wichtigen Beruf» war ein Alter unter 46 Jahren, «weil es in höherem Alter meist an Gelehrigkeit und Kräften fehlt».

Am Wahlsamstag, dem 24. Mai, hielt Sulzer eigens eine auf den Anlass zugeschnittene Predigt und verlas das Hebammenmandat. Die Frauen hatten unter der Leitung des «Stillstands» die Wahl rasch vorgenommen, erhielt am Schluss doch nur noch eine von drei Kandidatinnen, Elisabeth Etzensperger, Gattin von Schneider Wipf, die Bewerbung aufrecht. Da nämlich die hauptamtliche Hebamme Unruhe, «Gärung» und «Parteiung» in die Wahl zu bringen suchte, hatte Pfarrer Sulzer mit Diplomatie die Einerkandidatur vorbereitet. Nach der Wahl wurde der Weibergemeinde nach altem Brauch Brot und Wein angeboten, ein halbes sogenanntes Vogenzerbrot (das heisst das dem wegen seiner Reinheit beliebtesten Weissbrot folgende Brot etwas dunklerer Qualität) und 1 Mass Wein für jede anwesende Frau, für jeden Stillständer die doppelte Portion. 1792 starb die ordentliche Hebamme Maria Wipf, und die Spetthebamme Elisabeth konnte ihren Platz einnehmen. In jenen Jahren war der Chirurg Schrämmli von Hettlingen unangenehm aufgefallen, da er sich auch in Seuzach als «accoucheur», als Geburtshelfer, anpries, jedoch die «Entbindungskunst weder versteht noch zu betreiben befugt ist».

9.8 GLAUBEN, WISSEN, KATECHISATION, SCHULE

Sulzer schrieb 1783 in seinem schon viel zitierten Bericht: «Ich treffe zuweilen bei meinen Pfarrkindern Glauben, Liebe und Hoffnung an.» Da sei Christentum, auch wenn die Leute natürlich nicht das Handbuch von Hermes (ein damals gerade neu erschienenes, modernes theologisches Werk) brauchen würden, sondern die herkömmliche christliche Erbauungs-literatur, wie die «Himmelsleiter» oder das Wyss'sche «Gebetbuch».

    Vikar Johann Heinrich Ziegler inventarisierte anlässlich seiner Verzeichnung der Seuzacher Bevölkerung im Jahr 1760[221] auch die in den Haushalten vorhandenen Bücher: die Bibel fand sich überall, teils verbreitet waren die Testamente, «Psalmenbücher», «Psalter», das «Himmelsleiterli», das «Gebetbuch», «Paradiesgärtli», «sonntäglicher evangelischer Seelenschatz», «geistlicher Wegweiser», «Übung der Gottseligkeit», «Diebolds Gläubiger Kranker Seelentrost», «Nachtmahlbüchli», «heilsame und nützliche Betrachtungen, wie ein Mensch aus Gottes Wort soll lernen», «Herrn Meyers sel. Kirchen-Kleinod», «Herrn Meyers sel. evangelische Gebetopfer», «Geistlicher Seelen-Lust, das ist Morgen- und Abendsegen durch die ganze Woche», «Gläubiger Sitten-, Haus-, Reise- und Kirchenkleinod»; etwas unüblicher: «Thomas a Kempis von der Nachfolge Christi», das im Spätmittelalter nach der Bibel meistverbreitete Buch, «geistliches Rauchopfer einer andächtigen Seele», «geistliches Weihrauch-Schränkli», «des christlichen Pilgers Gebet, Andacht und gen Himmel geschickte Seufzer», «Meyers Trostquell durch evangelische Gnadenwahl», «*Molleri Manuale* de Praeparatione ad Mortem» und andere mehr, die teils der Kürzelschrift des Vikars wegen nicht eindeutig zu lesen sind. Natürlich hätte ein entsprechendes Bücherinventar im früheren 17. oder gar im 16. Jahrhundert spartanischer ausgesehen, da gewisse Erbauungsliteratur erst im 18. Jahrhundert aufgekommen war.

    Das vorderste Bildungsziel war, die Glaubenslehre zu beherrschen, die Bibel, Gebet-bücher und allenfalls andere christliche Bücher lesen zu können. In der kirchlichen Kinder-lehre wurden die reformierten Glaubenswahrheiten vermittelt, ja mittels des Frage-und-Ant-wort-Spiels des Katechismus recht eigentlich ins Bewusstsein eingehämmert.

    Die Zürcher Geistlichkeit sah sich gegenüber dem Höchsten für die ihr anvertrauten Seelen verantwortlich. Deshalb – und nicht in erster Linie aus statistischen Gründen – be-gann sie ab 1634, die Bevölkerung haushaltweise zu inventarisieren.[222] Pfarrer Jakob Keller tat dies für Seuzach im Jahr 1640 unter dem Titel «Verzeichnis der Eltern, Eheleute und Kindern, gleich auch wie der Dienste, wie alt ein jedes, und wie es in den Hauptartikeln unserer christ-lichen Religion des alles selig machenden Glaubens gegründet sei […]».

Gemäss Pfarrer Keller beherrschten die Kleineren ab etwa vier, fünf Jahren das Vaterunser, manchmal zusätzlich auch das Apostolische Glaubensbekenntnis. Ab etwa sechs, sieben Jahren war dann – mit der Zwischenstufe des Auswendigkönnens der Zehn Gebote – das Beherrschen der «Fragen» und der «Fragstückli» des Katechismus die Richtschnur. Das Können war unterschiedlich. Es gab Elfjährige, die schon sämtliche 110 «Fragen» und 93 «Fragstückli» des Katechismus und teils zusätzlich Psalmen auswendig rezitieren konnten, Gleichaltrige mit Kenntnis nur zweier «Fragen», ein fünfjähriges Mädchen mit Beherrschung von zwölf «Fragstückli» sowie zusätzlich von Gebet und Glaubensbekenntnis, eine 21-jährige Magd mit 26 «Fragstückli» und so weiter. Im Verzeichnis des Jahres 1634 hatte Pfarrer Keller die ortsfremde 19-jährige Magd Elsbeth aufgeführt, die nebst einem Glaubensartikel einiges aus dem Katechismus aufsagen, aber weder schreiben noch lesen konnte. Sie hatte ihre Rezitierkünste «von anderen erlernt».

9.8.1 Schule[223]

Wie oben angedeutet, dürfte der gesangsmächtige Jakob Ackeret der erste Schulmeister in Seuzach überhaupt gewesen sein. Er hatte seine Stelle um 1630 angetreten und versah sie noch 1678. Um 1733 war Heinrich Borat als Schulmeister und Vorsinger tätig.

Auch in Ohringen wirkte seit dem frühen 18. Jahrhundert ein Schulmeister. Es scheint, dass diese Schule um 1709 mit dem einheimischen Schulmeister Konrad Müller entstanden war. Jedenfalls befasste sich seither die zentrale Kirchen- und Schulbehörde in Zürich, der Examinatoren-Konvent, mehrmals mit dem «Ohringen'schen Schulgeschäft». Die Schule kam in den Anfangsjahren nicht so recht in Schwung, wurde jedoch 1730 definitiv bewilligt, und zwar unter den folgenden Bedingungen: Jeweils jährlich beim Schulbeginn im Winter sei vonseiten der Schulvorsteherschaft der Seuzacher Pfarrherr zu begrüssen, wie im künftigen Winter einmalig auch der Antistes, der Vorsteher der Zürcher Kirche. Sodann dürften keine Seuzacher Kinder an die Ohringer Schule «gezogen» werden und habe die Schule das Kirchengut nicht zu belasten.[224]

Bis ins frühe 19. Jahrhundert diente an beiden Orten die Stube des Lehrers auch als Schulstube.

Lehrziel war, den «mündigen Gläubigen» heranzubilden. Deshalb waren Lesen, Schreiben und Singen wichtig, während Rechnen in den Hintergrund trat und an vielen Landschulen gar nicht unterrichtet wurde. Wichtigste Lehrmittel waren der grosse und der kleine Katechismus. Lehrer und Kinder brachten auch einmal einen Kalender für Leseübungen mit, eine entwertete handschriftliche Urkunde oder eine Fibel. Lesen bedeutete «ein fast magisch-beschwörendes Ablesen von bestimmten Zeichenfolgen. Lesen und Beten galten denn auch fast als identische Tätigkeiten.» Im Frühjahr legte der «Stillstand» den Examenstermin fest und gab die Mittel zum Kauf der Examensbrote frei.

1771 führte die Obrigkeit eine Schulumfrage auf der Landschaft durch, die für Seuzach-Ohringen Pfarrer Hegner beantwortete. Schule wurde in Seuzach mit 57 Kindern und «auf den Höfen Ohringen» mit 15 Kindern im Alter von 4–13 Jahren gehalten. In Ohringen wurde nur während des Winters unterrichtet. Eine etwas später in Ohringen eingerichtete Sommerschule hatte keinen Bestand; die Kinder wurden ab 1782 den Sommer durch wieder nach Seuzach geschickt. Nur etwa die Hälfte, oft auch nur ein Drittel der Kinder der Kirchgemeinde besuchte im Sommer überhaupt die Schule. Die noch schulpflichtigen «Dienst-Knaben und -Mädchen» könnten wegen ihrer Lohnabhängigkeit lediglich die «Nachtschule» besuchen, die im Winter wöchentlich zweimal von 6 bis 8 Uhr abends mit den Schwerpunkten Beten, Lesen und Singen abgehalten wurde.

Die Besoldung des Schulmeisters deckte die reine Unterrichtszeit; im Übrigen musste er, um sich beziehungsweise seine Familie unterhalten zu können, zusätzlich «unablässig» arbeiten, wobei dies als dem Schulwesen keineswegs abträglich angesehen wurde. Für jedes ihrer Kinder entrichteten die Eltern dem Schulmeister wöchentlich 1 Schilling als «Schullohn». Für das Vorsingen sowie das Abhalten der Nacht- und der Sommerschule bekam er von der Gemeinde zudem jährlich 9 Gulden. Die Stadt Winterthur besserte den Lohn mit 1 Mütt Kernen jährlich auf. Für die Heizung gab ihm die Gemeinde einen Hau Holz; dazu mussten die Kinder täglich ein Scheit mitbringen. Der Ohringer Schulmeister zog pro Kind und Woche 2 Schilling ein, und auch hier trug Winterthur mit jährlich 1 Mütt Getreide zum Lohn bei. Für arme Kinder bezahlte an beiden Schulen die Kirchgemeinde das Schulgeld. Der Seuzacher Schulmeister Jakob Wipf – er betätigte sich auch als Spezialist für Obstbäume[225] – wurde in der Umfrage als sanftmütig und als bei Kindern und Gemeinde «wohlgeachtet» charakterisiert. Sobald die Kinder lesen könnten, müssten sie den Katechismus und von der Bibel auswendig lernen.

Über das Lesen hinaus wurden die meisten Knaben auch im Schreiben unterrichtet, «aber wenig Töchter». Selbst der Schulmeister «ist im Schön- und Richtigschreiben nicht stark». Und zum Rechnen: «Man lernt hier mehr singen als rechnen.»

9.9 WINTERTHURER HEIRATSPAARE UND PATEN

Die Seuzacher Tauf-, Ehe- und Totenbücher sind leider erst ab 1731 überliefert. Was sicherlich schon vorher so war, manifestiert sich seit jener Zeit in den Eheregistern: die vielen Winterthurer Hochzeitspaare, die sich im Kirchlein Seuzach trauen liessen. Oft war es jährlich um ein halbes Dutzend. Es konnten auch mehr sein, so im Jahr 1787, als im Kirchlein keine einzige Heirat Einheimischer, dagegen deren elf von Winterthurer Paaren stattfand. Oft vermählten sich Angehörige der «besten» Winterthurer Familien in Seuzach. 1784 verheirateten sich hier Johann Sebastian Clais (1742–1809), damals noch Bürger von Karlsruhe, und die Winterthurerin Maria Ursula Sulzer. Clais, 1793 in Winterthur eingebürgert, entwickelte sich zu einem bedeutenden Erfinder, Industriellen, Kaufmann und Salzhändler. Er liess das «Lindengut» bauen. In der Zeit der Revolution gingen die Winterthurer Hochzeiten in Seuzach zurück und hörten dann nach und nach auf.

Auch als willkommene Taufpaten und -patinnen kamen mehrmals im Jahr Winterthurer Bürger und Bürgerinnen in die Kirche Seuzach. Patenschaften kam damals eine erhebliche Bedeutung zu, und eine städtische Bürgerin oder einen Bürger, vielleicht gar aus der Oberschicht, zur Gotte und zum Götti zu haben, erhöhte die materielle und soziale Sicherheit der Dorfkinder.

10. Einzelschicksale und Volkscharakter

10.1 SCHICKSALE

Wir treffen unter den Themen, die in diesem Buch behandelt werden, immer wieder einzelne Menschen an. Hier seien noch einige Schicksale besonders beleuchtet.

1575 verurteilten Schultheiss und Rat der Stadt Winterthur, denen für den Stadtkreis die Blutgerichtsbarkeit zustand, einen Seuzacher mit dem Vornamen Heinrich aus einem gängigen Geschlecht zum Tode durch das Schwert.[226] Er hatte – wohl auf dem Hintergrund der damaligen Hungerszeit – vor allem Lebensmittel gestohlen. Aus der Winterthurer Mühle von Joß Sigg entwendete er gegen 100 Kilogramm Getreide, zwei Häfen voll Schmalz, acht Hausbrote und zwei Seiten eingesalzenes Schweinefleisch, aus der Spitalmühle etwas Getreide. Diese Diebstähle genügten nach der damaligen Rechtsprechung für ein Todesurteil. Hinzu kamen mehrere Diebstähle von Getreide in Seuzach und von zwei Seiten Schweinefleisch in Oberohringen. Dass nach der Köpfung der Leib des Verurteilten verbrannt wurde, galt als zusätzliche Strafe für eine in Seuzach als Knecht angeblich begangene Sodomie.

Weit herumgekommen war Rudolf, ebenfalls Spross eines alten Seuzacher Geschlechts, als man ihn 1601 in Zürich noch in jungen Jahren mit dem Schwert hinrichtete. In seiner Jugend hütete er bei seinem Vater in Seuzach Schweine, wahrscheinlich mit nur wenig rosigen Aussichten. So zog er nach Zürich, Winterthur, Schaffhausen, Solothurn, Freiburg, Basel, St. Gallen und von da nach Ungarn, sodann nach Savoyen, etwa nach Chambéry, und Frankreich, unter anderem Paris und Grenoble, sodann hielt er sich in verschiedenen Orten des Landes Uri und der Zürcher Landschaft sowie in Walenstadt, Lachen und Bipp auf. Überall, zumeist verbunden mit Wirtshausbesuchen, entwendete er Geldstücke, Textilien, Kleider, auch mal gebratene Rebhühner aus der Pfanne und beging kleine Betrügereien. Manchmal fand er als Bediensteter eine Anstellung, so bei einem Hauptmann in Solothurn, bei einem Freiherrn in Basel, einem «Doctor» in Konstanz oder als Stallbursche in einem Basler Wirtshaus. Des Weiteren betätigte er sich als Bote, trug beispielsweise Briefe von (Schweizer) Hauptleuten in Frankreich in die Eidgenossenschaft und zurück. Dabei nahm er von einem Bündner Hauptmann zwar den Botenlohn, brachte die Post aber nicht nach Frankreich, sondern kaufte mit dem Geld Schuhe. Als er wegen der Entwendung von Leinen im «Ochsen» zu Winterthur ins Gefängnis auf die Kyburg verbracht wurde, kam er, nachdem er «Urfehde» geschworen hatte, gnadenhalber nochmals frei. Doch als er kurz darauf in Birmensdorf erneut straffällig wurde, erkannte man ihn als unverbesserlich und richtete ihn hin.

Ein anderer Seuzacher, Heinrich Borat, betätigte sich um 1690 als eine Art Berufsdieb. Er bestahl, teils durch Einbruch mit einem Dietrich, ein gutes Dutzend Winterthurer Bürger, Handwerker, Witwen und Wirte und erbeutete Geld, Silber und beim «Ochsen»-Wirt auch einmal ein «Hammenstötzli».[227] Wegen dieser Taten kam er vor die «Schranken eines Ehrsamen Landgerichts» der Grafschaft Kyburg, das am 20. Dezember 1690 unter Landvogt Escher im Beisein von 20 Landrichtern in Kyburg tagte und Heinrich zum Tod durch Erhängen verurteilte. Aus Gnade wurde diese Strafe durch die der Enthauptung ersetzt.

In einer Zeit, in der sich Kranke, Schwache und Behinderte nicht auf die Möglichkeiten moderner Medizin, Hilfsmittel und Sozialhilfe abstützen konnten, gab es erschütternde Schicksale, auch wenn der Schreibende nicht zum Ausdruck bringen will, der heutige Mensch könne durch materiell-wissenschaftliche Mittel sein Schicksal beeinflussen. Berührend wirkt der Fall von Konrad Keller aus Oberohringen, dem Bruder des Grafschaftsrichters. Sein Mund war durch eine Hasenscharte «abscheulich» entstellt, sodass er – wiewohl verheiratet – «nicht unter die Leute ging». Er litt deshalb unter «Schwermut», fühlte sich als «Auswürfling und jedermanns Fingerzeig», so jedenfalls berichtete Pfarrer Jakob Sulzer in seinem Brief vom 18. November 1662.[228] Als Keller an Suizid dachte, wurde er «eine Zeit Lang in Bande verwahrt». Nun gehe es ihm besser, und er besuche fleissig die Kirche. Keller habe nämlich, um etwas gegen die Schwermut zu tun, «ein schönes Stück Reben» an guter Lage in Oberohringen angelegt und wertsteigernd kultiviert. Das verstiess eigentlich gegen den obrigkeitlichen Beschluss, wonach jüngst angelegte Reben im ganzen Staatsgebiet entfernt werden mussten. Im erwähnten Schreiben – gerichtet an keinen Geringeren als den Zürcher Bürgermeister – bittet Pfarrer Sulzer im Namen des Bruders und der Verwandtschaft Kellers um eine Ausnahme, damit der Geplagte nicht aus der Bahn geworfen werde. Oberohringen liege abseits und eine Ausnahme würde keine «Konsequenz» für andere Gemeinden mit sich bringen.

Die Machtlosigkeit in medizinischen Dingen war noch im 19. Jahrhundert unübersehbar. 1814 etwa blieb Heinrich Ballauf offenbar nichts anderes übrig, als seinen «von Fäulnis angesteckten Finger» eigenhändig abzuschneiden, wie Martin Ballauf in seiner Familiengeschichte berichtet.

10.2 VOM WESEN DER SEUZACHER UND OHRINGER, EINE KLEINE VOLKSKUNDE VON PFARRER SULZER, 1783

Pfarrer Johann Konrad Sulzer, auf dessen «Stillstandsprotokolle» wir oben eingegangen sind, war keiner, der mit strengen Mitteln für Ordnung sorgte. Vielmehr zeigte er Verständnis und wandte bei der Durchsetzung der kirchlichen Ziele Diplomatie an. 1783 zeichnete er in seiner bereits oft zitierten «Beschreibung des ökonomischen, sittlichen und religiösen Zustands der Gemeinde Seuzach [...]» den Volkscharakter wohl zutreffend: «Im Charakter haben die Leute etwas Hartes, Unbiegsames, Eigensinniges und Rohes. Es fordert eine eigne Art und besondere Klugheit, mit ihnen umzugehen. [...] Sie lassen sich nichts aufdrängen. Sie sind meistens sehr heftig und stürmisch. Jede Kleinigkeit erregt ihren Eifer, oft tobendes Geschrei. Doch setzt sich die Hitze bald. [...] Neugierde und Schwatzhaftigkeit herrschen sehr, besonders im Winter, wo man keine strenge Arbeit hat. [...] Bei der Arbeit sind die Leute meistens munter. Oft kehren sie [...] [nach 16-stündigem Arbeitstag] unter frohem Gesang [...] ihren Hütten zu.»

Aberglauben sei vorhanden, so Sulzer weiter. «Das Geheul der Nachteule, der dumpfe Klang der Glocke, oder das Zusammentreffen des Läutens und Schlagens bedeute einen nahen Sterbefall.» Neugeborenen Kindern werde vor der Taufe hin und wieder die Bettdecke verkehrt aufgelegt. «Man schreibt zuweilen [unbekannte] Krankheiten bei Mensch und Vieh [...] bösen Leuten zu, [...] ein unsinniger Wahn.» Für kranke Menschen werden auch «Lachsner» zugezogen, bei krankem Vieh etwa ein als Hexe geltendes altes Weib als Ursache vermutet. Jedoch: «Zum Glück ist solches Zeug selten [...].»

«Man hält [...] noch viel auf dem Kalenderzeichen. An dem und dem Tag, in dem und in diesem Zeichen ist nicht gut säen, heuen, Weinreben beschneiden, usw. [...] So heisst's: im Skorpion, im Vollmonde, an der Fronfasten mähet man das Gras nicht ab», eine «Albernheit», die schon mal zu halb verfaultem Heu führe.

Es herrsche bei den Leuten eine «ungereimte Einteilung [...] in geistliche und weltliche [Dinge], zum auffallenden Schaden der Sittlichkeit. Beten, Lesen, Sonn- und Festtage feiern ist geistlich; Arbeit im Beruf, Verkehr mit Anderen, Handel und Wandel ist weltlich [...]. So ist die Religion nicht, wie sie sein sollte, ein durchs ganz Leben hinlaufendes, stets wirkendes Principium zum Guten.»

Nun gebe es «auch Licht neben diesen Schatten»: gegenseitige Fürsorge[229] sowie «Achtung für Bibel und Gottesdienst». An Sonntagen läsen die Menschen Bibeltexte, die er, der Pfarrer, empfohlen habe, und gingen auf die Güter, um zu sehen, «ob und wie jedes gedeihe». «Die Alten sitzen zusammen unter einem Baum und sprechen von fruchtbaren und unfruchtbaren Jahrgängen, vom Preis der Früchte [Getreide] und des Viehs, von Dorfneuigkeiten, von allen Herren und Landvögten, die sie gekannt haben. Die Knaben und Töchter singen Psalmen und Lieder.» Am Sonntag ruhe man und erhole sich. «Und wer weiss, was sechs Tage harte Arbeit ist, wie sie die Leute im Korn- und Weinland treiben müssen, wird keiner weiteren Erklärung bedürfen.»

«Noch sind zwei Höfe zu meiner Pfarre gehörig: Ober- und Unter-Ohringen mit 15 wohlhabenden, teils reichen Bauernhöfen.» Insgesamt sei hier der Volkscharakter mit dem Seuzachs vergleichbar, doch herrsche weniger «Stürmerei, Eifer und Plaudersucht». «Auch sind sie offener und gerader, wie die meisten Hofleute», und einige würden auf ihn, Sulzer, als «gute glückliche Menschen» wirken. Seit «Mannsgedenken» sodann habe kein Ohringer gegen einen anderen wegen Händeln oder Kränkungen vor Gericht gestanden.[230]

Pfarrer Sulzer erweist sich in seinem Bericht als wohlwollender, feinsinniger Beobachter. Seine Analyse verfügt über eine gewisse zeitlose Distanz, die zu noch heute volkskundlich stimmigen Aussagen führte. Sie war wie viele andere solcher Berichte auf Bestreben der «ascetischen Gesellschaft», des damaligen Pfarrvereins, hin verfasst worden, und zwar zum Zweck theoretischer und praktischer Übungen im Berufsverband. Entsprechend wurde auch Sulzers Arbeit im Plenum dieser Vereinigung verhandelt.

11. Das Ende eines Zeitalters

Erkannte Pfarrer Hans Ulrich Hegner, der 1789 Sulzer abgelöst hatte, die bevorstehenden, grossen Umbrüche in vollem Ausmass, als er am 14. Januar 1798 ins «Stillstandsprotokoll» schrieb: «[...] ward verlesen, was von samtlichen Eidgenossen in Aarau wegen misslichen Umständen wegen Frankreich beschlossen [wurde]»? Jedenfalls war diese Sitzung die letzte, die im alten Zeitalter verzeichnet wurde, und erst im Sommer 1801 setzt das Protokoll wieder ein.

D

Revolution und Liberalismus

1. Einleitendes

Der hier zur Sprache kommende Zeitabschnitt wurde 1798 durch die von Frankreich entfachte helvetische Revolution eingeleitet und 1869 durch die demokratische Verfassung des Kantons Zürich beendet. Es sind die Jahrzehnte einer tief greifenden politischen Umwälzung. Die neuen Schlagworte von Freiheit, Gleichheit und Brüderlichkeit (1798) und von Demokratie (1869) prägten die theoretische Ebene von Verfassung, Gesetzesbüchern, Staats- und Gemeindeorganisation. Anstelle der Rechte der einzelnen Stände (Adel, Bürger, Bauern, unterbäuerliche Schicht, Geistlichkeit) trat das gleiche Recht des Bürgers. Konkret war es jedoch das tüchtige Individuum mit seinem Anspruch auf materielles Glück und Gewinn, das eine vielleicht 1500-jährige kollektiv-ständische Kultur abzulösen begann.

In den Dörfern dominierte vorerst der Umbau der Landwirtschaft weg von der genossenschaftlichen zur individuellen Ausrichtung. Bedingt und begleitet war dieser Prozess durch den Loskauf der dinglichen Feudallasten (Grundzinse und Zehnten).

Die dadurch frei werdenden Energien bildeten eine wesentliche Grundlage der Industrialisierung, die zwar in Seuzach und überhaupt im Weinland nicht unmittelbar Fuss fasste, sich mit ihren Licht- und Schattenseiten etwa in Winterthur oder an der Töss, auch an deren Unterlauf, aber unübersehbar ausbreitete.

2. Revolution, Helvetik, Bockenkrieg

2.1 NEUORDNUNG AUF KANTONS- UND GEMEINDEEBENE

Die Erfolge im ersten Koalitionskrieg (1792–1797) gegen Preussen und Österreich sowie in Italien liessen dem revolutionären Frankreich 1798 freie Hand, die alte Ordnung in der Eidgenossenschaft zu stürzen.

Nachdem im frühen März 1798 mit der Niederlage des Standes Bern gegen die französischen Truppen eine wesentliche Bastion gefallen war, wurden überall in der Eidgenossenschaft Freiheitsbäume errichtet, so am 13. März auf dem Lindenhof in Zürich und an der Hintergasse (Steinberggasse) in Winterthur, gefolgt von vielen Orten auf der Landschaft. Ab Ende April besetzte die französische Armee auch den Kanton Zürich. Die alte Eidgenossenschaft mit den 13 regierenden Orten, ihren gemeinen Herrschaften und Zugewandten ging formal am 14. April 1798 in ein zentralistisches, einheitliches Staatsgebilde über, die Helvetische Republik, in der nach dem Buchstaben des Gesetzes alle Bürger gleich waren. Die alten Stadt- und Länderorte wurden zu blossen Verwaltungskreisen (Kantonen) degradiert, ergänzt durch neu gebildete Kantone in ehemaligen Untertanengebieten, mit Gebilden wie den Kantonen Baden und Säntis.

Im August 1798 mussten alle Bürger der Zentralregierung in Aarau den Eid leisten, und es kam zum Frieden zwischen den Republiken Frankreich und Helvetien. Regierungssitz wurde nun Luzern, später Bern. An die Spitze der einzelnen Kantone stellte man Statthalter. Die Kantone wiederum waren in Distrikte unterteilt, die von einem Unterstatthalter geleitet wurden. Seuzach gelangte zum Distrikt Andelfingen, dem vorerst Jakob Keller (1771–1801) von Oberohringen als Unterstatthalter vorstand – offenbar ein Revolutionär und Republikaner der ersten Stunde.

Die helvetische Gesetzgebung brachte für alle Bürger persönliche und politische Freiheit, Rechtsgleichheit, Produktions-, Handels-, Glaubens- und Pressefreiheit. Auf die Person bezogene feudale Abgaben wie der sogenannte Fall beim Ableben einer Person und die Leibeigenschaft wurden unmittelbar abgeschafft. Dingliche Grundlasten, also vor allem die Grundzinse und Zehnten, sollten losgekauft werden.

Auch auf der Gemeindeebene kam es zur Neuordnung. Die Dörfer und Siedlungen zumeist einer Kirchgemeinde wurden zu Munizipalgemeinden umgeformt, in denen das moderne Einwohnerprinzip (und nicht das herkömmliche Prinzip von Bürger- und Nutzungsrecht) galt. Allerdings blieben diese politischen Gemeinden weitgehend Verfassungskörper ohne materielle Befugnisse. Sie stellten die Ausführung staatlicher Gesetze sicher, dienten als staatliche Wahlkörper und nahmen Aufgaben im Sicherheits- und Gesundheitswesen wahr. Die alten Nutzungsgemeinden blieben bestehen, gingen mit dem Nutzungsgut teils in privatrechtliche Korporationen über, lebten aber zumeist als sogenannte Zivilgemeinden weiter, die das alte Gut ganz oder teilweise übernahmen.

Die alte Dorfgemeinde Seuzach blieb mit dem gesamten Gut als Zivilgemeinde im Verband der neuartigen Munizipalgemeinde Seuzach bestehen und bestritt noch jahrzehntelang, im Prinzip bis zu ihrer Auflösung 1928, den grössten Teil der materiellen Aufgaben. Die Höfe Ober- und Unterohringen, seit je Glieder der Kirchgemeinde Seuzach und nun des politischen Gemeindeverbandes, gaben ihren Hofcharakter de jure erst 1836 auf, um eigene Zivilgemeinden zu gründen.

Mit der liberalen Verfassung von 1831 lösten sich das Schul- und das Armenwesen von der Kirche und formierten sich in selbständigen Körperschaften und Behördenorganisationen.

2.2 SEUZACH ZWISCHEN DEN FRONTEN

Im Jahr nach der Besetzung der Schweiz durch Frankreich kam der Krieg auch in unsere Gegend. Im Rahmen des sogenannten zweiten Koalitionskrieges setzten die Koalitionstruppen unter dem österreichischen Erzherzog Karl nach ihren Siegen bei Stockach und Pfullendorf den sich über die Schweizer Grenze zurückziehenden Franzosen nach und erreichten am 21. Mai 1799 unter anderem die Thur bei Andelfingen. Der französische General Masséna

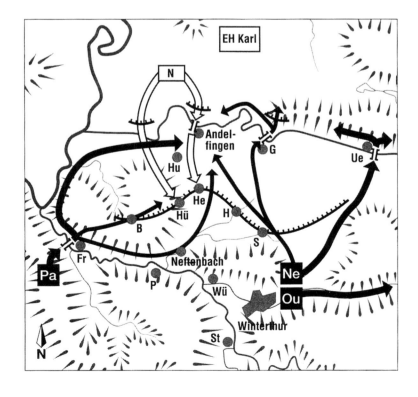

30_Links: Plan zu den Gefechten bei Neftenbach und Andelfingen unter Einbezug von Seuzach und anderen Orten vom 22.–25. Mai 1799.

31_Rechts: Schlacht vom 27. Mai 1799 bei Winterthur; Österreicher und Ungarn gegen Franzosen und Schweizer.

hatte seine längs der Rheingrenze verzettelten Truppen zurückgezogen und konzentrierte sie in einem befestigten Lager bei Zürich.

Der Winterthurer Major H. E. Bühler erforschte 1899 die Kriegsereignisse, und wir zitieren aus seiner Darstellung: «Die [französischen] Vortruppen gegen Norden befehligte General Tharreau, der am 20. Mai in der Gegend von Andelfingen hinter der Thur Stellung nahm. In Winterthur lagerte die Division Oudinot, während das Gros, bestehend aus den Divisionen Soult, Vandamme, Ney und Kavalleriereserve Klein, auf und hinter dem Plateau von Brütten konzentriert wurde. [...] Der Rheinübergang Erzherzogs Karls begann am 21. Mai. [Über zwei Schiffsbrücken bei Stein am Rhein] überschritt die österreichische Avantgarde unter Feldmarschall-Lieutenant Nauendorf, 21 Bataillone und 30 Schwadronen stark, den Fluss. [...] Die Avantgarde Nauendorfs hatte den Auftrag, über die Thur gegen die Töss vorzustossen, aber bis zur Vereinigung der österreichischen Gesamtkräfte sich in kein bedeutendes Gefecht einzulassen. Sie bezog am Abend des 21. [Mai] eine ‹Stellung› zwischen Nussbaumen, Steinegg und Hüttwilen mit Vortruppen längs der Thur von Andelfingen bis Pfyn und einem vorgeschobenen Posten in Frauenfeld. Andern Tags, am 22. Mai, unternahm General Kienmayer von der Avantgarde Nauendorfs mit einem stärkern Detachement aller Waffen [...] eine gewaltsame Rekognoscierung gegen Winterthur. Die Franzosen hatten die Thurlinie bereits verlassen und ihre Vorposten über die linksseitige Talbegleitung zurückgezogen, sodass die Österreicher erst im Lauf des Vormittags am Amelenberg, östlich von Ohringen, auf den Feind stiessen. Sie griffen über die offene Ebene von Hettlingen an, deren sumpfiges Gelände das geordnete Vorrücken bedeutend erschwerte, und es entwickelte sich hier ein

Die Ungarische Regimenter haben sich den 27. May 1799 in der Schlacht bey Winterthur in der Schweitz wider die Franken bsonders ausgezeichnet, unter Anführung des General Hoze.

längeres Feuergefecht. Die Österreicher schoben immer mehr Kräfte auf ihren linken Flügel und richteten den Hauptangriff über den Heimenstein gegen Seuzach. Der Brennpunkt des Gefechts verschob sich also in östlicher Richtung, und es entwickelte sich gegen Nachmittag ein hitziger hin- und herwogender Kampf um den Besitz der Ortschaft Seuzach und der nördlich dieselbe beherrschenden Höhe von Heimenstein. Wohl zu spät, um noch entscheidend in das Gefecht eingreifen zu können, eilte Oudinot mit zwei Husarenregimentern und der ‹fliegenden Artillerie› nach Seuzach; es gelang ihm nicht mehr, den Heimenstein zurückzuerobern, und er kehrte nach zwei Stunden ohne Erfolg nach Winterthur zurück. Als die Nacht dem Kampfe eine Ende machte, hielten sich die Franzosen noch an der Nordlisière des Lindbergwaldes, woselbst sie ihr Biwak aufschlugen, und im südlichen Teil des Dorfes Seuzach, speciell in dem sehr günstig gelegenen Kirchhof.» Am folgenden Tag, dem 23. Mai, stand Neftenbach im Brennpunkt kriegerischer Auseinandersetzungen, und: «Gleichzeitig mit dem Kampfe um Neftenbach wogte auch auf der Linie Hettlingen-Ohringen-Seuzach zwischen den beidseitigen Vorposten neuerdings ein lebhaftes Gefecht», ohne dass eine Entscheidung gefallen wäre.

«Die österreichischen Vorposten verblieben während der Tage vom 22.–25. Mai auf der Linie Buch-Hünikon-Hettlingen-Heimenstein-Mörsburg-Rickenbach-Oberwil [TG]-Frauenfeld-Pfyn [...] Totalstärke der Vorposten: 5 Bataillone und 16 Escadron [...]. Die französischen Vortruppen behielten sämtlich Tössübergänge in ihrer Hand; ihre Postenkette erstreckte sich auf der Linie Hegiberg-Seuzach-Amelenberg-(Ohringen)-Neftenbach-Freienstein bis nach Tössriedern und Seglingen [...].»[231] So weit der gut recherchierende Major Bühler 100 Jahre nach den Ereignissen.

In der Folge verebbten die kriegerischen Handlungen in unserem Gemeindegebiet, und Neftenbach gelangte in den Brennpunkt. Über diese Ereignisse berichtete der in Neftenbach aufgewachsene Truppenführer Jakob Christoph Ziegler, Spross eines alten Stadtzürcher Geschlechts und Gegner der Revolution.[232] Er erwähnt dabei rückblickend auch die Front Seuzach-Ohringen: «Noch am gleichen Vormittage [22. Mai 1799] erfuhren wir, dass die kaiserlichen leichten Truppen von der Avantgarde des General Kiehnmeier mit dem Vorposten des am Amelenberge bei Ohringen stehenden französischen Korps plänkelten. Um diesem ziemlich lebhaften Vorpostengefechte in der Nähe zuzusehen, ritt ich mit meiner beherzten Gattin nach Aesch, von wo aus wir alle Bewegungen deutlich wahrnehmen konnten. Da sich die Franzosen immer mehr gegen Seuzach zurückzogen, so dass wir die Fechtenden grössernteils aus dem Gesicht verloren, kehrten wir auf Mittag nach Neftenbach zurück [...].»

Mit dem Sieg in der ersten Schlacht von Zürich am 6. Juni 1799 übernahmen Österreich und vor allem der Koalitionspartner Russland das Zepter im grössten Teil unseres Kantons, so auch in Seuzach. Mit der zweiten Schlacht von Zürich vom 25. und 26. September 1799, in der Masséna den russischen General Korsakov besiegte, kehrte wieder die Herrschaft der Franzosen ein.

2.3 EINE ERZÄHLUNG

Für die Zeit der Besetzungen und Kämpfe ist für Seuzach-Ohringen bezüglich der Fakten eine alles in allem glaubwürdige romanhafte Schilderung vorhanden. 1879 veröffentlichte Jakob Kübler (1827–1899), der von 1850 bis 1899 als Pfarrer in Neftenbach wirkte und sich nebenbei als Dichter und Schriftsteller betätigte, in Winterthur seine «Erzählungen aus der helvetischen Revolution». Er widmete das Buch seiner greisen, 1789 geborenen Mutter Maria Susanna Gimmel (spätere Kübler-Gimmel), die zur Zeit der Revolutionskriege als Mädchen Züseli mit ihrer damals etwa 30-jährigen verwitweten Mutter Susanna Gimmel-Hegner bei ihren Eltern, dem Pfarrerehepaar Hegner, im Pfarrhaus Seuzach lebte.

Kübler schildert seinen von 1789 bis 1801 als Pfarrer in Seuzach wirkenden Urgrossvater Hans Ulrich Hegner (1728–1801) als aufrechten Schweizer, dem jegliche fremde Besetzung zuwider war und der insbesondere mit den hitzköpfigen Anhängern der neuen Ordnung in Seuzach, den «Patrioten», nicht zurechtkam. Er soll sich auch mutig geweigert haben, sich mit den sich häufig im Pfarrhaus aufhaltenden französischen Offizieren an die gleiche Tafel zu setzen. Die Österreicher hingegen erachtete er ein Jahr später als Befreier. Seine Gattin wird als durchaus furchtlose Frau geschildert, die sich nicht scheute, Patrioten des eigenen Dorfes, die im Frühjahr zur Bewachung des konservativen Pfarrers erschienen, aus dem Pfarrhaus zu werfen.

Gehen wir mit dem Erzähler in den späten April 1798 zurück, als von Winterthur her die Franzosen ins Dorf einrückten. Die «Bürger Franzosen» wurden – so Kübler – unter dem Jubel der Schuljugend empfangen. Das sei insofern nicht verwunderlich, als sich «Bürger Schulmeister» Hasler etliche der neuen Ideen angeeignet habe, ohne aber auf die bewährte Lehrmethode eines «Schulmonarchen» und das gute Verhältnis zu Kirche und Pfarrer zu verzichten. Vier Offiziere jener ersten Besatzungstruppen hätten sich für Logis im Pfarrhaus vorangemeldet. Wie die Pfarrerin nun gesehen habe, wie diese ihre Pferde im Kuhstall untergebracht und entsprechend die Kühe des Pfarrhaushaltes hinausgetrieben hätten, habe sie den Spiess umgedreht und die Pferde aus dem Stall verjagt. Im Übrigen jedoch habe sich die Pfarrfrau durchaus freundlich gegenüber den Besatzern erwiesen.

Ob die Seuzacher im frühen März 1798 ebenfalls einen Freiheitsbaum aufgerichtet hatten, wissen wir nicht – unter dem Einfluss Pfarrer Hegners wohl eher nicht, sonst hätte Kübler in seiner Erzählung sicherlich darüber berichtet. Als jedoch Hans Kaspar Sulzer (1745–1803), in Küblers Novelle Gottlieb Sulzer genannt, ein glühender Winterthurer Patriot, auf seinem Anwesen, der «Drachenburg» (auch «Palmgarten»), vor dem Winterthurer Obertor am 1. März 1798 einen privaten Freiheitsbaum errichtete und dazu die Bürger Winterthurs und der umliegenden Dörfer einlud, sollen auch Ohringer und Seuzacher mit ihren Frauen dabei gewesen sein. Es entwickelte sich ein Volksfest mit Kanonenschüssen, Spielen der Marseillaise, Schwenken der Trikolore und Reden Sulzers.

Während der Vorpostengeplänkel im Mai 1799 sollen während 14 Tagen täglich 40 französische Offiziere am Mittagstisch des Pfarrhauses Platz genommen haben, und es zeigte sich die Fratze des Krieges in einem im Bereich Seuzachs ausgebrochenen Gefecht. Vor dem Dorf – so Kübler – lag manch weiss uniformierter, österreichischer Leichnam, ein Zeichen dafür, dass die «schwarzen Jäger», die Franzosen, gut gezielt hätten. Schwer verletzt schleppte sich auch der französische Hauptmann Chefrig ins Pfarrhaus, der während der Besatzung von den weiblichen Mitgliedern der Pfarrfamilie recht gut gelitten war. Er soll unter Gebeten und Weinen des Mädchens Züseli gestorben sein.

Schliesslich rückten die übermächtigen Österreicher von Frauenfeld her in Seuzach ein und verpflegten sich teils im Pfarrhaus. Als Husaren dem betagten Pastor die Uhr zu entreissen suchten, wehrte sich dieser dagegen. Schon erhoben sie die Säbel, als im letzten Augenblick des Pfarrers Tochter Susanna Gimmel-Hegner dazwischentrat. Sie habe die Klingen zweier Soldaten mit blossen Händen zurückgehalten, wobei das Blut der verletzten Hand einem der Räuber in die Augen spritzte. Der zur Hilfe eilende Pfarrerssohn Rudolf, ein starker Mann, habe die Übeltäter mit Fausthieben traktiert und sie ausser Gefecht gesetzt. Als die Pfarrerin den fallen gelassenen Säbel des einen Soldaten auf den Knien zu zerbrechen suchte, flehte dieser mit Erfolg darum, es zu unterlassen, denn der zerbrochene Degen hätte seine Erschiessung zur Folge gehabt.

Während der zweiten Schlacht von Zürich Ende September 1799,[233] deren Kanonendonner auch in Seuzach gehört worden sein soll, seien geschlagene Kosaken, Lanzenreiter, zu Hunderten, ja zu Tausenden bei Ohringen vorbeigezogen, so hätten laut Kübler aufgeregte Frauen aus Ohringen im Pfarrhaus gemeldet. An einem jener Tage hörten die Seuzacher um 9 Uhr abends Trommelschlag vom Lindberg her, und französische Truppen (einige Kompanien Füsiliere, eine Kompanie Jäger und ein Aufklärungspikett Dragoner) rückten ins Dorf ein, und nochmals nächtigten Offiziere im Pfarrhaus. Bei Tagesanbruch zogen sie weiter nach Norden, und seitdem soll Seuzach keine fremden Truppen mehr gesehen haben. (Dem war aber in Wirklichkeit nicht so.)

2.4 ZEICHEN DER REVOLUTION IM INNERN DER GEMEINDE[234]

Kehren wir von dieser – wie gesagt glaubwürdigen – Erzählung wieder zu den Fakten der Akten zurück. Diese ergeben nur ein bruchstückartiges Bild, da auf Gemeindeebene die Protokollierung weitgehend aussetzte oder dürftig war und auf staatlicher Ebene Akten betreffend die Gemeinde nur bei besonderen Vorkommnissen angelegt wurden.

Erstes dokumentarisches Zeichen ist ein am 25. Mai 1798 vom Seuzacher Schulmeister Jakob Hasler (1753–1819) in seiner Funktion als helvetischer Wahlmann verfasstes Schreiben. Er und die anderen Wahlmänner der Gemeinde setzten sich beim Statthalter dafür ein, dass Seuzach dem Distrikt Winterthur zugeteilt werde. Die Zuteilung zum Distrikt Andelfingen mit dem in Flaach sitzenden Unterstatthalter konnte das Schreiben allerdings nicht mehr verhindern. Hasler nutzte im Übrigen die Gunst der Stunde und erwarb im Sommer 1800 nebst seinem Kirchenstuhl auf der Empore zusätzlich einen der nobleren Stühle im Chor. Das widersprach zwar der bisherigen Ordnung, wonach Kirchenstühle an Hausliegenschaften gebunden sein mussten, was Hasler lapidar kommentierte, «auf solche ehemaligen Verordnungen sei seit der Revolutionszeit wenig Rücksicht genommen worden».[235]

Als Agent der ersten Stunde wirkte Felix Ackeret. Agenten hatten auf lokaler Ebene die Vorgaben der helvetischen Republik durchzusetzen. Im Grunde genommen kam ihnen, wie zuvor den Untervögten, eine Scharnierfunktion zwischen der Regierung und der dörflichen Basis zu. Natürlich waren Agenten Patrioten und bei konservativeren Gemeindegliedern wenig beliebt. Als Präsident der neu formierten Munizipalgemeinde amtierte Konrad Wipf. Ein hohes staatliches Amt erlangte – wie oben gesagt – Jakob Keller aus der Familie der bekannten Oberohringer Land- und Grafschaftsrichter: er wurde Unterstatthalter des neu gebildeten, gegen 10 000 Einwohner zählenden Distriktes Andelfingen, zu dem Andelfingen, Flaach, Berg, Rorbas diesseits der Töss, Dättlikon, Buch, Henggart, Neftenbach, Hettlingen, Seuzach, Dägerlen, Dinhard und Altikon gehörten. Noch als Landrichter hatte der radikale Keller Mitte März 1798 erfolgreich den Rücktritt des alten Winterthurer Ratsklüngels gefordert.[236] Mit der neuen Ordnung viel zu tun hatte, dass Agent Ackeret und zwei weitere Beauftragte im November 1798 den Wert der beiden Zehntscheunen schätzten, die zusammen doch 910 Gulden wert seien und gut zu «Wohnhäusern» umgebaut werden könnten, so der Bericht. Es sollte allerdings noch zehn Jahre dauern, bis die Zehnten losgekauft waren und man die Scheunen nicht mehr brauchte.[237]

Aber die Zehntscheunen wurden in den Jahren 1798, 1799 und 1800 ohnehin nicht gebraucht. Wegen «Revolution», wie es in den Ertragstabellen des Seuzacher und Ohringer Zehnten heisst,[238] gingen nämlich in jenen drei ersten Jahren des Umbruchs keine Zehnten ein. Da mag einiges mitgespielt haben: der Irrtum, mit der neuen Ordnung mit einem Schlag von Feudalabgaben befreit zu sein, die Zwangslieferungen an einquartierte Truppen, die Verwüstung der Felder durch Soldaten. Musste der Loskauf der auswärtigen Zehnten noch eine Weile warten, so konnte man aufgrund der neuen Ordnung einen internen Zehnten unmittelbar ablösen, nämlich denjenigen, der von gut 9 Mannwerk Wiesland für die Haltung des «Faselstiers», des Zuchtstiers, erhoben wurde. Am 3. August 1799 beschloss eine «Bürgerversammlung», dass die Pflichtigen diesen mit 25 Gulden pro Mannwerk loskaufen konnten, insgesamt mit einer Loskaufsumme von 231 Gulden. Die Gemeinde übernahm nun die Verantwortung für die Haltung des «Faselstiers» selbst und bestimmte als Halter Jakob Schwarz, der eine jährliche Entschädigung von 20 Gulden erhielt und zusätzlich gemeines Land nutzen konnte.[239]

Um die Jahreswende 1798/99 glaubte eine kurzsichtige Mehrheit der Bürger, die Revolution für persönlichen Profit ausnutzen zu können, und beschloss, die gesamten Gemeindewaldungen abzuholzen und zu verteilen. Auf den Protest einer weiter blickenden Minderheit hin reagierten die übergeordneten Behörden deutlich: der helvetische Minister des Innern, Albert Rengger, forderte den Zürcher Statthalter auf, «diesem gesetzwidrigen Vorhaben ungesäumt und mit allem Nachdruck Einhalt zu tun».

Zur Erhebung von Vermögenssteuern zur Begleichung der militärischen Requisition wurden landesweit detaillierte Liegenschaftskataster erstellt. Das war ein gewaltiger Verwaltungsakt, der die Eigentumsverhältnisse in bisher nicht gekannter Weise darlegte. Der Kataster für Seuzach-Ohringen wurde am 1. August 1801 «im Namen der ganzen Municipalität» von Präsident Konrad Wipf abgeschlossen und der Verwaltungskammer in Zürich überreicht.[240]

Mental sollte es trotz der Gleichheit vor dem Gesetz noch viele Jahrzehnte dauern, bis gewisse Tabus besonders im religiösen Bereich gebrochen waren. So wollte im Juli 1801 der Bürger Unterstatthalter in Flaach, der Nachfolger des verstorbenen Jakob Keller, einen Selbstmörder von Unterohringen in aller Stille auf dem Friedhof beerdigen lassen. Das führte zu Protesten in Seuzach und Oberohringen, und der Leichnam wurde – nach uralter Übung – «irgendwo in die Güter des Unglücklichen versorgt».[241] 1826 musste man dann einen Selbstmörder auf gerichtliches Geheiss hin an einer abgesonderten Stelle auf dem Kirchhof beerdigen.

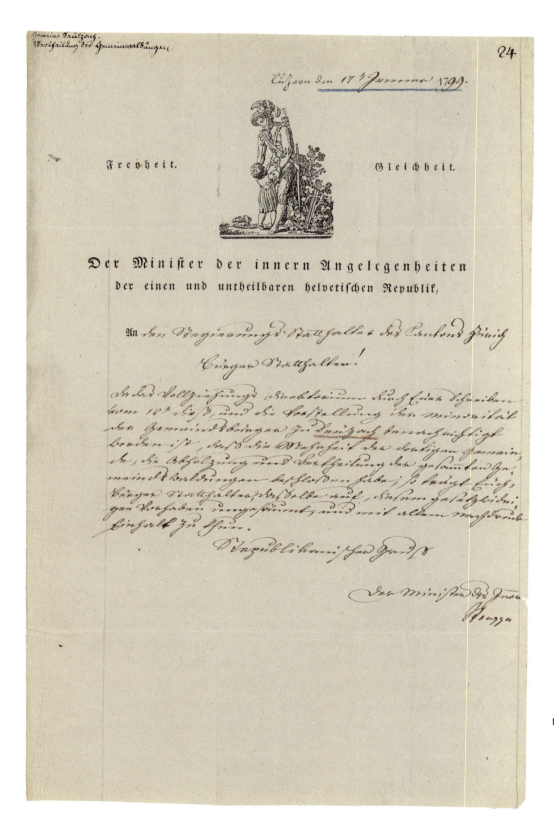

32_Schreiben des helvetischen Innenministers Rengger vom Luzerner Regierungssitz an den Zürcher Statthalter vom 17. Januar 1799. Briefkopf: Vignette Tell und Tellknabe, eingerahmt durch die Schlagworte Freiheit, Gleichheit. Rengger stoppt persönlich die Wahnsinnsidee der Mehrheit der Seuzacher, sämtlichen Gemeindewald abzuholzen und zu verteilen.

2.5 SCHÄDEN, KOSTEN, NOT, EINQUARTIERUNGEN, FREMDE TRUPPEN[242]

Aufgrund der an die Verwaltungskammer in Zürich eingereichten Berichte über besetzungs- und kriegsbedingte Kosten und Schäden können wir uns ein Bild der Verwüstungen, Plünderungen und der Not machen, und gleichzeitig erfahren wir einiges zu den Truppen und ihrer Verweildauer in und um Seuzach und Ohringen.

Nach dem Sieg der Koalitionstruppen gegen Frankreich in der ersten Schlacht von Zürich übernahm in den grössten Teilen des Kantons für gut dreieinhalb Monate eine Interimsregierung das Zepter. Es muss dem oligarchisch gesinnten Pfarrer Hegner gut getan haben, seinen Bericht vom 25. Juni 1799 an diese neue Regierung zur Lage in der Gemeinde Seuzach mit der Anschrift «Hochgeachter, wohledler, wohlweiser Junker Präsident [...]» eröffnen zu können. Hegner sprach von den «seit geraumer Zeit bei uns herrschenden Kriegsvölkern». Jeder Bürger in Seuzach und Ohringen habe den erlittenen Schaden schriftlich gemeldet. In Seuzach würden sich die «Plünderungen» auf 1600 Gulden und die «Verheerungen» auf 1200 Gulden belaufen, Unterohringen melde Schäden von insgesamt 1600 Gulden und Oberohringen von 2069 Gulden. Wegen «Mangel der Staatskräfte» begehre man keine Entschädigung, «sondern alle fassten den Entschluss, den Schaden in Geduld zu ertragen, gleich ihrem Pfarrer [eben Hegner], der auch hart mitgenommen worden» sei. Während nun aber diejenigen Seuzacher mit den grössten Schäden einen gewissen Ersatz aus dem Gemeindegut erhalten hätten, müssten die Ohringer, die kein Gemeindegut besässen, alles selbst tragen. «Alle aber, danken dem Höchsten, dass die Früchte des Feldes [Getreide] und der Reben, obgleich unsere Gegend mitten zwischen zwei Lagern gelegen, nicht mehr gelitten» hätten.

Gegen Ende des Jahres 1799 hatte sich die Lage indes weiter verdüstert. Die Verwaltungskammer wünschte von den Gemeinden vorerst einmal statistische Angaben zur Bevölkerung, zum Viehbestand und zu den Gemeindegütern. Präsident Keller berichtete am 17. Dezember wie folgt: Seuzach zählte in 52 Häusern 93 Haushaltungen mit 412 Einwohnern sowie 8 Pferde, 34 Ochsen, 57 Kühe und 2 Rinder; Oberohringen in 8 Häusern 9 Haushaltungen mit 49 Einwohnern nebst 4 Pferden, 19 Ochsen, 9 Kühen und 4 Rindern; Unterohringen in 7 Häusern 11 Haushaltungen mit 54 Einwohnern nebst 1 Pferd, 16 Ochsen und 10 Kühen.[243] Wie Keller bemerkte, entsprachen die genannten Viehbestände kriegsbedingt etwa der Hälfte des Üblichen.

Das Gemeindegut der Bürgergemeinde Seuzach, das in Geld und Schuldverschreibungen ohnehin nur immer ein paar wenige 100 Gulden betragen hatte, wurde in der Umfrage richtigerweise «Gemeindeholzgut» genannt und mit 96 Jucharten Wald sowie 18 Jucharten Äcker und Weide angegeben (die seit dem 17. Jahrhundert an die Bürger ausgegebene Weiherfläche wurde hier nicht berücksichtigt). Dieses Gemeindegut war gegen Ende des Jahres 1799 mit nicht weniger als 5000 Gulden belastet. Diese grosse Summe hatte nur gerade für die verordneten Transporte und die Requisitionen gereicht. Es mussten weitere Kredite aufgenommen werden, so etwa 1800/01 insgesamt 1200 Gulden von Heinrich Bosshard von Stadel, eine Summe, die erst auf Martini 1834 zurückbezahlt werden konnte.[244]

Das Kirchengut, an dem Ohringen auch beteiligt war, hatte sich, wohl ebenfalls kriegsbedingt, von rund 7000 Pfund auf 838 Pfund vermindert, so Keller im erwähnten Bericht. Als Gläubiger des Kirchengutes erscheint in der Jahresrechnung der Kirchgemeinde 1801/02[245]

Keller selbst, dannzumal alt Präsident, mit einem Kredit von 2277 Gulden samt 116 Gulden an ausstehenden Zinsen. Offenbar wurde das Kirchengut zur Finanzierung von Requisitionsfuhren beigezogen. So schuldete die Kirchgemeinde 274 Gulden «den beiden Höfen von Ohringen für Fuhren, so unter dem 12. Hornung 1800 verrechnet worden» waren, und Heinrich Keller von Oberohringen 70 Gulden für den gleichen Zweck. Das Armengut mit seinen 2000 Pfund wurde nicht behelligt, ebenso wenig das Schulgut, damals eine Stiftung von 200 Pfund.

Gelitten hatten auch die privaten Vermögen, so Keller in seinem Bericht: «Gemeinde- und Partikularvermögen» waren «so stark betroffen, dass Mensch und Vieh» vor dem «Unglück des Hungers» stehen. Trotzdem dauerten die Einquartierungen an, und: «Die das ganze Jahr [1799] gehabte Einquartierung ist unmöglich zu beschreiben von fränkischer und kaiserlicher Seite; der Hafer und das Heu sind ganz aufgezehrt [...].» Der grösste Teil aller Mobilien sei geraubt worden, besonders in den Höfen Ober- und Unterohringen. «Beträchtlich aber ist die Verheerung des Holzes daselbst wie auch zu Seuzach, auch die Hälfte Vieh ist kaum mehr da, das wenige aber steht ohne Futter [...].»

Am Heiligabend 1799 wandte sich die Munizipalgemeinde in einem vom Munizipal-«Secretär» Heinrich Schwarz verfassten Schreiben erneut an die Verwaltungskammer. 70 Personen in der Gemeinde stünden vor dem Hunger. Die Einquartierung würde andauern, auch mit überdurchschnittlich vielen Pferden. Die «Offizierspferde» und die «Gemeinen» hätten sämtlichen Hafer und alles übrige Getreide in der Gemeinde aufgebraucht. «Alle unsere Sommergewächse sind ein Raub der fränkischen Militäre geworden», die überdies 250 Mütt Kartoffeln weggenommen hätten. Das Vieh habe sich wegen Futtermangels um über 100 Stück vermindert, und manche Haushaltung habe ihre Kuh, «die ihr grösster und bester Unterhalt war», verkaufen müssen. «Das Militär hat kein Mitleiden, was sie nicht essen möchten, muss noch verderbt sein [...].»

In einem erneuten Schreiben vom 22. Januar 1800 musste Sekretär Schwarz die Zahl der vor dem Nichts stehenden Personen revidieren: statt 70 seien es nun deren 140 in 30 Haushaltungen. Man könne diesen Menschen aber nichts geben, «indem ein Artillerie-Park samt einer Compagnie Canoniere und Pferden schon über einen Monat bei uns logieren und alle Hälmlein Heu uns wegnehmen, nicht zu erwähnen der vor dem Abmarsch gehabten Cavallerie, deren Anzahl so sehr beträchtlich ist, dass die Wegnahme und Lieferung an Heu sich schon über 4000 Centner beläuft» Schwarz bat um «Zusatz von Kernen», Seuzach-Ohringen leide viel mehr als andere Gemeinden, «die sich ärmer stellen, als sie sind».

Im Februar 1800 war Seuzach mit 56 Artilleriepferden des Brigadechefs Lacroix belastet. Ein ins Auge gefasstes Abschieben von Pferden nach Bänk, Dägerlen, Berg und Rutschwil schien nicht möglich, da dort bei insgesamt nur 56 Bürgern schon 121 Infanteristen und 37 Pferde einquartiert waren.

Im März 1801 erstatteten Seuzach, Unter- und Oberohringen abschliessend Bericht über die ihnen erwachsenen Kriegskosten und -schäden.

Für Seuzach und Unterohringen umfasst die Zusammenstellung den Zeitraum vom 28. Oktober 1798 bis zum 4. Mai 1800, für Oberohringen den Zeitraum vom 15. August 1798 bis zum 28. Februar 1801. Letzteres musste also rund neun Monate länger fremde Truppen erdulden.

Seuzach wies insgesamt 24 640 Franken (15 400 Gulden) aus. Beispiele:

– Vom 23. Mai bis zum 6. Juni 1799 befand sich ein französisches Lager «unweit des Dorfes», für das 120 Klafter Holz draufgingen und das zudem die Wintergetreidezelge verdarb.

– Vom 29. September bis zum 9. Oktober 1799, als die aus der zweiten Schlacht von Zürich zurückkehrenden Franzosen erneut ein Lager «zwischen Seuzach, Ober- und Unterohringen» aufgeschlagen hatten, nahmen diese «mit Gewalt» die Trauben von den Reben. 13 französische Wachtposten «vor und neben dem Dorf» mussten versorgt werden. Unter anderem hatte man 181 Saum Wein (gegen 300 Hektoliter) sowie grössere Mengen Kartoffeln, Korn, Heu, Hafer, Stroh «unter Gewalt» herzugeben, «auf eine Art der Plünderung», und zwar teils an französische und teils an kaiserliche Truppen. Brandschäden an Gebäuden waren nicht zu beklagen.

Unterohringen ermittelte Schäden und Kosten von insgesamt 21 614 Franken (13 508 Gulden):

– Im Unterohringer Amelenbergwald wurden in der Zeit vom 23. Mai bis zum 6. Juni 1799 (also im Umfeld der ersten Schlacht von Zürich) zwei Lager errichtet. Diese Truppen hätten den Wald «dreimal geschlagen» und Holz für 12 694 Franken verbraucht. Und: «Bald hatten wir kaiserliche, bald französische Truppen.»

– Vom 29. September bis zum 9. Oktober 1799 (also im Umfeld der zweiten Schlacht von Zürich) wurden Trauben und Feldfrüchte «zertreten und verheert» sowie Heu, Stroh, Kartoffeln und Hafer weggebracht.

Oberohringen: Im Umfeld der ersten Schlacht von Zürich hatte Pfarrer Hegner Schäden von 3311 Franken (2069 Gulden) genannt,[246] hier nun als «kaiserlicher Kriegsschaden» gekennzeichnet. Im Zusammenhang mit der zweiten Schlacht von Zürich kamen 19 096 Franken hinzu. Der Berichterstatter, der «Munizipalbeamte» Jakob Keller, listete dabei die Posten detailliert auf: viel Wein und Getreide, sodann Kartoffeln, Bohnen, Brot, Fett, Butter, gedörrtes Fleisch, Heu, Stroh, Kleider, Bettzeug, Kupfer- und Silbergeschirr, Seitengewehre und Bargeld.[247] Oberohringen traf es im Vergleich zu Seuzach und Unterohringen härter. Letztere hatten grosse Verluste an Holz erlitten, in Oberohringen jedoch ging es um – an der Zeit und der Volkszahl gemessen – unglaubliche Mengen der täglichen Nahrung und der Vorräte für Mensch und Vieh.

Gut drei Jahre später wird nochmals Einblick in die Zeit der Besetzung gewährt. Am 20. April 1804 wandte sich Susanna Hegner-Kern, die Witwe des 1801 verstorbenen Seuzacher Pfarrers, an die ehemalige Dienstherrin ihres Mannes, die Stadt Winterthur.[248] Die Frau verlangte gewisse nachträgliche Entschädigungen, da ihr Mann Teile seiner pfarrherrlichen Einkünfte für das Militär habe hergeben müssen, während Einquartierungen in der Stadt durch die Stadtkasse getragen und andere «Landgeistliche» der Stadt entschädigt worden seien. Im Pfarrhaus Seuzach seien in den «schrecklichen Kriegsjahren» 2000 Quartiertage von Offizieren zu tragen gewesen, ohne solche von «Gemeinen» und «Diensten». Das habe «die sehr beträchtlichen Vorräte an Lebensmitteln und vorzüglich an einer grossen Menge Wein» völlig aufgebraucht, und die Pfarrleute hätten, um Plünderungen zu verhindern, Nahrungsmittel für die Offiziere teils zu teuersten Preisen hinzukaufen müssen. Während des 14-tägigen Feldlagers im Mai 1799 bei Seuzach habe der Pfarrhaushalt täglich 30–70 Offiziere «nähren» und einige Male auch die «Generalität bei Recognoscierung bewirten» müssen, das gleiche nochmals während zehn Tagen im Herbst jenes Jahres.

2.6 UNRUHIGES OHRINGEN[249]

Zwischen 1800 und 1802 kam es in der helvetischen Republik immer wieder zu Staatsstreichen, in denen sich Föderalisten und Reaktionäre, also Verfechter des alten Systems, einerseits, sowie «Revolutionäre», «Patrioten», also Anhänger des Einheitsstaates und der neuen Ordnung, andererseits gegenüberstanden. Nachdem die französischen Truppen im Juli 1802 aus der Schweiz abgezogen waren, kam es überall zu bürgerkriegsähnlichen Auseinandersetzungen zwischen den beiden Lagern, welche am 18. September 1802 im «Stecklikrieg» mit dem Sieg der konservativen Kräfte endeten. 1803 führte Napoleon die «Mediation» durch. Die alten Kantone und die aus den ehemaligen Untertanengebieten neu gebildeten Kantone traten an die Stelle des helvetischen Einheitsstaates. Die Errungenschaften der bürgerlichen Freiheit blieben hingegen bestehen.

Im Zusammenhang mit dem «Sulzerhandel» vom Dezember 1801[250] wurde wegen Verdachts «der Mitschuldigkeit in der Sulzer'schen Geschichte» der Ohringer Gerber Heinrich Keller verhaftet und nach Zürich gebracht. Mit der «Sulzer'schen Geschichte» ist der Winterthurer David Sulzer angesprochen, genannt «Schwefeldävi», ein unruhiger Geist und Revolutionär, der zum Marsch gegen die damalige konservative Staatsstreichregierung in Bern aufgerufen hatte. Dem Ruf waren auch Gefolgsleute aus Seuzach, Reutlingen und Seen gefolgt, die sich in Oberwinterthur trafen.

Im frühen April 1802 wurde Keller wieder entlassen. Seine Heimkehr gestaltete sich offenbar als Volksfest. Wie der Winterthurer Unterstatthalter Steiner nach Zürich meldete, war Keller 9 Uhr abends des 7. April «unter starkem Schiessen und blasendem Marsch von Töss her im Gasthaus zum Adler [einem Treffpunkt von Patrioten und Revolutionären in Winterthur] hier abgestiegen. Mit noch stärkerem Schiessen war die Abreise eine Stunde hernach begleitet. Dieses und ein grosses Freudenfeuer an dem Weinberg bei der roten Trotte beunruhigte viele [...].»

Gemäss einem Erlass des Kantonsgerichts hätte Keller nach seiner Rückkehr seine Güter nicht verlassen dürfen, wurde er doch auf sie «bannisiert». Etwas später sah man ihn aber wieder in Winterthur.

Im Nachgang des «Stecklikrieges», von den sogenannten Helvetikern auch als Insurrektion benannt, kam es zu Aktionen aller Art. Am 26. September 1802 unternahm der Zürcher Oberst Holzhalb zusammen mit dem schillernden Marthaler «Major Wipf» und dessen Kavallerie-Detachement einen «Streifzug». Ziel war «das berüchtigte Kellerische Haus in Ohringen», wie sich im Kontext herausstellt, das Haus des oben aufgeführten, zu jenem Zeitpunkt bereits verstorbenen Patrioten und Unterstatthalters Jakob Keller von Oberohringen, also das «Schlössli» Unterohringen.[251] Auftraggeberin war anscheinend die Zürcher Militärkommission, der Holzhalb berichtete, man habe in Kellers Haus «einige sehr verdächtigte Personen» angetroffen und drei davon arretiert, die man mit freiwilliger Infanterie aus Wülflingen und Oberwinterthur der «hohen Behörde» überstelle. Es waren dies Munizipalpräsident Müller Bodmer von Wülflingen, dessen «gefährliche Kabalen [...] bekannt sind», der «Revolutionär» Schneider Heinrich Kuntz aus Hegi und ein Keller'scher Anverwandter aus Frauenfeld.

Aus der Sicht der Betroffenen stellte sich dieser «Streifzug» ganz anders dar. Am 28. Februar 1803 wandten sich die drei Brüder des verstorbenen Unterstatthalters Jakob Keller an den Vollziehungsrat der helvetischen Republik und baten um die Bewilligung, gegen David de Jacob Sulzer, Emanuel Biedermann, beide von Winterthur, und alt Distriktrichter Breiter von Buch Klage einzureichen und 800 Franken Schadenersatz für die erzwungene sechswöchige Abwesenheit zu fordern. Sie schilderten den «Ekzess» wie folgt: Die Genannten (Oberst Holzhalb und Major Wipf werden von den drei Brüdern Keller nicht namentlich erwähnt) seien am 26. September 1802 mit ungefähr 25 Mann zu Pferd nach Ohringen gekommen und «wie rasende Tiger» mit «Schimpfungen» auf ihr Haus zugeritten, um es zu umstellen. Ihnen, den Kellern, sei es gerade noch gelungen, sich in dem im Haus befindlichen Heu und Stroh zu verstecken. Dann habe sich ein Teil des «zusammengerafften Haufens» ins Haus gedrängt und ihre 56-jährige Mutter sowie die Witwe des verstorbenen Bruders Statthalter und deren drei- bis sechsjährige Kinder «misshandelt», unter anderem «mit Schimpfungen, mit Säbeln und Pistolen, welche sie ihnen auf den Leib setzen mit Drohung, sie zu ermorden», wenn sie den Aufenthalt der Versteckten nicht verraten würden. Nachdem dies nichts gefruchtet habe, hätten die Soldaten das Haus durchsucht und mit den Säbeln auch in Heu und Stroh gestochen. Dabei seien Samuel Kellers Kleider durchstochen, dieser dabei aber nicht verletzt worden. Drei im Haus befindliche Bürger, nämlich Bodmer von Wülflingen, Schneidermeister Kunz von Hegi und Gänsli von Frauenfeld seien gefangen genommen worden. Dieses «rachgierige Corps», so die Gebrüder Keller, hätte damals «ohne Behörde», also ohne legalen Auftrag, gehandelt.

2.7 BOCKENKRIEG, 1804

Die Mediationsverfassung von 1803 drehte zwar das Rad nicht mehr zurück, gab aber doch Raum für die Rückkehr föderalistisch-konservativer Kräfte sowie für eine gewisse Vorherrschaft der Stadt Zürich im neu formierten Kanton.

Die neue Verfassung ermöglichte grundsätzlich den Loskauf der Grundgefälle. Doch wurde für die Zehnten und die Grundzinse der hohe Ablösungsfaktor von 25 festgelegt. Für die Zehnten legte man den Durchschnittsertrag in Geld der insgesamt teuren Jahre 1774–1797 zugrunde und kapitalisierte diesen wegen der Getreideteuerung an sich schon hohen Geldwert mit dem Faktor 25; für die Grundzinse wurde ein Jahreszins mit dem Faktor 25 kapitalisiert (der übliche Kapitalzins betrug 5 Prozent, entsprechend also mit dem Faktor 20). Damit waren bewusst hohe Schranken gesetzt worden, um den Loskauf generell zu blockieren. In anderen Kantonen galt ein Ablösungsfaktor von 20, ja nur 18. Das rief Unruhe hervor.

Doch es ist zu kurz gegriffen, einseitig auf die durch die konservative Regierung gesetzten hohen Hürden und die angeblich bedauernswerte, loskauffreudige Landbevölkerung hinzuweisen. Grundgefälle gingen ja nicht nur an den Staat, auch Kirchgemeinden oder auswärtige Klöster konnten über Einkünfte aus Zehnten und Grundzinsen verfügen und daraus Ausgaben für Armen- und Schulwesen bestreiten. Der Staat selbst war ebenfalls nicht homogen, vielmehr gelangten die Grundgefälle zum Beispiel in seine Klosterämter, welche traditionell die Sozialausgaben bestritten. Ähnlich war es etwa mit dem Spitalamt der Stadt Winterthur, wohin die Seuzacher und Ohringer Zehnten gingen. Die ärmere Klasse insgesamt, die ja nur wenig Land besass und demzufolge mit Grundgefällen kaum belastet war, hatte jedenfalls kein wirkliches Interesse am Loskauf. Es waren vor allem die landreichen Vollbauern, also Exponenten der durch die Revolution begünstigten unternehmerisch-bürgerlichen Kräfte, welche sich durch die restriktiven Loskaufbedingungen benachteiligt sahen.[252] Natürlich vermochten sie die abhängigen ärmeren Gemeindegenossen in ihrem Sinn zu beeinflussen.

Am linken Seeufer und im Knonauer Amt rotteten sich rund 600 Mann zusammen, die am 28. März 1804 in einem Gefecht auf Bocken oberhalb von Horgen über die aufgebotenen zürcherischen Truppen siegten. Diese Truppen unterstanden Oberst Ziegler, den wir als Beobachter des Gefechts um Seuzach vom Mai 1799 kennen gelernt haben. Eidgenössische Truppen besetzten darauf am 3. April die genannten Kantonsteile und beendeten den Aufstand mit der Hinrichtung der Rädelsführer und mit hohen Kontributionsforderungen.

Wenn der nördliche Kantonsteil militärisch auch nicht betroffen war, so gärte es hier ebenfalls. Oberst Ziegler führte ein Tagebuch.[253] Am Morgen des 19. März 1804 ritt er nach Neftenbach, um der dort am Nachmittag in der Kirche stattfindenden «Huldigung» der regionalen Bevölkerung für die neue Verfassung beizuwohnen. «Die meisten Bürger oder wilden Schweine von Seuzach, Freienstein und Buch erhoben, nachdem das Gebet verlesen, Junker Seckelmeister Escher seine Rede gehalten hatte und die Eidesformel verlesen war, ein solch schändliches Rebellen-Geschrei, dass die ruhigen Gemeinden, [nämlich] Neftenbach, Hettlingen und Dättlikon auch nicht schwören konnten.»

Bürger aus Seuzach waren anlässlich der Beeidigung ebenfalls nach Dinhard gegangen, wo sie den ernsten Anlass durch «ein etliche Sekunden anhaltendes Husten, Schneuzen und Grunzen» störten.[254]

Die durch die eidgenössischen Truppen festgelegten Kontributionen waren teils ruinös. Insgesamt wurde die für jene Zeit gewaltige Summe von 232 000 Gulden denjenigen 36 Gemeinden auferlegt, die mit Gewalt oder verbal protestiert hatten. Wädenswil traf es mit 70 000 Gulden, Horgen mit 25 000, Richterswil mit 20 000, Gemeinden im Amt, am rechten Zürichseeufer und im Oberland mit 600–5000 Gulden. Seuzach wurde mit 4000 Gulden zur Kasse gebeten, was darauf hinweist, dass hier ein regionales Nest des Widerstandes lag. In der Region wurden lediglich noch Dinhard mit 2000 Gulden, Oberwinterthur, Reutlingen und Stadel mit zusammen 1000 Gulden sowie Freienstein und Teufen mit 1000 Gulden belangt, sonst keine einzige Gemeinde im Wein- und Unterland.[255]

3. Wirtschaft und Zivilisation

3.1 EIN NEUES ZEITALTER

Mit den bürgerlichen Freiheiten war auch die Gewerbefreiheit verbunden, die alte Monopole wie das städtische Handwerks- und Gewerbemonopol zu durchbrechen begann.

Die in England im späten 18. Jahrhundert aufkommenden, in Fabriken aufgestellten Spinnereimaschinen gelangten auch in der Schweiz zum Einsatz. In der damaligen Gemeinde Wülflingen, die unmittelbar an den Hof Oberohringen angrenzte, wurde 1802 im Hard an der Töss die erste grosse, moderne Spinnerei der Schweiz und Kontinentaleuropas errichtet, sieht man von der etwas früher erfolgten Einrichtung eines kleinen Etablissements im säkularisierten Kloster St. Gallen ab. Als Exponenten des neuen Typus von Unternehmer, der Kapital und Produktion konzentrierte und Gewinn wie nie zuvor suchte, erschienen im Hard Männer aus den Winterthurer Geschlechtern Sulzer und Rieter.

In England war auch der Durchbruch im Energie- und Materialsektor gelungen. Statt der zunehmend knapper werdenden Holzkohle wurde zur Eisenverhüttung Steinkohle eingesetzt. So konnten Eisen und Stahl in grosser Menge und höherer Qualität hergestellt werden. Die schon seit geraumer Zeit bekannte Dampfmaschine, nun konstruiert mit solch besseren Materialien, wurde beispielsweise zum Antrieb von Gebläsen in der Metallproduktion und -veredelung, später auch als Antriebsmaschine im vorerst auf unmittelbarer Wasserkraft beruhenden Textilsektor angewandt.

Eines griff ins andere über: Die grössere Produktion rief nach mehr Transportkapazität, Strassen wurden gebaut, eine halbe Generation später die Eisenbahn, und beides wirkte seinerseits beschleunigend auf das Wirtschaftswachstum.

3.2 BEVÖLKERUNGSDYNAMIK

In Seuzach vermochte sich – beim nach wie vor vorherrschenden agrarischen Kredo – die neuartige Industrialisierung nicht unmittelbar festzusetzen. Das im Vergleich zu früh industrialisierten Gemeinden massvolle Bevölkerungswachstum belegt dies (Tabelle 15).

Tabelle 15: Bevölkerungswachstum, 1800–1870

Jahr	1800	1836	1850	1870
Dorf/Zivilgemeinde Seuzach	412	458	526	533
Höfe/Zivilgemeinden Unter- und Oberohringen	103	208	215	257
Politische Gemeinde total	515	666	741	790

Ein absolut und relativ grösserer Anteil des Bevölkerungswachstums ging auf das Konto der beiden Ohringen. Unter dem Rechtsstatus von Höfen waren die Hürden für Zuzüger viel niedriger, und auch als die beiden Ohringen in den 1830er Jahren den Rechtsstatus von Zivilgemeinden erlangt hatten, blieben hier die Zuwanderungshemmnisse wegen eines weitgehend fehlenden Gemeindegutes gering.

Selbstverständlich zeigten sich die Zeichen der neuen Zeit trotzdem auch in unserer Gemeinde, wie unten immer wieder zur Sprache kommen wird. Eines dieser Zeichen war eine gegenüber dem agrarischen Zeitalter viel grössere Mobilität der Bevölkerung, rechtlich ermöglicht durch ein gegenüber dem Ancien Régime liberalisiertes Niederlassungsrecht für Kantonsbürger, aber auch für Leute aus der übrigen Schweiz und dem Ausland. Besonders in den 1830er bis 60er Jahren war die Dynamik teils beträchtlich (Tabelle 16).[256]

Tabelle 16: Zu- und Wegzüge von ganzen Haushalten in Seuzach und beiden Ohringen, 1804–1860

Haushalte mit Ansassenstatus	1804–1830	1831–1840	1841–1850	1851–1860
Zuziehende Haushalte, «Eintritte»	17	26	27	29
Wegziehende Haushalte, «Entfernung»[*1]	2	6	16	21

*1 Inklusive durch Todesfall bedingten Haushaltsauflösungen.

Insgesamt zogen in den 56 Jahren von 1804–1860 nicht weniger als 99 Haushalte mit Ansassenstatus zu, im Mittel also rund 1,75 pro Jahr, und nicht ganz die Hälfte davon zog weg (bei etwa zehn von ihnen spielten Todesfälle eine Rolle für die «Entfernung»). Das war eine wirtschaftlich-gesellschaftlich bedingte Dynamik, wie sie in den Jahrhunderten vor 1800 völlig undenkbar gewesen wäre.

War zudem vor 1798 der Zweck des Zuzugs die unmittelbare Einbürgerung – sonst war eigentlich ein Zuzug nicht vorgesehen –, so entfiel dieser Zweck in einer Zeit neuartiger Mobilität weitgehend. Nur gerade Ludwig Hürlimann von Hinwil mit Familie liess sich bei seinem Einzug in die Gemeinde 1812 unmittelbar einbürgern. Die anderen etwa acht Einbürgerungen 1812–1842 erfolgten jeweils einige bis viele Jahre nach der Ankunft in Seuzach oder Ohringen. Konrad Steinmann von Henggart beispielsweise verheiratete sich 1825 mit einer Seuzacherin, kam mit der Familie 1837 nach Seuzach und liess sich 1841 einbürgern. (Diesen Steinmann waren um das Jahr 1800 Zuzüge anderer Steinmann auf die Höfe Unter- und Oberohringen vorangegangen, wo kein Einkauf notwendig war und deshalb die Herkunft auch nicht amtlich notiert wurde.) Der 1788 geborene und 1875 verstorbene Ludwig Curit von Concise, Kanton Waadt, kam als junger Zimmermann nach Seuzach, heiratete 1823 eine aus Altikon stammende Anna Maria Müller und kaufte sich 1828 in Seuzach ein. Völlig neuartig war die Einbürgerung einer Frau. 1840 zog das im Jahr zuvor verheiratete Ehepaar David Keller von Münsingen und Elisabeth Herzog, geborene Weber von New Orleans (USA) und verwitwete Sulzer von Winterthur, nach Seuzach. Die Frau war 53 Jahre alt, der Mann 34. Es kam 1842 zur Scheidung, und danach erlangte Elisabeth das Seuzacher Bürgerrecht.

1839 heiratete der Müller Johann Mebold von Balingen, Württemberg, die einheimische Barbara Keller von Oberohringen und erlangte 1843 das Bürgerrecht dieses nunmehr zur Zivilgemeinde mutierten Hofes. Merkwürdigerweise hatte sich sein bereits in Oberohringen ansässiger und mit der Veltheimerin Anna Barbara Wiesendanger verheirateter Vater, der Müller Johann Georg Mebold, 1813 in Seuzach einbürgern lassen. Wahrscheinlich musste sein einziger Sohn Johann dem neuen Rechtsstatus von Oberohringen Genüge tun und sich auch hier einbürgern lassen.

Israel Traub, Tischler aus Schnait bei Stuttgart, und die Seuzacherin Elisabetha Schwarz verheirateten sich 1834 im Alter von 26 und 22 Jahren und zogen im Jahr darauf mit einem Kind nach Seuzach. Dem Paar wurden bis 1848 weitere acht Kinder geschenkt, zwei starben. Diese Familie wanderte 1850 nach Nordamerika aus. Traub hatte übrigens 1837 im Auftrag der Kirche Seuzach für 50 Gulden einen neuen «Archivkasten» gefertigt.

Neuartig war etwa der Einzug einer Familie von «Neutäufern». Das aus Rümlang stammende Ehepaar Meier-Hinnen, beide gut 40 Jahre alt, zog im April 1844 nach Seuzach, und zwar mit sechs getauften und vier ungetauften Kindern. Den am 17. August 1844 in Seuzach als elftes Kind zur Welt gekommenen Felix liessen die Eltern ebenfalls nicht taufen, ganz offensichtlich ein schwerer Brocken für Pfarrer Wolf, der aber rechtlich machtlos war. Schon im Frühjahr 1845 verliess die Familie Seuzach, was der Pfarrer im Familienverzeichnis freudvoll kommentierte.

Gab es im 18. Jahrhundert kaum mehr Arbeit für Bedienstete, so herrschte nun diesbezüglich wieder ein reges Kommen und Gehen. In den 1830er und 40er Jahren gelangte jährlich ein gutes Dutzend Knechte, Mägde und Gesellen in die Gemeinde und ebenso viele gingen wieder weg. Das mag für uns nicht viel sein, in der Zeit selbst jedoch kam dies einer beträchtlichen Dynamik gleich.

Diese Dynamik der Liberalisierung und der Frühindustrialisierung zeigte sich auch unter umgekehrten Vorzeichen: Seuzacher suchten Arbeit auswärts. Schon 1816 arbeitete der Unterohringer «Stiefknabe» Hans Ulrich Huber in der «Spinnmaschine in Räterschen», später in der Fabrik des Spinnerkönigs Kuhn in Oberuster. In zwei Briefen an den «Stillstand» gab Huber zu verstehen, lieber das Schneiderhandwerk zu erlernen als «immer mit der Maschine» zu arbeiten. Der junge Heinrich Schwarz, «Debis», arbeitete 1820 in einer Fabrik bei Zürich und teilte der Kirchenbehörde in jenem Jahr sein Eheversprechen mit der Seebacherin Regula Rümeli mit.

Auch wenn in Seuzach und Ohringen keine der neuartigen Fabriken unmittelbar Fuss fasste,[257] so lebten in der Gemeinde dennoch schon früh sogenannte Fabrikkinder. Es waren dies der Alltagsschule entwachsene, über zwölfjährige Jugendliche, die in auswärtigen Etablissements zur Arbeit gingen. Das bedeutete sechs Mal in der Woche kilometerweite Märsche in die Fabrikorte Töss und Wülflingen, ins untere, vielleicht gar mittlere Tösstal und nach Winterthur zu teils über zwölfstündigen Arbeitstagen. Auf solche Arbeitskräfte können wir aus einem Eintrag im «Stillstandsprotokoll» vom Mai 1822 schliessen. Pfarrer Sulzer informierte die Behörde, er habe begonnen, mit den Repetierschülern (Jugendliche, welche die Alltagsschulpflicht hinter sich hatten) in der Kirche «katechetische Leseübungen» im neuen Testament abzuhalten. Der «Stillstand» zweifelte nun daran, «ob auch die Fabrik-Kinder diesen Übungen beiwohnen werden».[258]

3.3 ANZEICHEN WIRTSCHAFTLICHER DYNAMIK, INDUSTRIALISIERUNGSPROJEKTE

Die Zeichen wirtschaftlichen Aufbruchs sind nicht zu übersehen. Am 8. März 1799 meldete Agent Felix Ackeret nach Zürich, dass Jakob Keller von Oberohringen daselbst eine Mühle errichten wolle und niemand etwas dagegen habe. Die für die Wasserkraft vorgesehene «kleine Quelle» werde gemäss «altem Oligarchenrecht» ja doch nur zum Wässern der Wiesen gebraucht.[259] Wie weit dieses Projekt gedieh, ist unklar. Aus dem Zehntplan von 1807 geht eindeutig hervor, dass vom damaligen Rand des Hinterholzes aus, von einem kleinen Weiher und vom Ohringerbach her, ein «Mühlebach» angelegt worden war, der zur heutigen Liegenschaft Friedenstrasse 11 führte. Im Brandassekuranzregister ist hier für das Jahr 1812 ein «Mühlegewerb» nachgewiesen, geführt vom Württemberger Müller Johann Georg Mebold. Im Jahr 1814 legte dann dieser Mebold eine neue Mühle am Standort der heutigen Trottenstrasse 23 an.[260] 1864 wurde hier eine Dampfmaschine eingebaut.

Auch Seuzach glaubte, sich in der Revolutionszeit den uralten Wunsch einer Mühle erfüllen zu können. Die «ganze Bürgerschaft», 90 an der Zahl, wandte sich im November 1801 an die Zürcher Verwaltungskammer und bat um die Bewilligung zum Bau einer Mühle allein für das Dorf.[261] Zur nächsten Mühle sei es eine halbe Wegstunde, was Geld, Mühe und Zeit koste. Durch den Bau einer Mühle könne zudem «unser ganzes Wiesental» um einen Viertel «nutzbarer» gemacht werden, da durch entsprechende Kanalisierung das «raue» Wasser besser zu lenken sei. Das Projekt sollte nicht zur Ausführung kommen.

1801 bat die Gemeinde auch darum, für drei Bürger «Weinschenken» mit der Möglichkeit sowohl des Weinverkaufs über die Gasse wie auch des «Setzens» (Bewirtung sitzender Gäste) zu bewilligen. Es handelte sich um die Schenke von Conrad Keller «zum Rothaus», um die Schenke von Hans Ulrich Keller «zum äusseren Haus» und diejenige von Hans Georg Greuter im «Tetidall», alle drei an der Strasse nach Winterthur gelegen und schon vor der Revolution in Betrieb.[262]

Die neue Gewerbefreiheit ermöglichte auch die Einrichtung einer Metzgerei. Metzgereipatente waren bis anhin nur für wenige Orte ausgegeben worden. Ab 1805 betrieb Kantonsrat Ackeret die neue Metzgerei. In den 1830er Jahren kam diese in die Hände von Hans Rudolf Bindschädler, Metzger von Männedorf und Scharfschützenleutnant, der 1819 Ackerets Tochter geheiratet und sich 1830 eingebürgert hatte. Bindschädler sollte zum Präsidenten der Politischen Gemeinde aufsteigen. Die Gemeinde bemühte sich 1833 erfolgreich darum, den ursprünglich dem Kanton schuldigen jährlichen Patentzins von 100 Gulden künftig in die Gemeindekasse fliessen zu lassen.[263] 1846 liess die Gemeinde im nachmaligen Dorfzentrum unmittelbar am Chrebsbach gegenüber der Einmündung des Welsikerbachs ein «Metzggebäude» errichten, ein Gebäude, das ab 1866 auch als Depot der Feuerspritze diente und über die Mitte des 20. Jahrhunderts hinaus als Schlachthäuschen bestehen blieb.[264]

Gleichermassen konnte in den 1830er Jahren eine gemeindeeigene Salzwaage in Betrieb genommen werden. Salz spielte für die Konservierung und damit für die Nahrungssicherheit eine zentrale Rolle. Für die Stelle des Salzwägers musste man sich auswärts umsehen, um interne Zwistigkeiten um die Besetzung dieses prestigeträchtigen Postens zu vermeiden.[265]

1830 finden wir eine eigens gebaute Bäckerei und 1832 einen Spezereiladen, der 1854 zu einem Kramladen umgebaut wurde.[266]

Schmiede finden sich in der Bevölkerungsstatistik von 1846 zwei. Wie im ersten Teil erwähnt, verfügten weder Seuzach noch Ohringen in der alten Zeit über eine sogenannte ehehafte Schmiede. Ein Schmied scheint aber auch ohne diese Weihe tätig gewesen zu sein, so Stoffel Wipf um das Jahr 1713.[267] 1812 war – gemäss einem Eintrag im Brandassekuranz-register – ein Jakob Wipf als Schmied tätig. Vielleicht war es derselbe oder ein gleichnamiger Sohn, der 1837 ein Haus mit Scheune, Stall und Schmiede errichtete, ein Anwesen, das 1853 mit demjenigen zusammengebaut wurde, auf dem 1812 der erwähnte Jakob Wipf wirtschaf-tete. 1850 baute ein Jakob Wipf eine Schmiede mit Keller an der heute Kirchgasse 19, also vorerst nur eine Werkstätte ohne Wohnhaus. Hier wirkte noch um die Mitte des 20. Jahrhun-derts Schmied Spahn in traditionell anmutender Weise.

33_Zehntplan von Oberohringen des Jahres 1807, Ausschnitt mit der Dorfsiedlung, der öst-lichen Flur und dem in jenen Jahren neu angelegten «Mühle-bach» und der Wasserkraftzu-fuhr zur Mühle (heute Frieden-strasse 11).

1828 erbaute der Schlosser Heinrich Keller, dem wir unten als Inhaber des «Schlössli» begegnen, in Unterohringen eine «Schlosserschmitte» mit Wohnhaus, Scheune und Stall.

Dem Zeitgeist entsprechend betrieb ab 1845 in Oberohringen ein Kaspar Witzig eine «Zündholzfabrikation». Das Streichholz war um jene Zeit eben erst für den täglichen Gebrauch tauglich geworden und dessen Produktion und Vertrieb versprachen ein gutes Geschäft. Wie so viele andere Etablissements dieser Art verschwand auch der Ohringer Betrieb aber rasch wieder, nämlich um 1853, zuletzt betrieben durch Witzigs Witwe.

Auch die neuartige Textilindustrie klopfte gewissermassen an die Türe Seuzachs. Es war gar zu einer veritablen Gründung einer «Spinnfabrik» gekommen, und zwar durch den uns bekannten, rührigen Schulmeister Jakob Hasler und seinen «Mithaften» im Jahr 1816, also in der ganz frühen Phase des Fabrikwesens.[268] Für die Fabrik errichteten sie am Forrenberg ein Gebäude mit dem stolzen Katasterwert von 6000 Gulden. Als Hasler im Frühjahr 1819 starb, übernahm Rudolf Wipf Gebäude und Fabrik. Offenbar kam Wipf am Forrenberg auf keinen grünen Zweig, weshalb er 1822 von der Gemeinde die gesamte Weiherfläche zur Pacht verlangte. Er beabsichtigte, hier «einen Wassersammler» einzurichten, «um eine Fabric dahin zu stellen». Die Gemeindeversammlung verwarf den Antrag der Weiherverpachtung zuhanden des Fabrikprojekts. Immerhin war diesem Entscheid «sehr weitläufiges Für- und Wiederbringen» vorangegangen, was möglicherweise auf lange Diskussionen zwischen einer agrarischen und einer dem Neuen zugewandten Partei hinweist.[269]

Das Fabrikgebäude am Forrenberg ging um 1824 an «Herrn Geilinger zur Arch in Winterthur» über, der die Fabrik – so muss man aus dem Eintrag im Register der Brandassekuranz schliessen – nicht weiterbetrieb.

Doch mit diesem Johann Ulrich Geilinger blieb mindestens dem Namen nach eine industrielle Verbindung am Forrenberg bestehen. Geilinger betrieb nämlich in der Arch zu Winterthur eine industrielle Blaufärberei und -druckerei. Am Forrenberg liess er «Bestallung und Futterhaus» einrichten, dürfte hier also so etwas wie einen Gutsbetrieb begründet

34_Aufnahme des Dorfzentrums (1937) von der Chrebsbachbrücke aus gesehen: rechts das 1846 erbaute «Metzggebäude», links das 1880 errichtete Haus mit der späteren Wirtschaft «Bernergüetli», hinten das Bauernhaus «Gassmann» (heute Migros-Gebäude).

haben. Am Lindberg besass er auf Seuzacher Gebiet ein grosses Stück Wald, wohl um seine Winterthurer Färberei mit Brennholz versorgen zu können. 1838 gingen die Gebäude von den Söhnen Geilingers an die einheimische Familie Müller über.

In ähnlich grundsätzlicher Spannung zwischen Tradition und Industriewirtschaft stand das Projekt von Salomon Wipf, ebenfalls vom Forrenberg. 1833 ersuchte er den kantonalen Rat des Innern um die Erteilung eines Wasserrechts im Bereich des Chrebsbaches oberhalb von Unterohringen. Er wollte hier eine Walke errichten, also auf industrielle Weise Tuch und tuchartige Stoffe mittels durch Wasserkraft maschinell betriebener Hämmer oder auch Walzen derart bearbeiten, dass die Wollhärchen des Gewebes verfilzten. Ingenieur Sulzer-

35_Als Spinnereifabrik um 1816 erbautes Gebäude am Forrenberg, heute Amelenberg-strasse 44/46.

von Wart, der das Gesuch fachlich für die Regierung behandelte, musste Einsprachen entgegennehmen. Eine Handvoll Bürger, zumeist Mitglieder der Gemeindebehörde, wandte sich mit Erfolg gegen das Projekt eines solchen «Wasserwerkes». Sie wollten weder den «Hauptbach» gestaut oder tiefer gelegt sehen noch die geplante Ableitung des «Hännenbächlis» erlauben. Das Projekt würde eine Brunnenröhre versiegen lassen und das Tränken des Viehs verunmöglichen.[270]

Ausdruck der Bevölkerungs- und Wirtschaftsdynamik war auch eine neue Vielfalt der Berufswelt. In dem 1846 herausgegebenen zweiten Band seines Werkes «Der Canton Zürich historisch-geographisch-statistisch geschildert [...]» bemerkt Gerold Meyer von Knonau zu Seuzach: «Die Hauptbeschäftigung besteht in Feld-, Weinbau und der Viehzucht; Ärmere gehen oft nach Winterthur als Taglöhner.» Die offizielle Statistik des Jahres 1850 spricht für Seuzach-Ohringen von 124 Landwirten, 33 Dienstboten, 12 Taglöhnern und 34 Handwerkern.

Zieht man das erste Staatssteuerverzeichnis für die Gemeinde Seuzach-Ohringen des Jahres 1856 bei,[271] erscheint eine Vielzahl von Berufen. Bei 64 Steuerpflichtigen wird «Landwirt» angegeben. Das heisst nun nicht, dass gegenüber 1850 derart viele Landwirte verschwunden wären, sondern es wurden unterschiedliche Definitionen dieser Tätigkeit angewandt. Es gab ja kaum jemanden, der nicht mit dem Land- und Weinbau verquickt war. Sodann: Zimmermann (1), Schneider (5), Maurer (1), Bleicher (1), Wegknecht (3), Schuster (7), Gärtner (2), Kaufmann (1), Handelsmann (1) Händler (1), Küfer (1), Schreiner (1), Sekundarlehrer (1), Lehrer (4), Pfarrer (1), Lumpensammler (1), Bäcker (1), Schlosser (1), Weber (1), Taglöhner (4), Müller (2), Glaser (1), Schindelmacher (1), Mühlenmacher (1), Wächter (1), Pflästerer (1), Drechsler (1), Wagner (1), Förster (1), Schmied (2), Mechaniker (1), Weinschenk (1). Um 1850 hielt sich für einige Jahre auch der Tierarzt Rudolf Keller in Seuzach auf.

3.4 EIN VERÄNDERTES DORFBILD

Im Jahr 1812, als das Brandassekuranzregister erstellt wurde, standen in Seuzach nebst der Kirche, dem Pfarrhaus und dem eben erst erbauten Schul- und Gemeindehaus knapp 40 Bauernhäuser mit einer Wohnung und einem Ökonomieteil, etwas über 20 Bauernhäuser mit zwei Wohnungen und Ökonomieteilen unter einem Dach, zwei Bauernhäuser mit drei Einheiten und ein Bauernhaus mit vier Einheiten unter einem Dach und lediglich ein einziges Haus ohne Ökonomieteile. Dazu kamen vereinzelt allein stehende Ökonomiegebäude, die fünf Trotten im Rebgelände und ein Schützenhäuschen. In Unterohringen waren es sieben Bauernhäuser, wovon eines mit vier Wohneinheiten, sowie zwei blosse Wohnhäuser. In Oberohringen wurden sechs Bauernhäuser mit je einer Wohnung und einem Ökonomieteil und vier Bauernhäuser mit je zwei Wohn- und Ökonomieteilen registriert. Zwischen den beiden Ohringen stand das schon 1803/04 durch diese beiden Siedlungen neu erbaute Schulhäuschen, und beide Orte verfügten über je eine Trotte und wenige vereinzelte Speicher- und Ökonomiegebäude.

Die neue Zeit veränderte das Bild von Seuzach und Ohringen. Mindestens fiel dieser Umstand einem auswärtigen Beobachter auf, nämlich Friedrich Vogel, der als Sekretär des kantonalen Baudepartements einschlägiger Fachmann war. Wertvoll ist deshalb seine in seiner viel gelesenen Buchreihe «Memorabilia Tigurina»[272] gemachte Bemerkung zu Seuzach. Im zweiten Band, der 1841 erschien und die Entwicklungen der Zeit von 1821–1840 im Kanton zum Inhalt hatte, schrieb Vogel: «Die Gemeinde [Seuzach] hat sich in den letztverflossenen Zeiten sehr verschönert, indem innert 20 Jahren etwa 40 neue Gebäude und ebenso 4 steinerne Brücken über den Dorfbach und 3 steinerne Gemeindsbrunnen errichtet worden sind.»

Allerdings, wenn auch im Untergrund: bei den Brunnenzuleitungen hielt man noch lange an Holzteucheln fest. Um 1867/68 beschloss die Gemeindeversammlung nach langen Diskussionen, für den Bau einer neuen Wasserleitung der Winterthurerstrasse entlang Holzteuchel aus dem Gemeindewald zu verwenden. Den damals seit etwa zehn Jahren industriell aus Ton gefertigten Wasserleitungen traute die Mehrheit der Bürger nicht.[273]

Die Reinigung des öffentlichen Grundes – auch dies ein zivilisatorischer Aspekt – wurde unter anderem 1860 thematisiert.[274] Der Zivilgemeindepräsident legte seinen Bürgern «die Reinigung der Strassen und der Brunnenplätze besonders am Sonntag [...] ans Herz». Das trage «viel zur Verschönerung des Dorfes bei und habe nebst dem Schönen auch noch das Nützliche der grösseren Düngerproduktion [...]» (durch die Verwertung des von Strassen und Plätzen aufgekehrten Kuh- und Pferdedungs). Den Reisenden und den «Durchpassierenden» sei der Anblick des Dorfes so angenehm als möglich zu machen, hiess es. Ein Bürger schlug deshalb vor, die bis anhin gekiesten Brunnenplätze zu pflastern, was aus Kostengründen jedoch keine Chance hatte.

3.5 «HEIMENSTEIN», «SCHLÖSSLI», BAUMSCHULE

Zum neuen Bild gehörten die zwei klassizistischen Bauten gewissermassen an den Gemeinderändern. Nach heutigen Verhältnissen verfügen das Landhaus des Gutes «Heimenstein» (erbaut 1809/10)[275] und das «Schlössli» Unterohringen (das Hauptgebäude wurde um 1800 errichtet, die Nebengebäude folgten 1814/15)[276] über eher bescheidene Bauvolumen. In der Zeit ihrer Errichtung jedoch waren die Dörfer von zumeist schmucklosen kleinen Riegelbauten und gar blossen Holzbauten geprägt, wenn auch alle bereits mit Ziegeln gedeckt. Und da vermittelten diese beiden markanten Bauten – das «Schlössli» vollständig in Stein – schon etwas ungewohnt Neues.

Auf dem Heimenstein prägten damals bald auch die auf dem Land bis anhin nur wenig bekannten, bewusst als Stilelement gepflanzten Pappeln die Silhouette, nebst vielen Obstbäumen. Die Eigentümer und Bewohner dieser Gebäude brachten auch mit ihrer Persönlichkeit Ungewohntes. 1809 begann der Winterthurer Abraham Reinhart, Handelsherr «zur Insel», durch den Kauf vieler Einzelgrundstücke einheimischer Bauern der umliegenden Dörfer ein Gut auf dem Heimenstein zu bilden und ein Landhaus zu bauen. Er ist bis 1837 als Eigentümer nachgewiesen. 1838/41 geriet das Gut offenbar in die Hand von Spekulanten, nämlich einem «Kavallerie-Capitain» Heinrich Forrer aus der «oberen Farb» in Winterthur und zwei Brüdern Schelling von Baltenswil. 1841 ging das Anwesen an Karl Gisi-Bluntschli (1805–1876) über, der es noch im gleichen Jahr seinem Schwiegervater, nämlich dem Stadtzürcher Kerzenfabrikanten Hans Kaspar Bluntschli im «Steinböckli» an der Schipfe, weiterverkaufte, und zwar einschliesslich der Fahrhabe für 26 120 Gulden (17 000 Gulden davon als Hypothek eines «Basler Konsortiums» und 4500 Gulden als Hypothek gegenüber der Witwe von Abraham Reinhart). Karl Gisi blieb mit seiner Ehefrau Emilie Bluntschli (geboren 1811) auf dem Heimenstein wohnen. Die Familie war 1840 mit zwei fünf- und siebenjährigen Kindern nach Seuzach gekommen, und auf dem Heimenstein wurde sie mit drei weiteren beschenkt.

Dass diese Familie nicht nur geografisch etwas abseits lebte, scheint der folgende Vorfall zu bestätigen. 1843 wurde auf dem Schulweg der zehnjährige Knabe Heinrich Gisi vom Schäferhund von Metzger Bindschädler in die Seite gebissen. Der Vater Gisi drängte darauf den Metzger, den Hund an die Kette zu legen, was dieser mit einem «schnöden Bescheid» quittierte. Als Gisi darauf die Schulpflege bat, ihn bei seiner vorgesehenen Klage beim Statthalteramt zu unterstützen, wand sich diese. Es handle sich um eine Angelegenheit zwischen Gisi und Bindschädler; der Knabe sei zu schnell am Hund vorbeigegangen. Noch im selben Jahr ersuchte Gisi die Schulpflege, Heinrich vorzeitig den Besuch der Sekundarschule zu bewilligen, falls dieser die Vorprüfung bestehe. Im Anschluss würde er den Knaben ohnehin in «die Zürcher Schulen» schicken. Die Schulpflege genehmigte den Antrag.

Als der Kerzenfabrikant starb, erbten 1860 seine Kinder sowie sein Basler Enkel Wackernagel das Gut. Unter den Erben befand sich der damals weit herum berühmte und in München wirkende Rechtsgelehrte Johann Kaspar Bluntschli. Die Erbengemeinschaft verkaufte das Gut für gut 63 000 Franken an die Miterbin Emilie Gisi-Bluntschli, die ja hier mit ihrem Mann schon seit 1840/41 lebte. Letzterer starb 1876 auf dem Gut, seine Ehefrau zog 1881 von dort weg.

Der Erbauer des «Schlössli» Unterohringen ist nicht mit letzter Sicherheit zu bestimmen. Es muss aber der Landrichter und Mann der ersten Stunde der Revolution, Jakob Keller von Oberohringen (1771–1801),[277] gewesen sein. Es war nämlich sein Sohn, der nachmalige Bezirksrichter und alt Kantonsrat Johann Heinrich Keller (1799–1871), von Beruf Schlosser,

36_Gebäude des Landguts «Heimenstein», errichtet ab 1809 (Bestand vor den Umbauten 1908).

der in dem im Jahr 1812 einsetzenden Brandassekuranzregister bis 1840 – vorerst als Unmündiger – als Eigentümer verzeichnet ist. Vater Keller war am 12. Mai 1801 gerade gut 30-jährig gestorben. Dieser hatte am 11. September 1796, also am Tag der Zürcher Stadtheiligen Felix und Regula, die aus höherem Stand stammende Anna Elisabetha von Breitenlandenberg geheiratet, und es war wohl sie, die den Gatten zum Bau eines angemessenen Wohnhauses bewegt hatte. Da Ober- und Unterohringen rechtlich als Höfe galten und die Verwandtschaftsbeziehungen eng geblieben waren, gab es für einen Oberohringer nicht das geringste Hindernis, in Unterohringen zu bauen und ansässig zu werden.[278]

Der ohne direkte Nachfolger bleibende Johann Heinrich Keller belehnte das «Schlössli» 1838 mit der hohen Summe von 4500 Gulden und verkaufte es 1840[279] dem damals auf dem Heimenstein wohnhaften, von Fischenthal stammenden Arzt Johann Jakob Schoch (1802–1855). Nach dessen Tod übernahm Sohn Adolf Schoch, hier bis 1889 nachgewiesen, die Praxis und das «Schlössli». Seuzach-Ohringen verfügte mit Vater und Sohn Schoch über ordentliche Ärzte, was das Ansehen der Gemeinde hob.

Nicht ganz so auffällig wie das «Schlössli», jedoch ebenfalls baulich-architektonisch die neue Zeit verkörpernd, gestaltete sich das Haus, das ein Friedrich Rehfuss 1841 für rund 5000 Gulden (Assekuranzwert) am nordwestlichen Dorfausgang von Oberohringen an der damals erst vor wenigen Jahren neu angelegten Schaffhauserstrasse bauen liess. Kurz danach ging das Haus (heute Schaffhauserstrasse 79) an die einheimischen Keller über.

Ein weiteres Gebäude am Gemeinderand war ebenso ungewohnt: dasjenige der industriell betriebenen Baumschule am südöstlichen Abhang des Heimensteins. Diese wurde irgendwann nach 1800, aber vor 1812 durch den «Handelsgärtner» Jakob Greuter begründet und setzte ihre Bäume, Kern- und Steinobst sowie «ausländische Zierbäume», in einem weiten Umkreis ab.[280] Leutnant Jakob Ackeret übernahm 1824 den Betrieb, und Jakob Ackeret,

37_«Schlössli» Unterohringen. Der repräsentative Sitz wurde um das Jahr 1800 mit grosser Wahrscheinlichkeit durch den helvetischen Unterstatthalter Jakob Keller von Oberohringen (1771–1801) erbaut, der sich 1796 mit einer von Breitenlandenberg verheiratet hatte. Bis anhin wurde der Bau auf die Jahre 1811–1814 datiert. Der Plan der Siedlung und Wiesenflur von Unterohringen von 1805 (siehe Abb. S. 215) belegt jedoch, dass das «Schlössli» damals schon stand. Nur die Ökonomiegebäude entstanden in den genannten Jahren.

38_Ansicht des Dorfes Seuzach von Süden um die Mitte des 19. Jahrhunderts; Aquarell von Johann Jakob Eggli (1812–1880).
Ersichtlich sind: das Gut Heimenstein mit den Pappeln (am Horizont in der Bildmitte), die Baumschule gegen den rechten Bildrand, die Trotten in den Heimensteinreben. Beim markant dargestellten Riegelhaus am südlichen Dorfeingang kann es sich nur um die Liegenschaft Winterthurerstrasse 26 handeln (ab 1915 Wohnsitz von Vater und Sohn August Ackeret, um 1812 Eigentum des reichen Schulmeisters und Politikers Jakob Hasler). Allerdings stimmt die Perspektive nicht ganz und die unteren beiden Fensterreihen zählen heute nur noch – wenig harmonisch – je drei Fenster, was auf spätere Umbauten zurückgehen könnte, wie auch die veränderten oberen Fenster. Interessant ist der grosse Obstbaumgarten im Vordergrund. (wohl Nordseite des Steinbühls). Vor dem agrarischen Aufbruch um 1780 waren die Baumgärten auf den Rechtsbereich der Haushofstätten beschränkt. Diese plantagemässige Anlage ausserhalb des alten Dorfetters bildet ein markantes Zeichen der neuen Zeit. Ganz im Vordergrund sind an Bogen gezogene Reben erkenntlich, eine herkömmliche Art der Kultivierung, wie sie am Zürichsee schon im 15. Jahrhundert anzutreffen ist.

«Gärtner», wohl der Sohn des Leutnants, weitete die Baumschule von 1853 bis 1870 wesentlich aus.[281]

Schon im Brandassekuranzregister des Jahres 1812 sind drei weitere Streusiedlungen erwähnt: ein doppeltes Bauernhaus am Forrenberg, ein Bauernhaus am Steinbühl und ein Bauernhaus in der Weid (Letzteres im Eigentum von Hans Ulrich Greuter, wohl aus der Linie der derzeit dort ansässigen Greuter). Solche Aussiedlungen wären in der streng gehandhabten Flurordnung vor 1798 wenig denkbar gewesen, sodass sie wohl in der Zeit zwischen 1800 und 1812 entstanden sein dürften.

3.6 STRASSENBAU

Die Industrialisierung war mit einem grundlegenden Ausbau des Verkehrsnetzes gekoppelt. In der ersten Phase wurden Strassen gebaut und korrigiert, wozu die liberale Verfassung von 1831 beziehungsweise das Strassengesetz von 1833, das übrigens in einer Seuzacher Gemeindeversammlung laut verlesen wurde, die rechtlichen Grundlagen lieferten. In der zweiten Phase, eine knappe Generation später, folgten die «Eisenstrassen», die Eisenbahnen.

Die spärlichen Strassenzüge vor 1830 sind aus der Kantonskarte des Jahres 1828 (Abbildung S. 124) mehr oder weniger gut ersichtlich. Das in den folgenden zwei Jahrzehnten grundsätzlich erweiterte Strassennetz präsentiert sich in der zwischen 1843 und 1851 aufgenommenen neuen Kantonskarte von Wild/Eschmann (Abbildung S. 123).

Wie auch aus dem «Inventar historischer Verkehrswege der Schweiz», IVS,[282] hervorgeht, gab es vor 1830 auf dem Gemeindegebiet von Seuzach lediglich die folgenden schmalen Fahr- und Fusswege:

– Fahrweg von Winterthur zur Fähre über die Thur bei Gütighausen: St. Georgen Winterthur – Rosenberg/Veltheim – entlang der durch den Waldsaum des Lindbergs gebildeten Grenze zwischen Winterthur und Veltheim (unmittelbar östlich des später angelegten Friedhofs Rosenberg) – Dreigemeinde-Ecke Winterthur/Veltheim/Seuzach – «unter Seuzacher Strass und Weg» durch den Lindberg östlich der modernen Winterthurerstrasse – Austritt aus dem Wald südlich von Seuzach unmittelbar östlich der modernen Winterthurerstrasse – von hier aus Wegführung a) ungefähr entlang der modernen Winterthurerstrasse – alten Poststrasse – Heimensteinstrasse; b) zwischen Steinbühl und Eichbühl – Kirchhügelstrasse – Kirche – Kirchhügelstrasse – Turnerstrasse – einmündend in die Strasse nach Hettlingen. Die Heimensteinstrasse gabelte sich oberhalb des modernen Sekundarschulhauses: a) Fussweg westlich der Baumschule und Bänk nach Rutschwil; b) Fahrweg etwa im Bereich des modernen Haselwegs – Heimensteingässli – durch das Hettlinger Heimistenholz – Rutschwil – Berg – Gütighausen. (Über den Lindberg verlief auch der «obere Seuzachweg», ein reiner Fussweg, weit östlich an den Walkeweihern vorbei zum Winterthurer «Schick»).[283]

– Schaffhauserstrasse (vor 1834): St. Georgen Winterthur – unmittelbar westlich am später angelegten Friedhof Rosenberg vorbei – Tierheimstrasse – entlang dem südwestlichen Waldrand des Amelenbergs oberhalb der modernen Einfamilienhaussiedlung Oberohringens – Rainbuckstrasse – Unterohringen – hier links an dem um 1800 erbauten «Schlössli» vorbei – etwa 200 Meter parallel zu der in den 1830er Jahren westlich davon gebauten, neuen Schaffhauserstrasse Richtung Hettlingen – vor Hettlingen die Seuzacherstrasse aufnehmend.

– Hettlingerstrasse: bis heute praktisch unverändert über das Chirchbüel-Wäldli nach Hettlingen.

– Münzerstrasse: Ausgehend vom Kern von alt Oberohringen über den Münzer – Steinbühlstrasse – in die südliche Kirchhügelstrasse einmündend (deshalb auch Ohringer Kirchweg genannt).

– Aspstrasse: Ausgehend vom Kern von alt Oberohringen zu den Wülflinger Radhöfen.

– Gemäss dem Oberohringer Zehntplan des Jahres 1807 verlief aus dem Kern von Oberohringen eine «Strasse nach Winterthur». Diese verliess die Siedlung im Süden, erreichte in einem Bogen das Trassee, das ungefähr der in den 1830er Jahren gebauten Schaffhauserstrasse dienen sollte. Diese «Strasse nach Winterthur» mündete an der Gemeindegrenze im Bereich der heutigen Autobahnzubringer in die alte Schaffhauserstrasse ein.

– Wülflingerstrasse: Ausgehend vom Kern von alt Oberohringen durch das Chilenholz des Wolfensberges zum Dorf Wülflingen.

– Reutlingerstrasse: entsprechend der alten Reutlingerstrasse vom Oberdorf Seuzach ausgehend.

– Strehlgasse und anschliessender Weg Richtung Stadel bis zur östlichen Gemeindegrenze.

Die Fahrwege verliefen zumeist fern den Talsohlen an den Hügellehnen, um – noch war ja kaum etwas entwässert – Versumpfung und Vereisung zu vermeiden. Entsprechend auf und ab verliefen diese engen Strassen, und bei Niederschlägen wurden sie, da kaum fundiert, rasch grundlos.

39_Tiefes und breites Strassenbett des sogenannten Seuzachwegs durch den Amelen-/ Lindberg. Vor der Neuanlage der Winterthurerstrasse 1842 als hauptsächlicher Verbindungsweg zwischen Seuzach und Veltheim/Winterthur dienend, ist er heute teils vom Wald überwachsen.

40_«Grundriss der Landstrasse von Winterthur nach Schaffhausen bei Unterohringen, geometrisch aufgenommen und verzeichnet von Joh. Hch. Peter, Ingenieur in Winterthur, Juni 1831».
Die alte Schaffhauserstrasse (verlaufend auf dem Trassee der heutigen Rainbuckstrasse, dann rechts am «Schlössli» vorbei auf dem Flurweg nach Hettlingen) war vor dem in den 1830er Jahren einsetzenden Zeitalter des Strassenbaus die einzige grosse Durchgangsstrasse auf dem Gebiet der Politischen Gemeinde Seuzach.

Diese geometrische Aufnahme entstand kurz vor dem Bau der neuen Schaffhauserstrasse weiter westlich. Wie sich die Strassen damals präsentierten, zeigt der Übergang über den Chrebsbach: Links und rechts der Strasse führten zwei schmale Fussgängerstege über den Bach. Fuhrwerke hingegen mussten das zu einer Furt verbreiterte Bachbett durchqueren. (Der Bach lag bis in das zweite Drittel des 20. Jahrhunderts wesentlich höher als heute, er wurde im Zusammenhang mit dem Bau der Nationalstrasse abgesenkt.)

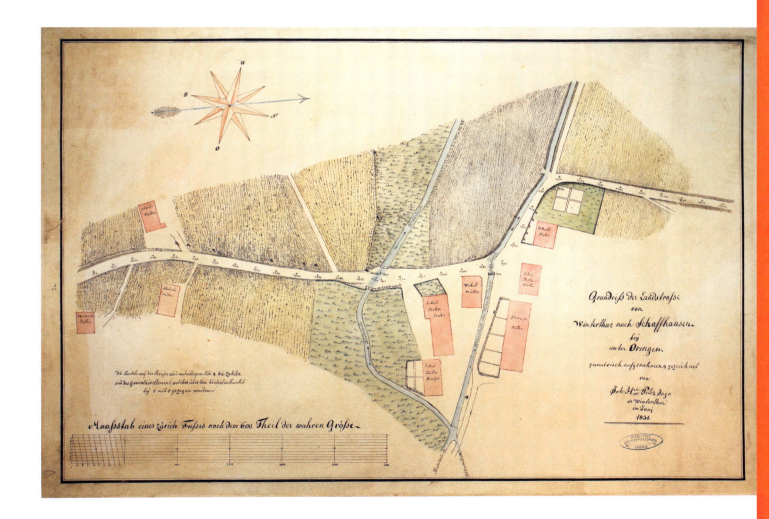

Mit dem technischen Fortschritt des Strassenbaus und der aufgrund des Strassengesetzes möglichen finanziellen Beteiligung des Staates konnten in der Ebene breitere und direktere Strassen mit weniger Steigungen gebaut werden. Die neue Schaffhauserstrasse, erst 1996 durch die A 4 abgelöst, wurde 1834 auf einer Länge von gut 2 Kilometern auf dem Gebiet der Politischen Gemeinde gebaut, unmittelbar an den Siedlungen Oberohringen und Unterohringen vorbei.

In den früheren und mittleren 1840er Jahren wurden die wichtigen «Kommunikationsstrassen» von Seuzach nach Unterohringen, von Seuzach nach Welsikon und von Seuzach nach Winterthur (damals «Amelenbergstrasse» genannt, entsprechend der heutigen Winterthurerstrasse und nicht der heutigen Amelenbergstrasse) westlich der bestehenden Verbindung über den Amelenberg/Lindberg neu angelegt.

Der Neubau der Winterthurerstrasse beschäftigte die Gemüter jahrelang; ausgiebig wurden verschiedene Varianten diskutiert. Uneinig waren sich unter anderem die Zivilgemeinde Seuzach einerseits und die beiden Zivilgemeinden Unter- und Oberohringen andererseits über die Linienführung. Die beiden Ohringen waren gegen die Winterthurerstrasse, da sie sich links liegen gelassen fühlten. Sie schlugen vor, die Strasse (mittels bestehender Verbindungen) über Ohringen zu führen, womit zugleich die problematische Steigung vermieden werden könnte. Um die beiden Ohringen zu beschwichtigen und deren Zustimmung zu erhalten – rechtlich musste die gesamte Politische Gemeinde einverstanden sein –, versprach die Zivilgemeinde Seuzach, eine Strasse von Seuzach durch das Chrebsbachtal nach

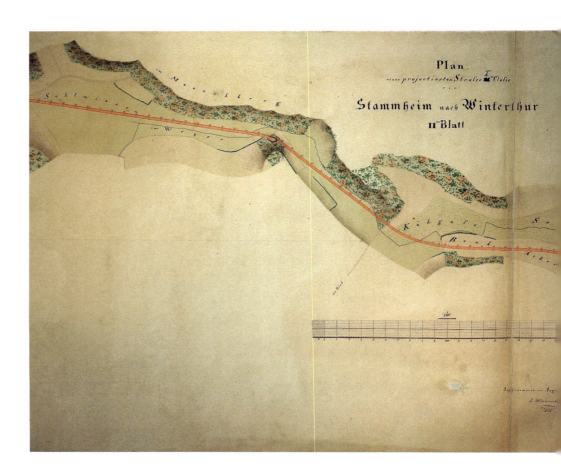

41_«Plan einer projectierten Strasse I. Classe von Stammheim nach Winterthur [...] aufgenommen im August 1843 von J. Wimmersberger [...]». Ausschnitt vom Weiher über den Dorfbereich Seuzach bis an den Amelenberg. Die neue Strasse beschnitt im Bereich des Weihergebietes eine uralte Natur- und Kulturlandschaft. Sie bildete sodann die Grundlage für den Ausbau der Winterthurerstrasse durch das Dorf weiter über den Amelenberg mit Einmündung in die in den frühen 1830er Jahren gebaute neue Schaffhauserstrasse. Einzelheiten unter anderem: Grundriss des Schützenhäuschens nach dem südlichen Dorfausgang links der Strasse (Zielhang war der Seebüel), Chrebsbach oberhalb des Einflusses des Welsikerbaches als «Dürrenbach», also als oft wenig Wasser führender Bach, gekennzeichnet (weshalb die Wässerwiesen unterhalb lagen).

Unterohringen zu bauen, die heutige Ohringerstrasse, damals noch «Wiesenstrasse» genannt.[284]

Zum Bau der Strassen musste nicht nur Geld aufgewendet, sondern auch Frondienst geleistet werden. Die Seuzacher Dorfgemeindeversammlung von Mitte August 1842 forderte – wie im Gesetz vorgegeben – jeden Vieh besitzenden Bürger auf, für das Steinbett zwei Fuhren Kieselsteine auf den Amelenberg zu führen. Danach musste der Strassenkoffer ebenfalls in Fronarbeit ausgefüllt werden.

Die völlig neu angelegte Strasse nach Welsikon beschnitt in beinahe symbolischer Weise das Weiherrevier und bildete ein Teilstück der Verbindung von Winterthur nach Stein am Rhein. Diese Route war ab 1842 in erster Linie von Winterthurer Vertretern von Gewerbe und Wirtschaft initiiert worden.[285]

1865 schliesslich wurde das Wiesental-Kreuz gewissermassen vollendet. Die in den frühen 1840er Jahren angelegte Ohringerstrasse von Seuzach nach Unterohringen mündete hier in die neue Schaffhauserstrasse. Von diesem Punkt aus wurde nun als Fortsetzung der Ohringerstrasse durch die uralte Ried- und Wiesenlandschaft die Strasse nach Riet (Neftenbach) gebaut, ein Gemeinschaftswerk, an dem sich Seuzach, Hettlingen und Neftenbach beteiligten.[286]

In den frühen 1860er Jahren gerieten die Seuzacher in eine gewisse Panik, fühlten sich als «Abgeschnittene» und vom «ökonomischen Rückschritt» bedroht. Grund waren die seit 1855 beziehungsweise 1857 bestehenden Eisenbahnverbindungen von Winterthur nach Andelfingen und Schaffhausen sowie nach Frauenfeld und Romanshorn. Es bestehe die Gefahr, zu «veröden». Und so reichte Seuzach 1863 beim Regierungsrat eine Petition zum Bau einer Hauptstrasse nicht weniger als der II. Klasse von Winterthur ins thurgauische Neunforn (wohl über Oberwinterthur-Rickenbach-Thurbrücke Uesslingen) ein.[287] Die Gemeinde erhoffte sich damit eine bessere Anbindung an die Transportwege für Güter der neuen Zeit wie Brennstoffe und Baumaterialien auf dem Rhein. Aus dieser Strasse, die wohl doch nur in den Köpfen als notwendig erschien, wurde nichts, und im Jahrzehnt darauf gelangte die Eisenbahn von Winterthur auch nach Seuzach.

Die Strassenbauten gaben der traditionellen Kultur- und Naturlandschaft ein neues Gesicht. Auch die Flurwege, die im Zug der Ablösung der Dreizelgenwirtschaft in den mittleren Jahrzehnten des 19. Jahrhunderts nach und nach angelegt wurden, veränderten den Lebensraum.

Der liberale Aufbruch der 1830er Jahre im Strassenbau liess auch die alten Zölle und Weggelder fallen. Ganz von allein ging es offensichtlich nicht. Noch 1832 erhob die Stadt Winterthur solche Zölle und unsere Gemeinde drohte damit, der Regierung notfalls Petitionen zur «Abschaffung von Zoll, Weg- und Torgeld der Stadt Winterthur» einzureichen.[288]

Die verbesserten und neu angelegten Strassenverbindungen kamen auch dem Postwesen zugute. Boten zirkulierten auf privater Basis schon seit Jahrhunderten, und das 1662 in Zürich gegründete Kaufmännische Direktorium baute das Postwesen aus, das 1803 an den Kanton überging. Auf der Strasse zwischen Winterthur und Schaffhausen verkehrten regelmässig Boten; ab 1831, vorerst noch auf dem alten Trassee, war eine einspännige Kutsche im Einsatz. Die 1834 neu angelegte Route ermöglichte den Verkehr mit vierspännigen Postkutschen, und ab 1840 besorgte ein Winterthurer Fuhrunternehmer auch einen Omnibusdienst. Als regionales Verteilzentrum entwickelte sich das an dieser Route befindliche Hettlingen. Von hier aus wurde das Postgut nach Seuzach und Ohringen sowie in die Dörfer der Kirchgemeinde Dägerlen ausgetragen. Als die neu gegründete Eidgenossenschaft 1848/49 das Postwesen übernahm, erhielt Seuzach eine eigene Postablage.

42_Stempel der damals eben erst eröffneten Poststelle Seuzach auf einem Brief, den der Seuzacher Sekundarlehrer Wyssling am Donnerstag, den 22. November 1849, an seinen ehemaligen Schüler, den damals 15 1/2-jährigen Conrad Cramer, sandte. Cramer befand sich bei Spediteur Helff in Zürich in der Lehre. In Hettlingen aufgewachsen, besuchte er die Sekundarschule in Seuzach und sollte eine grosse Karriere als Unternehmer und Politiker (Nationalrat) machen. Wyssling wohnte damals in Ohringen und teilte Cramer unter anderem mit, er wolle nach Seuzach ziehen und dort wieder einen oder zwei Knaben bei sich aufnehmen und erziehen. Er bat Cramer um Hilfe bei der Suche interessierter Eltern. Wyssling gab den Brief in der neu eröffneten Poststelle auf. Der Brief ging über Hettlingen noch am gleichen Tag nach Zürich, wo er am folgenden Tag gestempelt und Cramer wohl auch zugestellt wurde.

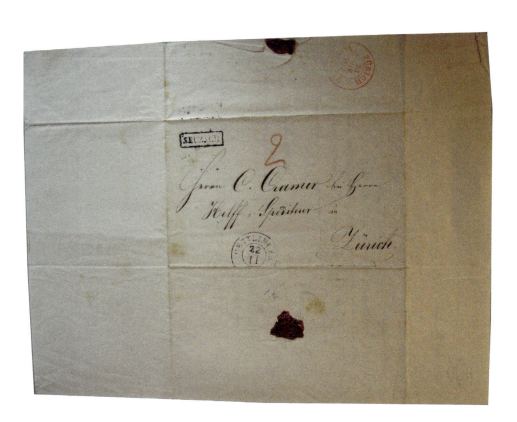

4. Von der feudal-korporativen zur individuell betriebenen Landwirtschaft

4.1 LOSKAUF DER GRUNDGEFÄLLE

Die Seuzacher und Ohringer beeilten sich mit dem Loskauf, der ja ein wichtiges Element hin zur individuell betriebenen Landwirtschaft bedeutete. Besonders der Zehnt war rechtlich und technisch eng mit der genossenschaftlichen Dreizelgenwirtschaft verknüpft.

Hinter dem Loskauf des Zehnten in Seuzach, der in den Jahren ab 1808 realisiert wurde, erscheint der «Sekretär» Heinrich Schwarz (1775–1849), ursprünglich Schuhmacher, als treibende Kraft. Er organisierte, führte die Buchhaltung und – was ihm besonders wichtig erschien – dokumentierte den Loskauf auch für die Nachwelt, denn dieser bildete, was heute vergessen ist, in der Zeit selbst ein Jahrhundertprojekt.

Wie Schwarz muss der Ohringer Schulmeister Johann Jakob Keller hervorgehoben werden. Er vermass in den Jahren 1806–1810 mit grossem Können sämtliche Parzellen in den drei Bannen von Seuzach, Oberohringen und Unterohringen und brachte das Resultat in Form von Vermessungsplänen und begleitenden Beschreibungen und Verzeichnissen zu Papier. Leider sind die Pläne der Banne von Seuzach und von Unterohringen nicht überliefert. Und bis vor kurzem musste der Verfasser davon ausgehen, dass auch derjenige von Oberohringen verloren gegangen sei. Dann aber machten Insider im Frühjahr 2010 darauf aufmerksam, dass im Schulhaus Oberohringen ein Plan hänge. Es handelte sich tatsächlich um den Keller'schen Zehntplan von Oberohringen, datiert auf das Jahr 1807, über Jahrzehnte vorbildlich durch einen Vorhang vor Licht geschützt. Die Bürger von Oberohringen hatten diese Vermessung zwecks Zehntablösung dem Schulmeister bereits an der Neujahrsgemeinde des Jahres 1806 in Auftrag gegeben.[289]

Ebenfalls noch vorhanden sind die Vermessungspläne des Seuzacher Weihergebietes[290] und der zehntpflichtigen Rebgrundstücke im Dorfbann Seuzach von Keller, und zwar im Stadtarchiv Winterthur.

Seuzach kaufte seine Zehntverpflichtungen zwischen 1808/09 und 1815 in acht Raten los, wobei 1809 wegen Verzögerungen[291] auch die Anfangsrate von 1808 entrichtet wurde. Ohringen löste den Weinzehnten etwa zur gleichen Zeit ab und mit etwas Verzögerung in den Jahren 1818–1822 auch den Getreidezehnten. Auf Martini 1822 übergab das Spitalamt Winterthur, das den Zehntanteil auch des Mörsburgamtes eingezogen hatte, den Dörfern das entkräftete Zehnturbar des Jahres 1746.[292] Hinten in diesem Urbar sind die Gesamtzahlungen summarisch festgehalten.

Tabelle 17: Total der zum Loskauf der Zehnten entrichteten Geldsummen in Gulden, 1809–1815/22

Zivilgemeinde	Trockener Zehnt[1]	Weinzehnt	Kleiner Zehnt[2]	Andere	Total (Gulden)
Seuzach	19 021	10 735	1000		30 757
Oberohringen	2 220	2 066	–	«Herrschaftszehntli»: 331 Gulden, Heuzehnt: 24 Gulden	4 643
Unterohringen	4 420	1 256	–	«Heugeld»: 800 Gulden	6 476
					[3] 41 876

[1] Vom Getreide. [2] Von Obst, Heu, Hanf, Gemüse. [3] Auf Schilling und Heller eigentlich 41 877 Gulden 22 Schilling 7 Heller.

Ganz so glatt ging der Prozess nicht vor sich, wie diese zusammenfassenden Zahlen glauben lassen könnten. In seinem im Jahr 1809 angelegten und in den folgenden Jahren fortgesetzten, mehrhundertseitigen «Zehntenprotokoll über den dem Spital- und Mörsburger-Amt Winterthur gehörigen trocknen und nassen Zehnten des Dorfbezirks Seuzach», das vor allem minutiöse Loskaufabrechnungen enthält, beschrieb Sekretär Schwarz einleitend «die langwierige Prozedur bis es bewerkstelliget war».[293] Schon seit Langem, so Schwarz, hätten «etliche Bürger» den Zehnten im Dorfbezirk Seuzach loskaufen wollen, was zu Streitigkeiten mit anders gesinnten Genossen geführt habe. An der Neujahrsgemeinde 1808 nun habe sich ein «einhelliges Mehr» für den Loskauf ergeben. In der Folge wurden Kommissionen zur Umsetzung des Loskaufs eingesetzt. Nach dem Gesetz musste auch das Votum nach Eigentum durchgeführt werden, welches das folgende Resultat ergab: Für die Ablösung der trockenen Zehnten sprachen sich 116 Bürger mit 457 Jucharten Feld aus, dagegen 56 Bürger mit 223 Jucharten, für die Ablösung des nassen Zehnten 96 Bürger mit 63 Jucharten Reben, dagegen 31 Bürger mit 20 Jucharten.

An einer weiteren Gemeindeversammlung vom 30. April 1808 zum Thema Zehntloskauf inszenierten die Gegner, die es offenbar noch immer gab, unter ihnen Jakob Ackeret «Kruß», Heinrich Ackeret «Koller», Heinrich Wipf «Schneider», mehrere Wipf mit dem Zunamen «Benggelis» und Jakob Schwarz «Schwäblis» sowie andere «dergleichen Individuen mehr ein heftiges Getümmel», sodass der Präsident die Versammlung auflöste.

Das vermessene Ackerland wurde von neutralen Experten in sechs Güteklassen aufgeteilt, pro Jucharte der ersten Güteklasse waren 40 Gulden und dann je 5 Gulden weniger für die folgenden Güteklassen (15 Gulden für die sechste und schlechteste) als Ablösegeld zu entrichten. Als Grundlage für die Ablösung wurden die Zehnterträge der Jahre 1774–1797 genommen. Die zwei niedrigsten und die zwei höchsten Erträge wurden gestrichen, das Getreide aufgrund mässiger Marktpreise in Geld umgerechnet und der so ermittelte durchschnittliche Jahresertrag in Geld mit dem Faktor 25 multipliziert. Beim Weinzehnten wurde ähnlich verfahren, allerdings mit weniger Güteklassen.

Für den Zehntbezirk im Dorfbann Seuzach errechnete man einen durchschnittlichen jährlichen Zehntertrag von insgesamt etwas über 115 Mütt Kernen (Winterthurer Mass,

43_«Geometrischer Grundriss von den sämtlichen Gütern des Hofs Oberohringen, welche sich innert ihren [der Oberohringer] Grenzen befinden, eines jeden Bürger[s] besonders, was er dato besitzt, nebst der Nummer und des Buchstabens, so jedem beigesetzt ist. Diejenigen, welche aussert unserem [Hof-]Bezirk sesshaft [sind], sind mit einem + bezeichnet. Erstens an Hausplatz, Kraut- und Baumgarten und Wiesen, zweitens an Reben, drittens an Ackerfeld im obern und untern Zehnten und zehntenfrei, jedes besonders, viertens an Holz und Boden. Nebst den Marksteinen [...]. Aufgenommen und in Riss gebracht Anno 1807». «Joh. Jacob Keller fecit». Orientierung: Ost-Nordost ist oben. Der Plan bildete die Grundlage für die Ablösung des trockenen Zehnten im Bann Oberohringen. Eindrücklich sind Elemente der herkömmlichen genossenschaftlichen Landwirtschaft zu erkennen: die drei Zelgen, die durch Erbteilungen bedingten schmalen Ackerstreifen in Gemengelage. Viele von ihnen sind nicht durch Wege zugänglich, auch wenn zu sagen ist, dass für die Zeit doch erstaunlich viele Flurwege vorhanden sind, was wohl auf die mit lediglich elf einheimischen Landbesitzern kleinen Verhältnisse und den Hofcharakter zurückzuführen ist, der ursprünglich nicht gemeinrechtlich ausgerichtet war.

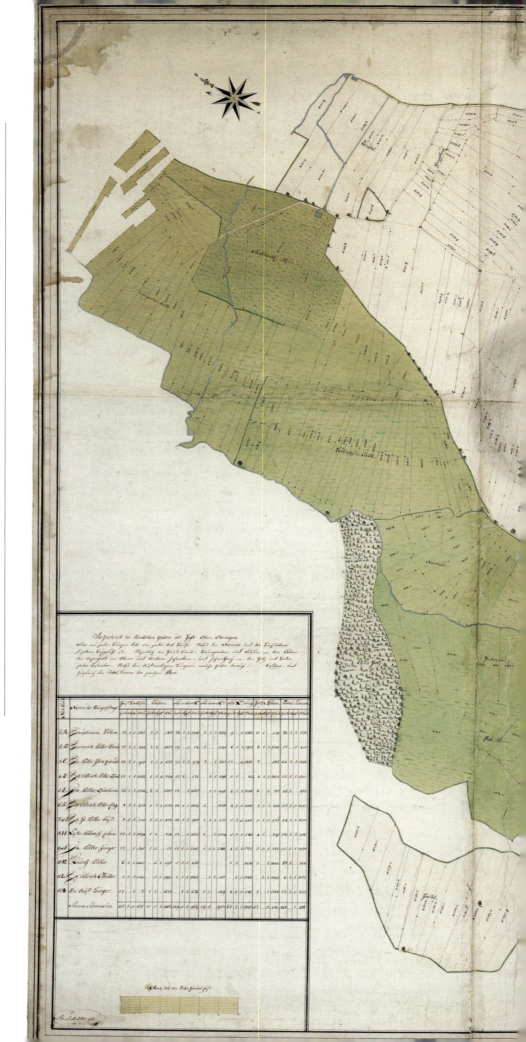

Tabelle 18: Übersicht zur Ablösung der Grundzinse im Bann der Dorfgemeinde Seuzach

Bezüger	Kernen (Mütt, Viertel, Vierling, Immi)	Hafer (Mütt, Immi)	Geld (Gulden, Schilling)	Ablösungs-kapital (Gulden, Schilling)
Staatskasse Zürich[*1]	13.0.2.0	8.0	4.4	2800.17
Spital Winterthur	12.0.0.1 1/2	8.6	1.21	2569.21
Prokureiamt der Stadtkirche Winterthur	2.0.0.0	2.0	–	464.10
Waisenamt Winterthur	1.0.0.0	–	–	164.2
Baron von Sulzer-Wart von Winterthur[*2]	1.2.0.0	–	0.13	254.9
Bürger Kronauer von Winterthur	0.2.0.0	–	–	82.1
Kirche Seuzach	5.1.0.0	3 1/2.0	0.10	1106.20
Total	35.1.2.1 1/2	21 1/2.6	6.8	7441.0

*1 Zum Beispiel als Rechtsnachfolger der Klöster Beerenberg und Heiligenberg sowie des Lazariterhauses Gfenn bzw. nach 1531 zumeist vom Klosteramt Winterthur. *2 Ursprünglich im Besitz von Winterthurer Privatpersonen.

knapp 7 Tonnen), etwas über 8 Malter Hafer (rund 1,6 Tonnen) sowie von knapp 46 Saum Wein (Winterthurer Mass, rund 80 Hektoliter).

Eigentlich war vorgesehen, den Loskauf mit der ersten von acht Raten an Martini 1808 zu beginnen. Doch die Stadt Winterthur verzögerte den Vorgang. Sie beharrte darauf, dass Seuzach mit den beiden Ohringen rechtlich einen gemeinsamen Zehntbezirk bilde und deshalb seinen Zehnten nur zusammen mit Ohringen ablösen könne. Zehntrechtlich war diese Forderung einsichtig. Den Zehntpflichtigen, die sich in erster Linie als Mitglieder der Dorfgemeinschaft Seuzach oder einer der beiden Hofgemeinschaften Ohringen fühlten, also korporationsrechtlich dachten, erschien ein solches Vorgehen abwegig. Die Dorfgemeinde Seuzach verwies auf die Zehntbeschreibung von 1746, die den Dorfbann von Seuzach und die Hofbanne beider Ohringen unterschied.[294] Der Streit wurde vor das Bezirksgericht gebracht und an das Obergericht weitergezogen, das schliesslich zugunsten von Seuzach entschied und den Loskauf ohne Bindung an Ohringen freigab.

Nochmals aber stellten sich die internen Gegner des Loskaufs quer. Um mit «allen ersinnlichen Intrigen» die ärmeren Bürger zu schädigen, die für den Loskauf gestimmt hatten, verhinderten sie, dass die Gemeinde gesamthaft Kapital für den Loskauf aufnehmen oder zu diesem Zweck Eichen und Föhren aus dem Gemeindewald verkaufen konnte. «Dieser Zwiespalt», so Sekretär Schwarz, «ward aber ein Glück für das ganze, denn dadurch ward jeder genötiget, für sich selbst zu sorgen, und dadurch ist in den acht Jahren dieses grosse Unternehmen bezahlt worden, ohne dass eine weitere Besorgung und Rechnungsführung [über die Gemeindekasse] nötig wurde.» Schliesslich seien alle zufrieden gewesen, und niemand sei wegen der Zahlungen verarmt, zurückzuführen auch auf «die Güte Gottes», nämlich auf gute Ernten. Schwarz stellte in seiner Einleitung «das grosse Werk» zufrieden und zuversichtlich dem Urteil der «Nachwelt» anheim. Dieses Urteil lautet im historischen Rückblick sehr günstig.

44_«Geometrischer Plan von dem zehendbaren Räbland zu Seuzach, welches dem Lobl. Spital- und Mörspurger Amt Winterthur zehendbahr gewesen, allein dato aufgekündt und looßgekauft wird [...] 1810». Die gesamte zehntpflichtige Rebfläche belief sich auf etwas über 91 Jucharten in 384 Parzellen. Aufgenommen sind auch die sechs Trotten (Lit. A–F) und drei Brunnenstuben.

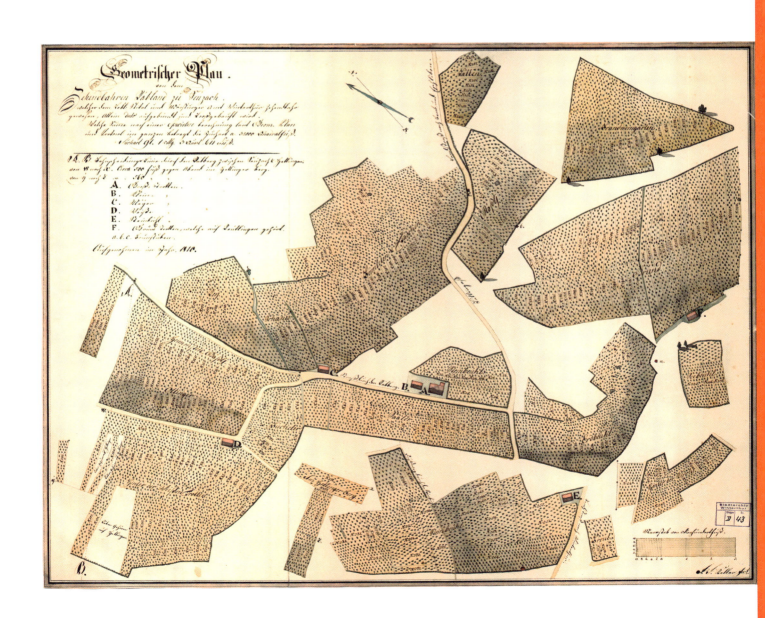

Wie bereits erwähnt, leistete der einheimische Schulmeister und Geometer Keller grundlegende Vermessungsdienste auch für die Zehntablösung in beiden Ohringen und erstellte dazu Tabellen. [295]

Die 1821 initiierte Ablösung der Grundzinse gestaltete sich etwas weniger komplex, da diese seit Jahrhunderten fix und die belasteten Grundstücke trotz der vielen Erbteilungen und Handänderungen bekannt waren. Auch ging es um geringere Ablösungssummen. Dem von Vorsteher Hans Georg Wipf angelegten und geführten «Grundzins-Conto-Buch für die Dorf-Gemeinde Seuzach, errichtet und losgekauft 1821», [296] entnehmen wir die abzulösenden Grundzinsposten (Tabelle 18), die zumeist auf die in der Tabelle 1 aufgeführten Dokumente ab dem 12./13. Jahrhundert zurückgehen. 1 Mütt Kernen wurde zum mässigen Durchschnittspreis von rund 6 1/2 Gulden berechnet und mit dem Faktor 25 kapitalisiert, 1 Mütt Hafer zum gerundeten Preis von 2 3/4 Gulden. Als einziger Grundzins war ein «Pöstli» von 6 Pfund «ins Bruderhaus» nicht berücksichtigt worden. War dies ein Zins gegenüber einem nicht näher bekannten, auch im 19. Jahrhundert schon längst verschwundenen mittelalterlichen Bruderhaus im Bereich des Eschberges, wo auf Winterthurer/Stadler-Seite noch immer ein grösserer Waldbezirk Brudergarten heisst?

Die Ablösesumme (7441 Gulden) wurde im Prinzip den rund 90 grundzinspflichtigen Personen und Gruppen im Zivilgemeindebann auferlegt, wie angedeutet nicht aufgrund der Grundstücksgrössen, sondern nach Massgabe konkreter, überkommener Grundzinsverpflichtungen. Dieses Loskaufgeld wurde durch die Gemeinde bevorschusst und bereits 1821 an die genannten Inhaber der Grundzinsrechte bezahlt. Entsprechend erfolgte eine notarielle Quittierung. [297] Rechtlich also waren die Bauern Seuzachs auf Martini 1821 endgültig von den feudalen Grundlasten befreit. Die Schuldner bezahlten der Gemeinde den Vorschuss in 13 Jahresraten von 1821 bis 1833 zurück, mit Entschädigungen für die Unkosten und Zinsen insgesamt rund 9500 Gulden. Die Gemeinde ihrerseits nahm auf Martini 1821 6000 Gulden in Form von etwa 2450 silbernen Brabanter-Talern vom reichen Baron Johann Heinrich von Sulzer-Wart auf. [298] Sulzer-Wart war selbst Inhaber eines alten Grundzinses.

Die beiden Ohringen lösten ihre Grundzinse später ab. [299] Oberohringen, das wohl schon in der zweiten Hälfte des 15. Jahrhunderts den dem Kloster Kreuzlingen geschuldeten Grundzins losgeworden war, [300] hatte lediglich zwei kleinere Posten gegenüber dem staatlichen Klosteramt Winterthur von etwas über 3 1/2 Mütt Kernen und 1 Viertel Kernen mit rund 860 Franken loszukaufen. Dieses Kapital wurde ab 1833/34 normal verzinst und offenbar erst gegen 1850 liquidiert. Sehr viel mehr an Grundzinsen hatte Unterohringen loszukaufen, nämlich den alten Kyburger/Habsburger Zins für 5389 Gulden vom Staat Zürich, in der Loskaufakte von 1833 mit 28 Mütt Kernen, 24 Mütt Hafer, 6 Mütt Roggen, 1 Mütt Bohnen, 1 Mütt Erbsen, 1 Mütt Gerste und 3 1/4 Gulden aufgeführt. Offenbar bezahlten die einzelnen Grundzinspflichtigen in Unterohringen vorerst nur Geld- statt Naturalzinsen, und erst zwischen 1853 und 1860 wurde das Kapital abbezahlt, dies nun in modernen Schweizer Franken.

4.2 FLURWEGE[301]

Die neuen gesetzlichen Grundlagen der 1830er Jahre ermöglichten nicht nur den Bau und die Korrektion von Kommunikationsstrassen, sondern auch das Anlegen von Güterstrassen und -wegen. Die Entwicklungen gingen Hand in Hand, und wie die Ablösung der Grundlasten auf übergeordneter Rechtsebene führte das Anlegen von Flurwegen und -strassen zur Auflösung der alten, genossenschaftlich orientierten Dreifelderwirtschaft, wurde doch mit der Zeit jedes einzelne Grundstück individuell zugänglich. Noch bevor das Flurweggesetz in Kraft getreten war, hatte die Dorfgemeinde 1834 zwei frühe Güterstrassen, nämlich im Bereich der Kirchbühläcker und der Äcker im Hochgrüt, angelegt. Es folgte ein immer feineres Wegnetz, und zur Gewinnung des notwendigen Kieses legte die Gemeinde «Griengruben» an, so 1852 in der Birch. 1853 wurde diskutiert, ob noch mehr Güterstrassen zu Gemeindestrassen erklärt werden sollten als die vom Gemeindepräsidenten vorgeschlagenen. Gemeinderat Keller erachtete dies als ungerecht, da von den Flurstrassen die «grossen Güterbesitzer» profitieren, die «Ärmeren» dagegen mit mehr Frondiensten belastet würden. Es kündigte sich eine Abspaltung einer privatrechtlichen Flurgenossenschaft von der Gemeinde an.

4.3 ÜBERDAUERNDE ELEMENTE DER DREIFELDERWIRTSCHAFT

Auch wenn wesentliche Elemente der korporativ betriebenen Landwirtschaft wegfielen, blieben noch lange gewisse Gewohnheiten erhalten. Seit dem späten 18. Jahrhundert wurde die Brache zunehmend angebaut, und es entwickelte sich die sogenannte verbesserte Dreifelderwirtschaft. Diese liess in einem gewissen Rahmen Fruchtwechselwirtschaft zu: das noch immer dominante Getreide wechselte mit Kartoffeln, Räben, Klee und Hülsenfrüchten ab. 1832 war zum Beispiel von den «Kleeäckern» die Rede, die im Pflichtenheft des Mausers aufgeführt wurden. Trotzdem wurden in den Ackerbaugebieten teils bis zum Ersten Weltkrieg und darüber hinaus noch immer ganze Flurbezirke mit dem gleichen Getreide angebaut.

In der ersten Hälfte des 19. Jahrhunderts blieb der Fortschritt der landwirtschaftlichen Produktion bescheiden, die Getreideerträge beispielsweise lagen nur unbedeutend über denjenigen von vor 1800 (siehe Tabelle 2). Nebst Kernen (Dinkel) wurde vermehrt Weizen angebaut. Verbesserte Pflüge, erste Sä- und Dreschmaschinen und Walzen kündeten aber schon die Mechanisierung an. Ab 1852 stellte auch die Zivilgemeinde Seuzach ihren Bürgern eine Walze zur Verfügung.

Die Viehhaltung hatte wie in anderen Ackerbaudörfern auch in Seuzach wie seit je vor allem subsidiären Charakter. Sie diente der Eigenversorgung mit Milch, Butter, Fleisch, sodann der Bereitstellung von Zugkraft für den Ackerbau und der Gewinnung von Dung. Gegen das Frühjahr stand wegen Futtermangels viel unterernährtes Vieh in den niedrigen, dunklen Ställen, soweit es nicht schon im Herbst geschlachtet worden war. Der Rebbau nahm noch die alte, grosse Fläche ein, ja er vermehrte sich eher noch.

Eine interessante Diskussion wurde an der Januargemeinde des Jahres 1861 über das sogenannte Tretrecht geführt.[302] Es handelte sich um das «Recht, auf des Nachbars Acker mit dem Pflug umkehren zu dürfen». Eine neue, vor der Gemeinde verlesene Gesetzesbestimmung des privatrechtlichen Gesetzbuches für den Kanton Zürich garantierte «das alte [bislang nicht gesetzlich festgehaltene] Recht des Tretens» an Orten, wo es bis anhin gehandhabt worden war. Auch in Seuzach galt noch immer das Tretrecht, was auf die alte, genossenschaftliche Praxis selbst weit nach der Mitte des 19. Jahrhunderts hinweist. Die neue Bestimmung beschränkte das «Treten» allerdings auf nichtbepflanztes Land und auf eine Weite von 12 Fuss. Eine Mehrheit der Eigentümer einer Zelge oder einer Flurabteilung konnte weitergehende Bestimmungen treffen. Der Gesetzeseintrag veranlasste die erwähnte Gemeindeversammlung zur Diskussion darüber, ob sich die Gemeinde diesem unterstellen wolle oder nicht, ob man weiterhin im Dreifelderrhythmus mit Tretrecht oder aber «frei» zu wirtschaften gedenke. Das Votum von Gemeindeammann Johann Weber[303] ist agrar- und mentalgeschichtlich derart aufschlussreich, dass wir es hier wiedergeben. Er beantragte, «dass die alte bisherige Dreifelderwirtschaft [mit dem Tretrecht] beibehalten werde. Diese sei bei uns die beliebteste Feldwirtschaft und für uns die rentabelste. Wir seien mit dieser aufgewachsen und [sie] passe daher auch für uns am besten. In industriellen Gegenden, wo Fabrikarbeiter einen grossen Teil der Bevölkerung ausmachen, sei die freie [Land-]Wirtschaft eher am Platze. Wo jede Haushaltung kaum ein paar Äcker besitze, könne von denselben nicht verlangt werden, dass sie nach alter Übung regelmässig pflanzen. Bei uns haben die meisten Grundbesitzer auf allen Seiten Land, sodass eine Zelgenwirtschaft eher möglich sei. Und wo dies allenfalls nicht sei, so gleiche gegenseitige Rücksicht und Sorgfalt der Anstösser alle Nachteile auf.» Als darauf ein Bürger nach Details der künftigen Handhabung des Tretrechts fragte, beschied ihm Präsident Wipf, dass zuvor die Grundsatzfrage zu entscheiden sei, ob die Dreifelderwirtschaft beibehalten werden solle oder nicht. Schneider Salomon Wipf sprach sich für die freie Landwirtschaft aus. Kaum 20 Bauern würden Land in allen drei Zelgen besitzen, 50 dagegen nicht. Er warf die Frage auf, «wie dann diese [50 Bauern] stehen, wenn sie zelgwidrig pflanzen? Es werde [ihnen] von allen Seiten hinein getretet, sodass die ganze Saat zu Grunde gerichtet werde.» Schliesslich erhielt «nach langer Beratung» der Antrag von Gemeindeammann Weber «auf Beibehaltung der bisherigen Dreifelderwirtschaft mit 12 Fuss Tretrecht gegenüber demjenigen von Schneider Wipf auf freie Wirtschaft die unbedingte Mehrheit».

Als gut zehn Jahre später die Eisenbahn durch das Gemeindegebiet von Seuzach gebaut wurde, kam es wegen des Durchschneidens alter Tretrechte durch die Bahnlinie zu Diskussionen, ein Aufeinanderprallen der Zeiten.

Inventar eines kleinen Bauernhofes zur Zeit der Auflösung der Dreifelderwirtschaft

1868 konnte der Seuzacher Bauer Jakob Schwarz, Wachtmeister, seine Schuld von 143 Franken gegenüber Emanuel Weil von Gailingen, nicht fristgerecht zurückzahlen. Der Gläubiger stellte beim Betreibungsamt Seuzach ein «Versilberungsbegehren». So wurde in Gegenwart des Schuldners Folgendes gepfändet:

1 Kuh, braun-spiegel, 5-jährig, 1 Kuh, schwarz-braun, 6-jährig, 1 Ziege, 4-jährig;
2 Viehgeschirre, 2 Kripfketten, 2 Wagenseile, 1 Kette;
1 zweispänniger Wagen samt Bäumen, Heugestell und Zugehör; 1 Stosskarren mit Rad, 1 aufgerüsteter Pflug (nur zur Hälfte im Eigentum des Schuldners), 1 Egge;
20 Zentner Heu und Emd, 3 Zentner Stroh, 2 Saum Wein und Most;
200 Heizburden, 2 Kloben Stock- und Scheiterholz;
1 Lohfass, 1 Loheständer, 1 Lohetause, 1 Traubenstande (6 Saum), 1 Weintause, 1 «Weinfässli» (2 Saum), 1 Weinfass (6 Saum), 1 Weinfass (4 Saum), alle mit Eisen gebunden, 1 tannener Traubenzuber, 1 Stockgelte, 1 Stampftrog mit Eisen, 1 Trog, 1 «Waschständli», 2 hölzerne Wassergelten;
1 Stechschaufel, 1 Schorschaufel, 2 Kärste, 2 Blatthauen, 2 Äxte, 1 Jagdmesser, 2 Sensen, 2 Heugabeln, 2 Rechen, 2 «Pflegel», 1 Handsäge, 1 Holzschlägel, 1 Mistgabel, 2 Baumleitern, 1 Zweisäge, 1 Waldsäge, 2 Schiffe;
1 Tragstuhl, 2 zweitürige Kleiderkästen, 1 «Küchenkästli», 1 tannener Tisch, 2 Stühle, 1 Laterne, 2 Ampeln;
1 Kupferpfanne, 1 Eisenpfanne, 1 Dutzend Milchbecken, irdenes Küchengeschirr, 1 Schoppen und 1 Halbmassflasche, 3 Gläser, 1 Ankenhafen, 1 Nidelhafen, 1 Kupfergelte, 1 Kessel, 1 Anrichtekelle.

Schwarz bewirtschaftete sein Land mithilfe von zwei Kühen als Zugtieren. Den Pflug teilte er mit einem anderen Kleinbauern.
Kühe, Heu- und Strohvorräte sowie Wagen waren zum Teil bereits verpfändet.
Im Inventar fehlen Betten, Kleider, Leinen, Textilien, Besteck und Ähnliches, also Inventar, welches wohl die Ehefrau in den Haushalt eingebracht hatte.

Quelle: StAZH, Pfandbuch Z 273.20.

5. Nahrungskrisen

Das Jahr 1816 ging als das «Jahr ohne Sommer» in die Annalen ein. Ein im April 1815 erfolgter Ausbruch des indonesischen Vulkans Tambora brachte vor allem den Regionen unmittelbar nördlich der Alpen wie Elsass, Deutschschweiz, Süddeutschland und Vorarlberg ungewöhnlich niedrige Temperaturen und anhaltende Regenfälle. In der Schweiz schneite es in den Sommermonaten bis auf 800 Meter über Meer. Missernten führten im Jahr 1817 zu zweieinhalb- bis dreimal höheren Getreidepreisen. Dadurch begann ein klassischer Krisenzyklus zu wirken: wurde praktisch alles Geld für Nahrung gebraucht, sank der Absatz von Textilien und anderen Produkten der Industrie und des Gewerbes, was zu Verdienstausfall führte.

Der «Stillstand» von Seuzach, der noch immer das Armenwesen besorgte, fand es in seiner Sitzung vom 4. März 1817 «nicht nötig, auf besondere Anstalten und Einrichtungen zu mehreren Unterstützung [...] der hiesigen Armen zu denken», nahm aber doch beunruhigt zur Kenntnis, dass sich im «Armenbürgerhaus» seit Tagen «unbekannte Weibspersonen» aufhielten. Im folgenden Monat verteilten die Gemeinde und die «Hülfsgesellschaft Winterthur» 16 Viertel Saatkartoffeln an 12 Haushaltungen, und Ende April stellte Letztere 25 Mass Knochenbrühe aus den «Laboratoires» bei der Winterthurer Spitalmühle für 64 bedürftige Seuzacher «Individuen» zur Verfügung. Eine Zeit lang konnte ein vom «Stillstand» angestellter «Träger» dreimal in der Woche in einer geschlossenen Tause je 60 Portionen «nahr- und schmackhafte Knochensuppe» bei der Spitalmühle fassen und zur Verteilung nach Seuzach bringen. Im Sommer konnten kleinere Mengen Mehl zu niedrigen Preisen an Bedürftige abgegeben werden.[304]

Der Seuzacher Pfarrer Johann Jakob Sulzer sprach in seiner chronikalischen Aufzeichnung[305] die «ungünstige Witterung» des Jahres 1816 an, die in der ersten Hälfte 1817 fortdauerte. Es hätten «Brot- und Verdienstmangel, also überhaupt eine ausserordentlich grosse Teuerung in allen Nahrungs- und Lebensmitteln» geherrscht. Die «Hülfsgesellschaft Winterthur» habe in Stadt und Land, auch in Seuzach, von März bis Juli wenigstens 800 Personen täglich mit «Knochensuppe» ernährt.

In den frühen 1830er Jahren begann die Kantonsregierung für bedürftige Bürger Kernen und «Odessa-Weizen» zur Verfügung zu stellen. Seuzach erwarb rund 1 Tonne davon. Kirchenpfleger Wipf transportierte dieses Getreide von Zürich in das provisorische Lager im Gemeindehaus, wo es im Sommer 1832 an Bedürftige zu mässigen Preisen weiterverkauft oder in kleinen Mengen auch in Form von Brot und Mus ohne Entgelt an die Almosengenössigen abgegeben wurde.

Vorerst verschärfte die Frühindustrialisierung die Nahrungskrisen des agrarischen Zeitalters eher noch. Die Mechanisierung der Baumwollspinnerei nach dem Jahr 1800 und vor allem der Handweberei etwa ein Vierteljahrhundert später setzte viele Arbeitskräfte frei, schuf jedoch auch zunehmend Arbeit in den neuartigen Fabriken. Es wurde eine neue Phase des «Pauperismus», der Verelendung breiter Bevölkerungskreise, eingeläutet, und zwischen 1845 und 1855 erreichte die Massenarmut einen Höhepunkt. Verschärft wurde sie durch die schlechten Ernten des Jahres 1846 und die Kartoffelkrankheit. Das Jahr 1847 war durch ausserordentlichen Hunger geprägt. In Orten wie Seuzach, das wie die meisten Gemeinden des Zürcher Weinlandes und Unterlandes stark agrarisch geprägt blieb, machte sich diese Krise nur gedämpft bemerkbar. Und eine gewisse Ausrichtung auf die vielfältige Wirtschaft Winterthurs trug zum Verdienst bei.

So bemerkte Pfarrer Christoph Gottlieb Wolf in seinem Bericht des Jahres 1837 zum Armenwesen von Seuzach und Ohringen[306] wohl zu Recht: «Im Allgemeinen darf unsere Gemeinde sich in Betreff ihrer Armen, sowohl in Beziehung auf ihre Anzahl als das Mass der nötigen Unterstützung in Vergleich mit der Mehrzahl anderer Gemeinden glücklich preisen.» Er führte dies darauf zurück, dass «die Privatwohltätigkeit unter uns blüht». Als Hauptursache selbstverschuldeter Armut erachtete Wolf «Trunksucht und Liederlichkeit» der «Hausväter». Mit dieser Herleitung lag der Pfarrer im Trend und Ton der Zeit, wobei man in erster Linie moralisch argumentierte und sich kaum Gedanken über die strukturellen Hintergründe machte.

Im Bericht für das Jahr 1838 führt Pfarrer Wolf einen einschlägigen Fall auf: «Ein 43-jähriger Zimmergeselle, stark, gesund, allein auch liederlich im höchsten Grade und – von Wein und Branntwein erhitzt – oft sehr brutal und gefährlich. Seine [zuvor in einer ‹Spinnfabrik› arbeitende] Frau entbehrte alle Eigenschaften einer guten Hausmutter, und daher war seit Jahren drückende Armut in dieser Haushaltung und natürlich auch schlechte Erziehung der fünf Kinder.» Alle Ermahnungen hätten nichts gefruchtet. Die Frau betätigte sich während einiger Jahre als «Bötin nach Winterthur» und erhielt dort von zahlreichen Bekannten so viel, dass sie zusammen mit dem wenigen, das ihr der Mann gab, die Kinder «notdürftig» ernähren konnte. Als die Frau starb, mussten die «verwahrlosten» Kinder bei «rechtschaffenen Leuten» in die Kost gegeben werden, was das Armengut jährlich 120 Gulden kostete.

Einer Statistik des Jahres 1847 über die vom Armengut unterstützten Personen in der Kirchgemeinde Seuzach entnehmen wir die folgenden Angaben:

– In der Kategorie «der unterstützten alten oder gebrechlichen Personen» sind neun Bürgerinnen und Bürger aufgeführt: drei in Zürich und Zürich-Oberstrass wohnhafte Witwen, 55-, 67- und 44-jährig, zwei von ihnen als Spinnerinnen und eine als Strickerin arbeitend; zwei in der Gemeinde Seuzach wohnhafte Witwen, 75- und 65-jährig, beide als Spinnerinnen tätig; zwei in der Gemeinde wohnhafte Witwer und ein Lediger, 70-, 59- und 63-jährig, zwei von ihnen als Taglöhner und einer als Zimmermann arbeitend, sowie ein 66-jähriger, in Stein am Rhein als Taglöhner arbeitender Witwer.

– In der Kategorie «derjenigen unterstützten Kranken in der Gemeinde Seuzach, welche nur um vorübergehender Krankheit willen» unterstützt werden, sind vier Personen aufgeführt, nämlich zwei verwitwete Zimmerleute, ein Brunnenmacher und eine verheiratete Bäuerin.

– In der Kategorie «der Waisen und hülflosen jungen Leute» erscheinen 26 Kinder und Jugendliche im Alter von 1–16 Jahren. 19 wohnten in der Gemeinde, zumeist bei «Privatleuten» in Kost oder bei der Mutter. Die anderen hielten sich in Hettlingen, Dägerlen, Aussersihl, Seebach und Weiningen auf, meist bei einem Elternteil oder bei Verwandten. Bezahlen musste die Armengemeinde Tischgeld, Schulgeld, Kleider und Arztkosten.

Die von Pfarrer Wolf angesprochene private Wohltätigkeit wurde weiterhin von der «Hülfsgesellschaft Winterthur» mitgetragen. Sie verteilte in den 1840er Jahren wie schon 1817 Saatkartoffeln in Winterthur und in der Region, so auch in Seuzach und Ohringen. 1855 liess sie in 34 Gemeinden der Bezirke Winterthur und Pfäffikon 100 Zentner Maismehl zu verbilligten Preisen verkaufen, 2 1/2 Zentner davon in Seuzach. Selbst im Frühjahr 1861 kaufte Seuzach von der Gesellschaft 10 Zentner verbilligte Saatkartoffeln.[307]

In einem weiteren kritischen Jahr, 1855, konnten in Seuzach während vieler Monate zehn arme Kinder im Rahmen einer «Kehrordnung» bei wohlhabenden Bürgern täglich eine volle Mahlzeit einnehmen, was auswärtigen Bettel dieser Kinder zu vermeiden half.[308]

6. Beispiele der Auswanderung

In den wirtschaftlich-sozialen Kontext gehört auch das Phänomen der Auswanderung. Im 19. Jahrhundert konnte sie durchaus auch der Abschiebung unliebsamer Einwohner und Einwohnerinnen dienen. Im Fall des zwar gesunden und starken, im Kopf jedoch «etwas zerrütteten, und deshalb Unannehmlichkeiten und Sorgen bereitenden Jakob Müller an der Strehlgasse» fasste man 1825 eine Versorgung ins Auge und sprach in diesem Zusammenhang von Solddienst im niederländischen Schweizer Regiment.[309]

Am 3. Juni 1866 wurde sodann an der Gemeindeversammlung über das Schicksal von Elisabetha Waser informiert.[310] Sie war schon beinahe zwei Jahre in der «Zwangsanstalt» Kalchrain untergebracht, was der Gemeinde wegen der hohen Kosten Sorgen bereitete.

Warum konnte damals eine junge, ledige Frau zwangsversorgt werden? Man erinnert sich an das Buch von Walter Hauser, der in seinem 1995 erschienenen Werk «Bitterkeit und Tränen» von jungen, ledigen Frauen aus dem Glarnerland des 19. Jahrhunderts berichtet, die man wegen der Geburt ausserehelicher Kinder etwa zu Hause einsperrte. Solche Kinder, die in der Regel verdingt wurden, verursachten Armenkosten, die man mit derartigen unmenschlichen Massnahmen möglichst zu vermeiden suchte. Der Blick in die pfarramtlichen Register von Seuzach[311] zeigt tatsächlich, dass Elisabetha 1858 und 1863 je ein uneheliches Kind von je einem unbekannten Vater zur Welt brachte. Das erste, Gottlieb getauft, starb gut zweijährig, das zweite erhielt ebenfalls den Namen Gottlieb.

Solchen Frauen wurde hin und wieder nahegelegt, nach Amerika auszuwandern, was den Behörden Kosten ersparen sollte, den Eingesperrten jedoch den Weg ins völlig Ungewisse wies. So ist es dem erwähnten Buch zu den Glarner Verhältnissen zu entnehmen. Auch der Seuzacher Pfarrer Heller berichtete als Präsident der Armenpflege der versammelten Gemeinde, dass Elisabetha gewünscht habe, nach Amerika auszuwandern. Die Kirchenpflege, zu welcher die Armenpflege gehörte, und der Gemeinderat hätten die Kosten für die Anstalt und die Kosten der Auswanderung verglichen und Elisabetha 300 Franken für Letztere bereitgestellt. Inzwischen wisse man, dass sie sich in Le Havre eingeschifft habe. Wo Elisabetha schliesslich blieb, entzog sich wohl der Kenntnis der Seuzacher Zeitgenossen.

Nicht unmittelbar aus sozialer, wohl aber aus seelischer Bedrängnis wanderte 1828 ein nicht näher bezeichneter «Bürger von Seuzach» nach Ohio aus, «um die Schwester seiner verstorbenen Frau heiraten zu können, was damals im Canton Zürich verboten war».[312]

Einen weiteren Fall entnehmen wir der 1853/55 erschienenen Monatsschrift «Anschauungen und Erfahrungen in Nordamerika», die der in Bolstern bei Seen geborene und bis 1850 als Lehrer in Schwamendingen wirkende Heinrich Bosshard verfasste.[313] Dieser hatte, um 1850 sich als Farmer und Dichter in der Neuen Welt niederlassend, dort einen Ackeret von Seuzach kennen gelernt. Ackeret bewirtschafte im Staat Indiana als «wohlhabender Farmer» 350 Acker Land. Mit seinen kurz darauf verstorbenen Eltern sei er nach Amerika gezogen. Sein Vater habe ein Vermögen von 1600 Talern mitgebracht und damit in der Nähe des weissen Flusses unterhalb von Rockford (Illinois) eine Farm sowie viel zusätzliches Kongressland gekauft. Die Lage sei aber «nicht gesund» gewesen, weshalb Ackeret junior, der auch als Prediger wirke und Interesse an Bosshards Naturaliensammlung gezeigt habe, in den späten 1840er Jahren nach Indiana gezogen sei, um auf gutem Tonboden jene Farm zu begründen, auf der nebst seiner Ehegattin und vier Kindern auch ein Bruder lebe. Ackeret habe für die Farm, die nun mehr als 5000 Taler wert sei, 800 Taler bezahlt. Umfangreicher Getreide- und Maisanbau, Obstbau, Viehzucht, die Ausdehnung der Farm, die Wohn- und Wirtschaftsgebäude liessen Bosshard diesen Seuzacher Farmer «wie einen Patriarchen aus der alten Zeit» vorkommen.

7. Gemeinde

7.1 MUNIZIPALGEMEINDE, POLITISCHE EINWOHNERGEMEINDE

Die Bildung neuartiger Munizipalgemeinden (Politischer Gemeinden) als Einwohnergemeinden mit blosser Kompetenz zur Ausführung staatlicher Gesetze und Aufgaben haben wir oben unter dem Kapitel «Revolution und Liberalismus» erwähnt. Sie wurden damals manchmal auch «Kirchgemeinden» genannt, weil sie sich meistens mit der Fläche der alten Kirchgemeinden deckten. Sie verfügten über ihre eigene Behörde, den sogenannten Gemeinderat. Ebenso hatten sie eigene Schreiber und Weibel.

Mit der liberalen Kantonsverfassung von 1831 und den darauf beruhenden gesetzlichen Grundlagen zum Bürgerrecht und Gemeindewesen wurden die Politische Gemeinde und die Zivilgemeinde begrifflich und inhaltlich klar definiert. Aufgrund dieser Vorgaben erteilte der Regierungsrat 1835 der Politischen Gemeinde Seuzach einen Einzugsbrief. Da diese Gemeinde kein Gut besass, wurde allerdings auch kein Einzugsgeld für sie festgelegt. Für die anderen Gemeinden, ausdrücklich im Rahmen der Politischen Gemeinde, wurden die folgenden Einkaufstaxen festgelegt: Armengut 50 Franken, Schulgut Seuzach 64 Franken, Schulgut Ohringen 48 Franken, Kirchengut 20 Franken, Zivilgemeindegut Seuzach 240 Franken, Zivilgemeindegut Ohringen[314] 8 Franken.[315] Ausdrücklich wurde festgehalten, dass die Zahlung an den Gemeinderat zu erfolgen habe, der die Verteilung an die Güter vornehmen solle. Die Politische Gemeinde hatte bei Einbürgerungen in eine der Zivilgemeinden auch für den Einzug der Landrechtsgebühr (Kantonsbürgerschaft) für ausserkantonale und ausländische Bürger besorgt zu sein. Das formelle Recht der Erteilung des Gemeindebürgerrechts an Kantonsfremde stand der «Bürgerversammlung» der Politischen Gemeinde zu, an Kantonsbürger dem Gemeinderat unter Ratifikation der Gemeindeversammlung. Praktisch-materiell hingen der Einkauf in die Güter der Dorfgemeinden beziehungsweise Zivilgemeinden und der Erwerb des Gemeindebürgerrechts noch zusammen, doch das Gemeindebürgerrecht musste – wie erwähnt – formell durch die Politische Gemeinde erteilt werden, die damit eine zentrale Kompetenz von den Dorfgemeinden übernommen hatte.

Der Gemeinderat zog ebenfalls zuhanden der einzelnen Güter die Einzugsgelder von sich mit ihrem Mann einbürgernden, von auswärts stammenden Frauen ein. Für Kantonsbürgerinnen galten eine «Einzugsgebühr» und ein «Braut- und Bechergeld» von 8 Franken, für Schweizerinnen von 40 Franken und für Ausländerinnen von 80 Franken. Ebenso wurden Gebühren von Zuziehenden erhoben, die sich lediglich niederliessen, Gebühren, die durch die Säckelmeister der einzelnen Wohnorte, also die Finanzvorsteher der Zivilgemeinden, eingezogen und auf die einzelnen Güter verteilt wurden. Von Niedergelassenen, die einen eigenen «Rauch» führten, gingen so jährlich 4 Batzen ins Kirchengut, je 6 Batzen in eines der beiden Schulgüter und 3 Franken in das Gemeindegut Seuzach (Niedergelassene ohne eigenen Rauch je die Hälfte). Die Zivilgemeinde Ohringen kannte damals keine Niederlassungsgebühren und erhob bei Bedarf Vermögenssteuern.[316] 1857 wurde der Einzugsbrief der Politischen Gemeinde revidiert. Erstmals verlangte auch die Politische Gemeinde ein Einzugsgeld, nämlich 10 Franken. Das Zivilgemeindegut Seuzach forderte 300 Franken, alle anderen Güter blieben unter 100 Franken.

Da an den Versammlungen der Kirchgemeinde und der Einwohnergemeinde die gleichen Bürger teilnahmen, konnte es etwa zur Vermengung von Geschäften kommen. Als 1837 die Einwohnergemeindeversammlung von Seuzach-Ohringen den «Stillstand» wählte, rekurrierte die Zivilgemeinde Seuzach erfolgreich gegen eine solche Verletzung formalen Rechts.[317]

Die wenigen überlieferten Jahresrechnungen der Politischen Gemeinde, «Kirchgemeinderechnung» genannt, geben einen Überblick über die Aufgaben.[318] Sowohl in der Rechnung von 1847 wie in jener von 1857 heisst es unter den Einnahmen: null. An Ausgaben werden etwa aufgeführt: Sitzungsgelder des Gemeinderates, Entschädigung des Schreibers, Spesen und Aufwand der Mitglieder des Gemeinderates wie Visitation der Grenzmarken, Visitation der Feuerstätten (Feuerschau), «Untersuchung der Zündhölzchenaufbewahrung», Visitation der Strassen und Furtgräben, Unkosten für den Einzug der staatlichen Brandsteuer, für den Weibel für zehn «Verlesungen» und Einladungen, für Wächter, Hebamme, Untersuchung der Blitzableiter, Porti, Armenfuhren, Eichwesen, Beleuchtung der Wachtstube der Bürgerwache, Reinigung der Waffen der Bürgerwache, die 1847 vor dem Hintergrund des Sonderbundskrieges eingerichtet wurde, Einquartierungen, Stimmzettel für «Zunftwahlen».[319] Es waren also Kontroll- und Sicherheitsaufgaben des Gesetzgebers, die anfielen, darunter auch militärische Aufgaben, sowie die Ausführung der Wahl- und Stimmdemokratie. Diese Ausgaben (1847: 143 Gulden, 1857: 284 Franken) wurden gemäss der Einwohnerzahl durch die drei Zivilgemeinden Seuzach, Ober- und Unterohringen beglichen.

In den wenig aussagekräftigen und eher spärlichen Protokollen der Politischen Gemeinde erscheinen weiter Aufgaben aus dem gesundheitlichen Bereich, wie die Einrichtung eines Krankenzimmers für Cholerakranke 1854 im Schützenhaus, eine Aufgabe, die während der Epidemie von 1831 noch die Zivilgemeinde wahrgenommen hatte. 1853 musste zudem ein Gemeindegefängnis eingerichtet werden. Wichtige Geschäfte fielen 1847 und 1848 im Zusammenhang mit dem Sonderbundskrieg und der ersten modernen Bundesverfassung an.[320] Am 7. November 1847, als die Gefechte des wenig blutig verlaufenen Bürgerkrieges zwischen den Anhängern der alten Ordnung, dem Sonderbund, und denjenigen eines neuen Bundesstaates schon im Gange waren, versammelten sich ausserordentlich 52 Bürger. Sie beschlossen, eine Bürgerwache unter dem Kommando von Zunftrichter Heinrich Wipf zu bilden. Es waren 67 Bürger, die gesinnt waren, im Notfall die Dorfschaften Seuzach und Ohringen zu beschützen. Zu ihnen kamen noch einige, die man zur Verfügung der Bezirkswache bereithielt. Gut zehn Tage später kehrten die Seuzacher Soldaten, die in den eidgenössischen Kriegstruppen Dienst getan hatten, wohlbehalten zurück. Die Gemeinde kam überein, ihnen «eine freudige Stunde zu bereiten», sie also im Rahmen eines Festes zu empfangen. An der Gemeindeversammlung vom 6. August 1848 schliesslich stimmten von 144 Anwesenden 141 der neuen Bundesverfassung zu.

Das Gemeindegesetz von 1866 brachte auch für Seuzach eine Zäsur. Die Politischen Gemeinden begannen nun mehr und mehr, auch materiell-zivilisatorische Aufgaben wahrzunehmen, wie etwa im Strassenwesen. 1867 wurde über die «Ausscheidung» des Bürgergutes diskutiert, das heisst die Überführung des Zivilgemeindegutes in ein privatrechtliches Korporationsgut. Man sah davon jedoch ab und wünschte «milde Behandlung der Niedergelassenen». Die Bürger wollten ihr Gut lieber in öffentlich-rechtlicher Form beibehalten und damit weiterhin das Sagen haben. Quasi als Gegenleistung schonte man die Niedergelassenen bei den in jenen Jahren fallweise erhobenen Steuern (so für die Strasse von Unterohringen nach Riet).

7.2 GEMEINDEBILDUNG IN UNTER- UND OBEROHRINGEN

Unter- und Oberohringen galten in der Zeit vor der helvetischen Revolution rechtlich als Hofgebilde, auch wenn sie je über eine in sich geschlossene Dreifelderwirtschaft mit je einem durch Grenzen definierten eigenen Bann verfügten, beides zentrale Elemente von Gemeindeidentität. In einem Weidestreit zwischen den sogenannten Schuppissern von Winterthur (die ursprünglich habsburgische Schuppisgüter auch in Oberohringen besassen) und dem Hof Oberohringen im Jahr 1542 wurde denn auch ausdrücklich von «der Gemeinde Oberohringen» gesprochen, ohne aber dass dieser Begriff sich hier gehalten hätte.

Die um 1812 nachweisbaren je rund zehn Häuser in beiden Ohringen, einige davon mit zwei und mehr Wohn- und Wirtschaftseinheiten unter einem Dach,[321] vermittelten keinen Dorfcharakter. Es existierte weder ein Gemeindegut noch eine konstituierte Gemeindebehörde. Natürlich wurden Gemeinschaftsaufgaben gleichwohl im Sinn einer Gemeinde erledigt, zumeist in Fronarbeit.

Mit der neuen Freizügigkeit infolge der Revolution wurden solche Hofgebilde zu Magneten von Zuwandernden, mussten doch keine Einkaufsgelder entrichtet und kein Bürgerrecht erworben werden. Einzig für das Kirchen- und das Armengut waren Einzugstaxen zu bezahlen. Darauf ist zum Teil die Verdoppelung der Ohringer Bevölkerung von rund 100 auf rund 200 Einwohner zwischen 1800 und 1836 zurückzuführen.[322]

Besonders das seit je etwas grössere und offenere Oberohringen zeichnete sich durch eine gewisse Bevölkerungsdynamik aus. Als sich um 1812 der uns bekannte Müller (Johann) Georg Mebold aus dem deutschen Balingen anschickte, sich in Oberohringen, wo er schon einige Jahre die neue Mühle betrieb, einzubürgern (er sollte schliesslich 1813 das Bürgerrecht der Dorfgemeinde Seuzach erwerben), suchte Oberohringen bei der kantonalen Kommission des Innern um die Erteilung eines «Einzugsbriefes» nach.

Diese Kommission stellte fest, «dass zwar solchen einzelnen kleinen Höfen oder Civilgemeinden keine besonderen Einzugsbriefe zu erteilen seien, dass aber – da seit der Zeit auch Unterohringen mit einem Einzugsbrief-Begehren eingekommen [sei], beiden Ohringen zugleich ein Einzugsbrief durch die [Staats-]Canzlei zugefertigt werden sollte». Die beiden Ohringen wurden damals also einwohner- und gemeinderechtlich als Einheit zusammengefasst.

Der Kanton sah nun die folgenden Bestimmungen vor. Beim Einzug in Ohringen hatte ein Kantonsbürger 64 Franken dem «Gemeindegut» Ohringen und je 20 Franken dem Kirchen- und Armengut Seuzach-Ohringen zu entrichten, ein Schweizer oder ein französischer Bürger 96 Franken dem Gemeindegut und je 30 Franken dem Kirchen- und Armengut, ein «Landesfremder» 128 Franken dem Gemeindegut und je 40 Franken dem Kirchen- und dem Armengut. Jeder sich einkaufende Neubürger musste zudem einen «Feuerkübel» oder eine «Tanse» «zum Behuf der Löschanstalten der Gemeinde» übergeben.[323] Unter dem 19. Oktober 1812 fertigte die Staatskanzlei für «die Gemeinde Ohringen / Ober- und Unter- /» das entsprechende Dokument aus, das noch immer im Gemeindearchiv zu finden ist.[324]

Am 19. Januar 1836 ersuchte Unterohringen den Regierungsrat um den Status einer eigenen Zivilgemeinde,[325] und zwar auf der Grundlage des auf der liberalen Verfassung von 1831 beruhenden Gesetzes vom 18. Dezember 1835 zur Bildung neuer Zivilgemeinden. «Ungeachtet Unter-Ohringen dem Namen nach zu Ober-Ohringen gehört und mit dieser Ortschaft eine Civilgemeinde bildet», so Unterohringen in seinem von «Vorsteher» alt Schulmeister Konrad Müller verfassten Gesuch, «so war es doch erstens der Sache nach seit Menschengedenken in allen ökonomischen Beziehungen unabhängig und selbständig und besteht gegenwärtig aus 25 Activ-Bürgern. Auch in örtlicher Beziehung waren von jeher beide Ortschaften durch eine förmliche Bannscheidung getrennt.» Das habe auch «praktische Bedeutung», so beim Tragen öffentlicher Lasten. Insbesondere vollständig getrennt von Oberohringen seien gehandhabt und bezahlt worden: «die Staatslasten, Requisitionsfuhren, Militär-Einquartierungen, [...] die Besorgung der Armen auf Obdach und Unterhaltung» und das Strassenwesen.

Für die alte Schaffhauserstrasse müsse Unterohringen über eine Strecke von einer halben Wegstunde den Unterhalt gewährleisten und entsprechend Kies ankaufen, die Strasse «bekiesen» und den Wegknecht besolden. Bei der Anlage der neuen Schaffhauserstrasse sei Unterohringen «vom Staat überbunden [worden], eine nicht geringe Strassenstrecke anzulegen und zu überkiesen, nebst zwei Brücken zu erbauen», wozu das Material 3 Stunden weit zu transportieren gewesen sei. «An dieses alles hat Oberohringen, welches seine besondere Strecke erhielt [also selbst für den Bau der Strasse auf seinem Gebiet verpflichtet war], nichts beigetragen, sodass also immer beide Ortschaften faktisch als zwei getrennte Gemeinden behandelt wurden.» Unterohringen habe auch «seinen eigenen Feuerlauf [Feuerwehrorganisation] nebst Feuer-Gerätschaften sowie auch die sonntägliche Wache immer selbst bestellt». Da keine Trennung der beiden Orte notwendig, sondern lediglich die bereits vorhandene Trennung gesetzlich anzuerkennen sei, hoffe Unterohringen, die Regierung entspreche dem Gesuch.

Die Eingabe wurde rasch behandelt und in Oberohringen abgeklärt, ob man hier bereit sei, ebenfalls eine eigene Zivilgemeinde zu bilden, was auf Zustimmung stiess. Der Bezirksrat Winterthur sprach sich allerdings gegen die Bildung von zwei Zivilgemeinden aus, unter anderem mit dem Argument, die beiden Dörfer würden zusammen «auch nur eine Schulgenossenschaft bilden». Der Rat des Innern beantragte jedoch der Regierung, Oberohringen mit seinen «20 Haushaltungen mit 370 Jucharten Gütern» und Unterohringen mit seinen «16 Haushaltungen und 400 Jucharten Land» je zu eigenen Zivilgemeinden zu erklären. Am 23. April 1836 beschloss der Regierungsrat, «es seien die Ortschaften Ober- und Unterohringen, jede für sich,

45_«Geometrischer Plan über den gesamten Wieswachs zu Unterohringen im Jahr 1805». Über das Motiv für die Planaufnahme erfahren wir nichts, es steht aber sicherlich im Zusammenhang mit den oft früh diskutierten Absichten zur Ablösung der Zehnten von Wiesland (etwa Heuzehnten). Dafür spricht, dass es zwei Planexemplare gibt. Eines befindet sich im Spitalarchiv beziehungsweise Stadtarchiv Winterthur – das Spital war der Zehntherr –, das andere im Gemeindearchiv. In eindrücklicher Genauigkeit ist der Grundriss der Siedlung Unterohringen aufgenommen. Die drei kleinen Stege über den Bach und die (zwei?) Brunnen im Siedlungsbereich wurden wohl in gemeinschaftlicher Fronarbeit unterhalten, ebenso die Fussgängerstege ausserhalb der Häuser an der Furt der alten Schaffhauserstrasse. Gemein(de)schaftlich gehandhabt wurden selbstverständlich das Dreizelgensystem und die damit verbundene, gemeine Weide im gesamten Hof- beziehungsweise Dorfbann. Ersichtlich sind auch gewisse Grenzabschnitte zu den Fluren beziehungsweise Zivilgemeinden von Oberohringen und Seuzach. Hingewiesen wird zudem auf das Seuzacher Ried im Bereich des Poloplatzes. Wie in Anmerkung 276 dargelegt, ist auf diesem Plan des Jahres 1805 das «Schlössli» bereits eindeutig eingezeichnet (noch ohne die erst 1811–1814 erbauten Ökonomiegebäude).

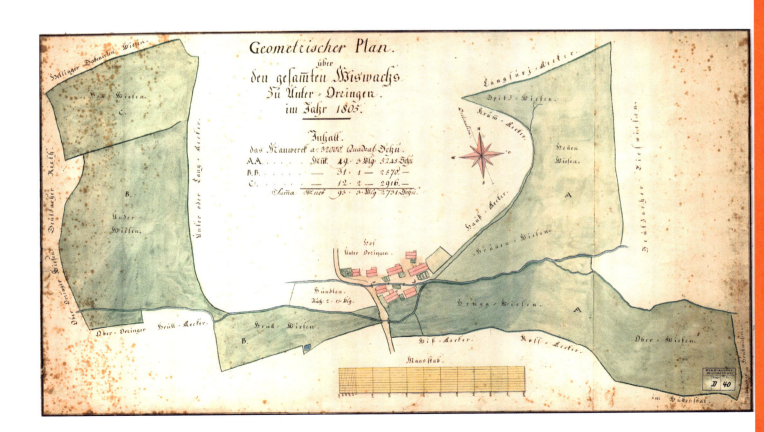

zu einer Zivilgemeinde erklärt und seien angewiesen, ihre Vorsteherschaft zu erwählen».[326] Im Oktober legte die Regierung für beide Gemeinden die gleich lautenden «Einzugsbestimmungen» fest.[327] In erster Linie ging es dabei nicht um den Einzug an sich, sondern um die Bildung von Gemeindegütern überhaupt, die bis anhin ja vollständig gefehlt hatten. Als Ziel wurde in beiden Gemeinden der Aufbau eines Vermögens von je 200 Gulden im Verlauf von zehn Jahren formuliert. Entsprechend sollte in den kommenden zehn Jahren jeder «Hausvater» jährlich 1 Gulden und jeder «Aktivbürger» zusätzlich 20 Schilling (1/2 Gulden) beitragen. Wollten sich Neuzuziehende einkaufen, galt eine Taxe von 16 Franken (10 Gulden). Eine weitere «Niederlassungsgebühr» jedoch war nicht vorgesehen, da ohnehin alle Lasten von den Einwohnern direkt (und nicht durch das erst zu bildende Gemeindegut) zu tragen waren.

Die beiden neuen Zivilgemeinden begannen unmittelbar, Protokolle ihrer Versammlungen zu führen. Der erste Protokollband Unterohringens ist noch vorhanden, derjenige von Oberohringen erst ab den Sitzungen von 1848.[328]

Unterohringen wählte am 5. Juni 1836 seine Vorsteher, nämlich Ulrich Steinmann (Präsident) sowie Jakob Müller und Weinschenk Jakob Keller. Diese ernannten alt Schulmeister Konrad Müller zum Schreiber. Vornehmes Geschäft der Gemeinde war etwa das Festlegen von «Liebessteuern» für Brand- oder Erntegeschädigte in anderen Gemeinden, wie am 6. Mai 1837 Heu und Stroh für Brandgeschädigte in Hettlingen. Andererseits konnte man bei Unglück im eigenen Dorf auf Beiträge von auswärts hoffen. So hatte sich im Lauf der Jahrhunderte über den ganzen Kanton ein fein austariertes System von gegenseitigen, nicht ganz freiwilligen «Liebessteuern» entwickelt, dem faktisch die Funktion einer Versicherung zukam. Als am 5. August 1830 ein doppeltes und zwei einfache Bauernhäuser in Oberohringen einer «grossen Feuersbrunst» zum Opfer fielen, konnten fünf Familien Keller eine Brandsteuer von insgesamt gut 1200 Gulden entgegennehmen. Hinzu kamen die Gelder der 1812 eingerichteten Brandassekuranz.

An der ersten Sitzung der Zivilgemeinde Oberohringen, die überliefert ist, nahmen am 3. Januar 1848 von 28 Aktivbürgern und Ansassen deren 26 teil. Die Gemeinde genehmigte die Protokolle vergangener Versammlungen, hiess die Jahresrechnungen der Politischen Gemeinde und der eigenen Zivilgemeinde sowie die «Trottenrechnung» und die Rechnung der «Obstmühle» gut. Gemeinderat Keller stellte einen Antrag «wegen nachlässigem Erscheinen bei dem Handfrondienst»[329] und forderte die konsequente Bestrafung der Säumigen. Zur Sprache kaum auch der Bau einer Brücke über den Bach beim Feuerweiher; ein Gemeinderat plädierte dagegen für eine Brücke an der Mettlenstrasse.

7.3 ZIVILGEMEINDE SEUZACH

Die Zivilgemeinde Seuzach musste nicht neu gegründet werden. Sie knüpfte nahtlos an die uralte Dorfgemeinde an. Als zu Beginn der Helvetik die Einwohnergemeinde gegründet wurde, begann man einfach, die Dorf- und Bürgergemeinden allmählich als *Zivilgemeinden* zu benennen. Diese behielten praktisch sämtliche materiellen Aufgaben und das Recht, Bürger aufzunehmen. Im Ancien Régime waren ihnen auch wenige staatlich-verfassungsmässige Kompetenzen zugekommen. Die Dorfgemeinden konnten Eingaben an die Obrigkeit verfassen oder Bittsteller nach Zürich schicken, um ihre Interessen zu vertreten. In sehr wichtigen Angelegenheiten holte die Obrigkeit umgekehrt hin und wieder die Meinung der Landgemeinden ein, und in solchen vogtei- und amtweit abgehaltenen Versammlungen konnte sich auch die Dorfgemeinde Seuzach durch ihre Vorsteher artikulieren. Solche Rechte gingen im neuen Zeitalter mehr und mehr auf die Einwohnergemeinde über.

Die Bedeutung des «*Einzugs*» für die Finanzen und die Identität der Dorfgemeinden ist schon mehrmals zur Sprache gekommen.[330] Ende des 18. Jahrhunderts und über die Revolutionsjahre hinweg galt noch immer der «Einzug an Geld und an Wein, Brot und Käse nach alter Übung», nämlich in Seuzach 50 Gulden sowie 15 Gulden «Bechergeld» (anstelle eines silbernen Bechers) sowie ziemlich viel Wein, Brot und Käse für eine Mahlzeit der Bürger und etwas weniger für eine gesonderte Mahlzeit der Bürgerfrauen. In der Zeit der Mediation normierte der Staat das Einzugswesen. «Alle vormals gebräuchlichen Mahlzeiten und Gemeindstrünke sowie alle anderen Missbräuche sind gänzlich abgeschafft», hiess es im vorgedruckten Formularbrief.

Für Seuzach wurde ein solcher auf den 8. April 1806 in Kraft gesetzt, versehen natürlich mit dem von Gemeinde zu Gemeinde verschiedenen Einzugsgeld.[331] Demnach hatte sich ein Kantonsbürger mit 200 Franken, ein Schweizer Bürger oder ein französischer Bürger mit 300 Franken in die Dorfgemeinde einzukaufen und mit je 20 Franken beziehungsweise 30 Franken in das Kirchen- und das Armengut. Weiter musste ein Feuerkübel oder eine Tanse gestellt werden. Auf verschiedene weitere Bestimmungen wie zum Mindestvermögen von 800 Franken für Einkaufswillige gehen wir nicht weiter ein. Auch ein alter Zopf wurde abgeschnitten, nämlich das «Kronengeld», das im Ancien Régime hin und wieder von Seuzacher Witwen und Töchtern erhoben wurde, «die sich ausser ihrer Gemeinde verheiraten». Noch weit über 1850 hinaus jedoch galt die Einkaufstaxe von 10 Gulden für «fremde Weiber», das heisst für auswärtige Frauen, die einen Seuzacher Bürger heirateten und in Seuzach wohnen blieben. Spätere Einkaufsbestimmungen sind den Einzugsbriefen der Politischen Gemeinde zu entnehmen.[332]

1860 fand nochmals eine Diskussion um den Einzug statt, die sich ziemlich gegenläufig zur bisherigen Entwicklung gestaltete. In der Gemeindeversammlung vom Juni 1860 wollten einige Bürger die Einkaufstaxen für Neubürger erhöhen.[333] Doch kritische Stimmen gaben zu bedenken, dass der Andrang von Neubürgern nicht so gross sei, dass sich eine erhöhte Taxe aufdränge. Der Wunsch nach Erhöhung entstamme wohl eher der Angst vor Ohringen, «das sich gegenwärtig stark mit der Vereinigungsfrage beschäftige». Gemeindeammann Weber befürchtete, dass Wohlhabende nach Winterthur ziehen würden, «wo ihrer ein grösseres Interesse wartet und in Seuzach sich nur noch Leute der Mittelschicht und der ärmer Werdenden einkaufen und einziehen würden». Dieses Argument überzeugte und eine Erhöhung des Einzugsgeldes unterblieb.

Wir gehen einzelnen Protokollstellen[334] nach, um weitere Aspekte von Wesen und Leben der Dorfgemeinde Seuzach in den ersten zwei Dritteln des 19. Jahrhunderts zu vermitteln.

Nach wie vor zentral blieb der *Gemeindewald*, aus dem wie in den Jahrhunderten zuvor jährlich Holz an die Bürger verteilt wurde.[335] In den Jahren nach der Helvetik nahm die Gemeinde zweimal grosse Holzganten vor, wohl um Schulden der Revolutionsjahre zu tilgen. Im Frühjahr 1805 wurden sämtliche Eichen im Hochgrüt mit einem Erlös von 1645 Gulden verkauft, im Frühjahr 1811 viele Eichen und Föhren im Oberholz (Amelenberg) und erneut im Hochgrüt sowie im Mörsburgholz, für insgesamt 1212 Gulden.

1857 kaufte die Gemeinde von Kantonsrat Johann Heinrich Geilinger von und zur «Arche» in Winterthur, am Lind-/Amelenberg nicht weniger als 39 1/2 Jucharten Wald in zwei Grossparzellen im Bereich des Rolli und des Oberholzes hinzu und vermehrte damit den Gemeindewald um etwa einen Viertel. Schon in den Jahren zuvor hatte die Gemeinde konsequent Waldparzellen aufgekauft, so 1849/51 zusammen gegen 11 Jucharten «im Mörsburg Seuzacher Bann» (Eschberg) und 1852 3 Jucharten im «Brünneli» (Lind-/Amelenberg).[336] Der grosse Zukauf ermöglichte den Verkauf von Holz nach auswärts. 1858 lagen beispielsweise Kaufofferten für grössere Mengen an Brennholz vonseiten der Stadtzürcher Gasbeleuchtungsgesellschaft, der industriellen Rotfarb in Neftenbach und der Brauerei Haldengut, Winterthur, vor, die schliesslich den Zuschlag erhielt.

Die seit Jahrhunderten herrschende «*Holznot*» war auch im 19. Jahrhundert noch immer unübersehbar. Aufgrund verschärfter Gesetzesvorgaben wurde Holzfrevel überaus streng geahndet, auch in Seuzach. Selbst unmündige Kinder wurden «für die unbedeutendste Schädigung an fremden Waldungen dem Bezirksgericht überwiesen und mit Arrest bestraft», heisst es in einer Eingabe der Gemeinde Seuzach vom Juni 1834 an den Gesetzgeber in Zürich, den Grossen Rat. Das sei zu hart für Kinder. Aber auch für einen «Hausvater», der keinen Wald besitze und kaum Brennholz zu kaufen vermöge, sei es zu streng, schon beim ersten Holzfrevel eine mehrtägige Gefängnisstrafe absitzen zu müssen, ganz abgesehen von dem damit verbundenen Arbeitsausfall und den Gerichtskosten. Die Gemeinde plädierte für eine mildere Bestrafung; für Kinder unter dem Konfirmationsalter sollte eine Ermahnung durch den Gemeinderat genügen.

An einer grossen Gant des Jahres 1811 wurde für insgesamt 1357 Gulden teils seit Jahrhunderten im Eigentum der Gemeinde befindliches *Gemeindeland* im «See» (östlich Seebühl), in der «Mollrüti» (östlich des Weihers), in den «Leberenäckern», auf dem «Schullerplatz» neben dem Weiher und im «Langmösli» verkauft. Die Gemeinde behielt sich dabei das Recht vor, bei der *Brunnenstube* im «Langmösli» beim Erdbühl und unten an der Weiherrose weiterhin «das Wasser zu suchen» und alle notwenigen Reparaturen an den Leitungen vorzunehmen.

Zu den Aufgaben der Zivilgemeinden gehörte das *Feuerlöschwesen*. 1809 wird vom Seuzacher Feuerweiher berichtet, der damals rann. Bevor die Politische Gemeinde für das *Feuerschauwesen* verantwortlich wurde,[337] zählte dieses ebenfalls zu den Aufgaben der Zivilgemeinde. 1809 ist vom «Feuergschauer» die Rede, ein Amt, das im Zusammenhang mit der damals in Entstehung befindlichen kantonalen Brandassekuranz eingerichtet wurde. Die Löschgeräte wurden ab 1812 im damals neu erbauten Schul- und Gemeindehaus untergebracht.

Die *Weiherteile* wurden im früheren 19. Jahrhundert wie seit der im Jahr 1667 erfolgten Trockenlegung praktisch im Erbrecht weiterhin an die Bürger zur Bepflanzung verpachtet, wie einem Protokolleintrag des Jahres 1815 zu entnehmen ist. Im Übrigen wurde – ein Zeichen des allgemeinen Engpasses im Energiebereich – Torfland zur Ausbeutung verkauft, so 1809 befristet bis 1821. Die Torfausbeute war offenbar nur gering. 1828 wurde zur Verbesserung des Ertrags der Weiherfläche eine vermehrte Nutzung der Streu diskutiert. 1839/40 verhandelte die Gemeindeversammlung mehrmals das «Stecken» des Weihers. Mittels einer

Uferverbauung aus Pfählen sollte die seit der Trockenlegung bestehende minimale Wasserfläche vergrössert werden. Wie immer bei solchen Projekten kam es zu endlosen Diskussionen. Die umliegenden Landeigentümer befürchteten Wasserschäden und mehr Nebel durch die Vergrösserung des Weihers. Andere sahen ihre Grundstücke als Zufluchtsort von Mäusen, einige wiesen auf den schlechten Zustand des Dammes hin. Jedenfalls wollte man allfällige Schäden abgegolten haben. Auch müsse gewährleistet sein, dass vom Weiher her zu jeder Zeit Wasser durch das Dorf fliesse.

Wenige Jahre darauf, um 1843, wurde die Strasse nach Welsikon gebaut, was das Bild der Kulturlandschaft veränderte. Die neue Verkehrsachse verlief unmittelbar westlich der alten Weiherfläche. Und rund 30 Jahre später tat der Bahndamm am östlichen Weiherrand ein Übriges. Im Prinzip blieb der Weiher, später höher aufgestaut, Eigentum der Gemeinde, doch verkaufte diese hin und wieder einzelne Parzellen der Flur «im Gemeindsweiher», so im Jahr 1858 gleich fünf kleinere Grundstücke, wohl auch zwecks Finanzierung des grossen Waldankaufs.[338]

In dem 1812 bezogenen neuen Schulhaus wurde neben dem einzigen Schulzimmer auch eine *Gemeindestube* eingerichtet. Andere Gemeinden, wenn diese auch in der Minderzahl blieben, verfügten schon seit Jahrhunderten über teils stattliche Gemeindehäuser. Seuzach war stets mit der Kirche als Versammlungsort ausgekommen, kleinere Gremien tagten im Pfarrhaus oder auch einmal in einem Wirts- oder Privathaus. So gesehen bedeutete dieses kleine Gemeindezimmer eine zusätzliche Identifizierung und gewissermassen auch Profanisierung der Bürgergemeinde. Das Gebäude wurde in jener Zeit denn nicht nur als Schulhaus, sondern als «Schul- und Gemeindehaus» bezeichnet.

Das *Schützenwesen* war seit je im Rahmen des staatlichen Militärwesens körperschaftlich und damit gemeindenah organisiert. Noch im späten 16. Jahrhundert allerdings ist für Seuzach kein einziger Schütze dokumentiert, hingegen finden wir Besitzer von Hieb- und Stichwaffen.[339] Ab dem 17. Jahrhundert kamen auch die Seuzacher und Ohringer Mannschaften zu Feuerwaffen und dürften sich wie allgemein üblich an den von der Obrigkeit durch Gaben geförderten Schiessübungen beteiligt haben.

Im Register der Brandassekuranz von 1812 erscheint die durch «Trüllmeister» Jakob Ackeret vertretene «Schützengesellschaft» als Besitzerin eines Schützenhäuschens, das damals schon eine Weile bestanden haben dürfte. Es stand etwa 100 Meter südlich der Kreuzung Winterthurerstrasse/Kirchgasse unmittelbar östlich an der Winterthurerstrasse, der Zielhang befand sich am Seebühl. 1858 wurde es abgebrochen, nachdem es 1854 von der Politischen Gemeinde übernommen worden war, die in jenen Jahren – gesetzlich bestimmt – das Schützenwesen zu tragen hatte. Wahrscheinlich übten die Schützen darauf für viele Jahre im Freien.

Einige Gemeindebeschlüsse zeigen symptomatisch auf, wie sich die Zivilgemeinde von ihrer uralten Funktion einer *landwirtschaftlichen Korporation* zu verabschieden begann. So machte man sich 1853 Gedanken, Flurwege nicht mehr durch die Gemeinde, sondern durch die Bauern unterhalten zu lassen.[340] 1862 wurde es als ungerecht empfunden, dass die Besitzer von Kühen von dem noch immer durch die Gemeindekasse angekauften Zuchtstier profitieren würden. Als Ausgleich begann die Gemeinde den vielen Besitzern von Ziegen, die über keine Kühe verfügten, ein «Sprunggeld» von 50 Rappen zu bezahlen. 1868 beschloss die Gemeinde, den Zuchtstier dem «Viehstand», den Bauern, die Rindvieh hielten, zu überantworten und «das Ganze zur Korporationssache» zu machen.

46_Geometrischer Grundriss von Seuzach, Massstab 1:2000, von Geometer Johann Weilenmann, um 1860. Orientierung nach Osten. Im Bereich des Chrebsbachs befanden sich die uralten Wieslandbezirke (hier bläulich koloriert), die im 19. Jahrhundert auch in Seuzach (also nicht nur in Unterohringen) «Wiesental» genannt wurden. Unmittelbar in der Nähe des Chrebsbachs war im agrarischen Zeitalter nie gebaut worden. Als erste Bauten entstanden in diesem Wieslandgürtel 1812 das Schul- und Gemeindehaus (ungefähr am Ort des heutigen Gemeindehauses), im Jahr 1846 die Gemeindemetzg (im Bereich der 1963 angelegten, kleinen Teichanlage mit Wappenskulptur beim Verkehrskreisel). Die Wasserversorgung beruhte auf den öffentlichen Brunnen, die auf dem Plan gut erkennbar sind. An das Siedlungs- und Wieslandgebiet schliessen die zumeist langen, schmalen Ackerparzellen an. Die meisten sind bereits mit Flurwegen erschlossen. Die Strasse nach Unterohringen, erbaut in den frühen 1840er Jahren, verläuft in ihrem Anfang durch die heutige Pünten-/Turnerstrasse, die Stationsstrasse existiert natürlich noch nicht. Die Ausbreitung des Obstbaus gegenüber früheren Jahrhunderten ist markant.

Auch die Viehversicherung war seit dem früheren 19. Jahrhundert Gemeindesache. Die institutionalisierte Versicherung hatte sich aus einer seit Jahrhunderten innerhalb der Bauernschaft geübten Solidarität entwickelt. Hatte einer im Stall und auf der Weide Pech, legten die Dorfgenossen auf freiwilliger Basis Geld und Naturalien zusammen, um den Schaden zu mildern. Jeder konnte, wenn es ihn traf, auf die Hilfe der Nachbarn zählen. Auch die beiden Ohringen konnten der Viehversicherung beitreten, die unter der Oberaufsicht der Politischen Gemeinde stand, wie dieser überhaupt die Kompetenz im Bereich der Tierseuchen und der tierärztlichen Versorgung zukam. Als dann im Verlauf des 19. Jahrhunderts nicht mehr praktisch jeder Bürger Viehbesitzer war, begann sich die Versicherung privatrechtlich-korporativ zu organisieren.

Den Protokollen entnehmen wir nebst den bis anhin vorgestellten Aufgaben eine Vielzahl weiterer Tätigkeiten der Gemeinde; wir beschränken uns auf die 1830er/40er Jahre: Ausgabe von Brenn- und Bauholz, Schlagen des «dürren und abschätzigen Holzes» und Verteilung an die Bürger, Öffnen der Bäche, «Wasserableitungen» und Seitengräben, Putzen der Flurzäune, «Ausstücken» der Bäume auf Gemeindeland, Ausgabe von Pickeln an die Bürger gegen Empfangsschein, Festlegung des Termins der Weinlese, im Jahr 1831 mit 45 gegen 14 Stimmen zum Beispiel auf den 14. Oktober, Wahl des Mausers, so etwa von Mauser Jucker aus Räterschen, des Försters im Oberholz (Lindberg/Amelenberg) und der beiden Förster (zugleich auch Flurwächter) im «Mörspurg»-Wald (Eschberg) sowie des Wegknechts, forst- und flurrechtliche Verbote wie das Verbot von «Stücken, Miesen [Gewinnen von Moos], Lauben und Widenhauen» ausserhalb der ordentlichen «Holztage», Verbot des Hütens von Schafen auf der Flur, Freigabe der Tranksame am Berchtoldstag, Vergabe der Fischereipacht im «Hauptbach», Beschluss der Zivilgemeinde 1844 «wegen der Ausrüttung der Jesuiten», Organisation der Frondienste im Strassen-, Brunnen- und Flurwesen, Verpachtung von Gemeindeland.

8. Kirche, Kirchgemeinde

Die bürgerliche Revolution brachte vereinzelt auch die Kirche ins Wanken. Die Revolutionsjahre wurden von zeitgenössischen Pfarrherren, auch denjenigen des Kapitels Winterthur, oft als «Schreckenszeit» bezeichnet. Dabei dachten die Geistlichen wohl nicht nur an die Schrecken von Besatzung und Krieg. Die Gedanken des «code civile» mit seinen Grundsätzen der Trennung von Staat und Kirche und des weltlichen Zivilstandswesens warfen ihre Schatten voraus.

Mit der liberalen Gesetzgebung ab 1831 wurde es möglich, aus der evangelisch-reformierten Landeskirche, wie sie nun hiess, auszutreten oder zu konvertieren. Katholiken konnten sich auf Kantonsgebiet niederlassen und ihren Glauben leben, was bis 1798 weitgehend unmöglich gewesen war. Das Schulwesen wurde von der Kirche abgekoppelt. Die Ehe- und Sittengerichtsbarkeit kam unter weltliche Kontrolle, was die Pfarrherren um die Heiligkeit der Ehe fürchten liess. Das Armenwesen wurde ebenfalls der kirchlichen Aufsicht entzogen und im Rahmen der Politischen Gemeinde geregelt. Persönlich blieben die Pfarrherren jedoch in den Schul- wie in den Armengemeinden noch lange mitbestimmend, hatten sie doch oft das Präsidium inne, so auch in Seuzach.

Eine Art theologische Attacke vermochten die Zürcher Pfarrherren 1839 abzuwehren, als sie die Berufung des Tübinger Theologen David Friedrich Strauss an die Universität Zürich zu verhindern wussten. Strauss relativierte in seinem Hauptwerk «Das Leben Jesu, kritisch bearbeitet» den historischen Jesus, was zu grossem Widerspruch führte. Auf Druck der Geistlichen hin wurde er noch vor seinem Stellenantritt in die Pension geschickt. Einer Gruppe konservativer Pfarrherren gelang es, aus dem «Straussenhandel» politisches Kapital zu schlagen und im «Züriputsch» vom September 1839 die allzu liberale Regierung abzusetzen. Wie sich der damalige Seuzacher Pfarrherr, der einem alten Stadtzürcher Geschlecht entstammende Christoph Gottlieb Wolf, verhielt – übrigens nach 250 Jahren der erste Nicht-Winterthurer im Seuzacher Pfarramt –, ist nicht aktenkundig. Er wird aber als Geistlicher alter Schule geschildert, und wofür sein Herz schlug, dürfte klar sein.

Wie den Visitationsakten und dem «Stillstandsprotokoll» zu entnehmen ist, waren die Zeichen der Zeit für die Pfarrherren unübersehbar.[341] 1831 meldete Wolf erstmals einen in Seuzach wohnhaften Katholiken, von Beruf Schneider, ohne einen Namen zu nennen. Dieser besuche oft die Seuzacher Kirche, gehe aber zuweilen in die katholische Kirche von Gachnang. Der genannte Katholik war wohl ein Zuzüger und offenbar recht gut gelitten. Nicht ganz so einfach hatten es Konvertiten aus den eigenen Reihen. Als Schneider Hans Ulrich Huber von Unterohringen sich 1827 anschickte, eine Luzernerin zu heiraten und deswegen zum katholischen Glauben überzutreten, suchte der «Stillstand» diese Heirat durch Protest bei der Regierung zu verhindern. Da nicht mit der Konvertierung an sich argumentiert werden konnte, wurden gegen die Eheschliessung die angebliche Liederlichkeit und die grosse Armut Hubers vorgebracht.

Resigniert sprach sich der Pfarrer 1831 über den Kirchenbesuch der eigenen Gemeindemitglieder aus. Mehrere würden die Kirche nie, andere sehr selten aufsuchen. Im Ancien Régime war der Kirchenbesuch obligatorisch gewesen, und die Obrigkeit und die Kirche hatten über die entsprechende Durchsetzungsgewalt verfügt, die nun nicht mehr gegeben war. Trotzdem: Noch das ganze Jahrhundert hindurch bewahrten sich die meisten Gemeindeglieder einen einfachen Gottesglauben. Der von 1855 bis zu seinem Tod im Jahr 1881 als Pfarrer in Seuzach wirkende Karl Eduard Heller schrieb in seinem Bericht für die Jahre 1864–1868, was seit Jahrhunderten Gültigkeit hatte: Die Leute seiner Kirchgemeinde «gehören fast durchwegs dem Bauernstand an. Wo man – wie hier – fast alles so unmittelbar aus Gottes Hand empfängt, wo man fast täglich die Erfahrung machen muss, dass an Gottes Segen alles gelegen ist, da kommt, durch die äussere Beschäftigung schon, der Mensch nicht so leicht los vom Glauben an Gott.» Natürlich konnte sich Heller nicht gestatten, restlos zufrieden zu sein. So geisselte er «eine der gläubigen Auffassung des Evangeliums feindselige Presse». Konkretere Sorgen machte er sich über die Trunksucht, ein Übel, das seit Jahrhunderten von den Pfarrherren beklagt worden war und unter dem, so Heller, besonders die Frauen trinkender Männer zu leiden hatten. Die «Kinderzucht», ebenfalls ein Dauerthema, das Heller aufgriff, lasse mancherorts zu wünschen übrig. «Viele Eltern sind von ihrer Berufsarbeit so sehr in Anspruch genommen, dass sie sich keine Zeit nehmen wollen, mit ihren Kindern über Besseres und Edleres zu sprechen.» In vielen Haushaltungen würden sich Vater und Mutter «roher unsittlicher Worte» vor den Kindern nicht «enthalten», weshalb eine «Kleinkinderschule» nötig wäre, um «im jugendlichen Gemüt [...] die Saat frommer und heiliger Gedanken und Gefühle zu pflanzen».

Einen Blick in die Zeit auf anderer Ebene erlaubt die folgende Tatsache: die zwölfköpfige Pfarrerfamilie Wolf musste noch in den 1840er Jahren ihr Wasser einige 100 Schritte vom Pfarrhaus entfernt vom grossen Dorfbrunnen an der Abzweigung der Kirchgasse von der Winterthurerstrasse holen. Zwar soll früher einmal ein Sodbrunnen bei der Pfarrscheune bestanden haben, und 1813 wurden vom genannten Dorfbrunnen aus Holzteuchel zum Pfarrhaus verlegt, aber beides funktionierte seit Langem nicht mehr, weshalb man um 1846 Abhilfe suchte.[342]

1809 war das Kirchengut durch die Lasten des Krieges praktisch auf null geschrumpft. Mittels einer Steuer musste es durch die Kirchgenossen «refundiert» werden. 1848 reichten die Mittel dann dazu, den Kirchturm mit Schindeln neu zu decken und das Schiff innen und aussen zu renovieren. In jenen Jahren war das Geläute leicht disharmonisch, ein Manko, das immer wieder diskutiert worden war; die Sanierung wurde jedoch 1855 «für unbestimmte Zeit verschoben».

1856 ging schliesslich in gewisser Hinsicht ein Zeitalter für unsere Kirche zu Ende. Der Staat übernahm die seit vielen 100 Jahren im Eigentum des Spitals beziehungsweise der Stadt Winterthur befindlichen Kirchensätze von Seuzach, Wülflingen und Pfungen. Um diese Belastungen loszuwerden – die Stadt hatte die Pfarrbesoldung und den Unterhalt des Pfarrhauses sowie der dazugehörigen Ökonomiegebäude zu gewährleisten –, bezahlte Winterthur dem Kanton knapp 167 000 Franken, davon für Seuzach 56 650 Franken (48 150 Franken für die mit dem Faktor 20 kapitalisierte jährliche Pfarrbesoldung von 1960 Franken, 2500 Franken für die Renovation des Pfarrhauses, 1000 Franken für den Bau eines neuen Holzschopfes und 5000 Franken für den künftigen Unterhalt des Pfarrgebäudes).[343]

Der Unterhalt des Kirchenschiffes war seit je Sache der Gemeinde gewesen. Im Lauf der Zeit war dann offenbar die Verantwortung für den Chor dazugekommen, für dessen Bau und Unterhalt ursprünglich der Kirchherr hätte sorgen müssen.

Wir erinnern uns: Die Stadt Winterthur hatte 1494 den Kirchensatz Seuzach von den Herren von Randegg gekauft. In der Kaufsumme von 300 Gulden eingeschlossen waren der halbe Zehnt im Kirchgemeindegebiet sowie die Grundzinsen von Kehlhof und Widum zu Seuzach. Mit dem Loskauf dieser Grundgefälle gelangte Winterthur zu Kapital,[344] doch blieb die Stadt für die Besoldung des Pfarrers und den Unterhalt des Pfarrhofs zuständig.

Mit dem Übergang des Kirchensatzes an den Kanton endete das Recht der Stadt Winterthur, bei der Neubesetzung der Pfarrstelle der Kirchgemeinde Seuzach drei Kandidaten vorzuschlagen, von denen die Gemeinde einen wählen musste. Vikar Heller wurde am 3. Februar 1856 als Letzter auf diese Weise ins Amt gehoben; danach galt die freie Wahl des Pfarrers durch die Gemeinde.

Die Stadt Winterthur kam mit dem Verkauf der bis anhin durch den Pfarrherrn in Eigenregie bewirtschafteten Pfarrgüter noch zu etwas Geld. Eigentlich wollte 1858 die Zivilgemeinde Seuzach dieses «Kollaturgut» für 8200 Franken aufkaufen. Die Vorsteherschaft hatte das Geschäft schon verbindlich eingefädelt, erlitt aber in der Gemeindeversammlung vom 18. März 1858, die den Kauf ratifizieren sollte, eine böse Abfuhr. Die Vorsteher mussten die Güter vorerst privat übernehmen, Seldwyla halt.

47_Ansicht der Kirche und eines Teils des Pfarrhauses von Süden, Sepiazeichnung von Ludwig Schulthess, 1842.

9. Schulwesen[345]

9.1 ALLTAGSSCHULEN

9.1.1 Allgemeines

Aufgrund der liberalen Verfassung wurde im Herbst 1832 das Gesetz über die Organisation des Volksschulwesens in Kraft gesetzt. Im Frühjahr zuvor hatte das Lehrerseminar in Küsnacht den Betrieb aufgenommen. Bis anhin war das Schulwesen auf Gemeindeebene der kirchlichen Behörde, dem vom Pfarrer präsidierten «Stillstand», unterstellt gewesen. Nun wurde eine eigene, säkulare Schulbehörde geschaffen, die Gemeindeschulpflege. Diese kam am 7. Dezember 1831 erstmals zusammen. Als Präsident liess Pfarrer Wolf alle Mitglieder ein Handgelübde ablegen. Der neuen Behörde gehörten nebst dem Pfarrer vier Angehörige des «Stillstands», nämlich zwei aus Seuzach sowie je einer aus Ober- und Unterohringen, sowie Gemeindeammann Ackeret und Zunftschreiber Wipf an.

Am 20. Januar 1833 versammelten sich der «Stillstand», der Gemeinderat und die Schulpflege, um die Begründung eines eigenständigen Schulfonds für die zwei Dorfschulen Seuzach und Ohringen vorzubereiten. Am 23. August beschloss die Gemeindeversammlung – in ihr traten damals die Kirchgemeinde, die Politische Gemeinde und die Schulgemeinde zusammen –, dem Kirchengut 1300 Gulden und dem Armengut 200 Gulden zu entnehmen und damit die beiden Schulgenossenschaften auszustatten. Verteilt wurde die Gesamtsumme von 1500 Gulden gemäss der Anzahl Schulkinder: Seuzach erhielt zwei Drittel (1000 Gulden, entsprechend 1600 Franken), Ohringen einen Drittel (500 Gulden, entsprechend 800 Franken). Das Kapital wurde angelegt, um mit dem Zins den gesetzlich vorgeschriebenen Jahreslohn des Lehrers zu bestreiten. Die Schulfonds von Seuzach und Ohringen wurden künftig durch Anteile von Einkaufsgeldern und Ansassentaxen geäufnet, bei besonderer Beanspruchung auch durch befristete Vermögenssteuern. 270 Gulden des Schulkapitals waren auf freiwilliger Basis zusammengetragen worden. Die entsprechenden Zinsen durften nicht für die Lehrerbesoldung verwendet werden, sondern sollten ausschliesslich der Anschaffung von Lehrmitteln und der Verbesserung des Unterrichts dienen.

9.1.2 Ohringen

So sehr die beiden Ohringen sich historisch unterschieden und sich stets als getrennte Hof- beziehungsweise Dorfgemeinden betrachteten, so taten sie sich im Schulwesen notwendigerweise doch zusammen. Etwa 80 Jahre lang mussten die Ohringer ihre Kinder in die um 1630 gegründete Dorfschule von Seuzach schicken, bis sie um 1710 ihre eigene Schule schufen.

1804 bauten sie an der Stelle der heutigen Liegenschaft Schulstrasse 24 ihr erstes eigenes Schulhäuschen, in das die Kinder am 19. November jenes Jahres Einzug hielten. Nach gut 60 Jahren gab die Schulgenossenschaft Ohringen den Bau von 1804 auf und errichtete ein neues, grösseres Schulhaus, das derzeitige Kindergartengebäude an der Schulstrasse 67. Die Erdarbeiten wurden im Gemeinwerk geleistet, die Finanzierung mittels einer halbjährlichen Vermögenssteuer von 3 Promille ermöglicht.

Vorangegangen war eine intensive Auseinandersetzung zwischen den beiden Ohringen um den Standort, ein Streit, der über einen Rekurs gegen die Bezirksschulpflege bis an die Erziehungsdirektion gelangte. Ein erster Standort, abgesegnet mit 22 Stimmen der Oberohringer gegen 16 Stimmen der Unterohringer, wurde von Letzteren heftig bekämpft, denn er lag vom Mittelpunkt Oberohringers 300 Schritte, vom Mittelpunkt Unterohringens hingegen 800 Schritte entfernt und sei von dort aus bei schlechterem Wetter nur «beschwerlich» zu erreichen. Die Bezirksschulpflege entschied sich deshalb für den von Unterohringen unterhalb der Kiesgrube an der Schaffhauserstrasse in den Bünten vorgeschlagenen Platz. Dagegen opponierten die Oberohringer mit den folgenden Argumenten: feuchte und den Stürmen preisgegebene Lage, keine Möglichkeit, einen laufenden Brunnen zu errichten, zu nahe an «frequentierter Landstrasse» gelegen und zu weit von der Kirche entfernt. In dieser verfahrenen Situation sandte der Erziehungsrat im Mai 1863 eine Abordnung nach Ohringen, welche die Plätze besichtigte und in der Nähe des Schulhäuschens von 1804 am Weg zwischen Ober- und Unterohringen, etwas näher an Unterohringen als der erste Standortsvorschlag, einen dritten Bauplatz vorschlug. Hier wurde das Schulhaus dann gebaut und im November 1865 eingeweiht. Diese Geschichte belegt die typische Mentalität der Landbevölkerung: um jeden vermeintlichen Vor- und Nachteil wurde gefeilscht und gekämpft.

Für die neue Zeit wegweisender als solche Grabenkämpfe waren die fortschrittlichen Lehrinhalte, die von dem im Mai 1832 eröffneten Seminar ausgingen. Ein Vorgang in diese Richtung ist an der Schule Ohringen zu beobachten. Damals hielt in Ohringen noch immer der einheimische Hans Konrad Müller Schule, und zwar seit über 20 Jahren, was auf einen herkömmlichen Unterricht schliessen lässt, auch wenn Müller bei seinem Amtsantritt um das Jahr 1811 von zwei «Kreislehrern» etwas instruiert worden war. Bezirksschulpfleger Ruckstuhl visitierte 1832 zweimal die Schule Müllers. Im Januar hörte er bei seiner Ankunft «grossen Lärm», da der Lehrer noch nicht anwesend war – eine wohl zeitlose Erscheinung. Im Unterricht sodann sei «vom Verstehen des Gelesenen keine Rede, das Rezitieren erbärmlich, das Rechnen wenig, die Schriften ordentlich». Und: «Alle haben Hefte. Die Reinlichkeit ist lobenswert.» Im Dezember fand der Visitator Ruckstuhl die Leistungen der Schule generell «mangelhaft [...] aus dem Grunde, weil der Schulmeister selbst weder die nötigsten Kenntnisse besitzt, noch die Kinder anzuleiten versteht». Einige Jahre später, 1837, ernannte der Erziehungsrat Rudolf Zinggeler von Elgg zum Lehrer und Verweser in Ohringen, «gegenwärtig Seminarzögling». Zur Verbesserung der Situation setzte die oberste Schulbehörde also bewusst einen am neuen Seminar in Ausbildung befindlichen Junglehrer ein. Zinggeler blieb jedoch nur gerade zwei Jahre. Ihm folgten bis zum Ende des 19. Jahrhunderts nicht weniger als 19 Lehrkräfte. Sieht man von der zwölfjährigen Amtszeit 1846–1858 des einheimischen Johann Keller ab, blieb niemand mehr als sechs Jahre, die meisten verweilten nur gerade ein oder zwei Jahre. Eine Stabilisierung der Schule von Ohringen trat erst zu Beginn des 20. Jahrhunderts ein.

9.1.3 Seuzach

Wie angedeutet, konnten rund acht Jahre nach den Ohringer Schulkindern die Seuzacher Schulkinder ebenfalls ein Schulhaus beziehen, nachdem auch hier bis anhin der Unterricht im Wohnzimmer des jeweiligen Schulmeisters stattgefunden hatte. Erstmals am 1. Dezember 1812, einem Dienstag, fanden sich nicht weniger als 112 Schulkinder und Lehrer Jakob Hasler in der Schulstube des neuen Gebäudes ein, und die Schule wurde mit Gesang, Gebet und einer kurzen pfarrherrlichen Ansprache eröffnet. Zugegen waren auch die Kirchen- und Gemeindevorsteher sowie einige «Hausväter». Vielleicht stand die unmittelbar an das Schulzimmer angrenzende Gemeindestube als zeitweiliger Unterrichtsraum ebenfalls zur Verfügung. Das Schulhaus befand sich an der Stelle des Nachfolgebaus, des 1887 gebauten Schulhauses, das seit 1958 als Gemeindehaus dient. Alles in allem fielen Kosten von annähernd 2900 Gulden an, was auf einen recht massiven Bau hinweist.

Dem 1812 60-jährigen Schulmeister Hasler stand als «Schuladjunct» David Wipf zur Seite, der nach Haslers Tod im Jahr 1819 den Schuldienst voll übernahm. Gegen einen Abzug vom Lohn bewohnte er im Schulhaus das «kleine Stübli», in das ein «Öfeli» eingebaut wurde. Es ging wohl auf die Bemühungen Wipfs zurück, dass der «Stillstand» noch 1819 beschloss, für die beiden Schulen Seuzach und Ohringen ein neues Lehrmittel anzuschaffen, nämlich den «Schweizerischen Kinderfreund», um nicht immer nur in der Bibel zu lesen, sondern auch in anderen Büchern «mit Verstand zu lernen». Im Frühling 1830 trat Wipf zurück, da sein «bedeutender Gütergewerb seine meiste Zeit in Anspruch nehme, teils auch seine Einkünfte der Schulmeisterstelle so gering seien». Er versah auf Bitte hin den Schuldienst über den Sommer noch an drei Wochentagen, um im Herbst das Amt dem jungen, einheimischen Hans Konrad Koblet (1807–1883) zu übergeben. Dieser musste an einem Montag im Oktober vor dem Schulantritt im Pfarrhaus erscheinen, wo ihn Pfarrer Wolf, Schulinspektor Rordorf, Pfarrer Ziegler von Winterthur, der gesamte «Stillstand» sowie zwei Schulgenossen während fünf Stunden prüften. Diese Prüfung des Kandidaten «fiel im Ganzen recht brav aus, besonders auch in der deutschen Sprachlehre». Mit dem neuen Lehrer war man schulisch recht zufrieden, nur hätten die älteren Schüler nicht «genug Respect» vor ihm. Das Kopfrechnen «gefiel [...] nicht übel», «im ‹Kinderfreund› lasen die Kinder ziemlich fertig und in gutem Ton, viel besser als unter dem früheren Schulmeister», hiess es unter anderem im Schulbericht ein gutes Jahr nach dem Amtsantritt Koblets, der als «junger würdiger Mann» bezeichnet wurde.

Ab 1833/34 musste die Dorfschule Seuzach ihrem Lehrer, da er über 50 Kinder zu unterrichten hatte, von Gesetzes wegen einen Jahreslohn von 100 Franken sowie freie Wohnung gewährleisten. Hinzu kamen jährlich 2 Klafter Brennholz aus dem Gemeindewald sowie die Nutzung von 1/2 Jucharte Pflanzland. Der Barlohn von 100 Franken wurde umständlich zusammengetragen. Es soll hier kurz darauf eingegangen werden, nicht weil dieses Detail an sich interessant wäre, sondern weil damit die noch immer prekären finanziellen Grundlagen des modernen Schulwesens dokumentiert werden. Das Kapital des Seuzacher Schulfonds von 1600 Franken[346] brachte bei einem Zinsfuss von 4 Prozent jährlich 64 Franken ein. Davon wurden 32 Franken an die Lehrerbesoldung gegeben und 32 Franken für Examenskosten verwendet. Weitere 20 Franken 8 Batzen trug die Zivilgemeinde als Zins von 325 Gulden (520 Franken) bei, 6 Franken 4 Batzen ergab der Zins einer Stiftung von 100 Gulden der Reinhart auf dem Gut «Heimenstein». 16 Franken jährlich stammten vom Ansassengeld, 10 Franken steuerte der Kanton bei. Der Restbetrag von 14 Franken 8 Batzen musste durch eine Vermögenssteuer der Schulgenossen aufgebracht werden.

Koblet blieb bis 1876 Lehrer in Seuzach. Er war wohl der letzte Schulmeister alter Prägung: nebst dem Schulamt betrieb er einen Bauernhof und versah mit- und nacheinander die verschiedensten Ämter wie «Stillständer», Verwalter beider Schulgüter und des Kirchengutes und wirkte – wie schon sein Vorgänger David Wipf – als Gemeinderatsschreiber (1847).

9.2 SEKUNDARSCHULE

Die Etablierung der Sekundarschule polarisierte: Bildung stand im Gegensatz zu Landbau und Handwerk; Fremdsprachen, Realien und Naturwissenschaften konkurrierten religiöskonfessionelle Bildungsziele. Die Errichtung der durch die liberale Gesetzgebung ermöglichten «höheren Volksschule» beziehungsweise Sekundarschule war für unsere Gemeinde eine – wenn auch oft mühsame – Erfolgsgeschichte.

Der Kanton wurde 1833 in 50 «Sekundarschulkreise» eingeteilt. Seuzach lag im 36. Kreis und war keineswegs von vornherein als Schulort festgelegt. Jeder Kreis erhielt einen staatlichen Beitrag von jährlich 400 Franken, sei es, um eine bestehende Schule zu betreiben, sei es, um einen Fonds für eine Schulgründung innerhalb von sechs Jahren zu bilden. Ab 1836 schossen die Schulgemeinden jährlich die folgenden Beträge ein: Hettlingen 46 Franken, Rutschwil 39 Franken, Oberwil 18 Franken, Seuzach 49 Franken, Ohringen 13 Franken, Stadel 26 Franken und Reutlingen 23 Franken. Stadel und Reutlingen sollten 1875 in den Sekundarschulkreis Oberwinterthur überwechseln.

1833 wählte die Bezirksschulpflege Winterthur die Sekundarschulpflege unseres Kreises: den Seuzacher Pfarrer Wolf als Präsidenten, den Dägerler Pfarrer Heiz als Aktuar und Verwalter und je einen Vertreter von Ohringen, Reutlingen, Stadel, Rutschwil, Oberwil und Hettlingen. Die Pfarrherren, welche als Vorsitzende des «Stillstandes» von jeher die «Alltagsschulen» überwacht hatten und zumeist die neu gebildeten Gemeindeschulpflegen der Primarschulen präsidierten, taten sich durchaus auch als Promotoren der Sekundarschulen hervor, selbst wenn diese oft – wie am Beispiel Seuzach ebenfalls zu sehen – mit ihrer traditionellen Auffassung von Sitte und Glauben in Konflikt gerieten. Am 29. Dezember 1833 traf sich die Sekundarschulpflege zur ersten Sitzung im Pfarrhaus Seuzach, ein Jahr darauf im Pfarrhaus Rutschwil, dann wieder in Seuzach, hier etwa auch bei Schenkwirt Keller. Zu behandeln war unter anderem der Vorstoss von Hettlingen, das – um Schulort zu werden – sich wie Seuzach anerbot, der neuen Schule ein «Lehrzimmer», dessen «Heizbedarf» und eine Lehrerwohnung zur Verfügung zu stellen. Doch wurde Hettlingen von seinem Ansinnen abgebracht, und das sicherlich etwas urbanere Seuzach machte endgültig das Rennen.

Aufgrund einer Bewilligung des Erziehungsrates vom 2. Januar 1837 wurde die Schule in der neunten Schulpflegesitzung vom 29. Mai 1837 «ohne interne Feierlichkeiten» eröffnet und am Tag darauf, an einem Dienstag, kamen die ersten Schüler ins Schulhaus. Es war das 1810/12 erbaute eingeschossige Dorfschul- und Gemeindehaus, dessen neben der Stube für die Alltagsschule befindliche Gemeindestube zum Zimmer für die Sekundarschule umfunktioniert worden war. 17 Knaben und 3 Mädchen waren es am ersten Schultag. Nur gerade einen Tag zuvor hatte die Schulpflege darüber diskutiert, ob der Sekundarschulbesuch auch Mädchen zu gestatten sei. Verwehren konnte man es ihnen nicht, da laut Gesetz die Schule für beide Geschlechter vorgesehen war. Ende August des ersten Schuljahres waren es noch 13 Schüler, 7 davon aus Seuzach.

Anfang 1838 wollte der in Seuzach wohnhafte und hier 1830 eingebürgerte Kantons-rat und Alltagsschulpfleger Hans Rudolf Bindschädler[347] seine Tochter Maria aus der Schule nehmen und danach auch seinen Sohn Julius, denn ihn störte «die dem Schulgesetz entgegen stehende Behandlung mit körperlicher Züchtigung». Der aus Oberrieden stammende Lehrer Johann Staub ohrfeigte Schüler derart, dass tagelanges Kopfweh die Folge war, und nach einer Mahnung verlegte er sich auf schmerzhafte «Haarrüpfe». Wie Bindschädler zutreffend be-merkte, verlor die Schule dadurch an «Credit» und den Kindern verging die «Lust zur Schule und die Freude am Lernen».

Selbst im Jahr 1937 konnten die Verfasser einer Geschichte von Seuzach – Pfarrer Schäppi und Sekundarlehrer Klauser – einen eher wohlwollenden Kommentar zu Staub nicht lassen. Staub habe sich im Frühjahr 1839 wegen der Vorwürfe nach Meilen «verzogen». «Seine Tüchtigkeit wurde erst voll erkannt, als man beim nachfolgenden Verweser [namens Himmel von Andelfingen] die mitreissende Lebendigkeit des Unterrichts vermisste.» Auch das Wirken des während mehr als 40 Jahren, von 1854 bis 1895, in Seuzach tätigen Sekun-darlehrers Samuel Bryner wurde in der Gemeindegeschichte von 1937 mit dem Dreiklang «Zornesausbrüche – strafende Hand – gütiges Herz» wohl eher verklärt.

Etwas feinerer Natur dürften die von 1840 bis 1847 beziehungsweise von 1847 bis 1854 an der Schule wirkenden Johannes Orell[348] von Mettmenstetten und Werner Wyssling von Stäfa gewesen sein. Orell liess sich 1844/45 für einen mehrmonatigen Bildungsaufenthalt in Paris beurlauben und machte ab 1847 an der Winterthurer Schule und vor allem als Ma-thematiklehrer an der 1853 gegründeten Kantonsschule in Frauenfeld eine gewisse Karriere. Wyssling verliess Seuzach Richtung Unterstrass wohl wegen eines tragischen Ereignisses. Im September 1853 befand sich sein 3 1/2-jähriges Töchterchen Selina zusammen mit ande-ren Kindern um ein «Aglenfeuer», in dem die unbrauchbaren Überreste von Flachsstängeln verbrannt wurden, auf dem Feld beim Haus. Seine Kleider fingen Feuer, und tags darauf erlag das Kind den schweren Verbrennungen.

Die Schülerzahl blieb stets bescheiden, schwankte zwischen einem und zwei Dutzend, die zwei Dutzend selten leicht überschreitend. Die Mädchen waren an einer Hand abzuzäh-len. Im Schuljahr 1843/44 konnten mit total 22 Schülern, 12 in der ersten, 7 in der zweiten und 3 in der dritten Klasse, erstmals drei Klassen geführt werden. Die Schulpflege sah bereits vol-ler Freude eine glanzvolle Zukunft, eine Sekundarschule, die nicht mehr unter dem Vorurteil fast aller zu leiden hätte, diese Ausbildung sei für den Bauern- und Handwerksstand unnötig, ja mache für diese Arbeiten «untauglich». Dieses Vorurteil hielt sich indes hartnäckig über Jahrzehnte, und tatsächlich waren die meisten Haushalte auf die Mitarbeit ihrer Kinder exis-tentiell angewiesen. Den ärmeren Kindern wurde der Schulbesuch mit sogenannten vollen oder halben Freiplätzen, teils auch mit Stipendien ermöglicht. In den späten 1840er Jahren besuchte auch der in Hettlingen wohnhafte Knabe Conrad Cramer unsere Sekundarschule. Er sollte Nationalrat und einer der bedeutendsten Schweizer Wirtschaftsführer werden.

Fremdartig muteten im bäuerlich-handwerklichen Umfeld die von Lehrer Himmel 1839 eingeführten Turnübungen an. Die Schulpflege untersagte sie, obwohl sie im Gesetz vorgesehen waren. Körperliche Ermüdung sei vor und nach geistiger Anstrengung zu vermeiden, Turnübungen gingen auf Kosten von Ruhe und Erholung, wurde etwa argumentiert, und mit der allgegenwärtigen landwirtschaftlichen Arbeit habe man genug körperliche Bewegung.

Pfarrer Heiz von Dägerlen erschien der Naturkundeunterricht verdächtig. Wenn 12- bis 14-jährige Kinder von gebärenden und säugenden Hausmäusen hörten, könnten sie «auf Ideen geleitet werden, mit welchen das jugendliche Gemüt möglichst verschont werden sollte».

Pfarrer Wolf hingegen hielt sich darüber auf, dass Himmel die Schüler vor einer Religionsstunde «lange über den Schlag bei sich behalte», was zu einem «unangenehmen Wortwechsel» geführt habe. Man erinnert sich dabei an die Spannungen zwischen den konservativen Geistlichen und den am fortschrittlichen Seminar Küsnacht ausgebildeten Lehrern ganz allgemein.

Bis zu seinem Tod im Dezember 1855 ist auch der Arzt Hans Jakob Schoch im «Schlössli» als Sekundarschulpfleger erwähnt. Er dürfte mit anderen für einen gewandelten Zeitgeist gebürgt haben, etwa für den Durchbruch des Naturkunde- und Physikunterrichts. Etwas später werden unter den Lehrmitteln auch ein Mikroskop und ein Elektrisiergerät aufgeführt.

9.3 «WEIBLICHE ARBEITSSCHULE», NÄHSCHULE

Gegen 1860 hatte sich in der Kirchgemeinde ein «Frauenverein» gebildet, um in Einklang mit dem revidierten Unterrichtsgesetz von 1859 die «weibliche Arbeitsschule», auch als «Nähschule» bezeichnet, für Schulmädchen sowie der Alltagsschule entwachsene Töchter einzuführen. Sowohl im Dorf Seuzach wie auch in Ohringen wurden so 1860 Arbeitsschulen gegründet. In Seuzach sollte an drei Halbtagen im Winterhalbjahr, in Ohringen an zwei Halbtagen unterrichtet werden. Bestrebungen, eine gemeinsame Anstalt einzurichten, hatten keine Chance. Insbesondere den Ohringern, die ja eine selbständige Schulgenossenschaft bildeten, war auch hier Autonomie wichtiger als eine allzu enge Zusammenarbeit.

Um die beiden Stellen zu besetzen, prüfte der Frauenverein verschiedene Kandidatinnen und schlug der Gemeindeschulpflege für die Stelle in Seuzach schliesslich die einheimische Jungfer Lisette Ackeret und für die Stelle in Ohringen die von Eschlikon stammende Jungfer Hasler zur Wahl vor. Ein wichtiges Qualifizierungselement bildeten die durch die Kandidatinnen vorgelegten Stroharbeiten.

10. Volksbildung: Singen und Lesen[349]

Der kirchliche Gesang, wie er sich in Seuzach nach der Reformation beispielhaft entwickelt hatte,[350] war wohl lange eines der wenigen Elemente, die im einfacheren Menschen der agrarischen Zeit feinere Saiten zum Schwingen bringen konnten. Katechismus, Strafpredigten und Sittenaufsicht jedenfalls waren wenig geeignet, Freude in den harten Alltag des zumeist kurz bemessenen Lebens zu bringen. Immerhin, am Berchtoldstrunk, bei Einbürgerungsessen, bei der Bewirtung anlässlich von Hebammenwahlen spezifisch für die Frauen, bei Mahlzeiten für die Vorsteher an der Abnahme von Jahresrechnungen, bei den sogenannten Zehntmählern nach der Abgabe des Zehnten, bei der Verköstigung anlässlich der Abgabe von Grundzinsen, beim Trunk anlässlich der Entrichtung der Vogtsteuer auf der Kyburg und natürlich bei Tauf-, Hochzeits- und Konfirmationsfesten mag schon eine etwas fröhlichere Geselligkeit eingekehrt sein. Die üblichen Schenkenbesuche der «Knaben» und Männer hingegen endeten oft in Alkoholexzessen, Schlägereien, Rechthabereien, Verbalinjurien et cetera.

Viele Pfarrherren, die als «Predikanten» das oft harte Wort zu verkünden hatten, wussten um den Wert des Gesangs für die Seelenbildung. Aufbauend auf dem allgemeinen Kirchengesang und dem kirchlich orientierten Gesang der Jugend in der «Nachtschule», begründete offenbar 1708 Pfarrer Weinmann eine Sängergesellschaft, der wohl nur männliche Mitglieder angehörten. Als nach 1800 die Kirche ihre monopolartige Stellung zunehmend verlor, schwand auch die Zahl der Sänger. 1827 nahm Pfarrer Wolf deshalb eine «Reorganisation» vor, und die Gesellschaft wurde mittels «unserer Zeit mehr angepasster» Statuten praktisch neu gegründet. Mitmachen sollte künftig «die Jugend beider Geschlechter» und durch die Gesellschaft «hauptsächlich der Kirchengesang [...] geäufnet und vervollkommnet werden». Der Pfarrer suchte zu diesem Zweck auch die beiden Schulmeister von Seuzach und Ohringen zu gewinnen.

Doch was dem Pfarrer 1827 der Zeit «angepasster» erschien, war es schon wenige Jahre später auch in Seuzach nicht mehr. Das liberale Zeitalter war die Geburtsepoche der Vereine, insbesondere der Männerchöre. Der kirchlich orientierte Gesang, der von Männer-, Frauen- und Knabenstimmen sowie dem Generalbass getragen wurde, behielt zwar seinen Platz, doch spalteten sich auf rein weltlicher Basis beruhende, unbegleitete vierstimmige Männerchöre ab. In Zürich setzte sich der Musikpädagoge Hans Georg Nägeli im Sinn von Johann Heinrich Pestalozzi für die musikalische Volksbildung ein. Er begründete 1805 eine erste nichtkirchliche Sängerschule. 1817 gab er zusammen mit M. T. Pfeiffer eine bahnbrechende «Gesangsbildungslehre» für Männerchöre heraus. Bei diesen standen neuartige und dem Zeitgeist entsprechende volkstümliche, patriotische und gesellige Elemente im Vordergrund.

In den früheren Protokollen von Männerchören fällt zudem auf, in welchem Mass hier Basisdemokratie eingeübt wurde. Vereinswahlen, Statuten, Jahresbericht und -rechnung, Anlässe, Übungswesen, Lokale et cetera: alles wurde mit erstaunlicher formaler Genauigkeit und Ernsthaftigkeit traktandiert, diskutiert und in Abstimmungen beschlossen.

Wie die Anfänge des Seuzacher Männerchors aussahen, ist nicht bekannt. Es ist möglich, dass Männer, welche sich vielleicht aufgrund der neuen Statuten von 1827 der bisherigen Sängergesellschaft nicht mehr zugehörig fühlten, in einem losen Kreis zu singen begannen.

Im Jahr 1851 jedenfalls waren Männerchöre sowohl in Seuzach als auch in Ohringen bereits etablierte Elemente der Festkultur. Als am Sonntag, dem 4. Mai 1851, die 500-jährige Zugehörigkeit des Standes Zürich zur Eidgenossenschaft gefeiert wurde, sangen «zur Hebung der Feier» die Männerchöre beider Orte am Morgengottesdienst gemeinsam Lieder aus einem speziell herausgegebenen «Festgesangheft». Sie hatten diese, was nicht selbstverständlich war, auch gemeinsam eingeübt. Am Nachmittag erhielten die am Fest Teilnehmenden Brot und Wein und die Schuljugend auch Würste.

Im Jahr 1853 half der Männerchor Seuzach wesentlich mit, den «Kirchengesangverein der Civilgemeinde Seuzach» ins Leben zu rufen. 1852/53 nämlich hatte der Kanton ein neues Kirchengesangbuch herausgegeben. In vielen Gemeinden bildeten sich in der Folge Gesangvereine, um die «neuen Harmonien» dieses Werkes «einzuüben». Im Spätjahr 1853 liess der Männerchor allen Bürgern Zirkulare zukommen und empfahl darin die Gründung des Kirchengesangvereins. Das Echo war gut: es meldeten sich an die 70 interessierte Männer und Frauen. Sie kamen am Abend des 4. Dezembers 1853, an einem Sonntag, in grosser Zahl zur Vereinsgründung zusammen und genehmigten die von Aktuar Johann Ulrich Greuter fein säuberlich festgehaltenen Statuten. Zweck war, wie angetönt, «den Kirchengesang bei der Einführung des neuen Gesangbuches nach Kräften zu unterstützen und zu heben». Sekundarlehrer Wyssling sprach an der Gründungsversammlung «in sehr zierlicher Anrede» gute Worte «für das Leben, Wohlgedeihen und Fortbestehen dieses neuen Vereines». Als «Gesangführer» der ersten Stunde wirkte Lehrer Hans Konrad Koblet, der neben Vereinspräsident Heinrich Schwarz als Vizepräsident diente. Geübt für den «Winterkurs» wurde jeweils am frühen Sonntagabend.

Das andere Element herkömmlicher Volksbildung, nämlich das Lesen, löste sich in unserer Epoche ebenfalls von der rein religiösen Ausrichtung. Überliefert ist ein Band mit Protokollen «über die Verhandlungen der Lesegesellschaft Seuzach» 1852–1893. Aus diesem geht hervor, dass die Gesellschaft schon vor 1852 gewirkt hatte. Im Übrigen sind aber nur dürre Fakten wie die Festlegung des «Lesegelds» und die Rechnungsabnahme protokolliert.

Lesegesellschaften waren in den Städten im Zug der Aufklärung des 18. Jahrhunderts entstanden und hatten sich ab den 1830er Jahren auch auf der Landschaft etabliert. Hier wurden etwa Kollektivabonnemente für Zeitungen und Zeitschriften angeboten, Lesekreise mit zirkulierenden Büchermappen gebildet, regelmässige Treffen veranstaltet und Bibliotheken eingerichtet. Wie die Aktivitäten in Seuzach sich gestalteten, lässt sich dem Protokoll bloss ansatzweise entnehmen. So ist von einem «Bibliothekar» die Rede. 1860 beispielsweise wurden die folgenden Bücher angeschafft: «Statusius, eine Geschichte, die mit keiner Heirat endet», dann «der Student» von dem an der höheren Schule in Winterthur tätigen Volksschriftsteller und Maler August Corrodi und schliesslich das von Gull in Stäfa herausgegebene «Gebetbuch». 1867 standen Anschaffungen wie «Erinnerungen seit mehr als 50 Jahren von Escher in Zürich» auf der Liste sowie «die Alpenrosen», offenbar jene «illustrierte Zeitschrift», die in Bern ab 1866 herausgegeben wurde. Sie ersetzte in unserer Lesegesellschaft das bis anhin abonnierte illustrierte Familienblatt «Die Gartenlaube», eine 1853 in Leipzig begründete Vorläuferin moderner Massenblätter.

E

Moderne und Konsumgesellschaft

1. # «Örtligeist» – von den Zivilgemeinden zur Politischen Gemeinde

Da könne man sich ja gerade so gut Winterthur anschliessen, entgegnete am 10. Februar 1929 der Oberohringer Jakob Gujer an der Zivilgemeindeversammlung den Befürwortern eines Zusammenschlusses von Oberohringen mit der Politischen Gemeinde Seuzach. Gottfried Sprenger doppelte nach, er bevorzuge den Anschluss an die Stadt Winterthur, und Albrecht Wittwer wollte wissen, wie hoch denn die Steuern in der Eulachstadt seien. E. Derendinger rief die Anwesenden jedoch dazu auf, den Lauf der Dinge nicht aufzuhalten und die Zivilgemeinde mit der Politischen Gemeinde Seuzach zu vereinen. Sollte Oberohringen wachsen, müsste auch die Wasserversorgung erneuert werden. Ein solches Vorhaben würde die kleine Ortschaft zu stark belasten, begründete er seinen Antrag.[1] Befürworter und Gegner schenkten sich nichts. Einig war man sich einzig darüber, dass die vorgesehene Sonderbehandlung der Seuzacher – gemeint waren damit die Einwohner der Zivilgemeinde Seuzach – zu weit ging.

Was war geschehen? Der Aufbau der Gemeinde war damals noch etwas vielfältiger als heute, da innerhalb der Politischen Gemeinde drei Zivilgemeinden existierten, die über ihre Angelegenheiten weitgehend selbst bestimmten, nämlich Seuzach, Ober- und Unterohringen. Nun stand deren Verschmelzung mit der Politischen Gemeinde zur Diskussion.

Auch in der Zivilgemeinde Seuzach war man nicht erfreut über die Idee, sich mit der Politischen Gemeinde zu vereinen. Es musste drei Mal abgestimmt werden, bis sich eine Mehrheit dazu fand. Selbst in Unterohringen, wo die Stimmbürger mit der Aufhebung ihrer Zivilgemeinde rechneten, gingen die Wogen hoch.

Das Ereignis muss das Thema Nummer eins an den Stammtischen gewesen sein. Zahlreiche Akten zeugen auch heute noch von den Emotionen, die mit der Auflösung der Zivilgemeinde verbunden waren. Sowohl in der Ortsgeschichte von 1937 als auch in der Ausgabe von 1963 wurde jedoch kaum ein Wort über die Hintergründe der Auflösung verloren. Stattdessen hoben die Autoren die Eintracht und das gute Einvernehmen in der Politischen Gemeinde hervor.[2] Dabei hatte schon der damalige Gemeindepräsident Robert Ackeret die Aufhebung der Zivilgemeinden 1929 als «historisches Ereignis» bezeichnet. Was war geschehen, dass man so lange nicht an alte Wunden rühren wollte?

1.1 DIE ZIVILGEMEINDE IST DIE GEMEINDE

Die Zurückhaltung der Ortschronisten hatte mit der Bedeutung der Zivilgemeinde zu tun. Die Zivilgemeinden, die auf die Dorf- und Hofgemeinschaften zurückgingen, nahmen im 19. Jahrhundert den Stellenwert ein, den heute die Politische Gemeinde innehat. Wenn die Leute damals von der Gemeinde sprachen, meinten sie in der Regel die Zivilgemeinde und nicht die Politische Gemeinde. Letztere wurde zur Unterscheidung meist als Kirchgemeinde bezeichnet. Mit der Aufhebung der Zivilgemeinden im Jahr 1929 wurde eine Institution zu Grabe getragen, deren Selbstbestimmungsrecht bis ins Mittelalter zurückreichte. Oben ist schon darüber berichtet worden, wie aus den alten Dorf- und Hofgemeinschaften Anfang des 19. Jahrhunderts die Zivilgemeinden entstanden – nahtlos wie im Fall des Dorfs Seuzach oder durch spätere Bewilligung in Ober- und Unterohringen.[3] Selbst wenn die Zahl der stimmberechtigten Männer

48_Luftbild des Dorfs Seuzach, 1924. Rechts oben ist ein Teil des Weihers zu sehen, der sich in der Nähe der heutigen Badeanstalt befand.

wie in den beiden Ohringen kaum mehr als ein Dutzend umfasste, strebten die Bauern danach, die Selbstverwaltung in den eigenen Händen zu behalten. In den Zivilgemeinden wurden die für die lokale Gemeinschaft materiell wichtigen Entscheide getroffen. So baute etwa jede der drei Seuzacher Zivilgemeinden eine eigene Wasserversorgung auf. Die Autonomie ging so weit, dass Ober- und Unterohringen Feuerwehrschläuche mit unterschiedlichen Gewinden anschafften, sodass sie einander nicht aushelfen konnten.[4] Selbst 1910 hielt der Gemeinderat noch fest, die Einführung des elektrischen Lichts sei Sache der Zivilgemeinden. In Unterohringen wurde daraufhin heftig darüber debattiert, ob man vier oder fünf Strassenlaternen aufstellen wolle.[5] Für die damalige Bevölkerung war dies echte Demokratie und bürgernahe Politik.

1.2 SCHWACHER STAND DER POLITISCHEN GEMEINDE

Die Politische Gemeinde dagegen war im Vergleich zu den Zivilgemeinden relativ jung. Sie war 1798 nach der Abschaffung des Ancien Régime entstanden. Die Helvetische Verfassung hatte sie als unterste Verwaltungsstufe bestimmt. Bei den Grenzen der neuen Institution richtete man sich im Kanton Zürich in der Regel nach den Kirchgemeinden, trennte sie aber von der Kirche ab und nannte sie zur Unterscheidung «Munizipalität». Als Napoleon 1803 die Zeit der Helvetik beendete und die konservativen Kräfte wieder an die Macht kamen, blieb die Munizipalität als Verwaltungseinheit bestehen. In der liberalen Kantonsverfassung von 1831 wurde ihre Stellung im Staatsaufbau erstmals unter der Bezeichnung «Politische Gemeinde» genau festgeschrieben. Ihre wichtigsten Aufgaben waren die Aufsicht über Mass und Gewicht, das Vormundschafts- und Militärwesen sowie die Gesundheits-, Lebensmittel- und Wirtschaftspolizei. Da es sich dabei vor allem um Kontroll- und Verwaltungsaufgaben handelte, wurde die Politische Gemeinde gern mit Amtsschimmel und Bürokratie in Verbindung gebracht. Ihr fehlten auch die finanziellen Mittel, um ortsplanerisch etwas zu bewirken. Während die Zivilgemeinde Seuzach 1866 über ein Vermögen von 120 000 Franken und Wald im Wert von 60 000 Franken verfügte, machten die Vermögenswerte der Politischen Gemeinde nur gerade 2000 Franken aus. Sie besass nicht einmal genügend Einnahmen, um den Verwaltungsaufwand zu decken.[6] Diesen übernahmen die drei Zivilgemeinden. 1866 waren es 541 Franken. Davon

49_Kerzenbüchse der Feuerwehr Oberohringen mit dem Keller-Wappen, 1764. P. von Moos, um 1932.

zahlte Seuzach 353 Franken, Ober- und Unterohringen überwiesen 92 respektive 96 Franken an die Politische Gemeinde. Auch die fünf Gemeinderatssitze teilte man unter die drei Zivilgemeinden auf. Damit der freiwillige Proporz zustande kam, wurden die Sitze in zwei getrennten Wahlgängen vergeben, zuerst die drei für Seuzach, dann die zwei für Ober- und Unterohringen.

1.3 VON DER BACHFORELLE ZUM RAPPEN

Bezeichnend für die Stellung der Politischen Gemeinde war auch die Einführung des Gemeindewappens. Während es in einzelnen Zivilgemeinden respektive in den alten Dorf- und Hofgemeinschaften bereits Wappen gab, um beispielsweise die Feuereimer zu kennzeichnen, und auch einige Kirchgemeinden über heraldische Zeichen verfügten, besassen die Politischen Gemeinden lange Zeit keine offiziellen Wappen. Aus Oberohringen ist beispielsweise eine Kerzenbüchse aus dem Jahr 1764 bekannt, die ein Wappen trägt, das auf die dort ansässige Familie Keller zurückgeht (Abbildung 49). Die Politische Gemeinde dagegen kümmerte sich bis ins 20. Jahrhundert nicht um ein eigenes Wappen.

Der Erste, der sich im Kanton Zürich für eine Zusammenstellung der Wappen der Politischen Gemeinden interessierte, war der Zürcher Johannes Krauer, der um 1860 eine Lithografie dazu herausgab. Bei der Suche nach den Wappen machte ihm jedoch die schwache Stellung der Politischen Gemeinde zu schaffen. Für seine Recherchen stützte er sich deshalb uneinheitlich auf die Kirch- oder Zivilgemeinden ab. Trotzdem konnte er nicht für alle Poli-

50_Wappen der «Hauptgemeinden» des Kantons Zürich von Johannes Krauer, um 1860. Johannes Krauer stellte als Erster die Wappen der Politischen Gemeinden zusammen. Da es noch keine offiziellen Wappen gab und er sich mit der komplizierten Gemeindeeinteilung schwer tat, stützte er sich auf die Wappen der Kirchgemeinden oder der Zivilgemeinden ab. Das Seuzacher Wappen mit dem Fisch findet sich in der fünften Zeile an vierzehnter Stelle.

tischen Gemeinden ein Wappen finden. Um den Mangel zu übertünchen, nannte er seine Gemeinden einfach «Hauptgemeinden». Das Wappen der Hauptgemeinde Seuzach enthält auf der Krauer-Tafel eine in einem silbernen Feld schwimmende, naturfarbene Forelle über einem grünen Dreiberg. Diese Wappen gefielen jedoch den Heraldikern nicht.

In den 1920er Jahren traf sich deshalb im Zürcher Staatsarchiv eine selbsternannte Kommission von Lokalhistorikern und Wappenforschern, die sich darum kümmerte, den Politischen Gemeinden aus ihrer Sicht korrekte Gemeindewappen zu geben. Dazu suchten sie nach möglichst alten Belegen von Adelsgeschlechtern, die in der entsprechenden Gemeinde Herrschaftsrechte besessen hatten. Deren Wappen erhoben sie in der Regel zum Gemeindewappen. Sie folgten dabei den Chronisten, die bereits im 16. Jahrhundert den alten Rechtsverhältnissen nachgegangen waren, aber auch Jos Murer, der 1566 die Rechte der Stadt Zürich auf einer Karte versammelt hatte. Da dahinter politische Absichten standen, um die Herrschaft der Stadt über die Landschaft möglichst anschaulich darzustellen, wurde aus Hinweisen auf zerfallene Bollensteinmauern oft ein stattlicher Burgturm. Diese Vorlagen nahm die von einem romantischen Burgenbild geleitete Wappenkommission gern auf.

Im Raum Seuzachs findet sich auf Jos Murers Plan der Burgturm der Herren von Heimenstein mit einem steigenden Rappen als Wappen. Obwohl es, wie oben dargelegt worden ist,[7] nur wenige Informationen über deren Herrschaftsrechte in Seuzach gibt, wählte die Kommission nun den steigenden Rappen als «richtiges» Wappen für die Politische Gemeinde Seuzach aus. Da das Wappen mit der Bachforelle noch kaum in Gebrauch war, gab es in Seuzach auch keinen nennenswerten Widerstand gegen das Pferd als Wappentier. Das neue Wappen kam in Seuzach 1929, als die Politische Gemeinde durch die Aufhebung der Zivilgemeinden stark aufgewertet wurde, gerade zur rechten Zeit.[8] Rechtlich hätte es allerdings keinen Grund gegeben, das Wappen anzupassen. Den Gemeinden war es schon damals freigestellt, selbst darüber zu befinden. Die Wappenkommission verstand es jedoch, genügend

51_Wappen der «Hauptgemeinde» Seuzach, Ausschnitt aus der Tafel von Johannes Krauer, um 1860. Das Wappen zeigt eine Forelle über einem grünen Dreiberg.

Druck auf die Gemeinden auszuüben, sodass die meisten ihren Vorschlägen folgten. Von den 158 Wappen der Krauer-Tafel wurden 80 ganz oder teilweise geändert. 22 Politische Gemeinden waren auf der Krauer-Tafel überhaupt nicht vertreten.

1.4 DER DEMOKRATISCHE AUFBRUCH UND DIE EINFÜHRUNG DER EINWOHNERGEMEINDE IN DEN 1860ER JAHREN

Die 1860er Jahre waren geprägt von der Forderung nach mehr Demokratie. Die Gründergeneration der Liberalen, die mit viel Schwung, aber oft auch eigenmächtig den modernen Kanton Zürich aufgebaut hatte, war in die Kritik geraten. Während die unteren Schichten durch indirekte Steuern relativ stark zur Kasse gebeten wurden, nahm die Belastung für das Wirtschaftsbürgertum ab. Die allgemeine Unzufriedenheit führte zur Demokratischen Bewegung, deren politisches Zentrum in Winterthur lag. Ein erster Schritt auf dem Weg zu mehr Mitbestimmung bestand 1866 in der Gleichstellung der Niedergelassenen mit den Ortsbürgern. Den grössten politischen Erfolg verzeichnete die Demokratische Bewegung indessen mit der Revision der Kantonsverfassung, mit der 1869 das Initiativ- und Referendumsrecht eingeführt wurde. Der Gemeindeschreiber unterliess es leider, das Seuzacher Resultat zu protokollieren. Den Modalitäten zur Revision der Verfassung hatten die Seuzacher 1865 aber mit 108 gegen 4 Stimmen zugestimmt.[9]

Die wichtigste Neuerung für den Aufbau der Gemeinde war jedoch die Einführung der Einwohnergemeinde. Um die Bürger nicht allzu sehr gegen die Neuerung aufzubringen, liess der Gesetzgeber die Bürgergemeinde bestehen. Die Bürger blieben weiterhin allein für die Armengemeinde, das Bürgergut (etwa den Gemeindewald) und die Erteilung des Bürgerrechts zuständig. In Seuzach besass nur die Zivilgemeinde Seuzach ein Bürgergut, über dessen Überführung in eine den Bürgern vorbehaltene Korporation in der Folge heftig diskutiert wurde. Überraschenderweise verzichtete die Zivilgemeinde Seuzach nach Protesten von 56 Stimmbürgern grösstenteils darauf, für ihr Bürgergut, das vor allem Wald umfasste, eine pri-

52_Ausschnitt aus Jos Murers Karte des Zürcher Gebiets. Die Karte, die 1566 gedruckt wurde, um die Herrschaftsrechte der Stadt Zürich zu veranschaulichen, diente im 20. Jahrhundert den Heraldikern bei der Festlegung der Wappen der Politischen Gemeinden des Kantons Zürich.

53_Offizielle Wappenkarte der Gemeinde Seuzach, herausgegeben von der Antiquarischen Gesellschaft in Zürich. Die Wappenkommission übte mit der Herausgabe der Wappen Druck auf die Gemeinden aus, ihre Vorschläge offiziell anzuerkennen. Der Seuzacher Gemeinderat erklärte sich am 15. Juni 1929 mit dem Vorschlag der Wappenkommission einverstanden.

vatrechtliche Bürgerkorporation zu gründen. Sie liess den Wald im Besitz der Zivilgemeinde und versprach, wie es im Protokoll heisst, «milde Behandlung der Niedergelassenen».[10] In Seuzach fühlten sich nicht die Ortsbürger von der Mitbestimmung der Niedergelassenen bedroht, sondern die Niedergelassenen fürchteten wegen des neuen Gesetzes die Mehrbelastung durch zusätzliche Fronarbeit und Steuern. Die Seuzacher hatten der Gleichstellung der Niedergelassenen 1866 auch mit 98 Prozent (!) zugestimmt.

Zivilgemeindepolitik war in erster Linie Landwirtschaftspolitik, von der vor allem die Bauern profitierten. Ein wichtiger Ausgabenposten war beispielsweise der Kauf und Unterhalt des Zuchtstiers, der einem kleinen Ziegenbauer, der keine Kuh besass, nichts brachte. Die Ortsbürger im Dorf Seuzach brauchten allerdings auch nicht zu befürchten, dass sie von den Niedergelassenen überstimmt wurden. Deren Anteil machte 1866 kaum 5 Prozent aus. Zum Teil stimmten die Ortsbürger allerdings auch weiterhin selbst über den Bürgernutzen ab, ohne die Niedergelassenen einzubeziehen, was genau genommen ungesetzlich war, weil sie keine Korporation gegründet hatten.[11] Langfristig führte der Verzicht auf die Ausscheidung des Bürperguts dazu, dass grosse Teile des Walds und das Gebiet beim Weiher Gemeindebesitz blieben und mit der Auflösung der Zivilgemeinden 1929 an die Politische Gemeinde gelangten.

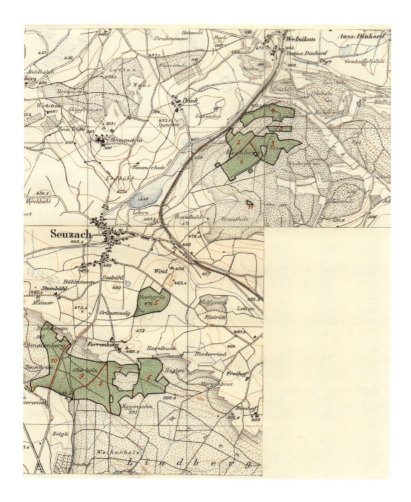

54_Gemeindewaldungen, eingezeichnet auf einer Karte von 1934. Die Bürger des Dorfs Seuzach besassen ausgedehnte Waldungen, die sie nach der Gleichberechtigung der Niedergelassenen 1866 im Besitz der Zivilgemeinde beliessen. Nach der Auflösung der Zivilgemeinde 1929 gingen die Waldungen in den Besitz der Politischen Gemeinde über.

1.5 DIE ORGANISATION DER GEMEINDE, 1866

Die mehrteilige Gemeindeorganisation war das Resultat eines historischen Prozesses, der die unterschiedlichen Vorstellungen der lokalen Selbstverwaltung spiegelte. Ähnlich wie in der Politischen Gemeinde hatten sich im Schulwesen zwei unterschiedliche Gemeindetypen gebildet. Während die Seuzacher und die Ohringer ihre Schulen getrennt führten, hatte der Kanton die beiden Dorfschulen in einer Schulgemeinde mit einer einzigen Schulpflege als Aufsichtsorgan zusammengefasst.[12] Dazu kam 1866 die Bildung der Bürger- und der Armengemeinde. Ein Seuzacher Bürger, der damals alle seine politischen Rechte auf Gemeindeebene wahrnehmen wollte, hätte genau genommen sechs verschiedene Gemeindeversammlungen besuchen müssen, die Sekundarschule nicht mitgezählt (siehe Tabelle 19). Da sich jedoch die Kreise der Stimmbürger in den verschiedenen Gemeindetypen oft gänzlich oder mindestens fast deckten, wurden die Versammlungen meist zusammengelegt. So diskutierten die Stimmberechtigten im Dorf Seuzach am gleichen Abend über die Dorfschule und die Zivilgemeinde und unter dem Titel Kirchgemeinde finden sich im Protokoll Einträge zur Politischen Gemeinde, zur Kirchgemeinde der Reformierten und zur Armengemeinde. Im gleichen Band lesen wir beispielsweise, dass im Schützenhaus ein Gemeindegefängnis eingerichtet wurde, dass die Versammlung 300 Franken, das heisst umgerechnet ungefähr einen Jahreslohn, bewilligte, um die armengenössige Elisabeth Waser zur Auswanderung nach Amerika zu bewegen, oder dass die Stimmbürger die Abschaffung der Leichenreden beschlossen, weil sie diese als nutzlos und für die Zuhörer bemühend empfanden.[13] Dabei kam es mitunter auch zur Vermischung der finanziellen Zuständigkeiten, sodass beispielsweise im Dorf Seuzach Auslagen der Dorfschule aus der Zivilgemeindekasse bezahlt wurden. Vom Gesetz her besass jede Gemeinde ihr eigenes Gut und sie musste eine gesonderte Rechnung führen. Im Gefolge des Gemeindegesetzes von 1866 kam es zu einer immer genaueren gesetzlichen Definition der öffentlichen Aufgaben. Für den Unterhalt des Zuchtstiers beispielsweise mussten die Seuzacher 1868 eine Korporation gründen, weil dies nicht mehr zu den Aufgaben einer Gemeinde gehörte. Die Zivilgemeinde durfte daran lediglich noch einen Beitrag bezahlen.[14]

Tabelle 19: Gemeindeorganisation und Stimmbürger, 1866

Gemeindetyp	Stimmberechtigte Einwohner (n)	Davon Ortsbürger (n)	Einkaufsgebühr (Fr.)	Vermögen (Fr.)	Wald (Fr.)
Kirchgemeinde	182	153	30	21 431	
Politische Gemeinde	182	153	30	1 690	
Bürgergemeinde, Armengemeinde	153	153	90	8 662	
Zivilgemeinde Seuzach	*129	122	240	120 000	60 000
Zivilgemeinde Oberohringen	33	14	40	2 650	
Zivilgemeinde Unterohringen	*20	15	30	1 000	
Schulgemeinde	182	153			
Schule Seuzach	129	122	60	17 855	
Schule Ohringen	52	29	80	14 600	

* Die Zahlen wurden aufgrund der Beiträge an die Verwaltungskosten der Politischen Gemeinde berechnet.
Quelle: GAS, PG, IV B, 1.1, GV vom 1.7.1866; GAS, PG, IV B 1a, ZGO vom 8.6.1866, S.40; Klauser/Schäppi, Seuzach, S. 128 f.

1.6 KONKURRENZ – DIE DREI ZIVILGEMEINDEN IM VERGLEICH

Unter den drei Zivilgemeinden der Gemeinde Seuzach gab es grosse Unterschiede. Wir betrachten wiederum die Situation im Jahr 1866 (siehe Tabelle 19). Das Dorf Seuzach war mit 129 Stimmbürgern nicht nur bevölkerungsmässig wesentlich grösser als Ober- und Unterohringen mit 33 respektive 20 Stimmbürgern. Die Zivilgemeinde Seuzach besass auch ausgedehnte Waldvorkommen und ein ziemlich grosses Stück ehemalige Allmend im Weihergebiet, aus deren Erlös sich zahlreiche Projekte finanzieren liessen, sodass die Bauern im Dorf Seuzach oft auf den Einzug von Steuern verzichten konnten. Dagegen hatten die beiden Ohringen von Beginn weg finanziell zu kämpfen. In Unterohringen hatte man deshalb schon 1861 an die Auflösung der Zivilgemeinden gedacht. Im Dorf Seuzach war man jedoch mit 76 zu 22 Stimmen klar dagegen gewesen.

Aufgrund des Viehbesitzes lässt sich zudem vermuten, dass sich die drei Orte auch in der Bevölkerungsstruktur unterschieden. Gemäss einer Zählung aus dem Jahr 1866 besassen die Ohringer gleich viele Pferde wie die Seuzacher, nämlich 10. Und bei 133 Stück Rindvieh gegenüber 212 in Seuzach war auch der Rindviehbestand pro Kopf in den beiden Ohringen deutlich höher. Dafür zählte man in Seuzach einiges mehr an Schweinen und Ziegen.[15] Während in den beiden Ohringen die Grossbauern den Ton angaben, wurde die Politik im Dorf Seuzach auch von den Klein- und Mittelbauern geprägt, die neben einer Kuh auch eine Geiss und ein Schwein besassen. Neben der grundsätzlichen Konkurrenz zwischen den Zivilgemeinden dürfte es deshalb auch mentalitätsmässige Unterschiede gegeben haben. Dabei beäugten sich die Zivilgemeinden aber auch gegenseitig, weil sie insgeheim mit der Auflösung rechneten. Als etwa 1875 die Zivilgemeinde Seuzach eine Sondersteuer einziehen wollte, um die Schulden abzubauen, riet der Gemeindeammann von der Amortisation ab, mit dem Hinweis, die Verschmelzung der Zivilgemeinden werde dereinst doch kommen und dann müsste Ohringen auch etwas daran zahlen. Für den provokativen Vorschlag gab es allerdings einen aktuellen Grund. Die beiden Ohringen weigerten sich nämlich, einen Beitrag an den Bau der Eisenbahn zu zahlen.[16] 1886 erstellten die Bauern des Dorfs Seuzach dann doch einen Amortisationsplan für ihre Schulden.[17]

55_Pferdefuhrwerk mit Baumstämmen auf einem Brückenwagen, um 1935. Der Wald war die wichtigste Einnahmequelle der Zivilgemeinde Seuzach.

Einen Vorgeschmack der Probleme, die bei der Auflösung der Zivilgemeinden auftreten konnten, gab die Übertragung der Strassen an die Politische Gemeinde im Jahr 1881. Dabei mussten sich die Zivilgemeinden von der Pflicht, die Strassen zu unterhalten, loskaufen. Dies führte unweigerlich zum Streit über die Höhe der Beträge, welche die einzelnen Zivilgemeinden für die Übernahme der Unterhaltspflicht an die Politische Gemeinde bezahlen mussten. Schliesslich einigte man sich 1883, nachdem alle Strassen und Wege exakt ausgemessen worden waren, auf 6500 Franken für das Dorf Seuzach, 1500 Franken für Oberohringen und 1000 Franken für Unterohringen.[18]

1.7 SCHWÄCHUNG DER ZIVILGEMEINDE, 1869–1926

Der Gegensatz zwischen den Zivilgemeinden und der Politischen Gemeinde entsprach einem grundsätzlichen Konflikt, nämlich jenem zwischen der lokal organisierten Selbstbestimmung von unten und der staatlich verordneten Selbstverwaltung von oben. Die Verfechter des modernen Staats hätten am liebsten nur die Politische Gemeinde als unterste Verwaltungsstufe akzeptiert. Sie konnten sich jedoch nicht einfach über die bestehenden kommunalen Verhältnisse hinwegsetzen. Paradoxerweise kam ihnen 1869 der Ausbau der Mitbestimmung auf der Kantonsebene zunutze, die Selbstbestimmung in den Zivilgemeinden zugunsten der Politischen Gemeinde zu schwächen. Nach der neuen Kantonsverfassung, durch die, wie bereits gesagt, das Initiativ- und Referendumsrecht eingeführt wurde, gehörten die Zivilgemeinden nicht mehr zur ordentlichen Gemeindeorganisation, sondern sie erhielten einen Sonderstatus für spezielle und örtliche Gemeindezwecke. Das Gemeindegesetz von 1875 schränkte ihren Handlungsspielraum weiter ein. Die Zivilgemeinden durften keine öffentlichen Aufgaben mehr übernehmen, die nach den gesetzlichen Bestimmungen den Politischen Gemeinden zustanden. Das Gemeindegesetz von 1926 schliesslich räumte dem Regierungsrat die Möglichkeit ein, Zivilgemeinden, die ihren Aufgaben nicht mehr gewachsen waren, aufzulösen.

56_Brunnen am Dorfeingang von Seuzach bei der Einmündung der Kirchgasse in die Winterthurerstrasse, um 1956. Bis 1929 besass jede der drei Zivilgemeinden ihre eigene Wasserversorgung. Die unterschiedlichen Kosten erschwerten die Vereinigung der drei Zivilgemeinden mit der Politischen Gemeinde.

Gern wäre der Gesetzgeber jeweils noch weiter gegangen. Der Auflösungsparagraf hatte schon in den 1870er Jahren zur Diskussion gestanden und im ersten Entwurf zum Gesetz von 1926 hatte man die Zivilgemeinden ganz abschaffen wollen. In Anbetracht der heftigen Opposition, die sich vor allem im nördlichen Kantonsteil formiert hatte, war der Regierungsrat indes nicht aufs Ganze gegangen, um die Gesetzesrevisionen nicht zu gefährden.[19]

Tabelle 20: Rückgang der Zivilgemeinden im Kanton Zürich, 1841–1999

Jahr	Anzahl
1841	417
1894	238
1927	207
1945	46
1999	20

Quelle: Zürcher Verfassungsgeschichte, S. 104.

Den Seuzacher Zivilgemeinden wurde selbst das abgeschwächte Gemeindegesetz von 1926 zum Verhängnis, denn für den Regierungsrat war klar, dass Ober- und Unterohringen ihren Aufgaben nicht mehr gewachsen waren.

Anfang 1927 stand die Vereinigung erstmals in allen drei Zivilgemeinden zur Diskussion. Heinrich Schwarz, der neue Schreiber der Politischen Gemeinde, weibelte in allen Zivilgemeinden, um sich dafür einzusetzen. Er glaube, der solidarische Gedanke habe sich in Seuzach gewaltig gebessert, sodass der Zusammenschluss an der Zeit sei, zitiert ihn das Oberohringer Protokoll. Von den drei Zivilgemeinden stimmten im Januar 1927 aber einzig die Unterohringer einer Vereinigung zu. Die Oberohringer schlugen darauf vor, die Seuzacher sollten doch den Nachbarweiler aufnehmen. Diese lehnten den Vorschlag jedoch ab. Sie boten Unterohringen einzig einen Unterstützungsbeitrag an. Damit war die Sache nicht vom Tisch, sondern die Diskussionen gingen vielmehr erst richtig los. Mehrfach hielten die Zivilgemeinden Sitzungen ab, um die Meinung der Stimmbürger zu erfahren. Das Hauptproblem waren die unterschiedlichen finanziellen Verhältnisse. Die Oberohringer vermuteten, die Unterohringer hätten im Hinblick auf eine Vereinigung bewusst auf eine Amortisierung der Schulden verzichtet, während sie selbst diese abbezahlt hatten. Sie schlugen vor, die Unterohringer sollten zuerst ihre Schulden reduzieren. Die Seuzacher ihrerseits beklagten die schwachen finanziellen Verhältnisse sowohl in Ober- als auch in Unterohringen. Sie verlangten eine Sonderbehandlung, indem ihnen bei einer Vereinigung etwas bezahlt werde.

Über die unterschiedlichen finanziellen Verhältnisse stellten die Zivilgemeinden allerlei Berechnungen an, die zum Teil in die Protokolle einflossen. Diese Zahlen zeigen, dass sich die Unterschiede gegenüber 1866 noch verschärft hatten.[20] Seuzach war 1925 mit einem Vermögen von über 300 000 Franken deutlich reicher als Ober- und Unterohringen, die je rund 4000 und 400 Franken auswiesen. Der Gesamtsteuerfuss dagegen betrug in den beiden Ohringen 150 und 180 Prozent, während er in der Zivilgemeinde Seuzach bei 100 Prozent lag. Deutlich teurer war in den kleinen Weilern auch das Trinkwasser. Die Tabelle 21 zeigt, dass man sich die Selbstbestimmung in den kleinen Orten etwas kosten liess.

Tabelle 21: Kosten der Wasserversorgung, 1926

Schulden und Tarife	Seuzach (Fr.)	Oberohringen (Fr.)	Unterohringen (Fr.)
Wasserbauschulden 1925	35 254	10 800	21 759
Erster Haupthahn	15	20	40
Weiterer Wasserhahn je	3	10	–
Grossvieh, pro Stück	1	2	6
Kleinvieh, pro Stück	0,5	1	3

Quelle: GAS, PG, IV B, 1b, S. 117–126.

Da es damals noch keine Wasserzähler gab, wurde der Wasserzins aufgrund des Viehbesitzes und der Anzahl Wasserhahnen berechnet. In Unterohringen bezahlte man für eine Kuh sechsmal so viel wie in der Zivilgemeinde Seuzach.

Im Dorf Seuzach kam zudem gar nicht gut an, dass Ober- und Unterohringen im Hinblick auf die Vereinigung eine Steuersenkung von 50 respektive 70 Prozentpunkten beschlossen hatten. Der Druck der Verhandlungen lastete vor allem auf den Oberohringern, die sich einerseits über die hohen Schulden der Unterohringer ärgerten, andererseits die Sonderbehandlung der Seuzacher ungerecht fanden. Im Februar 1927 stimmten sie ein weiteres Mal gegen eine Vereinigung, wobei der Schreiber im Protokoll festhielt, sie seien sich bewusst, dass sie damit in Seuzach keine Rosen holen könnten.[21] Weitere Berechnungen ergaben zudem, dass sie sowohl bei einem Zusammenschluss mit Seuzach als auch bei einem Anschluss an die Stadt Winterthur schlechter fahren würden. Im April 1927 stimmten die Oberohringer deshalb nochmals ab. Erneut lehnten sie die Auflösung ihrer Zivilgemeinde einstimmig ab.[22]

57_Haus der Familie Frauenfelder, aufgenommen 1929, als sich die drei Zivilgemeinden Seuzach, Ober- und Unterohringen mit der Politischen Gemeinde zusammenschlossen. Die Gemeinde umfasste damals rund 800 Einwohner.

Das stolze Festhalten der Oberohringer an der lokalen Selbstverwaltung ermunterte wiederum einige Unterohringer, sich für die Beibehaltung der Zivilgemeinde starkzumachen. So wurde auch dort eine weitere Versammlung zur Vereinigungsfrage einberufen. Dabei gaben die Gegner zu bedenken, dass sie unter der Oberhoheit der Seuzacher überhaupt nichts mehr zu sagen hätten. Die grosse Mehrheit folgte aber Hans Steinmann, der die finanziellen Vorteile hervorhob. Mit 14 gegen 2 Stimmen nahmen die Unterohringer im Mai 1927 die Vereinigung erneut an, allerdings unter der Bedingung, dass alle drei Zivilgemeinden aufgehoben würden. Wichtig war ihnen ausserdem, dass die Wasserversorgung an die Politische Gemeinde überging.[23]

Darauf geschah aber nichts mehr, weshalb die Unterohringer im März 1928 den Gemeinderat darauf hinwiesen, dass sich an ihrer Haltung nichts geändert habe. Die Oberohringer entgegneten darauf, Oberohringen wünsche nach wie vor keine Verschmelzung, werde sich einer solchen jedoch nicht widersetzen, falls die Zivilgemeinde Unterohringen ihren Verpflichtungen betreffend die Amortisation ihrer Wasserversorgungsschuld nachgekommen sei.[24] Auch ein Rückkommensantrag, der zwei Monate später zur Diskussion gestellt wurde, änderte nichts an der Haltung, ausser dass die Oberohringer nun ihre Bedingungen für ein Einlenken klar formulierten. Die Unterohringer sollten ihre Schulden um 10 000 Franken reduzieren und die Seuzacher ihre Sonderbehandlung von 20 auf 10 Jahre beschränken. Damit waren die Positionen endgültig festgefahren und auch die Geste der Unterohringer, die im September 1928 einen Amortisationsplan für total 772 Franken Schulden erstellten, änderte nichts mehr.

Nun schaltete sich der Kanton ein. Der zuständige Regierungsrat Oskar Wettstein begab sich am 10. Januar 1929 persönlich in die «Sonne» nach Seuzach. In seiner Antrittsrede machte er gleich klar, dass von einem Schuldenabbau durch die Unterohringer in der Höhe von 10 000 Franken keine Rede sein könne. Die drei Zivilgemeinden erläuterten darauf noch-

59, 60_Luftbilder des Dorfs
Seuzach, 20. Juni 1995.

58_Dorfkern von Seuzach mit der «Sonne» (vorne links), dem Konsum (dahinter), dem Haus «Demuth» (Bildmitte) und dem Haus «Sporrer» (rechter Bildrand), um 1925. In der «Sonne» trafen sich am 10. Januar 1929 die Vertreter der drei Zivilgemeinden, um mit dem Regierungsrat Oskar Wettstein über die Vereinigung mit der Politischen Gemeinde zu diskutieren.

mals ausführlich ihre Sicht, ohne von ihren Beschlüssen abzuweichen. Selbst die Unterohringer liessen ihre Muskeln spielen. Da sie vor dem neuen Gemeindegesetz nicht im Geringsten an eine Vereinigung gedacht hätten, würden sie auch keine Ausgleichszahlungen akzeptieren, liessen sie die Teilnehmer wissen. «Es folgten lange Debatten», wie es im Protokoll vielsagend heisst. Zum Schluss hätten dann – so der Oberohringer Schreiber – die Unterohringer doch noch eingesehen, dass sie ein Opfer bringen müssten. «Ein kleiner Imbiss von Seuzach gestiftet hielt die Teilnehmer noch kurze Zeit beisammen. Manch gutes Wort und manch träfer Witz wurde dabei gewechselt», fasste der Schreiber die Stimmung am Schluss der Sitzung zusammen, nicht ohne den Seuzachern auch protokollarisch für das Essen zu danken.[25]

Bereits zwei Wochen später lag der regierungsrätliche Vermittlungsvorschlag auf dem Tisch. Die Sonderbehandlung des Dorfs Seuzach wurde vom Regierungsrat vollumfänglich gutgeheissen. Während 20 Jahren sollten der dortigen Flurgenossenschaft 1000 Franken aus dem Gut der Politischen Gemeinde zufliessen. Dazu erhielt sie gratis Kies für die Flurstrassen, weil die Seuzacher Grube an die Gemeinde überging. Ausserdem stand dem Dorf Seuzach in der Forstkommission eine besondere Mitsprache zu. Im Sinn der Unterohringer sollten alle drei Wasserversorgungen an die Politische Gemeinde übergehen und der Wasserzins wurde überall auf das Niveau des Dorfs Seuzach gesenkt. Zum Ausgleich hatten die Unterohringer den sechsfachen Betrag des jährlich eingesparten Wasserzinses an die Politische Gemeinde zu entrichten. Das waren total 7732 Franken, zahlbar in vier Raten innerhalb eines Jahres. Vom Ausgleich der Schulden sah der Regierungsrat ab. Die Oberohringer mussten dafür nichts für den Vorteil bei den Wasserzinsen bezahlen. Sollten sich die drei Zivilgemeinden nicht gütlich einigen, drohte Ober- und Unterohringen die zwangsweise Verschmelzung mit der Politischen Gemeinde, während die Zivilgemeinde Seuzach weiterbestehen konnte.

Die Unterohringer hatten mit der Auflösung der Zivilgemeinde gerechnet. Als das Protokollbuch im April 1928 zufällig voll geworden war, hatten sie kein neues mehr angeschafft, sondern die Sitzungen auf Papierbogen festgehalten. Trotzdem zögerten sie nun bei der Zusage zum Vermittlungsvorschlag, willigten schliesslich aber zähneknirschend ein. Oberohringen, dessen Sitzung einleitend zu diesem Kapitel schon beschrieben worden ist, gab seinen Widerstand auf.

Damit wurde die Politische Gemeinde 1929 zur zentralen Institution in Seuzach, die endlich auch grössere Vorhaben an die Hand nehmen konnte. Ihre realisierbaren Aktiven stiegen von rund 17 000 Franken auf 360 000 Franken an. Das realisierbare Vermögen erhöhte sich von 13 000 auf 287 000 Franken.[26]

Als zehn Jahre später an der Landesausstellung in Zürich die Fahnen von rund 3000 schweizerischen Gemeinden über dem Höhenweg flatterten, befand sich darunter auch das Seuzacher Wappen. Ältere Seuzacherinnen und Seuzacher mögen sich vielleicht noch daran erinnern, wie sie am farbigen Himmelszelt nach dem schwarzen Rappen suchten. Die Ausstellungsmacher wollten damit die Bedeutung der Politischen Gemeinde als unterste Stufe im demokratischen Aufbau der Schweiz sichtbar machen. Für einige Gemeinden musste dazu allerdings zuerst ein Gemeindewappen bestimmt werden, weil sie noch keines besassen.

61, 62_Luftbilder von Unterohringen und Oberohringen, 31. Juli 2007.

2. Die neue Infrastruktur entsteht

Wie beschaulich erscheint einem die Welt um 1900 aus der Distanz von heute. Dabei wird leicht vergessen, dass es eine Zeit des Umbruchs war, mit technischen Errungenschaften, die für die damaligen Vorstellungen revolutionär waren, während sie uns heute als selbstverständlich erscheinen. Die Eisenbahn etwa, mit der Seuzach ab 1875 erreichbar war, verkürzte die Reisezeiten um ein Mehrfaches. Der Aufbau eines Telefonnetzes veränderte die Kommunikation 1897 auch in Seuzach grundlegend. Die Elektrizität, die in allen drei Zivilgemeinden 1909 eingeführt wurde, eröffnete ganz neue Möglichkeiten. Velos, Motorräder und Autos liessen die Leute nicht nur rascher vorwärtskommen, sondern sie prägten auch den öffentlichen Raum. Und immer mehr Zeitungen brachten Informationen aus der ganzen Welt ins Haus. Ein Seuzacher erinnert sich: «Der Zeitabschnitt um das Jahr 1900 brachte viele Neuerungen. Da war zum Beispiel das Velo mit Vollgummibereifung noch eine Seltenheit. In unserem Dorf existierte nur ein solches Vehikel. Erst nach einigen Jahren kamen die Velos mit Luftreifen auf den Markt. In den Jahren nach 1904 sah man die ersten Motorräder. Wenn so ein Besitzer startete, bedeutete das für die Jugend immer ein besonders lustiges Ereignis. Zur gleichen Zeit tauchten die ersten Automobile auf; auch diese Neuheit wurde gebührend bewundert.»[27]

63_Fotomontage, das Haus «Bianchi» mit dem Luftschiff «Graf Zeppelin», um 1930. Dahinter ist das Haus «Gassmann» zu sehen (heute Migros), zuhinterst das «Bernergüetli».

Mit jeder neuen Erfindung veränderte sich nicht nur die Wirtschaft; vielmehr geriet die ganze Gesellschaft in Bewegung. Oft waren es Kleinigkeiten, von denen niemand ahnte, welche Entwicklung sie signalisieren würden. Eine solch beiläufige Neuerung waren etwa die vier Wegweiser, die 1876 in Seuzach aufgestellt wurden.[28] Viele der Erfindungen steckten zwar noch in den Kinderschuhen, massgebend für die Wahrnehmung des Wandels war jedoch, dass all diese Dinge für die Zeitgenossen völlig neu waren. Welcher Seuzacher konnte sich 1850 schon vorstellen, in seinem Dorf mittels einer Metallschnur mit jemandem zu sprechen? Wer kam 1850, als es in den wenigsten Haushaltungen von Seuzach eine Zeitung gab, auf die Idee, dass sich die Lokalpresse schon 20 Jahre später einen hemmungslosen Konkurrenzkampf liefern würde? Wer ahnte 1850, als man die hohe Geschwindigkeit der Eisenbahn von 30 Kilometern pro Stunde noch für ungesund hielt, dass schon bald ein eigentliches Eisenbahnfieber grassieren würde? Welche Seuzacherin, die täglich vom Dorfbrunnen das Wasser nach Hause schleppte, träumte schon davon, nur noch am Wasserhahn drehen zu müssen? «Das Neue kommt», betitelte der Pionier der Schweizer Alltagsgeschichte, Albert Hauser, sein Buch über das damalige Leben.[29] Kaum eine andere Generation erlebte einen derart umfassenden gesellschaftlichen Wandel, wie die in der Mitte des 19. Jahrhunderts geborene. Die «Geburt der modernen Welt» verwandelte auch den Alltag in Seuzach grundlegend.[30]

2.1 DAS NEUE KOMMT – DIE EISENBAHN

Als Seuzach Anfang der 1870er Jahre in die Wirren der Eisenbahnschlacht geriet, waren die gesundheitlichen Bedenken wegen der Geschwindigkeit des neuen Verkehrsmittels bereits Geschichte. Die privaten Bahngesellschaften lieferten sich einen gnadenlosen Konkurrenzkampf um den Bau neuer Linien. Die Dörfer wetteiferten um einen Anschluss an die Welt. Auch in Seuzach wollte man sich die Chance nicht entgehen lassen. Allerdings pokerten die Ohringer recht hoch. Schon seit Längerem geisterten in Winterthur Ideen herum, die Stadt zu einem europäischen Eisenbahnknotenpunkt zu machen. Mit der demokratischen Bewegung erhielten die Visionen neuen Auftrieb. Das wirtschaftliche Vorhaben wurde nun zu einem politischen Prestigeprojekt. Mit einer «Volksbahn» wollten der Winterthurer Stadtpräsident «Dr. Sulzer und Consorten» die «Herrenbahn» des Zürchers Alfred Escher konkurrenzieren. 1872 war das eigentliche Geburtsjahr der Nationalbahn. Vom Bodensee bis an den Genfersee sollte sie führen und nur einer Gesellschaft gehören. «Nicht mehr fünf Billette lösen, nicht mehr die Maschine oder Kuh dreimal umladen! [...] Die Gemeinden lieferten das Kapital und durften den Gewinn einstreichen.»[31]

Begleitet von den triumphierenden Kommentaren des auch in Seuzach verbreiteten «Landboten», dass es nun den Privatbahnen an den Kragen gehe, wurde 1872 die Planung der Linie von Winterthur nach Kreuzlingen und Singen an die Hand genommen. Die Gemeinden, die sich um einen Anschluss bewarben, wurden aufgefordert, Kostenbeteiligungen zu sprechen, bevor der Verlauf der Linie entschieden wurde. In Seuzach stellte sich dabei ein unangenehmes Problem. Die Politische Gemeinde als Verhandlungspartner verfügte selbst über keine finanziellen Mittel. Sie musste dazu jeweils die Zivilgemeinden um einen Beitrag anfragen.[32] Das sorgte in Seuzach für böses Blut, weil sich Ober- und Unterohringen nicht an den Zahlungen beteiligen wollten. Die beiden kleinen Zivilgemeinden vertrauten darauf, dass sich das Dorf Seuzach die Chance nicht entgehen lassen würde. Tatsächlich wollten die Stimmbürger der Zivilgemeinde Seuzach auch ein klares Signal an die Bahngesellschaft senden, damit ihr Dorf nicht umfahren wurde. Am 7. Juli 1872 stimmten sie mit 60 Ja- gegen 1 Neinstimme der verlangten Kostenbeteiligung von 60 000 Franken zu.[33] Das war für die Bauern von Seuzach kein Pappenstiel. Umgerechnet entsprach das pro Steuerzahler etwa dem Jahreslohn einer Textilarbeiterin.

Für die Planer des Linienverlaufs war es jedoch keineswegs klar, ob Seuzach überhaupt berücksichtigt würde. Eine Variante führte von Ossingen her auf der rechten Seite der Thur Richtung Neunforn, dann über Altikon und Rickenbach östlich an Seuzach vorbei. Man hoffte, damit leichter an Thurgauer Subventionen zu gelangen. Lange Zeit stand auch ein direkter Anschluss an die Nordostbahn in Andelfingen zur Diskussion, die mit günstigen Konditionen für das Weglassen der Strecke Ossingen–Winterthur warb. Die Nordostbahn besass jedoch aus politischen Gründen schlechte Karten. Die Winterthurer Demokraten wollten Eschers «Herrenbahn» nicht unterstützen. Als die Berücksichtigung von Seuzach endlich feststand, wurde zuerst eine Linienführung über den Lindberg ins Auge gefasst. Diese Variante hätte jedoch enorme Erdbewegungen verlangt, damit das Bahntrassee nirgends zu stark angestiegen wäre.[34] Im Juni 1874 wurde die Strecke, wie sie heute besteht, definitiv festgelegt. Aus der Zivilgemeinde Seuzach hagelte es jedoch Kritik. Der Bahnhof liege viel zu weit ausserhalb des Dorfs mitten auf dem offenen Feld. Ausserdem befürchtete man, dass er vom Dorf aus kaum zu sehen sei. Der Gemeinderat, der offenbar mit anderen Versprechen um die Subventionen der Zivilgemeinde Seuzach geworben hatte, verlangte, dass er näher ans

64_Obligation der Schweizerischen Nationalbahn für den Bau der Bahnlinie Winterthur–Singen–Kreuzlingen, 31. Dezember 1875. Da die Politische Gemeinde kaum über Einnahmen verfügte und Ober- und Unterohringen eine Beteiligung am Bahnbau ablehnten, musste die Zivilgemeinde Seuzach die Kosten allein tragen. Sie zeichnete Aktien und Obligationen im Wert von 131 500 Franken. Nach dem Konkurs der Schweizerischen Nationalbahn 1878 waren diese nichts mehr wert.

65_Blick vom Ortseingang in Richtung Bahnhof (rechts), 1906. Das Haus «Dornbierer» (links) und das Haus «Schmid» (Mitte) sind gerade im Bau. Die Anlage des Bahnhofs ausserhalb des Dorfs Seuzach bestimmte die Siedlungsentwicklung.

Dorf gerückt werde. «Gesehen werden spielt bekanntlich in der gegenwärtigen Zeit eine sehr grosse Rolle», begründete er sein Anliegen, das allerdings kein Gehör fand. Der Bahnhof kam auf die grüne Wiese zu stehen, wo es damals noch kein einziges Haus gab.

Für Unmut im Dorf Seuzach sorgten auch die vielen Taglöhner und Facharbeiter, die in der Folge die Bahnlinie von Winterthur bis Stammheim bauten. Zeitweise waren 1600 Personen beschäftigt. Der Gemeindeammann informierte den Gemeinderat, dass in der Nacht vom 24. auf den 25. Oktober 1874 ein Anwohner von den Bahnaufsehern bedroht und misshandelt worden sei. Er verlangte deshalb eine Ausgangssperre nach elf Uhr nachts. Ausserdem sollte der Nachtwächter den Bauplatz in seine Tour mit einbeziehen. Der Gemeinderat erfuhr allerdings bei seiner Untersuchung, dass einige Seuzacher die Bahnarbeiter «ohne alle jede Ursache schwer beleidigt» und durch «unverantwortlich grobe Beschimpfung und Ausdrücke, welche den Menschen weit unter das Tier stellen, herausgefordert» hatten. Die Verstärkung der Nachtwache lehnte er rundweg ab. Es sei in der Gemeinde höchst selten und in den letzten Jahren überhaupt nie zu Störungen gekommen. Der Gemeindeammann, der die Verharmlosung seiner Klage nicht auf sich sitzen lassen wollte, rekurrierte beim Statthalteramt, das seine Beschwerde jedoch abwies.

Hinter der Klage stand indessen mehr als nur der besagte Streit. Im Dorf Seuzach fühlte man sich bei den Verhandlungen übergangen. «Ein durch die Eisenbahndifferenz entstandener Civilgemeindsverein Seuzach» machte seinem Unmut bei den Bezirkswahlen im November 1874 Luft, indem er anstelle des Seuzacher Kantonsrats Keller einen Rickenbacher vorschlug.[35] Später reichte die Zivilgemeinde Seuzach eine umfangreiche Klage gegen die Nationalbahn ein, die indirekt erhebliche Kritik am Gemeinderat enthielt. Die Situation, dass die Politische Gemeinde das Sagen hatte, die Zivilgemeinden aber bezahlen mussten,

66, 67_Bahnhof Seuzach mit Restaurant «Bahnhof» und mit Dampfzug, Bahnhofvorstand, Kondukteur und weiteren Bahnangestellten, um 1920.

war denkbar schlecht. Die Nationalbahn hatte sehr tief kalkuliert. Sie war für den Bau eines Bahnkilometers, der bei der Nordostbahn 300 000 Franken kostete, von 160 000 Franken ausgegangen. Das ursprünglich berechnete Aktienkapital reichte deshalb nirgends hin. Nachdem bereits Nachzahlungen notwendig geworden waren, wurde im Januar 1875 von der Nationalbahn erneut eine Anleihe beschlossen, von der Seuzach ebenfalls einen Teil in Form von Obligationen übernehmen musste. Zur Kasse gebeten wurde wiederum die Zivilgemeinde Seuzach.[36] Bis zum Schluss beliefen sich ihre Ausgaben für den Bau der Eisenbahn auf 143 885 Franken (siehe Tabelle 22).[37] Das Geld dazu musste sie bei der Zürcher Kantonalbank aufnehmen, die auf der Verpfändung sämtlicher Liegenschaften als Sicherheit bestand.

Tabelle 22: Aufwendungen der Zivilgemeinde Seuzach für den Bau der Eisenbahn, 1874/75

Aufwendungen	Betrag (Fr.)
Aktien, erste Ausgabe	60 000
Aktien, zweite Ausgabe	12 000
Obligationen	55 000
Privatobligationen	4 500
Schulden bei der Stadt Winterthur	12 385
Total	143 885

Quelle: Klauser/Schäppi, Seuzach, S. 122.

Die Nationalbahn musste sich den Vorwurf gefallen lassen, dass ihre Kostenvoranschläge viel zu optimistisch waren. Der Seuzacher Bahnhof beispielsweise gehörte zu den zwölf Stationen dritter Klasse, die im Voranschlag mit 14 371 Franken erschienen, gemäss Offerte aber auf 19 495 Franken zu stehen kamen. Die vom Nationalbahnarchitekten Carl Bär einheitlich gestalteten Bahnhöfe, die unter einem First einen Warteraum, einen Güterschuppen und eine einfache Wohnung für den Stationsvorstand enthielten, waren so geplant, dass sie bei

einer allfälligen Vergrösserung ganz in einen Güterschuppen umgebaut werden konnten. Das Land für die Vergrösserung hatte die Nationalbahn vorsorglich bereits erworben.

Am 15. Juli 1875 war es so weit. Der Seuzacher Bahnhof wurde eingeweiht, und obwohl der Gemeinderat die Übernahme der Kosten für die Feier ablehnte, liess man sich die Festfreude nicht verderben. Einige Einwohner des Dorfs Seuzach übernahmen auch noch diese Auslagen, die im Vergleich zu den Schulden, welche die Zivilgemeinde wegen der Eisenbahn bereits gemacht hatte, nicht mehr ins Gewicht fielen. Der Festzug mit 22 Wagen für die geladenen Gäste rollte von Winterthur her Richtung Stammertal. An jeder Station wurde haltgemacht, um auf das Ereignis anzustossen. Der Seuzacher Wein erhielt dabei besonderes Lob. Dass die Einweihung – angeblich wegen des Wetters – um drei Tage verschoben worden war, störte niemanden mehr. Tatsächlich war die Signalisation noch nicht fertig gewesen. Zudem hatte es einen peinlichen Zwischenfall gegeben. Auf der Fahrt zur Belastungsprobe der Rheinbrücke bei Hemishofen waren fünf der sieben Lokomotiven im Gisenharder Einschnitt entgleist. Immerhin konnte so noch vor der Eröffnung der Strecke das Schotterbett ausgebessert werden. Am 17. Juli wurde der fahrplanmässige Betrieb aufgenommen. Sechs Personenzüge in jeder Richtung passierten fortan Seuzach täglich.

Die Freude über den Bahnanschluss währte jedoch nicht lange. Die Nationalbahn kam wegen der schlechten Planung und des 1873 einsetzenden wirtschaftlichen Abschwungs nie aus den finanziellen Problemen heraus. Die Seuzacher Linie schrieb nur im ersten Jahr schwarze Zahlen. Die finanziellen Löcher waren schon bald so gross, dass die beteiligten Gemeinden sie nicht mehr stopfen wollten. Am 18. Februar 1878 wurde die Nationalbahn zwangsliquidiert. Die Nordostbahn, der Todfeind, ersteigerte die gesamten Anlagen und das Rollmaterial zum Schnäppchenpreis von 4 Millionen Franken. Was blieb, war ein riesiger Schuldenberg und lang andauernde Streitigkeiten, vor allem zwischen Winterthur und den beteiligten Aargauer Städten. Die Zivilgemeinde Seuzach nagte an ihren Verpflichtungen bis Anfang der 1920er Jahre, als sie wegen Unwettern und starken Winden viel Holz im Gemeindewald schlagen konnte. Aufgrund der guten Holzpreise liess sich der Rest der Schul-

68_Linke Seite:
Entgleiste Dampflokomotive eines Güterzugs vor der Einfahrt in die Station Seuzach von Winterthur her, 13. April 1953.

69_Feier anlässlich der Elektrifizierung der Bahnlinie nach Ezwilen, Bahnhof Seuzach, 5. Oktober 1946.

70_Bahnhof mit Stellwerk, 1988.

den in wenigen Jahren abzahlen. Die Stadt Winterthur, die 1883 nur dank dem Eingreifen des Kantons vor dem Konkurs gerettet worden war, erhielt 1954 den letzten Pfandschein zurück.

Die Bahngesellschaften waren im Zug des wirtschaftlichen Abschwungs und des ruinösen Konkurrenzkampfes allerdings allgemein in Schwierigkeiten geraten. Viele weitere, darunter auch die «Herrenbahn», mussten saniert werden. 1898 ebnete das Schweizer Volk mit grossem Mehr den Weg zur Schaffung der Schweizerischen Bundesbahnen (SBB). 1902 wurde die Bahnverbindung Winterthur–Etzwilen von den SBB übernommen.[38]

2.2 WASSERVERSORGUNG MIT QUELLWASSER

Das nächste grössere Projekt, das die Seuzacher nach dem Bau der Eisenbahn in Angriff nahmen, war der Ausbau der Wasserversorgung. Aus topografischen Gründen war Quellwasser in Seuzach eher spärlich vorhanden. Ausserdem war es unterschiedlich verteilt. Während die Unterdörfler zwei Laufbrunnen besassen, die aus dem Gebiet im Mösli und der Baumschuel gespeist wurden, waren die Oberdörfler auf Sodbrunnen angewiesen. Einen Eindruck der Situation vermittelt uns die Korrespondenz des Pfarrers, der 1846 um die Rückerstattung seiner Grabungskosten für einen Sodbrunnen beim Pfarrhaus bat. Bereits in den 1780er Jahren hatten die Seuzacher auf dem Kirchhügel nach Wasser gegraben. Das Vorhaben war jedoch aufgegeben worden, weil man in gut 40 Fuss Tiefe – das sind rund 12 Meter – immer noch im Trockenen stocherte. Als im Jahr 1813, das zu den besonders regenreichen gehörte, im Lindberg eine kleine Quelle zu sprudeln begann, liess die Zivilgemeinde Seuzach zwar eine Teuchelleitung (Rohre aus Föhrenstämmen) bis zur Schmiede an der Kirchgasse ziehen, um dort einen hölzernen Trog zu speisen. Der Brunnen führte jedoch öfter kein Wasser, weil die Quelle versiegt oder das Wasser in den nur wenige Zentimeter unter dem Boden liegenden

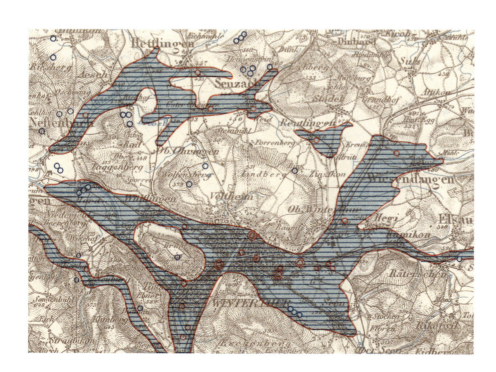

71_Ausschnitt der Karte der Grundwasservorkommen des Kantons Zürich, 1931.

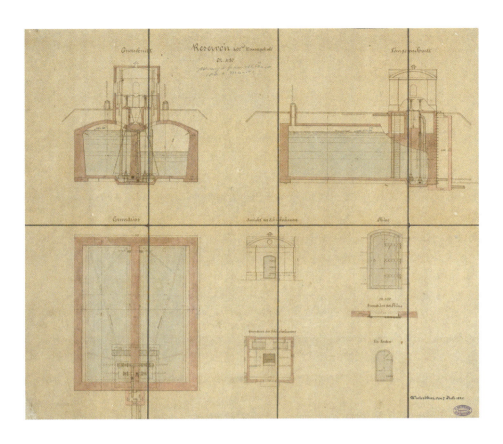

72_Wasserreservoir der Zivilgemeinde Seuzach, Plan von
C. Weinmann, 1895. Das Reservoir, das im Brandholz gebaut
wurde, fasste 400 000 Liter.

73_Wasserversorgung der
Zivilgemeinde Unterohringen,
Plan des ersten Reservoirs und
Sammelbeckens von C. Weinmann, 1896. Die Wasserfassung
und das Reservoir befanden
sich im Gebiet der Hännen rund
½ Kilometer nordöstlich von
Unterohringen. Das Reservoir
fasste 1800 Liter.

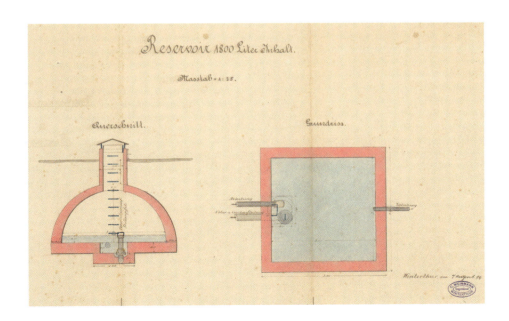

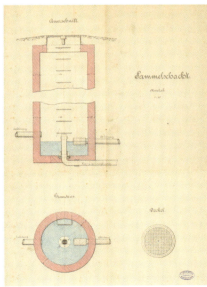

Teucheln gefroren war. Der Pfarrer musste deshalb das kostbare Nass meist rund 300 Meter weit von einem Dorfbrunnen holen lassen, was ihn nicht gerade beliebt machte, weil man ihm die Hilfe nicht abschlagen konnte. Als ihm 1842 der Doktor aus gesundheitlichen Gründen eine Wasserkur verschrieb, entschloss er sich, auf eigene Kosten zu graben. Nach einem erfolglosen Versuch bis in eine Tiefe von 13 Metern stiess er an einem anderen Ort in einer Tiefe von 6 Metern auf Wasser. Die Qualität des Wassers liess jedoch zu wünschen übrig. Als in den 1870er Jahren Reparaturen an der inzwischen installierten gusseisernen Handpumpe und am Sodbrunnen notwendig wurden, hiess es, dass der Brunnen mehr Lehm als Trinkwasser liefere. Das Wasser könne höchstens zum Giessen des Gartens gebraucht werden.[39]

1884 zählte das Dorf Seuzach vier Brunnen, zwei im Ober- und zwei im Unterdorf, mit einer Leistung von rund 30 Litern pro Minute.[40]

Als erste Zivilgemeinde liess 1892 Oberohringen eine Wasserversorgung bauen, die das Wasser bis zu den Häusern führte. Sie nahm dazu ein Darlehen von 17 000 Franken auf. Zur Abzahlung erhob sie eine Vermögenssteuer, die jährlich 870 Franken eintrug. Mit dem Wasserverkauf erzielte sie 365 Franken.

Ende Mai 1892 stand die Frage nach einer besseren Wasserversorgung auch auf der Traktandenliste der Zivilgemeinde Seuzach. Diese drückten jedoch immer noch die Schulden des Eisenbahndebakels. Auf Antrag der Vorsteherschaft wurde das Anliegen deshalb aufgeschoben. Der Präsident wollte ein paar Jahre warten, bis die Schulden auf ein vernünftiges Mass reduziert waren. Aufgrund der ausserordentlichen Trockenheit setzten sich jedoch schon im folgenden Jahr die Befürworter des Vorhabens durch. Die Kommission nahm Sondierungsarbeiten auf. Kantonsrat Keller wies vergeblich darauf hin, dass bei einem erneuten Anstieg der Schulden das «Steuerkapital aus der Gemeinde fliehen müsse». Auch sein Vorschlag, mit dem Planungskredit von 1000 Franken drei Laufbrunnen zu bauen, erhielt keine Mehrheit. Der Präsident, der sich nun energisch für die Idee einsetzte, erklärte, «man habe nicht im Sinne, die Gemeinde zu

74_Zweites Reservoir der Zivilgemeinde Unterohringen beim alten Steinbruch im Buchrain, Plan von A. Guyer, 1922. Das Reservoir fasste 200 000 Liter. Es wurde durch Quell- und Grundwasser gespeist.

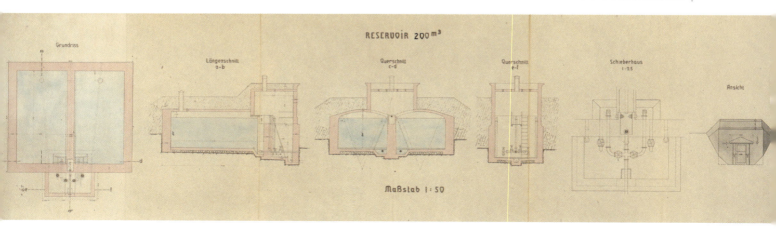

ruinieren». Im gleichen Jahr wurde bei der Zürcher Kantonalbank ein Kredit von 10 000 Franken aufgenommen. Zu Diskussionen Anlass gaben in der Folge vor allem die Sondierungsorte. Die Grabung im Rolli wurde eingestellt und die gefundenen Wasservorkommen (33 Liter pro Minute) vorerst den Bewohnern im Forrenberg überlassen. Ausser auf dem Lindberg und im Oberholz hoffte man vor allem im Brandholz genügend Wasser zu finden. Mit der Planung beauftragte man den Winterthurer Ingenieur C. Weinmann.

Am 13. Januar 1895 wurde das von C. Weinmann vorgelegte Projekt genehmigt. Der Kostenvoranschlag für die Verbindung der Quellfassungen im Rolli und im Brandholz, das Leitungsnetz mit 21 Hydranten sowie das Reservoir belief sich auf 54 000 Franken. Dazu kamen Kosten für den Landkauf und Landentschädigungen. Kaum ein halbes Jahr dauerte die Bauzeit, sodass die Wasserversorgung bereits im Sommer eingeweiht werden konnte. Da es noch keine Wasserzähler gab, wurden die Wasserzinsen nach der Anzahl Wasserhahnen und der Betriebsart berechnet (Tabelle 23).

75_Zwei Vorschläge für die Verbindung der Wasserversorgungen von Seuzach mit derjenigen von Unterohringen, von A. Guyer, 1929. Auf der Karte sind blau die bestehenden Hauptleitungen mit den beiden Pumpwerken in der Brunnenwis und in der Oberwis eingezeichnet. Die beiden horizontalen roten Linien sind Guyers Vorschläge für die Verbindung der beiden Wasserversorgungen.

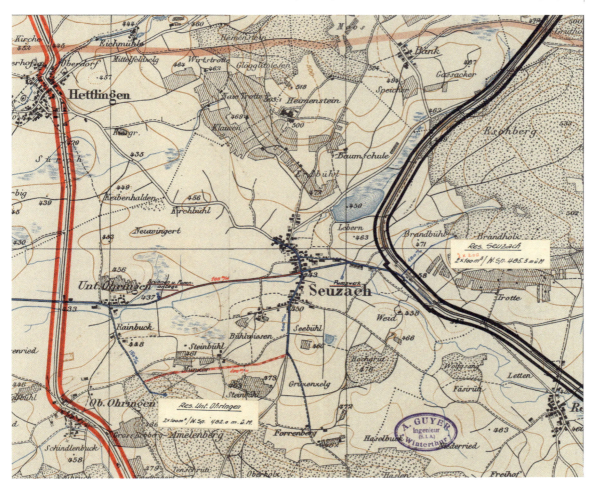

Tabelle 23: Gebühren der Wasserversorgung, 1895

Jährliche Gebühren	Zivilgemeinde Seuzach (Fr.)
Erster Haupthahn	12
Jeder weitere Hahn	4
Aufschlag für Bäckerei	8
Aufschlag für Metzgerei	8
Grossvieh, pro Stück	1
Kleinvieh, pro Stück	50

Quelle: GAS, PG, IV B, 3d, S. 228–234.

Seit dem Frühling 1896 planten auch die Unterohringer eine Wasserversorgung. Mit der Planung wurde ebenfalls C. Weinmann beauftragt. Zehn Bauern beantragten einen Privatbrunnen. Der bestehende Gemeindebrunnen im Dorf sollte gleichzeitig erneuert werden. Das Wasser wurde in der «Hennenwiese» gefasst. Es handelte sich wahrscheinlich um das Gebiet, das heute Hännen heisst. Bereits die Brunnenstube für den alten Dorfbrunnen hatte sich in diesem Gebiet nordöstlich von Unterohringen befunden. Der heute noch gebräuchliche Flurname Brunnenwis geht darauf zurück.[41] Das Reservoir umfasste 1800 Liter (Abbildung S. 257). Es lag ebenfalls in diesem Gebiet, wie aus einem später gezeichneten Plan hervorgeht.[42] Das Gefälle der Leitung betrug deshalb nur wenige Meter. Sicherheitshalber legten die Verantwortlichen die Pläne auch der Konkurrenz von Weinmann vor und schrieben darauf den Auftrag öffentlich aus. Als die Wasserbaukommission am 6. Juli 1896 zur Auftragsvergabe zusammenkam, musste sie jedoch feststellen, dass keine Offerten eingegangen waren. Im Protokoll heisst es dazu: «Da bis heute Abend die Konkurrenzeingaben eintreffen sollten, aber sozusagen gar keine erschien (eine betreffend Grabarbeiten traf ein von Emil Hüsser Winterthur), so war die ganze Comission ziemlich verdutzt und empört.»[43] Empört war die Kommission vor allem über Weinmann, der sich nicht mehr um den Auftrag beworben hatte. «Wir glaubten nämlich, dass unsere Wasserversorgung eine Eingabe wert» sei, hielt der Protokollführer weiter fest. Nachdem sich die Empörung etwas gelegt hatte, beschloss die Kommission, mit Weinmann das Gespräch zu suchen, damit er sofort mit dem Bau beginnen könne. Schon einen Tag später, am 7. Juli, konnte der Protokollführer vermerken, dass der Ingenieur zugesagt hatte. Zur Finanzierung wurden bei der Zürcher Kantonalbank 4000 Franken aufgenommen. Bereits am 5. August waren die Arbeiten zur Zufriedenheit der Kommission ausgeführt. Abbezahlt wurden die Kosten durch unterschiedliche Anschlussgebühren, in der Regel 100 Franken. Drei Bauern waren davon ausgenommen. Dazu kamen jährliche Amortisationsbeiträge von 5 Franken pro Hausbesitzer, die so lange erhoben wurden, bis die Schuld abbezahlt war. Danach wurden keine Wasserzinsen mehr erhoben.[44] Die Unterohringer Wasserversorgung gehörte zu den bescheideneren Anlagen. Sie war so klein, dass sie in einer Untersuchung des Kantons über die Wasserversorgungsanlagen nicht einmal erwähnt wurde.[45] Während 1908 im Dorf Seuzach und in Oberohringen sämtliche Häuser über fliessendes Wasser verfügten, mussten die Unterohringer ihr Wasser vor dem Haus beim Privatbrunnen oder im Dorf beim Gemeindebrunnen holen.

Die Unterohringer mögen bei ihrem Projekt von der Konkurrenz im Dorf Seuzach angestachelt worden sein. Die Gründe für den Bau der Wasserversorgung waren jedoch immer dieselben: Wassermangel! Und dieser hatte sich noch verschärft, da durch die Eisenbahn günstiges Getreide in die Schweiz gekommen war und viele Bauern die Viehhaltung intensiviert hatten.

Tabelle 24: Wasserversorgung, 1908

Zivilgemeinde	Seuzach	Oberohringen	Unterohringen
Baujahr	1 895	1 892	1896
Gesamtlänge der Rohre (m)	4 800	1 466	?
ø der Rohrleitungen (mm)	180	90–120	?
Zahl der Hydranten (n)	*1 18	8	0
Wasserleistung der Quelle(n) (l/Min.)	80	20	?
Erster Hahn, jährlich (Fr.)	10	8	–
Jeder weitere Hahn, jährlich (Fr.)	2	6	–
Laufbrunnen (Fr.)	–	–	*2 5
Grossvieh, pro Stück (Fr.)	1	1	0
Kleinvieh, pro Stück (Fr.)	–.50	–.50	0
Wasserbetriebene Motoren (Fr./1000 l)	–.06	–	–
Baukosten (Fr.)	72 253	22 600	*3 4 000
Verbesserungen/Erweiterungen (Fr.)	1 200	0	0
Betriebseinnahmen, 1908 (Fr.)	2 787	580	–
Betriebsausgaben, 1908 (Fr.)	1 409	40	–

*1 Anfänglich 21. *2 Bis abbezahlt. *3 Voranschlag.

Quelle: SMZ, Heft 102; GAS, PG, IV B, 3a.

2.3 WAS BELIEBT? – DAS TELEFON

In der Regel waren die Bahnhöfe mit einem Telegrafen ausgerüstet, sodass man wahrscheinlich auch in Seuzach seit 1875 in dringenden Fällen Nachrichten empfangen und versenden konnte. Im Juni 1897 beschloss die Zivilgemeinde Seuzach, eine «Gemeindetelephonstation» einzurichten. Anfänglich war diese nur zu bestimmten Zeiten besetzt. Erst 1908 wurde auf der «Umschaltstation» der «volle Tagesdienst» eingeführt.[46] Dies war mit Anna Frei abgesprochen, die in ihrer Wohnung im Ausserdorf die Kunden miteinander verband. Diese Telefonzentrale umfasste 20 Steckanschlüsse.

Das erste Abonnentenverzeichnis führte noch keine Nummern auf. Es enthielt nur die Namen der Besitzer von Apparaten. Wollte man mit jemandem verbunden werden, meldete man sich über sein Telefon bei der Zentralstation, die nur zu bestimmten Zeiten besetzt war, an. Die Zeiten konnte man ebenfalls dem Telefonbuch entnehmen. Wenn ein Abonnent aus dem Dorf Seuzach beispielsweise mit Friedrich Beck in Unterohringen sprechen wollte, drehte er an der Kurbel seines Telefons. Dadurch fiel die entsprechende Nummernklappe in der Zentrale bei Anna Frei herunter, die sich mit den Worten: «Was beliebt?», meldete. Der Anrufer teilte ihr den Namen des Abonnenten in Unterohringen mit. Mittels «Aufläuten» versuchte Anna Frei nun Friedrich Beck mitzuteilen, dass ein Gespräch angemeldet sei. Meldete sich der Teilnehmer, so «stöpselte» sie eine Kabelverbindung zwischen den beiden Anschlüssen. Einiges aufwendiger waren Verbindungen, die über mehrere Zentralstationen führten, da mehrfach «gestöpselt» werden musste. Von Seuzach nach Hinwil beispielsweise waren am Anfang über Winterthur, Zürich, Uster und Wetzikon sechs Telefonistinnen involviert. Ferngespräche durften höchstens drei Minuten dauern, während Verbindungen, die Anna Frei direkt herstellte, zeitlich unbeschränkt waren.[47] Telefonanschlüsse waren in den Anfängen recht teuer, sodass viele Apparate öffentlich geteilt wurden.

Die Unterohringer lehnten die Einführung eines öffentlichen Gemeindetelefons 1914 noch mit 7 zu 6 Stimmen ab. Bereits zwei Jahre später übernahmen sie aber den Anschluss von Friedrich Beck, der sich bereit erklärte, gegen eine Gebühr den Unterohringern sein Lokal zum Telefonieren zur Verfügung zu stellen. Für Beck bedeutete das allerdings, dass er bei einem Anruf die entsprechende Person im Dorf suchen musste. Als Abonnent liess die Vorsteherschaft die Zivilgemeinde Unterohringen im Telefonbuch eintragen.[48]

Gemäss Telefongesetz war die Entgegennahme von Anrufen in öffentlichen Stationen eigentlich verboten, denn bis Beck die entsprechende Person gefunden hatte, war die Linie besetzt. Da der Anschluss aber einem grossen Bedürfnis entsprach, drückte die Telegrafendirektion beide Augen zu. Wahrscheinlich richtete Beck oft auch nur aus, was ihm die Anruferin oder der Anrufer aufgetragen hatte.[49]

Am 1. Juli 1920 wurde die «Umschaltstation» im Dorf Seuzach zur selbständigen Telefonstation.[50] Die Anlage, die von Anna Leberer-Frei noch bis ins hohe Alter bedient wurde, war für rund 100 Anschlüsse ausgelegt. Telefonistin war ein typischer Frauenberuf. Adolf Greutert schreibt in seinen Erinnerungen: «Tante Emilie Frei und Mutter Anna Leberer-

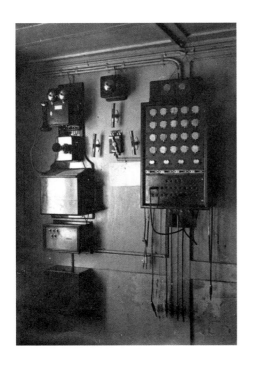

76_Erste Telefonzentrale Post Seuzach, um 1908 bis um 1920, mit 20 Anschlüssen.

77_Anna Leberer führte die Telefonzentrale in ihrer Wohnstube bis zur Automatisierung im Jahr 1940.

Frei kannten sich mit der Bedienung aus. Nicht selten wurde Emilie zwei- bis dreimal durch die Nachtglocke zum Dienst geweckt, welcher rund um die Uhr versehen werden musste. [...] Auch Schüler wurden öfters zur Entlastung der älter werdenden Angehörigen herangezogen, da Mutter Anna ja auch noch den Haushalt besorgen musste. Besser wurde es dann, als am 8. Mai 1940 das Telefon automatisiert wurde.»[51]

2.4 ALLMÄCHTIGE ZAUBERIN DER ZEIT – DIE STROMVERSORGUNG

Bis in Seuzach der Schalter gekippt wurde und das Licht anging, dauerte es seine Zeit. Elektrische Versorgungsnetze galten am Anfang als Luxus. Bezeichnenderweise wurde die erste Anlage der Schweiz 1879 in St. Moritz fern jeglicher Industrie für touristische Zwecke gebaut. Der Durchbruch der «allmächtigen Zauberin der Zeit», wie die «Neue Zürcher Zeitung» die «weisse Kohle» nannte, gelang erst, als sich Strom über längere Distanzen wirtschaftlich rentabel übertragen liess. Die Städte spielten dabei eine wichtige Rolle, weil sie bereit waren, in die neue Energie zu investieren. 1892 nahm die Stadt Zürich ein «Lichtwerk» für die Beleuchtung der Strassen in Betrieb. Die Banken sprangen erst auf den Zug auf, als im Kraftwerkbau Euphorie herrschte.

Die Mehrheit der Leute auf dem Land sass jedoch weiterhin im Dunkeln. Die Versorgung der ländlichen Gebiete mit elektrischem Strom wurde erst von 1904 an zu einem wichtigen politischen Thema. Das Jahr war auch der Beginn der staatlichen Interventionen im Strommarkt.[52] Im März 1908 stimmten die Zürcher der Gründung des Elektrizitätswerks des Kantons Zürich (EKZ) zu. Die Seuzacher nahmen die Vorlage mit 150 Ja- gegen 32 Neinstim-

78_Emma Leberer, die Tochter der Seuzacher Telefonistin, arbeitet in der Telefonzentrale in Winterthur (stehend links), um 1930.

men an. Dem eidgenössischen Gesetz über die Nutzbarmachung der Wasserkraft stimmten sie sieben Monate später noch deutlicher zu.[53] Bereits 1909 beschlossen alle drei Zivilgemeinden die Einführung der Stromversorgung und die Errichtung einer Strassenbeleuchtung. Unbestritten war auch die Installation des Lichts im Schulhaus.[54] Das EKZ setzte zum Abrechnen bereits Zähler ein. 1 Kilowattstunde sogenannter Lichtstrom kostete 45 Rappen (heute liegen die Preise bei 10–20 Rappen). Damals musste man dafür rund eine Stunde arbeiten. Bei weniger als vier Lampen konnte man noch nach der alten Methode abrechnen. Für eine «Kerze», wie man damals die «Birne» nannte, zahlte ein Abonnent 15 Franken im Jahr. Zum Unterhalt der Strassenbeleuchtung wurde ein Abwart bestimmt. Die Unterohringer etwa liessen die Strassenlaternen von November bis Ende Februar am Abend jeweils vom Eindunkeln bis halb 10 Uhr und am Morgen von halb 6 Uhr, bis der Tag anbrach, brennen. In mondhellen Nächten blieben die Strassenlaternen auf Antrag eines Stimmbürgers ausgeschaltet.[55]

79_Posthalter und Briefträger Otto Frei, um 1930. Sein Vater führte die Poststelle von der Eröffnung am 1. Februar 1892 bis 1917. Seine Schwester arbeitete im Innendienst.

80_Post Seuzach an der Stationsstrasse 22.

2.5 GRUNDWASSER – AUSBAU DER WASSERVERSORGUNG

Die Einführung der Elektrizität eröffnete auch neue Möglichkeiten in der Wasserversorgung. Der trockene Sommer 1911 trug dazu bei, dass sich die Zivilgemeinde Seuzach umgehend dazu entschloss, eine elektrische Pumpe anzuschaffen, um den Mangel an Quellwasser mit Grundwasser zu überbrücken. Zwei Jahre später wurde eine «Hochdruck-Zentrifugal-Pumpe» von Sulzer installiert, die anfänglich während zweier Monate im Sommer lief.

    1922 bauten auch die Unterohringer eine leistungsfähigere Anlage. Den Ausschlag für den Ausbau der Unterohringer Wasserversorgung hatte eine Motion der Bewohner im Rainbuck vom Jahr 1917 gegeben. Ernst Kappeler und Gottlieb Weidmann verlangten, dass ihnen wie den übrigen Hausbesitzern auch ein Laufbrunnen zustehe. Da der Wasserdruck nicht ausreichte, wurde das Wasser in einem Kanal nur bis zu ihren Grundstücken geleitet. Von dort mussten sie es mit Pumpen zum Haus befördern. Sie bezahlten aber gleich viel wie die Besitzer eines Laufbrunnens. Sollten die Unterohringer nicht auf ihren Wunsch eingehen, zitiert der Protokollverfasser die beiden, so würden sie das Wasser in Zukunft von ihrem Nachbarn Ernst Stutz beziehen, der über eine Privatquelle auf 480 Meter Höhe im Buchenrain im alten Steinbruch verfügte. Da auch das Feuerlöschwesen nicht mehr auf dem Stand der Zeit war – das Löschwasser musste aus dem mit morschen Schwellen gestauten Bach gepumpt werden, eine brauchbare Spritze fehlte jedoch –, bewilligten die Unterohringer im Sommer 1917 einen unbegrenzten (!) Kredit für die technischen Abklärungen.[56] Als Erstes wurde im Buchenrain gegraben. Stutz stellte der Gemeinde in Aussicht, seine Quelle zu verkaufen, falls sie genügend Wasser liefere. Sicherheitshalber wurde auch im Krummenacker sondiert. Die gefundenen Wassermengen reichten jedoch nicht für eine moderne Wasserversorgung mit Hydrantenanlage. Die Gemeinde suchte deshalb in der «so genannten Schneckenweid oder Kleinhölzli» (wahrscheinlich war die Schnaggenweid gemeint) nach Wasser. Die Sondierungen blieben jedoch ergebnislos.

    Im April 1921 taucht in den Akten erstmals der Vorschlag auf, das Wasser aus dem Krummenacker in den Buchenrain hinaufzupumpen, um es zusammen mit dem Quellwasser aus dem alten Steinbruch in einem Reservoir zu sammeln. Damit war der Knoten gelöst. Auf Anraten des zugezogenen Ingenieurs wurde das Grundwasserpumpwerk vom zu sumpfigen Krummenacker in die «mittlere Hennen» (heute Brunnenwis) verlegt. Die alte Wasserversorgung liess man bestehen, um Einsprachen gar nicht aufkommen zu lassen. Ausserdem traute man – zu Recht, wie sich später herausstellen sollte – der elektrischen Pumpe nicht. Das Wasser in den alten Laufbrunnen floss notfalls auch ohne Pumpe. Allerdings schlossen sich deshalb nicht alle Unterohringer der neuen Wasserversorgung an. Damit die Wasserzinsen trotzdem bezahlbar blieben, deckte die Zivilgemeinde den Fehlbetrag mit Steuergeldern. Dagegen gab es keine Opposition.

    Die Freude über die neue, leistungsfähige Wasserversorgung war gross. Die fünf neuen Aussiedlerhöfe im Hettlinger Riedtli wurden ebenfalls angeschlossen. Die Höfe waren auf Initiative der Schweizerischen Vereinigung für Innenkolonisation und industrielle Landwirtschaft (SVIL) gebaut worden. Die Vereinigung war aufgrund der Lebensmittelknappheit im Ersten Weltkrieg 1918 entstanden. Sie wollte die landwirtschaftlichen Kleinbetriebe modernisieren, um die Abwanderung zu stoppen. Die fünf Höfe im damals trockengelegten

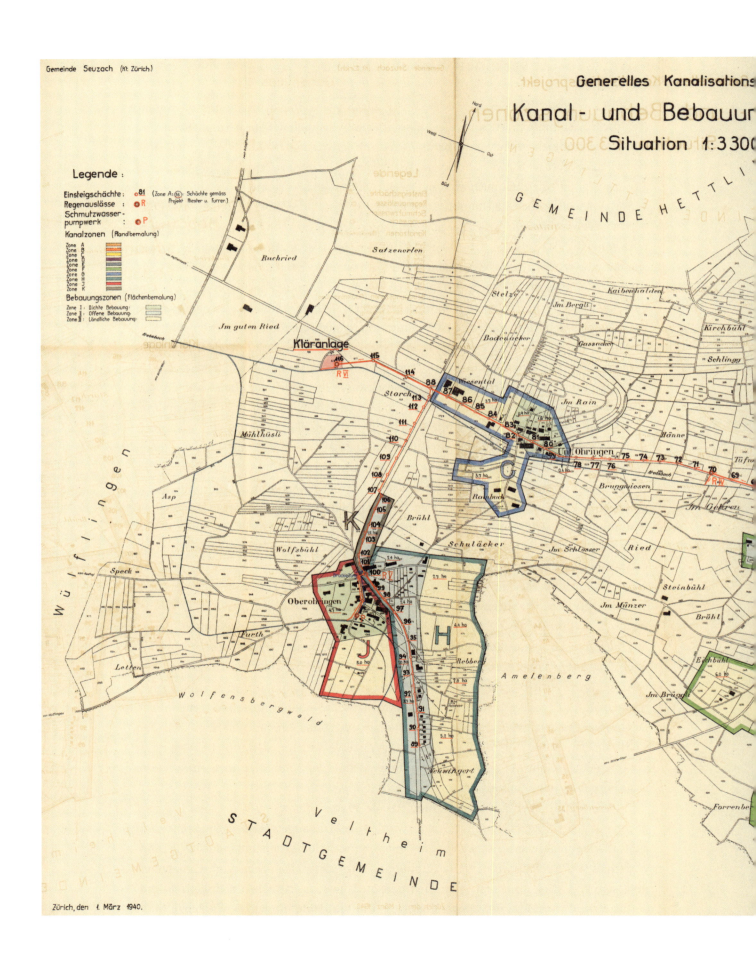

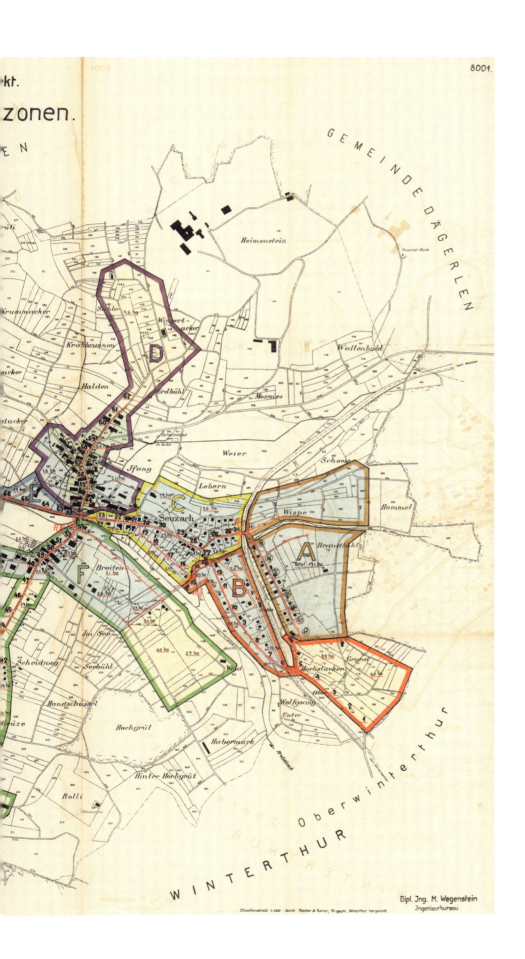

81_Kanalisationsprojekt, 1. März 1940. Das Projekt kam vorerst nicht zur Ausführung. Um die Leistung der Kanalisation zu berechnen, musste der Ingenieur die Dichte der geplanten Bebauung von Seuzach kennen. Die Planung der Kanalisation nahm deshalb die Überarbeitung der Zonenplanung vorweg. Als Berechnungsgrundlage wurden damals drei Zonen unterschieden: dichte, offene und ländliche Bebauung. Die Kolorierung der Ränder bezog sich auf die Kanalzonen. Überbauungsdichte: dichte Bebauung (grün), offene Bebauung (blau), ländliche Bebauung (gelb).

Ruchried waren ein Pilotprojekt der SVIL. Der Anschluss an eine moderne Wasserversorgung war der Vereinigung deshalb sehr wichtig, um zu zeigen, wie man sich die Zukunft der Landwirtschaft vorstellte. Der erste Geschäftsführer der SVIL, Hans Bernhard, verhandelte persönlich mit den Unterohringern.

Die Unterohringer waren mächtig stolz auf ihr Reservoir auf dem Amelenberg beim alten Steinbruch, das mit einem Fassungsvermögen von 200 000 Litern die alte Anlage um mehr als das 100-Fache übertraf. In der Freude über das gelungene Werk zogen sie sogar die Belieferung der Oberohringer mit Wasser in Betracht. Später, als die Zivilgemeinden mit der Politischen Gemeinde vereinigt wurden, mussten sie sich allerdings für die teure Anlage und den Anschlussvertrag mit den Höfen im Ruchried ziemlich viel Kritik gefallen lassen.[57]

Den Oberohringern waren die Aktivitäten im Nachbarweiler nicht entgangen. Kurz nachdem dort der Entscheid für eine elektrische Pumpe gefallen war, stellten auch einige Oberohringer den Antrag, ein Pumpwerk zu installieren, was einhellig gutgeheissen wurde. Man wollte jedoch zuerst abklären, ob es nicht doch genügend Quellwasser gab. Die Vorsteherschaft beauftragte darauf zwei Experten, den Wassertechniker Fischer aus Wallisellen und den Rutengänger Wyser aus Schaffhausen, nach Wasser zu suchen. Der Wassertechniker empfahl, das Grundwasser westlich der Schaffhauserstrasse anzuzapfen. Der Rutengänger schlug vor, östlich in der Kiesgrube zu graben. Seine Rute schlug aber auch oberhalb des bestehenden Reservoirs «im so genannten Steinbruch» aus. Wyser prognostizierte, dass die Quelle etwa 20 Liter Wasser pro Minute führen werde. Die Wasserkommission liess darauf einen beachtlichen Schacht ausheben. Trotz diverser Schwierigkeiten beim Graben stand die Einstellung der Arbeiten nie zur Diskussion. Schliesslich liess sich in über 9 Meter Tiefe eine Quelle fassen, deren Ertrag noch um 5 Liter grösser war, als von Wyser vorausgesagt. Von einer Grundwasserpumpe wurde darauf abgesehen. Die Oberohringer waren überzeugt, dass sie nun «für alle Zeiten mit genügend Wasser versehen waren». Endlich wurde deshalb auch das Schulhaus an die Wasserversorgung angeschlossen. Nach nur fünf Monaten war das Projekt im Dezember 1921 abgeschlossen. Die Kosten beliefen sich auf rund 18 000 Franken.

2.6 NEUE PROBLEME – DIE KLÄRANLAGE

Mit der Nutzung des Grundwassers stellte sich in Seuzach schon bald ein neues Problem: die Belastung des Trinkwassers durch Abwässer. Die Fäkalien wurden in Seuzach entweder in Sicker- und Jauchegruben gefasst oder direkt dem Chrebsbach zugeführt. Beide Entsorgungsarten belasteten das Grundwasser. Das Problem wurde recht früh erkannt. 1931, nur fünf Jahre nachdem die Stadt Zürich das Kübelsystem durch eine Schwemmkanalisation ersetzt hatte, wurde in Seuzach erstmals der Bau einer Kanalisation ins Auge gefasst.[58] Die Planung dazu versandete, doch 1936 wurden die Ideen wiederaufgenommen. Die zentrale Kläranlage wollte man etwa 200 Meter unterhalb des Dorfs Seuzach im Riet bauen. Das gereinigte Wasser wäre dort dem Chrebsbach zugeführt worden. Salzversuche ergaben jedoch, dass dadurch sowohl die Grundwasserfassung im Dorf Seuzach als auch diejenige in Unterohringen betroffen worden wäre. Das geklärte Wasser sollte deshalb erst vor der Grenze zur Gemeinde

Hettlingen in den Chrebsbach geleitet werden. Der Gemeinderat beschloss darauf, auch Ober- und Unterohringen einzubeziehen.

1940 lag das überarbeitete Projekt vor. Da der Chrebsbach wegen der geringen Wassermengen nur wenig belastbar war, musste das ihm zugeführte Abwasser besonders gut geklärt werden. Eine mechanische Kläranlage reichte nicht aus. Der Ingenieur M. Wegenstein schlug deshalb vor, das Wasser zusätzlich biologisch zu reinigen. Es handelte sich dabei um eine der ersten derartigen Kläranlagen im Kanton Zürich. Mit dem Bau wurde allerdings erst 1951 begonnen. Einige Seuzacherinnen und Seuzacher erinnern sich noch heute an den Taucher mit dem schweren Eisenhelm und dem Luftschlauch, der zum Einsatz kam, weil die Anlage ins Grundwasser hineingebaut wurde. 1957 war die Kanalisation fertiggestellt.[59]

82_Plan der Kläranlage Seuzach, 1940. Das Wasser floss zuerst durch den Rechen und den Sandfang, wo die grossen und kleinen Teile entfernt wurden. Im Absitzbecken musste es dann rund anderthalb Stunden ruhen, damit sich der restliche Schlamm setzen konnte. Die biologische Reinigung geschah im Faulraum und einem künstlich belüfteten Abtropfkörper. Der Faulraum wurde mit dem aus dem Schlamm gewonnenen Methangas geheizt. Im Nachklärbecken wurde dann der biologische Schlamm vom Wasser getrennt. Die Anlage war für 2000 Personen berechnet. Sie konnte aber um das Doppelte vergrössert werden (gestrichelte Linien). Gebaut wurde sie erst 1951–1957.

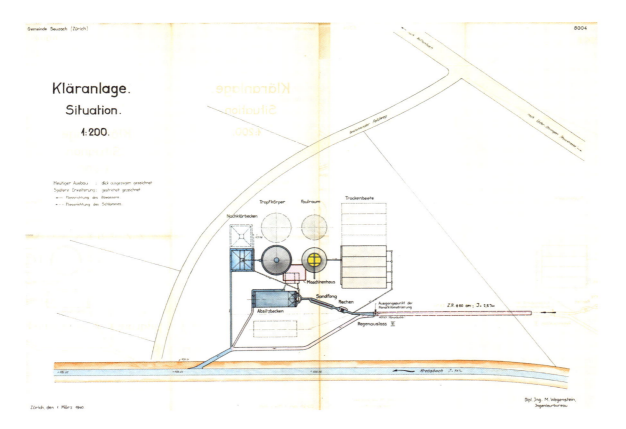

83_Plan des überarbeiteten Kanalisationsprojekts, 15. Januar 1951. Nachdem sich die Zonenplanung von 1948 nicht in Kraft setzen liess, konzentrierte sich der Gemeinderat auf die Lösung der dringendsten Probleme, die Entsorgung der Abwässer, die das Grundwasser belasteten. Dieser Plan lag 1962 auch der Verschärfung des Baugesetzes zugrunde, die das Bauen ausserhalb des von der Kanalisation erschlossenen Gebietes praktisch verunmöglichte. Zonen: Grünzone (grün), lockere Bebauung (rosa), dichtere Bebauung (gelb).

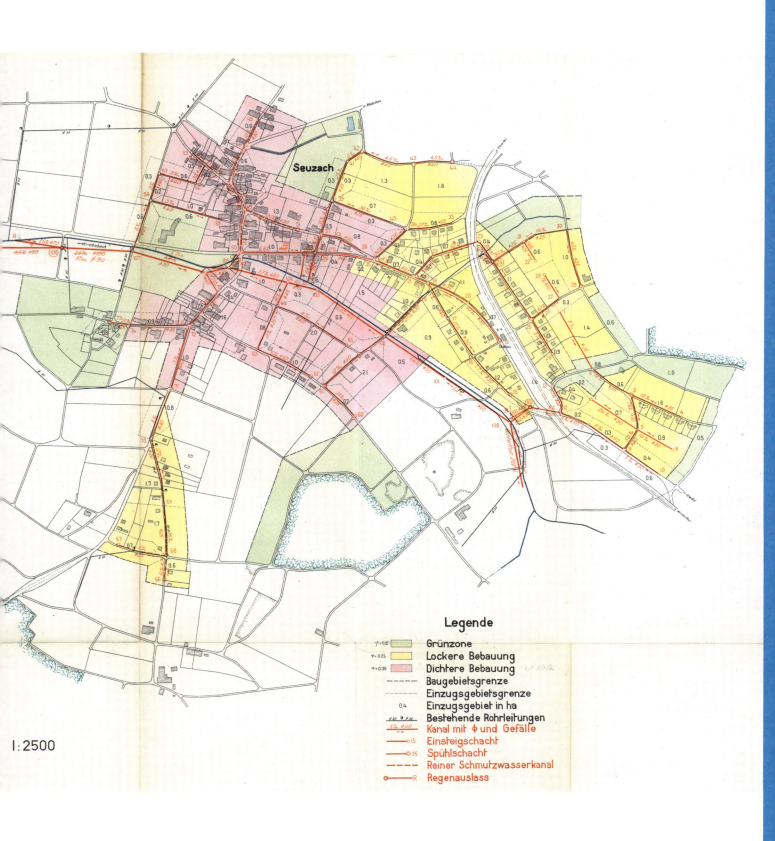

Seuzach

Legende

Grünzone	
Lockere Bebauung	
Dichtere Bebauung	
Baugebietsgrenze	
Einzugsgebietsgrenze	
Einzugsgebiet in ha	
Bestehende Rohrleitungen	
Kanal mit ⌀ und Gefälle	
Einsteigschacht	
Spühlschacht	
Reiner Schmutzwasserkanal	
Regenauslass	

1:2500

2.7 IN DER KONSUMGESELLSCHAFT ANGEKOMMEN – DIE KEHRICHTENTSORGUNG

Die Verzögerungen beim Bau der Kläranlage hatten indessen ihre guten Seiten. Die Seuzacher konnten bei der Berechnung des Fassungsvermögens die jüngste Entwicklung berücksichtigen. Nach dem Zweiten Weltkrieg veränderte sich der Alltag noch einmal grundlegend. Die Schweiz erlebte ein nie gesehenes wirtschaftliches Wachstum. Es wurden nun nicht nur immer mehr Waren produziert, um die Bedürfnisse der Konsumentinnen und Konsumenten zu befriedigen, sondern es wurden auch ständig neue Bedürfnisse kreiert, um mehr Produkte zu verkaufen. Mit dem Rückgang der Transportkosten erreichte der Wohlstand zudem jeden Winkel. Seuzach war in der Konsumgesellschaft angekommen. Die Grundversorgung war gesichert. Die Ausgaben für Ernährung, Kleidung und Wohnung, die bis dahin das Budget stark belastet hatten, wurden immer unbedeutender. Geräte, die vor dem Krieg noch als Luxus gegolten hatten, zum Beispiel Staubsauger, konnten sich nun die meisten Seuzacher leisten. Die Verkaufszahlen der Kühlschränke, Nähmaschinen, sogar der Fernsehkonzessionen stiegen fast exponenziell an. Da die Rohstoffe immer billiger wurden, verschwanden die Lumpensammler und Alteisenhändler, dafür nahmen die wegwerfbaren Verpackungsmaterialien zu. Im Gleichschritt mit dem Wohlstand wuchsen die Abfallberge. Die Konsumgesellschaft war auch eine Wegwerfgesellschaft.

Abfälle in kleineren Mengen waren in Seuzach seit dem Ende des 19. Jahrhunderts angefallen. Die Leute deponierten sie individuell überall dort, wo es ihnen gerade passte. Auch die Verwendung des Begriffs «Abfall» für nicht mehr benötigte Gegenstände war relativ neu. Noch im 18. Jahrhundert hatte man unter diesem Begriff den Abfall vom Glauben verstanden. Das Wort «Kehricht», das anfänglich nur die zusammengekehrte Asche der Wohnungsöfen bezeichnete, wurde in der Schweiz zur geläufigen Bezeichnung des Mülls.

Seit dem Beginn des 20. Jahrhunderts wies die Gesundheitsbehörde die Seuzacher an, ihren Abfall in den nicht mehr benutzten Kiesgruben zu deponieren. In Ohringen lag die-

84_Kehrichtabfuhr im Weidhölzli; Ernst Walter (links), Gustav Erb (rechts).

se im Rosschopf, in Seuzach in der Weid. Es kam jedoch immer wieder wegen unordentlich deponiertem Abfall zu Reklamationen. Im Februar 1951 diskutierte die Gesundheitsbehörde deshalb erstmals darüber, einen Fuhrmann mit dem Einsammeln des Kehrichts zu beauftragen.[60] Klar war für die Behörde, dass die Benutzung der Kehrichtabfuhr freiwillig sein sollte. Es meldeten sich jedoch nur 17 Personen an. Die jährliche Gebühr von 16 Franken bei einer Abfuhr alle zwei Wochen war zu teuer. Die meisten fuhren mit ihrem Müll lieber weiterhin selbst durch die Gemeinde: «Es sind keine Zustände, dass an allen Orten der Kehricht hingeworfen wird und selbst in der Kiesgrube auf die Strasse geleert», konstatierte die Gesundheitsbehörde im Mai 1954.[61] Einhellig war man nun der Meinung, dass nur ein Obligatorium das Problem lösen konnte. Ein knappes Jahr später stimmte die Gemeindeversammlung dem ersten Abfallreglement von Seuzach zu. Für eine Gebühr von jährlich 6 Franken pro Haushaltung wurde jeden Freitag der Müll eingesammelt. Die Gefässe mussten so beschaffen sein, dass sie von einem Mann emporgehoben werden konnten. Bei Neuanschaffungen empfahl die Behörde «Ochsner-Eimer». Das 1902 patentierte Abfallsystem war bereits ein fester Begriff. In den 1920er Jahren hatten die Kübel ihre typische, runde Form bekommen.

Mit der Einführung der obligatorischen Kehrichtabfuhr im Jahr 1955 nahm zwar der wild deponierte Abfall ab, die Gruben blieben aber noch eine Zeit lang in Betrieb, zum Teil auch über den Anschluss der Gemeinde Seuzach an die 1965 erbaute Winterthurer Kehrichtverbrennungsanlage hinaus. Im Juni 1979, als die Baukommission für die Planung eine Bestandsaufnahme machte, zählte Seuzach noch drei Deponien, eine im Brüel zwischen Ober- und Unterohringen für Landwirtschafts- und Gartenabfälle, eine im Steinbüel für Bauschutt und eine am Forrenberg für Abfälle des Tiefbauamts. Die Gruben in der Weid und im Rosschopf existierten nicht mehr. Die Deponie in der Weid kam jedoch noch teuer zu stehen. Als 1995 in diesem Gebiet Wohnungen gebaut wurden, musste die Grube zuerst saniert werden. Der Abtransport der mit Schwermetallen belasteten Erde kostete über 1,5 Millionen Franken. Allerdings war die Existenz der Deponie keine Überraschung, denn in Seuzach war die einstige Grube noch in Erinnerung.[62]

Brandruine, Haus «Bianchi, Gassmann, Weidmann, Gachnang», abgebrannt am 9. Februar 1932.

Die Einführung der Kehrichtabfuhr und der Umgang mit dem Abfall waren symptomatisch für den Beginn der Konsumgesellschaft. Es gab jedoch kaum einen gesellschaftlichen Bereich, der nicht von diesem Wandel betroffen war. Bei der Wasserversorgung standen nun nicht mehr die Viehzahlen im Vordergrund, um den Verbrauch zu berechnen, sondern der Konsum der privaten Haushalte. In einem Bericht dazu heisst es: «Badeinrichtungen, Boiler, Closset und Waschmaschinen» sind auch in «ländlichen Gegenden nicht mehr selten».[63] Der Energieverbrauch schnellte nach 1950 in die Höhe. Die tiefen Preise für Strom und Öl trugen entscheidend zum Wirtschaftswunder bei.[64] Überall zeigten die Wachstumskurven in die Höhe. Der Anstieg der Bevölkerung ist nur ein Beispiel.[65] Die Nachfrage nach Telefonanschlüssen war derart hoch, dass die PTT mit dem Verlegen der Leitungen nicht mehr nachkam. Auch in Seuzach mussten sich etliche Familien einen Anschluss teilen. Wenn der Nachbar telefonierte, hiess es warten. Trotz solcher Engpässe herrschte allgemeine Aufbruchstimmung. Die Elektrifizierung der SBB-Linie von Winterthur ins Stammertal feierten die Seuzacherinnen und Seuzacher 1956 mit einem grossen Fest.

Der Begriff «Infrastruktur», der aus der französischen Eisenbahnersprache stammte, wurde in den 1960er Jahren zum Modewort in der Gemeindepolitik. Gleichzeitig mit dem Wachsen des Wohlstands nahm auch die soziale Sicherheit in einem nie gekannten Ausmass zu. Der Einführung der Alters- und Hinterbliebenenversicherung im Jahr 1948 hatten 92 Prozent der Seuzacher zugestimmt. Auch wurden die Leute immer älter. Die durchschnittliche Lebenserwartung bei der Geburt stieg zwischen 1880 und 1960 von 42 auf 71 Jahre an und liegt heute bei über 80 Jahren. Die gesellschaftlichen Auswirkungen des Wirtschaftswunders der Nachkriegszeit waren nochmals fundamental. Sie zeigen sich etwa im Kleinen in der rechtlichen Gleichstellung der Katholiken mit den Protestanten, die im Kanton Zürich 1963 Wirklichkeit wurde, und fanden ihren globalen Ausdruck in der 68er-Bewegung, die sämtliche bürgerlichen Werte infrage stellte, von der Einstellung zur Sexualität über die Politik bis hin zur Religion. Die akzeptierten Lebenswege wurden nicht nur vielfältiger, die Gesellschaft als Ganzes wurde komplexer. Schliesslich liessen sich längst fällige Entscheide wie die Einführung des Frauenstimmrechts nicht mehr aufhalten. Dem Ausbreiten eines Fächers vergleichbar nahmen auch die Aufgaben der Gemeinde Seuzach zu. Die Anregung von 1963, im Spycher ein Jugendhaus einzurichten, oder der Architekturwettbewerb für das Alters- und Pflegeheim im Jahr 1969 verweisen auf zwei neue Tätigkeitsfelder der öffentlichen Hand. Die Aufgaben der Gemeinde vermehrten sich in der Folge stark. Den neuen Herausforderungen werden wir in den folgenden Kapiteln mehrfach begegnen, so etwa bei der Zentrumsplanung, bei den Auswirkungen des Verkehrs oder beim abgelehnten Projekt für den Bau einer gigantischen Sportanlage.

Die angemessene Darstellung aller Bereiche und Projekte liess sich im vorliegenden Buch nicht bewältigen. Die von der Gemeindeversammlung bewilligten Kredite vermitteln mindestens einen Eindruck vom Ausmass der Aufgaben (siehe Anhang).[66] Wir schliessen das Kapitel mit der Feuerwehr, die im Gemeindeleben einen besonderen Stellenwert einnahm.

2.8 DIE FEUERWEHR

Die Brandbekämpfung war ursprünglich – wie die meisten Gemeindeaufgaben – die Sache der einzelnen Zivilgemeinden. Sowohl die Bauern im Dorf Seuzach als auch die Ober- und Unterohringer organisierten ihre Feuerwehr selbst. Die Autonomie ging so weit, dass sie Wasserschläuche unterschiedlicher Gewindekaliber besassen. Die Oberohringer konnten ihre Schläuche nicht mit denjenigen der Unterohringer zusammenschliessen.

In den 1860er Jahren kamen neue Herausforderungen auf das Feuerwehrwesen zu. Die Bevölkerung wurde sich bewusst, dass mit der Industrialisierung und den veränderten Lebensumständen neue Risiken verbunden waren. Der Ruf nach dem Ausbau der Feuerpolizei und Verbesserungen des Löschwesens wurde laut. Es passierte jedoch vorerst nicht viel. 1866 wurde im Dorf Seuzach immerhin ein neues Spritzenhaus gebaut.[67] Als Ende des 19. Jahrhunderts endlich griffige Gesetze vorlagen, gingen diese vielen Bauern allerdings zu weit. Die Anschaffung von Helmen beispielsweise lehnten die Seuzacher als Luxus ab.[68] Die Feuerversicherung unterstützte seit 1889 den Bau von Reservoiren und Wasserleitungsnetzen. Dies löste im Kanton Zürich einen Bauboom bei den Wasserversorgungsanlagen aus. In Seuzach wurde 1895 die erste Hydrantenanlage in Betrieb genommen. Die Feuerwehr wurde deshalb neu in fünf Corps eingeteilt: 30 Mann im Hydrantencorps, 16 Mann im Leiterncorps, 9 Mann im Rettungscorps, 40 Mann im Spritzencorps und 15 Mann in der Brandwache. Das ergab total 110 Mann. Die Brandwache achtete nicht nur darauf, dass das Feuer nicht neu entfacht wurde, sie war auch für die Bewachung des geretteten Mobiliars zuständig. Feuerwehrpflichtig waren alle Männer im Alter von 17–55 Jahren. Jährlich wurde eine Hauptübung durchgeführt. Dazu kamen corpsweise durchgeführte Übungen. Das Hydranten- und das Leiterncorps mussten mindestens drei Spezialübungen durchführen. Unentschuldigtes Fernbleiben wurde mit 2–10 Franken gebüsst, was bei Monatslöhnen von rund 100 Franken kein Pappenstiel war. Die Besoldung für die Hauptübung betrug 1 Franken pro Person. Bei einem Brand in der Gemeinde wurde mit allen Glocken Sturm geläutet. Lag der Brand ausserhalb der Gemeinde, kam nur die grosse Glocke zum Einsatz.[69] In allen Fällen wurde zudem das Feuerhorn geblasen.

Die Unterohringer brachten ihre Feuerwehr als Letzte auf den Stand der Zeit.[70] Sie richteten erst 1922 Hydranten ein. Gleichzeitig bauten sie auch ihr erstes Feuerwehrlokal.

**86_Das erste Seuzacher
Feuerwehrauto, 1973.**

Zuvor hatten sie das Wasser aus dem Chrebsbach gepumpt. Schwellen stauten den Bach an mehreren Orten. Der Bestand der Unterohringer Feuerwehr ist aus dem Jahr 1912 überliefert. Er betrug damals 45 Mann.

Mit der Auflösung der Zivilgemeinde wurden 1929 auch die drei Feuerwehren zusammengelegt. Dabei wurde eine neue Feuerwehrverordnung verabschiedet. Neu galt die Feuerwehrpflicht nur noch für die Männer vom 20. bis zum 50. Altersjahr.[71] Wer nicht in den Feuerwehrdienst eingeteilt war, bezahlte eine einkommensabhängige Ersatzsteuer. Der Sold für die Feuerwehrleute wurde indes beibehalten. 1942 zählte die Gemeindefeuerwehr 93 Mann. Die persönliche Ausrüstung bestand aus Rock, Gurt und Stahlhelm, wobei offensichtlich nicht alle über einen Helm verfügten. Die Gerätschaften umfassten eine Zweiradmotorspritze, fünf Handspritzen und drei Schlauchkisten mit total 1100 Meter Schlauch sowie fünf Leitern. Alarmiert wurde neu nicht nur mit den Kirchenglocken und dem Feuerhorn, sondern auch mit Leuchtraketen.[72] 1946 kam eine weitere Kleinmotorspritze dazu und 1955 wurde der erste Telefonalarm mit total 20 Anschlüssen eingerichtet. 1971 verdoppelte man die Zahl der Anschlüsse, sodass jederzeit vier Familien in Seuzach vier Zehnergruppen telefonisch alarmieren konnten. Die Gerätschaften wurden vorerst kaum mehr ausgebaut. Als Transportmittel dienten Traktoren mit Anhänger, welche die Bauern nahe dem Besammlungsort mitbrachten. Mit dem Rückgang der landwirtschaftlichen Betriebe standen jedoch immer weniger Transportmittel zur Verfügung. Zudem waren bei schönem Wetter nicht mehr genügend Feuerwehrleute erreichbar, da sich zunehmend mehr Personen ausserhalb der Gemeinde aufhielten.

1972 beantragte die Feuerwehr deshalb die Anschaffung eines Pikettfahrzeugs, um eine allzeit einsatzbereite Pikettruppe zu schaffen. Der Antrag war nicht unbestritten. Die Beteiligten mussten viel Überzeugungsarbeit leisten, damit der Kredit an der Gemeindeversammlung bewilligt wurde. Viele waren der Meinung, dass das bisherige System durchaus ausreiche. Die Antragsteller schrieben dazu: «Auf der Fahrt werden die übrigen Strassenbenützer durch Sirene und Blaulicht auf das Herannahen der Feuerwehr aufmerksam gemacht, sodass Unfälle eher vermieden werden können, als wenn die Feuerwehr mit allen möglichen und unmöglichen privaten Motorfahrzeugen durch das Dorf rast.» Die Feuerwehr hatte auch die Auswahl des Fahrzeugs sorgfältig vorbereitet. Die Mühe lohnte sich schliesslich. Am 28. April bewilligte die Gemeindeversammlung einen Kredit von 72 500 Franken für den Kauf eines Pi-

**87_Unfall mit dem Feuerwehr-
auto, 1973.**

kettfahrzeugs und weitere 20 500 Franken für die Anschaffung der zusätzlichen Ausrüstung. Bereits im November des gleichen Jahres war es so weit. Die Seuzacher konnten stolz ihr erstes Feuerwehrauto entgegennehmen. Die Freude war jedoch von kurzer Dauer. Schon bei der ersten Schulungsfahrt lag das Feuerwehrauto im Strassengraben. Die Vorderachse hatte sich bei einer Vollbremsung gelöst. Glücklicherweise wurde niemand ernstlich verletzt. Die Seuzacher Feurwehr schaffte es damit aber in die Witzkolumnen. Dabei traf sie gar keine Schuld. Es war klar, dass es sich um einen technischen Mangel handelte. Zur schlecht befestigten Vorderachse gesellten sich weitere technische Mängel. Kaum war der eine Schaden behoben, tauchte ein neues Problem auf. «Leidenszeit vier Jahre», schrieb der Gemeindeschreiber 1976 im Bericht zur Rechnungsabnahme, und 1980 hiess es in einem Schreiben: «Es kommen immer noch neue Mängel zum Vorschein.»[73]

Entsprechend behutsam meldete die Feuerwehr damals den Bedarf eines Tanklöschfahrzeugs an. Die Befürchtungen waren indes unbegründet. 1981 stimmten die Seuzacherinnen und Seuzacher der Anschaffung des gewünschten Fahrzeugs zu. 1988 kam ein Anhänger für die Öl- und Chemiewehr dazu und ein Jahr später wurde ein Iveco-40.10-Transportfahrzeug angeschafft, weil ein privater Range Rover der Feuerwehr nicht mehr zur Verfügung stand. 1994 und 1998 wurden zwei weitere Transportfahrzeuge erworben, um die Zahl der Privatautos am Brandort weiter zu reduzieren, da diese den Einsatz behinderten.[74] 2001 stimmten die Seuzacher zudem dem Kauf eines Sanitätsfahrzeugs zu. Damit hatte der Fahrzeugpark der Feuerwehr einen Stand erreicht, der bis heute nicht mehr wesentlich erweitert wurde. 2006 wurde lediglich das Tanklöschfahrzeug ersetzt.

Auch die Alarmierung der Feuerwehr war in der Zwischenzeit verbessert worden. Die Auslösung des Telefonalarms war 1977 an die Stadt Winterthur übergegangen. 1983 wurde ein neues System eingeführt, mit dem alle Feuerwehrleute erreicht werden konnten. Die Einführung des Pager-Alarms im Jahr 2000 läutete schliesslich auch in diesem Bereich eine neue Ära ein.[75]

Der Ausbau der Fahrzeugflotte und die jüngste Verbesserung des Alarms fielen in eine Zeit, während der sich das Feuerwehrwesen stark veränderte. Die Feuerwehren mussten sich immer komplexeren Aufgaben stellen. Neue Materialien und elektrische Anlagen zogen neue Gefahren nach sich. Etliche Gemeinden schlossen sich deshalb in Zweckverbänden zusammen, um gemeinsam eine Feuerwehr zu unterhalten. Ausserdem war die allgemeine Feuerwehrpflicht auf den 1. Januar 1992 aufgehoben worden. Die 1994 erlassene kantonale Verordnung regelte das Feuerwehrwesen zudem derart weitgehend, dass die entsprechende Verordnung der Gemeinde überflüssig wurde. Die Seuzacher hoben diese deshalb 1996 auf. An der Gemeindefeuerwehr hielten sie aber fest. Die drei alten Dorffeuerwehren hatten sich zu einer professionellen Organisation gewandelt, deren Sollbestand im Jahr 2000 zwischen 77 und 82 Personen betrug. Dem Kommandanten unterstanden zwei Einsatzzüge und ein Spezialistenzug. Diese wiederum waren in total sieben Einsatzgruppen unterteilt. Seit 2007 verfügt die Seuzacher Feuerwehr zudem über ein Feuerwehrgebäude, das den Anforderungen an ihre Aufgaben entspricht und zusammen mit dem Werkgebäude einen architektonischen Akzent im Dorf Seuzach setzt.

3.

Raumplanung und Siedlungsentwicklung

Die vollständige Gestaltung des öffentlichen Raums – nicht nur topografisch, sondern auch in rechtlicher Hinsicht – gehört zu den prägendsten historischen Entwicklungen des 20. Jahrhunderts. Eine heute kaum mehr bekannte Verordnung, die aus der Zeit vor dem Ersten Weltkrieg stammt, verdeutlicht, wie umfassend sich das Verhältnis zum öffentlichen Raum änderte. Der Kanton verbot damals, die Hühner frei laufen zu lassen. Die Vorschrift musste mehrfach wiederholt werden, weil sie den Bauern nicht einleuchtete. Die Oberohringer sahen sich sogar gezwungen, den Landjäger – so die damalige Bezeichnung für den Kantonspolizisten – mit der Durchsetzung des Verbots zu beauftragen.[76] Rund ein Jahrzehnt dauerte es, bis alle in Seuzach die Vorstellung akzeptierten, dass man die Hühner den öffentlichen Raum nicht ungestraft nutzen lassen durfte. Schrittweise veränderten sich so auch die Wertvorstellungen vom öffentlichen Raum.

Die sichtbarsten Spuren hinterliess dieser fundamentale gesellschaftliche Wandel in der Landschaft. Deren Veränderung war nichts Neues. Seit Generationen hatte der Mensch die Natur nach seinen Bedürfnissen gestaltet. Natürliche, das heisst von Menschenhand unbeeinflusste Landschaften gab es in Seuzach schon seit Langem nicht mehr. Die Landschaft hatte sich jedoch relativ langsam verändert, sodass der Wandel nicht im heutigen Ausmass wahrgenommen wurde. Seit der Mitte des 19. Jahrhunderts und vor allem seit den 1950er Jahren erlebte der Wandel der Landschaft aber eine gewaltige Beschleunigung. Die Landschaftsforscher sprechen von der «ausgewechselten Landschaft».[77] Dazu haben viele Faktoren beigetragen, an denen sich ganz unterschiedliche historische Entwicklungen ablesen lassen. Als etwa mit dem Aufkommen der Eisenbahn günstiges Getreide in die Schweiz kam, stellten viele Bauern auf Viehhaltung um. Es heisst deshalb auch, die Eisenbahn habe die gelbe Schweiz in eine grüne verwandelt. Zwei Schädlinge, die Reblaus und der Mehltau, dazu bessere und trotzdem preiswerte Weine aus Italien leiteten Ende des 19. Jahrhunderts auch in Seuzach das Verschwinden der Reben ein. Neue Konsumgewohnheiten bei den Tafelgetränken und eine Antialkoholkampagne des Bundes dezimierten seit den 1960er Jahren den Obstbaumbestand drastisch. Der Wandel der Landschaft kommt deshalb auch andernorts in diesem Buch zur Sprache, so etwa bei der Behandlung der Strassen, die Ende des 20. Jahrhunderts ein Zehntel des Gemeindegebiets bedeckten.[78] Verändert hat sich im Lauf der Zeit aber nicht nur die Landschaft selbst, sondern auch deren Wahrnehmung war dem historischen Wandel unterworfen. Im Folgenden stehen zwei Bereiche zur Diskussion, die das Bild von Seuzach besonders stark veränderten: die Bau- und Zonenplanung und die Melioration.

3.1 DER ZEIT VORAUS – DER ERSTE ANLAUF FÜR EINE BAUZONE, 1911–1926

Manch einer mag den Kopf geschüttelt haben, als im Mai 1911 der Gemeindeschreiber Johann Jakob Gujer in einer Motion verlangte, Seuzach dem kantonalen Baugesetz für «Ortschaften mit städtischen Verhältnissen» zu unterstellen.[79] Das Gesetz war 1893 erlassen worden, um die Entwicklung in Zürich und Winterthur zu steuern. Andere Orte konnten sich zwar ebenfalls dem Gesetz unterstellen. In den Landgemeinden war man jedoch noch weit davon entfernt, überhaupt an eine gesetzliche Regelung der Bautätigkeit zu denken. Auch in Seuzach hatte man bis dahin die schlimmsten Auswüchse im direkten Gespräch verhindert, wie etwa im Fall des Küfers Jakob Erb aus Oberohringen, der sein Haus um einen Fuss in die bereits zu enge Strasse hinausgebaut hatte. Die Oberohringer waren darauf mit ihm übereingekommen, dass er die Ecke, die am meisten störte, wieder abbrechen solle.[80]

Seuzach geriet jedoch zu Beginn des 20. Jahrhunderts in den Sog der wirtschaftlichen Entwicklung der Stadt Winterthur. Die Verfasser der ersten Ortsgeschichte haben 1937 das aus damaliger Sicht ungewöhnliche Wachstum wie folgt beschrieben: «Aus der durch die aufblühende Industrie zu enge gewordenen Stadt Winterthur strömten die wohnungssuchenden Familien in deren nähere Umgebung hinaus. Eine rege Bautätigkeit, welche um die Jahrhundertwende im Seuzacher Stationsgebiet begonnen hatte, setzte unter Baumeister Kasimir Zirn erneut ein, die sonnige windgeschützte Schuhägelihalde [heute Bachtobel- und Mörsburgstrasse] erfassend, zu beiden Seiten der Strasse Anschluss suchend, um im Forrenberg auszumünden. Innert zwei Jahrzehnten sassen 40 Arbeiter und Angestellte auf eigenem Grund und Boden in heimeligen Häusern mit Gärten und Büntland. Auch Oberohringen wurde berührt, während Unterohringen seinen jahrhundertealten Bestand wahrte.»[81]

Tatsächlich waren von 1900 bis zu Gujers Motion zehn neue Ein- und Zweifamilienhäuser an der Stationsstrasse gebaut worden. Vier weitere lagen in der Nähe des Bahnhofs auf dem offenen Feld. Ein Drittel der 21 neuen Wohnungen war 1910 entstanden. Ausserdem war im Eichbüel völlig abseits vom Dorf das erste Vierfamilienhaus von Seuzach geplant.

Vor diesem Hintergrund forderte Gujer 1911 dazu auf, an die Zukunft zu denken. Im Moment «könne jeder Baulustige sein Gebäude gerade so hinstellen, wie es ihm passe». Das Gesetz erlaube es der Gemeinde, die Bauentwicklung quartierweise zu steuern, begründete er seinen Antrag. Der Gemeinderat war jedoch gegen die Motion, weil die Kosten der Planaufnahme in keinem Verhältnis zum Nutzen stehen würden. Ausserdem erwartete er einen Rückgang der Bautätigkeit. Gujers Vorstoss wurde in der Folge abgelehnt. Immerhin hatten von den 30 Anwesenden 11 der Überweisung seiner Motion zugestimmt. In der Tat ruhte darauf die Bauentwicklung in Seuzach ein Jahrzehnt lang, bis es 1921 erneut zu einem «Bauboom» kam. Innerhalb von fünf Jahren wurden 16 neue Häuser mit total 28 Wohnungen gebaut. 1926 kamen 10 neue Häuser mit 19 Wohnungen dazu, und für das folgende Jahr musste man sogar mit einem Anstieg rechnen.

So wurde Gujers Anliegen 15 Jahre nach dem ersten Vorstoss doch noch umgesetzt. Aber selbst 1926 – es war Gujers letztes Amtsjahr – war dieser Schritt ungewöhnlich früh für ein Bauerndorf. Seuzach gehörte damit zu den ersten Landgemeinden der Schweiz, die eine Bauordnung erliessen und Zonen ausschieden. In den meisten Zürcher Gemeinden entstanden die Zonenpläne erst in den 1960er Jahren. Auch wenn man annimmt, dass die Seuzacher, die seit der Winterthurer Eingemeindung von 1922 direkt an die Eulachstadt grenzten, von der städteplanerischen Pionierarbeit der Gartenstadt beeinflusst waren, so war Gujers Antrag immer noch bemerkenswert früh.

3.2 DER LANGE WEG ZUM RAUMPLANUNGSGESETZ

Die Besonderheit des Seuzacher Vorgehens wird einem bewusst, wenn man die allgemeine Geschichte der Raumplanung betrachtet. Die Fachdiskussion um die Siedlungsentwicklung kam damals gerade auf und wurde erst 1939 an der Zürcher «Landi» in eine breitere Öffentlichkeit getragen.[82] Der im Rückblick als früh bezeichnete Anfang der Raumplanung im Kanton Zürich fiel in das Jahr 1942 und betraf vor allem Meliorationen. Ausserdem tat man sich in der Folge mit dem Erlass von Gesetzen überaus schwer. Die bürgerlichen Kräfte fürchteten die Einschränkung des freien Eigentums wie der Teufel das Weihwasser, und die Linke war zu schwach, um während der Zeit des Kalten Kriegs ihre Anliegen durchzubringen. Landesplanung lag für viele zu nahe bei der kommunistischen Planwirtschaft. Der Bund bemühte sich deshalb auf dem Weg zu einem Raumplanungsgesetz zuerst darum, die Garantie des privaten Eigentums in der Bundesverfassung festzuschreiben. Erste raumplanerische Vorschriften, die das kantonale Bauamt für das Gebiet des Flughafens erliess, wurden zudem vom Bundesgericht 1948 und 1951 wieder aufgehoben, weil die rechtliche Grundlage dazu fehlte. Davon waren auch die Arbeiten zu einem Gesamtplan im Raum Winterthur betroffen.[83] Als in den 1950er Jahren das Bevölkerungswachstum sich stark beschleunigte, revidierte der Kanton Zürich 1958 zwar das Baugesetz, die kantonalen Behörden blieben aber weiterhin stark auf ihre Überzeugungskraft angewiesen, um die Siedlungsentwicklung regional zu steuern, weil ein Raumplanungsgesetz fehlte. Dabei wurde ihr Konzept von zwei zusätzlichen Regional-

88_Blick auf die Bachtobelstrasse vom Bahnweg aus, um 1926.

zentren, der Oberlandstadt im Raum Wetzikon-Hinwil und der Unterlandstadt um Bülach, von der realen Entwicklung unterlaufen.

Das kantonale Gesetz von 1893 bildete für den Erlass von Bau- und Zonenplänen auch in den 1960er Jahren noch die gesetzliche Grundlage. Der Druck auf zusätzlichen Wohnraum nahm jedoch zu. Wie dramatisch die Situation war, zeigt das Bevölkerungswachstum in Seuzach.[84] Von 1950 bis 1960 nahm hier die Einwohnerschaft um 63 Prozent zu. Schweizweit schritt die Zersiedelung unkoordiniert voran. Um das Schlimmste zu verhindern, nahm der Bund 1972 mit einem dringlichen Bundesbeschluss Teile des Raumplanungsgesetzes vorweg. Drei Jahre später stimmte das Zürcher Volk dem kantonalen Raumplanungsgesetz zu. Das Gesetz des Bundes dagegen wurde 1976 knapp abgelehnt. Die Seuzacherinnen und Seuzacher waren allerdings mit rund zwei Dritteln Jastimmen deutlich dafür. Die Schweiz erhielt erst 1978 ein Raumplanungsgesetz. Der frühe Erlass der Seuzacher Bauordnung im Jahr 1926 befreite die Gemeinde allerdings nicht von den allgemeinen raumplanerischen Problemen, da sich die Vorstellungen von der Siedlungsentwicklung immer wieder änderten.

3.3 DAS ERSTE SEUZACHER BAUGESETZ, 1926

Der Regierungsrat begrüsste 1926 die Schaffung von Bauzonen in Seuzach, bemerkte dazu aber, dass das Vorgehen «ungewohnt, rechtlich aber möglich» sei.[85] Die Seuzacher schieden damals nicht nur zwei Gebiete als Bauzonen aus – das eine beim Bahnhof, das andere südlich von Oberohringen (Abbildung 91), sondern sie erklärten auch die Randgebiete entlang sämtlichen Strassen zur Bauzone. Selbst links und rechts von Flurwegen durfte auf einem Streifen von je 30 Metern Tiefe gebaut werden. Davon ausgenommen waren einzig die Waldungen.

89_Haus des Baumeisters Kasimir Zirn (später Baumeister Lutz) an der Stationsstrasse.

Die Seuzacher wollten mit dem Baugesetz nicht die Zersiedlung verhindern, sondern auf die Form und Grösse der Häuser einwirken. Ausserdem ermöglichte das Gesetz dem Gemeinderat, den Strassenraum mit dem Erlass von Baulinien freizuhalten (Abbildung 92). Der Artikel 5 der Bauordnung regelte die Grösse der Häuser. Die Geschosszahl wurde in der ganzen Gemeinde auf drei begrenzt, wobei die Nutzung des dritten, des Dachgeschosses, eingeschränkt war, indem hier keine separate Wohnung eingebaut werden durfte.[86] Im Grundsatz liess das Baugesetz nur noch den allgemein verbreiteten Haustyp mit Parterre, erstem Stock und abgeschrägtem Dachgeschoss zu, wobei höchstens zwei Wohnungen in einem Gebäude untergebracht und nicht mehr als zwei Häuser aneinandergebaut werden durften. Ausnahmen waren nur für öffentliche Gebäude oder «gewerbliche Etablissements» vorgesehen sowie für den Fall, dass es die Architektur oder die Terrainverhältnisse rechtfertigen würden. Die Absicht hinter dem Baugesetz wurde später damit begründet,

90_Gesamtplan Region Winterthur, Ausschnitt Seuzach, Juni 1949.

dass man den Bau von Mehrfamilienhäusern verhindern wollte, um den Zuzug von Arbeitern zu erschweren.[87] Auch das Verbot von Dachgeschosswohnungen zielte in diese Richtung. Es beschränkte den günstigen Wohnraum, um Schlechtverdienende fernzuhalten. Den Vorschlag des städtischen Bebauungsplanbüros von Winterthur, die Bauzonen an das Gartenstadtkonzept anzupassen, hatten die Seuzacher Behörden im Vorfeld der Planung von 1926 verworfen (Abbildung 93).[88]

3.4 SCHWIERIGE SITUATION – ERSTE ÜBERARBEITUNGSVERSUCHE, 1939–1941

Das Baugesetz von 1926 wurde vom Gemeinderat jedoch schon bald nicht mehr als zeitgemäss angesehen. Vor allem bei der Planung der Kanalisation führte es zu Problemen. Die Vorschrift, dass entlang sämtlichen Strassen und Flurwegen gebaut werden durfte, machte ein sinnvolles Projekt unmöglich. Zudem gab es Ende der 1930er Jahre kaum ein Baugesuch, das nicht von Rekursen begleitet war. Dies bewog den Gemeinderat dazu, an der ausserordentlichen Gemeindeversammlung vom 13. Mai 1939 die Aufhebung des Baugesetzes von 1926 zu beantragen. Er wollte damit den Weg für eine vernünftige Bauförderung in der Gemeinde frei machen, wie er sich ausdrückte. Im Vorfeld der Versammlung war es zu Anschuldigungen in der Presse gekommen. Jemand meinte, der Gemeinderat wolle damit die bereits erteilte Bewilligung für ein Neunfamilienhaus der Rekursmöglichkeit entziehen. Ein anderer behauptete, es sollten damit vierstöckige Häuser in Oberohringen ermöglicht werden. An der Versammlung ging es hitzig zu und her. Einer verliess die Turnhalle schon, bevor es zur Behandlung des umstrittenen Traktandums kam, nicht ohne die Tür demonstrativ zuzuschmettern. Es wurde eine geheime Abstimmung verlangt. In der Tat hatte der Gemeinderat seit 1926 keine Ausnahmen zugelassen und es lag auch keine Bewilligung für ein Neunfamilienhaus vor. Seit 1926 waren bloss zwei Dreifamilienhäuser an der Bachtobelstrasse 29 und 36 entstanden. Bei den übrigen Bauten handelte es sich um Ein- oder Zweifamilienhäuser. Trotzdem drohte dem Gemeinderat eine Abfuhr. Heinrich Wasers Antrag, nur den Artikel 6 so abzuändern, dass der Gemeinderat genügend Spielraum erhielt, wendete die Abstimmungsniederlage schliesslich ab. Eine knappe Mehrheit stimmte dem neuen Artikel 6 zu, der dem Gemeinderat Ausnahmen vom Artikel 5 – das heisst bei der Zahl der aneinandergebauten Häuser und bei der Geschosszahl – gestattete, wenn besondere Verhältnisse es rechtfertigten.

Damit waren allerdings die Probleme bei der Planung der Kanalisation nicht gelöst. Der Einbezug sämtlicher Strassen als Baugebiet wäre viel zu teuer gekommen. Davon wollte der Gemeinderat nicht ausgehen. Ausserdem musste für die Durchführung der geplanten Melioration bekannt sein, wo in naher Zukunft gebaut werden durfte, damit der Wert des Bodens festgelegt werden konnte. Der Gemeinderat hielt deshalb an der Planung der Kanalisation fest. Im März 1940 lagen die Pläne dazu auf dem Tisch (Abbildung 81).

Um das Fassungsvermögen der Kanalisation zu berechnen, waren drei geschlossene Baugebiete bezeichnet worden, die sich an den bestehenden Siedlungen orientierten. In den Baugebieten selbst gab es drei Zonen: dichte Bebauung, offene Bebauung und ländliche Bebauung. Wer alles über den Plan Bescheid wusste, geht aus den Akten nicht hervor. Auch ist die Strategie des Gemeinderats nicht klar ersichtlich. Sein Vorhaben, zuerst die Strassenpla-

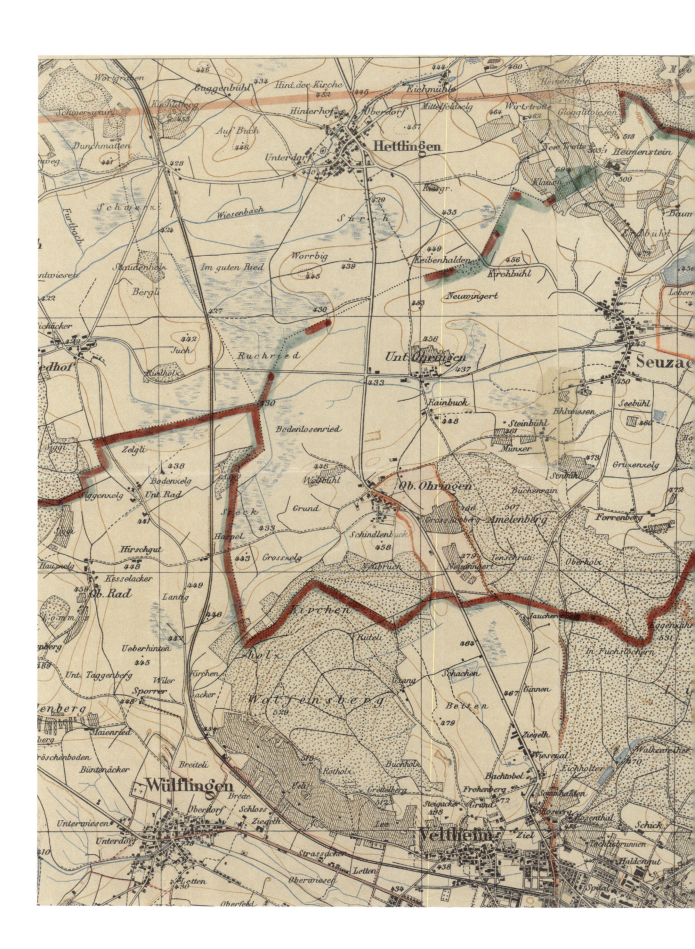

91_Bauzonen beim Bahnhof
Seuzach und südlich von Oberohringen, 1926, eingetragen auf
einer Kopie der Siegfriedkarte
aus dem Jahr 1918. Zusätzlich
waren damals auch die Randgebiete entlang sämtlichen Strassen und Flugwegen als Bauzonen bestimmt worden. Bis zu
einem Abstand von 30 Metern
durfte neben jeder Strasse
gebaut werden. Einzig der Wald
war davon ausgenommen.

nung festzulegen, wurde von der Gemeindeversammlung abgelehnt.[89] Auch mit dem Bau der Kanalisation wurde noch zugewartet. Die Bauern sollten zuerst die Melioration durchführen. Diese wurde im Februar 1941 knapp beschlossen. Ausserdem belastete der Krieg die Behördenarbeit. Der Bezirksrat rügte den Gemeinderat, weil er mit dem Budget in Verzug geraten war. Dazu wurde die Gemeinde im Frühling 1943 von der Botschaft überrascht, dass die Stadt Winterthur ihre Umfahrungsstrasse mitten durch die Gemeinde plante.[90] Die Seuzacher befürchteten, die Melioration könnte unendlich verzögert werden. Ein Kompromiss löste schliesslich das Problem. Die Melioration übertraf alle bisherigen Eingriffe in die Landschaft. Innerhalb von nur drei Jahren wurde die gesamte Flur umgestaltet.

3.5 DIE MELIORATION, 1941–1944

Der Begriff «Melioration», auf Deutsch «Verbesserung», zählte seit der Linthkorrektion zu den Zauberwörtern des landwirtschaftlichen Fortschritts. Ursprünglich wurden darunter nur Massnahmen zur Entwässerung des Lands verstanden. Später fiel jedoch auch die Zusammenlegung der Felder darunter. Bis zum Zweiten Weltkrieg waren im Kanton Zürich bereits in rund 30 Gemeinden Meliorationen durchgeführt worden. Die Zusammenlegung der Felder in Stammheim wurde 1939 an der «Landi» ausdrücklich als fortschrittliche Leistung gewürdigt, um die Massnahme bei den Bauern populär zu machen.[91] Während des Kriegs bekamen die Befürworter der Landzusammenlegungen neue Argumente. Mit dem Hinweis, die Selbstversorgung zu verbessern, wurde auch in Seuzach die Frage nach einer Melioration aufgeworfen.[92] Bundesrat Ernst Nobs wandte sich im Vorbericht persönlich an die Seuzacher Bauern, um sie an ihre Pflicht zu erinnern, ihren Beitrag an die Landesversorgung

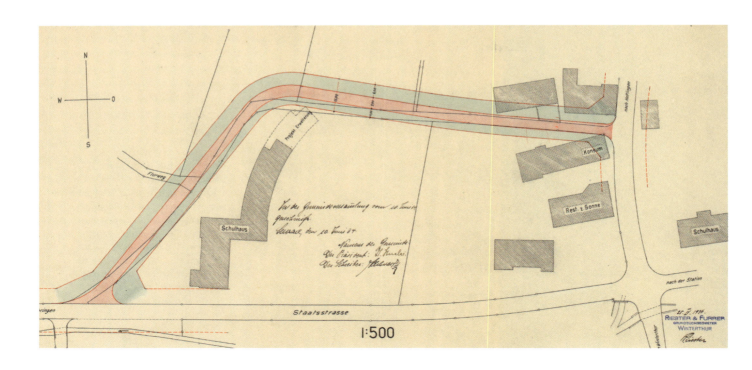

zu leisten. Von der damaligen Situation des Landbesitzes kann man sich anhand des Plans (Abbildung 94) eine Vorstellung machen. Durch Erbteilungen war das Land im Lauf der Zeit stark zerstückelt worden. Ausserdem war es bei der bis ins 19. Jahrhundert üblichen Dreizelgenwirtschaft notwendig, dass jeder Bauer in allen Zelgen Land besass. Das Resultat war ein kaum zu überblickendes Gewirr von kleinen und kleinsten Streifen von Äckern und Wiesen. Otto Isliker beispielsweise, dessen Hof ausgangs des Dorfs Seuzach an der Hettlingerstrasse lag, musste auf 16 verschiedene Felder fahren. Emil Gassmann bewirtschaftete sogar 24 rund um das Dorf verteilte Grundstücke. Obwohl die wirtschaftlichen Vorteile einer Güterzusammenlegung unbestritten waren, liess sich oft nur schwer eine Mehrheit für eine Melioration finden. Für die Bauern war das Land nicht nur einfach ein Produktionsgut. Sie waren auch emotional mit der Scholle verbunden. Die Bauern wussten von jeder Parzelle genau, welche Frucht darauf besonders gut wuchs. Über Generationen hatten sie das Land in harter Arbeit verbessert. Wer konnte einem garantieren, dass der neue Boden nicht schlechter war als der alte? Würde nach der Melioration nicht halb Seuzach zerstritten sein? Und was war mit der Landschaft? Immerhin bedeutete sie auch ein Stück Heimat.

Das Ausmass der landschaftlichen Veränderung war den Seuzachern durchaus bewusst. Für die Bauern gehörte die Umgestaltung der Natur aber auch zu ihrer Arbeit. So hatten sie beispielsweise das Ried nordöstlich des heutigen Schwimmbads schon seit Jahrhunderten derart unterschiedlich genutzt, dass die Landschaft sich immer wieder stark verändert hatte. Der Verfasser der Ortsgeschichte von 1963, der einen Teil des Wandels noch aus eigener Erfahrung kannte, widmet der Riedlandschaft mehrere Seiten, vom Einlegen des Hanfs über den stattlichen See bis hin zum jährlichen Ablassen des Wassers – wobei in seinem Bericht bereits die Wehmut der 1960er Jahre über den Verlust der Natur mitschwingt. Besonders poetisch schildert er den Zustand zu Beginn des 20. Jahrhunderts, als der Besitzer des «Heimensteins» das Ried gepachtet und den Weiher ganzjährig gestaut hatte. Der See überdeckte damals nicht nur das Gebiet, das heute noch «Weier» genannt wird, sondern auch Teile der Leberen – insgesamt etwa die Fläche zwischen der Welsikonerstrasse und dem Bahndamm, die nicht überbaut ist: «Die Ufer bestanden mit Gesträuch und Schilf – betäubender Duft von blühenden Wasserpflanzen, Minze und Wasserknöterich und anderem. Froschkonzert bis zum Beginn der Morgenfrische. Da und dort im Geröhr ein Entenhorst mit piepsenden Jungen. Ab und zu das liebliche Lied des Teichrohrsängers, der sein Nestchen zwischen einigen zusammengebundenen Schilfhalmen geflochten hat. Und im Wasser wimmelt es von

92_Baulinien bei der Einmündung der Püntenstrasse in die Welsikonerstrasse, 1934. Die Unterstellung unter das kantonale Baugesetz im Jahr 1926 erlaubte es der Gemeinde, Baulinien zu erlassen, um den Strassenraum freizuhalten.

Forellen und Karpfen. – Welche Fülle von Leben, von Arten und Gattungen!»[93] Derart idyllisch präsentierte sich der Weiher 1941 aber höchstens noch in der Erinnerung der Älteren. Die Jüngeren hatten ein anderes Bild vor Augen: Stauung über Winter bis Ende Mai, dann Absenken und Entleerung, damit im August der Ertrag von Gras und Schilf parzellenweise versteigert werden konnte. Sie trauerten schon eher dem Eishockeyspiel nach.

Das Weihergebiet gab bei der Durchführung der Melioration besonders zu reden. Die mit der Planung beauftragte Kommission wollte zwar den grössten Teil des Gebiets trockenlegen. In einem Sechstel war jedoch ein Vogelreservat vorgesehen. Die Diskussion an der Gemeindeversammlung vom Januar 1941 wurde derart hitzig geführt, dass die Landwirte ihren eigenen Gemeinderat bei der Erteilung von Auskünften auslachten. Die einen wollten sowohl den Eisweiher für die Jugend erhalten wie auch die Natur schützen. Die andern wollten das ganze Gebiet austrocknen. Sie befürchteten, dass sich wegen des Vogelreservats auch der übrige Teil nicht richtig entwässern liesse. Schliesslich wurde nacheinander über die Anträge abgestimmt. Mit 92 gegen 20 Stimmen wurde die Entwässerung des Rieds angenommen und mit 64 zu 60 Stimmen das Vogelreservat abgelehnt. Schliesslich stimmte die Versammlung mit 88 zu 4 Stimmen dem Antrag zu, die Trockenlegung des Rieds aus der Meliorationsplanung herauszunehmen und gesondert durchzuführen.[94] Damit wollte man sicherstellen, dass das Ried auch im Fall eines Scheiterns der Melioration entwässert würde. Der obere Teil des Rieds wurde dann doch noch geschützt und bildet heute ein geschätztes Naherholungsgebiet.

Der Beschluss zur Melioration fiel am 22. Februar 1941 mit 131 Ja- gegen 128 Neinstimmen äusserst knapp aus.[95] Dabei verfügten die Befürworter nur über einen Flächenanteil von 229 Hektaren, während die Gegner 282 Hektaren besassen. Besonders brisant war, dass Abwesende als Jastimmen gezählt wurden. Die Gegner der Seuzacher Melioration reichten deshalb beim Bezirksrat einen Rekurs mit der Begründung ein, der Abstimmungsmodus sei nicht genügend bekannt gewesen. Ihr Begehren wurde jedoch abgewiesen. Nach dem Krieg

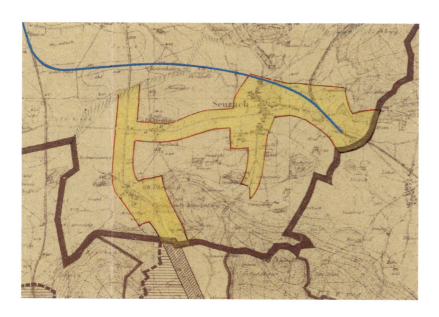

93_Vorschlag des städtischen Bebauungsplanbüros von Winterthur für die Unterstellung eines Teils des Gemeindegebiets von Seuzach unter das kantonale Baugesetz, 15. Juni 1926. Die Winterthurer wollten Seuzach in ihr Gartenstadtkonzept einbeziehen. Der Seuzacher Gemeinderat trat jedoch nicht darauf ein. Blau hervorgehoben ist auf dem Plan auch eine Eisenbahnverbindung nach Schaffhausen, die längere Zeit ebenfalls zur Diskussion stand.

wäre die Melioration damit nicht zustande gekommen, denn die Befürworter mussten neben der Mehrheit der Stimmen auch über den grösseren Flächenanteil verfügen.

Die Melioration wurde in der Folge zügig an die Hand genommen. Die Bauern wollten ihr Land möglichst rasch übernehmen. Innerhalb von drei Jahren wurden 1505 Parzellen von 261 Gründeigentümern aufgenommen, bewertet und in 553 Grundstücken vollständig neu geordnet. Von den total 10 344 Bäumen, die auf dem Kulturland standen, wechselten 2860 ihren Besitzer. Das historisch gewachsene Wegnetz wurde komplett überarbeitet. Anstelle der sich schlängelnden Wege entstand mit dem Massstab ein Flurstrassensystem, über das die Felder optimal erreicht werden konnten. Um den unterschiedlichen Wert des Bodens zu berücksichtigen, kam ein fiktives Bonitierungssystem mit insgesamt 46 Wertklassen zur Anwendung. Als besonderes Problem erwies sich dabei die vorgesehene Revision der Zonenplanung, denn der Wert zukünftigen Baulands musste berücksichtigt werden. Das mit den Arbeiten beauftragte Büro Riester und Furrer in Winterthur ging dabei von der Kanalisationsplanung aus. Das Problem war damals zwar nicht so gravierend, da Bauland höchstens doppelt so teuer war wie gutes Kulturland. Trotzdem sorgte die Planung später für böses Blut, weil nicht alle als Bauland bonitierten Grundstücke eingezont wurden.[96] Die kantonalen Behörden zogen aus solchen Beispielen ihre Lehren. Grundstücke, die als Bauland in Betracht kamen, durften später nicht mehr in eine Melioration einbezogen werden. 1941 existierte diese Vorschrift noch nicht.

Die Melioration war für die Bauern finanziell interessant. 80 Prozent der Kosten wurden von Bund und Kanton getragen. Dazu kam ein Beitrag der Gemeinde, sodass die Grundbesitzer bloss 12 Prozent finanzieren mussten. Pro Hektare ergab das aber immer noch Beiträge von rund 1000 Franken. Dazu kamen allenfalls weitere Kosten, wenn der neue Besitz besser oder grösser war. Im umgekehrten Fall wurde natürlich auch Geld ausbezahlt. Die grösseren Bauern bezahlten 10 000–15 000 Franken. Das entsprach damals zwei bis drei Jahresgehältern eines Winterthurer Maurers oder je nach Marktpreis 30–50 Tonnen Kartoffeln.

Zu den Massnahmen der Melioration gehörte die Gründung neuer Siedlungen ausserhalb des Dorfs. Ihre Propagierung geht in die 1920er Jahre zurück, als der Bund aufgrund des Getreidemangels die Güterzusammenlegungen stärker zu fördern begann. Der Kanton Zürich nahm beim Bau von Aussiedlerhöfen eine Vorreiterrolle ein. Bis zum Zweiten Weltkrieg wurden hier rund 80 solche Höfe errichtet, die als Vorbilder einer modernen Landwirtschaft galten. In Seuzach entstanden drei neue Siedlungen: Emil Gassmann baute in der Habermark, Jakob Wipf in der Rehweid und Fritz Badertscher im Asp einen neuen Hof. Typisch für die neuen Betriebe war die Trennung von Wohnhaus und Ökonomiegebäude, die sich nicht mehr unter einem First befanden, sondern separate Gebäude bildeten, die höchstens durch einen Zwischentrakt verbunden waren. Dieser Hoftyp spiegelte die Anforderungen eines modernen Landwirtschaftsbetriebs. Das «ganze Haus» hatte zugunsten der buchhalterisch verlangten Trennung von Haushalt und Betrieb abgedankt.[97] Die Melioration schritt planmässig voran. Im Herbst 1944 konnten die Bauern ihr neues Land in Besitz nehmen.[98]

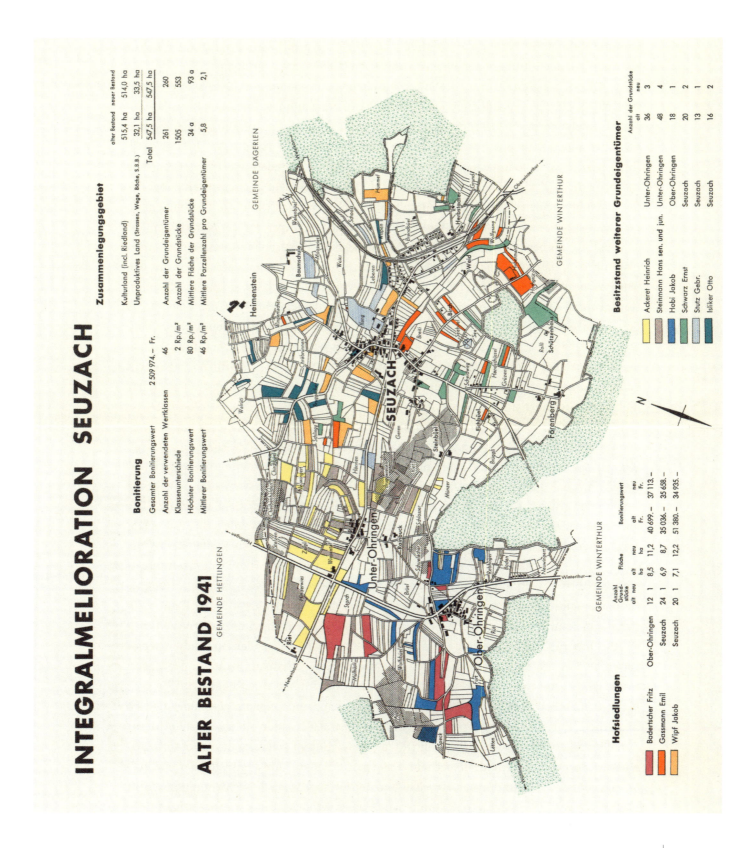

94_Melioration, alter Bestand, 1941.

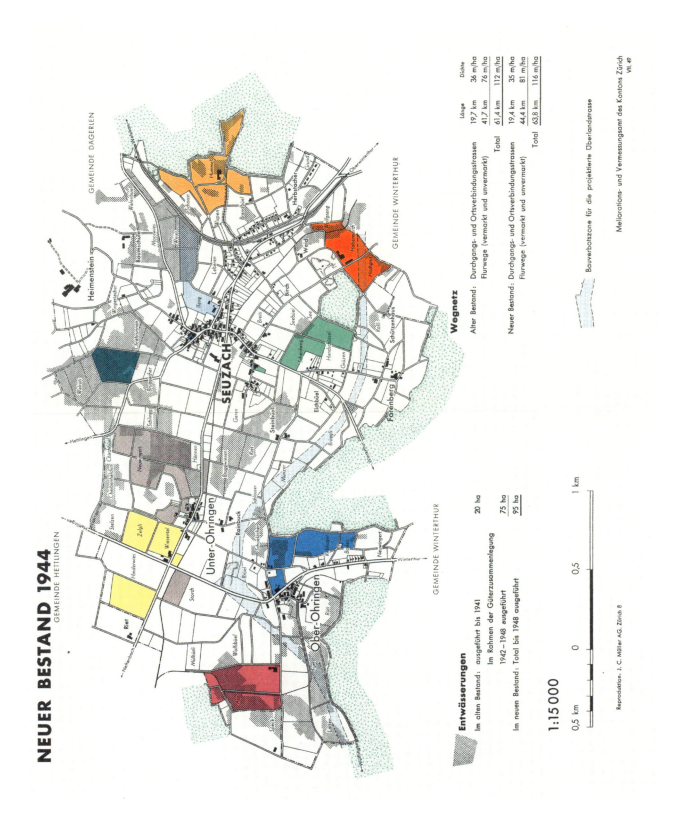

95_Melioration, neuer Bestand,
1944.

3.6 EIN FORTSCHRITTLICHES PROJEKT SCHEITERT, 1946–1952

Noch im gleichen Jahr, als die Bauern ihr neues Land übernahmen, trieb der Gemeinderat auf Verlangen des Regierungsrats die Zonenplanung wieder voran. Dazu wählte er ein überraschendes Vorgehen. Am 1. November 1944 beantragte er der Gemeindeversammlung, das gesamte Gemeindegebiet (mit Ausnahme des Waldes) zur Bauzone zu erklären, um für alle Grundstückbesitzer die gleiche Ausgangslage zu schaffen, was ohne Gegenstimme gutgeheissen wurde.[99] Kurz darauf beauftragte er den Zürcher Architekten Conrad D. Furrer mit der Ausarbeitung eines Zonenplans, der auf dem Kanalisationsprojekt basierte, aber weiterhin dem Grundsatz folgte, dass man höchstens Häuser mit Parterre, erstem Stock und Dachgeschoss wollte.[100] Auch eine Industriezone wurde nicht erwogen. Im März 1946 lag ein Entwurf vor, der den Stimmbürgern zur Begutachtung unterbreitet wurde. Er unterschied drei Zonen, in denen sich die Gemeinde entwickeln sollte. Dazu gab es je eine Kernzone für das alte Dorf Seuzach und für die Weiler Ober- und Unterohringen. Gewerbe- und Wohnbauten waren im Gebiet der heutigen Birchstrasse vom Chrebsbach bis zur Seebühlstrasse vorgesehen. Daran grenzte im Bahnhofgebiet eine ebenso dicht bebaubare Zone auf der rechten Seite des Chrebsbachs. In beiden Zonen rechnete man mit einer Wohndichte von rund 80 Personen pro Hektare, und es durfte maximal zweigeschossig gebaut werden. Um diese Gebiete sollten vier locker überbaute Zonen entstehen, in denen höchstens eineinhalb Geschosse zugelassen waren – in der Leberen, im Herbstacker und im Grund sowie losgelöst im Gebiet der heutigen Forrenbergstrasse. Die Wohndichte in dieser Zone wurde mit 50 Personen pro Hektare angegeben. Oberohringen erhielt zwei Wohnzonen. Gewerbe war hier nicht erlaubt.

Die historischen Siedlungskerne wurden besonders behandelt. Sie grenzten sich deutlich von den modernen Wohnzonen ab und waren nur an wenigen Stellen mit diesen verbunden. Die alten Dorfkerne von Seuzach, Ober- und Unterohringen sollten nicht nur ihr

96_Weiher, Blick vom Bahndamm Richtung Dorf Seuzach, um 1926.

historisches Bild, sondern auch ihre Funktion für die Landwirtschaft behalten, sodass beispielsweise die Kühe noch direkt aus dem Stall auf die Weide getrieben werden konnten. Sie grenzten deshalb noch alle an das Kulturland. Bemerkenswert sind auch die Natur- und Landschaftsschutzzonen, die zwischen den modernen Quartieren und dem Wald zu liegen kamen. Der Kirchhügel war von der Gemeinde bereits im Januar unter Heimatschutz gestellt worden. In den Grünzonen durften nur Anlagen wie Sportplätze oder Familiengärten errichtet werden. Höchstens kleine Geräteschuppen waren hier erlaubt. In der Schutzzone herrschte ein vollständiges Bauverbot. Die Festlegung von neun Aussichtspunkten rund um das Dorf Seuzach und die Planung von Spazierwegen unterstrichen die Bedeutung, die der Natur als Erholungsraum zugemessen wurde. Dem mit Winterthur ausgehandelten Kompromiss kam der Gemeinderat ebenfalls nach. Der Planung entsprechend wurde das Trassee für die Umfahrungsstrasse nördlich an Oberohringen vorbei über den Eichbüel und südlich entlang dem Hochgrüt eingezeichnet. Im Endausbau rechnete man in den Neubauquartieren mit 1780 Personen. Insgesamt ergab dies eine Bevölkerung von maximal 2600 Personen für die ganze Gemeinde. Der Entwurf verband die traditionelle Landwirtschaft mit dem modernen Wohnen im Grünen (Abbildung 98).

Die tiefe Zahl von Einsprachen durfte den Gemeinderat zuversichtlich stimmen. Nach kleineren Anpassungen wurde die neue Bau- und Zonenordnung im August 1948 von den Stimmbürgern gutgeheissen. Gegenüber dem Entwurf fehlten darauf die Rebreservate, die Aussichtspunkte und die Spazierwege. Im Stünzler war ein kleines Baugebiet dazugekommen (Abbildung 99). Ansonsten entsprach die verabschiedete Variante dem Entwurf.

Der Gemeinderat konnte sich jedoch nur kurz über seinen Erfolg freuen. Etliche Rekurse und rechtliche Mängel blockierten die notwendige Bewilligung durch den Regierungsrat.[101] Dabei wirkten sich verschiedene Umstände nachteilig aus. Einerseits sorgten der Erlass eines neuen kantonalen Baugesetzes und die bundesgerichtliche Korrektur desselben für eine unübersichtliche rechtliche Situation, andererseits hatte die Ausnahmebestimmung des Artikels 6 des alten Seuzacher Baugesetzes ihre Spuren bei einzelnen Mitbürgern hinterlassen, die einvernehmliche Lösungen erschwerten. Im Fall eines besonders hartnäckig prozessierenden Bürgers kam ein grundsätzliches Misstrauen gegenüber den Behörden dazu. In einzelnen Teilen musste der Gemeinderat auch Korrekturen vornehmen. Andere Vorschriften standen auf unsicheren Füssen. Als sich die Rekurse hinzogen, riet der Bezirksrat, die Bau- und Zonenordnung komplett zu überarbeiten und der Gemeindeversammlung nochmals zur Abstimmung vorzulegen.[102] Im September 1952 orientierte der Gemeinderat darüber, dass er die Bauordnung mit dem Bauzonenplan zurückziehe. Damit galt weiterhin die alte Zonenordnung von 1926 mit den Zusätzen von 1939 und 1944. Es konnte also weiterhin in der ganzen Gemeinde mit Ausnahme des Walds gebaut werden. Die Motivation der Gemeinderäte war auf einem Tiefpunkt angelangt. Die Gemeinde stand vor einem Scherbenhaufen.

In der Folge setzte der Gemeinderat die Priorität beim Bau der Kanalisation. Hier war der Handlungsbedarf am dringendsten. Die Zunahme der Sickergruben und die Überlastung des Chrebsbachs durch Abwässer bedrohten das Trinkwasser, das aus dem Grundwasser entnommen wurde. 1953 bewilligte die Gemeindeversammlung ein generelles Projekt und das Budget für den Bau des Hauptkanals mit einer Kläranlage. Als Berechnungsgrundlage diente der zurückgezogene Zonenplan (Abbildungen 83, 99).

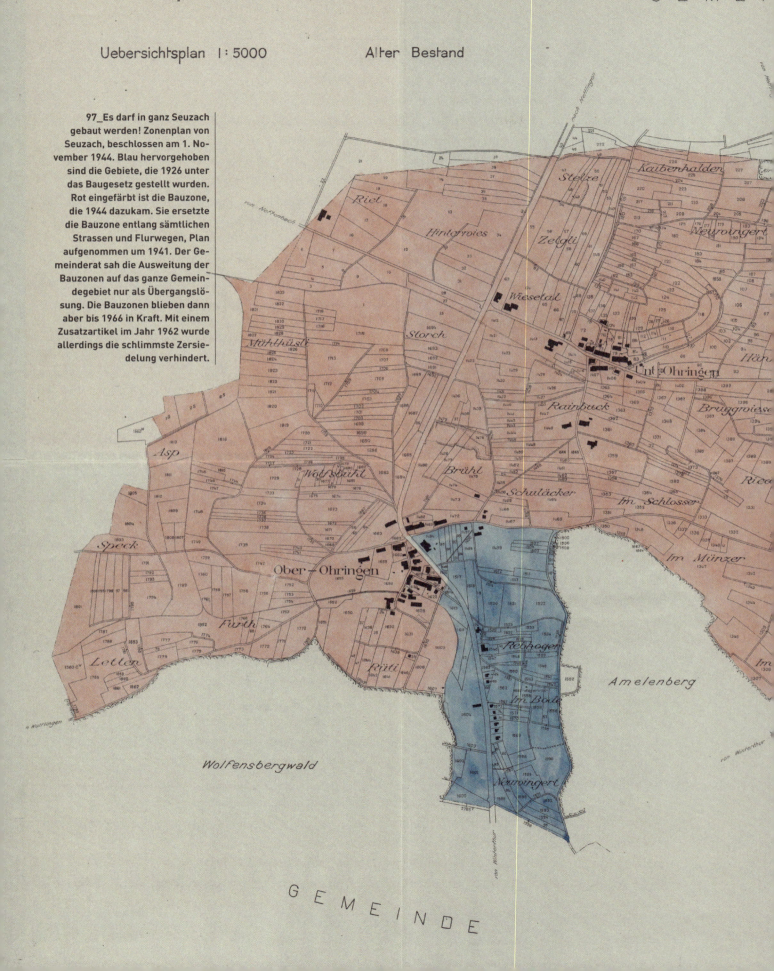

MELIORATION SEUZACH

Uebersichtsplan 1 : 5000   Alter Bestand

97_Es darf in ganz Seuzach gebaut werden! Zonenplan von Seuzach, beschlossen am 1. November 1944. Blau hervorgehoben sind die Gebiete, die 1926 unter das Baugesetz gestellt wurden. Rot eingefärbt ist die Bauzone, die 1944 dazukam. Sie ersetzte die Bauzone entlang sämtlichen Strassen und Flurwegen, Plan aufgenommen um 1941. Der Gemeinderat sah die Ausweitung der Bauzonen auf das ganze Gemeindegebiet nur als Übergangslösung. Die Bauzonen blieben dann aber bis 1966 in Kraft. Mit einem Zusatzartikel im Jahr 1962 wurde allerdings die schlimmste Zersiedelung verhindert.

GEMEI

GEMEINDE

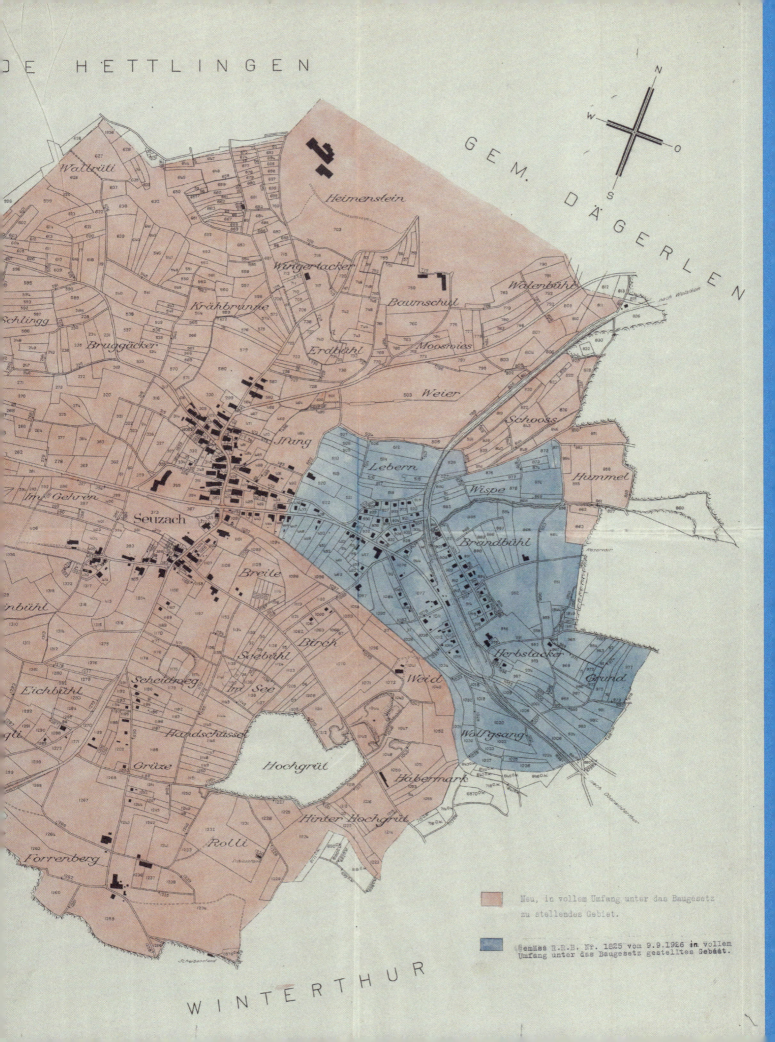

MELIORATION SEUZACH

1 : 5000

Neuer Bestand

ENTWICKLUNGSPLAN

98_Entwurf für einen Zonenplan, Conrad D. Furrer, März 1946. Der fortschrittliche Entwurf verband die traditionelle Landwirtschaft mit dem modernen Wohnen im Grünen. Es wurde darauf aber auch das Land für die projektierte Umfahrungsstrasse von Winterthur ausgeschieden. Die Bauern hatten das Land freiwillig mit einem Bauverbot belegt, um die Melioration nicht zu gefährden. So richtig glaubte damals allerdings kaum jemand in Seuzach an den Bau der Schnellstrasse.

GEMEI

ERWEITERUNG DES FRIEDHOFS MIT AUSSICHTSPUNKT

SCHUTZZONE UM KIRCHHÜGEL UND DORFRAND

UMBAU DER UNÜBERSICHTLICHEN KREUZUNG

VERBESSERUNG DER UNÜBERSICHTLICHEN KREUZUNG

Bauverbotszo

GRÜNSTREIFEN ALS NATÜRLICHE TRENNUNG AN DER WINTERTHURER STADTGRENZE

ARRONDIERUNG DER BESTEHENDEN SIEDLUNG

LEGENDE:

BAUZONE	WOHNHÄUSER 1-1½ GESCHOSSE AUFGELOCKERTE BEBAUUNG	W.D. 50 E/ha, 22 ha ca 1100 E.
BAUZONE	2. GESCHOSSIGE WOHNBAUTEN	W.D. 80 E/ha, 8½ ha ca 680 E.
BAUZONE	2. GESCHOSSIGE WOHNBAUTEN MIT SEWERSE	NEUSIEDLUNG VON ca 1780 E
ALTER ORTSKERN (LANDWIRTSCHAFT)		
GRÜNZONE		
SCHUTZZONE MIT BAUVERBOT NATUR UND LANDSCHAFTSCHUTZ		BESTEHENDE STRASSEN
TRACÉ DER PROJEKT ÜBERLANDSTRASSE MIT BAUVERBOT		NEUE STRASSEN
REHRESERVAT		SPAZIERWEGE
		AUSSICHTSPUNKTE NEUE LANDW. SIEDLUNGEN

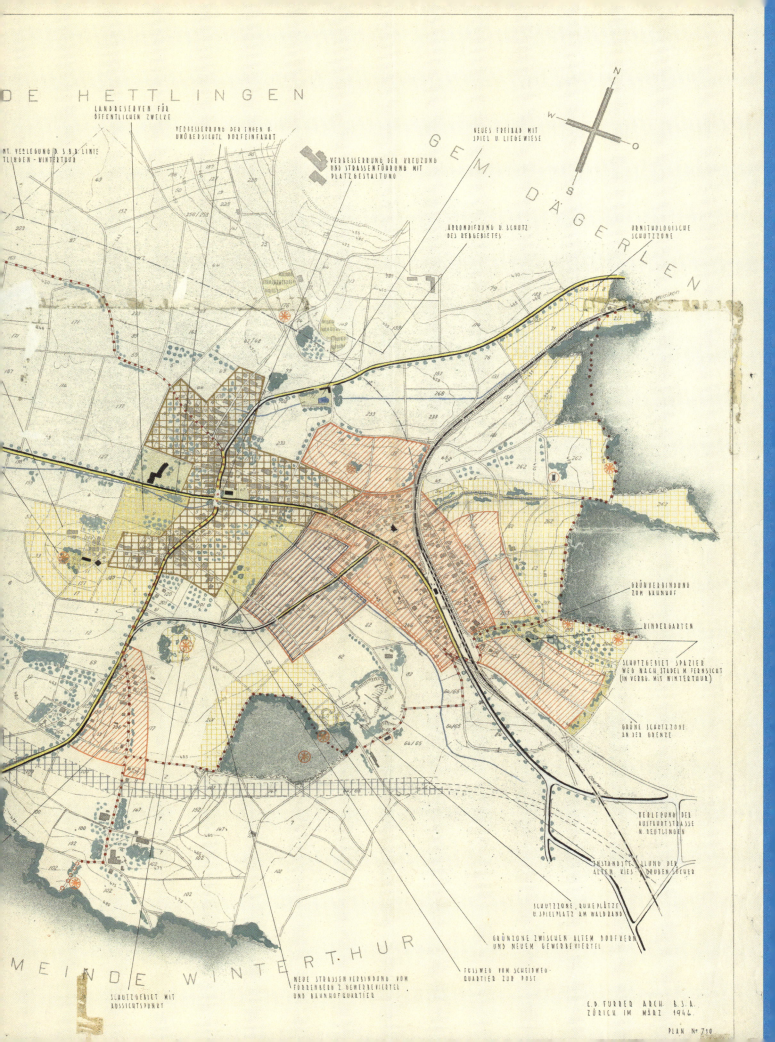

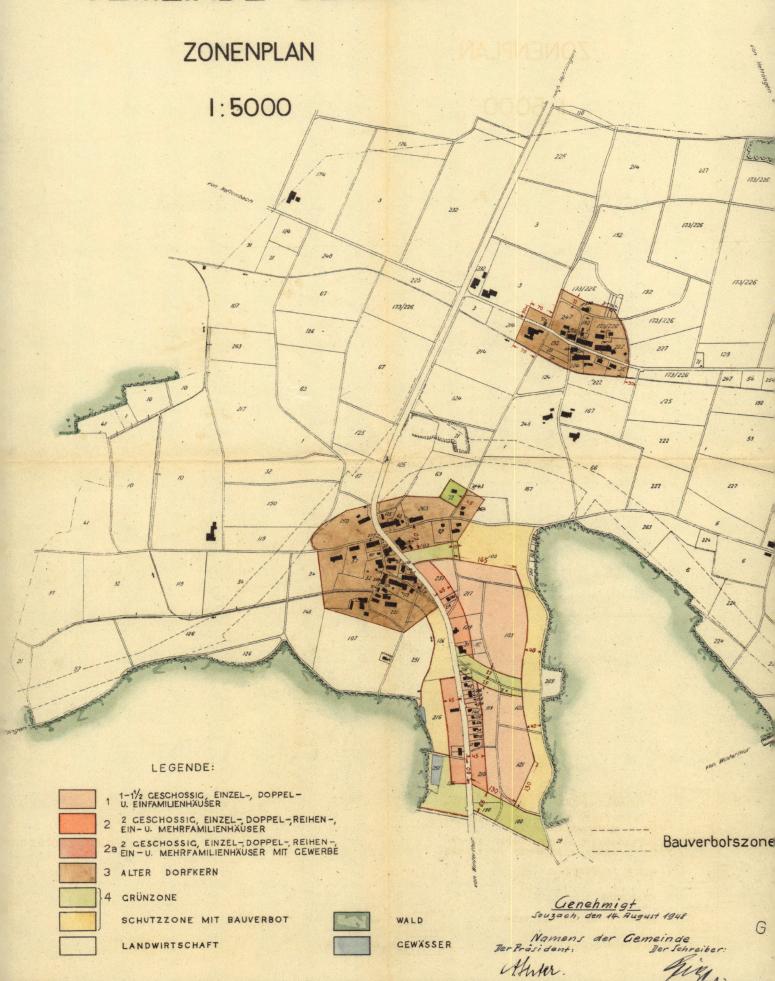

GEMEINDE SEUZACH

ZONENPLAN

1:5000

LEGENDE:

1	1–1½ GESCHOSSIG, EINZEL-, DOPPEL- U. EINFAMILIENHÄUSER
2	2 GESCHOSSIG, EINZEL-DOPPEL-, REIHEN-, EIN- U. MEHRFAMILIENHÄUSER
2a	2 GESCHOSSIG, EINZEL-, DOPPEL-, REIHEN-, EIN- U. MEHRFAMILIENHÄUSER MIT GEWERBE
3	ALTER DORFKERN
4	GRÜNZONE
	SCHUTZZONE MIT BAUVERBOT
	LANDWIRTSCHAFT
	WALD
	GEWÄSSER

Bauverbotszone

Genehmigt
Seuzach, den 14. August 1948

Namens der Gemeinde
Der Präsident: Der Schreiber:

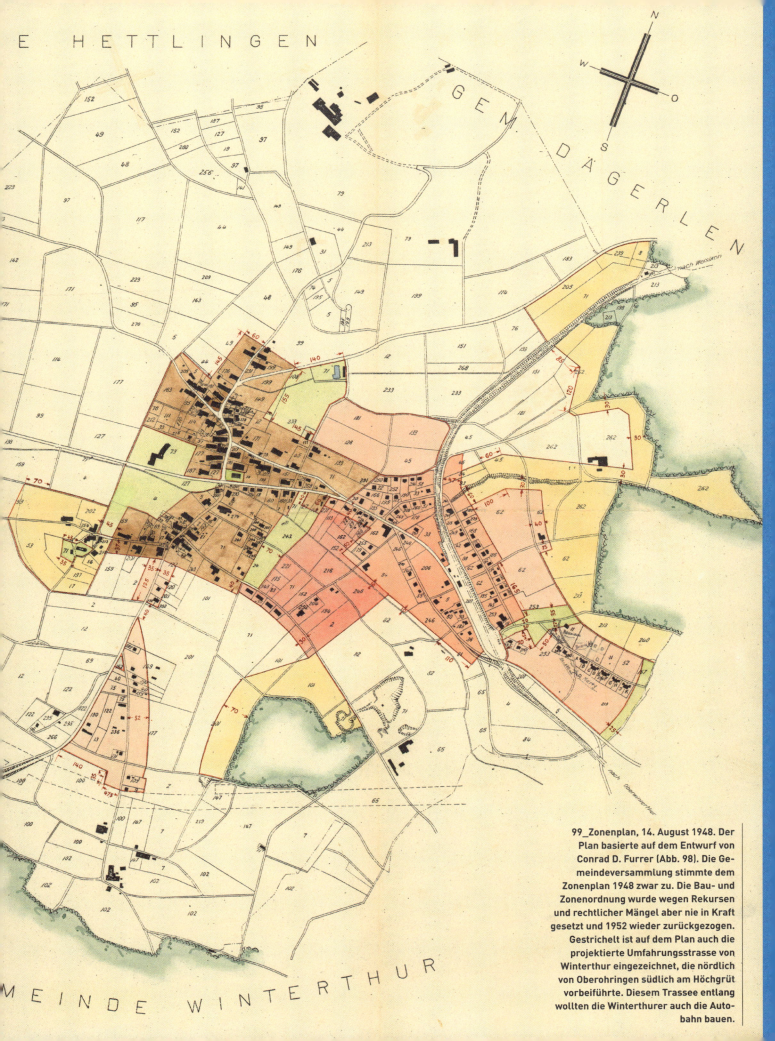

99_Zonenplan, 14. August 1948. Der Plan basierte auf dem Entwurf von Conrad D. Furrer (Abb. 98). Die Gemeindeversammlung stimmte dem Zonenplan 1948 zwar zu. Die Bau- und Zonenordnung wurde wegen Rekursen und rechtlicher Mängel aber nie in Kraft gesetzt und 1952 wieder zurückgezogen. Gestrichelt ist auf dem Plan auch die projektierte Umfahrungsstrasse von Winterthur eingezeichnet, die nördlich von Oberohringen südlich am Höchgrüt vorbeiführte. Diesem Trassee entlang wollten die Winterthurer auch die Autobahn bauen.

3.7 ZWEI NEUE ANLÄUFE, 1955 UND 1958

Ende 1954 nahm der Gemeinderat einen erneuten Anlauf für einen Zonenplan. Der Druck hatte sich inzwischen erheblich erhöht. Der «Landbote» berichtete, dass im Bezirk Winterthur in keiner anderen Gemeinde derart viel gebaut werde. Gemäss der Zeitung drohte Seuzach sogar die Verstädterung. Bei der Zonenplanung sollten nun keine Fehler mehr gemacht werden, deshalb suchte der Gemeinderat eine fachliche Kapazität. In der Person von Hans Marti fand man einen Architekten, der heute als Pionier der Raumplanung gilt.[103] Bereits Ende April legte Hans Marti einen Entwurf vor, bei dem er sich aufgrund des Kanalisationsbaus allerdings am alten Projekt orientieren musste. Als Neuerung führte er die Ausnützungsziffer ein, ausserdem war erstmals eine Industriezone vorgesehen. In der Folge geschah jedoch nichts mehr. Der Gemeinderat führte einzig den Bau der Kanalisation zu Ende. Rückblickend vermutete man, die damaligen Behörden hätten bei einer Abstimmung an der Gemeindeversammlung ein erneutes Fiasko befürchtet.[104] Tatsächlich hatte es eine starke Opposition gegen das Projekt gegeben.[105]

Im September 1958, nachdem sowohl der Gemeinderat als auch die Baukommission neu bestellt worden waren, nahmen die frisch motivierten Mitglieder wiederum einen Anlauf zum Erlass einer Bau- und Zonenordnung.[106] Nun war man sich jedoch nicht mehr einig über die Beschränkung der Stockwerkzahlen. Ein Teil der Behördenmitglieder beklagte sich darüber, dass über die Bau- und Zonenordnung Bevölkerungspolitik betrieben werde. Es sollte auch Arbeitern möglich sein, auf das Land zu ziehen, forderten sie. Ausserdem sollte der Einbau von kleinen Dachwohnungen mit Kochnischen zugelassen werden. Die Gegenseite war sich jedoch einig, es könne nicht an Seuzach liegen, die «Probleme der Umgebung» zu lösen. Schliesslich zeigte sich, dass die Positionen zu weit auseinanderlagen. So entschloss man sich im Februar 1961, mit der Bau- und Zonenplanung zuzuwarten, bis die Linienführung der Autobahn klar sei.[107]

100_Blick vom Kirchturm auf die Breitestrasse, Stationsstrasse und Bachtobelstrasse, um 1956.

3.8 EINE NOTLÖSUNG VERHINDERT DAS SCHLIMMSTE, 1962

Inzwischen hatten sich die äusseren Umstände abermals verschärft. Man rechnete nun mit 10 000 Einwohnern.[108] Der Gemeinderat reagierte mit dem Erlass eines sogenannten Bebauungsplans. Darunter wurde grundsätzlich die Festlegung der neuen Strassen verstanden. Im April 1960 wurde das Strassenkonzept von der Gemeindeversammlung angenommen, anhand dessen man abschätzen konnte, in welchen Gebieten der Gemeinderat die Siedlungsentwicklung konzentrieren wollte (Abbildung 118).[109] Das durch die neuen Strassen umrissene Baugebiet war immer noch grösser als das gegenwärtig gültige. Es wurde im Westen und Norden durch die Aussiedlerhöfe «Steinbüel», «Schlingg» und «Heimenstein» sowie im Nordosten vom Hummel begrenzt. Obwohl man nun wusste, wo der Gemeinderat die

101_Luftaufnahme, Blick vom Kirchhügel bis zum Bachtobelquartier, um 1961.

102_Luftaufnahme, Blick von der Reutlingerstrasse über die Breite- und Stationsstrasse bis zum Haldenschulhaus, um 1961.

Bauzonen plante, wurden weiterhin in der ganzen Gemeinde Landverhandlungen für Bauvorhaben geführt. Die Bodenspekulation nahm ein unbekanntes Mass an. Es drohte die Überbauung des ganzen Gemeindegebiets. Der Gemeinderat entschloss sich deshalb Ende 1961, die Notbremse zu ziehen und den Wildwuchs in Seuzach unverzüglich einzuschränken. Als Vorlage für die Festlegung der Bauzone stützte er sich auf das Kanalisationsprojekt und die dazu vom Regierungsrat bewilligten Erweiterungen.[110] Am 19. Januar 1962 beantragte er, die Bauordnung von 1926 um einen entsprechenden Artikel zu ergänzen.[111] Die Anwesenden nahmen den Antrag mit 56 gegen 39 Stimmen an. Der neue Artikel erlaubte zwar weiterhin das Bauen in der ganzen Gemeinde mit Ausnahme des Waldes, die Bewilligung dazu wurde aber erschwert. Bauten im Gebiet ausserhalb der Kanalisationsplanung (Abbildung 83) durften die Landwirtschaft nicht stören, und es musste für sie ein vom Regierungsrat bewilligter Quartierplan vorliegen. Ausserdem hatten die Bauherren keinen Anspruch, an das öffentliche Kanalisations- und Wassernetz angeschlossen zu werden. De facto kam der neue Artikel deshalb einem Bauverbot ausserhalb des Kanalisationsgebiets gleich. Im Hinblick auf den Erlass einer Bau- und Zonenordnung wurde damit eine wichtige Hürde genommen. Es waren davon auch einige Grundstücke betroffen, deren Wert während der Melioration als Bauland berechnet worden war.[112]

3.9 ENDLICH – DIE NEUE BAU- UND ZONENORDNUNG, 1966/70

1964 war es einmal mehr so weit. Der Gemeinderat erteilte dem Architekten Heinrich Kunz in Zürich den Auftrag, eine Bau- und Zonenordnung auszuarbeiten. Im Juli 1966 wurde diese von den Seuzachern angenommen. Erneut gab es zwar Rekurse. Diese hatten jedoch keine substanziellen Auswirkungen auf das Projekt, sodass 1970 die neue Bau- und Zonenordnung

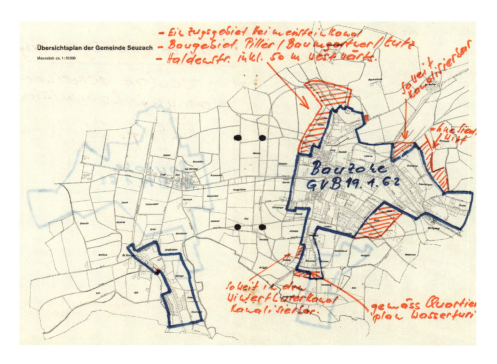

103_Vorschlag der Planungskommission für die Zonenplanung vom 21. Juli 1964. Blau ist das Gebiet eingezeichnet, das von der Kanalisation erschlossen war. Mit einem dringlichen Beschluss wurde am 19. Januar 1962 das Bauen ausserhalb dieser Zone erschwert. Rot hielt die Planungskommission 1964 ihre Erweiterungswünsche fest, die dem beauftragen Architekten Heinrich Kunz als Grundlage dienten.

vom Regierungsrat genehmigt werden konnte. Die nun gültige Zonenordnung basierte zwar immer noch auf den Plänen von 1946. Der Bevölkerungsdruck und die unkoordinierte Siedlungsentwicklung hatten aber deutliche Spuren hinterlassen. Die unüberbaubaren Naturschutzzonen waren zugunsten von Wohnzonen mit Schutzbestimmungen oder reinen Wohnzonen aufgehoben worden. Selbst der bereits unter Heimatschutz stehende Chirchhoger fiel dem Hunger nach Bauland zum Opfer. Nur an zwei kleinen Flecken beim Brandholz und im Zentrum, dem ehemaligen Torebuebe-Egge,[113] existierte noch der Rest einer Grün- und Freihaltezone. An mehreren Rändern wurden die Bauzonen ausgedehnt. In Richtung Heimenstein gehörte das schon im ersten Kanalisationsprojekt vorhandene, dann 1946 aber weggelassene Gebiet wieder dazu. Gegen die Hochgrütstrasse erstreckte sich nun eine geschlossene Bauzone. Alles in allem wurde aber nicht so grosszügig eingezont, wie es das 1960 verabschiedete Strassenkonzept vorgesehen hatte. Im Zentrum zwischen der Stations- und

104_Zonenplan, von der Gemeindeversammlung angenommen am 1. Juli 1966, vom Regierungsrat endgültig genehmigt am 23. März 1970.

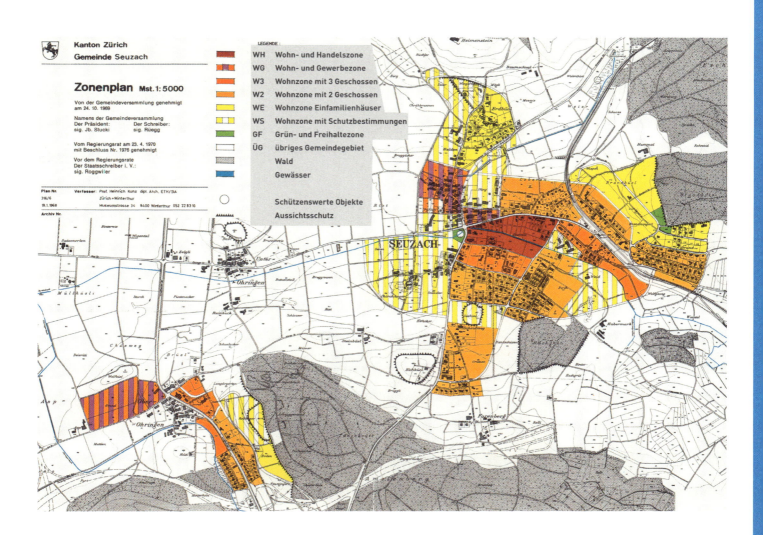

der Breitestrasse wurde eine Wohn- und Handelszone geschaffen, in der auch dreigeschossige Gebäude zugelassen waren. Diese Zone sollte zum neuen Kern der Gemeinde Seuzach werden. Die ursprünglich geplante Handels- und Gewerbezone im Ausserdorf wurde einstimmig fallen gelassen. Ebenso verzichtete man auf eine Industriezone. Stattdessen schied der Gemeinderat in Oberohringen ein zusätzliches Gebiet für das Gewerbe aus. Das Verbot von Flachdächern, das damals die ganze Schweiz beschäftigte, gab auch in Seuzach zu reden. Die Baukommission lehnte ein solches schliesslich ab. Den Entscheid begründete sie damit, dass Flachdächer in den Hanglagen die Aussicht der Nachbarn weniger beeinträchtigen würden. Mehrheitlich wehrte sich die Kommission nun nicht mehr gegen Wohnblöcke. Der Auftrag an den mit der Zonenplanung betrauten Architekten zeigt allerdings, dass man sich noch immer schwer damit tat. Einerseits durfte es höchstens so viele Mehrfamilienhäuser wie Einfamilienhäuser geben, andererseits sollte die Einwohnerzahl der Mehrfamilienhäuser diejenige der Einfamilienhäuser nicht übersteigen.[114] Die beiden Vorgaben entsprachen ganz offensichtlich unterschiedlichen Meinungen, wobei die Gegner der Mehrfamilienhäuser den Vorteil geschickt auf ihre Seite zu ziehen wussten.

In der Folge gab es zwar verschiedene kleinere Anpassungen oder Erweiterungen. Die Zonenplanung von 1966/70 gab jedoch den Rahmen für den heutigen Siedlungszustand vor. Sofort wurde mit der Planung des neuen Dorfkerns begonnen, der Seuzach ein neues Gesicht geben sollte. Im Sog der allgemeinen Wachstumseuphorie wurden auch die Bevölkerungsvorhersagen nochmals nach oben korrigiert. Der Name Kneschaurek kursierte in aller Munde. Der St. Galler Wirtschaftsprofessor hatte in einem von mehreren Szenarien der Schweiz bis zum Ende des Jahrhunderts 10 Millionen Einwohnerinnen und Einwohner prognostiziert. Daneben gab es von ihm auch bescheidenere Szenarien, diese wurden aber kaum beachtet. Die Behörden gingen nun von 14 000 Personen aus, die in Seuzach im Endausbau leben sollten. Bis zum Jahr 2000 rechneten sie mit einer Bevölkerung von 9000 Personen. Einem Flickenteppich vergleichbar wurden in der Folge die Lücken in den bestehenden Bauzonen gefüllt.

105_Ausgewechselte Landschaft. Korrektur des Chrebsbaches.

3.10 UNGEBAUTES SEUZACH – DIE VISION EINER NEUEN KERNZONE, 1966–1980

Ein wesentlicher Punkt des Zonenplans von 1966 war die neue Kernzone zwischen dem Dorf Seuzach und dem Bahnhof. Der Gemeinderat befürchtete, dass die Gemeinde in zwei Zentren zerfallen könnte, das eine im alten Dorf, das andere beim Bahnhof. Er plante deshalb, das von der Stationsstrasse mit der Birch-, der Breite- und der Winterthurerstrasse gebildete Viereck nach einem Gesamtplan zu überbauen und so den Bahnhof und das Dorf in einem neuen Kern in der Oberwis zusammenzufassen, der als «Wohn- und Handelszentrum» zum Herzen der Gemeinde Seuzach werden sollte.[115] Das Projekt vermittelt anschaulich den damaligen Zeitgeist.

Das neue Zentrum war dem Gemeinderat ziemlich wichtig. Er wollte damit die Versorgung der Bevölkerung mit den wichtigsten Läden sicherstellen und einen ortsplanerischen Akzent schaffen, der nicht nur die Verwaltung an einem Ort vereinte, sondern zum Treffpunkt für Jung und Alt werden sollte. Mit der Planung beauftragte er den Architekten Heinrich Kunz, der bereits die Bau- und Zonenplanung erstellt hatte. Als Rechtsberater zog er den Winterthurer Anwalt Rudolf Friedrich, den späteren Bundesrat, bei. Da der Gemeinderat vorwärtsmachen wollte, nahm Heinrich Kunz die Arbeit unmittelbar nach der Annahme des Zonenplans von 1966 in Angriff. Ein Jahr später legte er den ersten Entwurf vor. Als Vorbild dienten Ladenpassagen aus Schweden und Rotterdam, die den Verhältnissen in Seuzach angepasst wurden. Zentral war dabei die vollständige Trennung der Fussgängerströme vom Motorfahrzeugverkehr. Der Chrebsbach sollte – wenn auch kanalisiert – in das Projekt integriert werden, was keine Selbstverständlichkeit war, denn vielerorts wurden die Bäche damals eingedeckt, um Land zu gewinnen. Der Plan sah eine lockere Überbauung mit einer Mischung von Wohnen, ruhigem Gewerbe und viel Grünfläche im Innern vor, auf die hin sich die Läden ausgerichtet hätten. Während aussen auf der Stations-, Birch- und Breitestrasse der Verkehr flüssig abgewickelt worden wäre, hätten entlang dem Chrebsbach die Leute in einer Fussgängerzone einkaufen und flanieren können. Dies war eine Umkehr der Verhältnisse. Die meisten der bestehenden Läden waren 1967 auf die Stationsstrasse hin ausgerichtet (Abbildung 216).

Um genügend Grünfläche zu erhalten, waren Blöcke von bis zu acht Stockwerken vorgesehen. Bezüglich des Autoverkehrs rechnete man mit maximal 110 Parkplätzen für die Kunden der Geschäfte, 50 für die Besucher der öffentlichen Gebäude und 500 für die Anwohner. Die Autoabstellplätze wollte man nicht mehr entlang den Strassen anlegen, sondern sie auf einigen Sammelparkplätzen am Rand der Kernzone konzentrieren. «Das neue Zentrum darf nicht nur während der Geschäftszeiten leben, sondern auch abends und über das Wochenende muss dieses Herz der Gemeinde schlagen und das Leben durch die Verkehrsadern der Fussgänger pulsieren», fasste der Bericht die Intention des Gemeinderats zusammen. Getreu dem bürgerlichen Credo gegen staatliche Eingriffe ins Privateigentum verzichtete der Gemeinderat jedoch auf ein Quartierplanverfahren. Das Planungsziel wollte er unbedingt auf freiwilliger Basis mit einer vertraglichen Vereinbarung oder mit einer Grundeigentümer-Bauordnung erreichen. Im Oktober 1968 informierte er die Landbesitzer über seine Ideen. Die Reaktionen waren eher verhalten. Infrage gestellt wurde vor allem, ob die Ladenbesitzer bereit wären, die Schaufenster von der Strasse weg zu orientieren. Bei der konsultativen Abstimmung am Schluss stellte sich jedoch niemand gegen die Weiterverfolgung des Projekts. Es gab aber einige Enthaltungen. In der Folge kam es trotzdem zu keiner verbindlichen Planung.

Die vielen Interessen liessen sich auf freiwilliger Basis nicht unter einen Hut bringen. Auch das Studium ähnlicher Projekte – wie etwa die Überbauung der Weinhalde in Hinwil – brachten den Gemeinderat nicht weiter.[116] Stattdessen versuchte er sein Ziel in Etappen zu erreichen. Im Vordergrund stand dabei der Bau eines Gemeindezentrums mit Verwaltungsräumen, Saal und Café. Mit dem Kauf und Abtausch von Land wollte der Gemeinderat das Heft nun in die eigene Hand nehmen, um einen architektonischen und ortsplanerischen Akzent zu schaffen, nach dem sich die anderen Etappen richten sollten. Unterstützung erhielt er von der Kirchgemeinde, die Platz für ein Pfarreizentrum suchte und zuweilen sogar mit dem Bau einer grösseren Kirche liebäugelte. Die alte Kirche mit Platz für 200 Gläubige hätte dabei die Funktion einer Kapelle übernommen. Die Vertreter der Kirche gingen dabei von einer Gesamtbevölkerung von 14 000 Personen aus, davon 10 000 Reformierte!

Anfang 1970 lag ein Vorschlag für die Etappierung vor (Abbildung 107), der zwei separate Überbauungen für die Kirche und die Politische Gemeinde vorsah. Immer noch kam das Projekt jedoch nicht richtig vom Fleck. Die Landverhandlungen erwiesen sich als zeitraubend und schwierig. Schliesslich holte die Entwicklung die Planung ein, indem sich das Bevölkerungswachstum verlangsamte. Während die Kirchgemeinde wegen der Kosten 1973 ein gemeinsames Projekt mit der Politischen Gemeinde wünschte, jedoch noch 1975 an der ursprünglichen Grösse festhielt, pressierte es dem Gemeinderat nicht allzu sehr, dafür reduzierte er nun sein Raumprogramm, was die Überarbeitung der Planung zur Folge hatte.[117] Erneut kam es zu Verzögerungen. Entweder liess der Kanton die Gemeinde warten, oder der Ingenieur war mit der Arbeit in Verzug. Dann waren es wieder Baulinienrekurse, die das Projekt bremsten. Aus finanziellen Überlegungen rechnete man mit einem Bau sogar erst in den 1990er Jahren.[118] So lange wollte die Kirchgemeinde aber nicht warten. Ernüchtert sah der Gemeinderat im Juni 1978 das Scheitern der Zentrumsplanung nahen. «Es scheint, dass unser Zentrum mehr und mehr den Chrebsbach hinunter schwimmt. Die Kirchenpflege präsentiert uns die Rechnung für das lange Hinhalten», hielt er anlässlich einer Anfrage der Kirchenpflege fest, die nun ihr Projekt nicht nur überdachte, sondern eine Zusammenarbeit mit der «Chrebsbach AG» am Rand der Kernzone auf dem Land «Niederer» in Betracht zog.[119] In seinem Antwortschreiben betonte der Gemeinderat indes, dass die Pläne für eine Zentrumsplanung noch nicht vom Tisch seien: «An der ursprünglichen Idee eines Gemeindezentrums hat sich nur das geändert, dass die Post leider bereits anderweitig platziert ist. Ein Gemeindesaal mit Restaurant, grössere und kleinere Läden, wenn möglich eine Bank und Versicherung, das Gemeindehaus, der Polizeiposten, eine Gemeindebibliothek, ein Ortsmuseum und in den Obergeschossen private Büros oder Wohnungen, alles um einen verkehrsfreien, nett gestalteten Gemeindeplatz gruppiert, dürften im Rahmen eines Wettbewerbs ohne weiteres Lösungen ergeben, die dann für unsere Gemeinde einen Schwerpunkt und den viel besungenen Ort der Begegnung ergeben.»

Entschlossen setzte der Gemeinderat nochmals alles daran, um zu einer gemeinsamen Lösung in der Oberwis zu gelangen, und präsentierte der Kirchgemeinde eine Grobplanung,

106_«Planung Centrum Seuzach» von Heinrich Kunz und Oskar Götti, 1967. Vorschlag für die Überbauung des neuen Zentrums im Viereck Stationsstrasse/Birchstrasse/

Breitestrasse/Winterthurerstrasse. Der Gemeinderat hoffte, dass sich die Grundeigentümer freiwillig auf einen verbindlichen Bebauungsplan einigen würden.

107_Etappierte Variante für die Zentrumsplanung mit kirchlichen Bauten und einem Gemeindehaus, Heinrich Kunz und Oskar Götti, 1970.

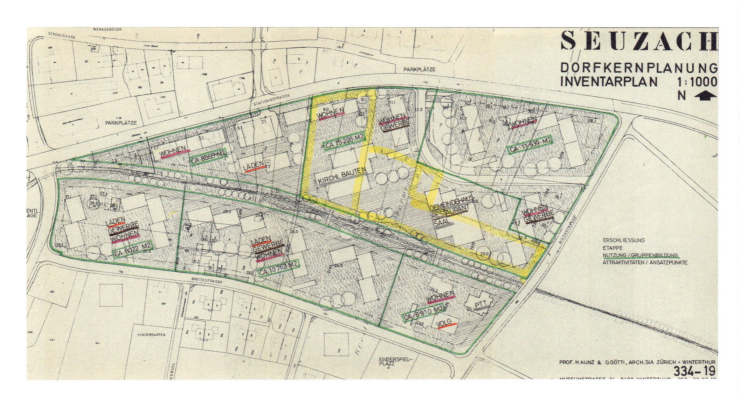

die einen Baubeginn Ende 1980 vorsah.[120] Bereits Ende 1978 stellte er die Zentrumsplanung jedoch ein und löste die kurzfristig eingesetzte Baukommission auf. Daran interessiert, dass der geplante Saal auch für die Bedürfnisse der Politischen Gemeinde genügend gross werde, unterstützte er in der Folge das Projekt der Kirchgemeinde.[121] Damit war das Ende der grossräumigen Zentrumsplanung besiegelt. Im November 1982 weihte die Kirchgemeinde das Pfarreizentrum ein.

Der Bau des Verwaltungszentrums war damit vorerst vom Tisch. Gemeindepräsident Werner Müller beruhigte die Bürgerinnen und Bürger, dass man damit noch 10–15 Jahre zuwarten könne.[122] Wahrscheinlich wäre es noch ein wenig länger gegangen, hätte nicht die Krise der 1990er Jahre das Vorhaben beschleunigt. In der Bauwirtschaft ging innerhalb von sechs Jahren ein Drittel der Arbeitsplätze verloren. Das eidgenössische Parlament beschloss deshalb im Frühling 1993, öffentliche Bauvorhaben, die vorgezogen wurden, zu subventionieren. Diese mussten allerdings bis Ende Juni 1995 realisiert sein. Der Gemeinderat unter dem Präsidium des 1997 im Amt verstorbenen Paul Schuhmacher setzte darauf gehörig Dampf dahinter.[123] Ein skizzenhaft vorhandenes Projekt für einen Anbau an das alte Schulhaus wurde zügig vorangetrieben. An die Gesamtkosten von 5 280 000 Franken sicherte der Bund einen Beitrag von 672 000 Franken zu. Die Stimmbürgerinnen und Stimmbürger nahmen das Projekt am 28. November 1993 mit 1411 Jastimmen gegen 637 Neinstimmen an.

Die Gemeindeverwaltung war bereits 1930 in das Sekundarschulhaus eingezogen. Ein kleiner Platz im Raum der naturkundlichen Sammlung hatte damals noch ausgereicht. Seit dem Umzug der Sekundarschule von 1957 in das Schulhaus Halden standen ihr mehrere Räume zur Verfügung. 1967 übernahm die Gemeinde das alte Schulhaus ganz. Das von den Architekten Benoit und Juzi ausgearbeitete Projekt erweiterte das alte Schulgebäude durch einen modernen Neubau. Das für die Seuzacher Geschichte wichtige ehemalige Sekundarschulhaus blieb so in seiner ursprünglichen Ausstrahlung erhalten.[124] Termingerecht konnte das erweiterte Gemeindehaus im August 1995 eingeweiht werden.

108_Blick auf die Kirche und das Pfarrhaus von der Winterthurerstrasse aus, Frühling 1954.

Vom einstigen Projekt in der Zentrumszone blieb schliesslich nur noch das Land in der Oberwis übrig, das die Gemeinde im Hinblick auf die Realisierung eines Gemeindezentrums erworben und später arrondiert hatte. In einem Quartierplanverfahren wurden die Parzellen der verschiedenen Landeigentümer in der Oberwis neu geordnet. 2006 entschied sich die Gemeinde dazu, das 7300 Quadratmeter grosse Grundstück zu veräussern.[125] Um Gewähr zu haben, dass eine architektonisch und ortsbildlich gute Lösung realisiert würde, schrieb sie einen Investorenwettbewerb aus. Die Gemeinde wünschte eine Neubebauung mit hoher Wohn- und Siedlungsqualität, die sich gut in die Umgebung einfügte. Neben altersgerechten Wohnungen für Personen, die ihr Eigenheim aufgeben, aber in Seuzach bleiben wollten, konnten sich die Behörden auch nichtstörende Gewerbebetriebe und kleine Läden vorstellen. Als Sieger unter sieben Projekten gingen dasjenige der Bauunternehmung Baltensperger AG und des Architekturbüros BDE Architekten GmbH hervor, das fünf Mehrfamilienhäuser mit insgesamt 28 Miet- und 27 Eigentumswohnungen vorsah. 2009 waren die Wohnungen bezugsbereit. So konnte die Gemeinde – wenn auch im Kleinen – doch noch auf die Gestaltung des Zentrums Einfluss nehmen.

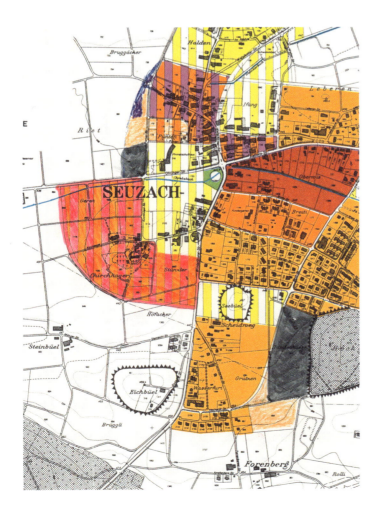

109_Planung einer Freihaltezone am Kirchhügel (rot markiert auf dem Zonenplan von 1966), November 1974.

3.11 UMDENKEN MIT TÜCKEN – DIE PLANUNG AM CHIRCHHOGER, 1945–1990

Doch kehren wir nochmals in die Zeit zurück, als die euphorische Planung infrage gestellt wurde. Das Ölembargo und die autofreien Sonntage im Jahr 1973 sind vielen als Zeit des Umdenkens in Erinnerung geblieben. Tatsächlich befand sich die Gesellschaft bereits seit Anfang der 1970er Jahre in einer Krise, während welcher die Bereitschaft zunahm, die eigenen Wertvorstellungen zu überdenken und neue Richtungen einzuschlagen. Die Bevölkerungsprognosen für die Planung wurden korrigiert. In Seuzach ging der Gemeinderat nun noch von maximal 8000 Personen aus, und dies erst in ferner Zukunft. Auch das kantonale Amt für Raumplanung korrigierte seine Zahlen nach unten. Es rechnete in der Region Winterthur noch mit einem Bedarf von 280 Hektaren Bauland bis ins Jahr 2000. Eingezont war aber mehr als dreimal so viel. Etliche Gemeinden mussten deshalb einen Teil des Baulands wieder auszonen. Seuzach blieb davon verschont. Es gab jedoch auch hier Bestrebungen, in der Zone beim Chirchhoger ein Bauverbot zu erlassen.

Die Diskussion um den Schutz des Kirchhügels ging in die Zeit des Zweiten Weltkriegs zurück. Der Chirchhoger – wie man die Erhebung seit der jüngsten Mundartbewegung offiziell bezeichnete – galt als Wahrzeichen von Seuzach. Die Melioration machte deutlich, dass mit der Veränderung der Landschaft auch ein Stück Heimat verloren ging. Praktisch oppositionslos stellte deshalb der Gemeinderat 1946 die Umgebung der Kirche unter Heimatschutz. Es handelte sich jedoch um ein relativ kleines Gebiet, das durch die während der Melioration neu gebauten Strassen begrenzt wurde. Obwohl es in der Folge sowohl bei der gescheiterten Zonenplanung von 1948 wie auch danach immer wieder Bestrebungen gab, die Schutzzone auszuweiten und ein Bauverbot zu erlassen, fiel der Kirchhügel 1966 dem Wachstumsfieber zum Opfer. Offensichtlich wollte man die Zonenplanung nicht gefährden, denn unmittelbar nach deren Annahme setzte sich der Gemeinderat wieder für den besseren Schutz des Chirchhogers ein.

110_Überbauung im Gebiet der Rundstrasse in Oberohringen.

Die Kirchenpflege plante an der Kirchgasse unterhalb des Friedhofs den Bau eines Kirchgemeindehauses mit einem Saal für 90 Personen und hoffte auf einen positiven Vorentscheid des Gemeinderats. Dieser lehnte das Projekt jedoch ab und setzte sich mit dem Denkmalpfleger und der Heimatschutzkommission des Kantons in Verbindung. Wenn die Gemeinde mit schlechtem Beispiel vorangehen würde, könne man wohl kaum eine Rücksichtnahme von den privaten Grundeigentümern erwarten, begründete die Baukommission im Juni 1967 ihren ablehnenden Entscheid.[126] Der Chirchhoger war nämlich noch kaum überbaut. Einzig eine Fertiggarage, deren Beseitigung oder Tarnung mit Grünpflanzen den Gemeinderat mehrfach beschäftigte, störte das Bild.

Im Oktober 1968 legte das kantonale Planungsamt ein Richtmodell vor, das als westliche Siedlungsgrenze immer noch mit der dort geplanten Umfahrungsstrasse rechnete.[127] Auch sollte der Kirchhügel nicht gänzlich frei bleiben. So zog der Gemeinderat selbst den Bau eines eigenen Gemeindezentrums am Kirchhügel in Betracht – was nicht ohne Brisanz war, da er ja eben erst das erwähnte Projekt der Kirchgemeinde abgelehnt hatte.[128] Das Vorhaben wurde jedoch aufgeschoben, um die Planung des Alters- und Pflegezentrums abzuwarten, das die Sicht auf den Chirchhoger tangierte. Danach war das Gemeindezentrum am Chirchhoger kein Thema mehr, weil der Bau in der Oberwis angestrebt wurde.

Als das Projekt des Alters- und Pflegeheims vorlag, intensivierte der Gemeinderat seine Anstrengungen, um die Sicht auf die Kirche freizuhalten, 1973 wieder. Weil das Altersheimprojekt seiner Ansicht nach dem Schutz des Gebiets zu wenig Rechnung trug, beschränkte er sich nun auf die Freihaltung ausgewählter Blickrichtungen. Da andernorts im Handschüssel, am Forrenberg und im Rietacker gleichzeitig Einzonungen zur Diskussion standen, verknüpfte er diese mit der Auszonung am Chirchhoger, in der Meinung, der Kanton würde Einzonungen nur tolerieren, wenn gleichzeitig Land ausgezont werde.[129] Es war zudem wenig Opposition zu erwarten, weil ein beträchtlicher Teil des Lands um die Kirche

111_Abbruch des Bahnhofs Seuzach, August 1997.

der Gemeinde gehörte. Sein Anliegen begründete der Gemeinderat mit dem «Pillenknick». Er argumentierte damit, dass in 30 Jahren die Bevölkerungszahl kleiner sei, um dem Projekt zum Durchbruch zu verhelfen. Im Dezember 1974 stimmte die Gemeindeversammlung mit nur wenigen Gegenstimmen der Auszonung der rund 11 Hektaren Land am Chirchhoger zu und teilte sie der Freihalte- und Erholungszone zu. Dagegen reichten jedoch die meisten der betroffenen Grundeigentümer Rekurse ein, die vom Bezirksrat grösstenteils gutgeheissen wurden. Im Januar 1976 stand die Zonenplanung an einer ausserordentlichen Gemeindeversammlung deshalb erneut zur Diskussion. Die Angelegenheit hatte in der Gemeinde ziemlich zu reden gegeben, da die meisten Beschlüsse von 1974 hinfällig wurden. Am Chirchhoger durfte auf dem Land im Stünzler weiterhin gebaut werden. Einzig das Gebiet in der Geren, wo in der Folge Familiengärten entstanden, blieb gegen den Willen der Eigentümer ausgezont. Beim Land im Stünzler wurde mit 86 zu 52 Stimmen beschlossen, den Entscheid des Bezirksrats zu akzeptieren.[130]

Der Chirchhoger blieb ein wiederkehrendes Traktandum. Überraschenderweise wendete sich das Blatt. Der Gemeinderat wehrte sich nun nicht nur dagegen, dass dem Chirchhoger regionale Bedeutung zugestanden wurde, weil er möglichst viel Einfluss behalten wollte, 1980 beantragte er sogar die Aufhebung des Umgebungsschutzes. Da der Antrag jedoch von der Regionalplanung Winterthur und Umgebung (RWU) abgelehnt wurde und der Entscheid im Gemeinderat nur knapp zustande gekommen war, liess man es dabei bewenden.[131] Bereits ein Jahr später diskutierte der Gemeinderat erneut über den Schutz der Sicht auf die Kirche. Weitere Nahrung erhielt die Frage 1987 durch den Ausbau des Alters- und Pflegeheims. Den Durchbruch zum Bauverbot am Chirchhoger brachte jedoch erst das Quartierplanverfahren im Stünzler, das den Eigentümern die eingeschränkten Baumöglichkeiten vor Augen führte. Da der Gemeinderat bereit war, den Landbesitzern Realersatz anzubieten, stand 1991 die Freihaltezone erneut zur Diskussion. Der Gemeinderat schlug den Eigentümern vor, ihr Land im Stünzler gegen gleichwertiges im Handschüssel zu tauschen, das im Besitz der Gemeinde war. Selbstverständlich gab es Leute, die den Handel ablehnten, weil sie sich noch an den Rekurs von 1974 erinnerten. Wäre es nach der Gemeinde gegangen, hätten die Landbesitzer damals keine Entschädigung erhalten. Der Aufmarsch an der Gemeindeversammlung war mit 465 Stimmberechtigten auch entsprechend gross. Nach heftiger Diskussion stimmten die Anwesenden dem Landtausch mit 282 Ja- gegen 153 Neinstimmen zu. Das letzte Wort wurde jedoch an der Urne gesprochen. Bei einer Stimmbeteiligung von 35 Prozent nahmen die Seuzacher den Landabtausch mit 798 Ja- gegen 531 Neinstimmen an. Da der Gemeinde das Land im Stünzler nun gehörte, konnte sie es leichter umzonen. So kam die Freihaltezone in der 1974 beschlossenen Ausdehnung von 11 Hektaren doch noch zustande.[132]

3.12 VOM EUPHORISCHEN WACHSTUM ZUR VERDICHTUNG, 1990

Eine neue Periode der Siedlungsplanung brach in den 1990er Jahren an. Inzwischen ging man von rund 6500 Einwohnerinnen und Einwohnern im Jahr 2005 aus, was – wie wir heute wissen – leicht unter der eingetretenen Entwicklung lag. Um den Landverschleiss zu bremsen, liess das überarbeitete kantonale Raumplanungsgesetz eine dichtere Bebauung zu. Der Seuzacher Gemeinderat nahm die Anpassung der Zonenpläne zügig an die Hand, um möglichst rasch wieder Rechtssicherheit zu schaffen. Die Eröffnung der S-Bahn 1990 hatte die neue Entwicklung begleitet. Ein Jahr später wurde mit einem hauchdünnen Mehr ein Gesamtplan für das Bahnhofgebiet angenommen. Im gleichen Jahr machte die Verabschiedung der Zonenordnung mit den Lärmempfindlichkeitsstufen bewusst, wie komplex der öffentliche Raum inzwischen durch ein unsichtbares Netz normiert und strukturiert war. 1992 stimmten die Seuzacher der Gesamtrevision der Bau- und Zonenordnung zu. Wiederum ein Jahr später wurde Unterohringen in die Bauentwicklung mit einbezogen, das man bis anhin vollständig intakt lassen wollte. Man rechnete damit, dass in fünf Jahren gebaut werden könne. Nach langem Provisorium und einigen politischen Auseinandersetzungen um die Reduktion des Gestaltungsplans wurde im Sommer 2002 schliesslich der neue S-Bahnhof eingeweiht.

Ende des 20. Jahrhunderts waren in Seuzach rund 30 Prozent des Gemeindegebiets mit Siedlungen und Strassen überbaut. Knapp 45 Prozent des Lands wurden von den Bauern bewirtschaftet. Das restliche Viertel machten der Wald und die Gewässer aus. Gut 2 Prozent der Bauzone waren noch nicht überbaut. Die Bevölkerungsdichte lag mit 54 Personen pro Hektare etwa in der Grössenordnung, wie sie 1946 für die «locker» überbaute Zone mit höchstens eineinhalb Geschossen vorgesehen war. Das heisst nicht, dass damals dichter gebaut worden wäre, sondern der Platzanspruch pro Person hatte inzwischen beachtlich zugenommen. In der Seuzacher Bauordnung schlug sich diese Entwicklung etwa in der Definition des Begriffs «Kleinwohnung» nieder. Während 1994 darunter noch eine Wohnung mit zweieinhalb Zimmern verstanden wurde, waren es 2005 bereits dreieinhalb Zimmer. Allgemein rechnete man damit, dass der Wohnbedarf pro Person jährlich um durchschnittlich 1 Quadratmeter zunahm.[133]

Im kantonalen Vergleich erlebte Seuzach im 20. Jahrhundert ein überdurchschnittliches Wachstum. Von den 171 Gemeinden wiesen nur 22 eine grössere Bevölkerungszunahme auf. Während sich die Einwohnerzahl im Kanton Zürich knapp verdreifachte, stieg sie in Seuzach um das Achtfache an. Die lokalen Behörden reagierten 1926 ausgesprochen früh mit raumplanerischen Massnahmen und waren auch nach dem Zweiten Weltkrieg mit der Planung der Zeit voraus. Die fortschrittliche Bau- und Zonenordnung von 1946 scheiterte jedoch an den Einsprachen einer kleinen Gruppe, sodass sich Seuzach zu Beginn der 1960er Jahre in einer ähnlichen Situation wie die meisten Gemeinden des Kantons Zürich sah. Die Ergänzung des Baugesetzes im Jahr 1962 nahm im Kern die 1966 erlassene Bau- und Zonenordnung vorweg. Letztlich prägten in Seuzach die Wachstumseuphorie der 1960er Jahre, das zaghafte Vorgehen in der Raumplanung und die Wertvorstellungen vom Privateigentum das Siedlungsbild. Die frühe Planung bremste jedoch den Bau von Wohnblöcken, sodass eine Verstädterung kaum eintrat. Stattdessen dominieren die unterschiedlichen Einfamilienhausquartiere und bescheidene Wohnblöcke mit den drei alten Dorfkernen das Ortsbild, sodass man auch heute noch von einer dörflich-ländlichen Gemeinde sprechen kann.

4. Mobilität und Strassenbau

Die liberale Regierung des modernen Kantons Zürich setzte 1831 den Strassenbau zuoberst auf die politische Agenda. «Gute Schulen und gute Strassen sind die Zierde eines Landes», sagte Regierungsrat Heinrich Wyss in der Debatte um das erste Strassengesetz. Es gab aber auch Gegner der Strassen, welche die Bauern als Verlierer der besseren Verbindungen sahen: «Die Städte ziehen den grossen Vorteil aus der vermehrten Communication, es werden alle Produkte leichter dahin verführt [...] man wird aber dem Bauern nicht mehr bezahlen, sondern eher weniger, weil die Concurrenz der Verkäufer zunimmt.»[134]

In der ersten Phase des Strassenbaus, während der die wichtigsten Verbindungen im Kanton und zu den Nachbardörfern gebaut wurden,[135] stand die Frage nach den Nutzniessern immer wieder im Zentrum der Debatte. Beispielsweise wehrte sich die Zivilgemeinde Seuzach lange gegen einen Beitrag an den Bau der Schaffhauserstrasse, weil ihrer Meinung nach nur die Ohringer davon profitierten. Umgekehrt weigerten sich die beiden Zivilgemeinden Ober- und Unterohringen, einen Beitrag an den Bau der Amelenbergstrasse, der heutigen Winterthurerstrasse, zu leisten, weil sie diese nicht benutzten.[136] Für Zündstoff sorgten auch die beim Bau der Dorfstrassen üblichen Fronarbeiten. Für die Bauern war dies zwar eine beliebte Gelegenheit, die Wintermonate zu überbrücken. Die mangelnde Arbeitsdisziplin einzelner Dorfgenossen und die unterschiedlichen finanziellen Mittel der drei Zivilgemeinden

112_Strasse in Oberohringen mit Kuhdoppelgespann, um 1925.

113_Rechte Seite: Genormtes Strassenprofil für die Kirchgasse, 1918. Die Dorfstrassen wurden damals noch nicht geteert. Auf ein Steinbett kam eine Bekiesung zu liegen.

erschwerten jedoch den Strassenbau. Mit der Zeit reifte deshalb in allen Gemeindeteilen die Einsicht, den Strassenbau der Politischen Gemeinde zu übertragen. 1881 wurde der Beschluss dazu gefasst.[137]

4.1 KAMPF UM DEN STRASSENRAUM

Eine neue Entwicklung setzte nach der Jahrhundertwende ein. Das Aufkommen der Motorfahrzeuge führte zum Konkurrenzkampf um den Strassenraum. Vorerst fiel dieser noch gegen das Automobil aus, das als Luxus galt. Während einzelne Kantone den Autoverkehr ganz verboten, führten die Behörden im Kanton Zürich autofreie Sonntage ein, um den Autogegnern entgegenzukommen. Die Gläubigen sollten mindestens am Sonntag «staubfrei» zur Kirche gehen können. Das Verkehrsaufkommen war im Vergleich zu heute allerdings äusserst bescheiden. Der Winterthurer Industrielle Albert Sulzer, der 1908 das Gut «Heimenstein» pachtete, war vermutlich der Erste, der in Seuzach ein Automobil besass.[138] 1920 kamen im Kanton Zürich auf 1000 Einwohner 7 Motorfahrzeuge. Die Teerung der Strassen entzog den Autogegnern jedoch schon bald das Hauptargument, sodass dem Siegeszug des Autos nichts mehr im Weg stand. In Seuzach mussten sich Hartbeläge jedoch erst noch durchsetzen. Das brauchte jedoch für einmal nicht viel Überzeugungskraft. Im März 1924 wurde die Teerung eines kleinen Stücks der Schaffhauserstrasse durch Oberohringen noch sang- und klanglos abgelehnt. Bereits ein Jahr später stimmten die Seuzacher diskussionslos einem Rückkommensantrag indes zu, sodass 1926 in Oberohringen das erste geteerte Strassenstück der Gemeinde zu besichtigen war. 1928 wurden die wichtigsten Strassen im Dorf

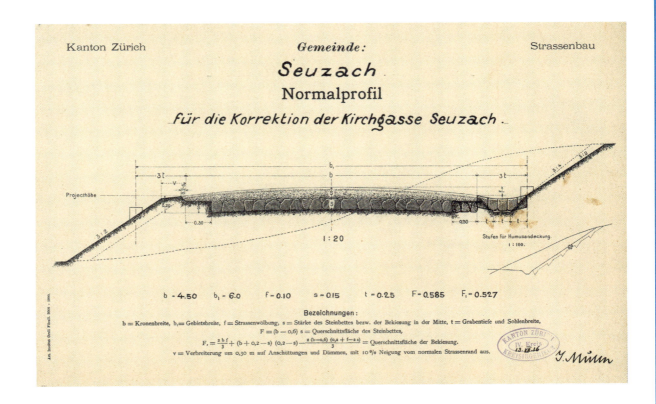

Seuzach geteert, darunter die Stationsstrasse. 1930 kam Unterohringen in den Genuss der ersten geteerten Strassen.[139] Ausserdem wurden die Naturstrassen am Sommeranfang mit einer öligen Flüssigkeit bespritzt, um die Staubentwicklung zu mildern.

Das höhere Tempo, das nun gefahren wurde, zog die Trennung der Verkehrsteilnehmer nach sich. 1936 forderte der Kanton die Seuzacher auf, entlang der Winterthurerstrasse einen Gehweg zu bauen. Das Anliegen fiel in Seuzach jedoch auf steinigen Boden. Der Strassenraum wurde in den Dörfern oft noch zum Arbeiten genutzt. Die Verkehrsteilnehmer bewegten sich im öffentlichen Raum miteinander und nicht nebeneinander. Selbst 1955 lehnten die Seuzacher die Forderung nach dem Gehweg noch ab. Der Kanton musste mit der Schliessung der Strasse drohen, damit die Gemeinde zwei Jahre später einlenkte. Ein kurzes Trottoirstück hatte sie allerdings schon 1952 entlang der Strasse vom Restaurant «Sonne» bis zum Primarschulhaus gebaut. Hier ging es um die Sicherheit der Kinder.

4.2 DIE TOTALE MOBILITÄT – DER ERSTE STRASSENPLAN VON 1960

Trotzdem lässt sich auch in Seuzach in den 1950er Jahren eine neue Phase der Verkehrsgeschichte beobachten. Die Mobilitätsansprüche wurden zu einem dominanten Faktor der Gesellschaft. Die meisten Strassen erhielten nun einen Hartbelag, und ein Anwohner stellte die Frage, ob es nicht an der Zeit wäre, die Fahrbahnen mit Sicherheitslinien und Markierungen besser zu kennzeichnen. Ausserdem beschäftigte sich der Gemeinderat intensiv mit der Verkehrsplanung. Das Auto verkörperte das Lebensgefühl der damaligen Zeit wie kaum ein anderes Gut. Diskussionen über Schadstoffe waren kein Thema, vielmehr war freie Fahrt für alle sozialen Schichten die Devise. 1960 verabschiedeten die Stimmbürger einen Verkehrslinienplan, der

114_Verkehr anno dazumal! Fahrradfahrer auf der Welsikonerstrasse, um 1933.

115_Jakob Stucki. Rede anlässlich der Einweihung des Primarschulhauses in der Birch, 18. Juni 1966. Jakob Stucki war von 1958 bis 1971 Gemeindepräsident von Seuzach. Er prägte eine Zeit, während der sich Seuzach besonders stark veränderte. Von 1971 bis 1991 war er Mitglied der Zürcher Kantonsregierung. Von 1979 bis 1987 vertrat er den Kanton Zürich im Ständerat.

116_Automechaniker der Garage Frauenfelder an der Stationsstrasse.

117_Garage Frauenfelder an der Stationsstrasse (heute Autogarage Engler AG). Die Zunahme der Mobilität nach dem Zweiten Weltkrieg schuf neue Verdienstmöglichkeiten.

von 10 000 Personen im Endausbau von Seuzach ausging. Mit welchen Motorfahrzeugzahlen die Planer rechneten, ist nicht bekannt. Der Verfasser der Ortsgeschichte von 1963 schrieb etwas ungläubig, «findige Köpfe» hätten errechnet, dass 1980 jeder dritte Einwohner ein solches Vehikel besitzen würde.[140] Der Wert wurde schliesslich übertroffen. Im Kanton Zürich kamen 1960 auf 1000 Personen rund 100 Autos, während es heute fast sechsmal so viele sind.

Das mit der Verkehrsplanung beauftragte Ingenieurbüro Hickel und Werffeli wies darauf hin, dass in Seuzach die Quartiere ziemlich zerstreut lagen, was eine gute Lösung erschwerte. Dem 1960 verabschiedeten Verkehrskonzept kam zudem ortsplanerisch eine besondere Bedeutung zu, da es in den Grundzügen die Zonenplanung vorwegnahm.[141] Die neuen Strassen sind auf dem Plan braun eingezeichnet (Abbildung 118). Kernpunkt der Planung waren drei Umfahrungsstrassen, mit denen man die neuen Quartiere erschliessen und die beiden Hauptverkehrsachsen Stationsstrasse–Ohringerstrasse und Welsikonerstrasse–Winterthurerstrasse von zusätzlichem Verkehr entlasten wollte. Die Westumfahrung wäre bei der Moswis von der Welsikonerstrasse her durch das Wingert-Quartier in einem grossen Bogen am Schlingg vorbei bis zum Steinbüel geführt worden. Vom Steinbüel wäre man über die heutige Seebühlstrasse am Hochgrüt vorbei in einem Bogen beim Wolfgsang zur Stationsstrasse gelangt. Das dritte Stück hätte schliesslich entlang der heutigen Gotthelfstrasse mittels einer Unter- oder Überführung in die Landstrasse und von dort schnurgerade Richtung Hettlingen geführt.

Die Westumfahrung wurde jedoch schon bald fallen gelassen, weil gegen Ohringen die Bauzone kleiner ausfiel. Die übrigen Stücke blieben Teil der Verkehrsstrategie, von der Abschnitt um Abschnitt ausgeführt wurde, so etwa die Seebühlstrasse, die Gotthelfstrasse und die Landstrasse sowie die Etzwilerstrasse mit der Unterführung Richtung Wiesendangen.

4.3 RÜCKEROBERUNG EINES TEILS DES STRASSENRAUMS

Da das kantonale Raumplanungsgesetz die Überarbeitung der Verkehrsplanung vorschrieb, stand die Strassenführung 1983 erneut zur Diskussion. Zwar galten die ehemaligen Umfahrungsstrassen inzwischen als Sammelstrassen der Quartiere. Der Gemeinderat hielt aber nicht nur am ursprünglichen Konzept, sondern auch an der durchgängigen Linienführung fest. Er wollte die Fahrdistanzen möglichst kurz halten und konnte sich nicht vorstellen, dass die Strassen vom Durchgangsverkehr als Schleichwege benutzt würden. Dies sahen die Quartierbewohner jedoch anders. In der Folge kam es am 1. Juli 1983 zu einer denkwürdigen Gemeindeversammlung, die etlichen Seuzacherinnen und Seuzachern als Lehrstück der Gemeindedemokratie in Erinnerung blieb. Die Niederlage war für den Gemeinderat und die Baukommission, die seit 1976 an der Planung gearbeitet hatte, schwer zu verstehen, da an der Orientierungsversammlung noch nichts auf eine derart grosse Opposition hingewiesen hatte. Zudem betrafen die direkt an der Gemeindeversammlung gestellten Anträge alles Projekte, die der Gemeinderat schon bald realisieren wollte (Abbildung 119).[142] Gegen den Willen des Gemeinderats wurde die Brücke über die Bahn als Verbindung der Gotthelfstrasse mit der Landstrasse abgelehnt, die Park-und-Ride-Anlage beim Bahnhof aus der Planung gestri-

= bestehend
— projektiert

118_Verkehrslinienplan, 1960.
Unter den Anzeichen des starken Bevölkerungswachstums
und des raschen Anstiegs der
Zahl von Autos wurde für Seuzach ein grosszügiges Verkehrskonzept entworfen, das auf
drei Umfahrungsstrassen auf-
baute, die den Quartierverkehr
aufnehmen und das Zentrum
entlasten sollten. Die damals
neu geplanten Strassen sind rot
eingezeichnet.

119_Erschliessungsetappen der Verkehrsplanung, rot ausgezogen erste Etappe, gestrichelt zweite Etappe, 1982. Der Plan zeigt die Planungsziele des Gemeinderats vor der denkwürdigen Gemeindeversammlung vom 1. Juli 1983. Die Stimmberechtigten strichen sämtliche rot markierten Strassenstücke: die Haldenstrasse, die Brücke über die Bahnlinie, die Verbindung der Seebühlstrasse mit dem Wolfgsang.

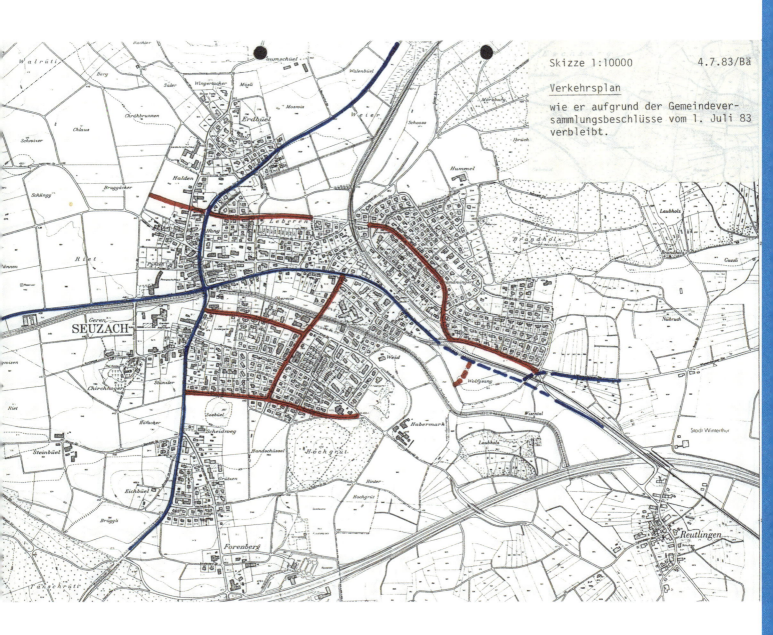

Skizze 1:10000   4.7.83/Bä

Verkehrsplan

wie er aufgrund der Gemeindever-
sammlungsbeschlüsse vom 1. Juli 83
verbleibt.

120_Verkehrsplan, wie er
aufgrund der Gemeinde-
versammlungsbeschlüsse vom
1. Juli 1983 übrig blieb, Plan von
Rudolf Bänninger vom 4. Juli
1983. Für den damaligen Gemeinderat war dies ein «Scherbenhaufen».

chen, die Seebühlstrasse nicht mehr mit der Stationsstrasse beim Wolfgsang verbunden und die Haldenstrasse so umgelegt, dass sie nicht als Westumfahrung des Dorfs genutzt werden konnte. Kurz gesagt: Von den vorgesehenen Umfahrungsstrassen blieb eine Handvoll Äste zur Quartiererschliessung übrig. Der Gemeinderat sprach von einem Scherbenhaufen und machte Einzelinteressen für die «abverheiten Versammlungs-Mehrheitsbeschlüsse» verantwortlich. Da gleich mehrere Strassenabschnitte an unterschiedlichen Orten zur Diskussion standen, dürften sich die Stimmen der Betroffenen tatsächlich kumuliert haben. Die unterlegene Partei brachte die Brücke über die Bahnlinie noch zweimal aufs Tapet und verlor jeweils. 1985 wurde eine von rund 100 Seuzacherinnen und Seuzachern unterschriebene Initiative, die den Bau der Brücke von der Landstrasse zur Gotthelfstrasse verlangte, mit 266 gegen 234 Stimmen abgelehnt. 1987 stand die Brücke als Planungsvariante zur Diskussion. Die Rechnungsprüfungskommission stellte jedoch den Antrag, die Brückenvariante nicht weiterzuverfolgen, da sie bereits zweimal verworfen worden war. Mit 223 gegen 167 Stimmen folgte ihr die Mehrheit der Anwesenden. Damit war die «dornenvolle Angelegenheit», wie es im Protokoll heisst, endgültig vom Tisch.

Tatsächlich waren die Änderungsanträge an der Gemeindeversammlung von 1983 auch Teil eines Umdenkens, weil immer mehr Leute unter dem Verkehr litten. So hatte etwa die SP Seuzach schon 1981 den Gemeinderat aufgefordert, verkehrsberuhigende Massnahmen zu treffen. Taten liessen jedoch auf sich warten. Der Gemeinderat setzte vorerst auf die Freiwilligkeit der mündigen Bürgerinnen und Bürger.[143] Erst zu Beginn der 1990er Jahre fasste der Gemeinderat – der kurz vorher personell einige Veränderungen erfahren hatte – bauliche Massnahmen zur Beruhigung des Verkehrs ins Auge. Der Brandbüel sollte als Pilotprojekt dienen. Im Auboden und an der Seebühlstrasse sah man ebenfalls Handlungsbedarf. Aus der Begründung des Projekts sprachen nun ganz neue Leitbilder: «Im Gegensatz zu den Hauptverkehrsstrassen, welche hauptsächlich auf den Verkehr ausgelegt sind, haben Quartierstrassen auch andere Funktionen zu erfüllen. Nebst fahrenden und parkierten Fahrzeugen werden die Quartierstrassen vor allem auch von Kindern, Fussgängern, Velos und Mofas etc. beansprucht. Zudem ist die Quartierstrasse ein räumlicher Bestandteil der Bebauung, sozusagen der Aussenraum des Hauses», schrieb der Gemeinderat in der Weisung zur Strassenplanung im Brandbühl.[144] Zur Beruhigung des Verkehrs schlug er verschiedene bauliche Massnahmen vor. Mit der Einführung von Tempo 30 wollte er noch zuwarten, bis Erfahrungen mit den «beruhigten» Strassen vorlagen. Die Rechnungsprüfungskommission lehnte die Massnahmen jedoch aus finanziellen Überlegungen ab. «Im Klartext heisse das, dass man bei den Investitionen auf lediglich Wünschbares und Unnötiges verzichten müsse», fasste sie ihren Antrag zusammen. Schliesslich folgte ihr am 31. Mai 1991 die Mehrheit der Gemeindeversammlung, allerdings recht knapp mit 122 gegen 108 Stimmen.[145] Bis in Oberohringen die erste Seuzacher Tempo-30-Zone mit Beruhigungsmassnahmen von der Gemeindeversammlung beschlossen wurde, dauerte es noch bis 2008.

Während sich die Vorstellungen über den Strassenraum wandelten, blieb eines gleich: Die Zahl der Personenwagen nahm stetig zu – von etwa 250 Autos im Jahr 1960 auf aktuell fast 4000 Fahrzeuge. Gemeindepräsident Werner Müller brachte 1985 die Problematik auf den Punkt: «Die Mehrheit ist gegen weiteren Strassenbau, niemand aber will auf das Auto verzichten.»[146] Der Diskurs über die Grenzen der Mobilität, die Nutzung des Strassenraums und das Mass an Verkehr betrafen Seuzach überdies in anderer Hinsicht, nämlich mit dem Bau der Nationalstrassen N1 und N4.

4.4 SEUZACH SOLL DAS WINTERTHURER VERKEHRSPROBLEM LÖSEN – DIE AUTOBAHN N1

Am 19. April 1943 lud der Vorsteher des Winterthurer Bauamts, Stadtrat E. Löpfe, die Seuzacher Behörden ins Stadthaus zu einer allgemeinen Aussprache über die Raumplanung ein.[147] Der Stadtbaumeister informierte vorab darüber, dass er Seuzach gern in das Konzept der Gartenstadt Winterthur einbeziehen wolle. Zusammen mit Stadel und Reutlingen könnte Seuzach ein günstig gelegenes Wohnquartier bilden. Die Stadt Winterthur wolle jedoch keine Besiedlung entlang von Strassen. Dies führe zu langweiligen, trostlosen Gebilden, wie man sie aus Töss und Seen kenne. Auch sei es nicht wünschenswert, wenn sich eine Stadt wie ein Ölfleck vom Zentrum aus nach allen Seiten zu einem riesigen Häusermeer ausdehne. Winterthur sei bestrebt, das landwirtschaftliche Gebiet möglichst tief in die Stadt hineinzuziehen, pries er die Vorteile der Winterthurer Stadtplanung. Endlich kam er auf die konkrete Forderung zu sprechen. Die Eulachstadt verlangte von Seuzach die Mithilfe bei der Lösung des Verkehrsproblems im Stadtzentrum. Ausführlich malte er das erwartete Verkehrschaos aus. Einerseits sollte in Zukunft bei sämtlichen Planungsvarianten der gesamte Ost-West-Verkehr über Winterthur geführt werden, andererseits erwartete man beträchtlichen Mehrverkehr durch die beiden projektierten Rheinhäfen in Glattfelden und Flaach für die Hochrheinschifffahrt. Die Stadt Winterthur plante deshalb eine Umfahrungsstrasse, die mitten durch Seuzach führte, und zwar nicht an der Stelle der heutigen Autobahn, sondern zwischen Ober- und Unterohringen hindurch südlich am Hochgrüt vorbei.

Damit war die Katze aus dem Sack. Der Seuzacher Gemeindepräsident August Suter war der Erste, der – nachdem er sich von der Überraschung erholt hatte – das Wort ergriff. Er gab zu bedenken, dass durch die Strasse viel wertvolles Land verloren gehe. In Seuzach stehe die Landwirtschaft im Vordergrund. Die Gemeinde sei aber bereit, bei der Planung mitzuwirken. Ein anwesender Ingenieur, der befürchtete, der Gemeindepräsident habe eine falsche Vorstellung von der Strasse, stellte darauf klar, dass eine solche Strasse nur Sinn mache, wenn sie in hohem Tempo befahren werden könne. Fuhrwerke hätten darauf nichts zu suchen. Für diese müssten separate Strassen gebaut werden. Jakob Stucki, der Vizepräsident der Meliorationsgenossenschaft, der nicht einsah, warum die Strasse einen so grossen Bogen um Winterthur machen müsse, verlangte, auch andere Linienführungen zu prüfen. Die Strasse führe über sehr wertvolles Kulturland und sie zerschneide viele Wege, gab er zu bedenken.

Die Standpunkte waren rasch bezogen. Die Stadt Winterthur und der Kanton Zürich setzten sich für die Strasse ein. Der Seuzacher Gemeinderat und die Vertreter der Meliorationsgenossenschaft wiesen diplomatisch auf die Probleme hin. Sie äusserten sich zwar nicht gänzlich gegen die Strasse, die Melioration durfte aber auf keinen Fall verzögert werden. Einzig der Winterthurer Stadtrat Emil Freitag nahm deutlich für die Seuzacher Partei. «Es sei dem Land nicht gedient, mit Rekordzeiten durch das Land rasen zu können», brachte er seine Haltung auf den Punkt. Bauamtsvorsteher E. Löpfe dagegen drohte vorsorglich damit, dass

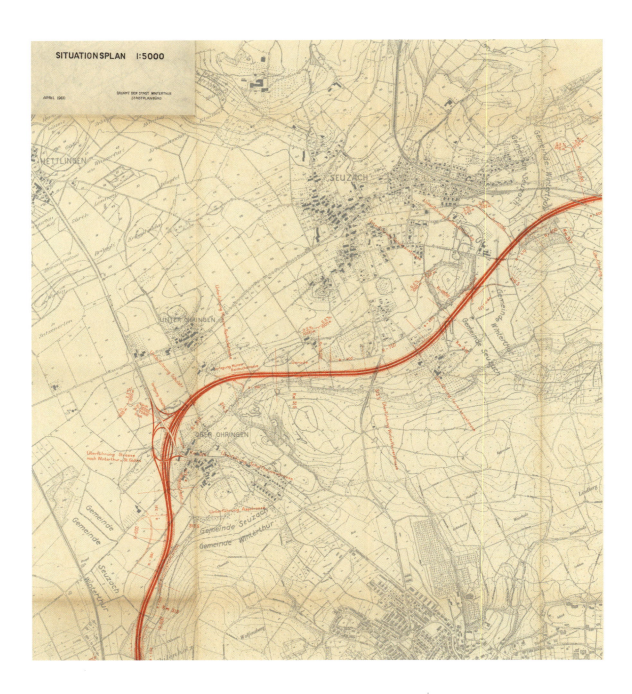

121_Anschluss Ohringen der N1, ursprüngliche Variante, April 1960. Die von der Stadt Winterthur geplante Linienführung hätte nördlich an Oberohringen vorbeigeführt. Anfänglich war auch nur ein Anschluss geplant. Die Schaffhauserstrasse sollte den ganzen Nord-Süd-Verkehr aufnehmen.

122_«Steinmann-Variante» für den Bau der Autobahn N1 auf dem Gebiet der Gemeinde Seuzach, Ingenieurbüro Hickel und Werffeli, September 1961. Die beiden Ingenieure hatten auf Anregung von Gottfried Steinmann die blaue Variante ausgearbeitet, die in der Folge die Zustimmung von Kanton und Bund gegen den Willen der Stadt Winterthur fand. Die ursprüngliche Linienführung der Stadt Winterthur ist grau eingezeichnet.

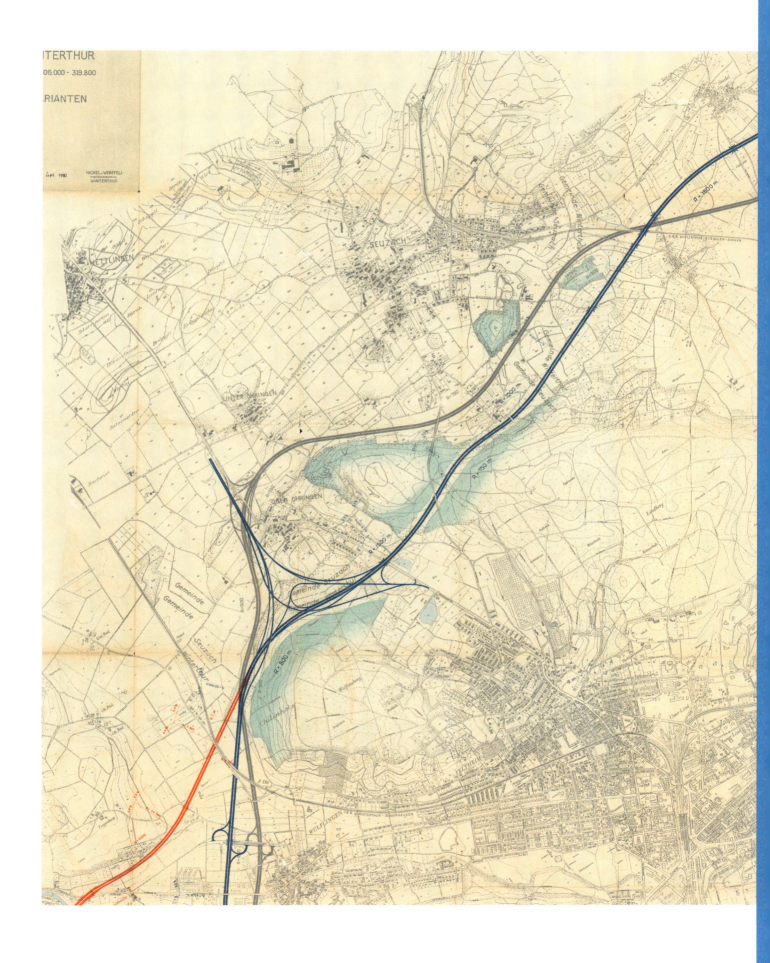

123_Waldrodung für den Auto-
bahnbau am Amelenberg,
Sommer 1963.

124_Autobahnbau. Wald-
schneise am Amelenberg, Winter 1963. Einen Winter lang war
die Schneise die Attraktion für
Spaziergänger und Langläufer.

125_Autobahnbau am Amelenberg, Sommer 1964.

der Kanton eine Linienführung auch gegen den Willen der Seuzacher durchsetzen könne. Der anwesende Kantonsbaumeister beschwichtigte jedoch, es sei Sache der Gemeinden, bei der regionalen Planung zusammenzuarbeiten. Schliesslich einigte man sich darauf, einen sogenannten Bebauungsplan, das heisst einen Plan, der die Linienführung der Strassen festlegte, in Auftrag zu geben.

Dazu kam es jedoch nicht. Die Seuzacher setzten Druck auf, indem sie von der Stadt Winterthur Realersatz für das verplante Land verlangten. Der Kanton schöpfte seinerseits – entgegen der Beschwichtigung an der Sitzung – die rechtlichen Möglichkeiten aus, um den Winterthurern zur Umfahrungsstrasse zu verhelfen.[148] Schliesslich kam es zu einem Kompromiss. Die Seuzacher Bauern versprachen, das für die Umfahrungsstrasse vorgesehene Land freiwillig mit einem Bauverbot zu belegen. Die Stadt Winterthur verzichtete auf die rechtlich verbindliche Festlegung des Strassenverlaufs, was die Meliorationsplanung über den Haufen geworfen hätte, und der Kanton zog seine Vorbehalte gegen das neue Wegnetz zurück. Die Bauern konnten damit die Melioration planmässig fortführen und ihr Land 1944 in Besitz nehmen. An den Bau der Schnellstrasse glaubte damals in Seuzach ohnehin kaum jemand so richtig. Das Bauverbot wurde wie vereinbart in die Pläne aufgenommen (Abbildung 98). Der Bau der Strasse kam dann tatsächlich nicht zustande, und die Pläne für die Rheinhäfen in Glattfelden und Flaach wurden zu den Akten gelegt.

Mit der Planung des Nationalstrassennetzes kam die Umfahrungsstrasse – nun als Autobahn –15 Jahre später erneut auf die Traktandenliste der Tagespolitik. Gemäss der Broschüre «Schweizer Autobahn in Sicht», die für die Schnellstrassen Werbung machte, hatte die Zahl der Personenwagen von 1944 bis 1958 um das 17-Fache zugenommen. Der Kanton Zürich, der mit Aufgaben im Strassenbau überlastet war, reichte das Projekt für die Umfahrung Winterthur an die dortige Planungsbehörde weiter, welche die alten Pläne aus der Schublade zog.[149] Nun drohte Seuzach doch noch durch die Autobahn in zwei Teile zerschnitten zu werden. Da die betroffenen Gründstücke bereits mit einem Bauverbot belegt waren, besassen die Seuzacher schlechte Karten. Zudem verlangte die Stadt Winterthur, dass links und rechts des ausgeschiedenen Lands zusätzlich ein Gürtel von je 100 Metern frei bleiben solle.[150] Die höheren Geschwindigkeiten der Autos, die nun den Berechnungen zugrunde lagen, verlangten grössere Kurvenradien. Zudem sollte die Autobahn breiter werden als die ursprünglich geplante Überlandstrasse.

Gottfried Steinmann, dessen Hof im Steinbüel unmittelbar neben dem ausgeschiedenen Trassee lag, wollte dies jedoch nicht so einfach hinnehmen. Er brachte eine neue Idee in die Diskussion ein: die Autobahn sollte südlich an Oberohringen vorbei über den Amelenberg geführt werden.[151] Der Gemeinderat – der sich anfänglich mit der Linienführung abgefunden hatte – gab deshalb bei den Winterthurer Ingenieuren Hickel und Werffeli die Erarbeitung dieser Variante in Auftrag (Abbildung 122).[152] Die Stadt Winterthur, die kantonale Natur- und Heimatschutzkommission sowie 52 Oberohringer, die mehrheitlich südlich des Weilers wohnten, lehnten diese Linienführung jedoch ab. Die Winterthurer machten zusätzlich Druck über die Presse, um den Entscheid zu ihren Gunsten zu beeinflussen, was in Seuzach gar nicht gut ankam.

Der Zürcher Regierungsrat musste entscheiden. Seiner Meinung nach unterschieden sich die beiden Projekte vor allem in zwei Punkten. Während die nördliche Variante die Men-

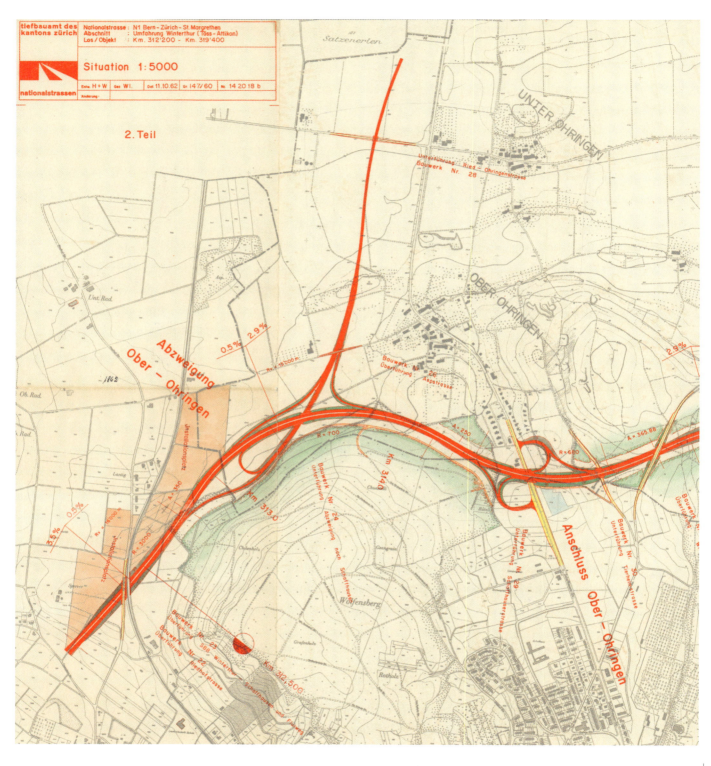

126_Vorschlag für den Anschluss der N4 an die N1 im Raum Oberohringen, 18. März 1964. Damals überraschte der Kanton die Gemeinde Seuzach mit einer zweiten Anschlussstrasse, die neu zum bereits ausgebauten Strassenstück der Schaffhauserstrasse zwischen Hettlingen und Henggart führen sollte.

schen stärker betraf, zog der südliche Verlauf eher die Natur in Mitleidenschaft. Von den Kosten her schätzte man beide Projekte etwa gleich teuer ein. «Unter solchen Umständen kann jedoch die Wahl nicht zugunsten der Natur ausfallen, da der Mensch, wie der Gemeinderat Seuzach und der Bezirksrat betonten, zweifellos grössere Rücksichtnahme verdient», begründete der Regierungsrat seinen Entscheid für die Linienführung durch das Naturschutzgebiet beim Amelenberg.[153] Diesem Antrag folgte im November 1962 auch der Bundesrat, sodass die Autobahn N1 entlang der heutigen Linienführung gebaut wurde. Gottfried Steinmann ging in die Geschichte ein. Sein Einsatz wurde in der Ortsgeschichte ein Jahr später in blumigen Worten geschildert: «Den projektierenden Ingenieuren passt dieser Laienvorschlag selbstverständlich nicht, aber er musste natürlich immerhin einmal ventiliert werden. Und was kommt dabei heraus? Man höre und staune: Nach näherer Prüfung gewinnt die ‹Variante Steinmann› mehr und mehr an Gewicht und dringt letztes Endes sogar beim Regierungsrat durch.»[154] Anfang 1963 wurde mit der Rodung am Amelenberg begonnen. 1969 konnte die Autobahn dem Verkehr übergeben werden.

Erst Jahre später übrigens beantragten die Bauern auch die Aufhebung des Bauverbots auf ihren Grundstücken. Mit Erstaunen mussten sie zur Kenntnis nehmen, dass dies gar nicht nötig war, weil man den Eintrag im Grundbuch vergessen hatte. In der Tat war also das Bauverbot gar nicht rechtsgültig gewesen.[155]

4.5 STREIT UM DAS «SAUSCHWÄNZLI» IN OBEROHRINGEN – DIE N4

Die N1 war nicht die einzige Schnellstrasse, von der die Gemeinde Seuzach betroffen war.[156] Zusätzlich mündete in Oberohringen die N4 von Schaffhausen in die Autobahn N1 ein. Ursprünglich war geplant gewesen, die bestehende Schaffhauserstrasse zur Schnellstrasse auszubauen (Abbildung 121). Zwischen Hettlingen und Henggart war dies bereits geschehen. Diese Lösung hätte nur einen Anschluss in Oberohringen erfordert. Nun änderte der Bund aber die Pläne. Die N4 sollte westlich an Oberohringen vorbeigeführt und in einem zweiten Anschlusswerk an die N1 angeschlossen werden. Im Juli 1963 wurden die Grundeigentümer darüber informiert.[157] Die Stimmung war auf einem Tiefpunkt. Es sei zum Heulen, zitierte der Protokollführer einen der Anwesenden, wenn nun das schöne Wiesental durchschnitten werde. Ein anderer nannte die vielen Anschlusswerke eine Schande, während ein weiterer beklagte, ihm blieben gerade mal zwei Wähenstücke zum Bewirtschaften. Schliesslich geriet auch der Gemeindepräsident unter Beschuss, der erklären musste, die Linienführung habe weder mit seinem noch mit dem Wohnort des Präsidenten der Flurgenossenschaft zu tun. Einige schlugen vor, die Strasse an die Bahnlinie nach Schaffhausen zu verschieben. Dies hätte jedoch bedeutet, dass das Teilstück zwischen Hettlingen und Henggart vergebens gebaut worden wäre. Die Mehrheit konnte sich nicht vorstellen, dass dieser Abschnitt wieder zurückgebaut würde. Im Gegenteil: Viele rechneten damit, dass sie schon bald da oder dort Land für die Strasse hergeben mussten, denn der Bund wollte mit dem Bau der N4 bald beginnen, um Ohringen vom Durchgangsverkehr zu entlasten, den die N1 mit sich bringen würde. Aus dem raschen Bau der N4 wurde nichts. Bei der Einweihung der N1 erneuerte der Bundesrat 1969 lediglich sein Versprechen, mit dem Bau der N4 rasch vorwärtszumachen.

Zu Beginn der 1970er Jahre formierte sich im Weinland erstmals breiter Widerstand gegen die Autobahnen. Im Zentrum standen jedoch zwei Strassen im nördlichen Weinland, die E70, die den Verkehr von Singen her aufnehmen sollte, und eine Hochleistungsstrasse bei Schaffhausen. Die N4 stand nicht in der Kritik. Im Gegenteil: Das «Weinlandkomitee», das mit dem Slogan warb, «das letzte Erholungsgebiet im Kanton Zürich» zu schützen, argumentierte sogar mit der N4, die zur Bewältigung des Nord-Süd-Verkehrs vollständig reiche.

So konnte 1973 der Bundesrat die Linienführung für eine vierspurige Autobahn westlich an Oberohringen und Hettlingen vorbei festlegen, ohne dass es dagegen grössere Opposition gegeben hätte. Aus finanziellen Gründen wurde der Bau aber zugunsten anderer Nationalstrassen zurückgestellt.

Der Verkehr richtet sich indessen nicht nach den Bundesfinanzen. Ende der 1970er Jahre war die Belastung derart gross, dass sich die Bevölkerung nicht mehr hinhalten liess. Die Betroffenen sprachen von 15 000–17 000 Fahrzeugen, die täglich durch Oberohringen fuhren. 1979 versprach der Bund, in fünf Jahren mit dem Bau der Strasse zu beginnen. Die Gemeinden Henggart, Hettlingen und Seuzach trauten dem Versprechen jedoch nicht. Sie hatten in den letzten 20 Jahren ihre Erfahrungen gemacht. Als die zuständigen Behörden vernahmen, dass der Baubeginn sogar auf 1982 geplant war, schrieben sie Bundesrat Willi Ritschard, diesen Termin unbedingt einzuhalten. Sicherheitshalber reichten die drei Gemeinden im Januar 1980 gemeinsam eine Resolution beim Regierungsrat ein, sofort mit der Detailplanung zu beginnen. Der scheidende Bundesratspräsident Hans Hürlimann versicherte den Gemeinden persönlich, dass die Arbeiten fristgerecht in Angriff genommen würden.[158]

Nun kam tatsächlich Bewegung in die Angelegenheit. Allerdings ganz anders, als sich die drei Gemeinden dies erhofft hatten. Die «Interessengemeinschaft für einen vernünftigen Strassenbau im Weinland» machte mobil gegen das Projekt. Betroffene aus dem Raum Ohringen–Hettlingen gründeten deshalb im Juni 1980 als Gegenpol das «Komitee für einen raschen Bau der N4». Ausserdem lag eine zusätzliche Variante «Ost» für den Strassenverlauf auf dem Tisch. Diese sah vor, Oberohringen vierspurig knapp westlich zu umfahren, führte dann entlang der Schaffhauserstrasse und durch einen Tunnel unter Hettlingen hindurch zum bestehenden zweispurigen Trassee. Nach der Meinung der «N4-Gegner» fiel dabei dem Strassenbau weniger Kulturland zum Opfer, und die Landschaft zwischen Aesch und Hettlin-

127_«Winterthurer Woche», 17. April 1980. Die «Winterthurer Woche» hegte Sympathien für die Gegner der N4. Dementsprechend wohlwollend berichtete sie über deren Anliegen.

128_Bauprojekt für die Autobahnbrücke der N1 bei der Schaffhauserstrasse, Ingenieurbüro Hickel & Werffeli, 1963. Bis 1964 wollte man den ganzen Verkehr zur N1 über die Schaffhauserstrasse führen. Die Schaffhauserstrasse wäre zweispurig mit Rad- und Gehweg ausgebaut worden.

Winterthurer Woche

4. Jahrgang Nr. 16 Donnerstag, 17. April 1980

Auflagestärkste Zeitung im Wirtschaftsraum Winterthur

Kein Betonland
Unterschriftenaktion läuft

Besorgte Bürger haben sich kürzlich zur «Interessengemeinschaft für vernünftigen Strassenbau im Weinland» zusammengeschlossen, um dem geplanten Bau der Autobahn N4 zwischen der N1 und Henggart den Kampf ansagen zu können. Mit einer originellen Aktion machten sie dieser Tage auf ihr Anliegen aufmerksam. Sie stellten entlang dem geplanten Trassee der Betonpiste rund 40 weiss-rot gespritzte Fässer auf und machten so den beabsichtigten Einschnitt in die Landschaft deutlich. Eine Unterschriftenaktion läuft in dieser Woche an. Damit soll die Einsprache gegen den Entscheid der Regionalplanung Winterthur und Umgebung (RWU) möglichst breit abgestützt werden. Die «WiWo» sprach mit zwei Exponenten der Interessengemeinschaft.

«Möglicherweise schade ich mir geschäftlich mit diesem Engagement, aber ich bin nicht nur Geschäftsmann, ich bin auch Bürger», erklärt Speditionsunternehmer **Karl Werren** seinen Einsatz in der bisher eher lockerorganisierten Gemeinschaft. Landwirt **Alfred Erb** nickt bekräftigend zu den Äusserungen seines Nachbarn. Er sagt nichts. Was soll er auch. Werren hat ihm aus der Seele gesprochen. Der Kampf gegen dieses überrissene Projekt ist

von Walter Studer

beiden ein Anliegen. Keine Spontis, keine Aktiönler sind hier am Werk. Bestandene Mannsbilder mit gesicherter Existenz haben sich für eine Sache zusammengetan, deren Nutzen sie nicht einsehen, deren Nutzen ausserhalb eng begrenzter Interessenkreise praktisch überhaupt nicht verstanden werden kann.

RWU gegen Sauschwänzli-variante

Blenden wir zurück: Am 10. März findet im Ratshaussaal in Winterthur die ausserordentliche Generalversammlung der RWU statt, an der der regionale Gesamtplan verabschiedet wird. Unter Punkt 5 gelangt der Verkehrsplan zur Diskussion. In einem Unterabschnitt kommen die Nationalstrassen zur Sprache. Der Ausschuss der RWU befürwortet zwar die vordringliche Behandlung der Strecke N1 – Henggart. Seiner Meinung nach soll aber parallel dazu die sogenannte «Sauschwänzlivariante», die eine Umfahrung Oberohringens und eine Untertunnelung Hettlingens vorsieht, weiterverfolgt werden. Dieser Passus ist den Delegierten aus Hettlingen und Seuzach ein Dorn im Auge. Diese fordern die alleinige Verfolgung der N4-Variante und ein Fallenlassen der «Sauschwänzli-Alternative». Dem Bund soll keine Gelegenheit gegeben werden, auf seine ursprüngliche Planung, die noch aus der Zeit der Hochkonjunktur stammt, zurückzukommen, meinen die Vertreter dieser beiden Gemeinden. Gemäss ihrem Antrag wird die «Sauschwänzlivariante» als Alternative aus dem Gesamtplan heraus gestrichen. 31 Delegierte haben dem Antrag zugestimmt, 9 haben sich der Stimme enthalten. Niemand hat dagegen votiert! «Dieser Entscheid der RWU war nicht der auslösende Moment für die Gründung unserer Interessengemeinschaft», präzisiert Alfred Erb. «Den Anstoss gab der Beschluss der Zürcher Planungsgruppe Weinland (ZPW) am Fasnachtsmontag, die Einachstheorie zu forcieren. Unter Nachbarn redete man darüber. Dieser Entscheid hatte für uns ja direkte Folgen, weil damit der Bau einer zusätzlichen Hochleistungsstrasse ab Henggart verlangt wurde.» So beschreibt Karl Werren die Entstehung einer Bewegung, die bereits heute weite Sympathien gewonnen hat.

Kampf gegen N4 beginnt

Ende Februar fand im Restaurant «Breite» in Neftenbach die Gründungsversammlung statt. Vertreter aller Schichten und Berufe setzen sich zum Ziel, «das Projekt der N4 von der Abzweigung Ohringen bis Henggart zu bekämpfen und eine weniger einschneidende Alternative (Sauschwänzlivariante) zu erarbeiten». Kurz vor der Gründungsversammlung hatten die Gemeinden Hettlingen, Seuzach und Neftenbach beim Departement des Innern auf eine rasche Inangriffnahme dieses Autobahnabschnittes gedrängt. Am 29. Februar gelangt die neugegründete Interessengemeinschaft mit einem «Offenen Brief» an die Planungsbehörde der N4. Darin wird insbesondere auf den immensen Verschleiss von Kul-

Karl Werren

«Die bestehende Autostrasse vermag das Verkehrsaufkommen zu bewältigen. Wir wollen verhindern, dass Strassen auf Vorrat gebaut werden.»

turland für dieses 4,5 km lange Autobahnstück hingewiesen. Zitat: «Der Landbedarf an vollwertigem Kulturland für eine neue

Fortsetzung auf Seite 3

Sie finden heute in der «WiWo»

Mit diesen Affichen macht die «Interessengemeinschaft für einen vernünftigen Strassenbau im Weinland» auf ihr Anliegen aufmerksam.

gen würde verschont. Das Projekt spaltete die Gemeinden. Die meisten Oberohringer sahen diese Variante kaum als Entlastung an. In Hettlingen hätten jedoch in einer Umfrage, an der angeblich rund die Hälfte der Stimmberechtigten teilnahm, 70 Prozent «die Vorstellungen der N4-Gegner voll unterstützt», heisst es im Protokoll.[159] Das «Komitee pro N4» befürchtete, die Diskussion um die beiden Varianten würde das Projekt erneut stark verzögern.

Tatsächlich gab der Kanton eine Vergleichsstudie in Auftrag, und auch eine Petition der Oberohringer konnte nicht verhindern, dass die Variante «Ost» zunehmend an Gewicht gewann. Kurze Zeit stand sogar ein dritter Vorschlag mit zwei Tunnels in Hettlingen ernsthaft zur Diskussion. Ausserdem drohte 1985 der Bau eines Provisoriums, das «Sauschwänzli» genannt wurde, weil nur Oberohringen auf einer neuen Strasse umfahren worden wäre. Der Name war nicht ganz neu, denn zum Teil war im «Varianten-Krieg» schon die östliche Linienführung so bezeichnet worden.[160] Das «Sauschwänzli» – so befürchteten die Anwohner – würde den Bau der N4 in weite Ferne rücken. Der Seuzacher Gemeinderat lehnte das Provisorium vehement als «zweifelhaftes Flickwerk» ab.[161] Immerhin bewirkten die zahlreichen Einsprachen gegen das «Sauschwänzli», dass die ursprüngliche Linienführung von 1973, nun Variante «West» genannt, auf zwei Spuren redimensioniert wurde.

Das «Komitee pro N4» erhielt inzwischen Unterstützung vom Dorfverein Ohringen, der unter anderem mit Klebern «Ohringen braucht die N4» auf die Dringlichkeit des Baus der Strasse aufmerksam machte. Die Planauflage der redimensionierten Variante «West» mobilisierte jedoch erneut die Gegner, die im Juni 1987 das «Weinlandkomitee» reaktivierten. Neben den Grünen war darin auch die SVP gut vertreten. Zusammen stellten sie ein «sanftes Projekt» vor, das die bestehende Schaffhauserstrasse mit einbezog.[162] Mit einem nationalrätlichen Postulat, das von Vertreterinnen und Vertretern aller wichtigen Parteien unterzeichnet wurde, sorgte die grüne Nationalrätin Verena Diener in Bern zusätzlich für Druck. Sie verlangte, es sei die Variante «Ost» mit der Untertunnelung Hettlingens zu prüfen. Die breite Abstützung des Postulats – namentlich die Unterstützung durch den einflussreichen SVP-Nationalrat Christoph Blocher – löste beim Seuzacher Gemeinderat die Besorgnis aus, der zuständige Regierungsrat Eric Honegger befürworte ebenfalls weitere Studien. Sicherheitshalber intervenierte er in Zürich, das Problem sei endlich zu lösen.[163]

129_Kleber des Dorfvereins Ohringen für den Bau der N4, um 1985.

130_Rückseite der Petition zur Ablehnung der «Vergleichsvariante», April 1982. Die Karte zeigt links den 1974 projektierten Verlauf der N4, die später Variante «West» genannt wurde, und rechts die «Vergleichsvariante», auch als Variante «Ost» bezeichnet, aus dem Jahr 1980.

Im Februar 1988 – kurz nachdem sich der Regierungsrat im Sinn des Seuzacher Gemeinderats für die Variante «West» ausgesprochen hatte[164] – reichte das «Weinlandkomitee» 16 000 Unterschriften in Bern ein. Mit der Kurzformel «Weinland statt Betonland» wurde gegen die N4 auf allen Ebenen nochmals mobil gemacht. Immer mehr Leute waren besorgt über die stetige Zunahme des Autoverkehrs. Die Ohringer wehrten sich nach Kräften gegen die wachsende Anti-Autobahn-Bewegung. Viele von ihnen schrieben persönlich dem Gemeinderat, sich weiterhin für die Variante «West» einzusetzen. Mit Flugblättern machten sie zusätzlich auf ihre Situation aufmerksam. Inzwischen zählten sie 22 000 Autos, die täglich durch Oberohringen fuhren. Auch die Hettlinger Bevölkerung bevorzugte nun mehrheitlich

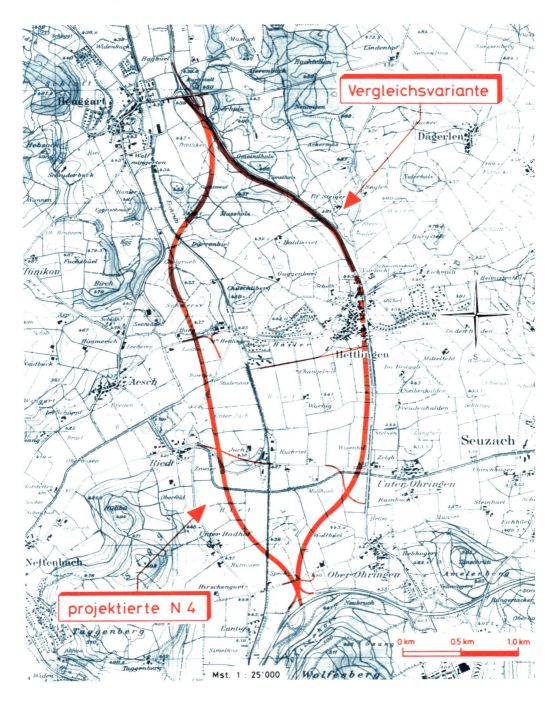

die Variante «West».[165] Schliesslich entschied sich auch der Bundesrat für diese Variante. Allerdings drohte wie 1973 erneut der Aufschub des Baus, weil laut Informationen aus dem Departement von Adolf Ogi das Geld fehle.[166] Die Informationen bewahrheiteten sich aber nicht, und 1991 wurde endlich mit dem Bau begonnen. Die Eröffnung der N4 im August 1996 feierten die Ohringer mit einem grossen Fest. Damit waren in Seuzach die meisten Strassen gebaut. Sie überdeckten im Jahr 2000 ein Zehntel des Gemeindegebiets.

5. Bevölkerung, Bürgergemeinde und Bürgerrecht

Eine besondere Rolle im Selbstverständnis der Gemeinde spielt bis heute das Bürgerrecht, dessen Wurzeln ins Mittelalter zurückreichen. Im 16. Jahrhundert kam es darüber zu grösseren Diskussionen. Zum einen wurde damals der Grundsatz festgeschrieben, dass die Kirchgemeinde im Armutsfall für ihre Mitglieder aufkommen musste, zum anderen bildete sich in den Dörfern ein System heraus, welches das Bürgerrecht mit dem Gemeindenutzen verband. Sowohl in der Dorf- wie in der Kirchgemeinde waren es die ansässigen Bauern, die darüber entschieden, wer zu den «Bürgern» gehörte und wer nicht.[167] Obwohl der von der Obrigkeit eingesetzte Pfarrer ein gewichtiges Wort mitredete, entschieden hauptsächlich die Landleute. Der Zürcher Rat entwickelte zwar parallel dazu das Landrecht, sodass er letztinstanzlich die Oberhoheit über die Bürgerrechtsfragen behielt. Im Alltag wurden die Entscheide aber in den Gemeinden gefällt, die das Bürgerrecht seit dem 17. Jahrhundert restriktiv handhaben. Aus der Sicht der Landleute waren sie es, die in diesen Fragen das Sagen hatten. Eingriffe in das Bürgerrecht wurden als Eingriffe in die Dorfrechte gewertet.

Die gesellschaftlichen Umwälzungen im Gefolge der Französischen Revolution blieben nicht ohne Auswirkungen auf das Bürgerrecht. Mit der Helvetischen Verfassung wurde 1798 erstmals der Versuch unternommen, gesamtschweizerisch ein einheitliches Bürgerrecht zu schaffen, um der Forderung nach Gleichheit nachzukommen. Verschiedene Gründe bremsten jedoch das Anliegen.[168] Nach dem Scheitern der Helvetik 1803 kehrte der Gesetzgeber zu den alten Verhältnissen zurück, sodass die Niedergelassenen auf der kommunalen Ebene keine politischen Rechte besassen. In der Folge ging man bei Änderungen im Gemeindebürgerrecht behutsamer vor als in der Helvetik. Als 1831 die Gleichheit zwischen Stadt und Land zustande kam, rüttelten die Liberalen nicht an den Privilegien der Gemeindebürger und als 1848 bei der Gründung des schweizerischen Bundesstaats die Niederlassungsfreiheit eingeführt wurde, hielt man in der Bundesverfassung ausdrücklich fest, dass die Niedergelassenen von den politischen Rechten in der Gemeinde ausgeschlossen blieben.[169] Ferner verzichtete der Bund darauf, ein einheitliches Schweizer Bürgerrecht zu schaffen. Wer das Kantonsbürgerrecht besass, galt automatisch auch als Schweizer Bürger oder Bürgerin.[170] Die Bürgergemeinden wurden damit zu den «Schweizermachern».[171]

5.1 LETZTER EINZUGSBRIEF, 1857

Der Einzugsbrief, den die Seuzacher 1857 zum letzten Mal erneuerten, zeigt anschaulich, dass sich am althergebrachten Rechtsdenken noch nichts geändert hatte. Da neue Bürger von der bestehenden Infrastruktur und dem Gemeindebesitz profitierten, mussten sie sich einkaufen. Je grösser der Gemeindebesitz war, desto höher fiel das Einzugsgeld aus. Wer sich etwa in die Zivilgemeinde Seuzach einkaufen wollte, bezahlte 300 Franken in die dortige Kasse, während die Wohnsitznahme in Oberohringen mit nur 50 Franken zu Buche schlug. In Unterohringen wurde man sogar für 30 Franken aufgenommen. Gerade umgekehrt sah es bei der Gebühr an die Schulgemeinde aus. Diese betrug in Seuzach 60 Franken, während man in Ohringen – die beiden Weiler arbeiteten bei den Aufgaben der Schule zusammen – 70 Franken bezahlen musste. Dazu kamen Beträge an die Kirchgemeinde (30 Franken) und die Armengemeinde (90 Franken). Erstmals mussten Neuzuzüger auch 10 Franken in die Kasse der Politischen Gemeinde bezahlen. Bei Tagelöhnen von damals 1–2 Franken waren dies beträchtliche Summen. Niedergelassene, die über keinen eigenen «Rauch» verfügten, das heisst Neuzuzüger, die kein Haus oder Hausteil mit einem Herd besassen, zahlten die Hälfte der oben aufgeführten Taxen. Die Einteilung der Einwohner in solche mit eigenem «Rauch» und ohne eigenen «Rauch» bringt anschaulich zum Ausdruck, dass das Bürgerrecht damals noch stark mit materiellen Sachverhalten in Verbindung gebracht wurde. Der Holzbedarf für das Kochen und die Heizung fiel am meisten ins Gewicht. Schliesslich regelte der Artikel 3 des Einzugsbriefs die Gebühren für Frauen, die durch Heirat nach Seuzach kamen. Die in älterer Zeit auch Braut- oder Bechergeld genannte Taxe betrug für eine Kantons- oder Schweizer Bürgerin 20 Franken. Landesfremde Frauen dagegen mussten 120 Franken bezahlen.

5.2 EINFÜHRUNG DER NIEDERLASSUNGSFREIHEIT

Der gesellschaftliche Wandel war auch an Seuzach nicht spurlos vorbeigegangen. Oben ist schon eingehend beschrieben worden, wie auf der einen Seite die Mobilität der Menschen im 19. Jahrhundert zunahm, auf der anderen Seite die genossenschaftlich betriebene Landwirtschaft sich in einem Auflösungsprozess befand.[172] Die Bedeutung des Bürgerverbands für die Landwirtschaft nahm ab. Die Vorrechte der Bürger gerieten ins Wanken. 1850 lebten im Kanton Zürich im Durchschnitt noch 65 Prozent der Bürger in ihrem Heimatort.[173] Rund ein Drittel der Zürcher Bevölkerung hatte also an ihrem Wohnort politisch nichts zu sagen. In der Erwartung, dass die Gleichstellung der Niedergelassenen mit den Bürgern auf grosse Opposition stossen würde, ging der Kanton in dieser Frage behutsam vor. In einem ersten Schritt koppelte er 1855 die Mitsprache der Niedergelassenen an deren Steuerleistung. Es war damals üblich, dass die Gemeinden die Steuern projektbezogen erhoben. Wurde eine solche Steuer von den Niedergelassenen eingezogen, so mussten diese auch an den damit verbundenen Entscheidungen beteiligt werden.[174]

Das Gemeindegesetz von 1866 führte die Einwohnergemeinde ein. Bürger und Niedergelassene aus dem Kanton Zürich waren nun in der Politischen Gemeinde gleichermassen stimm- und wahlberechtigt. Um die Gegner zu besänftigen, liess der Gesetzgeber die

Bürgergemeinde bestehen. Die Bürger blieben weiterhin allein für die Armengemeinde, das Bürgergut (etwa den Gemeindewald) und die Erteilung des Bürgerrechts zuständig. Dennoch war das Gesetz nicht unbestritten. Die Gegner der Gleichstellung befürchteten, dass die Niedergelassenen gegen die Interessen der Gemeinde stimmen würden. Ihnen fehle die Liebe zur Heimat, hiess es.[175] Wohlgemerkt, bei den Niedergelassenen, denen man die Liebe zur Heimat absprach, handelte es sich jeweils um Bürger aus anderen zürcherischen Gemeinden. Die Seuzacher kannten allerdings keine solchen Ängste. Die Gleichstellung der Niedergelassenen nahmen sie mit 98 Prozent an.[176]

Die Veränderungen erscheinen heute wenig spektakulär, damals waren sie aber fundamental. Es besteht sogar die Meinung, dass sie massgeblich zur Verfassungsrevision von 1869 beitrugen, durch welche die Volksrechte radikal ausgebaut wurden.[177]

Wie sahen nun aber die Verhältnisse in Seuzach aus? 1866 standen den 153 stimmberechtigten Ortsbürgern 29 Niedergelassene gegenüber. Die Bürger waren also klar in der Mehrheit, was erklären könnte, weshalb sie dem neuen Gesetz so positiv gegenüberstanden. Sie mussten nicht befürchten, von den Niedergelassenen künftig überstimmt zu werden. Zudem spielte die Politische Gemeinde damals noch keine so grosse Rolle wie heute. Viel aussagekräftiger sind die Verhältnisse in den Zivilgemeinden, weil dort die lokal wichtigen Entscheide gefällt wurden.[178] Dabei zeigt es sich, dass in der Zivilgemeinde Oberohringen die Niedergelassenen die Ortsbürger mit 15 zu 14 sogar um eine Stimme übertrafen, während das Kräfteverhältnis in den Zivilgemeinden Seuzach und Unterohringen demjenigen in der Politischen Gemeinde entsprach.[179] Da 1866 nur drei Personen gegen das Gesetz gestimmt hatten, mussten selbst die Oberohringer mehrheitlich für die Gleichberechtigung der Niedergelassenen gewesen sein. Der Grund dafür könnte in der politischen Einbindung der Niedergelassenen gelegen haben. Die Bürger hatten sie schon vor dem Gesetz von 1855, das den Niedergelassenen beschränkte Mitbestimmung einräumte, an den politischen Prozessen beteiligt.[180] Dabei waren auch in Oberohringen die Ortsbürger federführend geblieben. Die Stimmbürger der Zivilgemeinde Seuzach verzichteten in der Folge des Entscheids von 1866 sogar auf die Ausscheidung des Bürgerguts. Stattdessen versprachen sie, die Niedergelassenen bei den Steuern milde zu behandeln.[181] Die Entwicklung zuungunsten der Bürger setzte in Seuzach erst später ein (Tabelle 25).

Tabelle 25: Einheimische und Auswärtige, 1870–1930

Jahr	Gemeindebürger	Übrige Kantonsbürger	Übrige Schweizer	Ausländer	Total
1870	531	229	15	13	788
1900	426	233	94	52	805
1930	282	573	447	46	1 348

Quelle: GAS, PG, IV B, 1.1, GV vom 1. 7. 1866; GAS, PG, IV B, 1a, ZGO vom 8. 6. 1866, S. 40; Klauser/Schäppi, Seuzach, S. 128 f.

131_Elise Schwarz, später
Keller-Schwarz, Gattin des
Sonnenwirts, um 1900.

132_Georg Schwarz, Mes-
mer der reformierten Kirche
1904–1952.

1870 stellten die Seuzacher Bürger mit einem Anteil von zwei Dritteln immer noch die Mehrheit. Bis zur Wende zum 20. Jahrhundert nahm ihre Zahl aber stark ab, und 30 Jahre später
befanden sie sich mit einem Anteil von einem Fünftel an der Gesamtbevölkerung klar in der
Minderheit. Vergrössert hatte sich nicht nur der Anteil der aus dem Kanton Zürich stammenden Niedergelassenen, vielmehr waren aus der ganzen Schweiz Leute nach Seuzach gezogen.
Der wesentliche Grund für diese Veränderung lag in der Nähe zur Stadt Winterthur, deren
Industrie Arbeiter aus allen Landesteilen anzog. Seuzach selbst war zwar überhaupt nicht in-
dustrialisiert worden, die immer noch vom Bauernstand geprägte Gemeinde war aber in den
Sog der Stadtentwicklung geraten.

Grafik 1: Einheimische und Auswärtige, 1870–1930

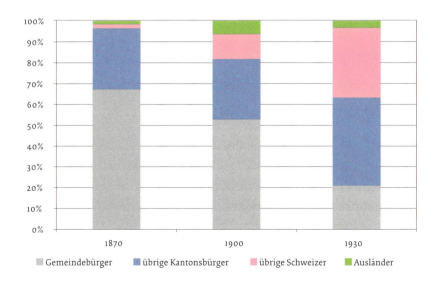

Quelle: GAS, PG, IV B, 1.1, GV vom 1. 7. 1866; GAS, PG IV B, 1a, ZGO vom 8. 6. 1866, S. 40; Klauser/Schäppi, Seuzach, S. 128 f.

133_Riegelhaus Ackeret, Winterthurerstrasse 26 am südlichen Dorfeingang, um 1950. Die Mobilität der Bevölkerung war in Seuzach gross. Nur wenige Familien, die im 20. Jahrhundert hier lebten, können ihre Seuzacher Wurzeln vor das Jahr 1800 zurückführen. Die bekanntesten davon sind die Familien Ackeret und die Familie Schwarz.

5.3 «WEITHERZIGE» PRAXIS – DIE EINBÜRGERUNG DER JÜDISCHEN FAMILIEN

Doch zurück in die Zeit, als 1866 im Kanton Zürich die Einwohnergemeinde geschaffen wurde und die Bürger nur noch bei den Einbürgerungen und bei der Verwaltung der Armengemeinde das Sagen hatten. Die Pflicht, verarmte Bürgerinnen und Bürger zu unterstützen, gehörte seit dem 16. Jahrhundert zum Kern des Bürgerrechts. Das Armutsrisiko eines Antragstellers war auch in der Folge das wichtigste Kriterium bei der Beurteilung der Einbürgerungsgesuche. Die Seuzacher entdeckten in der Einbürgerung wohlhabender Ausländer, vor allem jüdischer Familien aber auch eine neue Einnahmequelle. Die Juden, die sich bis zur Bundesverfassung von 1848 nur in den beiden Aargauer Orten Endingen und Lengnau niederlassen durften, waren im Kanton Zürich 1862 den übrigen Einwohnern gleichgestellt worden, und vier Jahre später hatten sie gesamtschweizerisch die Niederlassungsfreiheit erhalten. Es handelt sich bei ihrer Einbürgerung um einen Gewinn für beide Seiten. Die jüdischen Familien gelangten zum gewünschten Schweizer Bürgerrecht, die Seuzacher konnten ihre Armen leichter unterstützen. Das Besondere daran war allerdings, dass die neuen Bürger gar nie in Seuzach gelebt hatten und auch nicht nach Seuzach zogen. Sie wohnten entfernt in Basel, Biel, Freiburg oder Bern.

Seuzach war nicht der einzige Ort, der mit der Einbürgerungspolitik die Armenkasse sanierte. Seuzach gehörte aber zu den ersten Gemeinden, die sich für die Aufnahme jüdischer Familien einsetzten. Es war der jüdische Viehhändler Alexander Götschel, der den Stein ins Rollen brachte. Danach wurde die Gemeinde von den zufriedenen Neubürgern weiterempfohlen. Abraham Nordmann beispielsweise, der aus dem elsässischen Niederhagenthal stammte, das damals zum französischen Departement Haut-Rhin gehörte, und der in Freiburg im Üechtland lebte, führte 1892 ausdrücklich seinen Schwiegervater Alexander Götschel als Grund für die Wahl von Seuzach an. Die offene Haltung der Seuzacher sprach sich auch allgemein und vor allem bei den in diesem Bereich tätigen Advokaten herum. Als im Oktober 1876 – um ein weiteres Beispiel zu nennen – der Winterthurer Advokat Keller im Namen seines elsässischen Klienten Eduard Heidenreich von Wörth ein Einbürgerungsgesuch stellte, hielt Gemeinderat Müller fest: «Es sei auffallend, dass unsere Gemeinde so häufig mit Bürgerrechtsgesuchen von Ausländern beehrt werde, und sei es sehr auffallend woher das kommen möchte. Es könnte leicht der Fall sein, dass die Gemeinde später solche Aufnahmen zu bereuen hätte.» Das Gesuch wurde darauf – wie etliche andere – abgelehnt.[182]

Doch zurück zu den Anfängen. Alexander Götschel war nach dem Ende des Deutsch-Französischen Kriegs aus dem Elsass nach Basel ausgewandert, wo er sich im Februar 1872 ein Haus gekauft hatte.[183] Das Elsass war nach dem Frieden vom 10. Mai 1871 an das Deutsche Reich gefallen. Schon kurz nach seiner Niederlassung in Basel bat er in Unterohringen um die Aufnahme ins Bürgerrecht. Bereits am 14. Juli 1872 wurde er von der Bürgergemeinde Seuzach aufgenommen. Da ihm die vorgeschriebene Wohnfrist von drei Jahren fehlte, zahlte er anstelle der verlangten 90 Franken deren 200 in das Armengut. Der Zürcher Regierungsrat lehnte die Erteilung des Landrechts jedoch ab, weil die Wohnfrist nicht erfüllt war. Der Gemeinderat von Seuzach reichte darauf ein Wiedererwägungsgesuch ein, in dem er sich vehement für Götschel einsetzte: Götschel sei seit 15 Jahren in Seuzach als ein ehren- und charakterfester Geschäftsmann bekannt, der sehr gern im Ort gesehen sei, schrieb er. Die einstimmige Aufnahme würde dies beweisen. Ausserdem müsse dem Regierungsrat entgangen sein, dass Götschel in Basel ein Haus erworben habe. Schliesslich verwies der Gemeinderat auf die Einbürgerung des Pferdehändlers Bloch in Winterthur, bei dem die Umstände ähnlich lagen.

Die jüdischen Viehhändler waren bei den Bauern im Allgemeinen tatsächlich beliebt.[184] Der Seuzacher Gemeinderat hatte bei einer kantonalen Umfrage im Vorfeld der Gleichstellung der Juden 1862 ausdrücklich festgehalten, dass ihm keine «Übelstände» beim Geschäftsgebaren der «Israeliten» bekannt seien.[185] Die jüdischen Viehhändler waren zu grösseren Risiken bereit und unterstützten auch eher Käufer in Notlagen. Die Bauern konnten bei ihnen im Frühling Vieh kaufen, das sie erst im Herbst bezahlen mussten. Auch das Fachwissen der jüdischen Viehhändler wurde geschätzt. Ausserdem mussten die Bauern bei

134_Haus «Zum Spycher», das ehemalige Armenhaus an der Reutlingerstrasse mit dem Anbau der Spenglerei Probst, um 1954. Das Gebäude diente der Bürgergemeinde Seuzach von 1840 bis 1921 zur Unterbringung der Armen. Die Bürgergemeinde war verpflichtet, für verarmte Bürger zu sorgen.

ihnen im Konkursfall nicht um den Hof bangen, denn die Juden durften Liegenschaften nicht pfänden lassen. Es ist deshalb wahrscheinlich, dass sich die Seuzacher tatsächlich aus persönlicher Sympathie und nicht wegen der erhöhten Einkaufsgebühr für Götschel einsetzten.

In der Folge wurde die «Schenkung», wie der zusätzliche, freiwillige Beitrag der Gesuchsteller jeweils genannt wurde, wichtiger.[186] Die Befürworter einer Einbürgerung des Deutschen Wilhelm Nonnenmacher, der in Winterthur als Kaufmann bei der Brauerei Haldengut arbeitete, führten zwar ins Feld, dass er durch die Eislieferungen seiner Firma bestens mit Seuzach vertraut sei. Nonnenmachers Gesuch wurde mit Stichentscheid des Gemeindepräsidenten aber abgelehnt. Der Deutsche hatte der Gemeinde keine «Schenkung» angeboten, sodass die Mehrheit des Gemeinderats es besser fand, das «Wenige fahren zu lassen», wie es im Protokoll heisst. Abraham Nordmann, der nebst den üblichen Einkaufsgebühren 400 Franken zugunsten der Armenkasse spendete, wurde dagegen diskussionslos aufgenommen.

Bereits ein Jahr nach der Einbürgerung Nordmanns lag ein weiteres Gesuch einer jüdischen Familie aus Freiburg auf dem Tisch, dasjenige von Simon Brunschwig. Der Gemeinderat war sich nun offenbar der Zustimmung zu seiner Einbürgerungspolitik nicht mehr ganz sicher. Er betonte deshalb an der Versammlung, er habe sich am Anfang «ziemlich kühl in der Sache verhalten», erst als der Antragsteller zu den ordentlichen Gebühren eine «Schenkung» von 500 Franken offeriert habe, sei die Sache ernst geworden. Der persönliche Eindruck des Gesuchstellers habe den Gemeinderat dann vollends überzeugt. Tatsächlich kam es an der Versammlung zu einer heftigen Diskussion. Kantonsrat Keller gab zu bedenken, dass mit dieser Familie der Anteil der in Seuzach eingebürgerten «Hebräer» auf 25 Personen ansteigen würde. Ausserdem müssten die ausserhalb des Kantons lebenden Bürger nichts an die Armensteuer beitragen. Er hätte deshalb 1000 Franken verlangt. Da über die Einbürgerung «weitgehende Theorien aufgestellt wurden», wie sich der Gemeindeschreiber im Protokoll ausdrückte, sah sich der Gemeinderat genötigt, den Entscheid zu verschieben, um die Rechtsverhältnisse abzuklären. Gut einen Monat später traf man sich erneut. Der Gemeinderat konnte nun zu allen Fragen verbindlich über das Verfahren Auskunft geben. Dabei wies er auch den Antrag des Pfarrers als rechtlich unzulässig zurück, der für Ohringen einen besonderen Betrag herausholen wollte.

Insgesamt sah sich der Gemeinderat in seinem Vorgehen bestätigt. Es stand in seinem Ermessen, für Ausländer die Einkaufsgebühren zu erhöhen. Darunter fielen auch die «Schenkungen». Der Betrag, der über die im Einzugsbrief festgelegten Taxen hinausging, musste aber der Armengemeinde gutgeschrieben oder gleichmässig auf alle Güter verteilt werden. Trotzdem standen das Dorf Seuzach, Ober- und Unterohringen zueinander in Konkurrenz, denn die Antragsteller mussten sich neben dem allgemeinen Einkauf in die Politische Gemeinde zusätzlich für eine der drei Zivilgemeinden entscheiden. Das Dorf Seuzach besass dabei einen klaren Vorteil. Zwar war hier die Einkaufstaxe um einiges höher als in Ober- oder Unterohringen. Im Dorf Seuzach lebten aber viel mehr Bürger, deren Stimmen sich mit der Wahl ihrer Zivilgemeinde gewinnen liessen. Der Gemeindeschreiber kommentierte dies beispielsweise beim Gesuch von Moritz Bloch, der einen Einkauf in die Zivilgemeinde Seuzach beantragte, folgendermassen: «Dieser Antrag findet natürlich bei der grossen Mehrzahl der Versammlung sachpatriotische Anerkennung und [...] erringt dieser einen einstimmigen Sieg ohne Lorbeerkranz.»[187]

*Tabelle 26: Eingebürgerte Familien, 1870–1930**

Jahr	Name	Herkunft	Wohnort
1870	Schelling	?	?
1872	Götschel	Niederhagenthal, Elsass	Basel
1875	Frei	?	Seuzach
1875	Luck	Michelstadt, Hessen	Zürich
1876	Bosshard	Rümikon-Elsau	Seuzach
1876	Etzensberger	Dägerlen	Seuzach
1876	Ehrensberger	Dachsen	Seuzach
1878	Manz	Turbenthal	Seuzach
1880	Hess	Steiermark, Österreich	St. Gallen
1881	Ernst	Feldi, Ellikon	Seuzach
1885	Liggensdorfer	Gütighausen	Seuzach
1887	Gachnang	Dätwil-Adlikon	Seuzach
1887	Sprenger	Neftenbach	Seuzach
1888	Winkler	Untermettmenstetten	Seuzach
1890	Brandenberger	Flach	Seuzach
1892	Nordmann	Niederhagenthal, Elsass	Freiburg
1893	Brunschwig	Pontarlier, Frankreich	Freiburg
1895	Schwob	Belfort, Frankreich	Bern
1897	Bloch	Markolsheim, Elsass	Bern
1897	Ulmann	Hercourt, Frankreich	Delsberg
1900	Schlesinger	Märkisch Friedland	Biel
1900	Weidmann	Stadel	Seuzach
1905	Legros	Achen, Preussen	Zürich
1909	Nüssli	Dägerlen	Seuzach
1910	Nordmann	Lyon	Freiburg
1910	Sporrer	Oberwinterthur	Seuzach
1910	Zirn	Bubsheim, Württemberg	Seuzach
1910	Keller	Thayngen	Seuzach
1912	Schwob	Bischwiler, Elsass	Freiburg
1916	Fenn	Sulzthal, Bayern	Seuzach
1916	Frick	Bludenz, Österreich	Ottenbach
1917	Dümmel	Leimbach, Oberelsass	Seuzach
1917	Guggenheim	Randegg bei Gottmadingen	Winterthur
1918	Schaich	Württemberg	Seuzach
1919	Gehring	Rüedlingen	Seuzach
1922	Görner	Tschechoslowakei	Seuzach
1922	Keller	Buchberg	Seuzach
1922	Hagenbucher	Wülflingen	Seuzach
1923	Liggensdorfer	Gütighausen	Seuzach
1923	Vollenweider	Nürensdorf	Seuzach
1923	Fehr	Flach	Seuzach
1925	Wiesendanger	Wiesendangen	Seuzach
1927	Probst	Laufenburg	Seuzach

Blau: Ausländer, schwarz: Schweizer.

* Siehe auch Seuzach, 1963, S. 66. Einige Daten wurden aufgrund der Akten im Gemeindearchiv und im Staatsarchiv korrigiert. Zur Familie Weidmann (1892) fanden sich keine Angaben. Das Gesuch der Familie Liege wurde 1926 abgewiesen, danach fanden sich keine Hinweise auf eine Einbürgerung oder Landrechterteilung im Jahr 1928.

Quellen: GAS, PG, IV B 34; StAZH, N 13c.1–2; StAZH, Datenbank der Regierungsratsprotokolle, 1910–1930.

Bedenken gegen die Aufnahme der Juden wurden hauptsächlich aus Ober- und Unterohringen laut. Mit der Erhöhung der Einkaufsgebühr liess sich aber auch dort die Mehrheit überzeugen. Die Diskussion drehte sich in der Folge nur noch um die Höhe der «Schenkung».

Bei Simon Brunschwig verlangte die Versammlung anstelle der gebotenen 500 Franken mindestens 800 Franken (1893). Julius Schwob aus Bern, der angab, durch Brunschwig sei ihm Seuzach bekannt, bot gleich 800 Franken (1895). Moritz Bloch dagegen, der sich auf Nordmann bezog und 500 Franken zusätzlich bezahlen wollte, musste sein Angebot auf 700 Franken nachbessern (1897). Der Antrag, 1000 Franken zu verlangen, war dabei erneut unterlegen. In der Folge boten aber mehrere Gesuchsteller schon im Voraus zwischen 1000 und 1600 Franken an, sodass alle diskussionslos aufgenommen wurden.

Die «Schenkungen» in dieser Grössenordnung waren nun derart normal, dass sich der Gemeinderat 1910 bei der Einbürgerung der Familie des Deutschen Kasimir Zirn, der 200 Franken bot, genötigt sah, darauf hinzuweisen, dass Zirn in der Gemeinde wohne und Steuern bezahle. Dabei gilt es zu bedenken, dass zur damaligen Zeit ein einfacher Arbeiter kaum über 100 Franken im Monat verdiente.[188] Der Maurer und spätere Baumeister Kasimir Zirn, übrigens katholischen Glaubens, war der erste eingebürgerte Ausländer, der auch in Seuzach lebte. Zahlreiche Häuser im Gebiet der Bachtobel- und Mörsburgstrasse stammen von ihm.

Die Einbürgerungspolitik, wie die Seuzacher sie betrieben, war nicht unumstritten. Bereits 1870 hatte der Bundesrat das «Verschachern des Bürgerrechts» kritisiert.[189] Das Vorgehen entsprach jedoch der gängigen Haltung in der damaligen Migrationspolitik. Im Allgemeinen sah man die Einbürgerung als die beste Voraussetzung für die Integration der ausländischen Bevölkerung an. Dadurch würden sich die neuen Bürger auch für das Wohl der Schweiz interessieren. Erst durch das Anschwellen der Gesuche während des Ersten Weltkriegs kam die Meinung auf, die Ausländer müssten sich zuerst integrieren, bevor sie eingebürgert werden könnten. 1915 erliess der Regierungsrat deshalb verschärfte Bestimmungen

135_Familie Schwarz vor dem Bauernhaus «Im Zinggen», um 1904. Das Haus wechselte in kurzer Zeit dreimal den Besitzer, was typisch für Seuzach war. Das Dorf war geprägt von vielen kleinen Bauernbetrieben, die dank dem Weinbau und der Nähe zum städtischen Markt in Winterthur ein Auskommen fanden. Die kleinen Betriebe gerieten zwar rasch in wirtschaftliche Bedrängnis. Die Notverkäufe lockten aber auch Käufer ähnlicher sozialer Schichten an. Bis 1927 lebte die Familie Schwarz in dem Haus. Darauf kam die Familie Gut, die es 1942 an die Familie Fehr verkaufte. Von dieser erwarb es 1956 die Sekundarschulgemeinde.

gegen den «Schacher», sodass Flüchtlinge nicht sofort eingebürgert werden konnten. Im Grundsatz unterstrich er aber nochmals seine Haltung, an der «weitherzigen» Einbürgerungspraxis festzuhalten.[190] Die Seuzacher behielten ihre «weitherzige» Einbürgerungspolitik während des Ersten Weltkriegs für ansässige Ausländer ebenfalls bei. Danach nahmen die Einbürgerungen aber stark ab. Das Gemeindegesetz von 1926 schrieb schliesslich vor, dass ein Gesuchsteller seit mindestens zwei Jahren in der Gemeinde leben musste. 1927 erlitt die Bürgergemeinde zudem einen weiteren Bedeutungsverlust. Das Heimatprinzip wurde im Kanton Zürich aufgehoben und das Fürsorgewesen der Politischen Gemeinde übertragen. In den beiden Jahrzehnten nach dem Zweiten Weltkrieg wurden kaum mehr Einbürgerungen vorgenommen.

5.4 SCHWERER STAND DER FRAUEN

Alleinstehende Frauen konnten sich ebenfalls einbürgern lassen. Sie stellten für den Gemeinderat aber oft ein Armutsrisiko dar, weshalb sie einen schweren Stand hatten. Lydia Zoller, bayrische Staatsangehörige, die in Seuzach aufgewachsen war, jedoch in Zürich lebte, fragte 1919 vergeblich in Seuzach um das Bürgerrecht nach. Der Gemeinderat begründete die Ablehnung damit, dass er den Lebenswandel der Frau in Zürich nicht beurteilen könne.

Frauen, die einen Ausländer heirateten, verloren automatisch ihr Schweizer Bürgerrecht.[191] Nur im Scheidungsfall oder beim Tod ihres Mannes konnten sie sich in ihrer alten Heimatgemeinde wieder einbürgern lassen. Der Bund legte 1903 fest, dass dies innerhalb von zehn Jahren unentgeltlich zu geschehen habe. Trotzdem verweigerte der Seuzacher Gemeinderat 1905 der Witwe Elisabetha Morgen-Weilenmann, die mit einem Mann aus dem Grossherzogtum Baden verheiratet gewesen war, die Wiedereinbürgerung. Er befürchtete, dass sie schon «in kurzer Zeit der Gemeinde zur Last fallen werde». Die Frau rekurrierte jedoch erfolgreich bei Kanton und Bund.[192] In der Folge kamen die Seuzacher Behörden in Kenntnis der Rechtslage

der Pflicht nach. In den 1940er Jahren legten sie sich deswegen aber mit dem Kanton an. Es ging um eine Seuzacherin, die wegen ihrer Heirat mit einem Angehörigen des Deutschen Reichs ihr Schweizer Bürgerrecht verloren hatte. Nach dem Tod ihres Mannes verlangte sie 1940 die Wiedereinbürgerung. Da sie jedoch keinen Hehl aus ihren Sympathien für Hitler machte, wurde der Antrag abgelehnt. Die Seuzacher Behörden erhielten dabei Unterstützung vom Bund, der während des Kriegs besondere Bestimmungen erliess. 1948 forderte der Kanton die Gemeinde jedoch auf, den Entscheid zu revidieren.[193] Die Gesuchstellerin, die ausserhalb des Kantons Zürich in einem Heim lebte, könne als gebürtige Schweizerin schweizerisch denken und empfinden. Sie möchte gern als Schweizerin sterben, begründete der Kanton seine Aufforderung. Der Seuzacher Bürgergemeinderat – die Behörde war inzwischen nur noch teilweise identisch mit dem Gemeinderat – konnte sich jedoch nicht vorstellen, dass sich die Frau in dieser kurzen Zeit auch im Herzen geändert habe, wie er schrieb. Erst auf mehrfachen Druck des Kantons gab er nach. Genau genommen ging es dabei jedoch nicht um die Gesinnung der Frau, sondern um die Unterstützungspflicht der Bürgergemeinde. Das Heimatprinzip war damals erst innerhalb des Kantons Zürich abgeschafft. In anderen Teilen der Schweiz mussten die Seuzacher weiterhin für ihre verarmten Bürger und Bürgerinnen aufkommen. Gesamtschweizerisch wurde das Heimatprinzip erst 1977 aufgehoben.

Seit 1953 konnten die Frauen bei der Heirat mit einem Ausländer ihr Schweizer Bürgerrecht behalten. Sie mussten dafür aber eine Erklärung abgeben, andernfalls verloren sie das Bürgerrecht noch immer. Diese Bestimmung wurde erst in den 1990er Jahren fallen gelassen.

5.5 VON DER RESTRIKTIVEN ZUR ERLEICHTERTEN EINBÜRGERUNG

Der Kanton sprach im Einbürgerungsstreit von 1948 einen wichtigen Einbürgerungsgrund an. Die Frau könne als gebürtige Schweizerin schweizerisch denken und empfinden, schrieb er. Seit dem Ersten Weltkrieg hatte sich nämlich eine Vorstellung davon herausgebildet, was

136, 137_Fototermine. Familie Steinmann aus Unterohringen. Hochzeitsfoto, Hans Steinmann und Gertrud Steinmann-Nägeli, 16. Mai 1944. Auch von den Familien, die im 19. Jahrhundert das Seuzacher Bürgerrecht erwarben, blieben die wenigsten in Seuzach ansässig. Am meisten Ortsbürger stellten 1958 die Steinmann, nämlich 8.

ein richtiger Schweizer respektive eine richtige Schweizerin sei. Zwar gab es in Anbetracht der sehr unterschiedlichen Landesteile keine festgeschriebene Definition, was darunter zu verstehen sei. Es bestand aber ein Konsens, dass sich die Einbürgerungen an den Vorstellungen der jeweiligen Behörde zu messen hatten. Bei einer Kandidatin aus Deutschland, die sich ebenfalls 1948 um das Bürgerrecht bewarb und aufgenommen wurde, hielt der Bürgergemeinderat deshalb ausdrücklich fest: «Die Behörde ist sich darüber einig, dass sie wirklich schweizerisch zu denken vermag.»[194]

Tabelle 27: Gemeindebürger, 1958

Familienname	Simmberechtigte Ortsbürger	Davon Landwirte
Ackeret	9	6
Brandenberger	1	
Eckert	1	
Eichin	1	
Erb	2	2
Ernst	1	
Francesco	1	
Frei	2	
Gachnang	1	1
Greuter	3	2
Gujer	1	1
Hasler	1	1
Hess	1	
Huber	3	2
Kaiser	1	
Keller	4	1
Müller	2	
Probst	2	1
Sporrer	3	2
Sprenger	4	3
Schwarz	12	3
Steinmann	8	8
Stucki	2	2
Wiesendanger	2	
Wipf	4	1
Total	72	36

Quelle: GAS, PG, IV B, 34, Protokoll der Bürgergemeindeversammlung, Beilage vom 20. 11. 1958.

Mitte des 20. Jahrhunderts erreichte die Zahl der ansässigen Bürger und Bürgerinnen einen Tiefpunkt. Deren Anteil an der Gesamtbevölkerung war auf 8 Prozent gesunken. Die Hälfte davon machten die Landwirte aus. Aber selbst unter den Landwirten war die Zahl der Ortsbürger tief. Von den zwölf Bauern beispielsweise, die 1948 die Milchgenossenschaft Ohringen gründeten, war nur noch einer Seuzacher Bürger.[195] Gleichzeitig vervielfachte sich der Anteil der ausländischen Bevölkerung in Seuzach. Von 1950 bis 1960 stiegt dieser von 2,5 auf 12,7 Prozent an. Die Schweiz hatte ein noch nie gesehenes wirtschaftliches Wachstum und einen Anstieg des Wohlstands erlebt. In solchem Ausmass war dies aber nur möglich, weil die Industrie gezielt Arbeiter aus dem Ausland rekrutierte, darunter viele italienische Staatsangehörige. Die Zunahme der Zahl der Ausländer war für Seuzach einmalig. Sie wurde seither nie mehr erreicht (Tabelle 28).

1965 lagen die ersten Einbürgerungsgesuche von Italienern vor. Obwohl dem Bürgergemeinderat nichts Negatives über die beiden bekannt war, beide mit einer Schweizerin verheiratet waren und auch die Bewilligung des Bundes vorlag, stellte er die Gesuche zurück. Da er weitere gleich gelagerte Anträge erwartete, war er der Meinung, dass man mit grösster Zurückhaltung vorgehen sollte. Auch behielt er sich vor, die Familien besser kennenzulernen.[196] In der Folge geschah in beiden Fällen nichts mehr, was ins Protokoll eingetragen wurde. Die Zurückhaltung der Seuzacher Behörden widerspiegelte die allgemeine Haltung. Die Diskussion über die «ausländische Überbevölkerung», den Umgang mit den «Gastarbeitern» oder «Fremdarbeitern» und die Angst um die Identität der Schweiz prägten die Tagespolitik. Die von James Schwarzenbach Ende der 1960er Jahre lancierte «Überfremdungsinitiative», wel-

138_Alice Huber im Kinder-Ausgangswagen, um 1915.

139_Familienfoto, Familie Leimbacher, Bäckerei im Ausserdorf, um 1905.

140_Frau Huggenberg, die nach dem Tod ihres Mannes 1925 die Gärtnerei an der Stationsstrasse verkaufte und an die Bachtobelstrasse zog, verdiente sich danach ihren Lebensunterhalt als «Marktfahrerin», Foto um 1950.

che den Ausländeranteil auf 10 Prozent beschränken wollte, spaltete die Bevölkerung. Sowohl in Seuzach als auch gesamtschweizerisch wurde sie 1970 mit 54 Prozent Neinstimmen relativ knapp verworfen. Die befürchtete Flut von Anträgen italienischer Arbeiter traf jedoch in Seuzach nicht ein.

Es waren vor allem Deutsche und Österreicher, die dafür sorgten, dass die Zahl der Einbürgerungsgesuche in den 1970er Jahren doch zunahm. Die Zurückhaltung bei der Behandlung der Gesuche und die allgemeine, zuweilen fremdenfeindliche Diskussion dürften sich auf die Zahl und den Kreis der Gesuchsteller ausgewirkt haben. So kam es mehrheitlich nur noch zu Anfragen von Personen, die den Vorstellungen der Behörden entsprachen. Und obwohl die Überprüfung der Kandidaten auf Anordnung des Kantons nun allgemein vertieft wurde, verzichtete man in Seuzach in einzelnen Fällen – wie es im Protokoll heisst – «aus psychologischen Gründen» auf die empfohlenen Straf- und Betreibungsregisterauszüge.[197] Denn die Personen, die sich überhaupt noch bewarben, waren bereits so gut integriert, dass man sie als zukünftige Mitbürger und Mitbürgerinnen nicht vor den Kopf stossen wollte. Parallel dazu gab es für bestimmte Kategorien eine Erleichterung des Verfahrens, zum Beispiel für Jugendliche, die in der Schweiz geboren waren. Fast in jedem Jahr wurden nun ein bis drei Einbürgerungen vorgenommen.

Ein Problem blieb die geringe Zahl der Seuzacher Bürger, die sich kaum für die Teilnahme an den Versammlungen interessierten. Und obwohl sich die übrigen Schweizer nach einer Wohnsitzfrist von zehn Jahren – abgesehen von den Gebühren – unentgeltlich einbürgern lassen konnten, nahm von ihnen kaum jemand die Gelegenheit wahr, das Seuzacher Bürgerrecht zu erwerben. Mit Masseneinbürgerungen, wie sie andere Gemeinden durchführten, wollte man sich indes nicht behelfen. Die schlechte Teilnahme an den Versammlungen wurde dem Bürgergemeinderat besonders bewusst, als die Idee aufkam, die Kandidaten für ihre Aufnahme jeweils an die Bürgergemeindeversammlung einzuladen. Das Vorhaben wurde mit dem Argument aufgeschoben, dass es gegenüber den Gesuchstellern peinlich wirke, wenn kaum ein Dutzend Bürger anwesend sei. Man wollte die neuen Bürger mit etwas Besonderem willkommen heissen.[198] Immerhin stieg die Zahl der stimmberechtigten Ortsbürger von 72 im Jahr 1958 auf 256 im Jahr 1981, wobei allerdings gegen die Hälfte der Zunahme auf die Einführung des Frauenstimmrechts zurückging.[199]

1980 trat eine neue Frage auf. Der Bürgergemeinderat wünschte, dass fremdländisch klingende Namen an die schweizerischen Gewohnheiten angepasst würden.[200] Trotz hartnäckiger Nachfrage beim Kanton blieb der Wunsch unerfüllt. Das Anliegen macht aber deutlich, dass sich der Kreis der Eingebürgerten ausweitete.

Dem allgemeinen Trend zur Erleichterung und Versachlichung der Einbürgerung folgend, erliess der Bürgergemeinderat 1990 ein detailliertes Reglement, das den Rahmen vorgab sowie das zu prüfende Wissen über die Schweiz und deren politisches System umschrieb. Gleichzeitig wurde die Wohnfrist für Schweizerinnen und Schweizer, welche die kostenlose Einbürgerung erlaubte, von zehn auf zwei Jahre gesenkt. Die Schweizer Gesuchsteller mussten lediglich eine Bearbeitungsgebühr bezahlen. Der Beschluss nahm im Kern eine Entwicklung vorweg, die in der überarbeiteten Kantonsverfassung von 2005 ihren Niederschlag fand. Die Aufgaben der Bürgergemeinde wurden auf die stimmberechtigten Einwohner, das heisst die Politische Gemeinde, übertragen. Gesamthaft gesehen, bedeutete dies jedoch keine einschneidende Änderung mehr, denn die Politische Gemeinde hatte inzwischen den Stellenwert der alten Bürgergemeinde eingenommen. Der Anteil der Bürger, die nun keine politischen Vorrechte mehr besassen, lag in Seuzach 2009 immer noch auf dem Niveau der 1960er Jahre.[201]

Rückblickend war die Bürgerpolitik seit der Gründung der Schweiz 1848 von drei Phasen geprägt: einer Zeit der Offenheit bis zum Ersten Weltkrieg, einer bis in die ersten Jahrzehnte des Kalten Kriegs reichenden Phase der Restriktion und schliesslich einer Zeit mit Schritten zur Erleichterung der Einbürgerung. Das Schicksal der Menschen, die von den Entscheiden betroffen waren, schlug sich meist nur am Rand in den erhaltenen Akten nieder. Vor allem die Spuren der Abgewiesenen und Ärmeren verlieren sich rasch. Dagegen ist es leichter, den Lebenswegen der erfolgreichen Seuzacher Bürger zu folgen. Die Familie Nordmann sei hier stellvertretend für andere kurz erwähnt. Jean Nordmann engagierte sich nach dem Zweiten Weltkrieg für den Dialog zwischen Christen und Juden. 1964 wurde er zum ersten jüdischen Obersten der Schweizer Armee befördert. Roger Nordmann gründete 1946 die Radiosendung «Glückskette», die bis heute Spenden für Bedürftige sammelt.[202] Beide waren Enkel des 1892 in Seuzach eingebürgerten Abraham Nordmann. Ein weiterer Nachkomme, der noch das Seuzacher Bürgerrecht besitzt, der 1942 in Freiburg geborene François Nordmann, arbeitete im Dienst des Eidgenössischen Departements für auswärtige Angelegenheiten in zahlreichen Funktionen, unter anderem als Botschafter in Grossbritannien und in Frankreich.

5.6 DAS «KÖNIGREICH» UNTEROHRINGEN

Das Schicksal führte mitunter dazu, dass es Leute an Orte verschlug, wo man sie nicht erwarten würde. Zuweilen war dies so ungewöhnlich, dass sie als Kuriosum in Erinnerung blieben. Das «Schlössli» in Unterohringen, dessen Name bereits aufhorchen lässt, ist ein solcher Ort.

Mit einem Schloss hatte das Haus allerdings wenig zu tun. Möglicherweise ging der Name auf dessen Erbauer zurück, den Landrichter Jakob Keller, der das Haus wohl Ende des 18. Jahrhunderts errichtete.[203] Damals war es üblich, die Orte, wo das Niedere Gericht tagte, als «Schloss» zu bezeichnen. Es könnte aber auch dessen Gattin, Anna Elisabetha von Breitenlandenberg, gewesen sein, welche die Seuzacher zu der Bezeichnung inspirierte. Vielleicht blieb der Name aber auch allein wegen der stattlichen Grösse an dem Gebäude hängen.

So ragte das «Schlössli» auch 1889 noch als repräsentativer Landsitz aus der Menge der Seuzacher Bauernhöfe heraus, als es die ledige Marie Kreis von der Ärztefamilie Schoch erwarb.[204] Maries Mutter, die Kammerzofe bei der napoleonischen Familie auf dem Schloss Arenenberg gewesen war, hatte ihrer Tochter ein ansehnliches Vermögen hinterlassen. Marie Kreis führte im «Schlössli» jedoch kein herrschaftliches Leben. Sie bewohnte mit ihrer kranken Schwester lediglich ein Zimmer im obersten Stock. Die übrigen Räume samt Wirtschaftsgebäude und Umschwung vermietete sie 1897 dem deutschen Baron Job von Manteuffel. Job war der jüngste Sohn des Feldmarschalls Edwin von Manteuffel, der im Winter 1871 die Bourbaki-Armee bei Pontarlier zum Übertritt in die Schweiz gezwungen hatte. Nach dem Sieg Deutschlands über Frankreich war der Feldmarschall kaiserlicher Statthalter von Elsass-

Tabelle 28: Bevölkerung, 1850–2010

Jahr	Einwohner (n)	Ausländeranteil (n)	Ausländeranteil (%)
1850	741	13	1,8
1860	790	5	0,6
1870	786	13	1,7
1880	736	16	2,2
1888	740	12	1,6
1900	805	52	6,5
1910	960	50	5,2
1920	959	37	3,9
1930	1 348	46	3,4
1941	1 382	26	1,9
1950	1 518	38	2,5
1960	2 484	316	12,7
1970	3 258	399	12,3
1980	4 659	476	10,2
1990	5 558	534	9,6
2000	6 558	701	10,7
2010	7 008	814	11,6

Quelle: www.statistik.zh.ch (Gemeindedaten); Gemeindeverwaltung Seuzach.

Grafik 2: Bevölkerung, 1850–2010

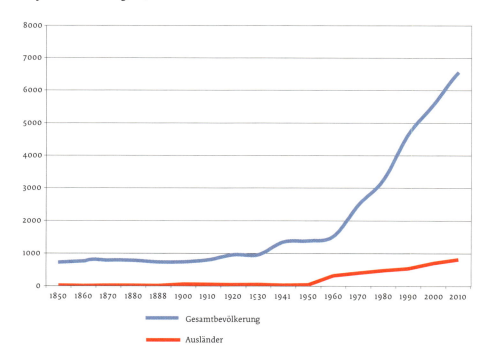

Quelle: www.statistik.zh.ch (Gemeindedaten); Gemeindeverwaltung Seuzach.

Lothringen, wo er sich als Gouverneur weniger durch seine Verwaltungstätigkeit als durch die glanzvollen Empfänge mit über 2000 Gästen einen Namen machte.

Nach dem Tod des Feldmarschalls fiel die Familie von Manteuffel bei Kaiser Wilhelm II. in Ungnade, da Job von Manteuffel trotz kaiserlichem Verbot ein Waldstück seines Majoratsguts in Troppau verkauft hatte. Kaiser Wilhelm II. liess der Familie das ganze Majoratsgut wegnehmen und erklärte sie aller Ehrentitel für verlustig. Darauf zog der Baron mit seiner Familie nach einer Zwischenstation in Italien nach Unterohringen ins Exil, wo ihm Marie Kreis das «Schlössli» vermietete. Die Jungfer im Dachzimmer soll insgeheim darauf gehofft haben, dass ihr der Baron zu einer Stelle als Ehrendame am kaiserlichen Hof verhelfen würde.[205] So wurde das «Schlössli» für viele Jahre zu einer Miniaturresidenz der Familie von Manteuffel, die, so gut es die beschränkten Mittel zuliessen, ein herrschaftliches Leben führte.

Der Zufall wollte es, dass Cécile Ines Loos als Erzieherin der vier Kinder der Familie von Manteuffel in Unterohringen wirkte. Die Schriftstellerin hielt das Leben im «Schlössli» in einer Idylle fest. Der Text erschien 1933 unter dem Titel «Das Königreich Manteuffel» im Jahrbuch der Literarischen Vereinigung Winterthur.

Cécile Ines Loos, die Tochter eines Organisten, wurde 1883 in Basel als fünftes Kind geboren.[206] Da beide Eltern schon kurz darauf verstarben, wuchs sie bei Pflegeeltern in Burgdorf und in einem Armenwaisenhaus in Wabern bei Bern auf. In ihrem Roman «Der Tod und das Püppchen» schildert sie diese «unbehauste» Kindheit, die ihr ganzes Leben prägte. Nach der Diplomierung als Kindergärtnerin in Bern war sie von 1902 bis 1906 in Unterohringen bei Baron Job von Manteuffel tätig. Darauf wirkte sie als Erzieherin in Irland und England. Nach der Geburt eines unehelichen Sohnes in Mailand geriet sie in eine psychische Krise. Um das Nötigste zu verdienen, musste sie ihren Sohn weggeben, der deshalb bei Pflegeeltern und in Waisenhäusern aufwuchs. Sie lebte, wie sie 1931 schrieb, «am Rande des Zugrundegehens». Den einzigen Ausweg sah sie in der Schriftstellerei. «Nun fing ich an zu schreiben. Und schrieb und schrieb wie ein Tiger aus dem Busch, um mich herauszuarbeiten aus meinen Erlebnissen», berichtete sie später in ihrer Biografie über die Anfänge.

Die Zeit in Unterohringen schildert sie recht humorvoll. Offenbar war es – sofern man dem literarischen Text glauben darf – auch für sie eine recht glückliche Zeit. Job von Manteuffel muss ein liberaler und recht unkonventioneller Mensch gewesen sein. «Alle lehrhaften Dinge wurden von ihrer lustigen und leichten Seite genommen und man brauchte sich dessen nicht zu schämen, was man nicht wusste.» Obwohl man Wert auf standesgemässes Benehmen legte, ging es nie um Protzerei. Grosszügigkeit war trotz Geldmangel eine Selbstverständlichkeit. Auch die Bauern in Ohringen und der Umgebung profitierten davon. Eine kranke Bäuerin durfte sich des Besuchs der Baronin sicher sein, die ihr nicht nur allerlei Leckerbissen brachte, sondern ihr auch Hilfe anbot. Zwar ging das Geld immer wieder mal zur Neige, sodass man überall anschreiben musste. Ein Verwandter im Elsass beglich jedoch jeweils die stattlichen Schulden. Als der Baron 1911 starb, wurde er auf dem nahen Friedhof in Seuzach zu Grabe getragen. Beim Ausbruch des Ersten Weltkriegs reiste die Frau Baronin nach Deutschland zurück. Marie Kreis verkaufte darauf das «Schlössli» an Friedrich Beck, von dem es an die Familie Wegmann-Jäggli gelangte, die 1932 bei der Aufhebung des Grabs den Grabstein des Barons im eigenen Garten aufstellen liess.

6. Die Kirche im Dorf – die Glaubensfreiheit fordert die Gesellschaft heraus

Die reformierte Kirche Zwinglis und der Zürcher Stadtstaat bildeten lange Zeit eine Einheit. Die Kirchgemeinde kümmerte sich nicht nur um den religiösen Bereich, sondern sie nahm von der Armenunterstützung bis zum Zivilstandswesen zahlreiche Aufgaben wahr, die heute beim Staat liegen. Die reformierte Kirche prägte den Alltag von A bis Z. Für Andersgläubige gab es im alten Zürich keinen Platz.

Die Entstehung des demokratisch-bürgerlichen Kantons 1831 änderte dies grundlegend. Durch die Forderung nach der Trennung von Kirche und Staat verlor die Kirche Zwinglis einen grossen Teil ihres Einflusses. So wurden ihr mit der Schaffung der Politischen Gemeinde und der Schulgemeinde wichtige Aufgaben weggenommen. Ganz zur Trennung kam es indessen nicht, denn als Landeskirche blieb die reformierte Kirche Teil des modernen Staats. Die Glaubens- und Niederlassungsfreiheit stellte ihr Monopol aber zusätzlich infrage. Es liessen sich nicht nur immer mehr Andersgläubige – vor allem Katholiken – im Kanton Zürich nieder, sondern auch innerhalb der beiden grossen Kirchen kam es zu verschiedenen Abspaltungen – eine Entwicklung, die von vielen ganz allgemein als Spaltung der gewachsenen Gemeinschaft erlebt wurde.

Zu Beginn des 20. Jahrhunderts war dies auch in der Seuzacher Kirchenpflege ein Thema. Gut 5 Prozent der Seuzacher Bevölkerung bekannten sich damals zum katholischen Glauben. Diese verhielten sich jedoch «ruhig», wie die Kirchenpflege 1906 in einem Bericht festhielt. Überhaupt waren keine «sektiererischen Einflüsse» zu beobachten. Die Anhänger Davids aus Winterthur hatten vergeblich in der Gemeinde missioniert. Neutäufer gab es keine in Seuzach, denn alle Eltern brachten ihre Kinder zur Taufe.[207]

1924 hatte sich das Glaubensspektrum bereits verbreitert. Drei Familien, die aus dem Kanton Bern und dem Aargau zugezogen waren, gehörten den Wiedertäufern an. Die Christliche Wissenschaft war mit zwei Familien vertreten und je eine Familie bekannte sich zur Apostolisch-katholischen und zur Neuapostolischen Gemeinschaft. Die grösste «Schaar» – wie sich der Pfarrer ausdrückte – bildeten aber die Katholiken, deren Zahl sich inzwischen fast verdoppelt hatte. Er konnte jedoch beruhigt feststellen, dass es bisher keine «Übergriffe katholischer Geistlicher» gegeben hatte. Die katholischen Eltern schickten ihre Kinder sogar in die Sonntagsschule der reformierten Kirche. Auch insgesamt stufte der Pfarrer das Zusammenleben mit den verschiedenen Glaubensgemeinschaften als unproblematisch ein. Die Familie Lerch, die am Forrenberg seit 1915 evangelische Versammlungen abhielt, liess er unerwähnt.[208]

Von den genannten Glaubensrichtungen entwickelten sich innerhalb Seuzachs drei zu selbständigen Gemeinschaften. Aus den Versammlungen der Familie Lerch am Forrenberg ging die Freie Evangelische Gemeinde hervor. Die Neuapostolische Kirche hielt 1932 ihren ersten Gottesdienst im eigenen Lokal an der Bachtobelstrasse 18 und von 1942 an feierten die Katholiken in einem Privathaus an der Stationsstrasse 12 ihre Messe.

Das Jahr 1963 schliesslich stellte in der Zürcher Kirchengeschichte einen wichtigen Meilenstein dar. Die Katholiken wurden der reformierten Landeskirche gleichgestellt und die Frauen erhielten in der Kirchgemeinde das Stimm- und Wahlrecht. Der Abstimmung war eine heftige Debatte vorausgegangen. Während die offiziellen Vertreter der reformierten Kirche mehrheitlich hinter der Verfassungsänderung standen, gab es vor allem im nördlichen Kantonsteil starke Strömungen, die alles ablehnten, was die Katholiken stärkte. Aber auch in liberaleren Gegenden fanden sich etliche, die beispielsweise ihr Auto nur zu einem reformierten Garagisten brachten und sich nicht vorstellen konnten, einen katholischen Arzt aufzusuchen. Das deutliche Resultat war schliesslich für viele eine Überraschung.[209] So betrug damals der Anteil der katholischen Bevölkerung in Seuzach knapp ein Viertel, doch 70 Prozent der Seuzacher, die an die Urne gingen, stimmten der Verfassungsänderung zu.

Nachdem die reformierte Kirchenpflege ein Jahr nach der Abstimmung das gegenseitige Verhalten noch als «abwartend» beschrieben hatte, gingen die beiden Kirchgemeinden schon bald aufeinander zu, um die Ökumene zu pflegen.[210] Mitunter gab es zwar Konflikte, bei denen die einstige Ablehnung noch aufflackerte. Es handelte sich dabei jeweils um eine kleine Gruppe, die mit der Zusammenarbeit nicht einverstanden war. 1977 störten sich beispielsweise einige Eltern daran, dass die Konfirmation aus Platzgründen in der katholischen Kirche durchgeführt wurde.[211] Andererseits wurde im gleichen Jahr die Zusammenarbeit der Kirchenpflege mit der Freien Evangelischen Gemeinde am Forrenberg von etlichen Gläubigen skeptisch aufgenommen.[212] Insgesamt war der alte Streit zwischen den christlichen Glaubensrichtungen jedoch weitgehend überwunden. Toleranz bestimmte das gegenseitige Verhältnis.

Der Konflikt verlagerte sich nun auf neue Religionsgruppen. Zu reden gab vor allem die Integration der Muslime, deren Zahl in Seuzach jedoch tief war und die auch nicht gesondert erfasst wurden. Insgesamt machten damals in Seuzach die Gläubigen, die weder katholisch noch reformiert waren, nur gerade 3,3 Prozent der gesamten Bevölkerung aus. Die Möglichkeit, einem Teil von ihnen ebenfalls den Status als Landeskirche zu gewähren, lehnte der Souverän 2003 ab. Konkret ging es damals zunächst um die Anerkennung lutherischer und jüdischer Gemeinden. Mittelfristig wären auch muslimische Gemeinschaften infrage gekommen. Zahlenmässig einiges bedeutender als die Zunahme anderer Glaubensrichtungen waren in Seuzach dagegen die Kirchenaustritte. Die Zahl der Personen, die sich als konfessionslos bezeichneten, stieg in Seuzach von 0,6 Prozent im Jahr 1970 auf 9,6 Prozent im Jahr 2000. Weitere 2,5 Prozent machten damals keine Angaben zu ihrer Religionszugehörigkeit.[213]

Tabelle 29: Konfession, 1850–2010

Jahr	Reformiert	Katholisch	Andere und Konfessionslose
1850	739	2	0
1860	785	5	0
1870	775	11	0
1880	730	4	2
1888	725	15	0
1900	761	44	0
1910	880	80	0
1920	885	74	0
1930	1 251	92	5
1941	1 239	135	8
1950	1 350	157	11
1960	1 918	552	14
1970	2 346	866	46
1980	3 208	1 217	234
1990	3 386	1 417	755
2000	3 569	1 732	1 257
2010	3 593	1 855	1 560

Quelle: www.statistik.zh.ch (Gemeindedaten); Gemeindeverwaltung Seuzach.

Grafik 3: Konfession, 1850–2010

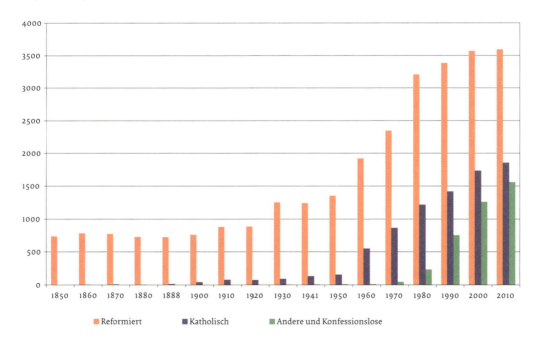

Unter der Rubrik «Andere» figurieren auch diejenigen, die sich als konfessionslos bezeichneten. Sie machten im Jahr 2000 mit rund 636 Personen gut die Hälfte der «anderen» aus.
Quelle: www.statistik.zh.ch (Gemeindedaten); Gemeindeverwaltung Seuzach.

6.1 DIE REFORMIERTE KIRCHE BIS 1963

In den 1870er Jahren war die Trennung von Kirche und Staat im Kanton Zürich bereits ziemlich weit fortgeschritten. Nachdem schon das Zivilstandswesen von der Kirche abgetrennt worden war, wurde 1876 auch die Zuständigkeit für den Friedhof den Politischen Gemeinden übertragen. Der Staat stellte damit sicher, dass der Mensch von der Wiege bis zur Bahre sein Leben ausserhalb der Kirche gestalten konnte – sofern er wollte. Der Neubau des Seuzacher Friedhofs im Jahr 1950 wurde deshalb auch von der Politischen Gemeinde in Auftrag gegeben und bezahlt. Der von Paul Speck ausgeführte Brunnen aus Urner Granit stammt aus dieser Zeit. Er zeigt eine Frauengestalt, über deren linke Hand das Wasser abläuft – ein Anklang an das Wort vom «Wasser des Lebens». Nachdem der neue Friedhof bereits 1960 ein erstes Mal erweitert werden musste, gab die Politische Gemeinde 1975 die Planung weiterer Ausbauetappen in Auftrag. Den alten Friedhof auf der Nordseite der Kirche wandelte sie in eine Grünanlage um, in der einzig die beiden Grabsteine von Pfarrer Wolf und Lehrer Briner an das einstige Gräberfeld erinnern. Die letzte grosse Erweiterung fand in den Jahren 1991/92 statt, als weitere Gräberfelder, ein grösserer Materialraum und ein Gemeinschaftsgrab angelegt wurden.

       Doch zurück in die 1870er Jahre. Bis die Trennung von Kirche und Staat auch im Alltag sichtbar wurde, dauerte es einige Zeit. Da in Seuzach an den Versammlungen der Kirchgemeinde die gleichen Leute anwesend waren wie bei der Politischen Gemeinde oder der Schulgemeinde, wurde die Trennung kaum wahrgenommen. Der Gemeindeschreiber trug die Beschlüsse der unterschiedlichen Gemeinden sogar im gleichen Protokoll ein. Zudem setzte der Gesetzgeber die Trennung nur schrittweise um. So musste beispielsweise der Pfarrer kraft seines Amts noch bis 1865 der Schulpflege vorstehen. Selbst nachdem sich bis zum Beginn des 20. Jahrhunderts die rechtliche Trennung der verschiedenen Gemeinden formal

141_Luftaufnahme des Kirchhügels mit der reformierten Kirche, um 1951.

weitgehend durchgesetzt hatte, blieb das Selbstverständnis der Seuzacher Kirchgemeinde als zentrale moralische Institution in der Gemeinde bestehen. Dies führte nicht selten zu Meinungsverschiedenheiten, weil nicht nur die Gesellschaft als Ganzes immer mehr in einen weltlichen und einen religiösen Bereich zerfiel, sondern weil auch innerhalb der Kirche selbst die Erwartungen sehr breit waren.

Während der Amtsdauer von Pfarrer Fäsi beispielsweise wurde die Problematik in Seuzach besonders sichtbar. Der altgläubige Pfarrer, der von 1881 bis 1892 hier tätig war, stritt sich ständig mit dem Sekundarlehrer Salomon Briner, dem eine allzu starke Betonung der naturwissenschaftlichen Erkenntnisse nachgesagt wurde. Pfarrer Fäsi war übrigens der erste Pfarrer, den die Seuzacher selbständig gewählt hatten, weil das Pfarrwahlrecht vom Spital Winterthur erst 1853 an den Staat übergegangen war. Bei Fäsis Vorgänger, Eduard Heller, hatte das Spital 1850 noch mitgewirkt.[214] Die Mehrheit der Seuzacher soll mit der konservativen Einstellung von Pfarrer Fäsi allerdings Mühe bekundet haben.[215]

Obwohl die Seuzacher religiös nicht als besonders konservativ auffielen, wählten sie auch in der Folge verschiedentlich Pfarrherren, die eher dem orthodoxen Lager nahestanden. Wie die Situation von den Betroffenen jeweils selbst eingeschätzt wurde, vermitteln uns die Berichte, die der Pfarrer und die Kirchenpflege unabhängig voneinander nach Zürich schicken mussten. Während die Kirchenpflege 1906 im grossen Ganzen mit dem sittlichen Lebenswandel in der Gemeinde zufrieden war, beklagte Pfarrer Hans Zollinger in seinem Bericht das mangelnde Interesse der Kirchenpflege an religiös-kirchlichen Themen. Einzig bei Budgetfragen würden sie «ihren Mann stellen». Der Pfarrer machte auch keinen Hehl daraus, dass sein orthodoxer Glaube bei vielen nicht gut ankam. Er sei deshalb auch nicht – wie andernorts üblich – in die Schulpflege gewählt worden.[216]

142_Blick von der Winterthurerstrasse her auf die reformierte Kirche und das Pfarrhaus, um 1956.

Pfarrer Zollinger, der von 1900 bis 1907 in Seuzach amtete, war ein überzeugter Abstinent, der im Blaukreuzverein in Winterthur aktiv war. In sozialen Fragen stimmte er denn auch mit der Haltung der Kirchenpflege überein, die sich darum sorgte, dass viele Männer «in die Leidenschaft des Trinkens» hineingeraten waren.[217] Zusammen gründeten sie 1902 auch den Hilfsverein Seuzach, um den Bettel auf der Strasse zu bekämpfen.[218] Dem Verein flossen damals nach Angaben der Kirchenpflege sämtliche Kirchensteuern zu, die jeweils an den Festgottesdiensten eingezogen wurden.[219] «Hunderte von dankbaren Armen durften durch sie innert der letzten 30 Jahre Hilfe erfahren, welche verborgen blieb», schrieb Zollingers Nachfolger Pfarrer Schäppi dazu.[220]

Ein viel diskutiertes Thema war schon damals der schlechte Kirchenbesuch. Mit der Aufhebung des obrigkeitlichen Kirchenzwangs in der Mitte des 19. Jahrhunderts gingen nämlich die Besucherzahlen stark zurück. 1906 lag der Anteil der Kirchenbesucher in Seuzach an den gewöhnlichen Sonntagen bei 8–10 Prozent, und auch bei der Feier des Abendmahls, an der die Frauen und Kinder fast vollständig teilnahmen, liess der Besuch der Männer sehr zu wünschen übrig. Selbst bei der Sonntagsschule, welche die meisten Kinder besuchten, ortete die Kirchenpflege mangelndes religiöses Interesse. Die Eltern würden die Kinder nicht aus religiösen Gründen dorthin schicken, sondern weil sie in der Sonntagsschule eine gute «Versorgungsanstalt» entdeckt hätten, schrieb die Pflege nach Zürich.

Pfarrer Schäppi, der von 1907 bis 1931 die Kirchgemeinde Seuzach betreute, machte nach dem Ersten Weltkrieg die Beobachtung, dass religiöse Werte wieder an Bedeutung gewannen. Er konnte die Kirchenpflege zur Einführung von Evangelisationsabenden an den Werktagen gewinnen. Für das vermehrte religiöse Bedürfnis machte er die allgemeine Verunsicherung verantwortlich, die der Erste Weltkrieg hinterlassen hatte.

143_Innenansicht der reformierten Kirche von Seuzach, um 1932.

Mehrheitlich blieben die Seuzacherinnen und Seuzacher indessen auch in der Folge in ihrer religiösen Einstellung gemässigt. Ihnen war es wichtiger, dass die Kirche ihre zentrale Funktion im öffentlichen Leben der Gemeinde behielt. Das folgende Beispiel mag dies illustrieren. Der Männerchor drohte 1943 der Kirchenpflege, in Zukunft eine eigene Silvesterfeier durchzuführen, wenn er weiterhin an dem Anlass nur religiöse Lieder singen dürfe. Die Kirchenpflege gab nach einigem Zögern dem öffentlichen Druck nach. Der Mehrheit der Pflege war es wichtiger, dass alle Vereine an der gemeinsamen kirchlichen Feier teilnahmen, als dass ausschliesslich religiöse Lieder gesungen wurden.

Die gemässigte Einstellung in religiösen Fragen zeigte sich auch im Verhältnis zur Freien Evangelischen Gemeinde am Forrenberg. Als Ende der 1940er Jahre Pfarrer Witzig zusammen mit der Freikirche in der reformierten Kirche Evangelisationsvorträge durchführte und ihn der Kirchenpflegepräsident dabei noch unterstützte, ging dies den meisten Seuzachern zu weit.

In einem heftig geführten Wahlkampf wurde 1950 ein neuer Kirchenpflegepräsident gewählt, und die politischen Parteien gingen wieder zum bisherigen Modus über, dass sie jeweils «geeignete» Kandidaten für die Kirchenpflege stellten. Unter «geeignet» verstanden sie offensichtlich Kandidaten, die in ihrer religiösen Einstellung den gemässigten Kreisen angehörten. Die Freie Evangelische Gemeinde selbst machte das «ungeschickte Auftreten» ihres Evangelisten Samuel Furrer dafür verantwortlich, dass die – wie sie sich ausdrückte – «streng gesetzlich geprägten Kirchgänger der Landeskirche» provoziert worden waren. Der damalige Kurs der Freikirche am Forrenberg stiess aber nicht nur in Seuzach auf Widerstand, sondern er führte auch zur Abspaltung von der Freien Evangelischen Gemeinde Winterthur.[221]

144_Hochzeitsfoto, Otto Ganz und Albertine Ganz-Kägi, 10. April 1923. Bis zum Zweiten Weltkrieg war die traditionelle Farbe der Brautkleider schwarz.

145_Hochzeitsfoto Lydia und Oskar Wohlgensinger (rechts). Weisse Brautkleider kamen in Seuzach erst nach dem Zweiten Weltkrieg in Mode.

Die Nachkriegszeit war für die reformierte Kirche in doppelter Hinsicht einschneidend. Einerseits war auch sie vom beschleunigten Wertewandel betroffen, andererseits büsste sie ihren zentralen Stellenwert im öffentlichen Leben der Gemeinde ein. Der Visitationsbericht, den die Kirchenpflege im Januar 1964 nach Zürich schickte, markiert den Wendepunkt in der Seuzacher Kirchengeschichte. Es war auch das letzte Mal, dass die Kirchenpflege auf diese Art Auskunft über den Gesamtzustand der Kirchgemeinde geben musste. Als positiv strich sie in ihrem Bericht heraus, dass das Bekenntnis zur Kirche nun auf Freiwilligkeit basiere, während es «früher», wie sie schrieb, «aus Tradition und obrigkeitlichem Zwang heraus» geschehen sei. Innerhalb der Kirche erkannte die Seuzacher Kirchenpflege deshalb eine Trendwende. «Die Bereitschaft, mit dem Evangelium ernst zu machen, hat zugenommen. Die Entkirchlichung schreitet eigentlich nicht fort, sondern der Sinn für die Kirche ist eher im Wachsen», fasste sie ihre Einschätzung zusammen. Anderseits erwähnte sie die verschiedenen Probleme der modernen Gesellschaft. Der Reichtum aus den Bodenverkäufen habe viele aus dem Gleis geworfen. Der Pfarrer würde unter den Neuzugezogenen oft eine verworrene Geisteshaltung feststellen, welche der Bericht mit den Stichworten «Relativismus» und «Entmythologisierung» zusammenfasste. Wegen der Wochenendfeiern, des Sports, des Autofahrens und des Fernsehens sei der Kirchenbesuch auf 5 Prozent gesunken. Als wichtigste Gegenmassnahme schlug die Kirchenpflege den Bau eines Kirchgemeindezentrums vor. «Ein brennendes Problem für unsere Gemeinde, das sich aus der Fünftagewoche stellt, ist die Schaffung eines Zentrums, wo Jung und Alt die Freizeit über das Wochenende sinnvoll ausfüllen können», schrieb sie dazu.

6.2 DER BAU DES REFORMIERTEN KIRCHGEMEINDEHAUSES

Obwohl die Notwendigkeit eines Kirchgemeindehauses schon 1964 als «brennendes Problem» bezeichnet wurde, dauert es bis zu dessen Fertigstellung noch fast 20 Jahre. Das erste Projekt, den Bau eines kleinen Pavillons bei der Kirche, lehnte die Kirchgemeinde 1966 selbst ab. Das zweite Projekt, das an der Kirchgasse unterhalb des Friedhofs ein Zentrum mit einem Saal für 90 Personen vorsah, fiel beim Gemeinderat in Ungnade, weil er den Schutz des Kirchhügels anstrebte. Schliesslich verzögerte sich ein gemeinsames Vorgehen mit der Politischen Gemeinde immer wieder, bis die Kirchgemeinde nicht mehr zuwarten mochte und mit einem eigenen Projekt vollendete Tatsachen schuf. Die Details dazu sind im Kapitel über die Zentrumsplanung bereits zur Sprache gekommen.[222] Im November 1982 konnte der Bau eingeweiht werden.

6.3 DIE KATHOLISCHE KIRCHE

Bereits seit 1850 lebten einige wenige Katholiken in Seuzach.[223] Eine namhafte Zahl erreichten sie aber erst im letzten Jahrzehnt des 19. Jahrhunderts. Von 1888 bis 1910 nahm ihre Anzahl von 15 auf 88 zu. Diese Katholiken passten sich jedoch so stark an, dass sie selbst bei den späteren Katholiken nicht in Erinnerung blieben. In einer Urkunde, die 1971 in den Grundstein der katholischen Kirche eingelassen wurde, ist lediglich von der Familie des Baumeisters Kasimir Zirn die Rede, die damals katholisch war. Die Anpassung an die reformierten Gepflogenheiten ging nach einem Bericht von 1924 so weit, dass die Katholiken ihre Kinder nicht nur in die reformierte Sonntagsschule schickten, sondern gemeinsam mit den Reformierten Weihnachten feierten. Zusammen mit den katholischen Mädchen und Knaben hätten bis zu 185 Kinder an der Feier teilgenommen. Die Kirche sei deswegen jeweils «beängstigend dicht besetzt» gewesen, schrieb Pfarrer Schäppi dazu.[224] Ferner hielt er fest, dass es keine Bestrebungen gab, in Seuzach eine Missionsstation einzurichten. Seelsorgerisch wurden die Seuzacher Katholiken von Oberwinterthur aus betreut. 1907 war dort im Römerhof eine Missionsstation entstanden, deren Chronist damals vermerkte, dass in Seuzach zwölf katholische Kinder unterrichtet wurden. 1918 wurde die Oberwinterthurer Missionsstation in ein Pfarrrektorat umgewandelt, das bis 1968 für Seuzach zuständig war. Die Seuzacher Katholiken, die aufgrund ihres Arbeitsorts eher auf die Stadt Winterthur ausgerichtet waren,

146_Haus der Familie Meier an der Stationstrasse 12, dessen rückwärtiger Anbau den Katholiken von 1942 bis 1972 als Kirche diente. Im Vordergrund von links nach rechts: Olga Meier-Kamber, Ruth Meier, Olga Müller, um 1934.

147_Innenansicht der ersten katholischen Kirche in Seuzach, wie sie von 1942 bis 1950 ausgesehen hat.

wären allerdings lieber von der Stadtkirche St. Peter und Paul aus betreut worden. Ihr Umteilungsgesuch wurde vom Bischof jedoch abgelehnt.[225]

Die rechtliche Stellung der Katholiken im Kanton Zürich war ziemlich kompliziert. Aufgrund des sogenannten Toleranzedikts war 1807 in der Stadt Zürich eine katholische Gemeinde entstanden, die sich 1873 in zwei Gruppen aufspaltete: in eine Mehrheit, die sich vom Papst lossagte, von der Zürcher Regierung aber weiterhin als rechtmässige katholische Stadtgemeinde angesehen wurde (heute christkatholische Kirche), und in eine Minderheit, die der katholischen Kirche treu blieb und sich rechtlich als Missionsstation an das katholische Luzern band. Zudem waren mit Dietikon und Rheinau 1803 zwei katholische Dörfer zu Zürich gekommen, denen die Zürcher Regierung die Ausübung ihrer Religion zugesichert hatte. Zusammen mit der 1861 gegründeten katholischen Gemeinde in Winterthur und der Stadtzürcher Gemeinde hatten Dietikon und Rheinau 1863 einen ähnlichen rechtlichen Status erhalten wie die reformierten Kirchgemeinden. Die in vielen Fragen federführenden und romtreuen Zürcher Katholiken lehnten diese Anerkennung aber ab, weil das vom reformierten Kirchenverständnis geprägte Gesetz von 1863 der katholischen Auffassung einer Pfarrei widersprach. Neue katholische Gemeinschaften konnten deshalb im Kanton Zürich nur noch als Missionsstation entstehen, die rechtlich als Genossenschaft, Verein oder Stiftung organisiert waren. Ein bekannter katholischer Theologe sprach deshalb auch vom «Fussball-Club Status» der katholischen Kirche im Kanton Zürich.[226]

Während des Zweiten Weltkriegs erhielten auch die Seuzacher Katholiken den «Fussball-Club Status». Am 11. Januar 1942 wurde in der ehemaligen Spenglerei im Haus von Olga Müller (Familie Meier-Müller) an der Stationsstrasse 12 in Seuzach erstmals ein katholischer Gottesdienst abgehalten.[227] Gleichzeitig fand die Gründung der Missionsstation Seuzach statt. Den Anlass zur Einrichtung der Kapelle hatte die Aufnahme der polnischen und französischen Internierten gegeben, welche den Seuzachern vom Bund zugewiesen worden waren.

148_Innenansicht der katholischen Kirche in Seuzach im Haus an der Stationsstrasse 12, nach dem Umbau von 1950.

Laut einem Seuzacher, der damals noch zur Schule ging, waren die Internierten an verschiedenen Orten bei Privaten untergebracht.

1950 wurde die Kapelle an der Stationsstrasse 12 renoviert und mit einem neuen Altar und Tabernakel ausgestattet. Schon bald kam jedoch der Wunsch auf, in Seuzach eine katholische Kirche zu bauen. 1959 wurde dazu die Stiftung St. Martin gegründet und ein Stück Land in der Birch bei der ehemaligen Kiesgrube erworben. Das Grundstück lag damals noch etwas abseits des Dorfs, es war an der Stelle aber eine Umfahrungsstrasse in Planung. Ob die Katholiken beim Kauf davon wussten, lässt sich im Rückblick nicht mehr herausfinden. Die Strasse wurde dann später aber nur teilweise als Quartiererschliessung gebaut.[228] Mit dem Namen der Stiftung war auch der Patron der Kirche festgelegt. Die Katholiken knüpften damit an die vorreformatorische Zeit der alten Seuzacher Kirche an, die ebenfalls dem heiligen Martin geweiht war.

Die landeskirchliche Anerkennung der Katholiken im Jahr 1963 verbesserte deren finanzielle und rechtliche Situation. Das Gesetz legte auch das Gebiet der Kirchgemeinde Rickenbach-Seuzach mit total elf Gemeinden fest. Nebst den beiden im Namen genannten Gemeinden gehörten Altikon, Bertschikon, Dägerlen, Dinhard, Ellikon an der Thur, Elsau, Hettlingen, Thalheim und Wiesendangen dazu.[229] Die Stiftung zum Bau der Kirche blieb weiterhin bestehen. Der Bischof behielt damit die Oberaufsicht über das Bauvorhaben, und die Seelsorge erfolgte nach wie vor von Oberwinterthur aus. Neu wurde zur Pflege des kirchlichen Lebens 1964 der Katholische Frauenverein Seuzach ins Leben gerufen, der auch beim Sammeln des Geldes für den Bau der eigenen Kirche eine wichtige Rolle spielte. Vorerst renovierten die Katholiken im Jahr 1965 nochmals die Kapelle an der Stationsstrasse 12.

Die letzten Jahre bis zur Einweihung der eigenen Kirche waren noch mit einigen Umorganisationen verbunden. Das Seelsorgegebiet St. Josef Sulz (mit den elf Gemeinden) wurde 1968 Pfarrrektorat, das zur Pfarrei Oberwinterthur gehörte. Von 1968 an wurden die Seuzacher deshalb von Sulz aus seelsorgerisch betreut. Am Samstagabend konnten sie den Gottesdienst aber in der reformierten Kirche von Seuzach feiern. Dieses Pfarrrektorat wurde im Januar 1971 durch den Bischof zur eigenständigen Pfarrei erhoben und im Mai 1971 teilte der Bischof dieses Gebiet in die zwei Pfarreien St. Josef Sulz und St. Martin Seuzach auf. Zusammen mit Altikon, Dägerlen, Dinhard, Hettlingen und Thalheim bildete Seuzach fortan eine eigenständige Pfarrei, die jedoch Teil der Kirchgemeinde Rickenbach-Seuzach blieb. Diese vorläufig letzte Bereinigung der Pfarreieinteilung für die Seuzacherinnen und Seuzacher war auch die Zeit des Baus der katholischen Kirche an der Reutlingerstrasse. Die reformierte Kirchgemeinde und die Politische Gemeinde Seuzach spendeten je eine Glocke als symbolisches Zeichen, dass die katholische Pfarrei willkommen war. Am 2. Juli 1972 war es so weit. Der Churer Bischof konnte die Kirche St. Martin in Seuzach einweihen.

Der Bau der Kirche gab auch dem katholischen Pfarreileben Auftrieb. 1970 wurde der Kirchenchor Rickenbach-Seuzach ins Leben gerufen. Etwa zur selben Zeit nahm ein Pfarreirat seine Tätigkeit auf, um den Pfarrer bei verschiedenen Aufgaben zu entlasten und ihm beratend zur Seite zu stehen. 1972 führte der Pfarreirat eine aufwendige Befragung unter den Katholiken durch, die einen Überblick über die Themen vermittelt, welche die Kirchgemeinde damals beschäftigten (Tabelle 30). 1975 entstand der Katholische Männerverein. Dieser belebte auch die Pfarreifastnacht, die sich im Lauf der Zeit zu einem eigentlichen Gemeindeanlass entwickelte und seit 1994 «Seuzemer Dorffasnacht» heisst. Einen festen Platz in der Agenda der Seuzacher Anlässe erlangte überdies das Martinifest mit der Theateraufführung. Es findet jeweils im November zu Ehren des Kirchenpatrons statt, dessen Namenstag der 11. November ist.

Eine besondere Herausforderung für die katholische Kirche stellte die Verbindung von demokratischer Mitbestimmung und hierarchisch-autoritärer Struktur dar. Während über die finanziellen Angelegenheiten der Kirchgemeinde demokratisch abgestimmt wurde, blieb die Pfarrei dem Kirchenrecht unterstellt. Zwar floss auch in der Pfarrei die Meinung der Gläubigen vermehrt auf demokratischer Basis ein, der Papst respektive der Bischof und der Pfarrer entschieden aber in Pfarreiangelegenheiten selbst. Ausserdem verbreitete sich durch den allgemeinen Wandel der Wert- und Leitbilder seit den 1960er Jahren auch das Spektrum der religiösen Ansichten unter den Katholiken. Die unterschiedlichen Vorstellungen machten sich auch im Pfarreirat bemerkbar. 1975 führte eine Richtungsdiskussion zu derartigen Meinungsverschiedenheiten innerhalb des Pfarreirats, dass das Gremium seine Tätigkeit einstellte.

Die Ankündigung des Bischofsbesuchs und weitere aussergewöhnliche Anlässe wie das «Jahr der Familie» führten im Oktober 1993 jedoch zur Bildung eines Koordinationsteams, um die katholische Gemeinde bei der Organisation besser einzubeziehen. Das Koordinationsteam kümmerte sich jedoch schon bald um weitere Bereiche. Im August 1994 wurden die Aufgaben auf sieben Ressorts verteilt, die von je einer Personen betreut wurden: Liturgie, Ökumene, Jugendarbeit und Erwachsenenbildung, Gemeinschaft, Soziales, Alter. Das Koordinationsteam wurde dabei gewahr, dass es im Prinzip wie ein Pfarreirat funktionierte, die dazu notwendige Legitimation von der Pfarreigemeinde aber fehlte. Im Lauf der Jahre 1996/97 wurde das Koordinationsteam deshalb in einen von der Pfarreiversammlung gewählten Pfarreirat überführt, der die Anliegen der Pfarrei beim Pfarrer einbrachte und ihn bei der Arbeit unterstützte.

6.4 DIE FREIE EVANGELISCHE GEMEINDE

Die Garantie der Glaubens- und Kultusfreiheit von 1831 entsprach auch jenen religiösen Kreisen, die den Glauben nicht in kirchlichen Institutionen suchten, sondern in der persönlichen Auseinandersetzung mit der Bibel. Im Verlauf des 19. Jahrhunderts entstand so eine Reihe von Freikirchen. Der Anfang der Freien Evangelischen Gemeinde in Seuzach (FEG Seuzach) geht auf die Familie von David Lerch zurück, die 1915 am Forrenberg eine freikirchliche Gemeinschaft begründete. 1929 verkaufte die Familie Lerch den Hof an Johann Heiniger, der die Stubenversammlungen weiterführte. Sein Sohn Walter pflegte von 1933 an den Kontakt zur Freien Evangelischen Gemeinde Winterthur, deren Prediger nun auch am Forrenberg das Wort Gottes verkündeten.

Die Predigten von Pierre Vautier, der ab 1947 am Forrenberg auftrat, fanden besonders grossen Anklang. Da dieser mit seinen Botschaften in Winterthur jedoch auf Ablehnung stiess und von der dortigen Freien Evangelischen Gemeinde ausgeschlossen wurde, gründete die Gemeinschaft am Forrenberg eine eigene Freie Evangelische Gemeinde. Die Platznot am Forrenberg war bald so gross, dass Walter Heiniger 1950 einen Saal einrichten liess.

Die Raumnot blieb aber ein Problem. Die Eingabe zum Bau einer Kapelle an der Breitestrasse wurde jedoch abgelehnt. In der Not erwarb die FEG einen Einkaufspavillon. Da dieser ausserhalb der Bauzone zu stehen kam, bewilligte ihn die Gemeinde nur als Geräteschuppen. Zehn Jahre lang wurde der Schuppen deshalb für die gottesdienstähnlichen Versammlungen der FEG zweckentfremdet. Schliesslich liess sich die Situation doch noch rechtlich regeln, um den Geräteschuppen in ein Versammlungslokal überzuführen.

Ende der 1980er Jahre hatte die FEG bei den Mitgliederzahlen den Zenit erreicht. Die FEG Seuzach, die 1992 den Freien Evangelischen Gemeinden der Schweiz beitrat, machte für den nun einsetzenden Mitgliederschwund interne Differenzen verantwortlich. Trotzdem stellte sie 1993 einen eigenen Pfarrer an.

6.5 DIE NEUAPOSTOLISCHE KIRCHE

Seit 1928 feierten auch die Anhänger der Neuapostolischen Kirche ihre Gottesdienste in Seuzach, zuerst in der Wohnung der Familie Roth-Müller an der Reutlingerstrasse, dann bei der Familie Wirth an der Bachtobelstrasse 18. Als 1932 Heinrich Waser-Müller die Liegenschaft an der Bachtobelstrasse 18 erwerben konnte, mietete die Schweizerische Neuapostolische Kirche den Anbau, der als Café, später als kleiner Laden genutzt worden war, und gründete eine Neuapostolische Kirchgemeinde.

Die Neuapostolische Kirche hatte sich Ende des 19. Jahrhunderts in Köln gebildet. Sie versteht sich als Fortsetzung der urchristlichen Kirche, die von geistlichen Führern, die Apostel genannt werden, getragen wird. Zu ihren wichtigsten Glaubensinhalten zählt, dass sie

149_Konfirmation, vor 1930. Fotografie aufgenommen beim Aufgang zum reformierten Pfarrhaus.

die Wiederkunft Christi in unmittelbarer Zukunft erwartet, und zwar nicht, um das Jüngste Gericht anzukündigen, sondern um seine Gemeinde zu sich zu nehmen.

Da der Raum an der Bachtobelstrasse 18 oft leer stand, teilte ihn die Neuapostolische Kirche ab 1934 mit dem Kindergarten. Die Tochter des damaligen Hausbesitzers Heinrich Waser-Müller erinnert sich noch gut, wie jeweils zweimal pro Woche «umgerüstet» wurde: Kindergartenmobiliar raus, Kirchenbestuhlung rein, Kirchenbestuhlung raus, Kindergartenmobiliar rein. 15 Jahre dauerte dieser Zustand, bis von 1948 bis 1993 der Raum ganz den kirchlichen Zwecken der Neuapostolischen Gemeinde Seuzach diente. Heute gehören ihre Mitglieder der Neuapostolischen Gemeinde Oberwinterthur an, deren Kirche an der Mooswiesenstrasse 5 liegt.

6.6 DIE KIRCHE IN DER PLURALISTISCHEN GESELLSCHAFT, 1960–2000

Die Verfassungsänderung von 1963 besiegelte nicht nur auf der gesetzlichen Ebene die Teilung der dörflichen Gemeinschaft in zwei Kirchgemeinden. Die Kirche hatte in den 1960er Jahren ganz allgemein ihre zentrale Rolle im Dorf eingebüsst. An die Stelle der durch die reformierte Kirche geprägten dörflichen Gemeinschaft war eine pluralistische Gesellschaft getreten. Neben Personen, die sich in den Freikirchen für einen eigenen Weg entschieden, wandten sich neu Leute ganz von der Kirche ab. Pointiert wurde deshalb auch davon gesprochen, dass den grossen Kirchen «die Gläubigen scharenweise davonlaufen».[230] Die Aussage überzeichnet jedoch in Bezug auf Seuzach die Situation. Den beiden grossen Landeskirchen gehörten hier im Jahr 2000 immer noch vier Fünftel der Bevölkerung an. Nur ein Zehntel der Seuzacherinnen und Seuzacher bezeichnete sich selbst als konfessionslos. Während der Anteil der Katholiken an der Gesamtbevölkerung von 1970 bis ins Jahr 2000 mit rund 26 Prozent

150_Konfirmation, 1936. Im Hintergrund die reformierte Kirche mit dem Pfarrhaus, dem beliebtesten Fotosujet von Seuzach.

stabil blieb, sank der Anteil der Reformierten von 72 auf 58 Prozent. Das Fazit lautet deshalb: Beide Landeskirchen mussten zwar ihre Stellung innerhalb der Gemeinde neu definieren, beide blieben aber wichtige Elemente der Gemeinde Seuzach.

Da die Bevölkerung von Seuzach zudem stark zunahm, sahen sich die beiden Kirchgemeinden sogar mit Wachstumsfragen konfrontiert. So war bei den Katholiken seit den 1970er Jahren der Priestermangel ein wiederkehrendes Thema. Bei den Reformierten musste neu ein Gemeindehelfer den Pfarrer entlasten. Auf das Jahr 1980 hin wurde überdies eine zweite Pfarrstelle geschaffen, und die Reformierte Kirchgemeinde Seuzach wurde in zwei Sprengel eingeteilt, deren Grenze bis unter das Dorf Seuzach der Chrebsbach bildete. Nach längerer Vakanz und einigem Hin und Her wurde 1984 die Gemeindehelferstelle mit einem Diakon besetzt.

Viel mehr als die nackten Zahlen der Kirchgemeindemitglieder beschäftigte die beiden Landeskirchen jedoch der Bedeutungswandel der Religion. Die Konsum- und Freizeitgesellschaft drängte die Religion im Alltag oft an den Rand. Das Selbstverständnis der Landeskirchen, die Gemeinschaft der Gläubigen möglichst gesamthaft zu integrieren, stellte eine zusätzliche Herausforderung dar. Das Spektrum reichte bei den Reformierten vom liberalen Kirchgemeindemitglied bis zum evangelikalen, streng bibelorientierten Gläubigen, bei den Katholiken vom nichtpraktizierenden Mitglied bis zum streng papsttreuen Christen. Wie breit die Erwartungen an die Kirche waren, spiegeln auch die Austritte aus der reformierten Kirche Seuzach, die oft politisch motiviert waren. Während den einen die Kirche zu links stand, beklagten andere ihren zu konservativen Kurs. Diese Breite der Einstellungen schlug sich auch im kirchlichen Alltag nieder.

Den Rahmen des kirchlichen Lebens bildete in beiden Landeskirchen weiterhin das Kirchenjahr mit traditionellen Festen und den Übergangsritualen. Weihnachten und Ostern oder Taufe, Heirat und Bestattung sprachen weiterhin einen grossen Kreis der Kirchgemeindemitglieder an. Vor allem im Angesicht des Todes nahmen die meisten gern die kirchlichen

151_Erstkommunion, um 1970.

Dienste in Anspruch. Die Konfirmation respektive die Firmung blieben Übergangsrituale, bei denen sich viele Jugendliche mit ihrem Glauben und der Kirche auseinandersetzten. Daneben gab es einen kleinen Kern von Gläubigen, die sich intensiv am religiösen Leben ihrer Kirche beteiligten. Ein steter Diskussionspunkt hingegen war in beiden Kirchgemeinden das nachlassende Interesse an den Gottesdiensten. Allerdings handelt es sich dabei um eine alte Klage, die schon 1906 aktuell war, als die Teilnahme am reformierten Sonntagsgottesdienst wie bereits erwähnt auf 8 Prozent, das heisst rund 60 Personen, gefallen war.

Neu versuchte die Kirche mittels Umfragen die Bedürfnisse der Gläubigen zu erfahren. Eine Umfrage der katholischen Kirche, die von 115 erwachsenen und 28 jugendlichen Pfarreiangehörigen beantwortet wurde, zeigt, über welche Themen 1972 diskutiert wurde.

Tabelle 30: Umfrage der katholischen Kirchgemeinde über die Priorität kirchlicher Aufgaben, 1972

Aufgaben/Themen	Priorität Erwachsene	Priorität Jugendliche
Kranke, Bedürftige betreuen	1	1
Jugendmessen	2	12
Zusammenarbeit mit anderen	3	5
Neuzuzüger	4	16
Altersnachmittage	5	7
Bildungsabende	6	8
Kinderhort während der Messen	7	11
Hausbesuche	8	17
Religiöse Erwachsenenbildung	9	18
Bussfeiern	10	20
Entwicklungshilfe	11	4
Ökumenische Feierstunden	12	14
Tanzpartys	13	2
Spielnachmittage	14	13
Elternabende	15	14
Gemeindekaffee	16	6
Unterhaltungsabende	17	8
Basteln für Jugendliche	18	10
Theater	19	3
Schülermessen	20	21
Katholische Vereine	21	19

Quelle: KaPfAS, Akten Pfarreirat, 1972.

In einem ähnlichen Rahmen – mit Ausnahme spezifisch katholischer Themen wie der Bussfeiern – bewegten sich die Diskussionen in der reformierten Kirche. Vor allem ging es immer wieder um den Einbezug der Jugend, welche der katholische Pfarreirat in der Umfrage von 1972 auch besonders befragte. Bemerkenswerterweise waren sich sowohl die Jugendlichen wie auch die Erwachsenen im wichtigsten Punkt einig. Beide räumten der karitativen Tätigkeit der Kirche, das heisst der Unterstützung von Bedürftigen und Kranken, erste Priorität ein. Danach wünschten sich die Jugendlichen vor allem mehr Möglichkeiten zur sinnvollen Freizeitgestaltung, welche denn auch bei der kirchlichen Jugendarbeit im Vordergrund stand.

In der reformierten Kirche geht die älteste Jugendgruppe auf die Eigeninitiative einiger Konfirmanden zurück, die sich 1933 zusammenschlossen. Aus ihr ging 1943 die «Junge Kirche» hervor, die nun vom Pfarrer geleitet wurde, der auch Wert auf die religiöse Bildung legte. Sie erlebte ihren Höhepunkt in den 1950er Jahren. Darauf wurde es zusehends schwieriger, die Jugendlichen mit religiösen Themen anzusprechen, denn einerseits verbreiterte sich das Freizeitangebot, andererseits ging das Interesse der Jugendlichen an der Religion zurück. Seit den 1970er Jahren herrschte deshalb in der kirchlichen Jugendarbeit ein Auf und Ab. Die Geschichte der katholischen Jugendgruppe ist in dieser Beziehung bezeichnend für die Zeit.

Im Umfeld der katholischen «Pfadi» wurde 1972 der Club «Kangaroo» gegründet, der unter der katholischen Kirche einen Raum für eine Diskothek erhielt, die jeweils am Samstag bis 24 Uhr offen war. Die katholische Kirchenpflege unterstützte den Ausbau des Raums finanziell, der Verein betrieb die Disco aber unabhängig von der Kirche. Als es 1974 zu Klagen über die Führung der Disco kam, verfügte die Kirchenpflege deren Schliessung. In der Folge versuchten verschiedene Jugendliche, einen etwas vielfältigeren Nachfolgebetrieb aufzubauen. Ihre Anstrengungen versandeten jedoch jeweils nach kurzer Zeit. Die Clubs «Drüangel I» und «Drüangel II» kamen über einige Takte nicht hinaus, auch der Club «Orbit» kam nie auf Touren. 1984 erhob sich aus der Asche der zahlreichen Versuche die Jugendgruppe «Phönix», die erfolgreich regelmässige Veranstaltungen organisierte. Anlässlich ihres zehnjährigen Bestehens errichtete sie vor der Kirche in der Nähe des Parkplatzes ein Denkmal – wohl bereits in der Vorahnung, dass auch diese Jugendgruppe nicht unsterblich sein sollte. Denn kurz darauf löste sie sich auf, weil zu wenig Jüngere dazugestossen waren – ein Problem, das allgemein die Kontinuität bei der Jugendarbeit erschwerte.

Die erste Priorität bei der katholischen Umfrage von 1972 galt, wie erwähnt, der karitativen Tätigkeit. Zwar besass die Pflege der Nächstenliebe in der Kirche schon immer einen hohen Stellenwert, seit den 1960er Jahren lässt sich aber in beiden Landeskirchen eine Intensivierung des karitativen Engagements im In- und Ausland beobachten. 1962 wurde in Seuzach erstmals die Spendenaktion «Brot für alle» – damals noch «Brot für Brüder» genannt – für die Entwicklungshilfe durchgeführt. Die landesweiten Sammlungsergebnisse übertrafen alle Erwartungen. 1968 wurde die Aktion erstmals zusammen mit dem katholischen «Fastenopfer» durchgeführt. Zum vielfältigen sozialen Engagement der beiden Kirchen gehört bis heute auch die Durchführung des «Seuzemer Märt», dessen Erlös seit 1975 verschiedensten Hilfsbedürftigen zugute kommt. Immer wieder schalteten sich die beiden Kirchgemeinden auch in aktuelle gesellschaftliche Diskussionen ein. Nach den Jugendunruhen von 1980 war es eine Podiumsdiskussion zur Jugendarbeit, in den 1990er Jahren gab es Anlässe zur Frage des Asylwesens und zur Fremdenfeindlichkeit. Die beiden Kirchen gerieten dadurch auch in die Kritik politischer, oft bürgerlicher Kreise. Mitunter war es aber auch die Linke, die ihre Haltung kritisierte, so etwa bei der Diskussion um die Fristenlösung 1977.

Meist sind die Kirchgemeindemitglieder aber in sozialen Bereichen tätig, die von der Öffentlichkeit kaum wahrgenommen werden – so etwa im Fall der zahlreichen Hausbesuche, die beiden Kirchgemeinden ein wichtiges Anliegen sind. Insgesamt gesehen festigte die Kirche mit dem karitativen Engagement ihre gesellschaftliche Stellung in der Gemeinde.

In breiter Erinnerung blieb das Projekt «Chile Zirkus Konfetti», das ab 2004 von der reformierten Kirche unter der Leitung von Pfarrer Randegger durchgeführt wurde, mit dem Ziel, Kinder, Jugendliche und Erwachsene in der gemeinsamen Zirkusarbeit vor und hinter den Kulissen zu verbinden.[231]

7. Die Volksschule

Das Schulwesen unterstand bis 1831 der Kirche. Unterrichtet wurden vor allem religiöse Inhalte wie das Glaubensbekenntnis oder die Zehn Gebote. Bibellesen und Beten waren die Hauptlernziele, eher selten wurde gerechnet und geschrieben. Eine umfassende Volksbildung, wie sie die Regierung der Helvetik propagierte, konnte nicht umgesetzt werden, da 1803 die konservativen Kräfte wieder an die Macht kamen. Während diese darum bemüht waren, die alte Ordnung wiederherzustellen, förderten die Landleute das Schulwesen jedoch von sich aus und legten so den Grundstein für die Volksschule. Es fand im Kanton Zürich ein regelrechter Schulhausbauboom statt.[232] 1804 bauten die Ohringer ihr eigenes Schulhäuschen, 1812 taten es ihnen die Bauern in Seuzach gleich.[233]

Erst das Schulgesetz von 1832 leitete die Trennung von Kirche und Schule ein und stellte die Schulbildung pädagogisch auf eine neue Grundlage. Unter der Leitung von Thomas Ignaz Scherr wurde in Küsnacht ein Lehrerseminar gegründet, mit dem die Professionalisierung des Lehrerberufs begann. Anstelle des monotonen Auswendiglernens wurde das selbständige Denken gefördert, und neue Schulstoffe wie Geschichte und Naturkunde hatten eine breite Bildung zum Ziel. Neu wurde auch die Gemeindeschulpflege geschaffen, die als Volksaufsicht über die Dorfschulen wachte. Als Schulgemeinde wurde in der Regel das Gebiet der Kirchgemeinde bestimmt. Daraus ergab sich ein ähnliches Problem wie bei der Konkurrenz zwischen der Politischen Gemeinde und den Zivilgemeinden.[234] Da die finanziellen Kompetenzen weiterhin bei den Behörden der beiden Dorfschulen in Ohringen und Seuzach lagen, hatte die Gemeindeschulpflege einen schweren Stand beim Durchsetzen der gesetzlichen Vorgaben. Im Dorf Seuzach ging dies so weit, dass sich die Zivilgemeinde, die über die notwendigen Finanzen verfügte, um die Belange der Dorfschule kümmerte. Ihr Hauptaugenmerk legte die Gemeindeschulpflege deshalb vorerst auf die Befolgung der 1831/32 eingeführten, allgemeinen Schulpflicht und die Benutzung der neuen Lehrmittel. 1866 setzte sie sich aus zwei Vertretern Ohringens und drei Vertretern von Seuzach zusammen, die wie beim Gemeinderat in separaten Wahlgängen bestimmt wurden, damit beide Dorfschulen vertreten waren.[235]

Endgültig zur Volksschule wurde die Schule auf Druck der Demokratischen Bewegung. 1869 nahmen die Zürcher eine Verfassung an, in welcher der unentgeltliche Besuch der Primarschule verankert war. Die Seuzacher hatten der Reform mit 96 Prozent zugestimmt.[236] Bei der Revision der Bundesverfassung von 1874 wurde der Volksschulunterricht erstmals national geregelt. Er war obligatorisch, musste der staatlichen Leitung unterstehen und konfessionell neutral sein. Die Volksschule zählt seither zu den zentralen Pfeilern der Gesellschaft. In der Schule treffen alle Schichten aufeinander. Unabhängig von der Religion, dem sozialen Stand oder dem Bildungshintergrund teilen alle dieselbe Erfahrungswelt.

Die Volksschule befand sich seit ihrer Gründung ganz besonders im Brennpunkt des öffentlichen Interesses. Da die Kinder in der Schule das Rüstzeug für die Zukunft erhielten, sollte die Schule im Prinzip dem Zeitgeist immer etwas voraus sein. Die Volksschule stand deshalb nicht nur permanent unter Reformdruck, vielmehr lösten Reformen immer auch heftige Diskussionen bis hin zu massivem Widerstand aus. Dabei ging es oft um zentrale Wertvorstellungen und Leitbilder der Gesellschaft, die man für die Zukunft aushandeln musste. Festhalten am Vertrauten und Mut zu Neuem begleiteten die Geschichte der Volksschule wie ein roter Faden. Der oft lange Weg zum Konsens führte zweifellos zu Anachronismen der Schulgesetzgebung im Hinblick auf den Schulalltag. Während auf Gesetzesebene noch heftig um Inhalte gerungen wurde, reagierte die Schule in der Praxis bereits auf neue Herausforderungen. Dies zeigte etwa die Revision des Lehrplans von 1905, der erst 1991 durch eine neue Version abgelöst wurde.

7.1 GEMEINDE UND STAAT IM STREIT – NEUBAU DES ALTEN SCHULHAUSES, 1887/88

Obwohl der Ausbau der Schule anfänglich stark von der Landbevölkerung ausging, tat sich schon bald eine Kluft zwischen dem Kanton und den Gemeinden auf. Die staatlichen Reformen gingen der Bevölkerung oft zu rasch oder zu weit. Eindrücklich illustriert dies der Streit um das neue Schulhaus im Dorf Seuzach. 1866 verlangte die Bezirksschulpflege den Bau eines neuen Schulhauses, weil das Gebäude, in dem die Primarschule und die Sekundarschule untergebracht waren, viel zu klein war. Ein Schüler hielt damals den Grundriss des Schulgebäudes in einer Zeichnung fest. Diese gibt uns einen Eindruck von den engen Verhältnissen in der Seuzacher Dorfschule. Die Fläche des Sekundarschulzimmers, das nachträglich auf

152_Aufgrund von Schilderungen erfundene Zeichnung des ersten Schulhauses der Dorfschule Seuzach, P. von Moos, um 1932. Das 1812 erbaute Schulhaus war 1888 abgerissen worden, so dass P. von Moos es nur noch aufgrund von Schilderungen zeichnen konnte. Im Schulhaus war auch die erste Gemeindestube untergebracht, die seit 1837 von der Sekundarschule genutzt wurde.

153_Klassenfoto mit Sekundarlehrer Rosam Giger, vor 1913.

Kosten des Raums der Primarschüler eingerichtet worden war, betrug nur wenig mehr als 20 Quadratmeter. Es wurden darin alle drei Klassen der Sekundarschule gleichzeitig unterrichtet, je nach Jahr zwischen ein bis drei Dutzend Schüler und einige wenige Schülerinnen. Wirklich eng war es in der Alltagsschule (Primarschule), deren Schulzimmer gleich daneben lag. Das Zimmer war zwar etwa doppelt so gross wie das der Sekundarschule, ein Lehrer unterrichtete darin aber alle sechs Klassen auf einmal. Schülerzahlen sind aus dieser Zeit keine bekannt. Bei einer Untersuchung über die Primarschule aus den 1880er Jahren lag Seuzach in der Kategorie von 61–70 Kindern. Zählte man die Schüler der 7. und 8. Klasse dazu, deren Besuch freiwillig war, ergab dies 1887 total 81 Kinder, die in Seuzach von einem Lehrer im selben Raum unterrichtet wurden. Seuzach gehörte damit zu den grösseren ungeteilten Schulen im Kanton.[237] Schliesslich war im Korridor des kleinen Schulhauses das Nähzimmer für die Mädchen untergebracht, das aus heutiger Sicht eher einer Abstellkammer glich und wahrscheinlich eine Alibilösung darstellte, um dem Gesetz nachzukommen.

Obwohl demnach 1866 in der Primar- und Sekundarschule zusammen bis zu 100 Kinder in dem kleinen Schulhaus unterrichtet wurden, war die Empörung über die Forderung der Bezirksschulpflege gross. Die Seuzacher sahen nicht ein, weshalb «über Nacht» das bestehende Schulhaus untauglich geworden sein sollte. Zur Arbeit auf dem Feld brauchte es kein

Französisch. Vielen Familien fehlte auch schlicht das Geld, um ihre Kinder in die Sekundarschule zu schicken. Es war vor allem die ländliche Elite, die davon profitierte. Georg Ackeret, dem das Problem aufgefallen war, hatte 1865 den Seuzacher Bürgern einen Fonds von 13 000 Franken vermacht, um Schülerinnen und Schülern aus ärmeren Familien den Besuch der Sekundarschule zu erleichtern. Der Fonds entsprach einem grossen Bedürfnis. In einer Untersuchung gaben die Seuzacher an, dass fast die Hälfte der Sekundarschüler Unterstützung erhielt.[238] Ein Neubau der Schule stand bei diesen prekären finanziellen Verhältnissen deshalb für viele nicht zur Diskussion. Die Seuzacher zeigten sich einzig bereit, das bestehende Schulhaus zu renovieren, und gingen über die Forderung der Bezirksschulpflege einfach hinweg.

1885 liess sich die Bezirksschulpflege in der Schulhausfrage jedoch nicht länger hinhalten. Sie drohte den Seuzachern ultimativ mit dem Verlust des Sekundarschulsitzes, falls nicht unverzüglich gehandelt werde.[239] In Seuzach zögerte man indessen immer noch mit dem Neubau. Da seit dem Beschluss der Bezirksschulpflege die Zahl der Sekundarschüler von 36 auf 24 gefallen war, sah man den Bau nicht als dringend an. Schon eher wollte man ein neues Schulhaus für die Primarschule bauen. Da sich jedoch Hettlingen für den Sekundarschulsitz zu interessieren begann, gaben die verantwortlichen Seuzacher Behörden ihren Widerstand auf, und die Vorsteherschaft der Zivilgemeinde, die auch das Geld sprechen musste, nahm das Heft in die Hand. Aus taktischen Gründen liess sie zuerst nur über die Standortfrage abstimmen. Erst danach wurde das Projekt ausgearbeitet. Dieses sah auf dem Grundstück der alten Schule einen Neubau für die Primar- und Sekundarschule vor, mit zwei geräumigen Schulzimmern, einem Nähschulzimmer und zwei Lehrerwohnungen. Sowohl architektonisch – der Bau basierte auf den Musterplänen von 1836 – wie auch von der Grösse her war das Projekt eher zurückhaltend. Trotzdem regte sich Opposition, weil die Pläne als überrissen angesehen wurden. «Dem Schwindel muss man begegnen! eine neue Eisenbahn-

154_Klassenfoto 5. und 6. Klasse beim Treppenaufgang ins Schulhaus Ohringen, um 1930. Von 1926 bis zum Bau des neuen Schulhauses im Dorf Seuzach 1934 gingen die Fünft- und Sechstklässler in Oberohringen in die Schule.

155_Schulhaus an der Hauptkreuzung im Dorf Seuzach,
mit Schülern auf dem Pausen-
platz, um 1932.

156_Klassenfoto der Sekundarschule, vor 1943.

geschichte will da entstehen», hiess es im Dorf Seuzach, das immer noch an der Kostenüberschreitung beim Bau der Nationalbahn nagte.[240] Schliesslich liess sich aber eine Mehrheit für den Neubau gewinnen, sodass am 29. Juli 1888 das neue Schulhaus eingeweiht werden konnte. Das Fest wurde mit dem 50-jährigen Bestehen der Sekundarschule verbunden. An der Feier nahmen auch vier Veteranen teil, die als Erste die 1837 eröffnete Sekundarschule besucht hatten: Kantonsrat Keller aus Seuzach, Kantonsrat Etzensperger aus Rutschwil, Staatskassier Schrämli aus Zürich und alt Lehrer Weber aus Seen. Ihre Lebenswege zeigten, dass sich das finanzielle Engagement der Landgemeinden auszahlen konnte. Von der Grösse des Schulhauses, das allerdings 1909 durch einen Aufbau um ein Zimmer erweitert wurde, kann man sich auch aktuell noch ein Bild machen. Es ist heute in das Gemeindehaus integriert.

7.2 BILDUNGSPOLITISCHER AUFBRUCH UND «LEHRERINNENZÖLIBAT»

Im Jahrzehnt nach dem Bau des neuen Schulhauses stieg die Bevölkerungszahl in Seuzach kaum mehr an. Trotzdem schuf die Zivilgemeinde Seuzach 1898 eine zweite Stelle, sodass fortan die eine Lehrperson die 1.–4. Klasse, die andere die 5.–8. Klasse unterrichtete. Die 7. und 8. Klasse waren im Zug des eidgenössischen Fabrikgesetzes entstanden, das den Kindern unter 14 Jahren die Fabrikarbeit untersagte. Sie sollten die Zeit zwischen der Schulentlassung und dem Beginn des Berufslebens überbrücken. Mit dem Schulgesetz von 1899 wurde der Besuch dieser beiden Klassen obligatorisch, sodass nun auch die Bauernkinder, für die das Arbeitsverbot des Fabrikgesetzes nicht galt, acht Jahre in die Schule gehen mussten. Im Jahr 1900 teilte die Sekundarschule ihre drei Klassen ebenfalls auf zwei Lehrer auf. Die Verkleinerung der Klassen war ganz im Sinn des bildungspolitischen Aufbruchs zu Beginn des 20. Jahrhunderts, das als «Jahrhundert des Kindes» ausgerufen wurde.

Wie sich um 1900 die vier Lehrpersonen die drei Schulzimmer teilten, ist nicht genau bekannt. Es scheint, dass das Zimmer für die Sekundarschule schon bald nach der Schulhauseinweihung in zwei Räume unterteilt worden war, während die Primarschule das zweite Schulzimmer und das Nähschulzimmer belegte. 1909 fand ein grösserer Ausbau statt. Mit dem Aufbau eines Zimmers mit Querfirst wurde Platz für die Verlegung des Nähschulzimmers unter das Dach geschaffen. Auch wurden die Räume im ersten Stock erhöht, um anstelle der einen Lehrerwohnung ein weiteres Schulzimmer einzurichten. Gleichzeitig verbesserte man die Unterteilung des Sekundarschulzimmers im Parterre. Während das schmale Abteil vorne von einer Klasse belegt wurde, mussten sich zwei Klassen den etwas grösseren hinteren Bereich teilen. Der Platz blieb also knapp. Trotzdem fand die Politische Gemeinde 1930 noch Raum, um im Zimmer der naturkundlichen Sammlung die Gemeindekanzlei einzurichten.

Mit der Schaffung der zweiten Stelle für die Primarschule wurde 1898 erstmals eine Lehrerin in Seuzach eingestellt. Frauen waren im Kanton Zürich in den 1870er Jahren in den Schuldienst gelangt. Die Einführung des unentgeltlichen Schulunterrichts im Kanton Zürich und die Förderung der Volksschule gemäss Bundesverfassung hatten zu einem Lehrermangel geführt. Trotzdem ging die Gleichstellung der Lehrerinnen nicht ohne Widerstand der Lehrerschaft vor sich. Die Männer befürchteten, dass durch die Frauen das Ansehen des Berufs leiden könnte und die Löhne sinken würden. Als um 1910 ein Überschuss an Lehrpersonen eintrat, gerieten die Frauen im Schuldienst prompt unter Druck. 1912 kam eine Vorlage zur Abstimmung, die verlangte, dass verheiratete Lehrerinnen vom Dienst zurückzutreten hätten. Die Seuzacher stimmten dem sogenannten Lehrerinnenzölibat mit 102 Ja gegen 97 Nein knapp zu. Kantonal wurde die Vorlage aber abgelehnt.[241] Trotzdem hatten es verheiratete Lehrerinnen bis in die 1960er Jahre bei der Stellensuche schwer. In Seuzach wurden hauptsächlich «Fräuleins» angestellt. Während der Weltwirtschaftskrise der 1930er Jahre kamen sogar nur Männer zum Zug.

7.3 WIDERSTAND UND FORTSCHRITT – DAS NEUE PRIMARSCHULHAUS, 1934

Von 1900 bis 1930 nahm die Bevölkerung Seuzachs stark zu. Sie wuchs von 805 auf 1348 Personen. Damit stieg auch die Zahl der Schülerinnen und Schüler, sodass es in den Schulzimmern schon bald wieder ziemlich eng war. In Ohringen unterrichtete ein Lehrer alle acht Klassen in einem Zimmer. Sowohl der Bau grösserer Schulhäuser wie auch die Schaffung neuer Stellen stiessen bei der Bevölkerung jedoch auf Widerstand. Seuzach war in dieser Beziehung kein Einzelfall. Der Erziehungsrat erkannte das Problem in der Existenz von vielen kleinen Dorfschulen innerhalb der Politischen Gemeinden, die eigenständig über die Finanzen verfügten. Er regte deshalb eine gesetzliche Änderung an, um Dorfschulen, die ihren Aufgaben nicht mehr gewachsen waren, zwangsweise zu vereinen. 1904 stimmten die Zürcher Stimmbürger einer entsprechenden Vorlage zu. Die Seuzacher, die an ihren beiden Dorfschulen hingen, hatten das Gesetz allerdings mit 105 Nein- zu 75 Jastimmen abgelehnt.[242] Entsprechend waren sie auch 1924 noch empört, als der Regierungsrat die beiden Dorfschulen von Ohringen und Seuzach vereinigte und die lokalen Schulbehörden abschaffte. Der Beschluss gab der nun gestärkten Gemeindeschulpflege jedoch die Möglichkeit, durch eine Neuorganisation die schlimmsten Zustände zu entschärfen, ohne bauliche Massnahmen vornehmen zu müssen und ohne eine neue Lehrerstelle zu schaffen. Um die Schülerzahlen den Raumverhältnissen

157_Schulhaus Rietacker, 1934. Das Schulhaus gehörte damals zu den modernsten des Kantons. Beim Bau wurden die neusten pädagogischen Erkenntnisse berücksichtigt.

anzupassen, verfügte sie im Frühling 1926: «Die Primarschüler der 1. und 2. Klasse bleiben in der Schule ihres Wohnortes. Die 3. und 4. Klasse übernimmt ein Lehrer in Seuzach. Der Lehrer von Ohringen führt zu seinen Erst- und Zweitklässlern noch die gesamte Schar der 5. und 6. Klasse, während der Unterricht für die 7. und 8. Klasse für alle im Schulhaus im Dorf Seuzach stattfindet.»

Es war indessen allgemein klar, dass dies keine langfristige Lösung sein konnte. Der Entschluss zu einem neuen Schulhaus musste aber erst noch reifen. Die Schaffung einer dritten, auf zwei Jahre befristeten Lehrerstelle im Jahr 1930 für zwei geburtenstarke Jahrgänge in der Sekundarschule führte den Platzmangel besonders krass vor Augen. Eine Klasse musste in der Wohnstube der Acker'schen Liegenschaft unterrichtet werden.

Das Schulhaus, das die Seuzacher endlich realisierten, war dann allerdings ziemlich fortschrittlich. Zur Überraschung der meisten wurde das Projekt fast oppositionslos angenommen. Von den 164 anwesenden Stimmbürgern stimmten 161 den Plänen der Architekten Reinhart, Rinck und Landolt zu, sodass die Seuzacher 1934 eines der modernsten Primarschulhäuser des Kantons Zürich einweihen konnten. Die beiden Dorfschulen wurden aufgehoben. Für sie war nun in den Püntäckern am westlichen Dorfausgang (heute nach der benachbarten Flur Rietacker genannt) ein zentraler Bau mit vier Schulzimmern entstanden. Zudem wurde das Lehrerkollegium von drei auf vier Personen erhöht, die folglich je zwei Klassen unterrichteten. Die Sekundarschule blieb am alten Ort, wo sie nun ebenfalls über ausreichend Platz verfügte.

Die Architekten lehnten sich weder an den Historismus noch an den Heimatstil an, welche den Schulhausbau der vergangenen vier Jahrzehnte geprägt hatten, sondern sie neigten den Ideen des Neuen Bauens zu. Das Schulhaus stand deshalb in einem starken Kontrast zu den Riegelbauten des Bauerndorfs. Trotzdem hatte einzig die Frage, ob Hoch- oder Flachbauweise, im Vorfeld viel zu reden gegeben. Aber auch hier entschied sich die Wettbewerbskommission für die neuzeitlichere Lösung, bei der alle Schulzimmer ebenerdig angeordnet waren. Die Abkehr von einem monumentalen Schulgebäude, das die staatliche Autorität repräsentierte, zu kindgerechten Proportionen, entsprach den neusten pädagogischen Forderungen. Auch sonst wurden überall die aktuellen Erkenntnisse des Schulhausbaus umgesetzt. Die Schulzimmer erhielten Licht von zwei Seiten, damit es überall hell war. Es gab grosse Fenster gegen Südosten und kleine Oberlichter gegen Nordwesten. Im Abschlussbericht wurden auch die guten Lüftungsmöglichkeiten hervorgehoben, dank welchen in wenigen Minuten die gesamte Raumluft ausgetauscht werden konnte, was damals noch einen anderen Stellenwert besass als heute, weil viele Kinder direkt von der Stallarbeit in die Schule kamen. Licht und Luft waren Schlagwörter des Neuen Bauens, die auch im Schulhausbau von Seuzach zur Anwendung kamen. Die damals völlig neue Art der Möblierung der Klassenzimmer bestand aus leicht verstellbaren Schreibpulten und Stühlen statt Bänken, damit sich die Schüler gegenseitig weniger störten und die Räume flexibel eingerichtet werden konnten. Den Lehrern wurde ausdrücklich empfohlen, die Schultische je nach Unterricht unterschiedlich anzuordnen – zum Beispiel zum Zeichnen zwei Tische rückseitig zusammenzuschieben. Die Räume hatten dazu einen fast quadratischen Grundriss, sodass keine Hauptrichtung vorgegeben war.

158_Klassenfoto beim
Kircheneingang.

Für die Handarbeit und den Werkunterricht gab es separate Zimmer für Mädchen und Knaben. Neu waren die Schulküche und die Turnhalle mit Duschen. Diese waren von den Ärzten der Schulhygienebewegung propagiert worden. Da Badezimmer in privaten Häusern noch weitgehend fehlten, wurden die Kinder jeweils am Samstag vom Abwart und seiner Frau oder von den Lehrpersonen «abgeschrubbt». Alles in allem handelte es sich beim neuen Schulhaus in Seuzach um ein Raum- und Möblierungskonzept, das sich nach dem Zweiten Weltkrieg allgemein durchsetzte und erst in der jüngsten Zeit wieder stärker modifiziert wurde. Trotz aller Differenzen, die im Vorfeld über den Neubau geherrscht hatten, fand das Schulhaus grosse Anerkennung. Die von Gustav Angst präsidierte Schulpflege hoffte mit dem Bau auf Jahrzehnte hinaus alle Bedürfnisse der Schule abgedeckt zu haben.

7.4 PIONIERE IN DER KINDERBETREUUNG – KINDERHORT UND KINDERGARTEN, 1933

Mit der Gemeindeschwester Anni Egli kam auf das Neujahr 1933 hin auch deren Freundin Schwester Hedi Jutzi nach Seuzach. Diese eröffnete im Sommer einen Hort zur Betreuung der kleinen Kinder. Das Angebot stiess bei den Bauersfrauen auf rege Nachfrage, sodass Hedi Jutzi schon bald Räumlichkeiten für einen dauerhaften Betrieb suchte. Im Frühling 1934 konnte sie mit 48 Kindern in das ehemalige alkoholfreie Restaurant «Bachtobel» einziehen, dessen Besitzer das Projekt mit einer tiefen Miete unterstützte. 1938 eröffnete sie zudem eine Abteilung im alten Ohringer Schulhaus.[243] Fortan betreute sie vormittags die Kinder von Ohringen, nachmittags diejenigen aus dem Dorf Seuzach. Verschiedene Leute stellten ihr Mobiliar und Spielsachen zur Verfügung, sodass schon bald nur noch vom Kindergarten die Rede war.

Als 1938 Schwester Hedi, die oft für Gotteslohn gearbeitet hatte, ihren Dienst quittierte, drohte den beiden Kindergärten jedoch das Ende. Die Primarschulpflege, die um einen Beitrag angegangen wurde, stellte schliesslich 1000 Franken zur Verfügung. Allerdings wurde ihr die Unterstützung im Rahmen des kantonalen Finanzausgleichs wieder abgezogen, weil der Kindergarten nicht zu den Aufgaben der Schule gehörte. Eine Erhöhung des Beitrags lehnte sie in der Folge ab, sodass der Kindergarten immer wieder mit finanziellen Problemen zu kämpfen hatte. Erst als sich 1946 die Primarschulpflege bereit erklärte, den Kindergarten ganz zu übernehmen, war dessen Zukunft gesichert. 1955 erhielt er ein eigenes Gebäude in der Schneckenwiese. Der Betrieb wurde auf den ganzen Tag ausgedehnt. Von den nunmehr zwei angestellten Kindergärtnerinnen musste eine jeweils abwechslungsweise den Kindergarten in Ohringen betreuen. 1973 wurde zudem ein dritter Kindergarten in der Weid eröffnet.

Dass die Gründung eines Kindergartens in Seuzach auf die Initiative von Frauen zustande kam, war bezeichnend. Lange Zeit wurde der Betrieb einer «Gvätterlischuel» von der Mehrheit der Männer nicht als öffentliche Aufgabe angesehen. Auch in vielen anderen Gemeinden mussten die Frauen durch ehrenamtliche Tätigkeit zuerst Fakten schaffen, bis die Kinderbetreuung die notwendige Anerkennung fand. Aber auch für das Fortleben des Kindergartens spielte das Engagement der Frauen immer wieder eine wichtige Rolle. So trug die inzwischen verheiratete Anni Meier-Egli 1955 anlässlich der Einweihung des Kindergartens mit der Organisation eines Basars wesentlich dazu bei, dass 2900 Franken zusammenkamen,

um Spielzeug und Mobiliar anzuschaffen – ein Betrag, der damals rund dem halben Jahreslohn einer Kindergärtnerin entsprach. Obwohl im ganzen Kanton mit ähnlichen Aktionen
immer wieder auf die Bedeutung der frühen Kinderbetreuung aufmerksam gemacht wurde,
blieb der Besuch des Kindergartens bis 2008 freiwillig.[244]

7.5 DIE OHRINGER BEKOMMEN WIEDER EIN SCHULHAUS, 1955

Bereits nach dem Zweiten Weltkrieg wurde der Platz in der Primarschule wieder knapp.
Die Schulpflege stellte deshalb 1947 der Gemeindeversammlung den Antrag, anstelle einer
Vergrösserung im Rietacker das alte Ohringer Schulhaus zu renovieren, damit die dortigen
Kinder keinen so weiten Weg zur Schule mehr hatten. Die Stimmbürger lehnten dies je-
doch ab. Sie entschlossen sich stattdessen für den Ausbau des Primarschulhauses im Dorf
Seuzach. Zusammen mit dem Bau von zwei neuen Schulzimmern wurde auch gleich eine
Schulzahnklinik eingerichtet, damit die Kinder nicht mehr nach Winterthur gehen mussten.
Das Ohringer Schulhaus wurde zwar ebenfalls renoviert, es diente aber weiterhin als Kin-
dergarten. Mit der Fertigstellung der Schulhauserweiterung wurde 1949 zudem die fünfte
Lehrerstelle geschaffen.

Einmal mehr glaubte man, die Platzprobleme für längere Zeit gelöst zu haben. Es kam
jedoch anders. Als Vorort von Winterthur erlebte die Gemeinde ein überdurchschnittliches

159_Neues Schulhaus Ober-
ohringen, 1955.

Bevölkerungswachstum. Dazu kamen die geburtenstarken Jahrgänge nach 1945 ins schul-
pflichtige Alter. Da südlich von Oberohringen entlang der Schaffhauserstrasse eine ganze
Reihe neuer Häuser entstanden war, gab es nun kaum mehr Argumente gegen einen Neubau
in Ohringen. 1952 wurde auf der Höhe des Restaurants «Frieden» das Land dazu erworben.
Im Mai 1955 konnten die Ohringer ihr neues Schulhaus einweihen. Entworfen hatte es der
Winterthurer Architekt Hans Hohloch.

7.6 VOM MIETERDASEIN ZUM EIGENEN SEKUNDARSCHULGEBÄUDE, 1957

Doch kehren wir nochmals zurück in die Zeit, als sich die Sekundar- und die Primarschule
räumlich trennten. Mit dem Bau des neuen Schulhauses im Jahr 1934 entschärften sich die
Platzprobleme der Sekundarschule, die nun das alte Seuzacher Schulhaus ganz von der Primarschulgemeinde mietete und 1938 die dritte Lehrerstelle definitiv bewilligt bekam. Nun
konnten sich die Sekundarschullehrer endlich ganz nach ihren Bedürfnissen entfalten.
«Über ihnen herrschte nur noch die Nähschullehrerin», wie ein Lehrer in Anspielung auf
das verbliebene Handarbeitszimmer unter dem Dach berichtete. Dabei wurden auch die Un-
terrichtsmittel dem Stand der Zeit angepasst: «Das vornehmste Lokal war für die Naturkunde eingerichtet nach der Losung: ‹Wenn schon – dann schon!› Der junge Kollege Friedrich
Meier – eben erst vom Naturkundestudium gekommen – durfte nun wünschen: erstens einen richtigen Experimentier-Korpus mit Wasserleitung und Wassertrog, Gas für die Bunsen-
brenner (Buta-Gas), Sauerstoff- und Wasserstoffbomben, Behälter und Schränke im Korpus
für all die Glaswaren, Röhrchen und Trichter, Flaschen und Fläschchen usw. usw.; zweitens einen richtigen Projektionsapparat und eine Verdunklungseinrichtung; drittens einmal richtige Aufhängevorrichtungen für die Wandkarten in allen drei Lehrzimmern; viertens richtige
Schiebewandtafeln mit vier Schreibflächen.»[245]

  1953 war erstmals die Rede davon, die sich nun auch in der Sekundarschule abzeich-
nenden Platzprobleme mit dem Bau eines eigenen Schulhauses in der Halden zu lösen. Darauf ging es zügig voran. Bereits 1957 konnte das von den Winterthurer Architekten Schoch
und Heusser geplante Gebäude mit sieben Schulzimmern eingeweiht werden. Gleichzeitig
bewilligte der Erziehungsrat eine vierte Sekundarlehrerstelle. Da inzwischen Lehrermangel
herrschte, konnte diese allerdings zeitweise nicht besetzt werden. Ähnlich der Primarschule
stand nun auch die Sekundarschule vor einem steten Ausbau. Bereits zwei Jahre nach der
Einweihung des eigenen Schulhauses befasste sich die Oberstufenschulpflege erneut mit
Baufragen. So wurde 1961 in der Halde eine Turnhalle und 1962 ein neuer Klassentrakt in Betrieb genommen. Dieser Ausbau auf zwölf Klassenzimmer war nun allerdings auch Teil einer
grundsätzlichen Schulreform: der Einführung der dreigeteilten Oberstufe.

**160_Klassenfoto mit Lehrer
Fisch und St. Nikolaus im Klassenzimmer Schulhaus Riet-
acker, um 1945.**

7.7 EINFÜHRUNG DER DREIGETEILTEN OBERSTUFE, 1959

Anfänglich hatte man im Kanton Zürich damit gerechnet, dass etwa ein Drittel der Schüler das Niveau der Sekundarschule erreichen und die übrigen die 7. und 8. Klasse besuchen würden. Lange Zeit trafen diese Zahlen auch zu, anfänglich hatte man sogar dafür gekämpft, dass auch die Bauern ihre Kinder in die Sekundarschule schickten. Im Verlauf der 1920er Jahre drehte sich das Verhältnis jedoch, sodass bald zwei Drittel der Oberstufenschüler die Sekundarschule besuchten. Während es hier immer mehr Schüler gab, die dem Unterricht nur schlecht folgen konnten, wurde die 7. und 8. Klasse derart abgewertet, dass deren Absolventen immer weniger Chancen auf dem Lehrstellenmarkt hatten.[246]

Genau betrachtet ging es aber nicht nur um das schlechte Ansehen der 7. und 8. Klasse. Die Berufswelt hatte sich nach dem Zweiten Weltkrieg immer schneller verändert, und die Schule wurde immer rascher vor neue Herausforderungen gestellt. Ausserdem hatte der Bund 1938 das Mindestalter für die Erwerbsarbeit von 14 auf 15 Jahre heraufgesetzt. Dadurch war für die Schüler der 7. und 8. Klasse nach der Schulentlassung erneut eine Lücke entstanden, während der sie nicht arbeiten durften. Nach jahrelangen Versuchen, mit Werkklassen die Chancen der schwachen Schüler auf dem Lehrstellenmarkt zu verbessern, unterzog die Erziehungsdirektion die Oberstufe 1959 schliesslich einer grundsätzlichen Reorganisation.

Das Gesetz unterteilte die Oberstufe in drei Abteilungen: die Sekundar-, die Real- und die Oberschule. Die 7. und 8. Klasse, die sogenannte Repetierschule, wurden abgeschafft. Neu gingen alle 9 Jahre zur Schule. Im Frühling 1961 war die Reorganisation der Oberstufe in Seuzach abgeschlossen. Die Sekundarschule hatte auf die akademische Laufbahn und anspruchsvolle Berufe, vor allem die kaufmännische Lehre, vorzubereiten. Das Unterrichtsprogramm war verbindlich, um den Anschluss an die Mittelschulen und verschiedene andere höhere Schulen zu gewährleisten.

Die Realschule sollte die Kenntnisse vermitteln, die für die meisten Berufslehren ausreichend waren. Dem Erleben des Gelernten wurde pädagogisch vermehrt Bedeutung zugemessen. Praktische Arbeiten im Schulgarten, in der Werkstatt und der Küche gehörten dazu. Die Stoffe mussten nicht stundenweise erarbeitet werden, sondern konnten als Block gestaltet sein.

In die Oberschule wurden diejenigen Schülerinnen und Schüler eingeteilt, die trotz Repetition in der Primarschule den Anforderungen der Realschule nicht gewachsen waren. In kleinen Gruppen und mit praktischen Arbeiten sollten sie entsprechend ihren Schwächen und Stärken besonders gefördert werden.

7.8 LEHRERMANGEL, NEUER KINDERGARTEN UND NEUES PRIMARSCHULHAUS, 1962–1972

Kaum war in Seuzach ein Schulbauprojekt abgeschlossen, stand bereits das nächste zur Debatte. 1962 liess sich in Anbetracht des starken Bevölkerungswachstums abschätzen, dass in der Primarschule schon bald wieder Platznot herrschen würde. Deshalb wurde in der Birch vorsorglich das Land für einen zweiten Standort erworben. Dringender beschäftigte die Schulpflege indessen der Mangel an Lehrpersonen. Obwohl nun verheiratete Frauen im Schuldienst wieder willkommen waren, liessen sich die Stellen nur schwer besetzen. Der Kanton förderte deshalb die Ausbildung von Lehrerinnen.[247] Die Wohnungsnot stellte ein weiteres Problem dar, das die Suche nach neuen Lehrerinnen und Lehrern erschwerte. Die Schulpflege verband deshalb den Bau eines weiteren notwendigen Kindergartens mit der Einrichtung von vier Lehrerwohnungen im Bachtobel. 1965 war das Gebäude bezugsbereit. Im gleichen Jahr stimmten die Seuzacher dem Bau eines neuen Primarschulhauses in der Birch in zwei Etappen zu, von denen die eine 1967, die andere 1972 dem Schulbetrieb übergeben wurde. In vier Trakten waren nun 14 Schulzimmer, 3 Handarbeitsräume, 1 Singsaal, 1 Turnhalle und als eigentliche Neuerung im Schulsport ein Lehrschwimmbecken vorhanden. Nicht ohne Stolz wiesen die Seuzacher darauf hin, dass es in der Stadt Winterthur noch kein vergleichbares Schulschwimmbad gab.

Die Freude währt jedoch nicht allzu lange, denn das Schulhaus wurde schon bald zum Sanierungsfall. Bereits in der Mitte der 1980er Jahre waren die Schäden so gross, dass über einen Abbruch nachgedacht wurde. Die Probleme waren vielschichtig. Ausserdem stammten die Gebäude aus einer Zeit, während der die Bauwirtschaft geboomt hatte wie nie zuvor. Der Termindruck gehörte zum Alltag. Die Kapazitäten waren knapp. Die Baukonjunktur war derart überhitzt gewesen, dass der Bundesrat zu Beginn der 1970er Jahre die Bauwirtschaft mit Abbruch- und Bauverboten gedrosselt hatte.

In Seuzach entschied man sich gegen einen Abbruch des Schulhauses Birch. Die Behebung der Schäden dauerte allerdings länger als erhofft. 1993 – nach fast zehn Jahren – wurde die Sanierung mit einem Fest abgeschlossen.[248]

7.9 VON DER STAHLFEDER ZUM COMPUTER

In den 1960er Jahren gewann zunächst die Sonderpädagogik an Bedeutung, indem man den lernschwachen Kindern nicht nur mehr Beachtung schenkte, sondern ihre Schwächen auch gezielter anging. 1961 führte Seuzach erstmals eine sogenannte Spezialklasse ein, die auch Kindern aus der näheren Umgebung offenstand. Mit dem Ausbau des schulpsychologischen Dienstes wurde auch das Angebot zur Behandlung von Teilschwächen (Logopädie, Legasthenie) verbessert. Zudem sah sich die Schule durch die Integration ausländischer Kinder vor eine neue Herausforderung gestellt.[249]

Neben dem Ausbau des sonderpädagogischen Angebots änderte sich auch der Unterrichtsstil. Ein äusseres Zeichen dafür war, dass neben Lehrern mit Krawatte und Anzug auch solche in Jeans und mit immer längeren Haaren vor den Klassen standen. Der Umgang mit den Kindern wurde weniger autoritär. Die körperliche Züchtigung lehnte man komplett ab. Die Klassengrössen gingen weiter zurück, von 33 Schulkindern im Jahr 1963 auf deren 24 im Jahr 1977. «Ein stark vergrössertes Angebot an Lehrerfortbildungskursen, von dem lebhaft Gebrauch gemacht wurde, führte zur Einführung moderner Unterrichtsformen, und neuere Hilfsmittel wie Hellraumprojektor und Tonbandgerät halfen mit, den Unterricht in den Schulzimmern anschaulicher und zeitgemässer zu gestalten», fasst die Seuzacher Ortsgeschichte von 1978 die Reformen der beiden Jahrzehnte zusammen.

Die meisten Neuerungen wurden ohne grösseres Aufsehen in den Unterricht eingeführt, einige lösten indessen grössere Diskussionen aus. Dazu zählte der Sexualkundeunterricht, der aufgrund einer parlamentarischen Interpellation des Landesrings der Unabhängigen im Jahr 1969 zu einem Thema wurde. Eine Untersuchung ergab, dass 1970 in der Seuzacher Oberstufe zehn der elf Lehrpersonen das Thema «Sexualkunde» behandelten und auch Lehrmittel dazu vorhanden waren. Dazu gehörte etwa das von Kurt Seelmann verfasste Aufklärungsbüchlein «Woher kommen die kleinen Buben und Mädchen», das bei seinem Erscheinen 1961 als besonders kindergerecht und fortschrittlich galt. Die Kritik wertkonservativer Gruppen, die den Sexualkundeunterricht grundsätzlich ablehnten, führte dazu, dass die Seuzacher Schulpflege das Thema während einiger Jahre äusserst sorgfältig behandelte. Der Anschaffung des Lehrmittels «Junge, Mädchen, Mann und Frau» stimmte sie nur unter der Bedingung zu, dass die Eltern jeweils vorgängig über den Unterricht informiert wurden.[250]

Aus den Schlusszeilen der Seuzacher Ortsgeschichte über die Schule ist zu vermuten, dass die 1960er und 70er Jahre als besonders veränderungsreiche Zeit wahrgenommen wurden: «Es ist zu hoffen, das nach einer längeren Periode intensiver äusserer Veränderungen nun wieder eine ruhigere Zeit kommt, die es der Schule erlaubt, sich intensiv ihrer erzieherischen Aufgabe gegenüber Kindern zu widmen, die vielleicht mehr als in früheren Zeiten fragwürdigen Umwelteinflüssen wie Fernsehen und Reklame ausgesetzt sind.»[251]

Die Dynamik, mit der sich die Schule seit den 1960er Jahren veränderte, zeigte sich auch bei den Unterrichtsmitteln. Zwei Neuerungen bringen das Tempo der Veränderung besonders anschaulich zum Ausdruck. Es dauerte in Seuzach gerade einmal zwei Jahrzehnte von der Ablösung der Stahlfeder bis zur Anschaffung des ersten Computers. Beide Male war die Neuerung zuerst umstritten, setzte sich dann aber ebenso rasch durch. Die Ablösung der Stahlfeder durch den Füllfederhalter in Seuzach war dem «Brückenbauer» sogar eine Meldung wert. «Der Füllfederhalter hat die Schule von Seuzach erobert», schrieb die Zeitung des Migros-Gründers im Juni 1964.[252] Die Neuerung ersparte manchem Kind das schulische Drama der Tintenkleckse. Zwei Jahre später schrieb die Erziehungsdirektion an die Seuzacher Schulpflege: «Den Schulgemeinden wird definitiv gestattet, ausser der Stahlfeder mit offener Tinte auch Füllfederhalter und Kugelschreiber sowohl im Schreibunterricht als auch im allgemeinen Unterricht wie folgt zu verwenden: Ab 2. Schuljahr – mit dem Übergang zur verbundenen Schrift – können an sämtlichen Klassen [...] Füllfederhalter gebraucht werden. Ab 7. Schuljahr können an allen Klassen [...] auch Kugelschreiber benützt werden.»[253]

Umstritten war 20 Jahre später auch die Verwendung des Computers im Unterricht. Zwar liess die Oberstufenschulpflege 1984 das erste Gerät anschaffen, hielt aber im gleichen Jahr noch fest, es sei nicht Aufgabe der Schule, eine Computerausbildung zu vermitteln. Bereits ein Jahr später gestattete sie jedoch zwei Lehrern, die Einführung eines Computerkurses abzuklären, und noch im gleichen Jahr informierte der Schulpflegepräsident die Schulgemeindeversammlung über den ersten Computerunterricht. Darauf eroberte die Informatik rasch die Schulstuben, und schon bald gehörte der Computer auch in der Primarschule zu den Hilfsmitteln. 2002 legte diese ein umfassendes pädagogisches Informatikkonzept vor.

7.10 AUSBAU DES OBERSTUFENSCHULHAUSES, 1976, 1983 UND 1994

In den 1960er Jahren hatte man sich in Seuzach fast schon daran gewöhnt: Irgendwo wurde für die Schule immer gebaut. Einerseits wuchs die Bevölkerung weiter an, andererseits wurden die Klassen immer kleiner. Von 1831 bis 1970 hatte ihre durchschnittliche Grösse im Kanton Zürich von 100 auf 27 Kinder abgenommen. So war es nur logisch, dass nach der Primarschule auch die Oberstufe eine Vergrösserung des Schulhauses plante. 1971 erwartete man, dass in sechs Jahren zwei bis vier Schulzimmer fehlen würden. 1975 lag ein fertiges Projekt vor. Inzwischen hatte sich das Bevölkerungswachstum jedoch abgeschwächt. Die Oberstufenschulpflege rechnete nur noch damit, dass es darum ging, eine Spitze abzudecken, bevor die Zahlen der Schülerinnen und Schüler allgemein wieder sinken würden. Im März 1976 fiel deshalb der Entscheid, das 11 Millionen Franken teure Projekt zu schubladisieren und den Platzbedarf mit dem Kauf eines Zwei-Klassen-Pavillons provisorisch zu überbrücken.

Das Bevölkerungswachstum ging in der Folge tatsächlich zurück, aber nicht im erwarteten Ausmass, sodass schon nach drei Jahren ein zweiter provisorischer Pavillon notwendig wurde. Gleichzeitig beantragte die Schulpflege einen Projektierungskredit für einen moderaten Ausbau mit einer Turnhalle. Im September 1983 konnte sie die Erweiterung einweihen. Mit gut 6 Millionen Franken kostete dieser Ausbau einiges weniger als das schubladisierte Projekt. Dafür blieben die beiden Pavillons bestehen. Sie wurden erst ersetzt, als 1989 wegen der Einführung des neuen Lehrplans und steigender Schülerzahlen ein weiterer Ausbau notwendig wurde. Die 1994 abgeschlossene Erweiterung des Oberstufenschulhauses umfasste für gut 7 Millionen Franken fünf Klassenzimmer, drei Gruppenarbeitsräume und einen Schüleraufenthaltsraum. Dazu kamen eine geräumige Schulküche sowie drei Schulzimmer für den Werk- und Handarbeitsunterricht mit verschiedenen Nebenräumen.[254] Dies war die letzte grössere Erweiterung des Oberstufenschulhauses. Bei den folgenden Projekten handelte es sich um Sanierungen, bauliche Verbesserungen und Anpassungen, die wegen Schulreformen notwendig wurden. So wurden 2003 für 1 150 000 Franken An-, Auf- und Umbauten vorgenommen sowie die Schulküche und die Turnhalle saniert. Weiter wurden 2007 und 2008 die Klassenzimmer vergrössert, um den neuen Unterrichtsmethoden mit individualisiertem Unterricht zu genügen. Die Arbeiten verursachten Kosten von 1 600 000 Franken.

7.11 SKEPSIS BEI DER LEHRERSCHAFT GEGENÜBER ERNEUTEN REFORMEN IN DER OBERSTUFE

Während der Verfasser der Ortsgeschichte 1978 hoffte, dass sich die Schule bald wieder ganz um ihre Kernaufgaben würde kümmern können, diskutierte man in der Oberstufe neuerlich über Reformen, denn bald nach der Einführung der dreiteiligen Oberstufe im Jahr 1961 zeigte sich, dass damit die alten Probleme nicht gelöst waren. Die Schülerinnen und Schüler drängten in die Real- und Sekundarschule, während sie der Oberschule abhanden kamen. Die Erwartungen der Eltern spielten dabei eine wichtige Rolle. 1981 beispielsweise sah sich die Oberstufenschulpflege dem Vorwurf ausgesetzt, dass in Seuzach strenger als anderswo benotet werde.[255] 1989 war es in Seuzach so weit, dass die Schulpflege den Betrieb der Oberschule einstellte, weil ihr keine Schüler zugeteilt worden waren.

Bereits seit Ende der 1960er Jahre war klar, dass die Oberstufe einer Reform bedurfte. Die Richtung blieb allerdings umstritten. Da die Diskussion in die Zeit der 68er-Bewegung fiel, wurde sie zudem stark politisiert.[256] Die Debatte um den Einbezug antiautoritärer Erziehungsmethoden erschwerte die Konsensfindung zusätzlich. Ein Teil der Reformer liess sich durch Modelle der schwedischen und deutschen Gesamtschule leiten, die keine Unterteilung der Oberstufe kannten. Angesichts der Meinungsunterschiede war für die Erziehungsdirektion absehbar, dass sich Veränderungen nur in kleinen Schritten erreichen liessen. Sie lancierte deshalb 1977 in Regensdorf einen abteilungsübergreifenden Schulversuch, um neue Formen zu erproben. Dazu zählten etwa die Abschaffung der Noten, fächerbezogene Niveaus anstelle der Dreiteilung, Elternmitarbeit, Projektwochen, fächerübergreifender Unterricht, neue Methoden et cetera.

Da die Beteiligten in Regensdorf das neue Modell mehrheitlich positiv beurteilten, weitete die Erziehungsdirektion den Versuch auf zusätzliche Gemeinden aus, die freiwillig daran teilnehmen wollten. Zu Beginn der 1980er Jahre diskutierte man auch in Seuzach über die Teilnahme. Die Schulpflege, die der Sache offen gegenüberstand, machte die Teilnahme aber von der klaren Bereitschaft der Lehrer abhängig. Während die Sekundarlehrerinnen und Sekundarlehrer eher dagegen waren, begrüssten die Lehrpersonen der Realschule den Versuch mehrheitlich. Da insgesamt keine Einigung unter der Lehrerschaft der Oberstufe zustande kam, sah die Schulpflege von dem Versuch ab.[257]

Der Seuzacher Entscheid spiegelte eine verbreitete Zurückhaltung gegenüber dem neuen Schulmodell, das später «Gegliederte Sekundarschule» genannt wurde. Aufgrund eines wissenschaftlichen Gutachtens, das keinen nennenswerten Leistungsunterschied zum Modell der dreiteiligen Oberstufe feststellte, überliess die Erziehungsdirektion den Entscheid den einzelnen Schulgemeinden. 1997 wurde das dazu notwendige Gesetz mit grossem Mehr angenommen. Die Kreisschulgemeinde mit Seuzach, Hettlingen, Dägerlen und Dinhard entschied sich am 1. Dezember 1999 für die Beibehaltung des bisherigen Modells, das aufgrund einer formalen Revision nun «Dreiteilige Sekundarschule» hiess. Gemäss der Schulpflege drängte sich dieses Modell aus organisatorischen Gründen auf, da die Oberstufenschulgemeinde zu den grössten des Kantons zählte. Die Lehrerschaft begrüsste das System, weil die Schüler dabei in einem festen Klassenverband blieben. In der «Gegliederten Sekundarschule» hätten sie diesen ständig wechseln müssen. Im Jahr 2000 wurden deshalb die Schulhaustrakte nach sogenannten Jahrgangsteams neu besetzt. Damit war auch räumlich die alte Trennung nach den einstigen Stufen (Sekundar-, Real- und Oberschule) aufgehoben. An ihre Stelle traten die Niveaus A, B und C. Neu wurden die Schülerinnen und Schüler der 6. Primarklasse den verschiedenen Oberstufenniveaus aufgrund einer umfassenden Gesamtbeurteilung zugeteilt. Zuvor waren nur die Noten dafür ausschlaggebend gewesen. Ausserdem wurden die Stoffpläne der drei Oberstufenniveaus so aneinander angeglichen, dass Übertritte leichter möglich waren.

Um die Schulpflege und die Lehrerschaft von administrativen Arbeiten zu entlasten, wurde in Seuzach zudem ein Sekretariat eingerichtet. Vor allem die Einführung der Mitarbeiterbeurteilungen (MAB) sorgte für Mehraufwand.[258]

7.12 DIE ELTERN POCHEN AUF MEHR MITSPRACHE, 1980

Mit dem Abbau des autoritären Unterrichtsstils seit den 1960er Jahren veränderte sich auch das Bild des Lehrers. Der Lehrer verlor seine Stellung als unbestrittene Autorität im Dorf. Stattdessen verlangten die Eltern mehr Mitsprache in Schulfragen. Dies äusserte sich einerseits dadurch, dass sie verstärkt direkt mit der Schule in Kontakt traten, andererseits durch die Gründung von Interessenvereinen. 1980 entstand auch in Seuzach ein Elternforum, das sich unter anderem um die Verbesserung der Beziehung zur Schule kümmerte. Als ein Zeichen der Zeit ist wohl auch zu sehen, dass 1983 von 343 Stimmberechtigten verlangt wurde, die Wahl der Oberstufenlehrer an der Urne vorzunehmen. Seit 1973 war es der Schulpflege nämlich erlaubt, die Lehrer in stiller Wahl zu wählen. Ein Zehntel der Stimmberechtigten konnte jedoch eine Abstimmung verlangen. Die Schulpflege war überrascht, weil im Vorfeld der Unterschriftensammlung niemand mit ihr das Gespräch gesucht hatte. Da ihr die Informationen nur «über das Buschtelefon» – wie sie sich ausdrückte – zugetragen wurden, konnte sie über die Hintergründe bloss mutmassen. Aber auch nach dem Bekanntwerden der

Gründe, die sie vertraulich behandelte, stand sie geschlossen hinter den Lehrern, die dann auch alle mit guten Resultaten gewählt wurden.

Im abteilungsübergreifenden Schulversuch von Regensdorf gehörte der verstärkte Einbezug der Eltern bereits zu den Reformzielen. Allgemein mussten sich die Schulpflege und die Lehrerschaft aber erst noch darauf einstellen, dass die Eltern ihre Sicht vermehrt einbrachten. Schon bald bereicherte der Begriff «Problemeltern» auch in Seuzach den Wortschatz, weshalb 1986 eine Veranstaltung des Elternforums zu diesem Thema eskalierte.[259] Allgemein setzte sich in der Folge die Ansicht durch, die Eltern besser einzubeziehen. Im persönlichen Kontakt wurde dies durch die Intensivierung der Elterngespräche erreicht. Im öffentlichen Diskurs gestaltet sich der Einbezug allerdings schwieriger. Der Konflikt um die Einführung der «Teilautonomen Volksschule» führte 2002 in der Sekundarschule zur Gründung eines Elternrats.

7.13 GLEICHSTELLUNG VON KNABEN UND MÄDCHEN, 1983–1991

Die Annahme des Verfassungsartikels über die Gleichstellung von Mann und Frau im Jahr 1981 machte Reformen im Werk-, Handarbeits- und Hauswirtschaftsunterricht notwendig. 1983 wurde ein Vorschlag in die Vernehmlassung geschickt, welcher die vollständige Koedukation von Knaben und Mädchen vorsah. Das heisst, die Mädchen sollten den Werkunterricht mit den Knaben und die Knaben den Handarbeits- und Hauswirtschaftsunterricht mit den Mädchen besuchen. Damit die Gesamtstundenzahl nicht zu gross wurde, musste deshalb das Total der Lektionen gekürzt werden. Die Seuzacher Schulpflege begrüsste zwar im Grundsatz die Gleichstellung von Knaben und Mädchen, den Entwurf der Erziehungsdirektion lehnte sie jedoch einstimmig ab. Sie begründete ihren Entscheid damit, dass er «nicht auf das geltende und natürliche (Kinderkriegen/Hausgebundenheit der Mutter) auch künftig kaum ernstlich wandelbare gesellschaftliche Rollenverständnis ausgerichtet» sei. Die Frauenkommission der Schulgemeinde befürchtete zudem, dass durch den Einbezug der Knaben das fachliche Niveau im Handarbeits- und Hauswirtschaftsunterricht deutlich sinken würde. Auf keinen Fall wollte sie, dass die Stundenzahl der Mädchen in diesen Fächern gekürzt würde.

Die Einwände bewirkten jedoch kaum etwas. Im Lehrplan von 1991 wurde der Entwurf weitgehend umgesetzt. Die Lehrmittel «Stricken und Häkeln» und «Mein Flickbüchlein» hatten ausgedient. An ihre Stelle traten 1993 «Fadenflip 1» und 1995 «Formen, Falten, Feilen», die sich nun in gleicher Weise an Knaben und Mädchen richteten.

7.14 DIE FÜNFTAGEWOCHE KOMMT, 1987–1996

Einige dürften sich heute schon nicht mehr daran erinnern. Bis zum Ende der 1990er Jahre war es üblich, dass die Kinder während sechs Tagen die Schule besuchten. Als Versuch stand es den Schulgemeinden bereits seit 1970 offen, den Samstag freizuhalten. Die Möglichkeit dazu wurde aber im Kanton Zürich allgemein nicht genutzt. Die Oberstufenschüler machten 1987 die Einführung der Fünftagewoche anlässlich des 150-jährigen Bestehens der Sekundar-

schule zum Thema. Der Schulpflegepräsident Hansjörg Brunner lehnte dies in einem Schü-
lerinterview jedoch ab. Für ihn war klar, dass man die Schüler unter der Woche nicht noch
mehr belasten konnte. Auch fünf Jahre später, als die versuchsweise Einführung der Fünftagewoche für die Kleinsten und auf der Unterstufe zur Debatte stand, vertrat die Kinder-
gartenkommission die gleiche Meinung. Sie befürchtete, dass die Kinder am Montag müder
als sonst in den Kindergarten kämen, weil die Eltern noch mehr mit ihnen unternehmen
würden. Die Lehrerschaft dagegen begrüsste mit 27 zu 10 Stimmen die Einführung der Fünftagewoche in der Primarschule. Die betroffenen Eltern lehnten den freien Samstag in einer
Konsultativabstimmung jedoch mit 254 Ja- zu 406 Neinstimmen ab, sodass die Schulpflege
auch in der Primarschule von einer Teilnahme am Versuch der Erziehungsdirektion absah.
Da sich aber schon bald ein allgemeiner Trend im Kanton Zürich zur Fünftagewoche abzeich-
nete, führte sie den freien Samstag auf das Schuljahr 1997/98 schliesslich doch ein.

7.15 ERNEUTE REFORMEN – VON «ICH UND DIE KLASSE» ZU «WIR UND UNSER SCHULHAUS»

In den 1990er Jahren wurden die Reformdiskussionen um eine ganze Reihe von Themen
erweitert.[260] Dabei führte die Bildungsdirektion unter Ernst Buschor das «New Public Management» ein. Die Volksschule übernahm privatwirtschaftliche Managementtechniken.
Der Begriff «Benchmark» etwa wurde nicht nur zum allgemeinen Modewort, um Leistungs-
vergleiche zu benennen, sondern auch zum Schimpfwort unter einem Teil der Lehrerinnen
und Lehrer. Der Vorsteher der Zürcher Schule forderte, dass Lernerfolg, Lehrerbildung, Schul-
verwaltung und Schulaufsicht wissenschaftlich erfasst würden. Die Verwissenschaftlichung
und das Tempo der Schulentwicklung nahmen neue Dimensionen an.[261]

In Seuzach wurden die Reformen unterschiedlich aufgenommen. So wartete man bei
der Förderung von Hochbegabten vorerst noch ab. Auch die Erprobung von Blockzeiten lehnte die Lehrerschaft 1991 ab. Im gleichen Jahr wurde jedoch eine Sonderklasse E eingerichtet,
weil der Gemeinde sehr viele Asylsuchende zugewiesen wurden. Und nur wenige Jahre nachdem man in Seuzach das Frühfranzösisch eingeführt hatte, setzte sich die Schule auch schon
mit dem Frühenglisch auseinander. Schliesslich wurden Ende der 1990er Jahre auch Tages-
schulen ein Thema.

Einen Meilenstein in Seuzachs Schulgeschichte stellt das Jahr 1997 dar. Mit grossem
Aufwand und begleitet von aussen setzte sich die Primarschule mit ihrer Zukunft auseinander. Dazu wurde in verschiedenen Umfragen die Meinung über den aktuellen Zustand
erforscht. Grundsätzlich stellten die Eltern der Schule ein gutes Zeugnis aus.[262] Allgemein
wünschten sie aber, dass die Kinder noch stärker nach ihren individuellen Fähigkeiten gefördert würden. Ausserdem sollte die Zusammenarbeit der Eltern mit der Schulpflege und mit
den Lehrern verbessert werden. Die Schulpflege und die Lehrerschaft ihrerseits kritisierten
die fehlende Zusammenarbeit schulintern.

Aufgrund der umfangreichen Evaluation entschied sich die Primarschule zur Teilnahme am Pilotprojekt «Teilautonome Volksschule» (TaV). Da der Versuch aus finanziellen Gründen um ein Jahr aufgeschoben werden musste, konnte er mit einem weiteren Re-

formvorhaben kombiniert werden: der Reorganisation des sonderpädagogischen Angebots (RESA). Im Frühling 2001 wurden beide Reformen der Bevölkerung vorgestellt, wobei es sich erst um Versuche zum Sammeln von Erfahrungen handelte. Neben Seuzach nahmen drei weitere Gemeinden aus dem Kanton Zürich daran teil.

Das Projekt RESA bezweckte, das sonderpädagogische Angebot, das bis anhin über mehrere Gemeinden verteilt war, am Wohnort in den Schulalltag zu integrieren. Die Lehrerinnen und Lehrer sollten dabei von Lehrpersonen unterstützt werden, die in der integrativen Förderung der Kinder besondere Kenntnisse besassen, sogenannte IF-Lehrkräfte. Ein «Runder Tisch» sollte die Zusammenarbeit zwischen Lehrpersonen, Eltern und schulpsychologischem Dienst verbessern.

Die sichtbarste Neuerung der TaV war die Einführung der Schulleitung, um – in Teamarbeit mit den Lehrpersonen – den Schulbetrieb effizienter zu führen und die Behörden im fachlichen und personellen Bereich zu entlasten. Zudem sollten besondere Unterrichtsformen eingeführt werden, wie etwa klassenübergreifendes Arbeiten oder Projektwochen. Der verbesserte Einbezug der Eltern stellte einen weiteren wichtigen Punkt der TaV dar. Die Einführung eines Globalkredits für die Bereiche Fortbildung, Material, Schulreisen und die Infrastruktur sollte den Handlungsspielraum der Lehrerschaft vergrössern und ein gemeinsam erarbeitetes Leitbild die Identifikation mit der Schule stärken. Zusammengefasst wurden die Reformen unter dem Slogan: «Von ‹Ich und die Klasse› zu ‹Wir und unsere Schule›».

Am 15. März 2002 ging ein Schreiben mit dicken schwarzen Lettern über die Faxgeräte der Seuzacher Schulhäuser und Kindergärten: «Historischer Moment, 1. Schulleitung gewählt.» Damit war der Startschuss gegeben, um RESA und TaV umzusetzen.

Analoge Reformen fanden in der Sekundarschule statt.[263] Hier gestaltete sich der Prozess allerdings einiges schwieriger. Die Lehrerschaft war zwar bereit, die Einführung einer Schulleitung möglichst rasch zu realisieren; am Projekt der TaV wollte sie aber nicht teilnehmen, weil ihr die zeitlichen Kapazitäten dazu fehlten. Die Schulpflege hätte gern auch die TaV realisiert. Das Gesetz schrieb dazu aber die Zustimmung der Lehrerschaft vor. Meinungsverschiedenheiten zwischen der Schulpflege und der Lehrerschaft bei der Umsetzung führten 2001 schliesslich zu einem Eklat. 13 zum Teil langjährig in Seuzach tätige Lehrkräfte verliessen das Schulhaus Halden. Der Präsident der Schulpflege und ein grosser Teil der Mitglieder traten von ihrem Amt zurück. Da die Meinungsverschiedenheiten in der Presse ausgetragen wurden, sah sich auch die Bildungsdirektion zum Handeln veranlasst und schickte einen Mediator. Die Einführung der Mitarbeiterbeurteilung und der Schulleitung stellte nicht nur das Selbstverständnis der Lehrerschaft infrage, an dem Konflikt kristallisierte sich das grundsätzliche Bedenken, ob die unter dem Vorzeichen des «New Public Management» und der Verwissenschaftlichung stehenden Reformen auch zu einer bessern Schule führen würden. Die Geschwindigkeit und die Dichte der Reformen setzten alle Beteiligten unter Druck. Die Forderung nach vermehrt individualisiertem Unterricht stellte auch im pädagogischen Bereich eine zusätzliche Herausforderung dar. Daneben wurden der Schule ständig neue Aufgaben übertragen. Die Kampagne gegen schlechte Ernährung stellt nur eines von vielen Beispielen dar, in dem die Schule sich neu engagieren sollte.[264] Ingesamt nahm die zeitliche Belastung zu. Über allen Massnahmen schwebte zudem die Forderung, Geld zu sparen oder mindestens nicht mehr auszugeben. Wie weit die beschleunigte Entwicklung der letzten beiden Jahrzehnte auf «gutem» Weg war, darüber gingen die Meinungen auseinander. Die Einschätzung hing stark vom persönlichen Standpunkt ab. Allgemein stand die Volksschule in der Öffentlichkeit aber verstärkt zur Diskussion. Es war die Rede von «Reformwahn», «Bürokratie» und «Schule im Sinkflug».[265] In Seuzach zeigten sich sowohl Besorgnis über die Reformen als auch Offenheit, die Probleme neu anzugehen.

Ein weiterer Meilenstein der Seuzacher Schulgeschichte stellte die Vereinigung der Primarschulgemeinde mit der Politischen Gemeinde im Jahr 2002 dar. Im Unterschied zur Vereinigung der Dorfschulen 1924 oder zur Aufhebung der Zivilgemeinden 1929 warf dieser Schritt aber keine hohen Wellen mehr.

161_Musikgesellschaft Seuzach, Gruppenbild hinter dem alten Restaurant Bahnhof beim Waschhaus, 1927.

8. Freizeit und Geselligkeit in der Gemeinde

Unsere Grosseltern hatten wenig davon, und das Wort kannten sie in ihrer Jugend noch kaum: Freizeit! Erst, als nach dem Zweiten Weltkrieg die Fünftagewoche eingeführt wurde, drang der Begriff in den alltäglichen Sprachgebrauch ein. Rasch eroberte er sich nun einen dominanten Platz unter den sozialen Leitbegriffen. Von Freizeitgesellschaft war die Rede, und bald schon machte die Klage über das Zuviel an Freizeit die Runde. Immer mehr beschäftigte die sinnvolle Freizeitgestaltung die politischen Behörden, denn ein neues Phänomen war aufgetreten. Die Jugend, deren «Halbstarken»-Jeans später zum Markenzeichen einer ganzen Generation wurden, begann sich in einer Subkultur von der Kultur der Erwachsenen abzugrenzen und stand deshalb bei der Frage um die Freizeitgestaltung im Brennpunkt.

Es war der Torebuebe-Egge, der in Seuzach zu Beginn der 1960er Jahre die Diskussion um eine sinnvolle Freizeitgestaltung in den Seuzacher Behörden anstiess. Die Jugendlichen, vor allem junge Männer, die an der Kreuzung Stationsstrasse/Winterthurerstrasse das Geländer unterhalb der alten Gemeindemetzgerei als Sitzgelegenheit für ihre abendlichen Zusammenkünfte entdeckt hatten, passten nicht ins Dorfbild. Der Gemeinderat löste das Problem mit der Entfernung des Geländers und der Schaffung eines Begegnungsplatzes. Die 1963 von Pfarrer Witzig angeregte Einrichtung eines Jugendhauses in der Liegenschaft Spycher lehnte er ab. Das Haus musste aus verkehrstechnischen Gründen abgerissen werden.[266]

Zu einer bislang und auch später nie gesehenen Mobilisierung der Bevölkerung in Sachen Freizeitgestaltung kam es im Juni 1976. Obwohl die Gemeindeversammlung vom Primarschulhaus in die Turnhalle des Oberstufenschulhauses verlegt worden war, reichte der Platz nicht aus für die 650 interessierten Stimmbürgerinnen und Stimmbürger. Die Abstimmung über eine Freizeit- und Sportanlage musste vertagt werden, um eine grössere Halle zu suchen.

Die Anfänge der Freizeitgestaltung im modernen Sinn reichen allerdings bis ins 19. Jahrhundert zurück. Die Säkularisierung des Alltags führte dazu, dass Arbeit und freie Zeit nicht mehr als Strafe Gottes und Laster angesehen, sondern neu bewertet wurden. Die industrielle Revolution zementierte zudem die Spaltung des Alltags in Arbeits- und Freizeit. Die Zeitverschwendung war von nun an allerdings, wie es der Soziologe Max Weber ausdrückte, «die schlimmste aller Sünden». Mit der neuen Bewertung der freien Zeit entstanden auch neue soziale Räume, um die Freizeit zu verbringen. Zu den bekannten Orten des Zeitvertreibs wie den Wirtshäusern, die im 19. Jahrhundert in Seuzach wie Pilze aus dem Boden schossen, kamen als wichtigste Errungenschaft die Vereine. Aber auch die Natur erlebte eine Neubewertung. In Seuzach wurde der Weiher, der damals um einiges grösser war als heute, zu einem wichtigen Ort der Begegnung. Eine Badeanstalt erfreute die Jugend im Sommer, das Eisfeld zog im Winter die Leute an.

Ein Dauerthema war die Freizeitgestaltung der Jugend, weil sie ihre freie Zeit nicht nach den Vorstellungen der Erwachsenen verbrachte. So stand beispielsweise das «Gassentreiben der Jugend» schon im Sommer 1922 auf der Traktandenliste der Gemeindeversammlung. Diese beschloss, dass die Eltern ihre Kinder, die noch nicht konfirmiert waren, vor der Betzeitglocke nach Hause rufen mussten. Fehlbare wurden von der Polizei gebüsst.[267] Zwei Jahre später behandelte auch die Vorsteherschaft der Zivilgemeinde Seuzach das Thema und stellte einen ganzen Massnahmenkatalog auf: Das Treiben der Jugend mussten die Eltern besser beobachten. Felder und Wiesen waren den Jugendlichen als Tummelplätze zu verbieten, ebenso die Schädigung von anderen Kulturen, zum Beispiel beim Reservoir. Weiter sollten die Eltern den Kindern das «unsinnige Nachspringen hinter den Fuhrwerken und Autos» untersagen.[268] Die Kirchenpflege machte damals neben den Eltern die Nähe zur Stadt Winterthur für die Probleme mit der Jugend verantwortlich. «Die Nähe einer Stadt mit all ihren verlockenden Darbietungen des Verkehrs, der Geselligkeit und des Vergnügens erschwert allerdings sehr die mühevolle Arbeit, zumal da vielen Eltern es am Verständnis mangelt, dass die Erziehungsarbeit an den heranwachsenden Söhnen und Töchtern nicht dem Zufall und den Vergnügungslokalen überlassen werden dürfe», schrieb sie in ihrem Zwölfjahresbericht nach Zürich.[269]

Obwohl auch die Frauen über immer mehr freie Zeit verfügten, standen bei der Freizeitgestaltung die Männer im Vordergrund. Die Rolle der Frau als Mutter, Hausfrau und Arbeiterin schränkte nicht nur ihre freie Zeit ein, sondern die Freizeit der Frauen wurde gesellschaftlich auch anders bewertet. Von den Frauen wurde viel eher als von den Männern erwartet, dass sie ihre Freizeit in den Dienst der Allgemeinheit stellten. Ausserdem schickte es sich für Frauen nicht, ohne männliche Begleitung in den Wirtshäusern zu verkehren. Noch 1963 – bei einer Untersuchung über das Freizeitverhalten – gaben die Verfasser des Berichts offen zu, nur die Männer einbezogen zu haben, weil sich die Freizeit der Frauen methodisch schlechter bestimmen liess.[270] Die meisten Vereine waren deshalb auch reine Männervereine. Das Freizeitverhalten der beiden Geschlechter begann sich erst seit den 1960er Jahren anzugleichen.

8.1 VEREINE UND WIRTSHÄUSER – DIE ERSTEN TREFFPUNKTE IN DER FREIZEIT

Die Geschichte des Vereinswesens ist eng mit der Entwicklung der Politischen Gemeinde und des schweizerischen Bundesstaats verbunden. Im 19. Jahrhundert wurden die Vereine von den fortschrittlichen Kräften als Träger des modernen Staatswesens bewusst gefördert, um den nationalen Zusammenhalt zu festigen. Das Politisieren war in den Vereinen ebenso wichtig wie der Vereinszweck und die Pflege der Geselligkeit selbst. Die kantonalen und nationalen Verbandsfeste bildeten jeweils den Höhepunkt des Vereinslebens, und die Vereinstätigkeit gehörte zu den unabdingbaren Voraussetzungen einer politischen Karriere. In den Vereinen wurden die demokratischen Spielregeln im Kleinen eingeübt. Es gab kaum jemanden, der mit Sitzungsablauf, Protokoll und Traktandenliste, Revisionsstelle oder Stimmenzähler nicht vertraut war. Das Vereinswesen erreichte in der Schweiz einen derartigen Stellenwert, dass noch bis in die 1990er Jahre bei der Einbürgerung die Vereinsmitgliedschaft als Massstab für die Integration genommen wurde.

Die ältesten Vereine sind die Schützen- und die Gesangvereine. Da ihre Entstehung auf das Brauchtum der kirchlichen Singschulen und der Schützenwettkämpfe zurückgeht,

162_Seuzacher Turner mit
Fähnrich und Blumenträgern.

liegen ihre Anfänge oft im Dunkeln oder sind nur lückenhaft bekannt.[271] Ende des 19. Jahrhunderts existierten in Seuzach neben dem Kirchenchor drei weitere Gesangvereine: der um 1853 mit der kirchlichen Sängergesellschaft verbundene Männerchor Seuzach, der 1865, im Jahr der Schulhauseinweihung, gegründete Männerchor Ohringen und der 1893 entstandene Frauen- und Töchterchor. Für musikalische Unterhaltung sorgte seit 1897 zudem die Musikgesellschaft Seuzach. Der Kirchenchor selbst, dessen Anfang sich nicht festlegen lässt, blickt auf eine sehr wechselvolle Geschichte zurück. Er änderte nicht nur mehrfach seinen Namen, sondern musste auch verschiedentlich neu gegründet werden, so 1853, 1876, 1893 sowie 1925 oder 1926. Offenbar hing die Freude am Singen in der Kirche stark vom Engagement des jeweiligen Pfarrers ab.[272]

Die Gründung des ersten Schiessvereins geht, wie einige Veteranen aufgrund der mündlichen Überlieferung vermuteten, auf das Jahr 1845 oder 1852 zurück.[273] Möglicherweise kam es später auch beim Schützenverein zu einer Neugründung. Nachdem das Schützenwesen nämlich 1854 an die Gemeinde übergegangen war, bat 1864 ein Schützenverein beim Gemeinderat um Geld aus dem Fonds der «alten Schützengesellschaft».[274] Die Ohringer ihrerseits gründeten 1888 einen eigenen Schützenverein, sodass Ende des 19. Jahrhunderts zwei Schützenvereine in Seuzach aktiv waren. Die wechselvollen Anfänge der Gesang- und Schützenvereine hingen damit zusammen, dass freie Zeit bei den Bauern noch ein knappes Gut war.

163_Umzug der Musikgesellschaft Seuzach beim Schlachthaus-Feuerwehrlokal an der Winterthurerstrasse, um 1939.

In der ersten Hälfte des 20. Jahrhunderts wurden sechs weitere Dorfvereine ins Leben gerufen, wobei drei ausschliesslich Männer ansprachen: 1912 der Turnverein, 1915 der Ornithologische Verein und 1932 der Arbeiterschiessverein. Der 1926 geschaffene Samariterverein wandte sich an beide Geschlechter. Die 1934 gegründete Damenriege und die Trachtengruppe von 1942 waren reine Frauenvereine.[275] Schliesslich ist zum Typ der älteren Vereine die 1958 gegründete Faustballriege Ohringen zu zählen.

Die Vereine dienten nicht nur dem sinnvollen Zeitvertreib ihrer Mitglieder. Sie gestalteten auch das lokale Kulturprogramm. Einen Aufschwung erlebte dieses zu Beginn des 20. Jahrhunderts, als in der «Linde» ein Tanzsaal eingebaut wurde. Nach der Erinnerung von Adolf Greutert mussten die Theaterbestuhlung und die Bühne jeweils separat herbeigeschafft und eingerichtet werden. Zur Freude der Kirchenpflege galt Seuzach jedoch nicht als besonders festfreudig. 1923 schrieb sie in einer Rückschau über den moralischen Zustand der Gemeinde: «Feste und Vergnügungsanlässe gibt es in der Gemeinde verhältnismässig wenige und auch zur Fastnachtszeit behält das Dorf seine ländliche Stille.» Dabei erwähnte sie auch, dass sie den freien Samstagnachmittag als sehr nützliche Einrichtung empfand. «Die Wirkungen des freien Samstags-Nachmittags sind auf dem Lande, wo fast jede Arbeiterfamilie Häuschen, Garten und etwas sonstiges Kulturland besitzt, nur günstig», hielt sie dazu fest.[276] Den Saal mit der Bühne baute der «Linden»-Wirt erst später. Dem Männerchor war es vorbe-

164_Männerchor Seuzach am
Dorffest, um 1950.

halten, ihn im Januar 1938 feierlich zu eröffnen.[277] Die Theaterabende, zu deren Organisation sich der Männerchor mit dem Frauen- und Töchterchor zusammentat, gehörten jeweils zu den Höhepunkten im Seuzacher Veranstaltungskalender.

Ende des 19. Jahrhunderts war mit dem «Bernergüetli» ein weiterer Versammlungsort dazugekommen. Der aus dem Kanton Bern stammende Wirt hatte es zum Erstaunen der Seuzacher Bauern in das Bachgebiet gebaut. Das als Berner Chalet gestaltete Wirtshaus verfügte ebenfalls über einen kleinen Saal. Als weiterer Treffpunkt stand im Dorfzentrum die «Sonne», die zusammen mit dem «Bernergüetli» und der «Linde» ein Dreieck um die Hauptkreuzung von Seuzach bildete. Zwei weitere Wirtschaften, die «Traube» (Alte Poststrasse 31) und der «Sternen» (Heimensteinstrasse 7), befanden sich im Ausserdorf. Deren Wirtshausrechte gingen später an die «Linde» über. Zudem wird vermutet, dass sich ein

165_Musikgesellschaft Seuzach, Gruppenfoto mit blauen Uniformen, nach 1951.

weiteres Wirtshaus im Riegelhaus «Ackeret» am Dorfeingang befand. Jedenfalls tauchte dort kürzlich ein Wirtshausschild auf.

Ausserhalb von Seuzach konnte man im «Bahnhof», im «Frieden» in Oberohringen oder in dem damals wahrscheinlich «Kreuzstrasse», später bald «Wiesental» genannten Restaurant einkehren. Im Durchschnitt kamen in Seuzach zu Beginn des 20. Jahrhunderts rund 100 Personen auf ein Restaurant. Berücksichtigt man, dass die Frauen und Kinder kaum dort anzutreffen waren, so dürfte es damals in Seuzach für 20–30 Männer je ein Wirtshaus gegeben haben. In einer Untersuchung der Kirche über die sittlichen Verhältnisse in Seuzach beklagte sich der Pfarrer denn auch, dass sehr viele Familienväter «in die Leidenschaft des Trinkens hineingeraten» waren, während er sonst mit dem Lebenswandel der Seuzacherinnen und Seuzacher zufrieden war.[278] Tatsächlich war das Mass an Wirtshäusern in Seuzach voll. Die «Traube» stellte 1901 den Betrieb ein.

166_Der Dorfplatz, um 1920. Der Dorfplatz war im 20. Jahrhundert umgeben von den drei Wirtshäusern «Sonne», «Linde» und «Bernergüetli».

167_Restaurant «Sonne», um 1958.

Im Rahmen der Wirtshäuser und Vereine fand bis in die Mitte des 20. Jahrhunderts die Freizeitgestaltung in Seuzach statt. Dazu kamen neue Treffpunkte in der Natur, wie das Weihergebiet, auf das wir noch zurückkommen werden, oder das Schützenhaus, in dem manch heiteres Fest gefeiert wurde. Ferner kümmerte sich die Kirche neben ihrer seelsorgerischen Aufgabe um ein Weiterbildungsangebot und betätigte sich auf christlicher Basis in der Jugendarbeit.[279] Aus der 1933 gegründeten Konfirmandenvereinigung ging 1943 die «Junge Kirche Seuzach» hervor, in der sich gut 20 Jugendliche wöchentlich trafen.[280] An all diesen Orten in der Gemeinde spielte sich – neben dem Kreis der Familie – der grösste Teil der Freizeitbeschäftigung ab. Obwohl in der nahen Stadt Winterthur ebenfalls Zerstreuungsangebote lockten und obwohl man Vereinsfeste in der Nachbargemeinde besuchte und auch Ausflüge und Wanderungen machte, setzten die beschränkte Mobilität und die finanziellen Möglichkeiten doch Grenzen, um die Freizeit ausserhalb der Gemeinde zu verbringen. Die Freizeitgestaltung stellte deshalb auch einen wichtigen Teil des lokalen Beziehungsgeflechts dar. Zusammen mit den Treffpunkten in weiteren Institutionen wie der Feuerwehr, den Parteien und Behörden ergab dies ein dichtes soziales Netz, welches das Zusammenleben in der Gemeinde prägte. Man kannte sich – zwar nicht immer gleich gut – aber immerhin kannte man sich. Nicht nur der Pfarrer, sondern auch die Lehrer wohnten im Dorf. Auch dem «G'meindspräsi» begegnete man auf der Strasse, denn die meisten Leute waren zu Fuss, mit dem Fahrrad oder dem Fuhrwerk unterwegs. Ja selbst die ersten Autos liessen es nicht zu, dass man sich darin wie in einem privaten Raum abkapselte. Über die Wirtshäuser und die Milchhütte verbreiteten sich Neuigkeiten und Gerüchte rasch. Bei Wahlen brauchte es keine Flugblätter, am Stammtisch wurden die Meinungen gemacht. Das dichte Beziehungsnetz einer kleinen Gemeinde wie Seuzach, das trotz einer Zunahme der Haushaltungen von 152 im Jahr 1870 auf 318 im Jahr 1930 immer noch überschaubar blieb, erhöhte nicht nur die soziale Kontrolle, es verstärkte auch das gegenseitige Verständnis.[281] Anonymität, wie sie die Städte boten, gab es im dörflichen Seuzach nicht.

168, 169_Restaurant «Bernergüetli», vor dem Saalanbau vom Gemüsegarten aus über die noch ungeteerte Winterthurerstrasse gesehen, um 1925, und 1955.

8.2 SCHWIMMEN UND EISHOCKEY – DAS GEBIET IM WEIER

Vom alten Weiher, der Anfang des 20. Jahrhunderts für Jung und Alt zum beliebtesten Treffpunkt im Freien wurde, ist heute nur noch ein kleiner Rest erhalten. Das Weihergebiet erstreckte sich einst bis zur Lebern und über die ganze Fläche zwischen der Welsikonerstrasse und dem Bahndamm. Die Riedlandschaft war Teil der einstigen Allmend des Dorfs Seuzach. Das Gebiet wurde deshalb bis zum Zusammenschluss mit der Politischen Gemeinde im Jahr 1929 von der Zivilgemeinde Seuzach verwaltet. Neben der Streu, die im Ried gemäht wurde, gehörte zu dessen Nutzungsmöglichkeiten beispielsweise die sogenannte Eispacht. Das Eis wurde im Winter in Klötzen herausgesägt und verkauft, um es im Boden eingegraben für die Kühlung – zum Beispiel von Bier – bis in den Sommer zu lagern.[282] Die verschiedenen Nutzen des Weihergebiets wurden lange Zeit einzeln versteigert. So gab es etwa eine Pacht für den Froschfang. 1893 kostete diese 40 Franken im Jahr, was ungefähr dem halben Monatslohn eines Handwerkers entsprach.[283] Der ganzjährige See mit der Badeanstalt entstand erst 1908, als Albert Sulzer, der neue Inhaber des «Heimensteins», der Zivilgemeinde Seuzach einen ganz besonderen Handel vorschlug. Sulzer, der den ganzen Weiher langfristig zum Fischen und Baden pachten wollte, bot der Gemeinde nicht nur einen jährlichen Zins von 1000 Franken an, er offerierte ihr auch den Bau einer Badeanstalt auf eigene Kosten, zu der alle unentgeltlich Zutritt haben sollten.

Der Handel sorgte im Dorf Seuzach für einige Aufregung. Die Gegner, die sich an der Gemeindeversammlung vom 28. April 1908 zahlreich zu Wort meldeten, kritisierten, dass die 1000 Franken jährlich und die versprochene Badehütte niemals den Ausfall der Erträge aufwiegen würden. Schliesslich nahmen die Stimmbürger das Angebot aber mit 74 Ja- zu 9 Neinstimmen an. Der Vertrag wurde auf zehn Jahre abgeschlossen. Sulzer verpflichtete sich, den Damm, der den ganzen Weiher staute, auf eigene Kosten zu unterhalten. Im Fall der vorzeitigen Kündigung musste er der Gemeinde noch während zwei Jahren die Ertragseinbusse bei der Streu bis zum Betrag von 700 Franken jährlich ersetzen.

Mit dem Bau der Badeanstalt ging es rasch vorwärts, denn bereits am 27. Juni 1908 beschäftigte sich die Vorsteherschaft von Seuzach mit den ersten Klagen. Im Protokoll heisst es dazu: «Für die neu erstellte Badehütte am Weiher wird eine geregelte Badeordnung gefordert, um dem bis dato entstandenen Unfug und der Unsittlichkeit auf die Spur zu kommen.»[284] Die Vorsteherschaft setzte darauf eine Badekommission ein, die mit Leuten besetzt war, die im Dorf etwas zu sagen hatten, nämlich dem Primarlehrer Heinrich Hürlimann, dem Sekundarlehrer Rosam Giger, dem Präsidenten der Zivilgemeinde Konrad Schwarz, dem Präsidenten der Schulpflege Ferdinand Müller sowie Pfarrer Schäppi. Für die hochkarätige Kommission gab es gute Gründe. Das Baden in öffentlichen Anstalten war damals umstritten. Vor allem kirchliche Kreise fürchteten eine Verrohung der Sitten. Dabei handelte es sich bei der Seuzacher Badeanstalt um eine der ersten derartigen Einrichtungen auf dem Land. Die Badekommission achtete deshalb strikte darauf, dass die Geschlechter streng getrennt badeten und auch Kinder und Erwachsene unter sich blieben. Jeweils im Frühling kam die Badekommission zusammen um den Wochenstundenplan der Badezeiten festzulegen, a) für die Mädchen, b) für die Frauen und Töchter, c) für die Knaben und d) für die Männer.

Der genaue Ort der ersten Badeanstalt ist nicht bekannt. Aus der «Anschaffung eines neuen Vorlegeschlosses am Strümpfel in der oberen Weiherrose» ist aber zu schliessen, dass die Wassertümpel, die dem Einlegen des Hanfs und als Reservoir für die Feuerwehr gedient hatten, nun zum Baden genutzt wurden. Die Bezeichnung Badeanstalt weckt heute auch etwas falsche Vorstellungen. In der Tat dürfte es sich bei dem Bau um eine einfache Holzbude mit einem 3 Meter hohen Bretterverschlag gehandelt haben. Die Badekommission ersetzte einmal zwei verfaulte Bretter und kümmerte sich um die Vernagelung der Astlöcher, damit die Jugendlichen diese nicht als Gucklöcher benutzen konnten. Auf dem Bretterverschlag war sicherheitshalber noch ein Stacheldraht angebracht.

Albert Sulzer war mit dem Bau nie so richtig zufrieden. Vor allem das stehende Wasser im Bad störte ihn. Aus gesundheitlichen Gründen schlug er der Zivilgemeinde Seuzach deshalb 1912 vor, die Badeanstalt an eine Stelle zu verlegen, wo das durchfliessende Wasser genutzt werden konnte. Dabei dachte er an das Land unterhalb des Weiherdamms, das teils ihm, teils der Zivilgemeinde gehörte. Er bot an, den Bau wieder auf eigene Kosten ausführen zu lassen. Dafür erwartete er allerdings einen Beitrag in Form von Kies, und die Zivilgemeinde sollte die Badeanstalt nach der Fertigstellung übernehmen. Die Freude über das Angebot war dennoch gross. Da der Kies aus der Seuzacher Kiesgrube für den Beton des Bassins nicht geeignet war, bot die Vorsteherschaft ihm 150 Franken an, die auf Antrag des Sekundarlehrers

**170_Jugendliche am Weiher,
um 1925.**

noch verdoppelt wurden. Wie viel Albert Sulzer jemals von dem Geld sah, ist allerdings unklar. Drei Jahre später erkundigte er sich nämlich, weshalb ihm die 150 Franken noch nicht ausbezahlt worden waren. Für den Bau der neuen Badeanstalt hatte dies allerdings keine Folgen. Im Mai 1915 übernahm die Gemeinde wie abgemacht die Badeanstalt und sorgte für den Betrieb und Unterhalt.

Aus Fotos ist uns diese Badeanlage nun bekannt. Es gab ein Doppelbecken für Schwimmer und Nichtschwimmer, das schätzungsweise 20 Meter lang war. Ein stattlicher Bretterverschlag schränkte weiterhin ringsum die Sicht der neugierigen Zaungäste ein. Auch die Trennung der Geschlechter blieb bestehen. Da Albert Sulzer drei Jahre später von seinem Pachtvertrag zurücktrat, wurde der Weiher bald wieder bewirtschaftet wie zuvor: Stauung über den Winter bis Ende Mai, dann Absenkung und Entleerung bis auf die beiden geräumigen Feuerrosen, deren Wasser zum Löschen von Bränden benötigt wurde. Für die Badeanstalt hatte dies aber keine Konsequenzen, da sie vom fliessenden Wasser des Bachs gespeist wurde.

Der Weiher lockte jedoch nicht nur Badefreudige an. Adolf Greuter widmet dem Weiher in seinen Erinnerungen ein ganzes Kapitel.[285] Zeitweise hatte der See so viel Wasser, dass man Bootsfahrten unternehmen konnte. Ein Foto zeigt Heinrich Eichenberger mit seinem Paddelboot. Eduard Schwarz konstruierte gar ein Motorboot, dessen Motor aus einem alten Chevrolet stammte. Technische Probleme beschäftigten den Konstrukteur allerdings mehr als das Ausfahren. «Immerhin, das Boot war seetüchtig, wenn auch aquastatisch nicht ganz ausbalanciert», erinnert sich Adolf Greuter und berichtet weiter: «In die Kurve liegen oder Platzwechsel lag nicht drin, da sonst die Gefahr des Kenterns bestand. Wer 20 Rappen be-

171_Knaben in der alten Bretterbadi, um 1935.

172_«Motorboot»-Besitzer Edi Schwarz mit Walter Demuth auf dem ehemaligen Weiher, um 1941.

173_Heinrich Eichenberger als Ruderer auf dem ehemaligen Weiher, um 1937.

sass, hatte die Wahl, sich dafür beim Beck Windmeisser im Ausserdorf eine Crèmeschnitte zu posten oder als Passagier an einer Weiher-Rundfahrt teilzunehmen. Ärger gab es dabei nur, wenn sich die Schiffsschraube in einen vergessenen Streue-Haufen hineinfrass oder wenn das Boot bei einer vom Kapitän nicht beachteten Untiefe auf dem Weihergrund aufsetzte. Damit es wieder flott kam, musste der Passagier aussteigen und ans Ufer waten. Trotz solcher Zwischenfälle war es lustig, und die Schiffahrt belebte längere Zeit das Weiher-Gelände. Leider nahm Edis Motorboot dann noch ein unrühmliches Ende. An seinem Liegeplatz beim Weiher-Auslauf verankert, fand man es eines Tages abgesoffen.»

Eine andere Freizeitbeschäftigung ermöglichte der Winter. Dank der meist sehr kalten Jahreszeit und der geringen Tiefe war der Weiher jeweils bereits Ende Dezember so stark gefroren, dass man drauf Schlittschuhlaufen konnte. Meist blieb das Eis bis Mitte Februar dick genug. Auf Fotos ist auch eine Eishockeymannschaft überliefert. Der Club wurde gemäss Adolf Greuter 1936 oder 1937 gegründet. 1946 soll er eine Abendunterhaltung mit einem Theaterstück in drei Akten durchgeführt haben. Das Eis barg jedoch auch Gefahren. Adolf Greuter erinnert sich an zwei Unfälle, die tödlich verliefen, weil Kinder im Eis eingebrochen waren. Das Weihergebiet war derart beliebt, dass es 1941 während der Diskussion über die Trockenlegung des ganzen Gebiets auch einen Antrag gab, den See und das Eisfeld für die Kinder zu erhalten. Zuletzt mussten die Freunde des Weihers aber gar noch um das kleine Naturschutzgebiet kämpfen, das heute ganz im Osten noch erhalten ist.

174–176_Eishockey-Club
Seuzach, um 1940.

8.3 DER SEE VERSCHWINDET – DIE BADEANSTALT BLEIBT

Mit der Melioration von 1941–1944 verschwand der See. Von den einstigen Freizeitmöglichkeiten blieb einzig das Schwimmbad übrig, das zudem sanierungsbedürftig war. Auch hatten sich in der Zwischenzeit die Bedürfnisse verändert.

Edwin Schoch, der 1945 das Thema aufgriff, bemängelte den viel zu kleinen Rasenplatz, um in der Sonne zu liegen. Auch brauche es dringend mehr Platz zum Spielen. Im Schwimmbassin störten ihn der Schmutz und die Schaumbildung. Als Neuerung wünschte er dachlose Kabinen für Luftbäder. Das war in einer Zeit, als die Männer und Frauen noch getrennt badeten, für die meisten Seuzacher aber zu viel. Der Gemeinderat nahm zwar die Erneuerung des Schwimmbads in die Planung auf, über die Forderung nach Luftbädern ging er aber diskret hinweg. 1946 legte der Architekt C. D. Furrer, der auch mit einer neuen Bau- und Zonenplanung beauftragt war, zwei Projekte vor (Abbildungen 178, 179).[286] Diese versandeten jedoch, weil man sie nicht finanzieren konnte.

Der Ausbau der Wasserversorgung, der im Januar 1948 von der Gemeindeversammlung beschlossen wurde, eröffnete neue Möglichkeiten, um der schlechten Wasserqualität im Schwimmbad abzuhelfen. Ausserdem nahm sich nun ein Seuzacher der Sache an, der nicht so schnell locker liess. Richard Cuony regte einen Architekturwettbewerb an, um ein Freibad zu errichten. Die Gemeindechronik würdigte später sein Engagement mit den folgenden Worten: «Von da an war Richard Cuony für den ganzen Bau stets die treibende Kraft. Und wenn der Gemeinderat für dringliche Fälle nicht gerade in nützlicher Frist zu einer Sitzung zusammentreten konnte, entschied Cuony in eigener Kompetenz und zahlte auch selber!»[287] Tatsächlich zog Richard Cuony alle Register, um eine Mehrheit für das Projekt zu gewinnen, denn der Gemeinderat selbst verhielt sich aus finanziellen Überlegungen eher zurückhaltend. So warb Cuony damit, dass ein grosser Teil der Arbeiten ehrenamtlich geleistet werde. Ausserdem sollten bei bezahlten Aufträgen nur Seuzacher Gewerbetreibende zum Zug kommen. Als Novum liess Richard Cuony auch eine Sauna planen, die dann bei der Abstimmung an der Gemeindeversammlung vom 4. März 1949 vor allem zu reden gab. Seuzach war zwar nicht die erste Landgemeinde, die eine Sauna besass. In Wetzikon etwa gab es seit 1947 ein derartiges Etablissement. Die aus Finnland stammende Form der Badekultur war für viele aber gewöhnungsbedürftig. Ausserdem stellten sich die Anhänger des Sonnenbads gegen die Sauna, weil sie um die Erfüllung ihrer Forderungen fürchteten. Schliesslich wurde das gesamte Projekt aber ohne Gegenstimme angenommen und nach nur vier Monaten Bauzeit konnte die Badeanstalt im August 1949 in Betrieb genommen werden. Vom regierungsrätlichen Sprecher erfuhren die Anwesenden, dass Seuzach die erste Gemeinde der Schweiz sei, die mit Steuergeldern eine Sauna errichtete.

Tatsächlich kündigte das neue Schwimmbad eine Wende im Freizeitverhalten an, hinter der auch ein grundsätzlicher Wertewandel stand. Im «Weinländer» schrieb der Herausgeber und Chefredaktor Erwin Ackeret am 17. Dezember 1949: «Kaum zu glauben, dass man auf dem Land überaus fortschrittlich ist. Und doch habe ich mich jüngst, an einem trübkalten Samstagabend, im 90grädigen Schwitzbad selber davon überzeugen können, dass das aufstrebende ‹Vororts›-Dorf eine vollwertige, der Gesundheit der Bevölkerung vorzüglich dienende Sauna-Anlage besitzt.» Wegen des allgemeinen Aufhebens um die Sauna war das

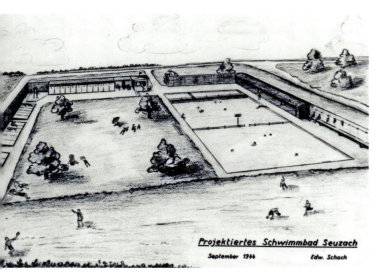

177_Werbung für den Neubau der Badeanstalt, Edwin Schoch, 1944.

178_Projekt für die Vergrösserung des Schwimmbads, C.D. Furrer, 1946. Das Projekt sah einzig den Abbruch des Holzzaunes und die Schaffung einer Liegewiese vor. Das 1916 erbaute Doppelschwimmbecken blieb erhalten.

179_Projekt für ein neues Schwimmbad, C.D. Furrer, 1946.

180_Schwimmbad, August 1949.

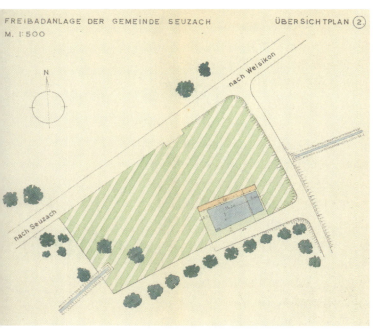

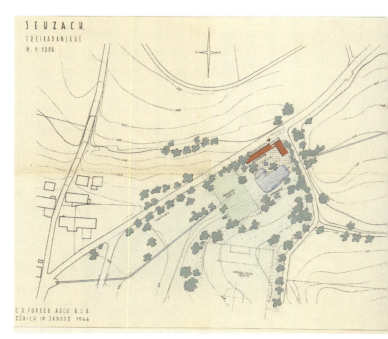

neue Schwimmbad selbst in den Medien fast untergegangen. Dabei galt auch das Schwimmbad, das nun Männern und Frauen gleichzeitig offenstand und keinen Bretterverschlag mehr aufwies, als Pionierleistung einer Landgemeinde.[288] Für einige war die offene Lage des Freibads allerdings noch etwas ungewohnt. So gab es Klagen, dass die Hecke gegen die Welsikonerstrasse Lücken aufwies. Die Frauen hätten deswegen Hemmungen, das Bad zu benutzen, meinten die Männer bei der Rechnungsabnahme.

8.4 JUGENDARBEIT UND JUGENDHAUS – DIE FREIZEITGESELLSCHAFT

Mitte des 20. Jahrhunderts brachen auch in der Gemeinde Seuzach die dörflichen Beziehungsnetze und sozialen Normen auf. Die Faktoren, die dazu beitrugen, sind in diesem Buch bereits zur Sprache gekommen. Sie heissen Mobilität, Bevölkerungsexplosion, Wirtschaftswunder und Konsumgesellschaft, um nur einige davon zu nennen. Der beschleunigte Wandel hinterliess auch seine Spuren bei der Gestaltung der freien Zeit, sodass in der Diskussion um die gesellschaftliche Entwicklung erstmals der Begriff «Freizeitgesellschaft» auftauchte.[289] Eine der ersten Massnahmen, mit der die Gemeinde auf die vermehrte Freizeit der Bevölkerung reagierte, war die Schaffung einer Gemeindebibliothek im Jahr 1960.[290] Auch die Kirchenpflege erwähnte in ihrem Visitationsbericht des Jahres 1963/64, dass sich das Freizeitverhalten verändert habe. Immer mehr würden die Familien den Sonntag für einen Ausflug nutzen, weshalb der Besuch der Sonntagsschule zurückgegangen sei. Etliche Familien besässen einen fest installierten Wohnwagen, zum Beispiel am Bodensee.[291]

Hauptsächlich dominierte die öffentliche Diskussion jedoch die sinnvolle Freizeitgestaltung der Jugend. Der Torebuebe-Egge, der zu Beginn der 1960er Jahre im Dorf zu reden gab, war nur der sichtbare Teil der veränderten Bedürfnisse der Jugendlichen. Allgemein bestand der Wunsch nach einer Jugendgruppe und einem Jugendhaus, damit die Heranwachsenden ihre Freizeit gemeinsam in einem kontrollierbaren Rahmen verbringen konnten.

Ein Reallehrer gründete im Jahr 1960 die Jungschar des Christlichen Vereins Junger Männer (CVJM-Jungschar). 1964 kam eine Jungschar für die Mädchen dazu (CVJF-Jungschar).[292] Die überkonfessionelle Bewegung bot auf christlicher Grundlage eine breite Palette an Freizeitbeschäftigungen, wobei die jugendgerechte Vermittlung des Evangeliums eine zentrale Rolle spielte. 1967 fasste zudem die Pfadfinderbewegung in der Gemeinde Fuss und wies schon bald 100 Mitglieder auf. 1973 kam auch in der «Pfadi» eine Abteilung für Mädchen hinzu, die sich aufgrund der hohen Mitgliederzahl schon bald verselbständigte.

Von Beginn weg waren die Jugendlichen auch auf der Suche nach geeigneten Räumen, um sich zu treffen. Anfänglich fanden sie Unterkunft in den beiden Abbruchliegenschaften Spycher und Beringer. Die Umwandlung des Hauses Spycher in ein Jugendhaus lehnte der Gemeinderat 1963 ab. Anscheinend kam es ihm gerade recht, dass das Gebäude wegen einer Strassenerweiterung abgebrochen werden musste. Nach weiterem Zögern des Gemeinderats und der Schulpflege konnte jedoch auf Druck des Elternrats der Jungschar am 3. Juni 1967 die Genossenschaft Jugendhaus Seuzach ins Leben gerufen werden. Die Gründung kam kurz nach dem berühmt-berüchtigten Konzert der Rolling Stones im Zürcher Hallenstadion zustande, bei dem die Schweizer Jugend erstmals Anzeichen von Rebellion und Unzufriedenheit gezeigt hatte. Dabei war bei der anschliessenden Saalschlacht das gesamte Mobiliar in die Brüche gegangen. Der Tumult war der Auftakt zur Jugendrevolte der 68er, die auch die Diskussion um das Seuzacher Jugendhaus beeinflusste.

Im Vergleich zu den Forderungen der 68er-Bewegung, die sämtliche bürgerlichen Werte von der Familie über die Religion bis zum politischen System infrage stellte, war der Wunsch der Seuzacher Jugend nach eigenen Räumen recht bescheiden. Trotzdem gab der zukünftige Betrieb viel zu reden. Sollte das Haus nur den organisierten Jugendlichen, wie dem CVJM/F und den Pfadfindern, offenstehen oder allen Jugendlichen? Der Seuzacher Gemeinderat hatte sich im Voraus breit informiert. Auf einer Liste führte er 37 Gemeinden aus dem Kanton Zürich auf, die den Jugendlichen bereits Räumlichkeiten zur Verfügung stellten. Ein Jugendhaus, wie es in Seuzach mit einem Neubau und selbständiger Trägerschaft geplant war, gab es jedoch in keiner der Gemeinden.[293] An der Gemeindeversammlung vom 12. Dezember 1969 stellte der Gemeinderat schliesslich den Antrag, der Genossenschaft 1000 Quadratmeter Land an der Welsikonerstrasse zur Verfügung zu stellen und 20 000 Franken als einmaligen Beitrag zu bezahlen. Die Wogen an der Gemeindeversammlung, an der erstmals auch die Frauen stimmberechtigt waren, gingen hoch. Etliche Stimmberechtigte störten sich daran, dass das Jugendhaus mitten ins Dorf zu stehen kam. Sie schlugen als Alternative das alte Schützenhaus im Rolli vor. Ein Antrag zur Rückweisung der Vorlage wurde aber mit 103 gegen 72 Stimmen abgelehnt und der Antrag des Gemeinderats angenommen. Entgegen der allgemeinen Stimmung beschlossen auch die Kirchenpflege sowie die Primar- und die Oberstufenschulgemeinde weitere Beträge in der Höhe von 25 000 und 10 000 Franken. In der Folge leisteten während dreier Jahre «viele Jugendhausfreunde, alte und junge, Laien und Fachleute, Schweizer und Gastarbeiter, freiwillig Frondienste» und finanzielle Beiträge, sodass der Bau im August 1974 eingeweiht werden konnte.

Das Haus stand vor allem den Seuzacher Jugendgruppen – der Jungschar und den Pfadfindern – offen, die eigene Räume zugeteilt erhielten. An den Wochenenden und in den Ferien konnte es auch gemietet werden, was einen grossen Teil der Betriebskosten deckte. Die nichtorganisierten Jugendlichen konnten das Jugendhaus nur nutzen, sofern sie es mieteten. Eine Gruppe von rund 20 12- bis 14-Jährigen, die sich regelmässig vor dem Bahnhof traf, beklagte sich im Mai 1980 beim Gemeindepräsidenten persönlich darüber,

dass die Mieten im Jugendhaus für sie viel zu teuer seien. Sie wünschte sich einen Raum, um sich zwischen 18 und 20 Uhr zu treffen. Die Lehrer – so klagten sie weiter – hätten ihnen den Besuch der Wirtshäuser verboten. Da es damals in Zürich und anderen Städten erneut Krawalle um ein von den Jugendlichen selbst geführtes Jugendzentrum gab, wurde auch in Seuzach der Ruf nach einem autonomen Jugendhaus laut. An der Gemeindeversammlung vom Mai 1981 nutzte der Gemeindepräsident die Gelegenheit, um in der einleitenden Rede seinen Missmut über die Forderung zum Ausdruck zu bringen. Es gehe nicht an, dass wegen einer kleinen Gruppe von 10–20 Jugendlichen die gute Arbeit im Jugendhaus infrage gestellt werde. Er appellierte an die betroffenen Eltern, mit den Jugendlichen die Probleme zu diskutieren, sie zu Kompromissen zu ermuntern und ihnen die Möglichkeit an Aktivitäten in den Vereinen aufzuzeigen.[294]

Sowohl die 68er- wie auch die 80er-Bewegung waren Facetten eines grundsätzlichen Wertewandels in der Gesellschaft. Die Jugendkultur war nur ein Teil davon, bei dem die unterschiedlichen Ansichten besonders sichtbar wurden. Während sich beispielsweise in den 1960er Jahren die Älteren noch über die langen Haare der jungen Männer und die Jeans masslos ärgerten, stritt man sich 1980 darüber, ob Pop- und Rockmusik überhaupt Kultur sei. Die gegenseitigen Feindbilder waren bisweilen derart festgefahren, dass Gespräche nur schwer zustande kamen. Obwohl der Konflikt hauptsächlich in den Städten offen ausbrach und nicht alle Jugendlichen rebellierten, handelte es sich um einen gesellschaftlichen Wandel, der auch die Landgemeinden betraf. Allerdings traten die Probleme hier weit weniger akut zutage.

Anfang der 1990er Jahre wurde trotz den Bedenken auch im Seuzacher Jugendhaus ein Jugendtreff für die nichtorganisierten Jugendlichen eröffnet, der jedoch – nachdem er anfänglich rege genutzt worden war – schon bald in die Krise geriet. 1995, ein Jahr nachdem man das 20-Jahr-Jubiläum des Jugendhauses gefeiert hatte, war beim Jugendtreff der Tiefpunkt erreicht. Die wenigen Jugendlichen, die diesen noch besuchten, erhielten wegen ihres Verhaltens ein Hausverbot. Man vermutete, dass wegen ihnen andere Jugendliche nicht mehr gekommen waren. Die Motivation der Betreuer war auf einem Tiefpunkt angelangt. Gleichzeitig fand aber der 1993 eingerichtete Treffpunkt für Eltern mit Kleinkindern grossen Anklang. Zwei Drittel der infrage kommenden Personen benutzten die neue Institution, die von der Väter- und Mütterberatung über die Unterstützung bei Erziehungsfragen bis zum

181_Schlachthäuschen/Feuerwehrlokal, Kreuzung Dorf, um 1950. Der Platz wurde auch «Torebuebe-Egge» genannt, weil sich vor dem Schlachthäuschen Jugendliche und junge Erwachsene, vor allem Männer, dort zu einem «Schwatz» trafen.

182_Die Zwillinge Urban und Erhard Sauter beim Baden im Futtertrog, um 1961.

183_Bubenrennen, Zielstrecke an der Seebühlstrasse, 1970er-Jahre.

Kinderhütedienst verschiedene Angebote zusammenfasste, die zum Teil verstreut in der Gemeinde schon länger existiert hatten.

Die Verantwortlichen nutzten die neue Situation, um das Konzept im Jugendhaus grundsätzlich zu überdenken. Als Erstes wurde 1996 das Haus saniert und den neuen räumlichen Bedürfnissen angepasst, als Zweites finanzierte die Gemeinde auf das Jahr 1998 hin eine Teilzeitstelle für einen Jugendarbeiter. Damit nahm auch das Interesse am Jugendtreff wieder zu, sodass sich bald regelmässig rund 100 Jugendliche im Jugendhaus zum Musikhören, Tanzen und Spielen trafen. Der Jugendtreff wurde so beliebt, dass auch diejenigen, welche die dritte Klasse der Oberstufe hinter sich hatten, ihn weiter besuchen wollten. 2006 weitete die Jugendkommission das Konzept auf Initiative einiger Jugendlicher deshalb aus. Vorerst probeweise durften die aus der Oberstufe Entlassenen den Jugendtreff an einem Abend in eigener Verantwortung leiten. Die Voraussetzung war, dass sie eine Ausbildung als Mentoren besucht hatten, in denen sie auf die Aufgabe vorbereitet wurden. Es mussten jeweils mindestens fünf Mentorinnen und Mentoren anwesend sein. Das Projekt beabsichtigte, die Eigenverantwortung der Jugendlichen zu fördern. In moderater Form waren damit auch die Träume der Jugendlichen aus dem Jahr 1980 von einem autonomen Jugendhaus in Erfüllung gegangen.

2008 wurde die Jugendarbeit in Seuzach grundlegend überarbeitet und auf eine neue Stufe gestellt. Die Jugendkommission und die Jugendfachstelle sind sowohl für die offene Jugendarbeit als auch für die Schulsozialarbeit zuständig. Mit der Sekundarschulgemeinde und der Nachbargemeinde Hettlingen wurden Leistungsvereinbarungen abgeschlossen. Die öffentliche Hand finanziert heute in Seuzach für die Jugendarbeit insgesamt dreieinhalb Stellen, die sich mehrere Personen teilen.

8.5 VOM SPORTPARK WEIER ZUM ROLLI – DER BREITENSPORT ALS ÖFFENTLICHE AUFGABE

Neben der Jugendarbeit beschäftigte die Behörden schon bald die Forderung nach einer Sportanlage. 1963 reichte die Schulpflege erstmals eine Motion dazu ein. Ein Jahr später doppelten rund 30 Bürger nach. Im Hinblick auf die Verabschiedung der Bau- und Zonenordnung forderten sie den Gemeinderat auf, das notwendige Land dafür vorzusehen.[295] Dieser schob das Anliegen jedoch auf, da er die Bau- und Zonenplanung nicht mit einem Anliegen gefährden wollte, das erst in Zukunft zur Diskussion stand. Auch sahen gewisse Kreise, die keine Steuergelder für derartige Anlagen ausgeben wollten, die Schulwiesen als ausreichend an. Es war erneut eine Bürgerinitiative, die den Gemeinderat 1968 dazu brachte, einen provisorischen Spiel- und Fussballplatz beim Kindergarten in der Breite einzurichten. Die Verwendung von Steuergeldern wurde damit begründet, dass es um die sinnvolle Freizeitgestaltung der Jugend gehe. Im Weiteren wollte der Gemeinderat mit der Planung zuwarten, bis es in Seuzach «lebensfähige» Sportvereine gab. Kurzfristig stellte er sich einen «richtigen» Fussballplatz im Rolli und eine grössere Spielwiese beim Schwimmbad vor, «auf weite Sicht ein eigentliches Sportzentrum zwischen Seuzach und Unterohringen».[296]

Die folgende Planung der Seuzacher Sportanlage ist nicht zuletzt vor dem Hintergrund des damaligen Zeitgeistes zu sehen. Sie stand noch unter der Wachstumseuphorie der 1960er Jahre, die Seuzach im Endausbau 14 000 Personen prognostiziert hatte und schon bald mit 8000 Personen rechnete. Zudem erlebte der Breitensport durch eine enorme öffentliche Kampagne eine gewaltige Popularisierung. Sport wurde zum Lifestyle. «Ende der sechziger Jahre», so erinnerte sich etwa der Seuzacher Chronist 1978, «begann man sich auf verschiedene Arten von den täglichen körperlichen und geistigen Belastungen zu erholen und sich fit zu machen. [...] Auch in Seuzach wurde das Velo wieder entdeckt.»[297] Das führte 1971 zur Organisation des ersten Seuzacher Buben- und Gentlemenrennens, das zu einem beliebten regelmässigen Anlass wurde. Auch der Spitzensport trug zur Popularisierung des Breitensports bei. So stand der mehrfache Schweizer Meister René Rutschmann, der an den Olympischen Spielen in Rom und in Tokio teilgenommen hatte, den Seuzachern bei der Organisation des Rennens mit Rat und Tat zur Seite. Teil der allgemeinen Kampagne zur Förderung des Breitensports waren aber auch die Fitnessparcours, die von einer Lebensversicherung in der ganzen Schweiz eingerichtet wurden. Die Laufstrecken waren so populär, dass der zu Werbezwecken gewählte Name «Vita-Parcours» schon bald zur allgemeinen Bezeichnung für solche Laufstrecken wurde. Auch die Gemeinde Seuzach plante zu Beginn der 1970er Jahre einen Fitnesspfad im Eschberg-Wald, der allerdings wegen Rekursen erst 1976 in Betrieb genommen werden konnte. Der Fitnessparcours war eine Eigenentwicklung des Seuzacher Lehrers und Gemeinderats Walter Baumann. Teil der Breitensportbewegung war überdies der Bau eines Lehrschwimmbeckens im Schulhaus Birch. Der Wille, den Breitensport zu fördern, war derart gross, dass sogar ein entsprechender Artikel in der Bundesverfassung verankert wurde. Die Seuzacher hatten ihm 1970 mit 77 Prozent zugestimmt.

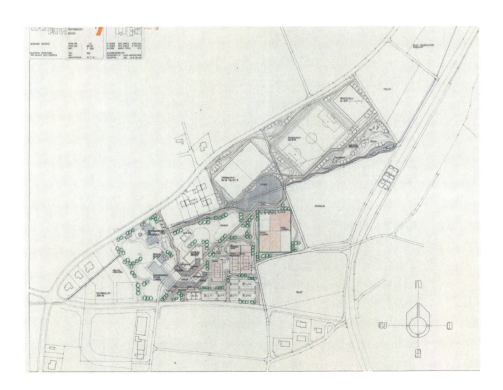

184_Sportflächenplanung, Richtplan für das Gebiet im Weier mit Vorschlag für den Endausbau, 1976. Der Projekt mobilisierte die Bevölkerung derart stark, dass die Gemeindeversammlung in eine Halle in Oberohringen verlegt werden musste. In geheimer Abstimmung wurde der Richtplan abgelehnt.

Im Juni 1970 erfuhr der Seuzacher Gemeinderat aus der Zeitung, dass die Firma Sulzer in Bänk – einem Weiler der Gemeinde Dägerlen nahe der Grenze zu Seuzach – ein grosses Sport- und Freizeitzentrum für die eigene Belegschaft plane. Zum Bau fehle einzig noch die Bewilligung von Seuzach, die Anlage an die dortige Kanalisation und Wasserversorgung anzuschliessen, berichtete der «Landbote».[298] Die Seuzacher wussten zwar, dass der Weiler Bänk weder über eine Kanalisation noch über genügend eigenes Wasser verfügte, vom Bau der Sportanlage hörten sie indessen zum ersten Mal – und erst recht, dass sie dazu das Wasser liefern sollten. Konsterniert, dies aus der Zeitung erfahren zu müssen, sprach Gemeindepräsident Jakob Stucki beim zuständigen Direktor der Firma Sulzer vor.

Aus dem Gespräch entwickelte sich ein gemeinsames Projekt.[299] Der Direktor der Firma Sulzer verdächtigte nämlich den Gemeinderat Dägerlen, eine Verzögerungstaktik zu betreiben, und suchte daher nach einer Alternative. Als Standort sah der Seuzacher Gemeinderat in erster Linie das Gebiet Riet-Hännen-Schlingg. In zweiter Linie konnte er sich die Sportanlage bei der Siedlung Gassmann im Hochgrüt vorstellen. Dieser Ort wurde jedoch als weniger geeignet angesehen, weil die Wohngebiete Birch-Weid und Grund-Brandbühl vom Lärm betroffen worden wären. Grundsätzlich zog der Gemeinderat auch eine Beteiligung bei einem Bau der Anlage in Bänk in Betracht und es sollte zudem Hettlingen wegen einer Zusammenarbeit angesprochen werden.

Bereits im Oktober 1970 lag das Sulzer-Projekt auf dem Tisch des Gemeinderats. Dieses sah im Endausbau im Gebiet zwischen Unterohringen und dem Dorf Seuzach eine Kunsteisbahn, ein Freiluftbad mit 50-Meter-Becken, ein Hallenbad, eine Sporthalle, eine Leichtathletikanlage für alle Disziplinen mit vier Rundbahnen, sechs Tennisplätze, einen Hartplatz mit zwei Spielfeldern für verschiedene Ballspiele, ein Fussballfeld und zwei Fussballtrainingsfelder vor. Der Landbedarf hätte ohne Gebäudegrundflächen, Parkplätze und das vorgesehene Umgelände eine Fläche von rund 5,7 Hektaren verschlungen. Alle diese Anlagen wären jedoch der Belegschaft der Firma Sulzer vorbehalten gewesen. Nur die ebenfalls auf Kosten der Firma Sulzer erstellten Garderoben, Duschen und WC-Anlagen hätten von den Seuzachern gratis mitgenutzt werden können. Die Gemeinde Seuzach wollte für ihre Sportvereine zusätzlich drei Tennisplätze, einen Hartplatz, ein Fussballfeld und ein Fussballtrainingsfeld bauen. Der Gemeinderat war sehr interessiert an dem Projekt und begann zügig mit dem Landkauf im Gebiet Riet-Hännen-Schlingg. Die Firma Sulzer zögerte die Vertragsverhandlungen jedoch hinaus und so geriet das Projekt schon Ende 1971 ins Stocken. Dann hörte der Gemeinderat lange nichts mehr. Auf eine Nachfrage hin erfuhr er zu Beginn des Jahres 1975, dass Sulzer an einer Zusammenarbeit mit Seuzach nicht mehr interessiert sei, weil das Projekt in Bänk vor der Realisierung stehe.

In Seuzach überraschte die Antwort allerdings niemanden. Der Gemeinderat hatte nämlich schon Mitte 1974 die Planung der Sportflächen selbst an die Hand genommen und dazu unter der Leitung von Walter Baumann eine Kommission eingesetzt. Zusammen mit den Architekten Burgherr und Wälti erarbeitete diese eine ausführliche Studie, die auch Grundstücke im Chrähbrunnen und im Riet als Standort in Betracht zog. Nach einer ausführlichen Analyse sämtlicher Aspekte fiel die Wahl jedoch auf das Gebiet im Weier.

Als neue Sportarten zog die Kommission unter anderem Reiten, Radrennen, Fechten, Boxen, Kegeln und Tischtennis in Betracht. Ferner rechnete sie auch mit Kunstturnen,

Gewichtheben, Ringen und Schwingen. Ja sogar Hornussen konnte sie sich in Seuzach vorstellen. Konkret wollte man in drei Etappen die gesamte Fläche vom Schwimmbad bis zum Naturschutzgebiet mit Sportanlagen überbauen. Geplant waren zwei Fussballfelder, ein Sandplatz für das Training und mehrere Tennisplätze. Dazu kamen zwei Hartplätze für Volleyball und Basketball. Die Badeanlage sollte mit einem 50-Meter-Schwimmbecken komplett erneuert werden.

Die Sportflächenplanung löste eine Welle von Vereinsgründungen aus. Bei der Planung ging man überdies davon aus, dass sich in Zukunft ein grosser Teil der Bevölkerung ausserhalb der Vereinsstrukturen sportlich betätigen wollte. Die Kommission rechnete mit einem Verhältnis von 1 : 1 zwischen den Vereinsangehörigen und den übrigen Sportlern. Zusammen mit dem grösseren Schwimmbad waren für Letztere eine Badmintonanlage, ein Rollschuhplatz, eine Natureisbahn sowie eine Minigolfanlage und eine Bocciabahn geplant. Für die Kinder sollte es neben einem gewöhnlichen Spielplatz auch einen Robinsonspielplatz geben.

Es gehört zu den Stammtischweisheiten, dass Sportvereine mit vielen Mitgliedern leicht zu einer eigenen Sportanlage kommen. Wie anders als positiv konnte das Abstimmungsergebnis denn lauten, wenn gleich derart viele Vereine davon profitierten? Für viele Seuzacherinnen und Seuzacher stand das Ergebnis deshalb schon im Voraus fest, insbesondere da von den Ortsparteien nur die FDP und der LdU dagegen waren. Das Projekt «Sportpark Weier» drohte Seuzach aber für lange Zeit zu spalten. Die Bewohner der angrenzenden Quartiere befürchteten eine unzumutbare Lärmbelästigung am Abend und an den Wochenenden. Der Aufmarsch an der Gemeindeversammlung vom 11. Juni 1976 war denn auch entsprechend gross. Vorsorglich hatte man die Versammlung bereits vom Primarschulhaus in die Turnhalle des Oberstufenschulhauses «Halden» verlegt, wo kurz vor dem Versammlungsbeginn noch der Singsaal dazugenommen wurde. Die Übertragung des Tons liess sich zwar kurzfristig mittels einer Verstärkeranlage einrichten, die Folien des Hellraumprojektors waren aber nicht sichtbar, sodass aus dem Singsaal schon Anträge auf Abbruch der Versammlung kamen. Als sich dann zeigte, dass für die rund 650 anwesenden Personen auch diese beiden Räume zu klein waren, brach Gemeindepräsident Werner Müller die Versammlung ab.

Die Firma Badertscher-Transporte stellte darauf dem Gemeinderat ihre Halle in Oberohringen zur Verfügung, die genügend Platz bot. Als Versammlungstermin wurde der 30. Juni 1976 festgelegt. Der «Sportpark Weier» dominierte weiterhin das Tagesgespräch. Das Interesse war nun noch grösser als beim ersten Termin. Über 800 der damals 2375 stimmberechtigten Seuzacherinnen und Seuzacher machten sich an jenem Abend nach Oberohringen auf. Noch einmal betonte der Gemeinderat, dass es sich erst um einen Richtplan handle, zu dessen Details die Stimmbürgerinnen und Stimmbürger später immer noch Stellung nehmen könnten. Klar stellte sich auch die SVP hinter das Projekt und fasste ihr Votum mit dem Satz zusammen: «Seuzach gilt als fortschrittlich und soll auch fortschrittlich bleiben.» Dann meldeten sich vor allem die Gegner zu Wort. Sie kritisierten die Grösse der «Sportarena» im Endausbau und den Standort. Beim Standort störte sie einerseits, dass alle Anlagen an einem Ort zentralisiert wurden, andererseits die Nähe zu den Wohnquartieren, die an drei Seiten an die «Sportarena» grenzten. Sie stellten den Antrag, die Vorlage zurückzuweisen, um eine dezentralisierte Lösung abseits der Wohngebiete zu suchen. In geheimer Abstimmung wurde ihr Antrag mit 477 Ja angenommen. Nur 327 Personen stimmten der Vorlage des Gemeinderats zu.

Die Abstimmungsniederlage war eine Enttäuschung für diejenigen, die sich bald eine zeitgemässe Sportanlage erhofft hatten. Zurück auf Feld eins versetzt fand sich der Gemeinderat indessen nicht. Die Vorarbeiten der Planungskommission boten eine gute Grundlage, um rasch zu neuen Vorschlägen zu kommen. Der «Sportpark Weier» wurde unter Einbezug der Gegner abgespeckt und in Teilprojekte zerlegt, die sich kurzfristig realisieren liessen. Zudem reichten besorgte Einwohner, die nach der Abstimmungsniederlage um die Sanierung des Schwimmbads fürchteten, eine Initiative ein, die von 479 Seuzacherinnen und Seuzachern unterschrieben worden war. Sie verlangten, dass dem Ausbau des Schwimmbads höchste Priorität einzuräumen sei. Bereits im Oktober 1976 lag die überarbeitete Sportflächenplanung auf dem Tisch. Sie sah drei Teilprojekte vor: den Ausbau des Schwimmbads, einen Sportplatz für Fussball und Tennis im Rolli sowie dezentrale Kinderspielplätze.[300] Ein Jahr später erhielt der Gemeinderat grünes Licht zur Planung. Noch im gleichen Jahr konnte im Rolli Tennis gespielt werden, der Fussballplatz stand 1980 bereit, und 1983 war auch das neue Schwimmbad fertig. Auf ein Einweihungsfest für das Bad verzichtete man indes, da es zu Kostenüberschreitungen von rund einem Fünftel der budgetierten Summe gekommen war. Drei Jahre später wurde die Rechnung schliesslich zähneknirschend abgenommen. Die Empörung hielt sich in Grenzen, nicht nur weil sich die Überschreitungen in weiten Teilen mit Verbesserungen erklären liessen, sondern vor allem weil die Besucherzahlen inzwischen alle Erwartungen übertrafen. Das Bad war allgemein ein beliebter Ort, um die Freizeit zu verbringen.

8.6 DER SCHIESSPLATZ – VEREINE IM UMBRUCH

Die Diskussion über den «Sportpark Weier» erinnerte einige Seuzacher an das Seilziehen um den Schiessplatz in den 1960er Jahren. Auch dort habe der Gemeinderat der Bevölkerung jeweils nur fertige Lösungen präsentiert, ohne sie in die Planung einzubeziehen, hielten sie den Befürwortern der «Sportarena» entgegen. In der Tat war der Konflikt ähnlich gelagert gewesen, ging es doch auch damals um die Belastung der Wohnquartiere durch Lärm. Dahinter verbarg sich beim Schiessplatz jedoch ein anderer Konflikt. Vielen der alteingesessenen Seuzacher fiel es schwer, eine Lösung ausserhalb der Gemeinde zu suchen. Eine Gemeinde ohne Schützenhaus war wie ein Dorf ohne Kirche. 1921 hatte selbst der Vorschlag, für die beiden Schützenvereine aus Seuzach und Ohringen ein gemeinsames Schützenhaus zu bauen, zu Widerstand geführt. Die Schützen gehörten, wie erwähnt, zu den ältesten Vereinen. Die Vorschrift, dass jeder Soldat einem Schützenverein beitreten musste, um die ausserdienstliche Schiesspflicht zu erfüllen, machte sie zum grössten Verein der Schweiz. Ja, es kursierte sogar das Bonmot, die Schweizer Schützen seien der grösste Verein der Welt. Auf jeden Fall pflegten die Schützen eine lange Tradition, auf die sie stolz waren.

Das erste Schützenhaus stand unterhalb der Kirche am Dorfrand im Stünzler. Das Ziel befand sich am nächsten Bord im Seebüel. Später schossen die Schützen vom Eichenbüel aus über die damalige Amelenbergstrasse (heute Winterthurerstrasse). Da dies mit der Zunahme des Verkehrs zu Komplikationen führte, verlegte man die Schiessanlage 1905 in den Rolli. Der Bau der Nationalstrasse, die zwischen dem Schützenhaus und dem Scheibenstand hindurchführte, verlangte nach einer neuen Lösung. Der Gemeinderat schlug im Januar 1963 deshalb vor, den Schiessplatz in die Rehweid zu verlegen. Von den 650 Stimmberechtigten fanden sich über 200 an der Gemeindeversammlung ein. Der Hinweis in der kurz darauf erschienenen Ortsgeschichte, dass «ausgiebig, aber sachlich» über den neuen Standort diskutiert worden sei, lässt erahnen, dass das Geschäft sehr umstritten war.[301] Mit 102 gegen 86 Stimmen wurde dem neuen Standort schliesslich zugestimmt. Trotz gewonnenem Rekursverfahren wagte es der Gemeinderat indessen nicht, den Beschluss in die Tat umzusetzen.

Neue Lösungen liessen sich jedoch nicht finden. Mit dem Bau der Nationalstrasse wurden die Schützen 1966 zum Gang ins Exil nach Neftenbach, Dinhard und Hettlingen gezwungen. Nach «dornenvollen Bemühungen» wurde an der «denkwürdigen» Gemeindeversammlung vom 15. März 1968 der letzte Versuch unternommen, auf Gemeindegebiet doch noch zu einem Schiessplatz zu gelangen. Weder eine neue Variante im Rolli noch der Standort in der Rehweid vermochten jedoch zu überzeugen. Die Stimmbürger lehnten beide Vorschläge ab. «An jener Gemeindeversammlung kam deutlich zum Ausdruck, dass eigene Schiessanlagen für einzelne Gemeinden der Vergangenheit angehörten und dass die Lösung des Problems in Gemeinschaftsanlagen abseits von Wohngebieten zu suchen war», fasste der Chronist das Resultat zusammen.[302] Am 24. Oktober 1969, der letzten Gemeindeversammlung, an der die Männer unter sich waren, stimmten sie der Gründung eines Zweckverbands mit Hettlingen zu und genehmigten den Bau der gemeinsamen Schiessanlage Witerig, die 1973 den Schützen übergeben wurde. Die Witerig diente dem Eidgenössischen Schützenfest 1990 in Winterthur als wichtiger Stand. Am 25. August 1998 brannte das Schützenhaus ab. Es wurde anschliessend in gleicher Grösse wieder aufgebaut.

Der Entscheid zum Bau einer Schiessanlage ausserhalb der Gemeinde spiegelt ganz allgemein eine Zäsur in der Geschichte des Vereinswesens. Zusätzliche gesellschaftliche Funktionen der Vereine, die in ihren Anfängen sehr wichtig waren, verloren nun an Bedeutung. Der Bedeutungsverlust war allerdings sehr unterschiedlich. Während etwa das Politisieren in den Vereinen stark abnahm, ja zum Teil sogar verpönt war, lockerten die Vereine ihr Verhältnis zur Standortgemeinde nur in geringem Mass. Typisch für die Entpolitisierung des Vereinswesens war etwa das Beispiel des Arbeiterschiessvereins Seuzach, der 1973 seine Vergangenheit – die ganz klar politisch motiviert war – hinter sich liess und den Namen in Militärschiessverein Seuzach änderte. In der Faustballriege Ohringen, die 1961 dem Schweizerischen Arbeiter-Turn- und Sportverein (Satus) beigetreten war, spielte sich eine ähnliche Entwicklung ab. Politik blieb fortan Sache der Ortsparteien, deren Zahl dafür wuchs. Die Lockerung des Verhältnisses zur Standortgemeinde beschränkte sich bei den meisten Vereinen auf die vermehrte Aufnahme von auswärtigen Mitgliedern. Die Veränderung zeigte sich in einer kleinen Episode, bei der die Situation unterschiedlich eingeschätzt wurde. Als nach dem Eidgenössischen Turnfest vom Juni 1978 der Gemeindepräsident und ein weiterer Gemeinderat den Damenturnverein mit einem Blumenstrauss am Bahnhof offiziell begrüssen wollten, wie es einer alten Tradition bei den Männervereinen entsprach, warteten die beiden Herren vergebens auf die Damen, von denen Romy Kessler den ersten Rang erreicht hatte. In einem Brief entschuldigte sich der Damenturnverein beim Gemeinderat. Sie hätten nicht in den kühnsten Träumen daran gedacht, dass ihnen eine solche Ehre widerfahren würde, sonst wären sie natürlich rechtzeitig von dem Fest zurückgekehrt, schrieb die Präsidentin. Der Gemeinderat nahm mit «Freude und Stolz» davon Kenntnis, dass eine in Seuzach trainierte Kunstturnerin Turnfestsiegerin wurde, von der Übergabe einer Wappenscheibe sah er indessen ab, weil Romy Kessler, die schon bald an der Weltspitze mitturnte, nicht in Seuzach wohnte.[303]

Die Vereine blieben trotz der Lockerung im Verhältnis zur Gemeinde für das kulturelle und gesellige Leben in Seuzach weiterhin zentral. Zu den traditionellen Theaterabenden und «Chränzli» traten neue Anlässe, die bisweilen von allen Vereinen gemeinsam organisiert wurden. Eine grosse Aufwertung erhielt die Jugendarbeit der Vereine. In Anerkennung der Leistungen, welche die Vereine für die Gemeinde erbrachten, gewährte der Gemeinderat einem Teil von ihnen auch Unterstützungsbeiträge. Damit sich die Vereine bei der zunehmenden Anzahl von Anlässen nicht in die Quere kamen, wurde 1972 eine Koordinationsstelle geschaffen. Da bis in die 1980er Jahre die meisten Anlässe im Saal in der «Linde» stattfanden, war anfänglich der «Linden»-Wirt die Ansprechperson.

Allen Unkenrufen zum Trotz verlor das Vereinswesen über die Jahre nicht an Popularität. Im Gegenteil: Die Sportflächenplanung löste 1976 in Seuzach wie erwähnt eine Gründungswelle neuer Vereine aus. Man sprach nun allerdings nicht mehr von einem Verein, sondern moderner vom Club, vom Volleyballclub, Fussballclub, Tennisclub und Judo-Club, um nicht als verstaubte Vereinsmeier zu gelten. Weitere Vereine folgten, und ein Ende der Gründungen ist auch heute nicht abzusehen, wie die lange Liste im Anhang zeigt.[304]

9. Vom Bauerndorf zum Dienstleistungsstandort

Die 1870er Jahre stellen in der Geschichte der Seuzacher Bauern, was ihre Anzahl betrifft, einen Wendepunkt dar. Weder davor noch später lebten in Seuzach mehr Personen von der Landwirtschaft. Die industrielle Revolution nämlich hatte in der auf rund 800 Seelen angewachsenen Gemeinde kaum Spuren hinterlassen, weil die Bäche zu wenig Wasser führten. Später – als die Dampfkraft die Unternehmen von den Wasserläufen unabhängig machte – fehlten die strukturellen Voraussetzungen, um neue Betriebe anzulocken. Seuzach blieb eine Bauerngemeinde. Der Ort profitierte jedoch von der Nähe zur Industriemetropole Winterthur. Bauern, deren Betriebe zu klein waren, fanden dort einen Zusatzverdienst, sodass sie ihren Hof nicht aufgeben mussten. Dazu lag mit der Stadt ein wichtiger Absatzmarkt direkt vor der Tür. Beides förderte kleine Betriebe. Zudem erlebte der Agrarsektor damals eine ausgesprochene Hochkonjunktur, denn sowohl die Erträge als auch die Preise stiegen.

Der allgemeine wirtschaftliche Einbruch von 1878 stürzte die Schweizer Bauern während zwei Jahrzehnten in eine Krise. Der nachfolgende kontinuierliche und bis heute andauernde Rückgang der Bauernbetriebe, der später gern als «Bauernsterben» bezeichnet wurde, war jedoch nicht nur das Resultat der Krise, sondern die Folge eines grundsätzlichen Umschwungs. Die Modernisierung der Landwirtschaft, das heisst Kunstdünger, verbessertes Saatgut und die Fortschritte in der Tierzucht, vor allem aber die Mechanisierung der Produktion führten dazu, dass immer weniger Hände immer grössere Erträge erwirtschafteten.

Die kleinbäuerliche Struktur von Seuzach ist in der Ortsgeschichte von 1963 ausführlich beschrieben. Um 1900 wurden in den alten, bescheidenen Heimwesen fast ausnahmslos ein bis zwei Stück Vieh oder einige Ziegen und wohl auch ein Schwein gehalten. Ihre Besitzer arbeiteten da und dort im Taglohn oder betrieben ein Handwerk, andere hatten eine feste Anstellung in der Maschinenfabrik der Gebrüder Sulzer, in der Schweizerischen Lokomotiv- und Maschinenfabrik (SLM) in Winterthur, im «Kloster» Töss, wo die Gebrüder Rieter ihre mechanische Werkstätte eingerichtet hatten, oder sie arbeiteten in der Zwirnerei und Maschinenfabrik Jäggli in Oberwinterthur. Anders war die Situation in Ober- und Unterohringen. Während die vielen Kleinbauern das Dorf Seuzach prägten, waren dort die Grossbauern federführend.

Einen wirtschaftlichen Aufschwung erlebten die Seuzacher Landwirte während des Ersten Weltkriegs. Pfarrer Schäppi und Lehrer Klauser, welche die Zeit selbst miterlebt hatten, schrieben dazu unter Verweis auf ein Bibelzitat: «Die fruchtbaren Jahre der Kriegszeit mit ihrem unvergleichlichen Erntesegen versetzten viele Klein- und Grossbauern in die Lage des reichen Bauern im Neuen Testament: ‹Was soll ich tun? Das will ich tun, ich will meine Scheune abbrechen und grösser bauen.› Überall wurden die alten Wirtschaftsgebäude niedergerissen, an deren Stelle lichte Ställe mit weiten, geräumigen Scheunen hoch aufgebaut, bestehende erweitert oder mit Anbauten für Maschinen und Wagen versehen. Der Bauernstand war nach Jahrzehnten spärlicher Erträgnisse in eine Zeit der Wohlfahrt geraten.»[305]

Spätestens die Weltwirtschaftskrise von 1929 beendete jedoch die Zeit der Wohlfahrt in Seuzach. Die Krise halbierte praktisch das landwirtschaftliche Einkommen. Grosse Betriebe waren in der Regel stärker davon betroffen. Erstmals liegen nun auch genaue Angaben über die Anzahl der Betriebe in Seuzach vor. 1929 gab es noch 81 Bauern, die hauptberuflich einen Hof bewirtschafteten. Sieben von ihnen stellten damals innert eines Jahres den Betrieb ein. Die Zahl der nebenberuflichen Bauern betrug 33. Wie viele von ihnen damals die Landwirtschaft aufgaben, ist nicht bekannt.[306]

Tabelle 31: Betriebsgrössen, 1929

| Jahr | Betriebe von | | | | |
	< 5 ha	5–10 ha	11–30 ha	31–40 ha	> 40 ha
1929	62	41	10	0	1
2009	0	1	8	4	1

Quellen: www.statistik.zh.ch (Gemeindedaten); Klauser/Schäppi, Seuzach, S. 130 f.; HSS, Landwirtschaftlicher Produktionskataster, 1939.

Den grössten Einbruch bei den Landwirtschaftsbetrieben erlebte Seuzach in den 1950er Jahren. Die Zahl der hauptberuflich geführten Höfe fiel von 71 auf 46. Die Melioration, die während des Zweiten Weltkriegs durchgeführt worden war, hatte die Voraussetzung dafür geschaffen, dass grössere Betriebe entstehen konnten. Dazu senkte die gute Konjunktur den Druck, ein unrentables Bauerngütlein trotzdem zu bewirtschaften. Der Industrie- und der Dienstleistungssektor lockten mit besseren Verdienstmöglichkeiten. Weshalb also jetzt

nicht ganz aufgeben? Schliesslich trug ein erneuter Schub bei der Mechanisierung im Agrar-sektor zum Verschwinden der kleinen Höfe bei.

Darauf verlangsamte sich das «Bauernsterben» zwar etwas, im Durchschnitt stellte aber weiterhin fast jedes Jahr ein Landwirt seinen Betrieb ein. Bei der Betriebszählung im Jahr 2009 gaben noch zehn Bauern an, hauptberuflich von der Landwirtschaft zu leben. Die Zahl der nebenberuflichen Landwirte betrug vier.[307]

9.1 SEUZACH IM WEINLAND

Doch kehren wir nochmals ins 19. Jahrhundert zurück, als es noch hiess: Seuzach im Wein-land! Genau genommen hätte man damals aber fast jeder Zürcher Gemeinde dieses Etikett verpassen können, denn es gab nur wenige Orte, in denen kein Rebbau betrieben wurde. Der Kanton Zürich gehörte damals mit total 5580 Hektaren Rebland zu den grössten Weinpro-duzenten der Schweiz, nur gerade im Kanton Waadt mit 6430 Hektaren und im Tessin mit 7970 Hektaren gab es mehr Reben.[308] In Seuzach nahmen die Rebkulturen 1884 eine Fläche von 37 Hektaren ein.

Auf der sogenannten Wild-Karte kann man sich ein Bild davon machen.[309] Es gab kaum einen Süd- oder Südwesthang, der nicht für den Weinbau genutzt wurde. Die grössten Anbaugebiete befanden sich südlich des Heimensteins, im Erdbüel und unterhalb des Brand-holzes. Aber auch an den leichten Erhebungen oberhalb der Bühlwiese, beim Seebüel und am Forrenberg wuchsen Reben. Selbst die kleinen Kuppen am Steinbüel und Münzer wurden genutzt. Auch die Ober- und Unterohringer besassen ihre Rebhänge, die einen unterhalb des Amelenbergs, die anderen im Gebiet gegen den Rain und im Neuwingert (heute Langfuri).

Die Festsetzung des Termins für die Traubenlese war bis Ende des 19. Jahrhunderts ei-nes der letzten Rituale, bei dem die alte bäuerliche Wirtschaftsweise mit gemeinschaftlichen Entscheiden über Anbau und Ernte noch fortlebte. Kaum ein anderes regelmässiges Geschäft

185_Grosse Trotte am Heimen-stein Seuzach, um 1950.

186_«Alte Trotte» in Unter-ohringen, die in der Tat nur ein Speicher war (heute abgeris-sen), 1954.

187_Bäuerin Ida Rüegger beim Eggen mit zwei Kühen, um 1940.

gab so viel zu diskutieren wie die Festlegung des Weinlesebeginns. Dabei ging es oft nur um einen Tag, der die Köpfe erhitzte. Das Prozedere beim Keltern macht verständlich, warum so genau um den Termin gerungen wurde. Da die Kapazitäten der Trotten beschränkt waren, konnten nicht alle ihre Trauben zur selben Zeit ernten. «Jedes Rebstück war einer Trotte zugewiesen und mit dem Erwerb des Lands erwarb man sich auch das Recht zur Benutzung der Trotte. So bildete sich eine Art Korporation, die zur Ordnung der Geschäfte einen Vogt und einen Trottmeister wählte. Jeder Vierling Reben gab dem Besitzer Anrecht auf ein Los und das Los berechtigte zur Benützung der Presse während 18 Stunden. Die Reihenfolge wurde jeden Herbst ausgelost. Hatte einer mehrere Lose, vielleicht sogar in zwei Trotten, so suchte er sich durch Abtausch die Möglichkeit zu verschaffen, sein Traubengut ohne Unterbruch zu keltern.»[310] Nach dem Keltern war es während der Gärzeit verboten, die Trotte zu betreten.

Neben der Eichbüeltrotte am Amelenberg gab es am Abhang des Heimensteins die Efeutrotte, die Birnbaumtrotte sowie – nur durch ein Gässlein voneinander getrennt – die kleine und die neue, grosse Trotte. Von diesen Trotten, die in der Ortsgeschichte von 1937 aufgezählt sind, ist heute noch die «neue, grosse Trotte» erhalten, die seit Langem als Wohnhaus genutzt wird.[311] Auch die Trotte in Unterohringen wurde abgerissen. Die Oberohringer Trotte steht indessen noch an der nach ihr benannten Strasse. Der Weinbau hatte Seuzach nicht nur wirtschaftlich geprägt. Die intensive Pflege der Rebkulturen vom Frühling bis zum Herbst war ein wichtiger Teil der Dorfkultur, der später nostalgisch verklärt wurde. «Viel Arbeit ist aus den Bauernleben genommen, aber auch ein wahrer Reichtum an Freude und Poesie. Wo weilen jetzt die Frauen und Töchter in jenen herrlichen klaren Vorfrühlingstagen, die sie sonst bei angenehmer Beschäftigung an der wohlig zu empfindenden neuen Sonne, im Weinberg hätten zubringen können?», fragten sich ein halbes Jahrhundert später der Pfarrer und der Dorflehrer.[312]

Den Anlass für die regelmässige Erfassung der Rebflächen seit den 1880er Jahren gab das Auftreten der Reblaus und des Falschen Mehltaus, zweier Schädlinge, welche den Rückgang des Weinbaus einleiteten. Mit der Eröffnung der Gotthardbahn im Jahr 1882 setzte zudem der Massenimport von günstigen, qualitativ aber besseren Weinen aus dem Süden ein. Ausserdem änderten sich die Trinkgewohnheiten. Bier und Most begannen den – wohl mit Wasser verdünnten – Wein als Durstlöscher zu konkurrenzieren. Dies alles führte zu einem

drastischen Einbruch des Weinbaus im Kanton Zürich. In Seuzach war der Rebbau bereits 1910 bedeutungslos. Mit ihm waren auch viele Kleinbauernbetriebe verschwunden, denen die arbeitsintensiven Kulturen das Überleben gesichert hatten.[313]

1946 versuchte der Gemeinderat die letzten Rebgebiete zu schützen. Bei der Zonenplanung schlug er Rebbaureservate am Erdbüel sowie am Rain nördlich des Weilers Unterohringen vor.[314] Die Sonderzonen liessen sich jedoch nicht realisieren. Die letzten Seuzacher Weinbauern gaben 1961 auf, als das Gebiet am Erdbüel überbaut wurde. Ein Jahr später löste der Gemeinderat die Weinbaukommission auf. Es blieben noch 6 Aren Reben übrig. «Ob wohl der Weinbau einmal wiederkehrt?», hatte man sich bereits vor dem Zweiten Weltkrieg gefragt.[315] In den 1960er Jahren war diese Hoffnung erloschen.

Heute wird unterhalb des Heimensteins auf gut 2 Hektaren wieder Rebbau betrieben. An der «sonnenverwöhnten Lage in Seuzach», so die Werbung der Volg-Weinkellereien, «wachsen feinfruchtige Riesling x Silvaner Weine». Die Weissweintrauben machen knapp ein Viertel der Fläche aus. Der Rest ist mit Blauburgunder-Trauben für Rotweine bepflanzt.

9.2 ACKERBAU – VIEHWIRTSCHAFT – ACKERBAU

Nicht nur im Weinbau veränderte sich gegen Ende des 19. Jahrhunderts die Landwirtschaft fundamental. Mit der Eisenbahn gelangte auch günstiges Getreide aus dem Ausland in die Schweiz. Selbst in Gebieten, die für den Ackerbau gut geeignet waren, stellten die Bauern auf Viehhaltung um. Der Milchpreis wurde zum zentralen Streitpunkt der Agrarpolitik. Mit einem Anteil von rund einem Drittel der weltweit ausgeführten Milch wurde die Schweiz bis zum Ersten Weltkrieg zum wichtigsten Milchexportland.[316] Einige Jahre bevor der Milchmarkt wegen des Kriegs zusammenbrach, intensivierten auch die Seuzacher Bauern ihre An-

188_Bührer-Traktor mit Anhängepflug, um 1940.

189_Kuhgespann mit kleinem Brückenwagen, um 1950.

190_Beim Wümet, Frauen und Kinder mit Kuh und Wagen im Rebberg, um 1940.

strengungen in der Viehwirtschaft. 1910 riefen sie eine Genossenschaft zur Vermarktung der Milch ins Leben und ein Jahr später, am 28. Mai 1911, gründeten sie anstelle der bestehenden Viehkorporation, deren Zweck der Unterhalt eines Stiers war, eine Viehzuchtgenossenschaft, die nun strengere Massstäbe anlegte. Im Zentrum der Bemühungen stand die Heranzüchtung eines rassenreinen Zuchtviehstamms von Simmentaler Fleckvieh. Da es jedoch in Seuzach eine beträchtliche Anzahl von Tieren gab, die den Mindestanforderungen nicht entsprachen, wurde die alte Korporation innerhalb der neuen Genossenschaft noch eine Zeit lang weitergeführt. 1930 führte die Genossenschaft erstmals eine Jungtierschau mit Prämierung durch. Seit 1941 wurde auch die Milchleistung geprüft.

Als der Bund 1948 die kriegswirtschaftlich bedingte Kontrolle der Schlachtviehpreise aufhob, traten 69 Seuzacher Bauern der neu gegründeten Kantonalen Genossenschaft für Schlachtviehabsatz bei. Die Entwicklung der Viehbestände lässt sich in der Tabelle 32 verfolgen.[317] Der heutige Bestand von rund 500 Tieren liegt etwa auf dem Wert von 1900. Den Höhepunkt erreichte der Viehbestand 1970 mit total 825 Stück. Der durchschnittliche Viehbestand pro Betrieb hingegen nahm stetig zu. Während 1950 im Durchschnitt zehn Stück Rindvieh auf einen hauptberuflichen Betrieb kamen, sind es heute fast fünfmal mehr. Auffallend ist der Rückgang der Anzahl der Milchkühe, wobei die Umstellung von Milch- auf Fleischproduktion schon ein Jahrzehnt vor der Einführung der Milchkontingentierung im Jahr 1977 einsetzte. Die Anzahl Milchkühe ging seit dem Höhepunkt im Jahr 1950 von 367 auf 42 zurück. So ist denn in der Ortsgeschichte von 1978 zu lesen: «An der landesweiten Milchschwemme tragen die Seuzacher Bauern keine Schuld, haben sie doch längst ihren Kuhbestand drastisch abgebaut.»[318]

Tabelle 32: Entwicklung der Grossviehbestände, 1901–2009

Jahr	Kühe	Übriges Rindvieh	Total	Hauptberufliche Betriebe
1901	177	292	469	
1930				74
1940	366	308	674	
1950	367	239	606	71
1960	356	339	695	46
1970	232	593	825	36
1985	65	671	736	20
2000	54	500	554	12
2009	42	454	496	10

Quelle: www.statistik.zh.ch (Gemeindedaten); Chronik der Gemeinde Seuzach, 1978.

Neben der Viehhaltung behielt in Seuzach der Ackerbau seine Bedeutung. Ja, er erreichte im Lauf des 20. Jahrhunderts sogar einen besonderen Stellenwert.

Die Tabelle 33 zeigt, dass Ende der 1930er Jahre die Ackerfläche einen Tiefstand erreicht hatte. Darauf nahm sie bis zum Zweiten Weltkrieg um rund 40 Prozent zu. Die Zunahme war aber keine Folge des Kriegs, denn der kriegsbedingte Mehranbau machte lediglich 8 Hektaren aus. Seuzach gehörte bereits 1939 zu den Zürcher Gemeinden mit dem grössten Anteil an

Ackerflächen.[319] Die bebauten Felder machten damals in Seuzach rund ein Drittel des gesamten Kulturlands aus. Während der Melioration, die zwischen 1941 und 1944 durchgeführt wurde, steigerten die Bauern die Ackerbaufläche nochmals gewaltig um rund 100 Hektaren. Der Trend zum Ackerbau setzte sich in den folgenden Jahrzehnten fort. 1960 stand Seuzach in Bezug auf den Anteil des Ackerlands an der Gesamtflur von allen Gemeinden des Kantons Zürich an zweiter Stelle. Daran änderte sich auch in der Folge nichts. Der Landbedarf für den Strassen- und den Siedlungsausbau ging auf Kosten der Wiesen. Die Flächenzahlen täuschen allerdings, denn ein Teil der neu gewonnenen Ackerfläche kam der Viehwirtschaft zugute. Seit der Mitte der 1960er Jahre wurden als Viehfutter Körner- und Silomais angebaut. Ein Blick auf die Tabelle 34 mit den angebauten Kulturpflanzen zeigt, dass die Ausdehnung des Maises auch auf Kosten der Kartoffeln ging, deren Anbau inzwischen zu arbeitsintensiv geworden war.

Tabelle 33: Entwicklung des Kulturlands, 1884–2009

Jahr	Ackerland (ha)	Wiesland (ha)	Kulturland total (ha)
1884	200	* 320	520
1929	115	405	520
1940	164	345	509
1950	231	295	526
1960	284	242	526
1970	272	156	428
1975	283	131	414
2009	214	108	322

* Mit Reben.

Quelle: www.statistik.zh.ch (Gemeindedaten); Chronik der Gemeinde Seuzach, 1978.

191_Ehepaar Stahel beim Gemüserüsten für den Markt in Winterthur, im Hinterhof (heute Haus Scherrer) in Unterohringen.

9.3 BÄUERLICHE SELBSTHILFE

Die Krise der 1880er Jahre bildete auch den Beginn der schweizerischen Agrarpolitik. Den Startschuss dazu gab der Bundesbeschluss zur Förderung der Landwirtschaft von 1884. Gleichzeitig intensivierten die Bauern die Selbsthilfe. Wahrscheinlich bildete sich damals in Ohringen die erste Interessengemeinschaft. 1895 schlossen sich auch im Dorf Seuzach die Bauern zusammen, oder es stand mindestens die Gründung einer landwirtschaftlichen Genossenschaft zur Diskussion. Über das Gründungsdatum gingen später die Meinungen auseinander.[320] Am 25. Mai 1902 wurde auf jeden Fall der Landwirtschaftliche Gemeindeverein ins Leben gerufen. Sein Zweck war «die Besprechung öffentlicher Angelegenheiten, die Belehrung über landwirtschaftliche Gegenstände, die Veranstaltung populärer Vorträge zur allgemeinen Bildung, die gemeinnützige Wirksamkeit in der Gemeinde sowie auch die gesellige Unterhaltung».

1930 trat die nun Landwirtschaftliche Genossenschaft Seuzach genannte Vereinigung dem Volg bei. Die Mechanisierung der Landwirtschaft erforderte den gemeinsamen Ankauf von Geräten und Maschinen. Zu ihrer Unterbringung wurde 1937 – gleichzeitig mit dem Bau der Milchzentrale – ein Lagerschuppen errichtet. Die Milchgenossenschaft war, wie bereits erwähnt, 1910 gegründet worden. Der Vorschlag, die beiden Genossenschaften zusammenzulegen, da sich ihr Mitgliederkreis weitgehend deckte, fand aber kein Gehör. Es dauerte noch gut eine Generation, bis die Zeit reif dazu war. Erst 1967 erfolgte der Zusammenschluss. Drei Jahre später wurde in der Birch der erste Selbstbedienungsladen von Seuzach mit einer angeschlossenen Metzgerei eröffnet. Am alten Ort blieb die Tankstelle, die vom Volg nach dem Zweiten Weltkrieg für die Traktoren eingerichtet worden war. In den 1980er Jahren gerieten die genossenschaftlich geführten Volg-Läden unter Druck. Das «Lädelisterben» war in aller Munde. Zum Erhalt der Konkurrenzfähigkeit schlossen

192_Familie Erb beim Kartoffelnanhäufeln, um 1950.

sich benachbarte Genossenschaften zusammen. 1988 entstand so die Landwirtschaftliche Konsumgenossenschaft Hettlingen-Seuzach. 2008 fusionierte diese mit der Landi Henggart zur Landi Dägerlen und Umgebung, welche die Volg-Läden in Gütighausen, Henggart, Hettlingen, Rutschwil, Seuzach und Thalheim führt.

Noch vor den Bauern Seuzachs hatten sich Ende des 19. Jahrhunderts die Ohringer in einer «Monatsvereinigung» zusammengeschlossen, um über aktuelle Zeitfragen zu diskutieren und sich weiterzubilden. 1944 ging daraus die Landwirtschaftliche Genossenschaft Ohringen hervor. Vier Jahre später gründeten zwölf Ohringer Bauern eine Milchgenossenschaft, die sich bis 1995 um die Vermarktung der Milch kümmerte. Als sie aufgelöst wurde, gab es unter ihren Mitgliedern gerade noch zwei Milchproduzenten, nämlich Otto Ganz und Oskar Ackeret.[321] Daneben lebte in Ohringen noch Willi Rindlisbacher von der Milchwirtschaft, der seine Milch in Hettlingen ablieferte. Sein Sohn Andreas Rindlisbacher ist heute der einzige Milchproduzent in Seuzach.

Auch in der Landwirtschaftlichen Genossenschaft Ohringen war die Zahl der Bauern zurückgegangen. Allen widrigen Umständen zum Trotz hielten die verbliebenen Mitglieder aber an ihrer Selbständigkeit fest. Nebst unterschiedlichen Bedürfnissen gegenüber Seuzach spielte dabei der Regionalstolz eine Rolle. 2009 schloss sich die Landi Ohringen schliesslich der Fenaco an, was nach einem Jahrhundert der regionalen Ausrichtung eine neue Dimension der Selbsthilfe bedeutete.

Die Idee eines überregionalen Zusammenschlusses landwirtschaftlicher Genossenschaften in der sogenannten Fenaco-Gruppe war unter dem Druck des erwarteten Beitritts der Schweiz zum Europäischen Wirtschaftsraum (EWR) entstanden, um die Konkurrenzfähigkeit der Schweizer Bauern in Europa zu gewährleisten. Ungeachtet der Ablehnung des EWR-Vertrags durch das Volk im Dezember 1992 wurde die Fenaco kurz darauf doch gegründet.

193_Dreschergruppe vor
Dreschmaschine bei Gustav Erb
im Ausserdorf, um 1930.

194_Familie Hulliger beim
Heuladen mit Kuhgespann, um
1930.

Sie entwickelte sich im Stillen zu einem äusserst erfolgreichen Fabrikations- und Handelsunternehmen, das nach 15 Jahren über 5 Milliarden Franken Umsatz machte und in der Grösse schon bald hinter Coop und Migros rangierte. Auch die Landi Dägerlen und Umgebung ist heute Teil der Fenaco-Gruppe. Somit gehört auch der Volg-Laden im Dorf Seuzach dazu. Da die Fenaco-Gruppe im Besitz der Genossenschaften ist, bestimmen grundsätzlich die Genossenschafter den Kurs des Unternehmens. Sie geben der Fenaco das Ziel vor, die Schweizer Bauern zu stärken. In der Praxis erschwert allerdings der komplexe Aufbau der Gruppe die demokratische Mitwirkung der heute 150 000 Bauern, denen die Fenaco letztlich gehört.

9.4 RASANTER UMBRUCH

Die 1940er und 50er Jahre zählen zu den Jahrzehnten, in denen sich die Landwirtschaft besonders einschneidend veränderte. Vor allem die Mechanisierung erlebte einen Entwicklungsschub, die verbesserte Wirksamkeit von Dünger und Pestiziden steigerte die Erträge. Eine wichtige Voraussetzung für die Mechanisierung war die während des Zweiten Weltkriegs durchgeführte Melioration, die wegen ihrer Auswirkungen auf das Landschaftsbild bereits zur Sprache gekomen ist.[322] Innerhalb von drei Jahren wurden 1505 Parzellen von 261 Grundeigentümern neu verteilt, sodass die meisten Bauern nur noch ein oder zwei grosse, zusammenhängende Landstücke besassen, die den Einsatz von Maschinen rentabel machten. 1930 gab es in Seuzach zwei Traktoren, 1943 bereits deren 26, 1960 waren es 37 und 1975 zählte man

195_Julius Steinmann, Vater und Sohn, beim Pflügen mit zwei Pferden, um 1920.

196_Margrit und Bethli Wipf beim Weizenpuppenstellen. Im Hintergrund die Siedlung Wipf in der Rehweid, um 1950.

197_Ährengarben werden auf ein Fuhrwerk geladen, am Kirchbühl (Chilehölzli), 1953.

198_Mähdrescher im Weiher gesteuert von Walter Meier, um 1976.

zwei Traktoren pro Betrieb. Noch 1939 wurde in 34 Betrieben regelmässig Rindvieh vor den Pflug gespannt. Zwei Jahrzehnte später war in Seuzach nicht nur der Ochse als Zugtier verschwunden, auch Pferde wurden kaum mehr als Arbeitstiere benutzt. Der erste Bindemäher bei der Getreideernte wurde in Seuzach 1933 eingesetzt. 1962 stand auf dem Gutsbetrieb «Heimenstein» der erste Mähdrescher vor dem Hof. Die insgesamt zwölf Bindemäher, die es damals gab, verschwanden innert weniger Jahre. Dafür standen 1975 sieben Mähdrescher im Einsatz. Die Dreschgenossenschaft Seuzach war überflüssig geworden und wurde aufgelöst.

Die Viehzuchtgenossenschaft erlebte 1971 ihr Ende. Die Umstellung auf Mastbetrieb, der Siegeszug der künstlichen Befruchtung, die Mitte der 1960er Jahre aufgekommen war, und die Einkreuzung von neuen Rassen wie Red Holsteinern beim Simmentaler Vieh oder Brown Swiss beim Braunvieh waren die Gründe für den Entschluss. Sowohl die aus Kanada stammende Red-Holsteiner-Rasse als auch die in Nordamerika beheimatete Brown Swiss zeichneten sich durch eine hohe Milchleistung aus.

Die Mechanisierung der Landwirtschaft nach dem Zweiten Weltkrieg ging mit einem generellen Mangel an Arbeitskräften einher, was die Umstellung beschleunigte. Saisonal kamen nun Gastarbeiter zum Einsatz, die Knechte und Mägde verschwanden aus dem Bild der traditionellen Familienwirtschaft.[323] Zudem wurde das Bauern immer kapitalintensiver, was zusätzliche Kenntnisse der Betriebswirtschaft erforderte. Die Weiterbildung der jungen Landwirte erfolgte an der Landwirtschaftlichen Berufsschule Seuzach, die für die Region Winterthur Land zuständig war, und anschliessend an der Landwirtschaftlichen Fachschule Wülflingen.

Bezeichnend für die Geschwindigkeit, mit der sich die Verhältnisse in der Landwirtschaft damals änderten, war auch der kurze Boom beim Bau von Tiefkühlanlagen. Kaum aufgekommen waren sie schon wieder überholt. Dabei hatte die Idee, gemeinsam einen Kühlraum zu betreiben, grossen Anklang gefunden. Die einzelnen Fächer waren gut vermietet, denn durch die Tiefkühlung liessen sich die saisonalen Erträge im Verbrauch zeitlich besser verteilen. Als Erste nahmen 1956 die Oberohringer eine Tiefkühlanlage in Betrieb. Zwei Jahre

später folgten ihnen die Seuzacher und im gleichen Jahr schlossen sich neun Unterohringer zu einer Tiefkühlkorporation zusammen, weil ihnen der Weg nach Seuzach zu weit war. Die Gestehungskosten für den Kühlraum in Seuzach, der sich hinter dem Lagerhaus der Landwirtschaftlichen Genossenschaft befand, beliefen sich auf 56 000 Franken. Die Ober- und Unterohringer, die ihre Kühlanlagen in bestehende Liegenschaften einbauten, investierten 17 500 und 12 700 Franken. Bei Löhnen von monatlich 700 Franken für einen gelernten Arbeiter war das ein stolzer Betrag. Allerdings hatten die Leute im Verhältnis zum Lohn auch wesentlich mehr für Nahrungsmittel zu berappen als heute. Die Tiefkühlung von selbst angebautem Gemüse und Beeren war deshalb finanziell interessanter als heute. 1 Liter Milch kostete damals im Laden 56 Rappen – ungefähr so viel, wie die Bauern heute direkt dafür bekommen. Für Karotten zahlte man mit 70 Rappen pro Kilo etwa ein Drittel des heutigen Ladenpreises. Die Löhne dagegen haben sich seither etwa verachtfacht.

Gut ein Jahrzehnt später hätte man allerdings die Investition in die Kühlhäuser bereits nicht mehr getätigt. Kühlschränke mit einem Tiefkühlfach gehörten inzwischen zum Standard einer Wohnung und Tiefkühltruhen wurden schon bald für jedermann erschwinglich. Zudem veränderten sich die Essgewohnheiten. Fertigprodukte bedrängten das traditionelle Kochen. Grossverteiler übernahmen die Lagerung, und immer mehr gelangte frisches Obst und Gemüse aus dem Ausland in die Läden, sodass die Kinder schon kaum mehr wussten, was wann Saison hatte. Den Bauern, welche die Anlagen hauptsächlich finanziert hatten, ist es zu verdanken, dass die Kühlfächer weiterhin gut genutzt wurden. Später ging aber auch in diesen Kreisen das Interesse zurück. Die Anlage in Unterohringen wurde um 1993 geschlossen. Auch die Kühlfächer in Oberohringen existieren heute nicht mehr. Einzig die Gefrieranlage im Dorf Seuzach blieb bestehen. Sie gelangte nach der Auflösung der Milchgenossenschaft an die Landwirtschaftliche Genossenschaft, bei der sie allmählich in die Jahre kam. Als auch ihr Ende nur noch eine Frage der Zeit schien, wendete sich das Blatt allerdings. Vor allem junge Familien zeigten in den letzten Jahren wieder Interesse an den Kühlfächern, was dazu führte, dass die Anlage 2009 saniert wurde.

199_Konsum an der Stationsstrasse.

200_Konsum im Dorf.

201_Haus Bachtobelstrasse 18 mit Laden als Konkurrenz zum Konsum, erbaut 1926.

9.5 AUF DEM WEG IN DIE ZUKUNFT

Seit den 1980er Jahren erodierte die politisch-wirtschaftliche Sonderstellung, die der «Er-
nährerstand» aus ideologischen Gründen nach dem Zweiten Weltkrieg zur Sicherung der
Selbstversorgung genossen hatte, und die Schutzzölle gegen ausländische Konkurrenz gerieten in Bewegung. Die Landwirtschaftspolitik schlug eine neue Richtung ein. Direktzahlungen
ersetzten das System einer komplexen Subventionswirtschaft. Die ökologisch begründete Kritik an den industrialisierten Anbaumethoden führte ausserdem zu verschiedenen Kategorien
des naturnahen Landbaus, was den Bauern neue Ausrichtungen eröffnete, aber auch zu einer
Flut von Labels führte. Der Rückgang der Betriebe hielt indessen an. Höfe von unter 5 Hektaren
verschwanden in Seuzach von der Bildfläche. Von den 14 Betrieben, die heute noch existieren,
verfügt nur noch einer über weniger als 10 Hektaren Kulturland. Insgesamt vier Bauern gaben
bei der letzten Betriebszählung an, nicht mehr hauptberuflich von der Landwirtschaft zu leben.

Während auf der einen Seite die Höfe flächenmässig ständig grösser wurden, um
überhaupt konkurrenzfähig zu bleiben, ging auf der anderen Seite die gesamte Kulturfläche
in Seuzach zurück. 1960, als in der Geschichte der Seuzacher Landwirtschaft die grösste Land-
fläche bewirtschaftet wurde, standen den Bauern 526 Hektaren Äcker und Wiesen zur Verfügung. 2009 waren es noch 322 Hektaren (siehe Tabelle 33). Die während des Zweiten Weltkriegs entstandenen Aussiedlerhöfe in der Habermark, in der Rehweid und in der Asp waren
längst vom Siedlungsgebiet umschlossen worden, und ihre Besitzer hatten den Betrieb eingestellt. Stattdessen siedelten weitere Bauern aus, um den wirtschaftlichen Einschränkun-
gen in den Dörfern zu entkommen: in den 1980er Jahren Oskar Ackeret ins Riet nördlich der
Kläranlage und Hansheinrich Schwarz in den Schlingg sowie 1993 Hans und Karl Steinmann
mit ihren beiden Betrieben in die Brunnenwis und Bruno Ganz an den Chüeweg. Während
die ersten Aussiedler noch stark durch finanzielle Anreize gefördert worden waren, mussten
die Gesuchsteller nun gute Gründe dazu vorbringen.

Im Fall der beiden Steinmann-Betriebe in Unterohringen waren es vor allem die Enge
des Dorfs und Tierschutzvorschriften.[324] Beide Betriebe, die sich seit 1989 in der Umstellung
auf Agri-Natura-Produkte nach IP-Richtlinien befanden, mussten mittelfristig ihre Ställe
anpassen. Bei Hans Steinmann war der Stall 1969 von der Anbindhaltung auf Vollspalten-
böden umgestellt worden. Eine erneute Anpassung wäre in beiden Fällen innerhalb des Dorfs
Unterohringen nur durch eine starke Reduzierung des Viehbestands möglich gewesen. Dies
wiederum hätte betriebswirtschaftlich keinen Sinn gemacht. Ausserdem war die Toleranz gegenüber den landwirtschaftlichen Emissionen in den Dörfern zurückgegangen. Der Verkauf
des durch die Aussiedlung entstandenen Baulands im Dorf ermöglichte die Finanzierung der
neuen Siedlung. Die beiden Besitzer nutzten die Gelegenheit, um die Arbeitsabläufe auf dem
neuen Hof möglichst rationell zu planen. Die Rindermast der Betriebe wurde zusammengelegt. Um die Buchhaltung möglichst einfach zu halten, achten die beiden Landwirte darauf,
dass sie jeweils gleich viel Land bewirtschaften. Ansonsten bleiben sie aber beide selbständig.
Fleisch mit dem Natura-Label «Finest Swiss Beef» von Bell sowie Kartoffeln mit dem Label
«IP-Suisse» und Zuckerrüben sind die wichtigsten Produkte auf dem Doppelhof, den nun die
beiden Söhne, Marcel und Simon Steinmann, führen. Das Bekenntnis der Söhne, den elterli-

chen Betrieb weiterzuführen, war 1990 eine wichtige Voraussetzung für die Bewilligung zur Aussiedlung in die Brunnenwis gewesen.

Einen anderen betriebswirtschaftlichen Weg schlug der Bauer Markus Ackeret im Riet ein, der sich immer mehr auf die Unterbringung der Pferde und den Geländeunterhalt des Polo-Parks Zürich konzentrierte. Aus einer kleinen Polospielanlage im Jahr 1999 entwickelte sich im Unterohringer Riet innert eines Jahrzehnts der mitgliederstärkste Polo-Club mit dem grössten Ausbildungszentrum der Schweiz, sodass nicht nur die provisorischen Stallungen auf dem Hof von Markus Ackeret schon bald an ihre Grenzen stiessen, sondern auch eine Umzonung notwendig wurde. Der Initiant Markus Gräff plante 2007 den Bau von Stallungen für 120 Pferde, ein Clubhaus mit Verpflegungsmöglichkeiten sowie verschiedene Sportanlagen für die Pferde. Es wurde deshalb eine Änderung der Landwirtschaftszone im Riet in eine Erholungszone in Betracht gezogen. Die Gemeinde und der Kanton betraten mit dem Projekt Neuland, da es schweizweit keine gesetzlichen Regelungen zu Polosportanlagen gab. Ausserdem war die Anlage umstritten. Pro Natura beklagte den zu starken Eingriff in das Landschaftsbild, und die Bauern, die auf das Zupachten von Land angewiesen waren, bangten um ihre Zukunft. Ausgerechnet der beste Ackerboden lag in diesem Gebiet. Da der vorgesehene Gestaltungsplan im Sommer die Haltung von bis zu 300 Pferden zuliess, fürchteten die Bauern, dass bei einem Vollausbau die Pachtpreise steigen würden oder sie ihr gepachtetes Land ganz an den Polobetrieb verlieren könnten. Vergleichbare Erfahrungen gab es höchstens mit Golfplätzen, deren Realisierung in den Landwirtschaftszonen ebenfalls umstritten war. Der Initiant seinerseits verwies darauf, dass durch den Polo-Park in Unterohringen 20 Arbeitsplätze geschaffen worden seien. Ausserdem hätten drei Landwirtschaftsbetriebe voll auf Polo umgestellt.[325] Schliesslich wurde die Festlegung der Erholungszone im Mai 2007 von der Gemeindeversammlung gutgeheissen, und der private Gestaltungsplan für den Polo-Park erhielt sowohl vom Gemeinderat Seuzach als auch von den kantonalen Behörden 2010 grünes Licht.[326]

Tabelle 34: Anbauflächen der wichtigsten Kulturpflanzen, 1884–2009

Frucht	Angebaute Fläche (ha)							
	1884	1919	1930	1940	1950	1960	1975	2009
Winterweizen	46	45	37	49	87	130	70	61
Sommerweizen		1	3	20	7	1	48	
Roggen	20	12	11	6	6	7	8	
Dinkel	33	7	1	4				
Gerste	7	14	16	16	26	33	29	7
Hafer	26	14	16	16	13	3	7	6
Kartoffeln	67	30	25	41	53	67	20	16
Zuckerrüben					11	13	33	31
Raps					1	7	14	13
Körnermais							10	23
Silomais							30	25
Sonnenblumen								6
Grassamen								3
Gemüse								6

Quelle: Ackerbaustelle Seuzach; Chronik der Gemeinde Seuzach, 1978.

9.6 DAS LANDGUT «HEIMENSTEIN»

Ein landwirtschaftlicher Betrieb fällt in Seuzach besonders auf. Es ist das Gut «Heimenstein», das 1929 rund 85 Hektaren Land umfasste, was rund einem Sechstel des Seuzacher Kulturlands entsprach.[327] Die Entstehung des «Heimensteins» geht ins Jahr 1809 zurück und ist typisch für die damalige Zeit. Begüterte bürgerliche Familien der Städte Winterthur und Zürich errichteten im 18. und 19. Jahrhundert an zahlreichen Orten stattliche Landsitze – oft in Verbindung mit einem Landwirtschaftsbetrieb. Sie suchten dazu bevorzugt die Nähe zu alten adligen Herrschaftssitzen. Dies gab ihnen die Aura eines standesgemässen Lebens. Das Gebiet im Heimenstein eignete sich sehr gut dazu. Um die nahe gelegene, verlassene Burgstelle rankte sich die Sage eines Grafengeschlechts. Die Zeitung «Der Hausfreund» hielt sie 1852 für die Nachwelt fest. Die Sage spielt im Mittelalter und handelt von einer hochmütigen Gräfin, die von den Bauern Abgaben von Ländereien forderte, die sie diesen zuvor geschenkt hatte. Die Seuzacher Bauern hätten darauf die Burg Heimenstein in Brand gesteckt, worauf die Gräfin mit ihrem Mann in den Flammen umgekommen sei. Das 1809 erbaute klassizistische Landgut «Heimenstein» wurde ganz im Sinn der Erbauer mit der Burgstelle in Verbindung gebracht. Noch in der ersten Hälfte des 20. Jahrhunderts sprach man beim landwirtschaftlichen Betrieb vom «Schloss Heimenstein».[328]

Die Anfänge des Landguts im Jahr 1809 sind oben bereits behandelt.[329] Nach verschiedenen Besitzerwechseln ging das Gut 1908 an den Winterthurer Albert Sulzer über, welcher den Seuzachern nicht nur zu einem kleinen See, sondern auch zu einem Schwimmbad ver-

202_Blick auf den Heimenstein, um 1928.

half.[330] Albert Sulzer baute den Betrieb aus. Er erwarb die angrenzende Baumschule, und eine Zeit lang gehörte die Bergwirtschaft «Hörnli» im oberen Tösstal mit dem Alpbetrieb dazu. Von 1919 bis 1931 war das Landgut im Besitz von Robert Bodmer, der 1929 die Güter am Hörnli dem Kanton Zürich veräusserte.[331] Das Landgut «Heimenstein» ging dann an die Familie Greiff über, aus deren Besitz es 1954 an Hans Eduard Bühler kam. Dieser stammte aus dem Zweig der Winterthurer Spinnereifabrikantenfamilie, die in Kollbrunn und Weinfelden Betriebe besass.

Hans Eduard Bühler wurde 1893 geboren, studierte am Technikum Winterthur und trat später in den Familienbetrieb ein. Er liess sich auch zum Bildhauer ausbilden und war zudem ein passionierter Reiter. 1924 nahm er an den Olympischen Spielen in Paris teil und gewann im Mannschaftswettbewerb des Springreitens die Silbermedaille. Pferdeplastiken machten einen wichtigen Teil seines bildhauerischen Werks aus.[332] Zu Beginn der 1960er Jahre schenke er der Gemeinde für den Platz unterhalb des Kreisels eine Bronzeplastik des Seuzacher Wappentiers. Auch sein Sohn, Anton Bühler, vertrat die Schweiz erfolgreich an der Olympiade. 1960 gewann der Military-Reiter in Rom Bronze im Einzel- und Silber im Mannschaftswettkampf. Die Pferdehaltung machte jedoch den kleineren Teil des landwirtschaftlichen Betriebs aus. Das wichtigste Standbein war die traditionelle Landwirtschaft. Rund ein Drittel der Seuzacher Milchkühe stand im Stall des Landguts «Heimenstein».[333]

Anton Bühler, der den väterlichen Betrieb weiterführte, verkaufte 1976 das Gut «Heimenstein» an Paul Maier aus Volketswil. Der neue Besitzer investierte beträchtliche Mittel in das ziemlich in die Jahre gekommene Anwesen. Die privaten Zufahrtsstrassen wurden grösstenteils neu angelegt und geteert, sämtliche Gebäude komplett neu aufgebaut. 1979 gab die Familie Maier die Viehhaltung auf. Der heute IP-zertifizierte Saatzucht- und Ackerbaubetrieb mit Bienenhaus, Weiher und Naturwiesen wird ohne staatliche Subventionen bewirtschaftet. Ein beachtliches Reitsportzentrum gehört ebenfalls zum Gut. Der terrassierte Weinberg mit dem Rebhaus ist an den Volg verpachtet.

9.7 VOM BAUERNDORF ZUM BELIEBTEN WOHNORT

Obwohl die Zahl der Bauern stetig abnahm, prägte die landwirtschaftliche Ausrichtung noch lange Zeit die Gemeindepolitik. Die grosse Zahl der Kleinbauern, die mit einem Fuss auch mit dem Leben der Arbeiter verbunden waren, wirkte sich politisch ganz unterschiedlich aus. Einerseits standen die Kleinbauern aufgrund ihrer Fabrikerfahrung politisch den Arbeitern nahe. Während des Generalstreiks von 1918 zum Beispiel, als man sich in Ober- und Unterohringen um die Sicherheit sorgte, war das Aufstellen einer Bürgerwehr im Dorf Seuzach, wo die meisten Kleinbauern lebten, kein Thema.[334] Und als in der Krise der 1930er Jahre die Partei der Jungbauern die Zusammenarbeit mit den Sozialdemokraten befürwortete, fiel die Idee in Seuzach auf fruchtbaren Boden. Rund die Hälfte der Stimmbürger, die sonst die Bauernpartei wählte, gab ihre Stimme den Jungbauern.[335] Andererseits versuchten sich die Seuzacher gegen die Arbeiter abzuschotten. 1926 verabschiedeten sie beispielsweise eine Bauordnung, welche den Zuzug von Arbeitern erschwerte.[336] Die Schaffung einer Industriezone lehnten die Behörden noch in den 1950er Jahren grundsätzlich ab. Selbst bei der Bewilligung von neuen Gewerbebetrieben, zum Beispiel einer Zimmerei, verhielt sich der Gemeinderat zurückhaltend.[337]

Mit dem Zuzug neuer Bevölkerungskreise in den 1960er Jahren wurde die Wirtschaftsförderung durch die Gemeinde zwar wieder ein Thema. Auf die Schaffung eines eigentlichen Gewerbe- und Industriegebiets verzichtete man jedoch bei der Zonenplanung und beliess es bei gemischten Wohn- und Gewerbezonen, um die Zustimmung der Stimmbürger nicht zu gefährden. Da Seuzach inzwischen zu einem beliebten Wohnort geworden war, befürchtete man, die Industrie würde die Lebensqualität in Seuzach durch Lärm, Verkehr und Abgase verschlechtern.

9.8 DER WUNSCH NACH EINER INDUSTRIEZONE

Die fehlende Industriezone blieb aber ein Thema. Der Gemeinderat reagierte deshalb Ende 1971 sofort auf die Baupläne der Migros in Oberohringen. Die dortige Wohn- und Gewerbezone sollte auf der ganzen Breite bis zur Rietstrasse um das Vierfache vergrössert werden, um ein Einkaufszentrum nach dem Vorbild des Pizolparks in Sargans zu erstellen. Nach reiflicher Überlegung entschloss sich der Gemeinderat jedoch, das Vorhaben nicht weiterzuverfolgen. Zum einen wollte er, um Seuzach mit den notwendigen Läden zu versorgen, die eigene Zentrumsplanung nicht konkurrenzieren; zum anderen zweifelte er an der Zukunft der Einkaufszentren, die überall wie Pilze aus dem Boden schossen. Auch wollte er das Projekt der Regionalplanung Winterthur und Umgebung (RWU) abwarten. Die RWU plante ein fast 20 Mal so grosses Industriegebiet im Raum Ohringen, das bis zum Dorf Hettlingen reichen sollte. Die Stadt Winterthur war an der Einzonung interessiert, da sie Platz für den Bau einer Tankanlage brauchte.[338]

1974 nahm der Gemeinderat die Zügel doch selbst in die Hand und fasste ein wesentlich kleineres Projekt ins Auge, das die Einzonung des verbliebenen Lands zwischen der bestehenden Gewerbezone «Grund» – so hiess das Gebiet nördlich der Aspstrasse damals – und der Autobahn von der Mettlen bis zum Hinterholz vorsah. Den Schritt begründete er nebst dem Mangel an Gewerbebetrieben mit der anstehenden Sanierung der Kanalisation in Oberohringen, die finanziell nur zusammen mit der Entwässerung des Baugebiets Sinn mache.

Das Amt für Raumplanung bezeichnete das Projekt jedoch als «fragwürdig» und empfahl stattdessen die Schaffung einer Gewerbezone am Forrenberg – einem Standort, den das gleiche Amt notabene ein Jahr zuvor wegen des hügeligen Geländes als ungeeignet erachtet hatte. Die kantonale Behörde machte geltend, dass die bestehende Gewerbezone im «Grund» noch kaum durch das Gewerbe genutzt würde. Es sei halt so, belehrte das Amt den Gemeinderat, dass Grundeigentümer häufig andere Interessen verfolgten als die Gemeindebehörden. Eine Vergrösserung der Gewerbezone sei nicht das geeignete Mittel, um die Probleme der Seuzacher zu lösen. Die kantonalen Planer machten ausserdem darauf aufmerksam, dass der Hügel bei der Rüti in einer durch den dringlichen Bundesbeschluss von 1972 erlassenen Schutzzone liege.[339]

Der Gemeinderat hielt trotz der Bedenken der kantonalen Raumplaner an seinem Projekt fest und schied einzig die Rüti aus der Planung aus. An der Gemeindeversammlung vom Dezember 1974 wurde die Zone nochmals eingeschränkt, und zwar auf das Gebiet zwischen der Aspstrasse und dem Ohringerbach. Ein ehemaliger Gemeindepräsident konnte die Stimmbürger davon überzeugen, dass das vorgeschlagene Gebiet in Anbetracht des verlangsamten Wirtschaftswachstums «überrissen» und für die Ohringer «erdrückend» sei.

Die Forderung nach der Ansiedlung von Industriebetrieben in Seuzach war damit allerdings nicht vom Tisch. Eine Industriezone blieb aber weiterhin Wunschdenken. Vor allem zwei Argumente beendeten jeweils die Diskussionen darüber: erstens die befürchteten Emissionen, die der Wind über das Dorf Seuzach wehen würde, und zweitens die Gefährdung der Kinder durch den zusätzlichen Lastwagenverkehr.[340]

Als schliesslich die RWU 1977 ihr gigantisches Industriegebiet im Raum Ohringen beerdigte, wurde dies vom Seuzacher Gemeinderat sehr begrüsst.[341] Es dominierte nun die Haltung, Seuzach als ländlichen Wohnort nahe der Stadt zu erhalten. Also sah man davon ab, den günstigen Verkehrsstandort im Raum Ohringen voll und ganz wirtschaftlich auszunutzen.

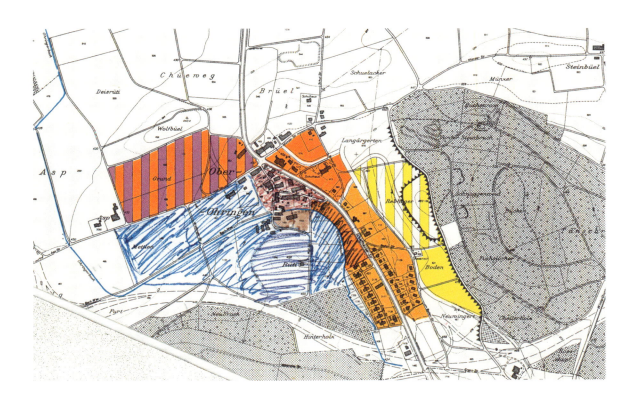

203_Vorschlag für eine Industriezone (blau), 1974. Der Gemeinderat schied auf Anraten des kantonalen Raumplanungsamtes die Rüti aus. An der Gemeindeversammlung vom Dezember 1974 wurde das Gebiet dann nochmals verkleinert.

9.9 WANDEL DES GEWERBES UND NEUE DIENSTLEISTUNGSBETRIEBE

Obwohl es in Seuzach zunächst an den strukturellen Voraussetzungen für die industrielle Entwicklung fehlte und später – trotz günstiger Anbindung an das Autobahnnetz – das Wohnen im Vordergrund stand, entwickelte sich in der Gemeinde eine Mikrostruktur von kleinen Gewerben.

Den Betrieben aus der ersten des Hälfte des 20. Jahrhunderts widmete die Heimatkundliche Sammlung 1995 eine Ausstellung, die einen Eindruck der frühen gewerblichen Verhältnisse in Seuzach vermittelte.[342] Es handelte sich mehrheitlich um die typischen Berufe, die sich im Umfeld der Bauern ansiedelten: Bäcker und Störmetzger, Sattler und Schneider, Wirt und Spezereihändler. Oft wurden die Tätigkeiten neben der Landwirtschaft ausgeübt. Wirtschaftlich ist ihre Rolle nur schwer fassbar, da viele keine oder nur geringe Spuren hinterlassen haben.[343]

Der Wagner Ferdinand Müller vom Forrenberg war einer der wenigen Seuzacher Handwerker, die ganz von ihrem Gewerbe leben konnten. Er heiratete 1890 die Tochter des Landwirts und Gemeindepräsidenten Arnold Wipf an der Kirchgasse, der ihm dort eine Werkstatt einrichtete. 1897 war er der Erste, der in Seuzach einen Petrolmotor anschaffte, um über Transmissionsriemen seine Maschinen anzutreiben. Während der Mostereisaison wurde der Motor der Winterthurer Lokomotivfabrik aber auch von den Bauern eifrig genutzt.

Während der Betrieb der Wagnerei vor allem mit Schreinerarbeiten bis in die 1970er Jahre fortbestand, musste der Schmied, dessen Werkstatt sich neben dem Eingang zum Pfarrgarten befand, seinen Betrieb schon früh aufgeben. Nachdem eine Generation jeweils die andere abgelöst hatte, war es Konrad Spahn, der nach dem Zweiten Weltkrieg Arbeit in der Fabrik suchte. Die Werkstatt behielt er zwar bei, konnte sie aber nur noch am Feierabend und Wochenende nutzen. Nach dem Tod des Ehepaars Spahn gelangte das Haus, das seit Jahrzehnten nicht mehr saniert worden war, an die Gemeinde, die es Ende der 1980er Jahre fachgerecht restaurierte.[344]

Etliche Spuren hinterliessen der 1910 in Seuzach eingebürgerte Baumeister Kasimir Zirn[345] und dessen Söhne Hans und Jakob, die im Gebiet der Bachtobel- und der Mörsburgstrasse eine ganze Reihe von Häusern bauten. Mit der Bautätigkeit gab es auch Arbeit für Maler, Zimmerleute, Gärtner und Schreiner.

In Oberohringen existierte die Werkzeugfirma von Traugott Mebold. Sie lag ungefähr an der Stelle, wo die Trottenstrasse in die Rütistrasse mündet. Mebold handelte zudem mit Eis zur Kühlung von Lebensmitteln. Die Lagerschöpfe hatten Wände, die ungefähr 1 Meter dick und mit Sägemehl gefüllt waren. Der Weiher zum Gewinnen des Eises, der heute nicht mehr erhalten ist, befand sich hinter den heutigen Wohnblöcken an der Schaffhauserstrasse. Die Firma wurde später von Wiesendanger weitergeführt. Das Eis wurde von ihm während der wärmeren Jahreszeit zwei- bis dreimal pro Woche an rund 80 Kunden ausgeliefert. Die grössten Abnehmer waren der Glacesalon an der Stadthausstrasse und die Kuttlerei Felber an der Technikumstrasse in Winterthur. 1943 stellte Wiesendanger den Eishandel ein. Die künstliche Eisherstellung durch die Brauerei Haldengut und das Aufkommen der Kühlschränke hatte das Eissägen verdrängt. Ein weiteres Standbein Wisendangers war der Handel mit Quarzsand. Den Sand bezog er aus Gruben in Ohringen und Benken. Aus Quarzsand

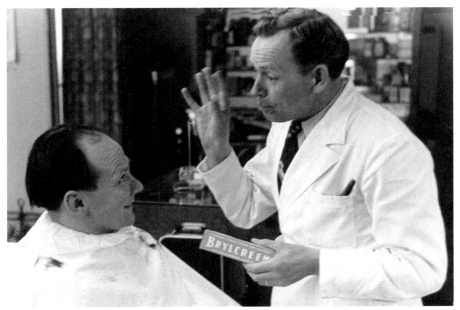

204_Milchzentrale mit Personal, um 1960.

205_Milchzentrale, Herr Ruch mit neuem Milchauto, um 1960.

206_Coiffeur Oskar Wohlgensinger, um 1960.

207_Familie Hollenstein in der Backstube, um 1964.

208_Schuhmacher Heinrich Kern, um 1960.

kann unter anderem Glas hergestellt werden. In Oberohringen wurde der Sand zuerst aufbe-
reitet und dann in verschiedenen Qualitäten in die ganze Schweiz geliefert.

Als einer der wenigen Gewerbebetriebe, deren Anfänge im frühen 20. Jahrhundert liegen, besteht in Unterohringen heute noch die Hafnerei von Karl und Berta Bula. Karl Bula
kam 1929 nach Unterohringen, wo er in der Hafnerei Keller arbeitete. Zwei Jahre später
konnte er das Geschäft übernehmen. 1937 baute das Ehepaar Bula ein Zweifamilienhaus mit
Werkstatt. Der Betrieb, der von der zweiten (Emil) und dritten Generation (Jürg) fortgeführt
wurde, beschäftigte seit den 1970er Jahren stets rund 20 Mitarbeiterinnen und Mitarbeiter.
Nach dem frühen Tod von Jürg Bula ging die Hafnerei 2003 an Jürg und Andreas Hofmann
über, welche den Betrieb unter dem alten Namen weiterführen.

Als Dorforiginal in Erinnerung blieb Girolamo Bianchi. Der 1928 aus dem Tessin Zugewanderte erkannte, dass in Seuzach ein Spezereiladen fehlte, und richtete in seinem Haus
an der Winterthurerstrasse 5 einen solchen ein. Während seine Frau den Laden führte, ging

er allerlei Nebenbeschäftigungen nach, vom Scherenschleifen bis zum Schirm- und Kessel-flicken. Für Aufsehen sorgte er vor allem wegen seines kleinen Karrens, der zuerst von sei-nem Hund «Pluto», später von einem Esel gezogen wurde.

Nach dem Zweiten Weltkrieg veränderte sich mit dem Wirtschaftsboom auch das lo-kale Gewerbe. Nun waren es nicht mehr die Landwirtschaft, die den lokalen Arbeitsmarkt bestimmte, sondern die Bedürfnisse der neuen Einwohnerkreise. Vor allem die Bauindust-rie erlebte eine geradezu stürmische Entwicklung, sodass – wie es in der Chronik aus dem Jahr 1963 heisst – das Baugewerbe in Seuzach doppelt bis vierfach vertreten war. Hinter die-ser Feststellung stand die weitverbreitete Ansicht, man solle in einer Gemeinde darauf ach-ten, dass es kein Überangebot in einzelnen Branchen gebe. Man gewährte den ansässigen Gewerbetreibenden im lokalen Rahmen einen gewissen Schutz vor Konkurrenz, solange es nicht offensichtlich Arbeit für mehrere Betriebe gebe, erwartete aber von ihnen, dass sie ihre Situation nicht ausnutzten. In der Praxis liess sich dies allerdings kaum befriedigend steuern,

Linke Seite:

209_Frau Bianchi vor ihrem Laden, um 1970.

210_Maurer Bianchi mit Esel-karren auf der Winterthurer-strasse, um 1970.

211_Teppichweberei Fehr an der Bachtobelstrasse, 1956.

212_Wagner Ferdinand Müller, 1957.

Links:
213_Sand-Handel in Oberohrin-gen. Gottfried Kunz beim Quarz-sandführen in der Bahnunter-führung, Wülflingerstrasse in Winterthur, um 1950

214_Bäcker Jean Strässler, «Bernergüettli», um 1940.

weil die gesetzlichen Möglichkeiten begrenzt waren und die Ansichten darüber auseinandergingen. Letztlich spielten auch im Rahmen der Gemeinde die Nachfrage und die Einzelinitiative die entscheidende Rolle bei der Entwicklung der lokalen Wirtschaft.

Neue Berufs- und Handelsmöglichkeiten ergaben sich in den 1950er Jahren durch das Auto, das nun für weite Kreise erschwinglich wurde. 1963 gab es in Seuzach und Ohringen sieben Garagen. Ausserdem gehörten ein Coiffeurgeschäft und ein Fotoatelier zu den Novitäten im Dorf.

Ebenfalls ein Zeichen der Zeit war die Entstehung der Papierfabrik Moser & Co., die ihren Betrieb in den 1960er Jahren aufnahm. Die Firma, die in den 1970er Jahren über 100 Personen beschäftigte, konzentrierte sich auf die Herstellung von Verpackungen. Sie fusionierte 2002 mit der Papierfabrik PAWI in Winterthur. Der Seuzacher Betrieb wurde alsdann geschlossen, das Gebäude durch zwei Wohnhäuser ersetzt. Der Aufbruch in eine neue Zeit in der Geschichte des Seuzacher Gewerbes manifestierte sich auch in der Gründung des Gewerbevereins Seuzach-Ohringen. 1957 schlossen sich 30 Geschäftsleute zusammen, um den Gewerbestand zu heben und zu fördern.[346] Die Gründung stand am Anfang einer kaum vorhersehbaren Entwicklung Seuzachs vom Bauerndorf zum Wohnort mit vielen kleinen Gewerbe- und Dienstleistungsbetrieben.

1960 zählte man in Seuzach rund 60 Betriebe mit 455 Angestellten. Im Jahr 2008 waren es 252 Betriebe mit 2181 Beschäftigten.[347] Damit hielt das Angebot an Arbeitsplätzen im Vergleich zum Bevölkerungsanstieg nicht nur Schritt, sondern es wurde leicht gesteigert (Tabelle 35). Ein Drittel der Erwerbstätigen wohnte und arbeitete in Seuzach. Rein theoretisch würde das Arbeitsplatzangebot für gut die Hälfte der im Erwerbsleben stehenden Personen reichen (Zählung im Jahr 2000).

215_Postkarte der Werkzeugfabrik Traugott Mebold in Oberohringen, um 1900.

Tabelle 35: Arbeitsplätze und Erwerbstätige in Seuzach, 1950–2000

Jahr	Arbeitsplätze	Erwerbstätige	Arbeitsplätze auf Erwerbstätige
	(n)	(n)	(%)
1950	316	619	51,1
1960	455	1 025	44,4
1970	700	1 350	51,9
1980	903	2 095	43,1
1990	1 500	2 802	53,5
2000	2 034	3 581	56,8

Quelle: www.statistik.zh.ch.

Von der A. Engler AG bis zur Zürcher Kantonalbank, von der Firma «A 777 Gartengestaltung» bis zum Zentrum für Naturverfahren findet sich in Seuzach eine unbeschreibliche Vielfalt von kleinen Firmen, von denen rund zwei Fünftel dem Gewerbe zuzurechnen sind und drei Fünftel dem Dienstleistungsbereich.[348]

Tabelle 36: Anteil der im Gewerbe- und Dienstleistungssektor Beschäftigten, 1985–2008

Jahr	2. Sektor	3. Sektor
	(%)	(%)
1985	38,7	61,3
1991	41,3	58,7
1995	42,9	57,1
2001	38,7	61,3
2005	39,4	60,6
2008	37,1	62,9

Quelle: www.statistik.zh.ch.

Tabelle 37: Arbeitsplätze im Gewerbe- und Dienstleistungssektor, 1985–2008

Jahr	2. Sektor	3. Sektor
	(n)	(n)
1985	438	778
1991	639	1 017
1995	732	1 118
2001	778	1 394
2005	737	1 333
2008	724	1 457

Quelle: www.statistik.zh.ch.

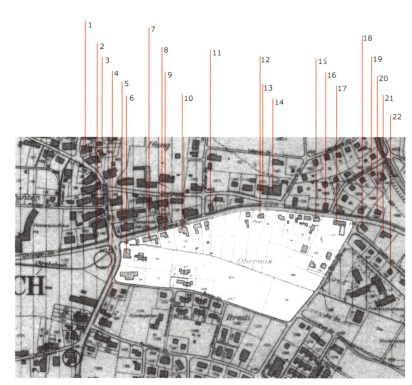

1 Bäckerei und Konditorei Hollenstein
2 Restaurant «Sonne»
3 Bettwaren Gassmann
4 Lebensmittel Bianchi
5 Hotel «Linde» mit Lindensaal
6 Restaurant «Bernergüetli»
  Bäckerei und Konditorei
7 Milchzentrale
8 Zentrum
9 Schuh Kern
10 Metzgerei Friedrich
11 Coiffeur Wohlgensinger
12 Post
13 EKZ, Elektro und Radio
14 Konsum
15 Sattlerei Fleury
16 Bekleidung Ott
17 Blumen Niederer
18 Reklameartikel Weser
19 Teppich Fehr
20 Foto-Optik Wipf
21 Arzt Dr. Schönholzer
22 Zürcher Kantonalbank

Ausserhalb des Planes:
Kiosk beim Bahnhof
Restaurant «Bahnhof»
Kunstgewerbe Ott, Grundstrasse
Blumen Strub, Ohringerstrasse

Oben:
216_Einkaufs- und Dienstleis-
tungsbetriebe für den «alltäglichen» Bedarf, Januar 1967. Aus
der Studie «Planung Centrum
Seuzach», verfasst von Heinrich
Kunz und Oskar Götti, 1967.

217, 218_Einkaufs- und Dienst-
leistungsbetriebe für den «alltäglichen» Bedarf in Oberohringen (links) und Seuzach (rechte
Seite), aufgenommen von Max
Rüesch, Februar 2011 (Aufnah-
mekriterium: Laden, täglicher
Publikumsverkehr).

1 Rösch Möbel
  Mettlenstrasse 6
2 Garage Moser AG
  Aspstrasse 4
3 Lebensraum
  Aspstrasse 5
4 Restaurant «Wiesenthal»
  Schaffhauserstrasse 146
5 Hobi Wohnschreinerei
  Schaffhauserstrasse 74
6 Gate One Blumenladen
  Schaffhauserstrasse 72
7 Wittwer Motos
  Münzerstrasse 5
8 Restaurant «Frieden»
  Schaffhauserstrasse 63

9 Therapie Netz Ohringen
  Ohringerstrasse 130
10 Schützenhaus-Garage
  Schaffhauserstrasse 46
11 Pneuhaus Sica
  Schaffhauserstrasse 46
12 Nordgarage AG
  Erlenstrasse 24
13 Modellbaugeschäft rctoys
  Schaffhauserstrasse 1
14 Bula AG
  Ohringerstrasse 111

1 Zahnärzte Vock/Rigassi
   Turnerstrasse 22
2 Cafeteria «Im Geeren»
   Kirchhügelstrasse 5
3 Kosmetik Irene Buchmann
   Landstrasse
4 Bäckerei-Konditorei Hollenstein
   Hettlingerstrasse 1
5 Garage Reusser AG
   Alte Poststrasse 1
6 Gasthof «Sonne»
   Welsikonerstrasse 3
7 Pasta etc.
   Winterthurerstrasse 7
8 Ristorante Pizzeria Barone
   Welsikonerstrasse 4
9 Kiosk
   Migros
   Winterthurerstrasse 5
10 Restaurant «Bernergüetli»
   Winterthurerstrasse 1
11 Schuhmacher und Schlüsselservice
   Stationsstrasse 4
12 Podologie Monika Adam,
   Craniosacral Therapie,
   Kosmetic Yvonne Polo,
   Coiffeur Zick-Zack,
   Apotheke
   Breitestrasse 3
13 Kinderkleider- und Spielbörse
   Stationsstrasse 3
14 Uhrenatelier Sonja Lobeto
   Breitestrasse 13
15 Garage A. Engeler AG
   Stationsstrasse 11
16 Beauty-Style,
   Haaratelier,
   Goldschmied-Atelier R. Hess

Herz, Privater Pflegedienst
   Breitestrasse 17
17 Gewerbezentrum «Oase»
   Stationsstrasse
18 Café-Restaurant Classic
   Breitestrasse 23
19 Schwimmbad-Restaurant «Im Weiher»
   Landstrasse 26
20 Raiffeisen Bank
   Stationsstrasse 24
21 EKZ/Eltop
   Strehlgasse 25
22 Coop
   Strehlgasse 27
23 Zentrum für Naturverfahren,
   WaveRock
   Stationsstrasse 28
24 Bau+Hobby-Center GmbH
   Obstgartenstrasse 6
25 h3 systems
   Stationsstrasse 30
26 Admiral Physiotherapie,
   Coiffeur Fantastic
   Stationsstrasse 32
27 Bsundrix,
   E. Deinböck Töpferei
   Stationsstrasse 33
28 Top Sun Solarium,
   Boutique Seltsam
   Bachtobelstrasse 2
29 Axa Winterthur
   Stationsstrasse 35
30 Restaurant «Chrebsbach»,
   E. Schwaller AG Zweiradsport,
   Bluemehuus Chrebsbach,
   Schue-Laube
   Birchstrasse 2
31 Staufen AG,

Bosshard-Tanner,
   Physio-Therapie I. Müller,
   F. Müller Treuhand,
   Dr. Demarmels, Dr. Friedrich,
   Dr. Nüesch, Dr. Poths, Dr. Scarbi
   Dr. Schulthess,
   Kosmetik-Salon Fürbeck-Güttinger
   Birchstrasse 3
32 Frattaroli IT Consulting
   Birchstrasse 6
33 Zürcher Kantonalbank
   Birchstrasse 4
34 Seuzi Treuhand
   Stadlerstrasse 2
35 Avec
   Stationsstrasse 53
36 La Stazione Ristorante-Pizzeria
   Stationsstrasse 46
37 Schläpfer Radio und Television
   Stadlerstrasse 10
38 Haargenau,
   Optik-Sonderer,
   Peco-Tours AG
   Stationsstrasse 50
39 Die Post,
   Coiffeur Christine,
   Light Shop,
   Birchstrasse 14
40 Volg
   Breitestrasse 35
41 Tierarztpraxis M. Hejl
   Seebühlstrasse 2a

Ausserhalb des Planes:
   Garten Oase, Ohringerstrasse 51
   Autobahnraststätte Forrenberg

Ein Blick auf die Grafik 4 zeigt, dass das Baugewerbe im Jahr 2008 der wichtigste Arbeitgeber in Seuzach war, gefolgt von den Garagisten. Eine beachtliche Zahl Arbeitsstellen gab es ferner im Gesundheits- und Sozialwesen sowie im Bereich Information und Kommunikation.

Grafik 4: Beschäftigte im Gewerbe und Dienstleistungsbereich, 2008

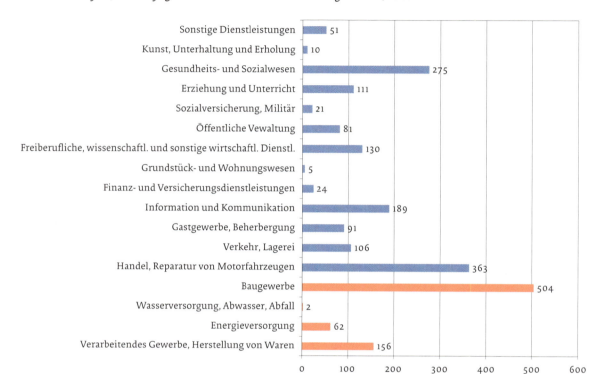

In zwei Bereichen verfolgte die Gemeinde eine Art Wirtschaftsförderung. Der eine Bereich betraf die Sicherstellung der lokalen Versorgung mit den wichtigsten alltäglichen Gütern. Hier hatte der Gemeinderat in den 1960er Jahren mit der Schaffung einer Einkaufszone im Zentrum Grosses im Sinn, musste sich dann aber mit der punktuellen Förderung zufriedengeben. Zur Erinnerung: Der Gemeinderat plante, die Einkaufsläden im Gebiet der Oberwis zu konzentrieren.[349] Die Abbildung 216 vergleicht die Versorgungslage im Jahr 1967 mit derjenigen im Jahr 2011. Die Übersicht zeigt, dass sich die Läden weiterhin entlang den Strassen ansiedelten. Zum Teil verlagerten sie sich aber von der Stations- an die Breitestrasse. Dem allerorts beklagten «Lädelisterben» zum Trotz liess sich in Seuzach der Stand von 1967 nicht nur aufrechterhalten, sondern sogar noch verbessern.

Der andere Bereich der gemeinderätlichen Wirtschaftsförderung betraf die Schaffung der Gewerbezone im Asp. Von den 252 Seuzacher Betrieben bieten heute sechs mehr als 50 Arbeitsplätze an. Fünf davon liegen in Oberohringen in der 1974 geschaffenen Gewerbezone, nämlich die Badertscher Transport und Logistik AG, die im Hoch- und Tiefbau tätige Blatter AG, die Büro Schoch direct AG, die EKZ/Eltop sowie die auf Informatiklösungen im Gesundheitswesen spezialisierte Vitodata AG. Von den zahlreichen Firmen, die ausserhalb der Gewerbezone liegen, weist einzig die ebenfalls im Hoch- und Tiefbau tätige Baltensperger AG mehr als 50 Arbeitsplätze auf. Sie befindet sich im Dorf Seuzach.

10. Politik – Seuzachs Parteienlandschaft

Seuzach war noch in der ersten Hälfte des 20. Jahrhunderts eine bäuerliche Gemeinde. Fabriken gab es keine. Gewerbe spielte nur im Rahmen der Landwirtschaft eine Rolle. Dennoch lebten überdurchschnittlich viele Arbeiter in der Gemeinde. Der Grund dafür war die Nähe zur Stadt Winterthur, die ein beispielloses industrielles Wachstum erlebt hatte. Die Eulachstadt zog Arbeiter von überall her an, von denen sich immer mehr auch in Seuzach niederliessen. Gleichzeitig zog es Bauernsöhne in die Industriestadt.[350] Sichtbar wurde diese Entwicklung im Bauerndorf erstmals in den 1890er Jahren, zu Diskussionen Anlass gab sie vor allem nach dem Ersten Weltkrieg.

Das Besondere an dieser Entwicklung war, dass die Fabrikherren und Unternehmer im Unterschied etwa zu den früh industrialisierten Gemeinden im Zürcher Oberland im politischen Gefüge von Seuzach fehlten. In Seuzach, wo keine Industrialisierung stattgefunden hatte, standen sich Bauern und Arbeiter schon früh direkt gegenüber. Es bildeten sich deshalb auch ausgesprochen früh Ortsparteien, 1905 der Sozialistische Arbeiterverein und 1918 die Bauernpartei. Unterschiedlicher konnten die Weltansichten nicht sein, die in dem Bauerndorf aufeinanderprallten. Die Verfasser der ersten Ortsgeschichte, die den Zuzug der Arbeiterklasse noch selbst erlebt hatten, sprachen 1937 von der «Verwandlung Seuzachs»: «Es liegt in der Natur einer solchen Entwicklung, dass die Mehrung der öffentlichen Mittel mit dem Bevölkerungszuwachs und den damit verbundenen Aufgaben nicht Schritt hält. Zudem ist ein grosser Teil der neuen Einwohnerschaft an städtische Verhältnisse gewöhnt und stellt nun an das ländliche Gemeindewesen ähnliche Ansprüche. Da gilt es denn, unvernünftiger Kritik und unbescheidenem Verlangen gegenüber ruhige Festigkeit zu bewahren, ohne dem gesunden Fortschritt gegenüber starr im Alten zu verharren. Wenn sich auch gelegentlich die Gegensätze stossen, so darf man doch im allgemeinen sagen, dass hieraus weder in den Gemeindeversammlungen noch sonstwie ernstere Zwistigkeiten entstanden sind.»[351]

Die Autoren hatten gute Gründe, das gute Einvernehmen der Bauern und Arbeiter hervorzuheben, denn allgemein ging es damals zwischen links und rechts ziemlich ruppig zu und her. So hatte etwa noch zu Beginn der 1930er Jahre die «Wehntaler-Zeitung» genüsslich darüber berichtet, wie die Bauern die Arbeiter mit Knüppeln verprügelten, weil diese auf dem Land eine Mitgliederversammlung abgehalten hatten.[352] Aber auch in Seuzach musste das gegenseitige Vertrauen erst wachsen. Am 12. November 1918 beispielsweise, am ersten Tag des Landesstreiks, trafen sich die Bürger von Ober- und Unterohringen, um über das Aufstellen einer Bürgerwehr zu beraten.[353] Im Dorf Seuzach, wo die Mehrheit der Arbeiter lebte, war eine solche Versammlung kein Thema. Die beiden Weiler beschlossen deshalb, die Sache selbst in die Hand zu nehmen. Es gab aber auch hier Befürchtungen, das Aufstellen einer Bürgerwehr könne die Stimmung zwischen Bauern und Arbeitern zusätzlich aufheizen. Friedrich Beck setzte sich deshalb gegen die Schaffung einer Bürgerwehr ein. Hans Keller bestand jedoch darauf, mindestens eine Bürgerwache einzurichten, damit die Bauern ruhig schlafen könnten. Sein Antrag wurde schliesslich angenommen und jeder Ohringer im Alter zwischen 16 und 60 Jahren zur Teilnahme verpflichtet.

Grafik 5: Parteienstärke in Seuzach, Nationalratswahlen, 1919–2007

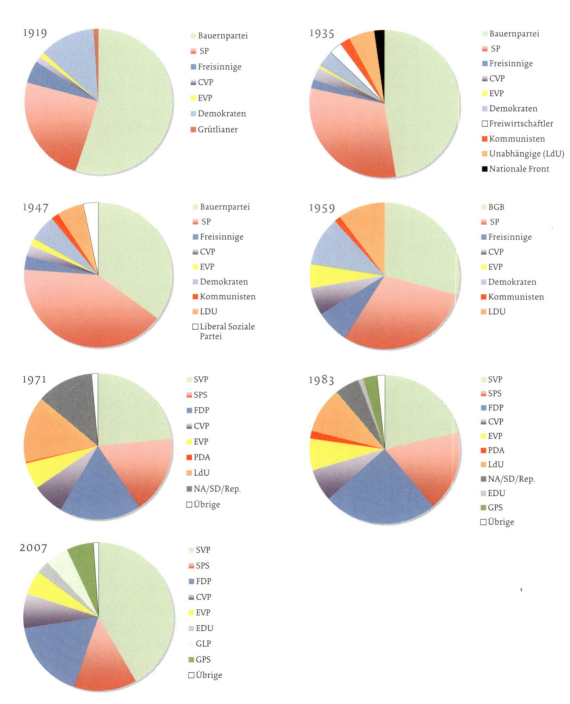

Quelle: StAZH, Statistische Mitteilungen des Kantons Zürich; www.statistik.zh.ch (Gemeindedaten).

Der landesweite Generalstreik bildete den Höhepunkt der heftigen sozialen Ausein-andersetzungen, die am Ende des Ersten Weltkriegs die Schweiz erschütterten. Während der Kriegsjahre war der Graben zwischen den Arbeitern und den übrigen sozialen Schichten immer grösser geworden. Da jedoch 1918 wegen der Grenzbesetzung und der florierenden Kriegswirtschaft Arbeitskräfte knapp waren, erhöhten sich die Erfolgsaussichten von Streiks. Im Herbst 1918 waren zudem der Zusammenbruch der alten Ordnung und der Aufstieg der Arbeiterschaft in Deutschland und Österreich absehbar. Als schliesslich neben den Arbeitern auch noch die Bankangestellten streikten, sah der Bundesrat die bürgerliche Ordnung voll-ends gefährdet. Der Einmarsch der Armee in Zürich liess die Situation eskalieren. Am 10. No-vember 1918 kam es zum gewalttätigen Zusammentreffen zwischen Demonstranten und Mi-litär auf dem Münsterhof, worauf für den 12. November der Generalstreik ausgerufen wurde. Die Streikenden verlangten unter anderem die sofortige Neuwahl des Nationalrats gemäss dem im Oktober 1918 angenommenen Proporzwahlrecht, die Einführung des Frauenstimm-rechts, die Beschränkung der Arbeitszeit auf 48 Stunden pro Woche sowie die Schaffung ei-ner Alters- und Invalidenversicherung. Nachdem der Bundesrat durch Verstärkung der Trup-pen den Druck erhöht hatte, brach das Aktionskomitee den Streik nach zwei Tagen ab. Wann die Ohringer die Bürgerwache wieder aufhoben, ist nicht bekannt. Da Bürgerwehren jedoch grundsätzlich illegal waren und die sozialen Spannungen anhielten, legalisierte der Regie-rungsrat im Januar 1919 derartige Bürgermilizen als Bestandteil der Gemeindepolizei.[354] In Seuzach blieb die Ohringer Versammlung indessen eine Episode der Geschichte.

Ein weiteres Beispiel, bei dem der Konflikt zwischen Bauern und Arbeitern in Seu-zach offen zutage trat, war die Ortsplanung. In diesem Fall beeinflusste der Gegensatz die Gemeindeentwicklung sogar langfristig. Um den Zuzug von Arbeitern zu erschweren, führte der Gemeinderat 1926 eine Bau- und Zonenordnung ein, die das Erstellen von Mehrfamilien-häusern, Blöcken und billigen Dachwohnungen unterband.[355] Auf den Seiten 278–313 wurde darüber bereits ausführlich berichtet.

Schliesslich zeigte sich die Parteibildung auch bei sozialen Fragen. Die Arbeiter hatten es schwer, dafür eine Mehrheit in der Gemeinde zu finden. So wurde etwa 1923 eine Motion, die unentgeltliche Geburtshilfe für einkommensschwache Familien forderte, abgelehnt.[356]

10.1 GRÜNDUNG DER ERSTEN PARTEIEN IN SEUZACH

Die Anfänge der Parteibildung reichen in Seuzach in die 1860er Jahre zurück, als sich mit der Demokratischen Bewegung eine Gegenpartei zu den etablierten liberalen Kräften bil-dete. Die neue Bewegung, die sich in der Forderung nach mehr demokratischer Mitsprache fand, vereinte noch ganz unterschiedliche politische Richtungen. So schlossen sich ihr so-wohl Bauern als auch Arbeiter an, die von der Entwicklung enttäuscht waren, aber auch Wirt-schaftsvertreter, um die Vormachtstellung der Zürcher Liberalen zu bekämpfen. Der Konflikt zwischen den Städten Zürich und Winterthur, die sich nun als Industriestandorte konkur-renzierten, spielte dabei ebenso eine Rolle wie der alte Stadt-Land-Gegensatz. Die Nähe zur Eulachstadt, die zum Zentrum der Demokratischen Bewegung wurde, prägte schliesslich auch die Meinungsbildung in Seuzach. So schloss sich etwa der landwirtschaftliche Gemeindeverein Ohringen, in dem auch Bauern aus dem Dorf Seuzach aktiv waren, dem Verband Ostschweizerischer Landwirtschaftlicher Genossenschaften (Volg) an und nicht dem Genossenschaftsverband des bäuerlichen Kantonalverbands.[357]

Die Gründung des Volg stand ebenfalls in Zusammenhang mit der Demokratischen Bewegung. 1882 hatten sich in Winterthur 16 Lokalvereine aus der Region zusammengeschlossen, um die Interessen der Kleinbauern besser zu vertreten. 1886 war daraus der Volg hervorgegangen, der nach dem Vorbild der Arbeitervereine den genossenschaftlichen Konsumwarenverkauf organisierte. Dem bestehenden Zürcherischen Landwirtschaftlichen Verband war dies ein Dorn im Auge. Der liberal-bürgerlich beherrschte Kantonalverband sah in der Genossenschaftsidee eine Gefährdung des gewerblichen Mittelstands. Erst als ihm wegen des Volg immer mehr Anhänger davonliefen, gründete er eine eigene Einkaufsgenossenschaft.

Insgesamt verhielten sich die Seuzacher gegenüber der Demokratischen Bewegung aber eher reserviert. Das Debakel um den Bau der Bahnlinie, die von der Demokratischen Bewegung so euphorisch vorangetrieben worden war, trug wesentlich zu dieser Haltung bei.[358] Der Landwirtschaftliche Verein Seuzach, über dessen Gründung 1895 die Meinungen später auseinandergingen, schloss sich diplomatisch sowohl dem Volg als auch dem Zürcherischen Landwirtschaftlichen Verband an, um sich nicht auf eine der Richtungen der bäuerlichen Politik festlegen zu müssen. Der 1902 in Seuzach gegründete «Landwirtschaftliche Verein» lehnte 1928 den Beitritt zum Volg sogar ab, obwohl sich der damalige Präsident Heinrich Schwarz-Erb dafür einsetzte. Erst nachdem sich 1929 die beiden anfänglich verfeindeten Genossenschaftsverbände zusammengeschlossen hatten, kam es 1930 auch zum Beitritt zum Volg.[359]

Dennoch bildete das Gedankengut der Demokratischen Bewegung den politischen Nährboden, auf dem in der Folge die unterschiedlichen politischen Parteien in Seuzach entstanden. Zusammen mit den Bauernsöhnen, die in der Industrie Arbeit fanden, trug dies wohl dazu bei, dass die unterschiedlichen Parteien eher Verständnis füreinander aufbrachten als andernorts.

Zuerst gründete in Seuzach die Arbeiterschaft eine eigene Ortspartei. 1905 rief sie den Arbeiterverein Seuzach ins Leben, aus dem später die Sozialdemokratische Ortspartei (SP) hervorging. Die Initiative dazu war von Albert Reichen, dem früheren Seuzacher Pfarrer, ausgegangen. Dieser stammte aus ärmlichen Verhältnissen und hatte sich anfänglich mit Hilfsarbeiten durchgeschlagen. Nach einer kaufmännischen Lehre und Anstellungen bei Versicherungen und bei der Nationalbahn holte er die Matura nach, um 1886–1890 Theologie zu studieren. Nach verschiedenen Pfarrvikariaten – unter anderem in Moskau – wurde er 1892 in Seuzach zum Pfarrer gewählt. Hier blieb er allerdings nur drei Jahre, weil er eine Berufung an die Stadtkirche Winterthur erhielt, wo er als erster sozialistischer Pfarrer 30 Jahre lang wirkte.[360] Dennoch kümmerte er sich weiterhin um die Arbeiterschaft in Seuzach, wie die Gründung des Arbeitervereins zeigt.

Mit der Bildung von Parteien wurde zu Beginn des 20. Jahrhunderts auch der Ruf laut, den Kantonsrat nicht nach dem Mehrheitsprinzip, sondern anteilmässig nach der Parteienstärke zu wählen, damit auch kleinere Gruppen eine Chance hatten, sich einzubringen. Beim ersten Anlauf 1911 lehnten die Stimmbürger das Proporzwahlrecht jedoch noch ab. Auch die

Seuzacher sprachen sich mit 74 Ja zu 131 Nein dagegen aus. Bereits 1916 nahm der Souverän das Anliegen aber an. Zwei Jahre später wurde die Proporzwahl auch für den Nationalrat eingeführt, sodass 1917 auf Kantons- und 1919 auf Bundesebene erstmals Wahlen stattfanden, bei denen die Parteienstärke berücksichtigt wurde.

Mit der Einführung des Proporzwahlrechts entschlossen sich auch die Bauern, eine politische Partei zu gründen. Zwar besassen sie mit den Landwirtschaftlichen Orts-Vereinen und dem Kantonalverband bereits Organisationen, die sich um ihre Probleme kümmerten. Politische Fragen standen dort aber nicht im Zentrum. Um bei den Wahlen stärker aufzutreten, riefen sie deshalb 1917 die kantonale Bauernpartei ins Leben. Nur ein Jahr später gründeten die Seuzacher eine Ortspartei, um auch auf Gemeindeebene besser präsent zu sein. Ihr gehörten fast alle Mitglieder des Landwirtschaftlichen Vereins an.[361]

219_Luftaufnahme. Blick auf die Kirche und das Ausserdorf, Winterthurerstrasse und Stationsstrasse, um 1961. Obwohl die Sozialdemokraten viele Anhänger in Seuzach besassen, prägten bis 1960 die Bauern die Politik. Danach fächerte sich das Parteispektrum durch die Neuzuzüger auf.

10.2 BAUERN UND ARBEITER – DIE VERWANDLUNG SEUZACHS

Die Resultate der Proporzwahlen vermitteln uns erstmals ein Bild von den politischen Kräfteverhältnissen in Seuzach. Wir stützen uns dabei auf die Ergebnisse der Nationalratswahlen. Die Bauernpartei vereinigte in Seuzach im Jahr 1919 mit 55 Prozent immer noch die meisten Stimmen auf sich. Ihre Anhänger verfügten auf Gemeindeebene aber nur noch über eine knappe absolute Mehrheit. An zweiter Stelle stand bereits die SP mit einem Stimmenanteil von 24 Prozent. Drittstärkste Kraft war mit gut 12 Prozent die Partei der Demokraten. Ihr folgte mit 5 Prozent die Freisinnige Partei, die Vorgängerpartei der FDP. Die restlichen Parteien, CVP, EVP und Grütlianer, verfügten mit je rund 1 Prozent nur über eine marginale Anhängerschaft in Seuzach.

Die nächsten Wahlen, die wir analysieren, stammen aus dem Jahr 1935. In den 1920er Jahren waren nochmals vermehrt Arbeiter nach Seuzach gezogen. Die Weltwirtschaftskrise von 1929 traf sie besonders stark. Die Arbeitslosigkeit erreichte in Seuzach 10 Prozent, sodass die Anliegen der SP verstärkt diskutiert wurden. Es war aufgrund der Krise aber auch eine Reihe von neuen Parteien entstanden.

Die Bauernpartei büsste 1935 in Seuzach erwartungsgemäss an Terrain ein. Sie erhielt zusammen mit den Stimmen der Jungbauern, die eine eigene Liste eingereicht hatten, aber immer noch einen Wähleranteil von 48 Prozent. Bemerkenswert war dabei, dass die neue Partei der Jungbauern, die kantonsweit nur gerade 2,5 Prozent der Stimmen machte, in Seuzach auf einen Anteil von 16 Prozent kam. In Seuzach waren offenbar recht viele Bauern mit der Politik ihrer Kantonalpartei unzufrieden. Die Jungbauernbewegung, die sich «für die Existenz des arbeitenden Volkes gegen die Ausbeutung durch Spekulation und Hochfinanz» einsetzte, war in Ober-Ohringen sehr stark.[362] Aufgeholt hatte die SP, die nun mit 31 Prozent fast ein Drittel der Seuzacher Stimmen gewann. Die restlichen Stimmen verteilten sich auf nicht weniger als acht Parteien. Freisinnige, Demokraten und EVP hatten im Vergleich zu 1919 mehr als die Hälfte ihrer Anhängerschaft verloren. Nur die CVP konnte ihren Anteil von 1 Prozent auf 3 Prozent steigern, was ebenfalls mit dem Zuzug neuer Bevölkerungskreise, vor allem katholischer Arbeiter, zu tun hatte. Ferner brachten es die Kommunisten, die seit 1922 an den Wahlen teilnahmen, auf gut 2 Prozent. Gesamthaft gesehen dürfte deshalb der Anteil der Bevölkerung, der in Seuzach politisch auf der Seite der Arbeiterschaft stand, 1935 bereits gegen 40 Prozent ausgemacht haben. Dies veranlasste die Verfasser der Ortsgeschichte von 1937 dazu, von der «Verwandlung Seuzachs» zu sprechen. Die Wahl von Hans Giger, der die SP schon im Gemeinderat vertreten hatte, zum Gemeindeschreiber (1937) macht zwar deutlich, dass die Arbeiterschaft bereits vor dem Zweiten Weltkrieg in Seuzach zu einer wichtigen politischen Kraft geworden war. Insgesamt blieben die Sozialdemokraten im Gemeinderat aber stark untervertreten. Die Bauern behielten klar die Mehrheit.

Von den fünf neuen Parteien, die 1935 kantonal ein Viertel der Stimmen erhielten, brachten vor allem die Unabhängigen die etablierten Parteien ins Wanken. Sie erreichten im Kanton Zürich auf Anhieb 18 Prozent. Die Partei des Migros-Gründers Gottlieb Duttweiler, aus welcher später der Landesring der Unabhängigen (LdU) hervorging, lag in Seuzach mit knapp 6 Prozent der Stimmen aber deutlich unter dem kantonalen Durchschnitt. Keine grosse Anhängerschaft fanden in Seuzach die restlichen neuen Parteien. Die Partei der Freiwirtschaftler, die sich als Reaktion auf die Weltwirtschaftskrise für die gleichmässige Verteilung von Kapital und Boden unter alle Bürgerinnen und Bürger sowie für den freien Handel einsetzte, lag in Seuzach mit 2,7 Prozent der Stimmen immerhin im kantonalen Durchschnitt, während die Nationale Front, die eine ähnlich faschistische Ideologie wie Hitlers NSDAP vertrat, in Seuzach mit 2,2 Prozent unter dem kantonalen Wert von 3,8 Prozent blieb.

In den folgenden Jahren veränderte sich die Parteienkonstellation in Seuzach weiter zugunsten der Arbeiterschaft. Ihren grössten Wähleranteil erreichte die SP in Seuzach nach dem Zweiten Weltkrieg. Mit 41 Prozent übertraf sie 1947 die Bauernpartei sogar um 6 Prozent. Obwohl sie nun die stärkste Partei in Seuzach war, finden sich in den Gemeindeprotokollen kaum Hinweise auf Parteienstreitigkeiten. Die Bauern und Arbeiter hatten sich in Seuzach – längst vor der nationalen Integration der Sozialdemokraten – arrangiert. Es wird erzählt, die Vertreter der beiden Parteien hätten sich jeweils vor den Versammlungen im Hinterzimmer einer Wirtschaft getroffen, um die verschiedenen Interessen unter einen Hut zu bringen.

10.3 VOM ZWEI- ZUM MEHRPARTEIENSYSTEM – NEUE ORTSPARTEIEN

Bereits 1947 hatte – damals allerdings noch fast nicht zu erkennen – eine neue Entwicklung den Anfang genommen, die 1959 deutlich sichtbar wurde und sich in den 1970er Jahren ungebremst fortsetzte: Seuzachs Politiklandschaft wandelte sich vom Zwei- zum Mehrparteiensystem. Die bürgerlichen Mitteparteien gewannen kontinuierlich Wählerstimmen. Zum einen war dies wiederum eine Folge der Bevölkerungsentwicklung. In die Ein- und Zweifamilienhäuser zogen nun mehrheitlich Leute mit bürgerlichem Hintergrund. Zum anderen bröckelte das herkömmliche Klassendenken. Das Wirtschaftswunder der Nachkriegszeit ermöglichte den unteren Schichten einen beispiellosen sozialen Aufstieg, bei dem sie sich auch politisch neu orientierten. Im Gegenzug wandten sich Söhne aus bürgerlichen Kreisen – wenn auch in weit geringerem Mass – den Ideen der SP zu. Gleichzeitig wandelte sich die Bauernpartei, deren Stammwählerschaft wegen des Rückgangs der Landwirte stetig abnahm, zur Bauern-, Gewerbe- und Bürgerpartei (BGB).

Einen zeitlich begrenzten Erfolg verbuchte 1971 zudem die Nationale Aktion (NA), die 1961 gegründet worden war. Die Partei, die sich später Schweizer Demokraten (SD) nannte, wehrte sich gegen die «Überfremdung der Schweiz» durch die ausländische Bevölkerung, vor allem die Italiener. Sie erreichte in Seuzach mit 12,3 Prozent einen beträchtlichen Anteil der Stimmen, blieb aber unter dem kantonalen Durchschnitt.

Der Wandel von zwei politischen Polen zu mehreren ähnlich starken Parteien spiegelt sich auch in der Bildung neuer Ortsparteien.[363] 1950 gründete die Liberalsozialistische Partei Winterthur-Land (LSP) einen Ableger in Seuzach. Die Partei, die ähnliche Ideen wie die Freiwirtschaftler verfolgte und Ziele der SP und der Freisinnigen verband, versuchte über eine neue Geldpolitik eine gerechtere Gesellschaftsordnung herbeizuführen. Grundsätzlich wehrte sie sich gegen zu viele Eingriffe des Staats in die Wirtschaft, der Boden sollte jedoch kommunalisiert werden, um ihn der Spekulation zu entziehen. Die LSP konnte sich langfristig nicht etablieren. Sie kam in Seuzach 1947 aber immerhin auf 3,3 Prozent der Stimmen.

Zur gleichen Zeit, als die LSP gegründet wurde, trafen sich Neuzuzüger, die sich von den beiden etablierten Parteien der Bauern und der Arbeiter ebenfalls nicht vertreten fühlten, in der «Freien politischen Vereinigung». 1957 formierte sich aus dem lockeren Verband der Bürgerliche Gemeindeverein, um sich auf «bürgerlicher Grundlage» in die Gemeindepolitik einzubringen und an Wahlen und Abstimmungen teilzunehmen. Ähnliche Zusammenschlüsse über die Parteigrenzen hinweg gab es auch in anderen Gemeinden, in denen sich die Bevölkerung durch den Zuzug neuer Schichten verändert hatte. Bei den Neuzuzügern handelte es sich oft um Leute, die zuvor politisch nicht besonders aktiv gewesen waren, nun aber auf kommunaler Ebene ihre Interessen besser einbringen wollten. Da die Lösung konkreter Sachfragen, welche die Gemeinde betrafen, im Vordergrund stand, verzichteten sie auf die Anbindung an eine bestehende Partei, um ähnlich gesinnte Kräfte besser bündeln zu können. Im Grund richtete sich die «Freie politische Vereinigung» vor allem gegen den Einfluss der ansässigen Politiker, die sehr gut in der Gemeinde verankert waren.

In den 1960er Jahren zogen jedoch immer mehr Leute nach Seuzach, die bereits zuvor parteipolitisch organisiert waren. Am 20. April 1967 gründeten deshalb die Demokraten eine Ortspartei. Nur zwei Monate später, am 27. Juni 1967, zogen die Freisinnigen nach. Die beiden in den 1860er Jahren entstandenen Richtungen der Liberalen hatten sich auf Bundesebene längst zusammengeschlossen. Nur im Kanton Zürich hielten sie am alten Gegensatz noch lange fest. Erst 1970 schlossen sie sich auf kantonaler Ebene zur Freisinnig-Demokratischen Partei (FDP) zusammen. Im gleichen Jahr fusionierten auch die beiden Seuzacher Ortsparteien.

Da viele Mitglieder der FDP dem Bürgerlichen Gemeindeverein angehört hatten, wurde dieser überflüssig und löste sich 1972 auf. Damit verloren jedoch bürgerlich gesinnte Einwohner, die sich nicht der FDP anschliessen wollten, ihre Interessenvertretung in der Gemeinde. 1974 wurden zwei weitere Ortsparteien gegründet, die Evangelische Volkspartei (EVP) und der Landesring der Unabhängigen (LdU).

10.4 ERNEUTE POLARISIERUNG

Ihren Höhepunkt erreichten die bürgerlichen Mitteparteien bei den Nationalratswahlen von 1983, als die FDP in Seuzach mit fast einem Viertel der Wählerstimmen die grösste Anhängerschaft besass. Gleichzeitig erlebte die einstige Bauernpartei, die sich in den 1960er Jahren zum zweiten Mal reorganisiert hatte und sich nun Schweizerische Volkspartei (SVP) nannte, mit einem Wähleranteil von 21 Prozent ihren Tiefpunkt.

Danach konnte die SVP aber kontinuierlich zulegen, sodass sich ihre Anhängerschaft bis 2007 verdoppelte. Gleichzeitig gewann in Seuzach die Grüne Partei (GP) stetig Stimmen. Die GP, die 1978 zum Schutz der Umwelt gegründet worden war, verdoppelte ihren Stimmenanteil in Seuzach von 1983 bis 2007 ebenfalls, allerdings auf weit tieferem Stand als die SVP, nämlich von 3 Prozent auf 6 Prozent. Hätte sich nicht die Grünliberale Partei (GLP) abgespalten, wäre der Erfolg der GP womöglich noch grösser gewesen. Die GLP erreichte 2007 auf Anhieb 5 Prozent der Stimmen in Seuzach. Weiter konnte auch die Eidgenössische Demokratische Union (EDU) Wähleranteile gewinnen. Die Partei, die als wertkonservativ und bibeltreu gilt, kam auf einen Anteil von 2,7 Prozent der Stimmen.

Tendenziell legten seit den 1980er Jahren diejenigen Parteien in Seuzach zu, die sich verstärkt rechts oder links positionierten und eher konservative Haltungen vertraten. Die Mitteparteien dagegen büssten Stimmen ein oder verschwanden wie der LDU ganz von der politischen Bühne, sodass heute noch vier Ortsparteien, nämlich die SP, SVP, FDP und EVP, in Seuzach aktiv sind. Neustens haben sich die CVP und die GLP dazugesellt.

Blickt man auf die Abstimmungsresultate der letzten 30 Jahre zurück und vergleicht diese im gesamtschweizerischen Kontext, was der Politologe Michael Hermann und der Geograf Heiri Leuthold getan haben, so zeigt sich, dass die Seuzacherinnen und Seuzacher gesamtschweizerisch gesehen klar rechts und liberal stimmten.[364] Die beiden Wissenschaftler haben die Ergebnisse der Abstimmungen der 1980er und 90er Jahre nach dem allgemein gebräuchlichen Links-rechts- und Liberal-konservativ-Schema ausgewertet und die Resultate für alle Gemeinden der Schweiz in einer Grafik dargestellt. So galt beispielsweise als links die Haltung, den Sozialstaat auszubauen, als rechts die Meinung, die Kosten des Wohlfahrtsstaats zu senken. Als liberal wurden die Bestrebungen gewertet, sich gegenüber dem Ausland eher zu öffnen, Fremde leichter zu integrieren und staatliche Institutionen schneller zu reformieren. Entsprechend galt das entgegengesetzte Verhalten als konservativ. Je liberaler die

220_Kreuzung mit dem Schulhaus, um 1932. 1930 richtete die Gemeinde ihre Verwaltung in einem kleinen Raum im Schulhaus ein. Seit 1957 – nach dem Bau des Sekundarschulhauses Halden – standen ihr mehrere Räume zur Verfügung. 1967 übernahm die Gemeinde das alte Sekundarschulhaus ganz. 1995 kam der moderne Erweiterungsbau dazu.

Seuzach

Haltung eine Gemeinde war, desto weiter oben erschien sie, je rechter sie stimmte, desto weiter rechts wurde sie eingetragen (Abbildung 221). Die Gebirgsformen verdeutlichten zudem die Zahl der Stimmenden, die jeweils der Auswertung zugrunde lag. Je höher der Berg, desto mehr Leute zählten dazu. Seuzach erhielt bei der Links-rechts-Einteilung eine 16. Es wich dabei deutlich von den städtischen Zentren Zürich und Winterthur ab, die bei -5 und 2 lagen. Dagegen schnitt Seuzach auf der Liberal-konservativ-Skala mit einem Wert von 12 ähnlich ab wie die beiden Städte, die bei 11 respektive 9 lagen. Gesamtschweizerisch zeigte sich, dass es einerseits eine klare Trennung zwischen liberalem Mittelland und konservativen Bergregionen gab, andererseits sich die Westschweiz und das Tessin auf der Links-rechts-Skala klar von der Deutschschweiz unterschieden.

221_Abstimmungsverhalten der schweizerischen Gemeinden, 1980–2000. (Grafik von Michael Hermann und Heiri Leuthold, 2003)

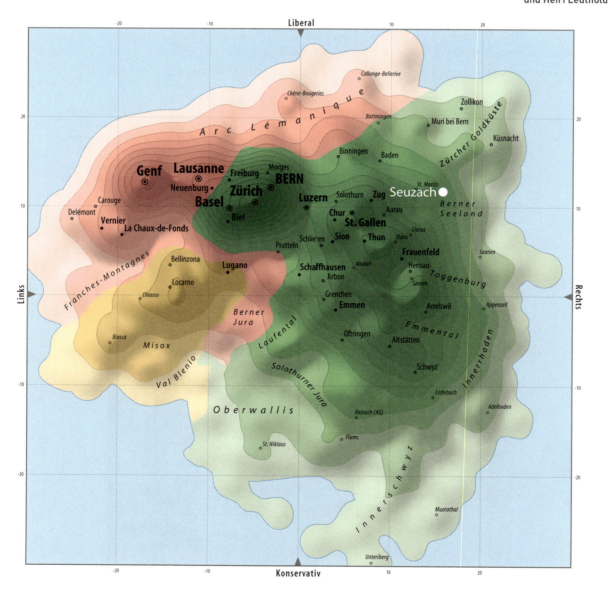

10.5 DIE EINFÜHRUNG DES FRAUENSTIMMRECHTS

Die Schweiz ist stolz auf ihr politisches System, das den Bürgerinnen und Bürgern eine weitgehende politische Mitsprache ermöglicht. Die Frauen indessen blieben ungewöhnlich lange davon ausgeschlossen. Während viele Länder das Frauenstimmrecht bereits nach dem Ersten Weltkrieg einführten und ihnen die meisten anderen nach dem Zweiten Weltkrieg folgten, lehnte die Mehrheit der Schweizer Männer die politische Gleichberechtigung der Frauen noch in den 1960er Jahren ab. Neben der Schweiz kannten damals in Europa nur noch Portugal und die beiden Fürstentümer Monaco und Liechtenstein kein Frauenstimmrecht.

Dabei lag die Forderung nach der politischen Gleichberechtigung der Frauen bereits seit der Schaffung des demokratischen Kantons Zürich auf dem Tisch. Der Stäfner Johann Jakob Leuty schrieb 1833 in der Zeitschrift «Das Recht der Weiber»: «Hat der Mensch das Recht frei zu sein? Sind die Weiber auch Menschen? Haben sie daher ein gleiches Recht frei zu sein?»[365] Und ein Jahr nach der Verfassungsrevision von 1869 machten sich die Zürcher Zünfte am Sechseläuten über die Forderung nach Gleichberechtigung lustig. Auf einem Umzugswagen stellten sie rauchende Frauen dar, wie sie die Männer am Gängelband führten. Die ablehnende Haltung der Männer ging so weit, dass sie in dieser Frage selbst die Ausdehnung der Gemeindeautonomie ausschlugen. Als 1907 der Regierungsrat es den Gemeinden freistellen wollte, Frauen aufgrund ihres sozialen Engagements in die Kirch-, Schul- oder Armengemeinde zu wählen, lehnten die Zürcher Männer die Vorlage ab. Die Seuzacher stimmten mit 162 Nein zu 24 Ja dagegen. Immerhin bildete sich darauf der erste gesamtschweizerische Verband für das Frauenstimmrecht, in dem sich verschiedene Anfang des 20. Jahrhunderts entstandene Stimmrechtsvereine zusammenschlossen und auch bürgerliche Frauen engagiert waren. Ihr Erfolg blieb trotzdem gering. 1920 lehnten die Zürcher Männer die Einführung des Frauenstimmrechts klar ab. Insgesamt stimmte nur ein Fünftel dafür. Ähnlich deutlich wurde drei Jahre später das Stimm- und Wahlrecht für die Frauen auf Gemeindeebene verworfen. Damit war die Forderung vorerst vom Tisch.

Er dauerte bis 1947, bis das Frauenstimmrecht wieder zur Diskussion stand. Die Männer hatten ihre Haltung jedoch kaum überdacht. Sowohl die Initiative, welche die weitgehende rechtliche Gleichstellung von Mann und Frau verlangte, wie auch der Gegenvorschlag des Kantons, der den Frauen nur das Stimm- und Wahlrecht gewähren wollte, wurden vom Souverän abgelehnt.[366] Der Entscheid war für die Frauen besonders bitter, denn sie hatten während des Zweiten Weltkriegs «ihren Mann» gestellt und wesentlich für die Aufrechterhaltung der Wirtschaft und des zivilen Lebens gesorgt. Die Seuzacher Männer lehnten die Initiative mit 81 Prozent und den Gegenvorschlag mit 66 Prozent ab. Immerhin lagen sie mit ihrer Ablehnung unter dem kantonalen Durchschnitt, was wohl mit dem grossen Anteil der in Seuzach lebenden Arbeiter zusammenhing. Gesamthaft lehnten die Zürcher Stimmbürger den Gegenvorschlag mit 78 Prozent ab.

Die erste eidgenössische Abstimmung zur Einführung des Frauenstimmrechts im Jahr 1959 deutete indessen nicht auf einen raschen Meinungsumschwung bei den Seuzacher Männern hin. Im Gegenteil: 69 Prozent von ihnen lehnten nun die Vorlage ab, die gesamtschweizerisch von zwei Dritteln der Stimmbürger verworfen wurde. Die Einführung des Stimm- und Wahlrechts für Frauen in der Kirchgemeinde im Jahr 1963 liess dann auf ein Umdenken hoffen. Die kantonale Vorlage zum Stimm- und Wahlrecht der Frauen von 1966 dämpfte jedoch erneut die Erwartungen der Befürworterinnen. In Seuzach waren immer noch 60 Prozent der Männer dagegen. Der Kanton wählte darauf die Taktik der kleinen Schritte. 1969 präsentierte er den Stimmbürgern eine Vorlage, die es den Gemeinden überliess, das Stimm- und Wahlrecht auf Gemeindeebene einzuführen. Mit 51 Prozent, also äusserst knapp, nahmen die Seuzacher diese an. Kantonal stimmten immerhin 58 Prozent dafür. Gestützt auf das Ja an der Urne beantragte der Seuzacher Gemeinderat noch im gleichen Jahr, den ansässigen Schweizer Bürgerinnen das Stimm- und Wahlrecht in allen Angelegenheiten der Politischen Gemeinde ab sofort zu gewähren. An der Gemeindeversammlung vom 24. Oktober 1969 meldeten sich dann nur noch die Befürworter zu Wort, und der Antrag wurde mit 133 Ja gegen 44 Nein deutlich angenommen.[367] Bereits innert Wochenfrist organisierte der Gemeinderat einen Vortrag für die Frauen, um ihnen das Wesentliche über den Aufbau des Staats näherzubringen. Dem Frauen- und Töchterchor, der dabei mitgewirkt hatte, schrieb er 50 Franken gut, mit dem Versprechen, dem Chor den Betrag mit Zins- und Zinseszinsen, das heisst 2360 Franken und 50 Rappen, am 31. Dezember 2043 anlässlich seines 150-Jahr-Jubiläums auszuzahlen.[368]

Nachdem der Seuzacher Gemeinderat das Ende der Vorherrschaft der Männer mit Humor genommen hatte, war auch die Annahme des Frauenstimmrechts auf kantonaler Ebene 1970 keine Überraschung mehr. Die Seuzacher Männer stimmten der Vorlage mit 59 Prozent zu. Das Resultat machte jedoch deutlich, dass die Abstimmung an der Gemeindeversammlung im Jahr zuvor keineswegs die tatsächlichen Verhältnisse wiedergegeben hatte. Ein allmähliches Umdenken war immerhin im Gang, das zeigte die Abstimmung zum Frauenstimmrecht auf eidgenössischer Ebene im Jahr 1971, dem nun 61 Prozent der Seuzacher zustimmten. Sie lagen damit aber immer noch 5 Prozent unter dem schweizerischen Durchschnitt. Auch der rechtlichen Gleichstellung von Mann und Frau stimmten die Seuzacher, nun allerdings Männer und Frauen, 1981 nur mit 59 Prozent zu.

222_Postkarte, Gruss aus Seuzach, um 1920.

Anhang

KREDITANTRÄGE AN DIE GEMEINDEVERSAMMLUNG, 1960–2010

Zusammengestellt von Urs Bietenhader, Gemeindeschreiber, aufgrund der Gemeindeversammlungsprotokolle, 2011.

Datum	Vorhaben	Kredithöhe (Fr.)
29. 1. 1960	Erste Bauetappe im Ausbauprogramm der Wasserversorgung (Erweiterung Reservoir Eschberg, Anschluss Heimenstein etc.)	110 000
	Projektierung einer Sanitätshilfsstelle im Erweiterungsbau der Sekundarschule	4 000
	Projektierung des Werkgebäudes an der Strehlgasse	7 000
	Landkauf an der Bachtobelstrasse (4 558 m²)	55 000
	Waldkauf in der Tenschrüti (Amelenberg, 550 m²)	1 250
8. 4. 1960	Landkauf im Brandwingert und im Grund (22 140 m²)	300 000
	Wasserleitungen in der Trotten- und der Friedenstrasse	26 000
24. 6. 1960	Landkauf im Riet und im Walenbüel (54 950 m²)	329 700
	Gehweg Winterthurerstrasse und Beitrag an den Kreuzungsbau beim «Bernergüetli»	98 900
	Ausbau der Wasserversorgung im Quartierplangebiet Wasserfuri	48 300
	Kanalisation in der Strehlgasse/Weihergasse	36 400
22. 9. 1960	Bau einer Sanitätshilfsstelle im Erweiterungsbau der Sekundarschule	220 000
	Bau eines Werkgebäudes an der Strehlgasse	560 000
	Landkauf im Falleter und im Bruggacker (37 160 m²)	222 960
	Bau der verlängerten Birchstrasse sowie der Seebühlstrasse	325 000
	Anbau an Garderoben- und Saunagebäude im Schwimmbad (Lagerraum für Holz und Inventar)	11 400
	Anschluss des Schwimmbads an die Kanalisation	9 000
	Neuinstrumentierung der Musikgesellschaft Seuzach	6 500
	Strassenbeleuchtung an der Kreuzung beim «Bernergüetli»	14 835
29. 12. 1960	Landkauf Ohringerstrasse (2 242 m²)	14 573
	Zweite Bauetappe des Ausbauprogramms der Wasserversorgung (Grundwasserpumpwerk Unterohringen, Druckleitung etc.)	369 000
	Wasserleitung in der Winterthurerstrasse	58 400
	Wasserleitung im See	36 800
	Bücheranschaffung (1 500 Stk.) und Innenausbau der Gemeindebibliothek	32 750
	Ausbau der Heimensteinstrasse (Sekundarschulhaus–Erdbühlstrasse)	11 000
12. 5. 1961	Bau der Quartierstrasse im See	43 000
	Bau der Kanalisation in der Seestrasse	45 000
	Bau der Strassenbeleuchtung im See	22 400
	Bau der Kanalisation in der Kirchhügelstrasse	25 000
	Nachtragskredit zum Bau des Werkhauses	30 000
	Überarbeitung und Neudruck Gemeindechronik	16 000
	Landkauf im See (2 205 m²)	25 188
	Waldkauf im Brandholz (4 000 m²)	10 000
	Waldkauf in der Möslihalde (5 200 m²)	18 240
30. 6. 1961	Landkauf im Schlingg (21 504 m²)	135 000
	Waldkauf im Totenwinkel, auf Eichreutenen und auf Randen (total 6 900 m²)	16 800
3. 11. 1961	Waldkauf in der unteren Mörsburg (31 500 m²)	7 000
19. 1. 1962	Waldkauf Forrenberg (4 000 m²)	8 000
	Bau der Seestrasse	45 000
	Überarbeitung des generellen Kanalisationsprojektes sowie Detailprojektierung verschiedener Leitungen	79 000

	Wasserleitung in der Ohringerstrasse sowie elektrische Zuleitung zum Reservoir Eschberg	44 000
29. 6. 1962	Erweiterung des Kinderspitals Zürich	5 320
18. 1. 1963	Einbau von Militärkantonnementen im Werkhaus und in der Sanitätshilfsstelle	40 000
	Beitrag an die 700-Jahr-Feier (Defizitbeitrag)	20 000
	Gestaltung einer Anlage mit Bassin und Pferdeplastik (Rösslipark)	25 000
	Anschaffung einer gemeindeeigenen Bühne	17 000
	Wasserleitung zum Reservoir Brandholz-Eschberg	120 000
	Fernsteuerungsanlage der Wasserversorgung im Werkhaus	68 000
	Waldkäufe in der Brandrüti, im Seewadel, im Brandholz und im Scheienhaag (total 11 547 m²)	55 380
	Ausbau der Bachtobelstrasse	143 500
	Kanalisationsleitung in der Bachtobelstrasse	96 000
30. 8. 1963	Ausbau der Buchenstrasse	76 840
	Ausbau der Seebühlstrasse, 2. Teil	96 000
	Ausbau eines Teilstücks der Reutlingerstrasse	110 000
	Gehweg an der Birchstrasse	10 500
	Ausbau der Herbstackerstrasse (Abschnitt Stationsstrasse–Bachtobelstrasse)	155 000
	Ausbau der Herbstackerstrasse (Abschnitt Bachtobelstrasse–Waldrand)	231 000
	Ausbau der Herbstackerstrasse (zukünftiger Goldackerweg)	151 000
	Ausbau der Glärnischstrasse	200 000
	Notstromgruppe für die Sanitätshilfsstelle	11 135
	Gemeindeanteil der Kosten der Waldzusammenlegung	70 650
15. 11. 1963	Zuleitung der Quelle Erdbühl zu den Dorfbrunnen	17 000
	Kanalisation in der Grundstrasse (südlicher Teil)	12 300
	Bau der Gladiolenstrasse	260 000
	Kanalisation in der Stationsstrasse (Säntisstrasse–Stadtgrenze)	34 000
	Ausbau der Heimensteinstrasse	131 000
	Ausbau des Haselwegs	128 000
17. 1. 1964	Ausbau der Grundstrasse inklusive Kanalisation (Herbstackerstrasse–Stationsstrasse)	393 000
	Oberflächenteerung der Ortsverbindung Seuzach-Hettlingen (Schulweg)	18 500
6. 5. 1964	Kanalisation in der Kirchgasse	46 800
	Hauptsammelkanal Rietacker–Halden–Saler	437 200
	Belagsarbeiten in der Strehlgasse	9 000
	Strassenbeleuchtung an der Reutlingerstrasse	9 750
	Strassenbeleuchtung an der Buchenstrasse	3 100
	Grundwassersondierbohrungen bei der Kläranlage	16 500
	Oberflächenteerung der Reutlingerstrasse	8 947
	Landkauf an der Strehlgasse (14 334 m²)	501 690
	Landkauf am Forrenberg (39 108 m²)	587 296
10. 7. 1964	Ausbau des Wasserleitungsnetzes im Saler	177 700
18. 12. 1964	Ausarbeitung einer neuen Bauordnung	10 000
	Kanalisationsleitung in der Hettlingerstrasse	27 000
	Jährlicher Beitrag an den Hauspflegedienst	2 000
	Ausbau der Hochgrütstrasse	11 600
6. 5. 1965	Jährlicher Gemeindebeitrag an die Viehzuchtgenossenschaft	1 800
	Oberflächenteerung diverser Gemeindestrassen	98 000
	Strassenbeleuchtung an der Gladiolen- und der Grundstrasse	43 000
9. 7. 1965	Strassenbeleuchtungen an der Goethe-, der Herbstacker-, der Glärnischstrasse sowie am Goldackerweg	49 850
	Ausbau der Stadlerstrasse	218 000
10. 12. 1965	Ausbau der Kirchgasse	61 600
	Rasenmäherkauf	7 330
	Nachführung der Grundbuchpläne	10 000
	Ausbau der Bachwiesenstrasse (Stadlerstrasse–Chrebsbach)	102 000
19. 8. 1966	Landkauf Welsikonerstrasse (2519 m²)	80 608
	Bau von beidseitigen Gehwegen an der Birchstrasse	78 000

	Gemeindebeitrag an die Tierheim-/Bodenstrasse	25 000
	Ausbau eines Teilstücks der Bodenstrasse	57 000
	Gehweg an der Tierheimstrasse	33 000
	Diverse Wasserleitungsprojekte (Netzausbau Grund-/Brandbüel, Kirchgasse, Neuwingert, Stadlerstrasse)	191 900
	Kommunalfahrzeug Rapid-Einachstraktor	14 332
13. 1. 1967	Gemeindebeitrag an Krankenpflegeverein	7 500
	Gemeindebeitrag an Flurgenossenschaft	2 000
	Gemeindebeitrag an WC-Gebäude am Bahnhof Seuzach (Gesamtkosten 40 000 Fr.)	12 000
	Kauf des alten Sekundarschulhauses von der Primarschule	100 000
	Ausbau Ohringerbach	27 000
	Teilausbau der Heimensteinstrasse (Länge 40 m)	18 000
	Sanierung der Stützmauer im Friedhof	28 000
	Kanalisation in der hinteren Stadlerstrasse	36 700
	Gehweg an der Reutlingerstrasse (Winterthurer–Birchstrasse)	89 800
	Strassenbeleuchtung an der Reutlingerstrasse	20 700
	Kanalisation in der Tierheim- und Bodenstrasse	100 000
	Einbau der Wasseraufbereitung, Bau eines Planschbeckens und Verbesserung der Garderobenverhältnisse im Schwimmbad	179 700
	Hauptsammelkanal der Kanalisation in Oberohringen	285 000
26. 5. 1967	Überarbeitung des generellen Kanalisationsprojekts	23 000
	Planung des Dorfteils Oberohringen	5 500
	Generelles Kanalisationsprojekt in Oberohringen	8 500
	Zweiter Teil des Hauptkanals der Kanalisation in Oberohringen	48 000
7. 7. 1967	Einbau eines Konferenzraums und eines Trauzimmers im Gemeindehaus	42 000
	Oberflächenteerung der Buchen- und der Hochgrütstrasse	10 000
	Teerung eines Teilstücks der Bahnstrasse	3 500
	Landkauf für die Kläranlage (3 000 m²)	54 000
1. 9. 1967	Hauptsammelkanal der Kanalisation in Oberohringen (Baulose 2–4)	950 000
	Ausbau der Breitestrasse	389 000
	Korrektur der Einmündung der Forrenbergstrasse	19 000
	Strassenbeleuchtung an der Welsikonerstrasse	36 000
	Strassenbeleuchtung an der Tierheimstrasse	11 000
	Erhöhung der Finanzkompetenzen des Gemeinderats – Änderung der Gemeindeordnung	
12. 1. 1968	Wasserleitung Tierheimstrasse–Amelenberg	23 000
	Wasserleitung in der Winterthurerstrasse	82 300
	Waldkauf im Laubholz, im Bungertacker und in den Fuchslöchern (18 200 m²)	49 194
15. 3. 1968	Detailprojektierung der neuen Schiessanlage im Rolli	12 000
	Strassenbeleuchtung an der Breitestrasse	19 100
7. 6. 1968	Strassenbeleuchtung an der Winterthurerstrasse	95 000
	Neugestaltung des alten Friedhofteils	18 000
	Wasserleitung an der Breitestrasse	41 900
27. 9. 1968	Fussgängerverbindung Stationsstrasse–Breitestrasse	28 800
	Kanalisation in der Welsikonerstrasse	190 000
	Kanalisation in der Landstrasse (Teilstück)	40 000
	Hauptwasserleitung in der Welsikonerstrasse	59 200
	Bau der Gotthelf-, der Bachtobel- und der Herbstackerstrasse (inklusive Kanalisation, Beleuchtung, Wasser), Gemeindeanteil	313 713
20. 12. 1968	Wasserleitung Forrenberg (Autobahn)	31 700
	Ringleitung der Wasserversorgung im Püntenweg	14 500
	Verlegung der Hauptwasserleitung in der Schaffhauserstrasse	20 200
27. 6. 1969	Ausbau der Reutlingerstrasse	67 000
	Landkauf für Alters- und Pflegeheim (30 064 m²)	1 596 060
	Waldkauf im Brandholz (14 950 m²)	32 000
	Waldkauf in den Fuchslöchern (16 660 m²)	34 000

24. 10. 1969	Netzausbau der Wasserversorgung an der Welsikonerstrasse	13 700
	Gemeindeanteil an die Gemeinschaftsschiessanlage Witerig	450 000
12. 12. 1969	Neubau der Reutlingerstrasse	51 300
	Belagsarbeiten an der Rainbuckstrasse	15 000
	Netzausbau der Wasserversorgung der Reutlinger- und der Seebühlstrasse	25 300
	Anteilscheinzeichnung für das Jugendhaus	20 000
24. 4. 1970	Ausbau der Weidstrasse	118 000
	Wasserleitung zu den Autobahnraststätten	31 000
	Landkauf im Weier und im Walenbüel (16 300 m²)	161 000
10. 7. 1970	Parkplatz Buechenwäldli	67 222
	Netzausbau der Wasserversorgung in der Birchweid	62 000
18. 12. 1970	Schneepflug, passend zu Lastwagen	17 620
	Teilstück des Entlastungskanals Bachtobelstrasse/Chrebsbach der Kanalisation	121 000
	Hauptwasserleitung Forrenberg, Reservoir Eggenzahn	142 200
23. 4. 1971	Um-, Ein- und Renovationsbauten der Liegenschaft Strehlgasse 13	25 000
	Neuer Heizkessel im Gemeindehaus	18 000
	Neubau der Oberwiesenstrasse	81 800
	Ausbau der Püntenstrasse	124 000
	Ausbau eines Teilstücks der Weidstrasse	72 160
	Polytronic-Scheiben für die Schiessanlage Witerig (Projektänderung)	52 000
	Landkauf im Schlingg (33 049 m²)	595 000
	Landkauf an der Ohringerstrasse (2 424 m²)	43 632
	Waldkauf im Rümmeli und im Brandholz (16 433 m²)	30 000
2. 7. 1971	Landkauf am Bachtobelgraben (1 606 m²)	64 240
17. 12. 1971	Neufestsetzung des Gemeindebeitrags an den Krankenpflegeverein	15 000
	Landkauf an der Stationsstrasse (1 400 m²)	140 000
	Landkauf an der Stationsstrasse (2 800 m²)	280 000
	Landkauf an der Stationsstrasse (680 m²)	68 000
	Landkauf an der Breitestrasse (2 800 m²)	280 000
	Neuinstrumentierung der Musikgesellschaft	50 000
	Glocken-Geschenk für die neue katholische Kirche	17 000
28. 4. 1972	Trottoirneubau an der Mörsburgstrasse	62 510
	Ausbau der Herbstackerstrasse, Erschliessungsbeitrag für Gemeindegrundstück	84 000
	Erweiterung des Reservoirs Eggenzahn	376 000
	Anschaffung eines Feuerwehr-Pikettfahrzeugs	72 500
	Ausrüstung des Feuerwehr-Pikettfahrzeugs	20 500
	Landkauf in der Brunnenwis (8 902 m²)	204 746
	Landkauf in der Oberwis (3 236 m²)	323 600
30. 6. 1972	Waldkauf in der Schnäggenweid (8 790 m²)	27 000
	Fitnessanlage im Eschbergwald mit Parkplatz	126 000
	Werkleitungen in der Hettlingerstrasse	54 700
8. 9. 1972	Entlastungsabwasserkanal in der Bachtobel-/Birchstrasse	160 000
	Kanalisationshauptsammelkanal Nord	2 350 000
	Meteorwasserkanal Schneckenwiesen	254 000
	Hauptsammelkanal Geeren–Forrenbergstrasse	1 220 000
	Anschaffung eines Land-Rover-Kommunalfahrzeugs mit Zubehör	50 193
20. 12. 1972	Trottoir an der Mörsburgstrasse, zweites Teilstück	16 900
1. 6. 1973	Landkauf am Bachtobelgraben (988 m²)	39 520
	Projektierungskredit für die Erweiterung der Kläranlage	40 000
	Ausbau der Forrenbergstrasse (Winterthurerstrasse–Hochgrütstrasse)	250 000
	Erhöhung der Finanzkompetenzen des Gemeinderats – Änderung der Gemeindeordnung	
9. 11. 1973	Neufestsetzung des Gemeindebeitrags an den Krankenpflegeverein	25 000
	Projektierung eines Alters- und Pflegeheims, Gemeindeanteil	169 000
18. 1. 1974	Erweiterung und Ausbau der Kläranlage	2 800 000

	Kanalisation in der Forrenbergstrasse	430 000
	Ausbau der Forrenbergstrasse	276 000
	Beitrag an die Genossenschaft Jugendhaus (unverzinslicher Schuldbrief)	50 000
5. 7. 1974	Kanalisation in Unterohringen	300 000
	Bau einer Pumpstation in der Kläranlage	110 000
13. 12. 1974	Ausbau des Lilienwegs	134 100
	Ausbau der Kirchhügelstrasse mit Chrebsbachbrücke	390 400
	Neubau des Alters- und Pflegeheims, Gemeindeanteil	4 721 280
	Neubau der Zivilschutzanlage im Alters- und Pflegeheim (Bereitstellungsanlage, öffentliche Schutzräume)	1 193 800
27. 6. 1975	Neu- und Umbauten im Friedhof (Aufbahrungsgebäude etc.)	475 220
	Landkauf in der Rüti, Oberohringen (5 000 m²)	140 000
	Landkauf in der Rüti, Oberohringen (8 200 m²)	229 600
19. 12. 1975	Ausbau der Weiherstrasse (Strehlgasse–Landstrasse)	157 570
	Ausbau der Ohringerstrasse, Einspurstrecken	100 000
	Kanalisation auf der Chrebsbachnordseite	750 000
	Ufergestaltung des Chrebsbachs im Bereich des Alters- und Pflegeheims	100 000
30. 6. 1976	Jährlicher Gemeindebeitrag an den Krankenpflegeverein, Neufestsetzung	50 000
3. 12. 1976	Stichstrasse und Kanalisation im Ifang	185 000
	Ausbau der Landstrasse (Welsikoner–Weiherstrasse)	337 000
	Wasserversorgung der Landstrasse	65 800
	Strassenbeleuchtung der Landstrasse	34 690
10. 6. 1977	Bau des Personalhauses des Alters- und Pflegeheims, Gemeindeanteil	572 700
	Projektierungskredit für den Ausbau des Schwimmbads	50 000
	Fussballplatz und Trainingsfeld im Rolli	120 000
2. 12. 1977	Ausbau der Schulstrasse	230 000
	Ausbau der Weiherstrasse (Leberenstrasse–Landstrasse)	90 000
	Jährlicher Unterhaltsbeitrag an ALST-Anlage	5 400
14. 12. 1977	Bau von 300 Schutzplätzen unter der Turnhalle Oberohringen	360 325
8. 12. 1978	Ausbau der Landstrasse (Weiherstrasse–Lilienweg)	315 000
	Kauf eines Rapid-Kommunalfahrzeugs mit Schneepflug	57 440
	Betriebsdefizitbeitrag an SBB-Probebetrieb bis Frühjahr 1981	66 000
22. 6. 1979	Projektkostenanteil für einen Saal im Oberwis	30 000
19. 10. 1979	Ausbau der Stadlerstrasse (ab Bachwiesenstrasse)	182 000
7. 12. 1979	Erschliessung der Gewerbezone Asp, Oberohringen	700 072
6. 6. 1980	Kanalisation im Brüel, Oberohringen	135 000
29. 8. 1980	Gemeindebeitrag an den Gemeindesaal Oberwis	1 300 000
	Bau der Parkierungsanlage Oberwis	703 000
19. 9. 1980	Ausbau der Landstrasse	305 000
	Ausbau der Haldenstrasse	215 000
	Netzerweiterung der Wasserversorgung Haldenstrasse	114 700
	Kanalisation Halden-Riet	960 000
	Bau des Zivilschutz-Ortskommandopostens (unter dem Pausenplatz des Oberstufenschulhauses)	765 000
	Renovation des Wohnhausteils an der Strehlgasse 13	97 000
6. 5. 1981	Kauf eines Tanklöschfahrzeugs	283 577
12. 6. 1981	Anschluss an die Wasserversorgung der Stadt Winterthur	520 000
	Bau des Schwimmbads Weiher	4 577 000
	Einbau von Sonnenkollektoren im Schwimmbad	98 000
	Bau der öffentlichen Sauna	333 000
	Bau von zwei öffentlichen Schutzräumen im Schwimmbad	144 000
4. 6. 1982	Bau der Fussgängerpassarelle in Oberohringen	210 000
	Bau des Garderobengebäudes auf dem Sportplatz Rolli	643 000
24. 9. 1982	Um- und Einbauten im Gemeindehaus	675 000
	Kanalisation in der Deisrütistrasse	212 000
26. 11. 1982	Kauf eines Kommunalfahrzeugs Boschung-Pony	86 684

17. 6. 1983	Kauf einer NCR-Datenverarbeitungsanlage für die Gemeindeverwaltung	398 000
	Entlastungskanal im Gebiet Grund-Wolfgsang	269 500
2. 12. 1983	Feuerwehr-Telefonalarmsystem SMT 75	76 000
	Wasserversorgung des Gewerbegebiets Ohringen (Ringleitung)	162 000
	Erweiterung der Gemeindebibliothek	68 000
15. 6. 1984	Kanalisation im alten Dorfteil Oberohringen	155 000
7. 12. 1984	Ersatz der Verteilleitung der Wasserversorgung an der Stationsstrasse	164 300
8. 3. 1985	Kanalisation in der Obstgartenstrasse	112 000
7. 6. 1985	Waldkauf im Totenwinkel (2 730 m²)	124 000
	Lärmschutzwand entlang der N1 in Oberohringen	140 000
28. 11. 1985	Ausbau der Gotthelfstrasse	370 000
	Erste Ausbauetappe des Werkhauses	170 000
	Ausbau der Kläranlage (Klärschlammhygenisierung)	2 290 000
6. 6. 1986	Wasserleitung in der Strehlgasse	61 000
5. 12. 1986	Jährlicher Beitrag an die «Seuzemer und Ohringer Nachrichte»	36 000
19. 6. 1987	Um- und Erweiterungsbau des Werkhauses (u. a. Holzschnitzelfeuerung)	2 550 400
	Anschaffung eines Kommunalfahrzeugs	120 000
4. 12. 1987	Projektierung der Verkehrserschliessung des Brandbühls	100 000
	Sanierung der Liegenschaft «alte Schmiede», Kirchgasse 19	390 000
	Bau des Parkplatzes beim Schulhaus Oberohringen (ALST-Anlage)	105 000
	Kanalisation in der Oberwis	255 000
10. 6. 1988	Landerwerb und Projektierung der Erweiterung des Alters- und Pflegeheims, Gemeindeanteil	357 000
	Umrüstung der Trefferanzeige der Gemeinschaftsschiessanlage Witerig	226 084
	Regenbecken Deisrüti, Oberohringen	510 000
	Ausrüstung der privaten Schutzräume	500 000
23. 9. 1988	Automatische Barrieren an den Bahnübergängen Bachtobel und Leberen	469 000
2. 12. 1988	Verkehrserschliessung des Brandbühls	995 250
	Ausbau der Stationsstrasse (Einmündungen Bachtobel- und Birchstrasse)	540 000
	Erhöhung des jährlichen Beitrags an die «Dorfzytig»	49 000
2. 6. 1989	Anpassungen an Kanalisationsanschlüssen an der Welsikonerstrasse	55 000
	Anschaffung eines zweiten Feuerwehrfahrzeugs	137 000
8. 6. 1990	Bereitstellung von Asylantennotunterkünften	463 000
31. 5. 1991	Erweiterung der Friedhofanlage	992 000
	Bauliche Massnahmen zur Verkehrsberuhigung im Brandbühl	212 000
15. 5. 1992	Erweiterung der Sportanlage Rolli	2 357 400
25. 9. 1992	Erschliessung der Weid	968 000
4. 12. 1992	Einführung eines geografischen Informationssystems	560 000
27. 9. 1993	Umbau- und Erweiterung des Gemeindehauses	5 280 000
29. 11. 1993	Wasserleitung im Buchenwäldli (Ringschluss)	535 000
13. 6. 1994	Sanierung und Netzausbau der Trottenstrasse, Oberohringen	435 000
7. 6. 1996	Sanierung und Umbau des Jugendhauses	285 000
	Sanierung und Ausbau der Kläranlage	8 450 000
29. 11. 1996	Erneuerung der Steuerungsanlage der Wasserversorgung und der Sanierung von Pumpwerken	2 250 000
	Neubau der Sporthalle Rietacker	6 550 000
21. 11. 1997	Sanierung der Birchstrasse und Kalibervergrösserung der Wasserleitung in der Birchstrasse	975 000
	Bahnhofneubau mit Nebenanlagen	3 440 000
15. 5. 1998	Vergrösserung der Ableitung des Reservoirs Eggenzahn und Ersatz der Wasserleitung in der Münzerstrasse	660 300
	Erweiterungsbau des Alters- und Pflegeheims, Gemeindeanteil	1 552 974
28. 5. 1999	Wiederaufbau der Gemeinschaftsschiessanlage Witerig, Gemeindeanteil	412 126
15. 5. 2000	Bahnhof Seuzach (Bike und Ride-Anlage, Querungshilfen, Busvorfahrt)	580 000
17. 11. 2000	*Erhöhung der Finanzkompetenzen des Gemeinderats – Änderung der Gemeindeordnung*	
1. 7. 2002	Sanierung und Erweiterung des Garderobengebäudes Rolli	828 500
	Rahmenkredit für die Realisierung des Verkehrskonzepts in den Quartieren (Tempo 30)	940 000
12. 5. 2003	Einführung von PCs an der Primarschule	600 000

17. 11. 2003	Sanierung des Lehrschwimmbeckens im Schulhaus Birch	480 000
14. 6. 2004	Projektierungskredit für eine Neubebauung des Gemeindeareals an der Strehlgasse	495 000
9. 5. 2005	Neubebauung des Gemeindeareals an der Strehlgasse (Feuerwehrgebäude, Werkgebäude, Separatsammelstelle)	7 746 000
8. 5. 2006	Erneuerung der Strehlgasse und Neuanschluss an die Stationsstrasse inklusive Fussgängerquerung	870 000
26. 11. 2007	Sanierung Strehlgasse, Ergänzung Gehweg, Anpassung der Parkplätze und Verbreiterung Stationsstrasse	450 000
24. 11. 2008	Einführung der Zonensignalisation in Oberohringen (Tempo 30)	115 500
18. 5. 2009	Kesselersatz und Bau eines Fernwärmenetzes im Gebiet der Strehlgasse	798 900
	Erhöhung der Finanzkompetenzen des Gemeinderats – Änderung der Gemeindeordnung	
23. 11. 2009	Sanierung und Aufwertung der Breitestrasse	1 730 000
8. 2. 2010	Einführung der Zonensignalisation in Seuzach-Süd/Forrenberg (Tempo 30)	340 000
17. 5. 2010	Festkredit 750 Jahre Seuzach	300 000

VEREINE DER GEMEINDE SEUZACH, 2011

Zusammengestellt durch die Gemeindeverwaltung Seuzach aufgrund der Rückmeldungen, März 2011.

Vereinsname	Vereinszweck	Gründung	Aktivmitglieder	Passivmitglieder
Ballsportverein Ohringen	Faustballsport für Jung und Alt.	1958	36	69
Basketballclub Seuzach	Pflege des Basketballsports für alle Altersstufen. Förderung der Ausbildungs- und Wettkampfmöglichkeiten. Pflege der Kameradschaft und Geselligkeit.	1990	60	48
BewegDi.info	Bewegungserfahrungen und Bewegungserleichterungen auf der Grundlage der Kinaesthetics. Pflege der Alltags- und Freizeitaktivitäten mit Kind und Hund auf spielerische und vielfältige Weise.	2005	26	8
Cantus Sanctus	Umsetzung lebendiger Kirchenmusik.	1966	45	120
Cevi Seuzach	Jugendarbeit.	1959	210	70
Damenturnverein Seuzach	Gemeinsam sportliche Ziele erreichen. Freude am Turnen vermitteln.	1934	26	67
Dorfverein Ohringen	Wahrung und Förderung der Dorfinteressen. Pflege und Förderung der Geselligkeit und des kulturellen Lebens. Zusammenschluss aller Einwohner des besagten Einzugsgebiets.	1977	117	–
Eltern-Forum Seuzach-Ohringen	Interessen von Eltern, Kindern und Erziehenden vertreten. Kontakt unter Familien fördern. Aktivitäten für Familien organisieren.	1981	65 Familien	–
Evangelische Volkspartei Seuzach-Ohringen	Vereinigung von Frauen und Männern aus allen Kreisen der Bevölkerung, die sich bei ihrer Stellungnahme zu den öffentlichen Angelegenheiten von den Grundgedanken des Evangeliums leiten lassen wollen.	1975	25	–
FDP Die Liberalen Seuzach-Ohringen	Politische Partei.	1967	112	43 Interessenten
Feuerwehrverein Seuzach	Förderung und Pflege der guten Kameradschaft.	1994	89	7
Fit'n Fun Riege	Spass und Sport im Dorf.	2007	50	–
Frauenchor Seuzach	Pflege des Chorgesangs verschiedenster Stilrichtungen sowie der Kameradschaft unter Frauen in und um Seuzach.	1893	32	100
Frauenturnverein Seuzach	Turnen, körperliche Fitness und Pflege der Kameradschaft.	1971	45	24

Freie Evangelische Gemeinde Seuzach	Menschen jeden Alters die mit Gott versöhnende Botschaft von Jesus Christus in Wort und Tat weitergeben und sie für ein sinnvolles Leben fördern in Ausrichtung auf Gott und im Dienst an unserer Gesellschaft.	1915 erste Versammlungen, Gründung in den 1980er Jahren	50	90
Fussballclub Seuzach	Ausübung des Fussballsports sowie die Pflege von Kameradschaft und Geselligkeit.	1976	410	120
Handharmonika-Club Wyden-Mörsburg	Gemeinsames Handharmonikaspiel kameradschaftlich fördern.	1933	18	48
Jugendmusikschule Seuzach	Mitglied der Jugendmusikschule Winterthur und Umgebung.	–	–	–
Jugendriege Seuzach	Die Jugendlichen durch ein breites Angebot zur Bewegung und Freude am Turnen motivieren.	1931	45	–
Katholischer Frauenverein Seuzach	Pflege der Gemeinschaft und Solidarität unter Frauen. Unterstützung und Förderung des Pfarreilebens mit besonderem Blick auf Frauen.	1964	140	–
Krankenpflegeverein / Spitex Seuzach-Hettlingen-Dägerlen	Ambulante Krankenpflege.	1929 / 2000	1458	–
Mädchenriege Seuzach	Die Mädchen durch ein breites Angebot zur Bewegung und Freude am Turnen motivieren.	1946	45	–
Männerchor Seuzach	Pflege des kultivierten Gesangs. Der Verein nimmt zudem aktiv am Dorfgeschehen teil.	1853	45	226
Männerriege Seuzach	Einen dem Alter angepassten Turn- und Spielbetrieb in verschiedenen Riegen und Pflege der Geselligkeit.	1927	79	38
Männerverein St. Martin Seuzach	Zusammenschluss von Männern der katholischen Pfarrei St. Martin. Durchführung von kulturellen und religiösen Anlässen. Unterstützung der Pfarreiarbeit.		60	–
Militärschiessverein Seuzach	Obligatorisches und sportliches Schiessen.	1932	18 (+ ca. 40 obl. Schützen)	0
Musikgesellschaft Seuzach	Sich selbst und anderen Menschen mit Musik Freude bereiten.	1897	54	170
Natur-und Vogelschutzverein Seuzach und Umgebung	Pflege und Unterhalt des Reservats und des übrigen Naturschutzgebiets. Förderung der Artenvielfalt von Singvögeln durch Nistkastenbetreuung.	1915	310	–
Pfadfinderabteilung Seuzach	Pfadfinderaktivitäten für Kinder und Jugendliche in und um Seuzach.	1967	40	20
Plauschvolleyball-Club	Förderung und Pflege des geselligen und sportlichen Volleyballspiels.	1995	24	–
Pistolenschützenverein Witerig	Sport- und Ordonnanzschiessen mit Luft-, Sport- und Grosskaliberpistole sowie der Umgang mit Handfeuerwaffen und deren Sicherheit. Ausbildung von Jungschützen mit J+S-Trainern.	1972	54	34
Püntenpächterverein Seuzach	Den Mitgliedern geeignetes Kulturland zur Benutzung als Gemüse-, Beeren- und Blumengarten zur Verfügung stellen.	1976	83	–
Quartierverein See-Weid	Interessen des Quartiers See-Weid wahrnehmen.	1994	23	–
Reformierter Kirchenchor Seuzach	Der Kirchenchor möchte der reformierten Kirchgemeinde vor allem in ihrem gottesdienstlichen Leben dienen und pflegt den kirchlichen und religiösen Gesang.	1926	35	42
Samariterverein	Stellt an vielen sportlichen und kulturellen Anlässen die erste Hilfe sicher.	1926	29	151
SC Seuzach Dragons	Inline-Hockey.	1996	46	7

Schützenverein Seuzach	Durchführen der Bundesprogramm-Übungen für Schiesspflichtige und Amateursport.	1864	20	–
SLRG Sektion Seuzach-Weinland	Rettungsschwimmen, Jugendförderung, Aus- und Weiterbildungskurse, Nothilfe und Unfallprävention im und ums Wasser.	1967	30	30
Sozialdemokratische Partei Seuzach-Ohringen	Einsatz für eine soziale, solidarische und offene Gemeinschaft. Aktives Mitwirken an der Gemeindeentwicklung	1905	20	15
Spielgruppenverein Krimskrams	Förderung von Spielgruppen für Vorschulkinder sowie von Kontakten unter den Eltern der Spielgruppenkinder.	2002	5	–
SVP Seuzach-Ohringen	Politische Interessenvertretung der SVP.	1963	135	–
Tennisclub Rolli-Seuzach	Tennisspielen zum Plausch und als Wettkampf.	1976	180	65
The midlife cryers	Gemischter Erwachsenenchor, der evangelisch-reformierten Kirchgemeinde angeschlossen, aber konfessionell offen.	2005	51	8
Töffclub Offes (R)ohr	Gemeinsam Töff-Ausflüge unternehmen, Sicherheit und Geselligkeit pflegen.	2002	53	–
Trachtenchörli Seuzach	Pflege des Volksgesangs und Tragen der Tracht zur Bewahrung der Tradition.	1942	30	19
Turnverein Seuzach	Förderung der körperlichen Ertüchtigung durch geregeltes Training und der turnerischen Ausbildung. Pflege der Kameradschaft.	1912	36	220
UHC Seuzach	Unihockey	2000	35	7
Veloclub Seuzach	Spass und Freude am Velofahren.	1970	80	100
Verein Seuzifäscht	Organisation Seuzifäscht.	2004	39 Vereine, 12 OK-Mitglieder	–
Volkstheater Chrebsbach	Freude am Theater und am besonderen Teamerlebnis. Theaterkultur pflegen für die Bewohner von und um Seuzach. Unterhaltung im Dorf.	1988	62	56
Volleyballclub Seuzach	Ausüben und Förderung des Volleyballsports mittels Training und Teilnahme an Wettkämpfen.	1976	55	20

VERZEICHNIS DER BEHÖRDENPRÄSIDENTEN UND BEAMTEN DER GEMEINDE SEIT 1876

Zusammengestellt durch die Gemeindeverwaltung Seuzach, März 2011.

Gemeindepräsident

1876–1883	Arnold Wipf
1883–1907	Jakob Wipf-Stucki
1907–1922	Jakob Wipf-Peter
1922–1926	Heinrich Schwarz-Erb
1926–1931	Robert Ackeret
1931–1938	Jakob Stucki-Keller
1938–1942	Fritz Badertscher
1942–1954	August Suter
1954–1958	Gustav Angst
1958–1971	Jakob Stucki-Frauenfelder
1972–1974	Eduard Rohner
1974–1990	Werner Müller-Senn
1990–1997	Paul Schumacher
1997–	Jürg Spiller

Präsident/in der Sozialbehörde (früher Armenpflege, Fürsorgebehörde)

1876–1892	Pfarrer Sigmund Fäsi
1892–1895	Pfarrer Albrecht Reichen
1895–1904	Jakob Müller-Müller
1904–1910	Jakob Wipf-Peter
1910–1919	Konrad Schwarz-Lieber
1919–1925	Jakob Schwarz (Kirchgemeinde)
1925–1928	Hans Keller
1928–1931	Jakob Hasler junior
1931–1938	Heinrich Schwarz-Erb
1938–1942	Hans Giger
1942–1946	Otto Hüsser
1946–1961	Josef Bumbach
1962–1986	Eduard Rohner
1986–1994	Brigitte Kneubühler
1994–2002	Martin Trepp
2002–2010	Andreas Bachofner
2010–	Peter Fritschi

Präsident/in der reformierten Kirchenpflege

1876–1892	Pfarrer Sigmund Fäsi
1892–1895	Pfarrer Albert Reichen
1895–1901	Jakob Müller-Müller
1901–1919	Jakob Hasler
1919–1922	Friedrich C. Beck
1922–1938	Albert Schwarz-Müller
1938–1939	Edgar Pfenninger
1939–1942	Albert Schwarz-Müller
1942–1950	Erhard Keller-Reber

1950–1966	Heinrich Diener
1966–1968	Walter Regez
1968–1979	Fritz Günthard
1979–1986	Friedrich Moos
1986–1994	Richard Wägeli
1994–2002	Barbara Golder
2002–	Rosmarie Renold

Gemeinderatsschreiber

1876–1926	J. J. Gujer
1926–1937	Heinrich Schwarz-Erb
1937–1956	Hans Giger
1957–1993	Robert Rüegg
1993–2006	Andreas Boller
2006–	Urs Bietenhader

Friedensrichter

1876–1899	Rudolf Keller
1899–1931	Hermann Ballauf
1931–1937	Jakob Gujer-Huber
1937–1956	Hans Giger
1956–1973	Willi Munz
1973–1997	Adolf Kern
1997–2009	Hans Steinmann
2009–	Peter Rubin

Primarschulpräsident/in

1876–1889	Pfarrer Sigmund Fäsi
1889–1892	Arnold Wipf
1892–1895	Heinrich Ackeret
1895–1907	Heinrich Schwarz-Jucker
1907–1919	Ferdinand Müller
1919–1922	Salomon Liggenstorfer
1922–1925	Jakob Gujer-Huber
1925–1938	Gustav Angst-Erb
1938–1946	Heinrich Waser-Müller
1946–1949	Willy Steiner
1949–1950	Jakob Fehr
1950–1958	August Ackeret-Keller
1958–1962	Alfred Jucker
1962–1974	Hans-Ulrich Peter
1974–1982	Eduard Crosina
1982–1994	Hans Badertscher
1994–1998	Kurt Rohner
1998–2002	Monika Steiger
2002–2010	Rico Kesselring
2010–	Marco Calzimiglia

Sekundarschulpräsident/in

1865–1870	Kantonsrat Süsstrunk (Reutlingen)
1870–1873	Pfarrer Köchlin
1873–1885	Kantonsrat Keller
1885–1888	Pfarrer Leuzinger
1888–1897	Kantonsrat Peter
1897–1903	Pfarrer Egli
1903–1924	Hermann Ballauf
1924–1928	Robert Ackeret
1928–1934	Theodor Keller
1934–1942	Jakob Gujer
1942–1950	Albert Schwarz-Müller
1950–1958	Hans Frauenfelder
1958–1970	Karl Probst
1970–1978	Hans Gubler
1978–1982	Edwin Dähler
1982–1986	Otto Ganz
1986–1992	Hansjörg Brunner
1992–1996	Helen Meier
1996–1999	Erich Mayer
1999–2002	Beat Sauter
2002–2010	Markus Wingeier
2010–	Erich Jornot

Präsident der Rechnungsprüfungskommission (seit 1919)

1919–1924	Armin Hutzli
1924–1929	Ferdinand Keller
1930–1934	Ernst Klauser
1934–1938	Arnold Schwarz
1938–1942	Alwin Greuter
1942–1950	Fritz Ruf
1950–1952	Richard Wachter
1952–1954	Albert Thoma
1954–1958	Jakob Spahn
1958–1962	Paul Welti
1962–1966	Albert Bächtold
1966–1970	Walter Glarner
1970–1978	Arnold Loher
1978–1998	Hans Uhlmann
1998–2010	Kurt Kellenberger
2010–	Martin Schmid

Präsident der römisch-katholischen Kirchenpflege Rickenbach-Seuzach (seit 1963)

1963–1970	Josef Knobel
1970–1978	Stefan Landolt
1978–1982	Anton Ackermann
1982–1990	Erich Müller
1990–2002	Peter Elsener
2002–2010	Guido Hayoz
2010–	René Schwager

ABKÜRZUNGEN

APS	Archiv der Primarschulpflege Seuzach
ASS	Archiv der Sekundarschule Seuzach
e-HLS	elektronische Version des Historischen Lexikons der Schweiz
GAS	Gemeindearchiv Seuzach
GLA	Generallandesarchiv Karlsruhe
GR	Gemeinderatsprotokoll
GV	Gemeindeversammlungsprotokoll
HSS	Heimatkundliche Sammlung Seuzach
KaPfAS	Katholisches Pfarrarchiv der Kirchgemeinde Seuzach
KAS	Kirchgemeindearchiv Seuzach
KV	Kirchgemeindeversammlungsprotokoll
KPf	Kirchenpflegeprotokoll
OPf	Oberstufenschulpflegeprotokoll
PGV	Primarschulgemeindeversammlungsprotokoll
PG	Politische Gemeinde
PfAS	Pfarrarchiv Seuzach
PPf	Primarschulpflegeprotokoll
RR	Regierungsratsprotokoll
SGV	Sekundarschulgemeindeversammlungsprotokoll
SMZ	Statistische Mitteilungen des Kantons Zürich
StATG	Staatsarchiv Thurgau
StAZH	Staatsarchiv Zürich
StAW	Stadtarchiv Winterthur
StP	Stillstandsprotokoll
ZBZ	Zentralbibliothek Zürich
ZGS	Zivilgemeindeprotokoll Seuzach
ZGO	Zivilgemeindeprotokoll Oberohringen
ZGU	Zivilgemeindeprotokoll Unterohringen

VERZEICHNIS DER TABELLEN UND GRAFIKEN

BILDNACHWEIS

1 Chronik der Gemeinde Seuzach, Hettlingen 1963, S. 8.
2 Otto Sigg, Hettlingen.
3 Kantonsarchäologie, Hochbauamt des Kantons Zürich, Foto 40266/11.
4 StATG, Urkunde Nr. 1 des Kreuzlinger Klosterarchivs. Veröffentlicht in: Thurgauisches Urkundenbuch, Bd. 2, Nr. 19. Fotografie des Staatsarchivs Thurgau.
5 StAZH, Urkunde C II 19 Spanweid Nr. 1. Veröffentlicht in Urkundenbuch der Stadt und Landschaft Zürich, Bd. 3, Nr. 1242.
6 StATG, Zinsbuch Kreuzlingen 1440, Lade XXI, Nr. 5.
7 Zürcher Denkmalpflege, 6. Bericht 1968/69. Beilage 10: Seuzach. Reformierte Kirche. Archäologische Untersuchungen im Chor 1967.
8 Gubler, Kunstdenkmäler, S. 381–382.
9 ZBZ, Original in Privatbesitz.
10 StAW, Urkunde Nr. 637.
11 StAW, Jahrzeitenbuch der Stadtkirche St. Laurentius, Winterthur, S. 109.
12 Gubler, Kunstdenkmäler, S. 95.
13 Klauser/Schäppi, Seuzach, nach S. 16, Urkunde vom 5. September 1481.
14 StAZH.
15 Niklaus Flüeler, Marianne Flüeler-Grauwiler (Hg.), Geschichte des Kantons Zürich, 3 Bände, Zürich 1994–1996, Bd. 1, S. 400.
16 ZBZ, Graphische Sammlung, Varia Monatsbilder I, 1.
17 Gubler, Kunstdenkmäler, S. 101.
18 Otto Sigg, Hettlingen.
19 StAW, Zehntenakten AJ 119/4 Nr. 25.
20 StAW, Plan D 42.
21 StAZH, Plan P 610.2.
22 ZBZ, Kartensammlung, Wild/Eschmann-Karte, Blatt 11, Winterthur.
23 ZBZ, Kartensammlung, Kantonskarte des Jahres 1828.
24 Zehntplan des Bannes Oberohringen von Schulmeister Johann Jakob Keller, Eigentum der Gemeinde Seuzach, im Schulhaus Oberohringen (Ausschnitt).
25 StAZH, Zehntenplan Q 321.
26 StAZH, «Altbuch» von Seuzach, B XI Winterthur-Wülflingen, fol. 202.
27 StAW, AL 167.7.
28 KAS.
29 Ernst Klauser, Das neue Schulhaus Ohringen. Festschrift zur Einweihung, Mai 1955, S. 9. Original der Schriftproben in Privatbesitz.
30 Die beiden Schlachten von Zürich 1799, hg. und verfasst von Hans Rudolf Fuhrer, Militärgeschichte zum Anfassen, Dokumentation, Militärische Führungsschulung Au, 3. Jg., Nr. 5, März 1995, S. 47.
31 Alfred Bütikofer, Meinrad Suter, Winterthur im Umbruch 1798 bis 1848, Zürich 1998, S. 31.
32 StAZH, K II 118a, 17. Januar 1799, altes Aktenzeichen: «24».
33 Zehntplan des Bannes Oberohringen von Schulmeister Johann Jakob Keller, Eigentum der Gemeinde Seuzach, im Schulhaus Oberohringen (Ausschnitt).
34 StAZH, Fotodienst Tiefbauamt des Kantons Zürich.
35 a) Hochbauamt des Kantons Zürich; b) HSS.
36 Gubler, Kunstdenkmäler, S. 108.
37 Gubler, Kunstdenkmäler, S. 113.
38 Stadtbibliothek Winterthur, Bildsammlung.
39 Otto Sigg, Hettlingen.
40 StAZH, Strassenplan S 149.
41 StAZH, Plan S 647.
42 Stadtbibliothek Winterthur, Sondersammlungen, Signatur Ms Sch 69/62.
43 Zehntplan des Bannes Oberohringen von Schulmeister Johann Jakob Keller, Eigentum der Gemeinde Seuzach, im Schulhaus Oberohringen (Ausschnitt).
44 StAW, Plan D 43.
45 StAW, Plan Unterohringen D 40; GAS, Pläne V, Nr. 39.
46 Privatbesitz. Wir danken Martin Ballauf, Hettlingen.
47 ZBZ, Graphische Sammlung, PAS II 104, fol. 8.
48 Luftbild Schweiz, Dübendorf.
49 Klauser/Schäppi, Seuzach, nach S. 164.
50 ZBZ, Graphische Sammlung.
51 ZBZ, Graphische Sammlung.
52 ZBZ, Kartensammlung.
53 GAS.
54 GAS, PG, IV B 13.1, Foto Peter Moerkerk, ZBZ.
55 HSS.
56 HSS.
57 HSS.
58 HSS.
59 Luftbild Schweiz, Dübendorf.
60 Luftbild Schweiz, Dübendorf.
61 Luftbild Schweiz, Dübendorf.
62 Luftbild Schweiz, Dübendorf.
63 HSS.
64 GAS.
65 HSS.
66 HSS.
67 HSS.
68 HSS.
69 HSS.
70 HSS.
71 GAS, PG, V, 30, Foto Peter Moerkerk, ZBZ.
72 GAS, PG, V, 30, Foto Peter Moerkerk, ZBZ.
73 GAS, PG, V, 40, Foto Peter Moerkerk, ZBZ.
74 GAS, PG, V, 40, Foto Peter Moerkerk, ZBZ.
75 GAS, PG, V, 30, Foto Peter Moerkerk, ZBZ.
76 HSS.
77 HSS.
78 HSS.
79 HSS.
80 HSS.
81 GAS, PG, V, 38, Foto Peter Moerkerk, ZBZ.
82 GAS, PG, V, 38, Foto Peter Moerkerk, ZBZ.
83 GAS, PG, V, 38, Foto Peter Moerkerk, ZBZ.
84 HSS.
85 HSS.
86 GAS.
87 GAS.
88 HSS.
89 HSS.
90 GAS, PG, II. B, 4.04.3, Foto Peter Moerkerk, ZBZ.
91 GAS, PG, V, 36, Foto Peter Moerkerk, ZBZ.
92 GAS, PG, V, 10, Foto Peter Moerkerk, ZBZ.
93 GAS, PG, V, 32, Foto Peter Moerkerk, ZBZ.
94 GAS, Foto Peter Moerkerk, ZBZ.
95 GAS, Foto Peter Moerkerk, ZBZ.
96 HSS.
97 GAS, PG, II. B, 4.04.3, Foto Peter Moerkerk, ZBZ.
98 GAS, PG, II. B, 4.04.3, Foto Peter Moerkerk, ZBZ.
99 GAS, PG, II. B, 4.04.3, Foto Peter Moerkerk, ZBZ.
100 HSS.

101 HSS.
102 HSS.
103 GAS, PG, II. B, 4. A, Foto Peter Moerkerk, ZBZ.
104 GAS, PG, II. B, 4.04.3, Foto Peter Moerkerk, ZBZ.
105 HSS.
106 GAS, PG, II. B, 4.03.4, Foto Peter Moerkerk, ZBZ.
107 GAS, PG, II. B, 4.03.4, Foto Peter Moerkerk, ZBZ.
108 HSS.
109 GAS, PG, II. B, 4.04.3, Foto Peter Moerkerk, ZBZ.
110 HSS.
111 HSS.
112 HSS.
113 GAS, PG, V, 4, Foto Peter Moerkerk, ZBZ.
114 HSS.
115 GAS.
116 HSS.
117 HSS.
118 Chronik der Gemeinde Seuzach, 1978, S. 98.
119 GAS, PG, II. B, 4.03.4, Foto Peter Moerkerk, ZBZ.
120 GAS, PG, II. B, 4.04.3, Foto Peter Moerkerk, ZBZ.
121 GAS, PG, II. B, 34.02, Foto Peter Moerkerk, ZBZ.
122 GAS, PG, II. B, 34.02, Foto Peter Moerkerk, ZBZ.
123 HSS.
124 HSS.
125 HSS.
126 GAS, PG, II. B, 34.02, Foto Peter Moerkerk, ZBZ.
127 GAS, PG, II. B, 34.02, Foto Peter Moerkerk, ZBZ.
128 GAS, PG, II. B, 34.02, Foto Peter Moerkerk, ZBZ.
129 Privatbesitz.
130 Privatbesitz.
131 HSS.
132 HSS.
133 HSS.
134 HSS.
135 HSS.
136 HSS.
137 HSS.
138 HSS.
139 HSS.
140 HSS.
141 HSS.
142 HSS.
143 HSS.
144 HSS.
145 HSS.
146 HSS.
147 HSS.
148 HSS.
149 HSS.
150 HSS.
151 HSS.
152 Klauser/Schäppi, Seuzach, nach S. 104.
153 HSS
154 HSS.
155 HSS.
156 HSS.
157 HSS.
158 HSS.
159 HSS.
160 HSS.
161 HSS.
162 HSS.
163 HSS.
164 HSS.
165 HSS.
166 HSS.
167 HSS.
168 HSS.
169 HSS.
170 HSS.
171 HSS.
172 HSS.
173 HSS.
174 HSS.
175 HSS.
176 HSS.
177 HSS.
178 GAS, PG, V, 32, Foto Peter Moerkerk, ZBZ.
179 GAS, PG, V, 32, Foto Peter Moerkerk, ZBZ.
180 HSS.
181 HSS.
182 HSS.
183 HSS.
184 GAS, PG, II B, 36, Foto Peter Moerkerk, ZBZ.
185 HSS.
186 HSS.
187 HSS.
188 HSS.
189 HSS.
190 HSS.
191 HSS.
192 HSS.
193 HSS.
194 HSS.
195 HSS.
196 HSS.
197 HSS.
198 HSS.
199 HSS.
200 HSS.
201 HSS.
202 HSS.
203 GAS, PG, II. B, 4.04.3, Foto Peter Moerkerk, ZBZ.
204 HSS.
205 HSS.
206 HSS.
207 HSS.
208 HSS.
209 HSS.
210 HSS.
211 HSS.
212 HSS.
213 HSS.
214 HSS.
215 StAZH.
216 GAS, PG, II. B, 4.03.4, Foto Peter Moerkerk, ZBZ.
217 GAS, Foto Peter Moerkerk, ZBZ.
218 GAS, Foto Peter Moerkerk, ZBZ.
219 HSS.
220 HSS.
221 Hermann/Leuthold, Atlas, 2003.
222 HSS.

BIBLIOGRAFIE (AUSWAHL)

100 Jahre Musikgesellschaft Seuzach, 1897–1997. Festschrift, o. O. 1997.

20 Jahre Elternforum Seuzach, Laserdruck, o. O. u. J. [2000].

Argast, Regula: Schweizerische Staatsbürgerschaft und gouvernementale Herrschaft 1848–1920. Foucaults Konzept der liberalen Gouvernementalität in der Analyse der Staatsbürgerschft, in: Schweizerische Zeitschrift für Geschichte 53, Basel 2003, S. 396–408.

Baumann, Werner, Moser, Peter: Bauern im Industriestaat. Agrarpolitische Konzeptionen und bäuerliche Bewegung in der Schweiz, 1918–1968, Zürich 1999.

Bayly, Christopher A.: Die Geburt der modernen Welt, Frankfurt am Main 2006.

Bloch Pfister, Alexandra: Priester der Volksbildung. Der Professionalisierungsprozess der Zürcher Volksschulkräfte zwischen 1770 und 1914, Zürich 2007.

Braun, Rudolf: Sozialer und kultureller Wandel in einem ländlichen Industriegebiet im 19. und 20. Jahrhundert, Erlenbach, Zürich 1965.

Brühlmeier, Markus: Steinmaur im 20. Jahrhundert. Geschichte und Geschichten aus Ober- und Niedersteinmaur, Sünikon und dem Schibler, Steinmaur 2004.

Brunschwig, Annette, Heinrichs, Ruth, Huser, Karin: Geschichte der Juden im Kanton Zürich, Zürich 2005.

Chronik der Gemeinde Seuzach, Seuzach 1963.

Chronik der Gemeinde Seuzach, mit Nachträgen, Seuzach 1978.

Degen, Hans: 50 Jahre Raumplanung in der Schweiz mit spezieller Betrachtung des Kantons Zürich, in: Dokumente und Informationen zur Schweizerischen Orts-, Regional- und Landesplanung, 139, Zürich 1999, S. 49–56.

Eggli, Ernst: Die Eisenbahn und unser Bahnhof. Der Wandel der Eisenbahn und des Bahnhofs Seuzach in technischer Hinsicht im Hinblick auf seine Funktion für die Dorfbevölkerung. Begleitbroschüre zur 4. Ausstellung der Heimatkundlichen Sammlung Seuzach, Laserdruck, Seuzach 2001/02.

Ewald, Klaus C., Klaus, Gregor: Die ausgewechselte Landschaft. Schicksal schweizerischer Landschaften seit 1800, Bern 2009.

Frey, Hans Heinrich: Das bürgerliche Element im zürcherischen Gemeindewesen, Diss., Zürich 1958.

Fritzsche, Bruno, Lemmenmeier, Max: Die revolutionäre Umgestaltung von Wirtschaft, Gesellschaft und Staat, 1780–1870, in: Geschichte des Kantons Zürich, 3 Bände, Bd. 3, Zürich 1994, S. 20–157.

Greuter, Adolf: Erinnerungen an das frühere Seuzach, Laserdruck, Heimatkundliche Sammlung, Seuzach 1995.

Gubler, Hans Martin: Die Kunstdenkmäler des Kantons Zürich, Bd. VIII: Der Bezirk Winterthur. Nördlicher Teil, Basel 1986.

Gugerli, David: Redeströme. Zur Elektrifizierung der Schweiz, 1880–1914, Zürich 1996.

Hauser, Albert: Das Neue kommt. Schweizer Alltag im 19. Jahrhundert, Zürich 1989.

Hermann, Michael, Leuthold, Heiri: Atlas der politischen Landschaften, Zürich 2003.

Kläui, Paul, Imhof, Eduard: Atlas zur Geschichte des Kantons Zürich, Zürich 1951.

Klauser, E., Schäppi, J. : Aus der Geschichte der Gemeinde Seuzach mit ehemaligen Höfen Ober- und Unterohringen, Winterthur 1937.

König, Mario: Auf dem Weg in die Gegenwart – Der Kanton Zürich seit 1945, in: Geschichte des Kantons Zürich, 3 Bände, Bd. 3, Zürich 1994, S. 350–479.

Koll-Schretzenmayr, Martina: gelungen – misslungen? Die Geschichte der Raumplanung Schweiz, Zürich 2008.

Leimgruber, Walter, Fischer, Werner: Goldene Jahre. Zur Geschichte der Schweiz seit 1945, Zürich 1999.

Lengwiler, Martin, Rothenbühler, Verena, Ivedi, Cemile: Schule Macht Geschichte, Zürich 2007.

Osterhammel, Jürgen: Die Verwandlung der Welt. Eine Geschichte des 19. Jahrhunderts, München 2009.

Pfister, Christian (Hg.): Das 1950er Syndrom. Der Weg in die Konsumgesellschaft, Bern 1995.

Ritzmann-Blickenstorfer, Heiner: Historische Statistik der Schweiz, Zürich 1996.

Ruedin, Claude, Hanak, Michael (Hg.): Hans Marti. Pionier der Raumplanung, Zürich 2008.

Unser neues Schulhaus, Seuzach 1934, o. O. 1934.

Schumacher, Beatrice: Ferien. Interpretationen und Popularisierung eines Bedürfnisses. Schweiz 1890–1950, Wien, Köln, Weimar 2002.

Schumacher, Beatrice: Freizeit, Vergnügen und Räume. Einleitung, in: Hans-Jörg Gilomen, Beatrice Schumacher, Laurent Tissot (Hg.): Freizeit und Vergnügen vom 14. bis zum 20. Jahrhundert, Zürich 2005, S. 133–140.

Stadelmann, Kurt, Hengartner, Thomas: Telemagie. 150 Jahre Telekommunikation in der Schweiz, hg. vom Museum für Kommunikation, Zürich 2002.

Studer, Brigitte, Arlettaz, Gérald, Argast, Regula: Das Schweizer Bürgerrecht. Erwerb, Verlust, Entzug von 1848 bis zur Gegenwart, Zürich 2008.

Teobaldi, Alfred: Katholiken im Kanton Zürich. Ihr Weg zur öffentlich-rechtlichen Anerkennung, bearbeitet und ergänzt von Moritz Amherd, Zürich 1978.

Thalmann, Jörg: Von der Euphorie zum Kollaps. Die Geschichte der Schweizerischen Nationalbahn, in: Hans-Peter Bärtschi u. a.: Die Nationalbahn. Vision einer Volksbahn, Wetzikon 2009, S. 19–43.

Tröhler, Daniel, Hardegger, Daniel: Zukunft bilden. Die Geschichte der modernen Zürcher Volksschule, Zürich 2008.

Weinmann, Barbara: Eine andere Bürgergesellschaft. Klassischer Republikanismus und Kommunalismus im Kanton Zürich im späten 18. und 19. Jahrhundert, Göttingen 2002.

Weiss, Reto: Steuergerechtigkeit im 19. Jahrhundert: Die Prozesse um den Nachlass von «Spinnerkönig» Heinrich Kunz 1860–1866, in: Zürcher Taschenbuch auf das Jahr 2008, Zürich 2007, S. 174–217.

Kleine Zürcher Verfassungsgeschichte 1218–2000, hg. vom Staatsarchiv des Kantons Zürich, Zürich 2000.

Zoelly-Bühler, Dieter und Anna (Hg.), Skulpturen. Hans E. Bühler, o. O. 2009.

ANMERKUNGEN TEIL A–D

1 René Hantke u. a., Geologische Karte des Kantons Zürich und seiner Nachbargebiete, Zürich 1967.

2 Gubler, Kunstdenkmäler, S. 88; Hans Kläui, Viktor Schobinger, Zürcher Ortsnamen. Entstehung und Bedeutung, Zürich 1989.

3 Archiv der Antiquarischen Gesellschaft in StAZH, W I 3 Nr. 121.9 (freundliche Mitteilung von Barbara Stadler, Staatsarchiv).

4 Zürcher Denkmalpflege, 10. Bericht 1979–1982, I. Teil, S. 109.

5 helvetia archaeologica 32 (2001), S. 15.

6 Zürcher Denkmalpflege, 5. Bericht 1966/1967, S. 107; Archäologie im Kanton Zürich. 12. Bericht, Jahre 1987–1992, Zürich 1994, Teil 1, S. 42.

7 StATG, Urkunde Nr. 1 des Kreuzlinger Klosterarchivs. Veröffentlicht in: Thurgauisches Urkundenbuch, Bd. 2, Nr. 19.

8 StAZH, Urkunde C II 19 Spanweid Nr. 1. Veröffentlicht in Urkundenbuch der Stadt und Landschaft Zürich, Bd. 3, Nr. 1242.

9 Zu Oberohringen siehe oben, S. 35.

10 Teils nach Gubler, Kunstdenkmäler, S. 105. Weiteres in Tabelle 1 unter den Jahren 1334, 1340, 1345, 1427 und 1512. Wertvolle Hinweise von Barbara Stadler, Staatsarchiv Zürich.

11 Hans Kläui, Alfred Häberle, Otto Sigg, Geschichte der Gemeinde Hettlingen, Winterthur 1985, S. 107.

12 Allgemeine Literatur zur «Verdorfung» im Hoch-/Spätmittelalter u. a.: Ulf Dirlmeier, Gerhard Fouquet, Bernd Fuhrmann, Europa im Spätmittelalter 1215–1378, München 2003; Johannes Grabmayer, Europa im späten Mittelalter 1250–1500. Eine Kultur- und Mentalitätsgeschichte, Darmstadt 2004.

13 GAS, Urkunde I A Nr. 2, datiert vom 22. 8. 1343 (die Urkunde wurde anlässlich der Zinsablösung 1812 vom Spitalarchiv nach Seuzach überführt).

14 Siehe unten, Kap. 4.2, Die Agrarkrise in Seuzach und Ohringen.

15 Vgl. u. a. die im 18. Jahrhundert aus den Steuerlisten von 1467 glaubwürdig zusammengetragene Bevölkerungsstatistik des Gelehrten Johann Jakob Leu (Zentralbibliothek Zürich, MS L 481) sowie Werner Schnyder, Die Bevölkerung der Stadt und Landschaft Zürich vom 14. bis 17. Jahrhundert, Zürich 1925.

16 Siehe auch unten, Teil C, Kap. 6, Weder Taverne noch Mühle.

17 Allgemein: Otto Sigg, Spätmittelalterliche «Agrarkrise». Aspekte der Zürcher Geschichte im Spannungsfeld von Sempacher Krieg und altem Zürichkrieg, in: Schweizerische Zeitschrift für Geschichte 31 (1981), S. 121–143.

18 Zürcher Denkmalpflege, 5. Bericht 1966/1967, S. 108.

19 StAW, Urkunde Nr. 1396 vom 19. 6.1476.

20 GAS, Urkunde I A Nr. 2 vom 23. 3 1344.

21 Vgl. Tab. 1. Siehe auch Hans Kläui, Familiennamen verraten abgegangene Siedlungen, in: Zürcher Chronik 1 (1955), S. 56 f. Kläui nimmt wohl zu Recht an, dass das alte Seuzacher Geschlecht Ackeret auf diesen Hof zurückgeht. Zum weiteren Schicksal des Hofes schreibt Kläui ohne Angabe von Quellenbelegen: «Der Versuch der Wiederaufnahme des Hofes misslang; nach eini-

gen weiteren Handänderungen zog der Spital Winterthur die Güter Ackern, Lindberg und Altenburg an sich, legte sie vollends wüst und liess Wald aufwachsen.»

22 Franz Bischof, «dürftige Aufzeichnungen […] über den alten Zürichkrieg», in: Paul Staerkle, Beiträge zur spätmittelalterlichen Bildungsgeschichte St. Gallens, St. Gallen 1939, S. 105, nach «Tom. 127. Sti A.» (= Stiftsarchiv St. Gallen, Tom. 127), sowie dargelegt in Karl J. Ehrat, Chronik der Stadt Wil, Wil 1958.

23 Handschriftlich von Pfarrer Jakob Sulzer (tätig in Seuzach 1642–1680) überlieferter Text zur Weihe der Kirche in KAS, Akte II A Nr. 2. Transkription und Übersetzung 2008 durch Othmar Noser, alt Solothurner Staatsarchivar, Kenner des Kirchen- und Mittellateins.

24 Zürcher Denkmalpflege, 6. Bericht 1968/69, S. 130 f. und Beilage 10, Abb. 11–14; Gubler, Kunstdenkmäler, S. 88–117 über Seuzach, S. 97–103 insbesondere über die Kirche.

25 Werner Schnyder (Bearb.), Urbare und Rödel der Stadt und Landschaft Zürich von den Anfängen bis 1336, Zürich 1963, S. 80, 95. Ob der in diesem Zusammenhang (Kreuzzugsteuer 1275) von Klauser/Schäppi, Seuzach, S. 8, als Seuzacher «Leutpriester» genannte Heinrich von Mülimatten, Chorherr des Zürcher Grossmünsters, wirklich ein Priesteramt in Seuzach ausübte, ist sehr fragwürdig und dürfte auf Fehlinterpretation beruhen.

26 Liber Marcarum, pars II, 1360–1370, unter: A Archidiaconatus Thurgau, IV Decanatus Winterthur, in: Thurgauisches Urkundenbuch, Bd. VI, S. 119.

27 StAW, Urkunden Nr. 249 und 251 vom 25. 11. 1379 und 3. 10. 1380. Gemäss dem Jahrzeitenbuch der Stadtkirche besorgte Rudolf Eschlikon als Kaplan auch den Gottesdienst der Kirche St. Jakob auf Heiligenberg.

28 Handschriftenabteilung der Stadtbibliothek Winterthur, Ms. Fol. 108 (sog. Stadtbuch), S. 83.

29 Siehe unten, S. 51.

30 StAW, Kollaturakten AM 189 Nr. 3. Zu Bischof Hugo: Peter Niederhäuser, Hugo, der erste Bischof aus Winterthur, in Landbote, 8. 1. 2010.

31 StAW, Urkunde Nr. 637. Othmar Noser hat die Urkunde im Juni 2008 aus dem Lateinischen ins Deutsche übersetzt.

32 StAZH, Urkunde C II 17 Rheinau Nr. 169 beziehungsweise Urkundenregesten des Staatsarchivs Zürich, Nr. 7173.

33 StAW, Jahrzeitbuch der Stadtkirche St. Laurentius, S. 162. Die Stelle wurde durch Othmar Noser transkribiert und übersetzt.

34 Kaspar Hauser, Winterthur zur Zeit des Appenzeller Krieges, Winterthur 1899, S. 46. Die Arbeit Hausers belegt Winterthurs Verflechtungen mit seiner Herrschaft Habsburg-Österreich. Die Stiftungsurkunde 1420 der Witwe Adelheid von Eberhardswil geb. von Ems (StAW, Urkunde Nr. 571 vom 13. 7. 1420) belegt ein recht grosses Besitztum. So wird die neu gestiftete Winterthurer Kaplaneipfrund mit den beträchtlichen Zinseinkünften der Kehlhöfe zu Velteim und Buch am Irchel sowie dem Zehnten zu Schottikon und einem Haus in Winterthur versehen. Für das Almosen stiftet die Witwe gleichzeitig die Zinseinkünfte des recht kostbaren Hofes Eschenz, den sie von denen von Klingen zu Pfand innehatte und an dem sie sich die lebenslängliche Nutzniessung vorbehielt.

35 StAW, Ratsprotokoll B 2/1, fol. 120 r.

36 Urkundenregesten des Staatsarchivs Zürich, Nr. 9124 (Zeuge in einem Verzeichnis betreffend Hettlinger Zehnten 1445) und Nr. 9511 (Zeuge in Mietsache des Amtshauses des Klosters Rüti in Winterthur).

37 Germania Sacra, hg. v. Akademie der Wissenschaften zu Göttingen, Neue Folge, Bd. 15: Die Bistümer der Kirchenprovinz Mainz. Das Bistum Konstanz I. Das Stift St. Stephan in Konstanz. Bearbeitet durch Helmut Maurer, Berlin 1981, S. 409.

38 Ebd., S. 361.

39 StAW, Ratsprotokoll B 2/2, fol. 25 r.

40 StAW, Ratsprotokoll B 2/3, S. 488, Eintrag vom 27. 2. 1482; Ratsprotokoll 2/5, S. 47, Eintrag vom 17. 1. 1483; ebd., S. 123, Eintrag des Jahres 1485; Ratsprotokoll 2/6, S. 102, Eintrag des Jahres 1501.

41 StAW, Urkunde Nr. 1753/1. Bestätigung durch Bischof Thomas von Konstanz am 4. 2. 1495: StAW, Urkunde Nr. 1753/2.

42 StAW, Urkunden unter Nr. 1753 (1. 12. 1494, 4. 2. 1495), Urkunde Nr. 1974 (18. 1. 1514 mit Inserierung des Reversbriefes der Stadt Winterthur vom 6. 11. 1497 als nunmehriger Lehnsherrin dieser Pfrund); Protokoll des Konstanzer Domkapitels, in: Zeitschrift für die Geschichte des Oberrheins 100 (1952), S. 209, Eintrag vom 20. April 1496: Die Kopie der Urkunde über die Inkorporation der Pfarrkirche Seuzach in das Hospital Winterthur wird «verhört» und gebilligt.

43 StAW, Kollaturakten AM 189/2, Nr. 2.

44 StAW, Urkunde Nr. 1988 vom 28. 12. 1514.

45 Siehe oben, Kap. 5.3, Kollatur-, Kirch- und Pfarrherren im Umfeld des Bistums Konstanz sowie des geistlichen Winterthur.

46 StAW, Kollaturakten AM 189/2 Nr. 3.

47 Siehe oben, S. 51.

48 StAW, Urkunde Nr. 1396 vom 19. 6. 1476; Kopie in Rodel vom 27. 4. 1500, siehe Anm. 37.

49 «Rodel» vom 27. 4. 1500 zweifach: StAZH, F IIc Nr. 73a (wurde im 20. Jahrhundert grundlos vom Stadtarchiv Winterthur ins Staatsarchiv Zürich transferiert) sowie StAW, Urkunde Nr. 1843. Beim Exemplar StAZH, F IIc Nr. 73a handelt es sich um eine Kopie der Urkunde vom 19. 6. 1476 (siehe Anm. 37) durch den Lenzburger Stadtschreiber Alder für die Herren von Hallwil. Im gleichen Zug und im gleichen Dokument kopierte Stadtschreiber Alder mit Datum vom 13. 6. 1532 zuhanden von Burckhart von Hallwil auch den «Rodel» vom 27. 4. 1500.

50 StAW, Spitalurbar B 3e Nr. 54, angelegt 1514, fol. 2 r: Spitalmeister und -pfleger kaufen «ein huß zuo einer zæchet schür [...] zu sœtzach [...]». Verkäufer: Jakob Wipf und Brüder, welchen ausdrücklich erlaubt wird, die Stube aus dem Haus zu nehmen, also die entsprechende Wohngerechtigkeit im Dorf zu verlegen. Kaufpreis: 116 Pfund Geld.

51 StAW, Urkunde Nr. 2723 vom 12. 12. 1598.

52 Rein rechtlich blieb Kyburg Pfand des Hauses Habsburg, und noch 1918, im Jahr des politischen Endes des Hauses, trug der österreichische Kaiser den Titel «Gefürsteter Graf von Kyburg». Siehe HLS, Kyburg.

53 Siehe unten, S. 79 f.

54 StAW, Zehntenakten AJ 123/18a.

55 So StAW, Urkunden Nr. 1349b, 1420, 1470, 1474, 1475, 1492, 1517, 1521, 1536, 1547, 1578, 1595, 1609, 3744, 3746. In den staatlichen Akten der Landvogtei Kyburg, wo regelmässig die Untervögte der Grafschaft in Kopien als Aussteller von Urkunden erscheinen, ist Wipf kaum fassbar. Überliefert ist hier lediglich, wie er 1492 als Zeuge über die Goldenberger Gerichtskompetenz zu Oberwinterthur aussagt (StAZH, A 131.1 Nr. 67b). Viele der genannten Urkunden beschäftigen sich mit Angelegenheiten der Herrschaft Pfungen. Diese Urkunden gelangten 1629 in den Besitz der Stadt Winterthur, als diese die Herrschaft Pfungen erwarb.

56 StAZH, Rats- und Richtbuch B V 4, fol. 3 v. Mit einem vernünftigen Aufwand waren keine weiteren Belege für Wipf's Untervogtamt zu finden, viele jedoch weisen ihn als Grafschaftsweibel aus.

57 StAZH, Reisrödel A 30.2 Nr. 5, A 30.3 Nr. 90.

58 StAZH, Reisrödel 1587, A 30.4.

59 Siehe Inventar der kantonalen Denkmalpflege 1966, unter Nr. III/2.

60 Siehe oben, Tabelle 1.

61 StAW, Ratsprotokoll B 2/1, fol. 2 r.

62 StAW, Ratsprotokoll B 2/1, fol. 18.

63 StAW, Ratsprotokoll B 2/1, fol. 54 (1416), B 2/1, fol. 76 v (1431), B 2/1, fol. 108 v (um 1447) und Ratsprotokoll B 2/2, fol. 45 v (1493/95).

64 StAW, Urkunden Nr. 875 (8. 6. 1448) und Nr. 985 (5. 12. 1457).

65 StAW, Akten AF 72/2/28.

66 StAW, Spitalamt Nr. 423 m: um 1710 angelegte Pachtertragstabellen für den Zehnten zu Seuzach 1689 ff., mit Flächenangaben der drei Seuzacher Ackerzelgen.

67 StAW, Spitalamt Nr. 423c.

68 StAW, Spitalamt Nr. 423c.

69 StAW, Spitalamt Nr. 423d.

70 GAS, Urkunde I A Nr. 18 vom 15. 3. 1534.

71 StAW, Urkunde Nr. 1863 vom 27. 9. 1502.

72 StAW, Spitalurbar B 3e Nr. 54, Jahre 1514 ff.

73 GAS, Urkunde I A Nr. 22 vom 14. 3. 1541.

74 StAW, Kollaturakten AM 189/14.

75 StAW, Kollaturakten AM 189/15.

76 StAW, Zehntenakten AJ 119/4/60.

77 StAZH, Archiv der Ökonomischen Kommission der Naturforschenden Gesellschaft B IX 21 Nr. 58 und B IX 22 Nr. 1.

78 StAZH, B XI Winterthur-Wülflingen Nr. 521, fol. 174.

79 StAZH, B XI Winterthur-Wülflingen Nr. 517, fol. 42 v f.

80 StAZH, B XI Winterthur-Wülflingen Nr. 5, fol. 189.

81 Ludwig Forrer (Hg.), «Beschreibung des ökonomischen, sittlichen und religiösen Zustandes der Gemeinde Seuzach von Joh. Conr. Sulzer, Pfarrer daselbst, d. d. 22. Oktober 1783», in: Winterthurer Jahrbuch 1966, S. 81–91 (Berichte zuhanden der Asketischen Gesellschaft Zürich).

82 Ulf Dirlmeier, Gerhard Fouquet, Bernd Fuhrmann, Europa im Spätmittelalter 1215–1378, München 2003, S. 26.

83 StAW, Rechnungen des Spitalamtes 1557–1585.

84 StAW, Zehntenrodel von Oberohringen 17. Jh.: Spitalamt, Nr. 423c.

85 StAW, Zehntenakten des Spitalamtes AJ 119/6/1 Nr. 43 f.

86 Gemäss verschiedenen neueren und älteren Untersuchungen mit entsprechenden Zahlen in: Niklaus Flüeler, Marianne Flüeler-Grauwiler (Hg.), Geschichte des Kantons Zürich, 3 Bände, Zürich 1994–1996.

87 Der Autor hat im Rahmen seiner Dissertation, Die Entwicklung des Finanzwesens und der Verwaltung Zürichs im ausgehenden 16. und im 17. Jahrhundert (1971)

anhand solcher Steuerlisten auch ein Vermögensprofil für die Einwohner der Landvogtei Kyburg erstellt.

88 «Beschreibung [...]»von Pfarrer Sulzer, 1783 (wie Anm. 81); Armenumfrage 1798, ausgefüllt durch Pfarrer Johann Ulrich Hegner, mit Werten für das Jahr 1797, in: GAS, Armenakten.

89 Siehe auch Kap. 8.2.2, Privates Kreditwesen.

90 Notariatsprotokolle Seuzach: StAZH, B XI Winterthur-Wülflingen Nr. 510 ff. (1614 ff.). Betr. Weibelamt von Seuzach als lokales Notariatszentrum im Jahr 1614: Vorbemerkung in B XI Winterthur-Wülflingen Nr. 511; betreffend Weibelamt von Töss als lokales Notariatszentrum 1614: Vorbemerkung in B XI Winterthur-Wülflingen Nr. 1.

91 Zum Hof Unterohringen vermitteln die im Staatsarchiv Zürich befindlichen Kyburger Urbarien F IIa Nr. 256 (1547), Nr. 257 (1557), Nr. 258 (1569) und Nr. 260 (1700) sowie das Kyburger Zinsbuch des Winterthurer Stadtschreibers Christoph Hegner F IIa Nr. 259a (1539–1553) einen vertieften Einblick. Das erwähnte Dokument mit dem Verbot einer weiteren Hofteilung 1565 ist auch im Kopialbuch B I 254 mit Inserierung des einschlägigen Dokuments 1550 überliefert.

92 StAZH, Notariatsprotokoll B XI Winterthur-Wülflingen Nr. 511, fol. 38 v, 39.

93 StAZH, Notariatsprotokoll B XI Winterthur-Wülflingen Nr. 511, fol. 38 v, 39.

94 StAZH, Notariatsprotokoll B XI Winterthur-Wülflingen Nr. 1, fol. 41 f. sowie fol. 57 mit einer Schuldverschreibung Weidmanns.

95 StAW, Spitalurbar B 3e Nr. 54, 1514 ff.

96 Siehe oben, Kap. 1.2, Dynamische Elemente im Landbau.

97 Siehe oben, Kap. 4.2, Strukturen gemäss Steuerverzeichnissen im Dreissigjährigen Krieg.

98 StAZH, Notariatsprotokoll B XI Winterthur-Wülflingen Nr. 510, fol. 15 f. («Altbuch Seuzach»).

99 StAZH, Notariatsprotokoll B XI Winterthur-Wülflingen Nr. 511, fol. 2 v f.

100 StAZH, Notariatsprotokoll B XI Winterthur-Wülflingen Nr. 516, fol. 19 f., 61 v f. und 65 v.

101 Siehe oben, Kapitel 1.2, Dynamische Elemente im Landbau.

102 StAZH, Notariatsprotokoll B XI Winterthur-Wülflingen Nr. 521, fol. 171 ff.

103 StAZH, Notariatsprotokoll B XI Winterthur-Wülflingen Nr. 520, fol. 27.

104 StAZH, Notariatsprotokoll B XI Winterthur-Wülflingen Nr. 501.

105 StAZH, Notariatsprotokoll B XI Winterthur-Wülflingen Nr. 512, fol. 5 v.

106 KAS, Urkunde I A Nr. 1 vom 3. 6. 1454.

107 Siehe auch S. 130.

108 GAS, Urkunde I A Nr. 6 vom 16. 5. 1498.

109 GAS, Urkunden I A Nr. 15 vom 20. 4. 1530 und Nr. 16 vom 12. 2. 1531.

110 StAW, Spitalamt Nr. 423 x.

111 GAS, Urkunde I A Nr. 20 vom 11. 12. 1536. Für Seuzach hat es nie ein eigentliches Offnungsdokument gegeben, ein geschlossenes Herrschafts- und Dorfrecht, das zweimal jährlich am Jahresgericht «geoffnet», also verlesen worden wäre. Seuzach war ja nie eine einheitliche Grund- bzw. Gerichtsherrschaft, worauf explizites Offnungsrecht fusst. Hingegen hat sich Off-

nungsrecht über Jahrhunderte in vielen Dokumenten des Wirtschafts- und Rechtsalltags festgesetzt.

112 GAS, Urkunde I A Nr. 41 vom 2. 4. 1685.

113 GAS, Gemeinde- und Protokollbuch IV B 1, S. 168–172.

114 Siehe unten, S. 113 f..

115 Siehe unten, S. 130 f.

116 1750 z. B. wurden die «Feuerkübel» renoviert und fünf neue hinzugekauft.

117 Anries. In einer früheren Bestimmung von 1656 hiess es «Anriss an Obst und Eicheln».

118 Siehe unten, Kap. 5.5.2, Gemeindewald und Waldnutzung.

119 Siehe oben, S. 83.

120 Siehe unten, S. 110.

121 GAS, Gemeindebuch, Bd. IV A Nr. 1, S. 3.

122 Siehe oben, Kap. 5.3.2, Ordnung des Jahres 1685, Punkt 15.

123 GAS, Gemeindebuch, Bd. IV A Nr. 1, S. 3.

124 Otto Sigg, Von Schriftgut, Archiven und Schreibern (Fehraltorf), Fehraltorf 2004.

125 Siehe oben, S. 59.

126 Siehe oben, S. 84.

127 Bei der geometrisch exakten Vermessung von 1810 kam man auf rund 36 Jucharten.

128 GAS, Gemeindebuch, Bd. IV A Nr. 1, S. 253.

129 Das Folgende zumeist passim aus den Gemeindebüchern (GAS, Bde. IV A Nr. 1 und IV B Nr. 1).

130 GAS, Urkunde I A Nr. 20. Die Urkunde ist auf 1536 datiert, doch einleitend wird «die Machung» der Weiher zur Zeit Landvogt Engelhards, 1517–1524, erwähnt.

131 StAZH, Akten Oberforstamt Z 31.801.

132 Siehe unten, S. 113 f.

133 GAS, Urkunde I A Nr. 20.

134 GAS, Urkunde I A Nr. 31.

135 GAS, Urkunden I A Nr. 34 und Nr. 37.

136 Siehe oben, Kap. 5.2.3, Ordnung das Jahres 1685, und Kap. 5.3.4, Ordnung des Jahres 1765.

137 GAS, Gemeindebuch IV A Nr. 1, S. 79–81.

138 Einzugsbriefe: GAS, Urkunden I A Nr. 20 (1536), Nr. 31 (1582), Nr. 34 (1630) und Nr. 37 (1659); StAZH, Akten Gemeindegüter und Einzugsbriefe A99.5.

139 Siehe oben, S. 74.

140 Siehe oben, S. 110 f.

141 Siehe oben, Kap. 5.5.2, Gemeindewald und Waldnutzung.

142 KAS, Papierurkunde II A Nr. 3.

143 GAS, Gemeindebuch IV B, Nr. 1.

144 KAS, Akten II A Nr. 8: Der die Herrschaft Gachnang verwaltende Kapitular des Klosters Einsiedeln bestätigt 1781 für Anna Barbara Feyrabend, die Heinrich Schwarz von Seuzach heiraten möchte, dass sie ein höheres Vermögen als die erforderlichen 200 Gulden mitbringe. Gleichzeitig erliess er sie aus der Leibeigenschaft der Herrschaft Gachnang.

145 Für das Folgende: StAZH, Akten Mühlen A 77.1; StAW, Urkunden Nr. 640 (15. 3. 1427) und Nr. 3028 (11. 8. 1660).

146 Siehe Teil B, Kap. 4.2, Die Agrarkrise in Seuzach und Ohringen.

147 Hans Kläui (1906–1992), Arbeitskartei im Staatsarchiv Zürich, Hinweise gemäss: Schweizerisches Idiotikon, Bd. 7, Sp. 1786, 1478 und 685. Der Linguist Kläui verwirft übrigens m. E. zu Recht die im Historisch-Biographischen Lexikon der Schweiz VI, S. 354, vermutete Herleitung vom lateinischen *sauciacum* (Wei-

dengestrüpp) oder vom lateinischen Personennamen *Sautius* mit dem keltischen Ortsnamensuffix *-acum*. Siehe auch in Lexikon der schweizerischen Gemeindenamen, hg. vom Centre de Dialectologie an der Universität Neuchâtel unter Leitung von Andres Kristol, Frauenfeld, Lausanne 2005, S. 829.

148 Die Chronik des Laurencius Bosshart von Winterthur 1185–1532, hg. von Kaspar Hauser, Basel 1905, S. 226 f.

149 Unverheirateter junger Mann.

150 Schlag, durch den der Geschlagene zu Boden geworfen wird.

151 Kaution.

152 «Freundschaft»: Verwandtschaft.

153 «Gewaltig»: kompetent.

154 StAZH, Rats- und Richtbuch B VI 252, fol. 104 v.

155 GAS, Urkunde I A Nr. 4a vom 8. 3. 1469. Den beiden Parteien wurde je eine Ausfertigung des Schiedsurteils ausgehändigt. Beide Exemplare haben sich im Gemeindearchiv erhalten (I A Nr. 4a und 4b).

156 GAS, Urkunde I A Nr. 42 vom 27. 11. 1686.

157 Siehe oben, S. 126.

158 GAS, Urkunde I A Nr. 45 vom 13. 5. 1748.

159 StAZH, Notariatsprotokoll B XI Winterthur-Wülflingen Nr. 513, fol. 58 v.

160 GAS, Urkunde I A Nr. 6 vom 16. 5. 1498.

161 GAS, Urkunde I A Nr. 11 vom 28. 12. 1524, Nr. 15 vom 20. 4. 1530 und Nr. 16 vom 12. 2. 1531.

162 Noch im Flurnamenplan von Klauser/Schäppi, Seuzach, findet sich der Flurname «Ghegmar», eingezeichnet allerdings an unzutreffender Stelle nördlich des Münzers. Ganz allgemein kann gesagt werden, dass die heutigen Flurnamen früheren nicht entsprechen müssen. Die Meliorationen und Güterzusammenlegungen des 20. Jahrhunderts haben diesbezüglich zum Bruch der Tradition geführt, zumal die herkömmliche Kulturlandschaft vollständig zum Verschwinden gebracht wurde. Die Autoren der 1937 erschienenen Gemeindegeschichte haben beispielsweise beim Weiher noch die alten Flurstrukturen der in Bünten aufgeteilten alten Weiherfläche mit eigenen Augen gesehen, wiewohl bereits der Bau der Welsikonerstrasse im 19. Jahrhundert vieles eingeebnet hatte.

163 GAS, Urkunden I A Nr. 21 vom 16. 3. 1540 und Nr. 29 vom 9. 10. 1571.

164 GAS, Urkunde I A Nr. 39 vom 20. 8. 1680.

165 GAS, Akte II A Nr. 6 vom 23. 4. 1787.

166 GAS, Urkunde I A Nr. 35 vom 9. 3. 1639.

167 GAS, Urkunde I A Nr. 44 vom 10. 2. 1735.

168 Siehe oben, S. 92 f.

169 GAS, Akte II A Nr. 10.

170 Otto Sigg, Bevölkerung, Landbau, Versorgung und Krieg vor und zur Zeit der Zürcher Reformation, in: Zwinglis Zürich 1484–1531, Zürich 1984.

171 Urkunde von Samstag nach St. Nikolaus 1533, inseriert in: GAS, Urkunde I A Nr. 24 vom 15. 9. 1544.

172 GAS, Urkunden I A Nr. 24 und Nr. 25 vom 15. und 25. 9. 1544.

173 StAW, Urkunde Nr. 3183 vom 30. 8. 1726.

174 Im Bereich der Grenze zwischen dem modernen Winterthur und Seuzach in dem heute noch als Rolli bezeichneten Waldgebiet am Nordfuss des Lindbergs, unmittelbar südlich der Autobahnraststätte «Forrenberg Süd».

175 Siehe oben, S. 125 f.

176 GAS, Urkunden I A Nr. 24 und Nr. 25 vom 15. und 25. 9. 1544.

177 Otto Sigg, «Inclementia aeris». Wetter, Teuerung und Armut in den Jahrzehnten um 1600, in: Vom Luxus des Geistes, Festgabe zum 60. Geburtstag für Bruno Schmid, Zürich 1994.

178 StAW, Spitalamt Nr. 455.

179 Entsprechend ungefähr dem halben Zehnten; die andere Hälfte der Zehntrechte, der sogenannte Laienzehnt, gelangte erst 1598 mit dem Kauf der Mörsburg an Winterthur. Siehe oben, S. 54.

180 StAW, Akte AJ 125/2/25.

181 KAS, Akte II A Nr. 2.

182 KAS, Akte II A Nr. 5; StAW, Akte AJ 125/3/46.

183 KAS, Akte II A Nr. 9.

184 Die Thematik wird angesprochen in: Otto Sigg, Agrargeografische und -soziale Beobachtungen des 15. bis 17. Jahrhunderts am Beispiel von Kleinandelfingen, in: Schweizerische Zeitschrift für Forstwesen 157 (2006), Nr. 9, S. 403 f. Vgl. auch Hans Kläui, Alfred Häberle, Otto Sigg, Geschichte der Gemeinde Hettlingen, Winterthur 1985, S. 174 ff.

185 Siehe oben, S. 101 f.

186 Siehe oben, Kap. 4.4, Hofstrukturen.

187 Archiv der Kirchgemeinde St. Peter in Zürich, Urbar IV A Nr. 1.3 von 1551, S. 7–9, 103–106.

188 StAZH, Urbar des Seckelamtes F IIa 391a.

189 Siehe oben, Kap. 4.4, Hofstrukturen.

190 StAZH, Notariatsprotokoll B XI Winterthur-Wülflingen Nr. 510, fol. 201 f. («Altbuch Seuzach»).

191 StAZH, Notariatsprotokoll B XI Winterthur-Wülflingen Nr. 513, fol. 3 v f.

192 StAW, Urkunden Nr. 2623, 2630, 2638, 2647, 2650, 2652, 2654, 2670.

193 StAW, Akte AC 32/1/54.

194 StAZH, Verwaltungsbuch des zürcherischen Almosenamtes F I 354, fol. 87.

195 KAS, StP IV A Nr. 1.

196 StAZH, Auswanderungslisten A 103.

197 StAZH, Auswanderungslisten E II 269, A 103, E II 270.

198 Karl Diefenbacher u. a. (Hg.), Schweizer Einwanderer in den Kraichgau nach dem Dreissigjährigen Krieg. Mit ausgewählter Ortsliteratur, Sinsheim 1983, Nr. 2367.

199 Ebd., Nr. 2368.

200 StAZH, Auswanderungsakten A 174.

201 Siehe diese Seite oben.

202 Über Steiner u. a.: Mühlenberg, Heinrich M., Die Korrespondenz Heinrich Melchior Mühlenbergs aus der Anfangszeit des deutschen Luthertums in Nordamerika, hg. von Kurt Aland, Berlin 1986 ff., Bd. I, S. 337, Bd. V, S. 830.

203 StAZH, B III 210 Nr. 77. Zum Folgenden Heinrich Ackeret: StAZH, Pfarrbuch Seuzach E III 112.1, S. 331b.

204 Zürcher Pfarrerbuch: 1519–1952, hg. von Emanuel Dejung und Willy Wuhrmann, Zürich 1953.

205 Klauser/Schäppi, Seuzach, S. 81 f.

206 Actensammlung zur Geschichte der Zürcher Reformation in den Jahren 1519–1533 / mit Unterstützung der Behörden von Canton und Stadt Zürich hg. von Emil Egli, Zürich 1879, Nr. 820 und 826; StAZH, Pfrundakten E I 30.114.

207 StAW, Ratsprotokoll B 2/8, S. 82, Mittwoch vor St. Andreastag 1525.

208 Wilhelm Heinrich Ruoff, Die Akeret von Seuzach (Manuskript), 1934, zitiert Heinrich Bullingers Reforma-

tionsgeschichte nach dem Autograph herausgegeben auf Veranstaltung der vaterländisch-historischen Gesellschaft in Zürich von J. J. Hottinger und H. H. Vögeli, Frauenfeld 1838–1840, Bd. III, S. 204.

209 StAW, Urkunde Nr. 2243 vom 23. 5. 1531.

210 StAW, Urkunde Nr. 2525 vom 20. 6. 1572; weitere «Instrumente» von Pfarreinsetzungen in Seuzach: StAW, Urkunden Nr. 2846, 2879, 2889, 2905 (erstes Drittel 17. Jahrhundert).

211 Unter anderem Hannes Reimann, Die Einführung des Kirchengesangs in der Zürcher Kirche nach der Reformation, Diss., Zürich 1959.

212 StAZH, Bevölkerungsverzeichnis E II 700.99, 1640, S. 331.

213 Heinrich Weber, Der Kirchengesang Zürichs, sein Wesen, seine Geschichte, seine Förderung. Ein Wort an die Vorsteher und Glieder der Gemeinde, Zürich 1866, S. 37.

214 Gubler, Kunstdenkmäler, S. 96 f., woraus im Wesentlichen das hier Dargebrachte kurz zusammengefasst ist; Bericht von Pfarrer Hegner 1791 in: KAS, Akte II A Nr. 9.

215 Siehe oben, S. 44.

216 Siehe oben, Kap. 3.2, Geschlechter 1468–1760.

217 KAS, Akte II A Nr. 11.

218 KAS, StP IV A 1, S. 139.

219 KAS, StP IV A 1, 1774–1840. Ob nicht schon früher «Stillstandsprotokolle» geführt worden waren, muss ungewiss bleiben. Der vorliegende Band ist jedenfalls der erste überlieferte.

220 Siehe auch Familiengeschichte von Martin Ballauf, Hettlingen.

221 StAZH, Bevölkerungsverzeichnis E II 700.99, 1760.

222 Siehe Quellenhinweis S. 75.

223 Zum Schulwesen etwa: Anna Bütikofer, Staat und Wissen. Ursprünge des modernen schweizerischen Bildungswesens im Diskurs der Helvetischen Republik. Diss., Bern 2004. Das Lesenlernen erfolgte über die Buchstabiermethode oder die Schreib-Lese-Methode, durch welche die Lesefähigkeit als eine Art des Wiedererkennens von Symbolen und Zeichen erreicht wurde. Durch die seit dem Mittelalter bekannte Buchstabiermethode, das sog. ABCDEDIEREN, sollten die Kinder zuerst alle Buchstaben des Alphabets kennen lernen und danach die Buchstaben zu einzelnen Silben zusammensetzen. Beim SYLLABIEREN schliesslich wurden die Wörter in einzelne Silben zerlegt und wieder zusammengesetzt. Das Lesenlernen war ein langer Prozess, welcher zwei bis vier Jahre dauerte und der eher trotz als dank dieser Methode zum Erfolg führte. Ein anderer verbreiteter Modus des Lesenlernens erfolgte über das Hören und Auswendiglernen. Gemäss dieser Methode mussten Wörter in der Bibel gesucht werden, die zuvor überlaut gelesen wurden. Praktiziert wurde auch die Schreib-Lese-Methode, welche Buchstabieren und Schreiben gleichzeitig vermittelte. Wichtige Kulturpraxis war das Auswendiglernen, das sog. Memorisieren.

224 Zu den Anfängen des Ohringer Schulwesens: StAZH, Kapitelsarchiv Winterthur E IV 8.8.1/2, Schreiben des Examinatorenkonvents an den Dekan des Kapitels Winterthur vom 15. 1. 1730. Schulumfrage von 1771/72: StAZH, Schulakten E I 21.7 Nr. 16; Daniel Tröhler, Andrea Schwab (Hg.), Volksschule im 18. Jahrhundert. Die Schulumfrage auf der Zürcher Landschaft in den Jahren 1771/72, 2. durchgesehene Aufl., Bad Heilbrunn

2007; Ernst Klauser, Das neue Schulhaus Ohringen. Festschrift zur Einweihung im Mai 1955, Winterthur 1955.

225 Siehe oben, S. 69.

226 StAW, Akte AG 95/2/16. Zum Fall von Rudolf Ackeret: StAZH, Rats- und Richtbuch B VI 265, fol. 219 f.

227 StAZH, Urteilbuch der Grafschaft Kyburg B VII 21.2, fol. 182 f.

228 StAZH, Akten Kyburg A 131.18 Nr. 123.

229 Siehe oben, Kap. 8.2.3, Armenfürsorge.

230 L. Forrer (Hg.), «Beschreibung des ökonomischen, sittlichen und religiösen Zustandes der Gemeinde Seuzach von Joh. Conr. Sulzer, Pfarrer daselbst, d. d. 22. Oktober 1783», in: Winterthurer Jahrbuch 1966, S. 81–91 (Berichte zuhanden der Asketischen Gesellschaft Zürich).

231 Kriegsgeschichtliche Studien, herausgegeben vom eidgen. Generalstabsbüro, Heft III: I. Die Kämpfe in der Nordostschweiz im Frühjahr 1799 bis zum Rückzug Massénas in die Stellung von Zürich. Bearbeitet auf Grund einer Studie des Herrn Major H. E. Bühler in Winterthur, Bern 1899, S. 12 f.

232 Erinnerungen aus dem Leben des General-Majors Jakob Christoph Ziegler, von ihm selbst erzählt und von Oberstlt. David Nüscheler geordnet und aufgezeichnet, in: LXXIX. Neujahrsblatt der Feuerwerker-Gesellschaft (Artillerie-Collegium) in Zürich, auf das Jahr 1884.

233 Siehe oben, S. 166.

234 Das meiste unter diesem Kapital aus: StAZH, Akten Helvetik K II Nr. 118a. Andere Quellenstellen unter den folgenden Anmerkungen.

235 KAS, StP IV A 1, S. 148 f.

236 Meinrad Suter, Winterthur 1798–1831. Von der Revolution zur Regeneration (Neujahrsblatt der Stadtbibliothek Winterthur, Bd. 323), Winterthur 1992, S. 25.

237 Siehe unten, Kap. 4.1, Loskauf der Grundgefälle.

238 StAW, Zehntenertragstabellen des Spitalamtes und anderer Ämter der Stadt Winterthur, 1746–1803, in: Akten AJ 119/6/1 Nr. 34.

239 GAS, Gemeindeprotokoll IV B Nr. 1, fol. 51.

240 StAZH, Helvetischer Kataster K I Nr. 212.

241 KAS, StP IV A 1, S. 142.

242 Siehe oben, Anm. 234.

243 StAZH, Tabelle in K II 181.

244 GAS, Akte B II 27.01.3.

245 KAS, Kirchgemeinderechnung Juni 1801 bis Mai 1802. Leider sind nur wenige Kirchgemeinderechnungen überliefert, sodass sie – im Allgemeinen eine wichtige Quelle – für unsere Darstellung unergiebig sind.

246 Siehe oben, S. 171.

247 Bereits wiedergegeben in Klauser/Schäppi, Seuzach, S. 87.

248 StAW, Kollaturakten des Stadtrates betreffend Seuzach, II B 23g 3.

249 Siehe oben, Anm. 234.

250 Meinrad Suter, op. cit. S. 88 f.; Alfred Bütikofer, Meinrad Suter, Winterthur im Umbruch 1798 bis 1848 (Neujahrsblatt der Stadtbibliothek Winterthur, Bd. 329), Winterthur 1998, S. 36.

251 Siehe unten, Kap. 3.5, «Heimenstein», «Schlössli», Baumschule

252 Dazu: Otto Sigg, Schlaglichter auf den Bockenkrieg, in: Josef Jung (Hg.), Der Bockenkrieg 1804. Aspekte eines Bürgerkrieges, Zürich 2004, S. 33–45.

253 In transkribierter Form zur Verfügung gestellt durch Hubert Foerster, alt Staatsarchiv von Freiburg.

254 Rolf Graber, Zeit des Teilens. Volksbewegungen und Volksunruhen auf der Zürcher Landschaft 1794–1804, Zürich 2003, S. 289.

255 Unter anderen J[acob] Hodler, Untergang des helvetischen Einheitsstaates und die Zeit der Mediationsverfassung, Bern 1865, S. 397.

256 StAZH, Ansässenverzeichnis 19. Jahrhundert E III 112.5. Die Einwohnerkontrolle wurde in jenen Jahrzehnten durch die kirchliche Behörde, insbesondere den Pfarrherrn geführt. Gemäss Beschlüssen des «Stillstands» von 1812 und 1813 mussten neu in Seuzach angekommene Ansassen, Dienstboten und Lehrjungen sich «mit den erforderlichen Scheinen» im Pfarrhaus melden.

257 Siehe unten, S. 182 f.

258 Diese Beispiele: KAS, StP IV A 1, passim.

259 StAZH, Akten K II 118a.

260 StAZH, Register der Brandassekuranz, Bd. Seuzach-Ohringen I, Nr. 78 ABC und Nr. 89.

261 StAZH, Akten K II 118a.

262 StAZH, Akten K II 118a.

263 GAS, Protokoll der Dorfgemeinde Seuzach IV B 1b, 1831–1851, passim.

264 StAZH, Register der Brandassekuranz, Bd. Seuzach-Ohringen I, Nr. 115.

265 GAS, Protokoll der Dorfgemeinde Seuzach IV B 1b, 1831–1851, passim.

266 StAZH, Register der Brandassekuranz, Bd. Seuzach-Ohringen I, passim.

267 Siehe oben, S. 91.

268 Ebd., Nr. 90.

269 GAS, Protokoll IV B 1, Gemeindeversammlungsbeschluss vom 16. 6.1822.

270 StAZH, Protokolle des Rates des Innern NN 2.5, S. 291 (11. 12. 1833) und NN 2.6, S. 63 (29. 1. 1834).

271 StAZH, Staatssteuerregister RR I 64.10 (1856).

272 Friedrich Vogel, Memorabilia Tigurina oder Chronik der Denkwürdigkeiten der Stadt und Landschaft Zürich, Zürich 1841.

273 GAS, Protokoll der Dorfgemeinde Seuzach IV B 1 c, 1867/68, passim.

274 GAS, Protokoll der Dorfgemeinde Seuzach IV B 1 c, Eintrag der Januargemeinde 1860, S. 59 f.

275 Zum «Heimenstein»: Gubler, Kunstdenkmäler, S. 108 f.; StAZH, Register der Brandassekuranz, Bd. Seuzach-Ohringen I, Nr. 87 A/B; StAZH, Notariatsprotokolle B XI Winterthur-Wülflingen Nr. 534, fol. 145 f., Nr. 537, fol. 155 v f. sowie Nr. 541, fol. 553 f.

276 Zum «Schlössli Unterohringen»: Gubler, Kunstdenkmäler, S. 113, 117; StAZH, Register der Brandassekuranz, Bd. Seuzach-Ohringen I, Nr. 69 A und B; StAZH, Notariatsprotokolle B XI Winterthur-Wülflingen Nr. 24, fol. 246, und Nr. 537, fol. 73; Gubler, Kunstdenkmäler, gibt für die Erbauung des «Schlössli» und der zugehörigen Ökonomiegebäude die Jahre 1811–1814 an. Für Letztere stimmt die Bauzeit 1814. Das Hauptgebäude, eben das «Schlössli», jedoch stand schon im Jahr 1805, wie dem «Geometrischen Plan über den gesamten Wieswachs zu Unterohringen im Jahr 1805» im Gemeindearchiv Seuzach eindeutig zu entnehmen ist.

277 Siehe oben, S. 163.

278 Personen- und Familiendaten in: StAZH, Pfarrbuch der Kirchgemeinde Seuzach E III 112.1, passim, sowie das

von Gemeindeschreiber Johann Jakob Gujer 1877 angelegte «Bürgerbuch», 19. Jahrhundert, E III 112.9, Blatt 28.

279 StAZH, Notariatsprotokolle B XI Winterthur-Wülflingen Nr. 534, fol. 246, und Nr. 537, fol. 73.

280 Vollständige Beschreibung des Schweizerlandes oder geographisch-statistisches Hand-Lexikon über alle in gesamter Eidgenossenschaft befindlichen Kantone, Bezirke, Kreise, Aemter sowie aller Städte, Flecken, Dörfer, Schlösser, Klöster [...], dritter Teil P bis Z, Aarau 1827, S. 338.

281 StAZH, Register der Brandassekuranz, Bd. Seuzach-Ohringen I, Nr. 53.

282 http://ivs-gis.admin.ch.

283 Unter anderem gemäss StAW, Legende des Planes des Winterthurer Lindbergwaldes 1760, Plan E 4, sowie Plan des Lindbergwaldes des Jahres 1813, E 15.

284 GAS, Gemeindeprotokolle, passim, etwa IV B 1 b, Protokollbuch der Dorfgemeinde Seuzach 1831–1851, S. 129 f.: Protokoll der Versammlung im «Sternen» Seuzach vom 23. 12. 1840.

285 StAW, Akten Strassen II B 36d 11.

286 Unter anderem StAZH, Strassenbauakten V III 98.2.

287 GAS, GV, IV B 1 a vom 3. 5. 1863, S. 85 f.

288 GAS, Protokoll der «Dorfgemeinde Seuzach», IV B 1 b, Eintrag vom 13. 6. 1832.

289 Der Zehntplan 1807 des Bannes Oberohringen von Johann Jakob Keller befindet sich im Schulhaus Oberohringen. Das dazugehörige Vermessungsprotokoll Kellers aus dem Jahr 1809: GAS, Ehemaliges Zivilgemeindearchiv Oberohringen IV B 2. Von der Vermessung des Zehnten im Bann Seuzach ist immerhin das von Keller verfasste «Protocoll über die geometrische Ausmessung von dem Zehntenbezirk Seuzach [...] 1809 und 1810» überliefert, in dem unter jedem Landbesitzer jede einzelne zehntpflichtige Parzelle mit Flurbezeichnung und Flächenangabe in Jucharten, Vierling und Quadratfuss eingetragen ist (GAS, Vermessungsprotokoll IV B 10).

290 Abbildung oben in Teil C, Kap. 5.5.1, Weihernutzung, Heuverkauf.

291 Siehe unten, S. 197.

292 KAS, Urkunde I A Nr. 4; weitere verwertete Akten zur Zehntablösung: GAS, Akten II B 13 a und v. a. Akten II B 26.04.

293 GAS, IV B Nr. 37: Zehntablösungsprotokoll von «Sekretär» Heinrich Schwarz, angelegt 1809 und mit Bericht abgeschlossen 1815.

294 Sieher oben, Teil C, Kap. 5.2, Grenzen der Gemeinde Seuzach sowie der Höfe Ober- und Unterohringen.

295 KAS, Urkunde I A Nr. 4; GAS, Akten II B 13 a, Akten II B 26.04. Darunter auch ein «tabellarisches Verzeichnis von dem Loskauf des nassen Zehntens zu Ober- und Unterohringen [...]» von Keller aus dem Jahr 1809. Oberohringen zählte damals gut 22 1/2 Jucharten zehntpflichtige Reben, Unterohringen gut 13 1/2 Jucharten. Zehntfreie Reben gab es praktisch keine.

296 GAS, IV B Nr. 9.

297 Zum Beispiel StAZH, Notariatsprotokoll B XI Winterthur-Wülflingen Nr. 533, fol. 154 v. Mit dem Loskauf wurden den Zinspflichtigen die alten Urkunden, auf welchen die Grundzinse beruhten, herausgegeben. Diese Urkunden gelangten ins Gemeindearchiv.

298 GAS, Schuldurkunde in II B 27.01.3. Im Jahr 1832 stand noch eine Restschuld von 600 Gulden aus.

299 GAS, Akten II B 26.04.

300 Siehe Teil B, Kap. 2.2.1, Hof Oberohringen.

301 GAS, verschiedene Protokolle von Vorsteherschaft und Gemeindeversammlung der Dorfgemeinde Seuzach, passim.

302 GAS, Gemeindeprotokoll IV B Nr. 1c, S. 66 f.

303 1808–1878; sein gleichnamiger Vater stammte von Huggenberg, Hofstetten ZH und war 1808 schon in Seuzach eingebürgert.

304 KAS, StP IV A 1, passim.

305 StAZH, Pfarrbuch von Seuzach E III 112.1, S. 392.

306 GAS, Akten der ehemaligen Armengemeinde II B Nr. 5a: «Jahresbericht über die Verrichtungen der Gemeinds-Armenpflege im Jahr 1837 zuhanden der Kirchgemeinde Seuzach». Das Folgende ebenfalls aufgrund von Akten und Jahresrechnungen der ehemaligen Armengemeinde Seuzach, passim.

307 Handschriftenabteilung der Stadtbibliothek Winterthur, Protokollbücher der Hülfsgesellschaft Winterthur, passim.

308 GAS, GV IV B 1c, 1852–1880, S. 22, 24 und 27 f.

309 KAS, StP IV A 1, S. 488.

310 GAS, GV IV B 1c, 1852–1880, Protokoll vom 3. 6. 1866.

311 StAZH, Pfarrbuch von Seuzach E III 112.2, S. 140: Unter den Taufen des Jahres 1860 erscheint der 1858 geborene ausserehliche Knabe Gottlieb der ledigen Elisabetha Waser, Vater unbekannt; E III 112.2, S. 312: 19. 12. 1860: Eintrag des Todes dieses Gottlieb; E III 112.3, S. 4: im August 1863 ist ein zweiter ausserehelicher Sohn, wiederum mit Namen Gottlieb, der Elisabetha Waser und eines unbekannten Vaters im Taufregister eingetragen.

312 Gerold Meyer von Knonau, Der Canton Zürich historisch-geographisch-statistisch geschildert von den ältesten Zeiten bis auf die Gegenwart. Ein Hand- und Hausbuch für Jedermann. Erster Band, St. Gallen und Bern 1844, S. 223.

313 Heinrich Bosshard, Anschauungen und Erfahrungen in Nordamerika, S. 207 f.: XXXI. Brief, Farmerleben in Indiana.

314 Noch gemeinsame Zivilgemeinde, Trennung im Jahr darauf. Siehe unten, S. 213 f.

315 GAS, Akten Einzug, II B 6.01.2.

316 Siehe auch unten, S. 216.

317 StAZH, RR, MM 2.37, S. 102 f. vom 1. 8. 1837.

318 GAS, Jahresrechnungen der Politischen Gemeinde, 1847 und 1857.

319 «Zunft» bezeichnet hier den Wahlkreis.

320 GAS, GV, Protokoll der Politischen Gemeinde, IV B 3, passim.

321 Siehe oben, S. 171.

322 Siehe oben, S. 177 f.

323 StAZH, Protokoll des Kleinen Rates des Kantons Zürich, MM 1.42, S. 275–276. Bezeichnung von Oberohringen als «Gemeinde» im Zusammenhang mit einem Flurrechtsstreit der Oberohringer mit den Schuppissern von Winterthur 1542 in: StAZH, Rats- und Richtbuch B VI 256, fol. 74.

324 GAS, Akten II B 6.01.2.

325 StAZH, Gemeindeakten Bezirk Winterthur, N 84a.1.

326 StAZH, Protokoll des Rates des Innern, NN 2.14, S. 65 f., vom 13. 4. 1836, und RR, MM 2.29, S. 273, vom 23. 4. 1836.

327 StAZH, RR, MM 2.32, S. 71 f., vom 8. 10. 1836.

328 GAS, Protokollbuch der Zivilgemeinde Unterohringen IVB 3, 1836 (–1910) und Protokollbuch der Zivilgemeinde Oberohringen IV B 1a, 1848 f.

329 Frondienste in Handarbeit, z. B. beim Strassenunterhalt.

330 Siehe oben, Teil C, Kap. 5.6, Einkauf ins Bürgerrecht, Einzugsbriefe.

331 GAS, Akten II B 6.01.2.

332 Siehe oben, S. 211.

333 GAS, Protokoll der Zivilgemeinde Seuzach, IV B 1c, S. 63 f.

334 GAS, Gemeindeprotokolle, passim.

335 Für die Grössenordnungen bis etwa 1810 siehe Teil C, Kap. 5.5.2, Gemeindewald und Waldnutzung.

336 Waldkäufe: StAZH, Notariatsprotokolle B XI Winterthur-Wülflingen, Bandreihe Seuzach, passim. Kauf der Geilinger'schen Privatwaldungen: StAZH, B XI Winterthur-Wülflingen Nr. 541, fol. 185 f. (12. 1. 1857).

337 Siehe oben, S. 212.

338 Siehe oben, S. 218.

339 Siehe Teil B, Kap. 7.3, Die kriegerischen Auszüge an der Schwelle zur Frühen Neuzeit.

340 Siehe oben, S. 203.

341 StAZH, Visitationsakten TT 7, 19. Jahrhundert, passim.

342 StAW, Kollaturakten Seuzach II B 23g3.

343 Auskaufsvertrag vom 23./26. 9. 1856: StAW, Kollaturakten Seuzach II B 23g3.

344 Siehe oben, S. 197, 200.

345 Zum Schulwesen: Daniel Tröhler, Urs Hardegger (Hg.), Zukunft bilden. Geschichte der modernen Zürcher Volksschule, Zürich 2008; Festschrift 150 Jahre Sekundar- und Oberstufenschule Seuzach 1837–1987, Seuzach 1987; Ernst Klauser, Das neue Schulhaus Ohringen, Festschrift zur Einweihung, Mai 1955; Klauser/Schäppi, Seuzach, S. 102 ff., 108 ff.; Archiv der Bezirksschulpflege Winterthur, verschiedene Akten und Protokolle, passim; APS, verschiedene Akten der Schulen Seuzach und Ohringen sowie Protokolle der Schulgenossenschaft Ohringen ab 1836 und Protokolle der Gemeindeschulpflege des 19. Jahrhunderts (leider fehlen die Protokolle der Schulgenossenschaft Seuzach vor 1895); KAS, StP IV A 1, 1774–1840, passim; GAS, zweites Gemeindebuch IV B 1a, passim; ASS, Akten II B und Protokolle IV B 1.1 und 1.2, passim.

346 Siehe oben, S. 225.

347 Siehe oben, S. 180, 186.

348 Ursprünglich Rosell, nicht aus der Familie der Stadtzürcher Orell.

349 Klauser/Schäppi, Seuzach, S. 98, 140 f. (betreffend Männerchor und Kirchengesangverein nicht ganz nachvollziehbar); KAS, Stillstandsprotokoll IV A 1, passim; sodann befindet sich im Kirchgemeindearchiv der von Aktuar Johann Ulrich Greuter am 4. 12. 1853 angelegte Protokollband mit Titel «Protokoll des loblichen Kirchengesangvereins in Seuzach [...] 1854»; Historisches Lexikon der Schweiz: Stichwort «Chorwesen»; Handschriftenabteilung der Stadtbibliothek Winterthur, Ms Sch 90/24: Protokoll über die Verhandlungen der Lesegesellschaft Seuzach 1852–1893.

350 Siehe Teil C, Kap. 9.4, Seuzach und der Kirchengesang.

ANMERKUNGEN TEIL E

1 GAS, PG, IV B, 1b, ZGO vom 10. 2. 1929, S. 165–174.
2 Klauser/Schäppi, Seuzach, S. 130; Seuzach, 1963, S. 120 f.
3 Siehe S. 213.
4 Klauser/Schäppi, Seuzach, S. 120.
5 GAS, PG, IV B, 1c, S. 109, GV vom 23. 5. 1910.
6 Siehe auch GAS, PG, IV B, 1c, ZV Seuzach vom 26. 2. 1867, S. 116, 119.
7 Siehe S. 37.
8 GAS, PG, IV B, 2.9, GR vom 15. 6. 1929, S. 121. Siehe auch S. 121, wo der Vorschlag am 5. 5. 1927 noch verhalten aufgenommen wurde.
9 GAS, PG, IV B, 1.1, GV vom 15. 10. 1865, S. 106.
10 GAS, PG, IV B, 1c, ZGS vom 25. 10. 1868, S. 142 f., vom 22. 11. 1868, S. 143, vom 2. 1. 1869, S. 145.
11 GAS, PG, IV B, 1c, ZGS vom 21. 11. 1869, S. 152.
12 Siehe S. 369.
13 GAS, PG, IV B, 1.1, GV vom 16. 5. 1852, S. 113, vom 3. 6. 1866, S. 111, vom 8. 6. 1873, S. 153.
14 GAS, PG, IV B, 1c, ZGS vom 25. 10. 1868, S. 142 f.
15 GAS, PG, IV B, 2.1, GR vom 27. 3. 1866, S. 252.
16 Siehe S. 251.
17 GAS, PG, IV B, 3d, ZGS vom 14. 3. 1886, S. 74.
18 GAS, PG, II. B, 14.2, Schreiben vom 8. 7. 1882 und 12. 5. 1883; Ausscheidungsvertrag vom 25. 2. 1883.
19 Zürcher Verfassungsgeschichte, S. 61–108.
20 GAS, PG, IV B, 1b, ZGO vom 29. 1. 1927, S. 129–131.
21 GAS, PG, IV B, 1b, ZGO vom 5. 2. 1927, S. 132 f.
22 GAS, PG, IV B, 1b, ZGO vom 12. 4. 1927, S. 138 f.
23 GAS, PG, IV B, 3b, ZGU vom 22. 5. 1927, S. 229–231.
24 GAS, PG, IV B, 3b, ZGU vom 28. 3. 1928, S. 237; GAS, PG, IV B, 1b, ZGO vom 24. 4. 1928, S. 153.
25 GAS, PG, IV B, 1b, ZGO vom 10. 1. 1929, S. 162–165.
26 Klauser/Schäppi, Seuzach, S. 130.
27 Seuzach, 1963, S. 203.
28 GAS, PG, IV B, 2.3, GR vom 25. 9. 1876, S. 29.
29 Hauser, Das Neue, 1989.
30 Bayly, Geburt, 2006; Osterhammel, Verwandlung der Welt, 2009.
31 Thalmann, Euphorie, S. 25.
32 Siehe S. 234.
33 Klauser/Schäppi, Seuzach, S. 122.
34 Das Folgende nach Eggli, Eisenbahn, 2001/02.
35 Der Landbote, 28. 11. 1974.
36 GAS, PG, ohne Signatur.
37 Seuzach, 1963, S. 204–207.
38 Seuzach, 1963, S. 206.
39 Ebd., S. 56–58.
40 GAS, PG, IV B, 3d, ZGS, S. 28–30; Klauser/Schäppi, Seuzach, S. 118–120.
41 GAS, PG, IV B, 3a, ZGU vom 14. 6. 1896; GAS, PG, V, 40, Längenprofil der Trinkwasserleitung Unterohringen vom 7. 8. 1896.
42 GAS, PG, V, 40, 2 Pläne vom 10. 12. 1921. Darauf im Gebiet der heutigen Hännen die Bezeichnung «altes Reservoir».
43 GAS, PG, IV B, 1, Protokoll der Wasserbaukommission Unterohringen, 6. Sitzung vom 4. 7. 1896.
44 GAS, PG, IV B, 3a, ZGU vom 14. 6. 1896–11. 7. 1896; GAS, PG, IV B, 3b, ZGU vom 30. 6. 1918, S. 85 f.
45 SMZ, Heft 102, S. 58, 74.
46 GAS, PG, IV B, 3d, ZGS vom 26. 4. 1908, S. 339; GAS, PG, IV B, 3b, ZGU vom 18. 4. 1920, S. 111–113.
47 Stadelmann/Hengartner, Telemagie, 2002.
48 GAS, PG, IV B, 3b, ZGU vom 24. 5. 1914, S. 37 f., und vom 29. 4. 1916, S. 54–57.
49 Stadelmann/Hengartner, Telemagie, S. 81 f.
50 GAS, PG, IV B, 3d, ZGS vom 26. 4. 1908, S. 339; GAS, PG, IV B, 3b, ZGU vom 18. 4. 1920, S. 111–113.
51 Greuter, Erinnerungen, S. 104.
52 Guggerli, Redeströme, 1996.
53 GAS, PG, IV B, 1c, GV vom 15. 3. 1908, S. 93, und GV vom 25. 10. 1908, S. 101.
54 GAS, PG, IV B, 3d, ZGS vom 1. 8. 1909, S. 355–358; GAS, PG, IV B, 1a, ZGO vom 9. 8. 1909, S. 129; GAS, PG, IV B, 3b, ZGU vom 24. 4. 1910, S. 2.
55 GAS, PG, IV B, 3b, ZGU vom 26. 3. 1911, S. 12 f. und vom 11. 12. 1911, S. 18 f.
56 GAS, PG, IV B, 3b, ZGU vom 3. 6. 1917, S. 63–65, 75.
57 Siehe S. 244 f.
58 GAS, PG, V, 38, Pläne der Kanalisaton und Kläranlage, 1931–1951.
59 Seuzach, 1963, S. 108.
60 GAS, PG, IV B, 31.6, Protokoll der Gesundheitskommission Seuzach, 1951–1955, S. 176, 193, 200, 213, 218, 226, 238, 240, 243, 245, 248 f., 251, 255, 259; GAS, PG, IV B, 1.4, GV vom 13. 1. 1955, S. 166–169 und vom 26. 7. 1957, S. 228.
61 GAS, PG, IV B, 31.6, Protokoll der Gesundheitskommission Seuzach vom 29. 5. 1954, S. 226–243.
62 GAS, PG, II. B, 4.05.3, Erschliessung Waid, Altlastensanierung.
63 Brühlmeier, Steinmaur, S. 75.
64 Pfister, 1950er-Syndrom, 1995; Leimgruber/Fischer, «Goldene Jahre», 1999.
65 Siehe S. 350.
66 Siehe S. 455–461.
67 GAS, PG, IV B, 1c, ZGS vom 18. 11. 866.
68 Klauser/Schäppi, Seuzach, S. 120.
69 GAS, PG, IV B, 3d, ZGS, S. 228–234.
70 GAS, PG, IV B, 3b, ZGU S. 20, 63–65, 77–80, 85 f., 159.
71 GAS, PG, 8. B, Feuerwehrverordnung, Mai 1929.
72 GAS, PG, 8.03.3, Inspektionsbericht, 1942.
73 GAS, PG, 8.04.2. (Fahrzeuge)
74 GAS, PG, 8.04.2. (Fahrzeuge) Die Anschaffung des zweiten war schon 1996 beschlossen worden, hatte sich dann aber verzögert.
75 GAS, PG, 8.02.6 (Alarmoganisation).
76 GAS, PG, IV B, 1.2, Protokoll der Vorsteherschaft und Gemeindeversammlung Oberohringen, S. 26, 41, 82, 83.
77 Ewald/Klaus, Landschaft, 2010.
78 Siehe S. 314.
79 GAS, PG, IV B, 1.3, GV, S. 141.
80 GAS, PG, IV B, 1a, ZG Oberohringen, S. 41.
81 Klauser/Schäppi, Seuzach, S. 154.
82 Degen, Raumplanung, 1999; Koll-Schretzenmayr, Raumplanung, 2009.
83 GAS, PG, II B, 4.03.4. Der Plan vom 13. 6. 1949 unter GAS, PG, II B, 4.04.3.
84 Siehe S. 350.
85 GAS, PG, II B, 4.04.3; StAZH, RR, Nr. 1825 vom 25. 9. 1926.
86 GAS, PG, IV B, 1.3, GV vom 25. 7. 1926, S. 243–245.
87 GAS, PG, II B, 4.04.3.
88 GAS, PG, V, 32.
89 GAS, PG, IV B, 1.3, GV vom 31. 9. 1940, S. 387, 405.
90 Siehe S. 323.
91 Brühlmeier, Steinmaur, S. 21–32.

92 Seuzach, 1963, S. 186–192.

93 Seuzach, 1963, S. 113–117; Seuzach, 1978, S. 108–112.

94 GAS, PG, IV B, 1.3, GV vom 11. 1. 1941, S. 398–409.

95 Seuzach, 1963, S. 186–192; StAZH, Melioration Seuzach, Nr. 1177.

96 GAS, PG, IV B, 1.4, GV vom 19. 1. 1962, S. 467 f. Siehe auch S. 302.

97 Baumann/Moser, Bauern, S. 128 f.

98 StAZH, RR, Nr. 1798 vom 20. 7. 1944.

99 GAS, PG, IV B, 1.4, GV vom 1. 11. 1944, S. 22 f.

100 GAS, PG, IV B, 2.13, GR, S. 390, 405 f., 409–411.

101 GAS, PG, II B, 4.04.3. Siehe dazu besonders den Brief des Regierungsrats vom 26. 1. 1949.

102 GAS, PG, II B, 4.04.3. Die Aufforderung findet sich in einem Schreiben vom 8. 7. 1952.

103 Ruedin/Hanak, Hans Marti, 2008.

104 GAS, PG, IV B, 1.6, GV vom 2. 7. 1971, S. 121.

105 GAS, PG, IV B, 1.4, GV vom 14. 1. 1958, S. 239.

106 GAS, PG, II B, 4.04.3, Protokoll über die gemeinsame Sitzung des Gemeinderats mit der Baukommission vom 8. 9. 1958.

107 GAS, PG, IV B, 2, GR vom 25. 2. 1961, S. 288. Siehe auch Seuzach, 1963, S. 102. Siehe auch S. 350.

108 Seuzach, 1963, S. 101.

109 Seuzach, 1978, S. 94, schreibt Ende 1961; GAS, PG, II B, 4.04.3, Bericht vom 8. 4. 1960; StAZH, RR, Nr. 3958 vom 22. 9. 1960.

110 GAS, PG, IV B, 2, GR vom 28. 12. 1961, S. 828.

111 GAS, PG, II B, 4.04.3, Antrag des Gemeinderats vom 11. 1. 1962; StAZH, RR, Nr. 2551 vom 5. 7. 1962.

112 GAS, PG, IV B, 1.4, GV vom 19. 1. 1962, S. 467 f.

113 Siehe S. 392.

114 GAS, PG, II B, 4. A, Protokolle der Planungskommission vom 7. 4., 21. 7. 1964, 4. 5. 1965.

115 Grundsätzlich zu diesem Abschnitt GAS, II B, 4.03.4, Akten 1966–1978.

116 GAS, PG, II B, 4.03.4, Brief vom 27. 6. 1969.

117 GAS, PG, II B, 4.03.4, Brief vom 27. 9. 1975; Auszug aus dem Protokoll der Baukommission vom 11. 12. 1975.

118 GAS, PG, II B, 2.37, GR, S. 616.

119 GAS, PG, II B, 4.03.4, Erwägungen und Anträge zum Geschäft Nr. 15 vom 8. 6. 1978; GAS, II B. 2.37, S. 846–856.

120 GAS, PG, II B, 2.37, GR, S. 931–934.

121 GAS, PG, II B, 2.38, GR, S. 1368–1371, 1375 f., 1605–1607, 1690–1692, 1843 f.

122 Seuzach, 1978, S. 247.

123 Dorfzytig, 16. 8. 1995.

124 Siehe S. 370.

125 GAS, PG, ohne Sign., Bericht des Beurteilungsgremiums vom 4. 11. 2006 und 12. 12. 2006.

126 GAS, PG, II B, 4.03.4, Auszug aus dem Protokoll der Baukommission vom 19. 6. 1967.

127 GAS, PG, II B, 4.03.4, Protokoll der Grundeigentümerversammlung vom 22. 10. 1968.

128 GAS, PG, II B, 2.28, GR vom 25. 1. 1969, S. 445 f.

129 GAS, PG, II B, 2.32, GR vom 14. 12. 1973, S. 928–930.

130 GAS, PG, IV B, 1.6, GV vom 13. 12. 1974, S. 467–489, und vom 23. 1. 1976, S. 629–730; StAZH, RR, Nr. 2164 vom 1. 6. 1977.

131 GAS, PG, II B, 4.04.3, Brief vom 9. 10. 1980.

132 GAS, PG, IV B, 1.10, GV vom 5. 4. 1991, S. 18–38.

133 GAS, PG, II B, 4.04.3, Diskussionsgeschäft vom 24. 11. 2005.

134 Fritzsche/Lemmenmeier, Umgestaltung, S. 104 f.

135 Siehe S. 189

136 Seuzach, 1963, S. 103 f.

137 GAS, PG, II B, 14.02, Akten vom 8. 7. 1882, 25. 2. 1883 und 12. 5. 1883.

138 Greuter, Erinnerungen, S. 191.

139 GAS, PG, IV B 1.3, GV vom 16. 3. 1924, S. 227, und vom 7. 3. 1925, S. 241; GAS, PG, IV B 2.9, GR vom 16. 1. 1926, S. 48, ferner, S. 52, 55, 89, 94, 132, 142, 165, 181, 202, 273, 523, 524.

140 Seuzach, 1978, S. 100.

141 Siehe S. 301.

142 GAS, PG, II. B, 4.04.3, Protokoll über die Orientierungsversammlung über die Richt- und Nutzungsplanung vom 6. 5. 1983.

143 GAS, PG, IV B 1.9, GV vom 24. 11. 1989, S. 459.

144 GAS, PG, IV B 1.10, GV vom 31. 5. 1991, S. 64.

145 GAS, PG, IV B 1.10, GV vom 31. 5. 1991, S. 69.

146 GAS, PG, IV B 1.9, GV vom 8. 3. 1985, S. 130.

147 GAS, PG, II. B, 4.04.3, Protokoll der Konferenz vom 9. 4. 1943.

148 GAS, PG, II. B, 34.02, Akten 1943 f.; StAZH, RR, Nr. 1758 vom 20. 7. 1944.

149 GAS, PG, II. B, 34.02, Brief vom 23. 12. 1959.

150 GAS, PG, II. B, 34.02, Kenntnisnahme vom 23. 3. 1960.

151 Seuzach, 1978, S. 100 f.

152 GAS, PG, II. B, 34.02, Protokoll der Aussprache zwischen Seuzach und der Stadt Winterthur vom 6. 9. 1960.

153 StAZH, RR, Nr. 3969 vom 9. 11. 1961.

154 Seuzach, 1963, S. 107; Seuzach, 1978, S. 101.

155 StAZH, RR, Nr. 668 vom 16. 2. 1977.

156 GAS, PG, II. B, 34.02, Nationalstrasse N4, Korrespondenz 1963–1985; HSS, Komitee pro N4, Akten 1980–1996.

157 GAS, PG, II. B, 34.02, Protokoll der Grundeigentümerversammlung zum generellen Projekt des Anschlusses der N4 an die N1 in Ohringen, 22. 7. 1963.

158 GAS, PG, II. B, 34.02, Briefe vom 18. 12. 1979, 7. 1. 1980, 5. 2. 1980, 14. 2. 1980 und 25. 2. 1980.

159 HSS, Akten des Komitees pro N4, Protokoll der Besprechung über die N4 vom 12. 6. 1980, S. 2.

160 Winterthurer Woche, 17. 4. 1980; Winterthurer Stadtanzeiger, 22. 7. 1982.

161 Tages-Anzeiger, 18. 11. 1985.

162 Weinländer-Tagblatt, 17. 6. 1987.

163 GAS, PG, II. B, 34.02, Brief vom 8. 12. 1987.

164 StAZH, RR, Nr. 223 vom 27. 1. 1988.

165 GAS, PG, II. B, 34.02, Bericht der Gemeinde Hettlingen vom 22. 7. 1987.

166 GAS, PG, II. B, 34.02, Briefe vom 14. 11. 1989 und 16. 11. 1989.

167 Siehe S. 113–118.

168 Weinmann, Bürgergesellschaft, S. 296 f.; Argast, Staatsbürgerschaft, S. 65.

169 Studer/Arlettaz/Argast, Bürgerrecht, S. 45 f.

170 Argast, Staatsbürgerschaft, S. 61.

171 Nach dem Titel des Films von Rolf Lyssy, der 1978 die Einbürgerung thematisierte.

172 Siehe S. 196–210.

173 Frey, Element, S. 25.

174 Weiss, Steuergerechtigkeit, S. 183 f.

175 Braun, Wandel, S. 274 f.

176 GAS, PG, IV B, 1.1, GV vom 14. 1. 1866, S. 108 f.

177 Weinmann, Bürgergesellschaft, S. 296–302.

178 Siehe S. 234–249.

179 GAS, PG, IV B, 1.1, GV vom 1. 7. 1866. Die Politische Gemeinde zählte 182 Stimmberechtigte. GAS, PG, IV B 1a,

ZGO vom 8. 6. 1866, S. 40. Die Zivilgemeinde Oberohringen wies 33 Aktivbürger auf. Die Stimmberechtigten der Zivilgemeinden Unterohringen und Seuzach wurden aufgrund der Verwaltungsanteile mithilfe der bekannten Zahlen errechnet. Die Zahlen zu den Bürgern stammen aus Klauser/Schäppi, Seuzach, S. 128.

180 Zum Beispiel werden 1853 169 Aktivbürger an der Gemeindeversammlung erwähnt. GAS, PG, IV B, 1.1, S. 10 (1853).
181 Siehe S. 240.
182 GAS, PG, IV B 2.3, GR vom 22. 11. 1876, S. 49 f.
183 StAZH, N 13c.1 (1872). Zu den Landrechtsakten siehe auch Pretto, Einbürgerungen, 1978.
184 Brunschwig/Heinrichs/Huser, Juden, S. 202.
185 StAZH, N 2.1 (10), Schreiben vom 6. 12. 1859.
186 GAS, PG, IV B, 34, Protokoll der Bürgergemeindeversammlung.
187 GAS, PG, IV B, 34, Protokoll der Bürgergemeindeversammlung, S. 33.
188 Historische Statistik der Schweiz, S. 449.
189 Studer/Arlettaz/Argast, Bürgerrecht, S. 52.
190 StAZH, RR, Nr. 2772 vom 11. 12. 1915.
191 Studer/Arlettaz/Argast, Bürgerrecht, S. 22 f., 102–104.
192 StAZH, RR, Nr. 156 vom 1. 2. 1905 und Nr. 527 vom 6. 4. 1905.
193 GAS, PG, IV B, 47.1, Protokoll der bürgerlichen Abteilung des Gemeinderats, S. 30–41.
194 GAS, PG, IV B, 47.1, Protokoll der bürgerlichen Abteilung des Gemeinderats, S. 30–32.
195 GAS, PG, IV, 28.2, Mitgliederverzeichnis, Beilage zum Protokoll der Milchgenossenschaft Ohringen.
196 GAS, PG, IV B, 47.1, Protokoll der bürgerlichen Abteilung des Gemeinderats, S. 64 f.
197 GAS, PG, IV B 47.2, Protokoll der bürgerlichen Abteilung des Gemeinderats, S. 25.
198 GAS, PG, IV B 47.1, Protokoll der bürgerlichen Abteilung des Gemeinderats, S. 139; 47.2, S. 26, 36, 38.
199 GAS, PG, IV B 34, Protokoll der Bürgergemeindeversammlung, Beilage.
200 GAS, PG, IV B 47.2, Protokoll der bürgerlichen Abteilung des Gemeinderats, S. 56, 64, 78, 98 f., 111.
201 Die Zahl der Ortsbürger betrug am 31. 10. 2009 total 596.
202 Zsolt Keller, Nordmann, Jean in: e-HLS, Fassung vom 6. 8. 2009; Frédéric Sardet, Nordmann, Roger Jean in: e-HLS, Fassung vom 6. 8. 2009.
203 Siehe S. 187.
204 Sonntagspost (Beilage zum Landboten), 1. 10. 1938, S. 153 f.; 18. 9. 1965, S. 8; 16. 7. 1974; Zürcher Woche, 13. 11. 1959, S. 17.
205 Der Landbote, 11. 10. 1965, S. 7.
206 http://www.linsmayer.ch/autoren/L/LoosCecileInes.html; www.buchstart.ch/de/autoren/Loos__Cecile__Ines/317.html.
207 StAZH, T 11.9, Seuzach, 30. 1. 1906.
208 StAZH, T 11.9, Seuzach, 2. 4. 1924.
209 Teobaldi, Katholiken, S. 279 f.
210 KAS, II B 4.03, Kirchenvisitation 1963/64, Frage 46.
211 KAS, IV B 2.8, S. 320–322.
212 KAS, IV B 2.8, S. 317 f.
213 www.statistik.zh.ch (Gemeindedaten).
214 Siehe S. 224.
215 Seuzach, 1978, S. 46 f.
216 StAZH, T 11.9, Seuzach, 9. 3. 1906.
217 StAZH, T 11.9, Seuzach, 30. 1. 1906.

218 Klauser/Schäppi, Seuzach, S. 154, datiert auf 1904. Die Kirchenpflege selbst gibt im Jahr 1906 als Gründungsdatum aber 1902 an. Siehe dazu StAZH, T 11.9, Seuzach, 30. 1. 1906, unter i).
219 StAZH, T 11.9; Seuzach, 30. 1. 1906.
220 Klauser/Schäppi, Seuzach, S. 154.
221 Seuzach, 1963, S. 50; siehe auch KAS, II B 4.03, Kirchenvisitation 1963/64, Fragen 29 und 47.
222 Siehe S. 305.
223 Siehe S. 222.
224 Klauser/Schäppi, Seuzach, S. 156; StAZH, T 11.13 (I, 1923).
225 KaPfAS, Ordner Pfarreichronik bis 1986.
226 Teobaldi, Katholiken, S. 195.
227 KaPfAS, Ordner Pfarreichronik bis 1986, Auszug aus der Pfarreichronik Oberwinterthur; Protokoll der Katholischen Kirchgenossenschaft Seuzach und Umgebung.
228 Siehe S. 320 f.
229 Gesetz über das katholische Kirchenwesen vom 7. 7. 1963.
230 König, Weg, S. 437.
231 www.toponline.ch.
232 Lengwiler/Rothenbühler/Ivedi, Schule, 2007; Bloch Pfister, Priester der Volksbildung, 2007; Tröhler/Hardegger, Zukunft bilden, 2008.
233 Klauser/Schäppi, Seuzach, S. 102–117, 131–139; Seuzach, 1963, S. 129–159; Seuzach, 1978, S. 129–158. Siehe auch S. 225–230.
234 Siehe S. 235.
235 GAS, PG, IV B, 1.1, GV vom 1. 7. 1866, S. 113.
236 GAS, PG, IV B, 1.1, GV vom 15. 10. 1865, S. 106.
237 Schulblatt des Kantons Zürich, 2. Jg., Nr. 2 vom 1. 2. 1887, S. 13–20, Nr. 3 vom 1. 3. 1887, S. 25–36.
238 Schulblatt des Kantons Zürich 2. Jg., Nr. 10 vom 1. 10. 1887, S. 121–124.
239 GAS, PG, IV B, 3d, ZGS vom 1. 11. 1885, S. 56.
240 Siehe S. 255.
241 GAS, PG, IV B, 1.3, GP vom 29. 9. 1912, S. 157; Lengwiler/Rothenbühler/Ivedi, Schule, S. 115–121, 193 f.
242 GAS, PG, IV B, 1.3, GV vom 31. 1. 1904, S. 44.
243 APS, Hängeregistratur, ohne Signatur; Seuzach, 1978, S. 143.
244 APS, PPf vom 1. 1. 1959, S. 235.
245 Seuzach, 1963, S. 152.
246 Seuzach, 1963, S. 150.
247 Lengwiler/Rothenbühler/Ivedi, Schule, S. 207 f.
248 APS, 05.01.5.
249 Das Folgende basiert auf den Akten im ASS und im APS.
250 ASS, 07.04.3 (Einzelne Bereiche, Fächer, Kurse), Umfrage vom Mai 1970; ASS, 1.12, OPf vom 23. 3. 1976, 24. 5. 1977, 10. 11. 1977, 18. 11. 1980; Lengwiler/Rothenbühler/Ivedi, Schule, S. 250.
251 Seuzach, 1978, S. 148.
252 Brückenbauer, 5. 6. 1964.
253 ASS, 06.03 (Unterrichtshilfen), Brief vom 20. 4. 1966.
254 ASS, 04.02 (Schulraumplanung); ASS 2.2, SGV vom 13. 6. 1990, S. 67 f., 78–81.
255 ASS, 2.2, SGV vom 24. 6. 1981.
256 Lengwiler/Rothenbühler/Ivedi, Schule, S. 236 f.
257 ASS, 1.12, OPf, S. 750, 775, 863, 912.
258 Dorfzytig, 1999–2001.
259 20 Jahre Elternforum Seuzach, Laserdruck, o. O. u. J. [2001], S. 11.

260 APS. Die Registertitel der Hängeregistratur ermöglichen einen raschen Überblick.

261 Lengwiler/Rothenbühler/Ivedi, Schule, 2007
     Siehe auch Tages-Anzeiger, 18. 10. 2010.

262 APS, Ordner TaV.

263 Dorfzytig, 1999–2001.

264 Neue Zürcher Zeitung, 12. 4. 2010.

265 Das Magazin, 15. 5. 2010.

266 GAS, PG, II B, 2.22, GR, S. 84.

267 GAS, PG, IV B, 1.3, GV vom 20. 6. 1922, S. 205 f.

268 GAS, PG, IV B, 1b, ZGS, S. 83.

269 StAZH, T 11.13 (I), Bericht vom 2. 4. 1924.

270 Schumacher, Freizeit, S. 133 f.

271 Siehe S. 149.

272 Klauser/Schäppi, Seuzach, S. 157, Seuzach, 1963, S. 58 f.;
     KAS, IV B 8.

273 Klauser/Schäppi, Seuzach, S. 144.

274 GAS, PG, IV B, 2.1, GR vom 1. 10. 1864, S. 217.

275 Seuzach, 1978, S. 221–231.

276 Klauser/Schäppi, Seuzach, S. 156; siehe auch StAZH, T
     11.13 (I), Bericht vom 2. 4. 1924, 5.

277 Greuter, Erinnerungen, S. 81.

278 StAZH, T 11.9, Seuzach, 30. 1. 1906.

279 Klauser/Schäppi, Seuzach, S. 153–159; Seuzach, 1968,
     S. 59; Seuzach, 1978, S. 44–50, 62; StAZH, T 11.9 und T
     11.13.

280 KAS, IV B, ohne Sign. (Protokoll der Konfirmandenvereinigung); KAS, II B, 4.00.

281 Klauser/Schäppi, Seuzach, S. 129.

282 GAS, PG, IV B, 3d, ZGS, S. 88.

283 GAS, PG, IV B, 3d, ZGS, S. 199–207.

284 Alles zum Schwimmbad, wenn nicht anders belegt,
     aus: Eggli/Steinmann/Rüesch, Badi, 2008.

285 Greuter, Erinnerungen, S. 13–19.

286 Siehe S. 296.

287 Seuzach, 1963, S. 118.

288 GAS, PG, IV B, 1.8, GV vom 12. 6. 1981 (Protokoll der Gemeindeversammlung vom 12. 6. 1981, S. 369–374).

289 Markus Lamprecht und Hanspeter Stamm in Neue
     Zürcher Zeitung, 6. 9. 2007.

290 Seuzach, 1978, S. 238.

291 KAS, II B 4.03, Kirchenvisitation 1963/64, Frage 41 und
     52.

292 Seuzach, 1978, S. 239.

293 GAS, PG, II B, 36.02.2 (Jugendhaus).

294 GAS, PG, II B, 2.39, GR vom 28. 8. 1980, S. 1382; GAS, PG,
     IV B, 1.8, GV vom 6. 5. 1981, S. 345 f.

295 GAS, PG, II B, 14.03, Akten 1964.

296 GAS, PG, II B, 36.02.2, Akten 1968.

297 Seuzach, 1978, S. 240.

298 Landbote, 10. 6. 1970.

299 GAS, PG, II B, 36.02.2, Akten 1970–1975.

300 GAS, PG, II B, 36.02.1, Akten 1976 f.

301 Seuzach, 1963, S. 124.

302 Seuzach, 1978, S. 121.

303 GAS, PG, II B, 2.37, GR vom 19. 6. 1978.

304 Siehe S. 461–463.

305 Klauser/Schäppi, Seuzach, S. 155.

306 Baumann/Moser, Bauern, S. 83; Klauser/Schäppi,
     Seuzach, S. 130 f.; Seuzach, 1963, S. 178; HSS, Landwirtschaftlicher Produktionskataster, 1939.

307 Seuzach, 1963, S. 182; www.statistik.zh.ch.

308 Historische Statistik der Schweiz, S. 528.

309 Siehe S. 123.

310 Klauser/Schäppi, Seuzach, S. 54.

311 Klauser/Schäppi, Seuzach, S. 53. Siehe z. B. GAS, PG, IV
     B, 1a, ZGS, S. 42 f.

312 Klauser/Schäppi, Seuzach, S. 53.

313 Schulhaus 1934, S. 3; Seuzach, 1963, S. 177.

314 GAS, PG, II B, 4.04.3, Bau- und Zonenplan vom März
     1946.

315 Klauser/Schäppi, Seuzach, S. 52–58; Seuzach, 1963,
     S. 177; GAS, PG, II B, 14.02, Protokoll über die Neubesetzung der Kommissionen vom 10. 5. 1962.

316 Baumann/Moser, Bauern, S. 23; Seifert, Dosenmilch,
     S. 118.

317 Klauser/Schäppi, Seuzach, S. 151; Seuzach, 1978, S. 185;
     www.statistik.zh.ch.

318 Seuzach, 1978, S. 187.

319 Kläui/Imhof, Atlas, S. 20.

320 Klauser/Schäppi, Seuzach, S. 151; Seuzach, 1968, S. 164.
     Siehe auch S. 446.

321 GAS, PG, IV B, 28.1 (Protokoll der Milchgenossenschaft
     Ohringen, 1948–1995).

322 Siehe S. 286–291.

323 Seuzach, 1978, S. 191 f.

324 Privatbesitz, Karl Steinmann, Gesuch zum Vorentscheid an die Gemeinde Seuzach vom 30. 12. 1990;
     Stellungnahme der Kantonalen Landwirtschaftlichen
     Fachschule Weinland in Winterthur vom 27. 6. 1991.

325 Der Landbote, 1. 3. 2007, S. 16.

326 GAS, PG, II B, 4.04.4, Beschluss des Gemeinderats vom
     12. 8. 2010.

327 HSS, Landwirtschaftlicher Produktionskataster, 1939;
     Seuzach, 1978, S. 198 f.

328 HSS, Landwirtschaftlicher Produktionskataster, 1939,
     S. 4.

329 Zu den aufwendigen Landkäufen und den Namen der
     Besitzer siehe auch Seuzach, 1963, S. 192–195. Siehe
     auch S. 185.

330 Siehe S. 399.

331 Siehe dazu auch StAZH, Z 11.3905, Gut Heimenstein,
     Seuzach: Verkaufsofferte, 1928.

332 Skulpturen. Hans E. Bühler, hg. von Dieter und Anna
     Zoelly-Bühler, o. O. 2009.

333 Seuzach, 1978, S. 186.

334 GAS, PG, IV B, 3b, ZGU, S. 87 f.

335 StAZH, III NNa, 3.37 (Statistische Mitteilungen des
     Kantons Zürich, Heft 184).

336 Siehe S. 279.

337 GAS, PG, IV B, 2.13, GR vom 27. 9. 1945, S. 409–411.

338 GAS, PG, II B, 4.04.3, Unterlagen vom 7. 12. 1972.

339 GAS, PG, II B, 4.04.3, Brief vom 26. 11. 1974.

340 GAS, PG, II B, 4 A, Protokoll der Planungskommission
     vom 30. 8. 1979.

341 GAS, PG, II B, 4.03.2, Sitzung vom 15. 9. 1977.

342 Rückblenden ins Berufsleben unserer Gemeinde (Gewerbe – Lädeli – Ämter). Die Heimatkundliche Sammlung Seuzach präsentiert ihre 2. Ausstellung, Laserdruck, 1995; Seuzach, 1978, S. 204–210.

343 Eine anschauliche Beschreibung von Seuzach in der
     Zeit vor dem Zweiten Weltkrieg bei Schäppi/Klauser,
     Seuzach, S. 159–166.

344 GAS, PG, IV B 1.9 (Protokoll der Gemeindeversammlung vom 4. 12. 1987, S. 282 f.).

345 Siehe S. 342.

346 Seuzach, 1963, S. 200 f.; Seuzach, 1979, S. 206 f.

347 Alle folgenden Zahlen unter www.statistik.zh.ch.

348 Erwerbsquote 1950 = 40,8%, 2000 = 54,6%.

349 Siehe S. 305.

350 Ein Beispiel in Seuzach, 1963, S. 202–204.

351 Klauser/Schäppi, Seuzach, S. 129 f.

352 Wehntaler, 14. 10. 1930; siehe auch König, Weg in die Gegenwart, S. 440–458.

353 GAS, PG, IV B, 3b, ZGU vom 12. 11. 1918, S. 87 f.

354 König/Kurz/Sutter, Klassenkämpfe, S. 252.

355 Siehe S. 281.

356 GAS, PG, IV B, 1.3, GV S. 222–224.

357 Seuzach, 1937, S. 148.

358 Siehe S. 251.

359 Klauser/Schäppi, Seuzach, S. 151; Seuzach, 1968, S. 164–166.

360 Seuzach, 1963, S. 47; Markus Bürgi, Albert Reichen in e-HLS, Version vom 20. 1. 2010, URL: http://www.hls-dhs-dss.ch/textes/d/D13515.php.

361 Seuzach, 1963, S. 223.

362 Klauser/Schäppi, Seuzach, S. 148.

363 Seuzach, 1963, S. 222 f.; Seuzach, 1978, S. 232–235.

364 Hermann/Leuthold, Atlas der politischen Landschaften, 2003.

365 Zitiert nach Fritzsche/Lemmenmeier, Umgestaltung, S. 137.

366 GAS, PG, II B, 1.01.1 (Abstimmungen und Wahlen).

367 GAS, PG, IV B, 1.5, GV vom 24. 10. 1969, S. 684 f.

368 GAS, PG, IV B, 2.28, GR vom 20. 11. 1969, S. 1013.

Inhalt

C FRÜHE NEUZEIT (OTTO SIGG)

ANHANG

Personen- und Sachregister